大学赤本シリーズ

533

同志社大学

理工学部・生命医科学部・文化情報学部〈理系型〉・スポーツ健康科学部〈理系型〉－学部個別日程

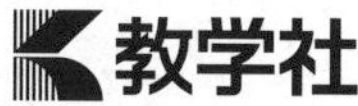

はしがき

おかげさまで，大学入試の「赤本」は，今年で創刊70周年を迎えました。

これまで，入試問題や資料をご提供いただいた大学関係者各位，掲載許可をいただいた著作権者の皆様，各科目の解答や対策の執筆にあたられた先生方，そして，赤本を使用してくださったすべての読者の皆様に，厚く御礼を申し上げます。

以下に，創刊初期の「赤本」のはしがきを引用します。これからも引き続き，受験生の目標の達成や，夢の実現を応援してまいります。

本書を活用して，入試本番では持てる力を存分に発揮されることを心より願っています。

編者しるす

＊　＊　＊

学問の塔にあこがれのまなざしをもって，それぞれの志望する大学の門をたたかんとしている受験生諸君！　人間として生まれてきた私たちは，自己の欲するままに，美しく，強く，そして何よりも人間らしく生きることをねがっている。しかし，一朝一夕にして，この純粋なのぞみが達せられることはない。私たちの行く手には，絶えずさまざまな試練がまちかまえている。この試練を克服していくところに，私たちのねがう真に人間的な世界がはじめて開かれてくるのである。

人生最初の最大の試練として，諸君の眼前に大学入試がある。この大学入試は，精神的にも身体的にも，大きな苦痛を感ぜしめるであろう。あるスポーツに熟達するには，たゆみなき，はげしい練習を積み重ねることが必要であるように，私たちは，計画的・持続的な努力を払うことによって，この試練を克服し，次の一歩を踏みだすことができる。厳しい試練を経たのちに，はじめて満足すべき成果を獲得できるのである。

本書は最近の入学試験の問題に，それぞれ解答を付し，さらに問題をふかく分析することによって，その大学独特の傾向や対策をさぐろうとした。本書を一般の参考書とあわせて使用し，まとはずれのない，効果的な受験勉強をされるよう期待したい。

（昭和35年版「赤本」はしがきより）

挑む人の、いちばんの味方

1954 年に大学入試の過去問題集を刊行してから 70 年。赤本は大学に入りたいと思う受験生を応援しつづけてきました。これからも，苦しいとき落ち込むときにそばで支える存在でいたいと思います。

そして，勉強をすること，自分で道を決めること，努力が実ること，これらの喜びを読者の皆さんが感じることができるよう，伴走をつづけます。

そもそも赤本とは…

受験生のための大学入試の過去問題集！

70年の歴史を誇る赤本は，500点を超える刊行点数で全都道府県の370大学以上を網羅しており，過去問の代名詞として受験生の必須アイテムとなっています。

なぜ受験に過去問が必要なのか？

大学入試は大学によって問題形式や頻出分野が大きく異なるからです。

赤本の掲載内容

傾向と対策

これまでの出題内容から，問題の「**傾向**」を分析し，来年度の入試に向けて具体的な「**対策**」の方法を紹介しています。

問題編・解答編

- 年度ごとに問題とその解答を掲載しています。
- 「**問題編**」ではその年度の試験概要を確認したうえで，実際に出題された過去問に取り組むことができます。
- 「**解答編**」には高校・予備校の先生方による解答が載っています。

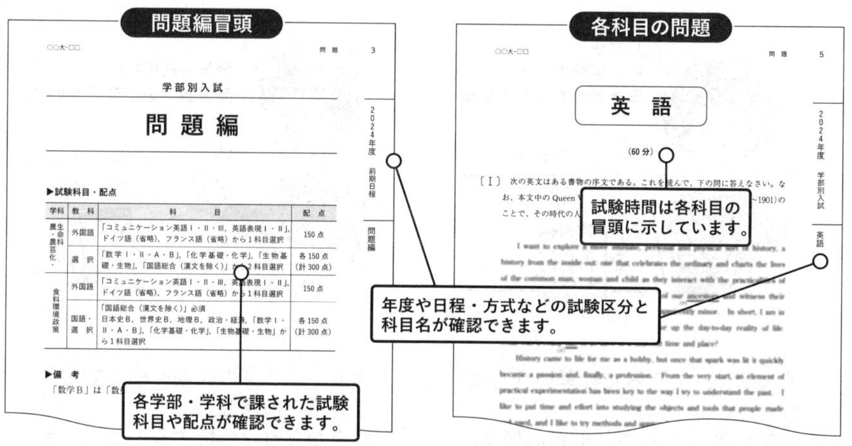

他にも，大学の基本情報や，先輩受験生の合格体験記，在学生からのメッセージなどが載っていることがあります。

掲載内容について

著作権上の理由やその他編集上の都合により問題や解答の一部を割愛している場合があります。なお，指定校推薦入試，社会人入試，編入学試験，帰国生入試などの特別入試，英語以外の外国語科目，商業・工業科目は，原則として掲載しておりません。また試験科目は変更される場合がありますので，あらかじめご了承ください。

受験勉強は

過去問に始まり，

STEP 1

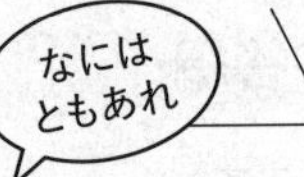

まずは解いてみる

過去問は，**できるだけ早いうちに解く**のがオススメ！
実際に解くことで，**出題の傾向，問題のレベル，今の自分の実力**がつかめます。

STEP 2

じっくり具体的に

弱点を分析する

間違いは自分の弱点を教えてくれる**貴重な情報源**。
弱点から自己分析することで，**今の自分に足りない力や苦手な分野**が見えてくるはず！

合格者があかす 赤本の使い方

傾向と対策を熟読
（Fさん／国立大合格）

大学の出題傾向を調べるために，赤本に載っている「傾向と対策」を熟読しました。

繰り返し解く
（Tさん／国立大合格）

１周目は問題のレベル確認，２周目は苦手や頻出分野の確認に，３周目は合格点を目指して，と過去問は繰り返し解くことが大切です。

過去問に終わる。

STEP 3

志望校にあわせて

苦手分野の重点対策

参考書や問題集を活用して，苦手分野の**重点対策**をしていきます。**過去問を指針**に，合格へ向けた具体的な学習計画を立てましょう！

STEP 1 ▶ 2 ▶ 3

サイクルが大事！

実践を繰り返す

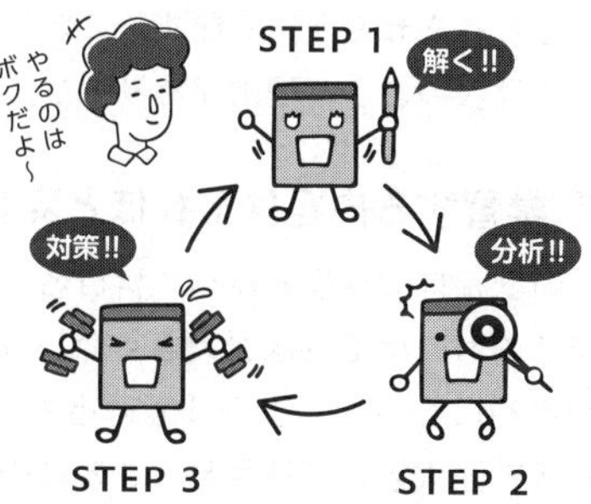

STEP 1～3を繰り返し，実力アップにつなげましょう！
出題形式に慣れることや，**時間配分を考えること**も大切です。

目標点を決める
(Yさん／私立大合格)
赤本によっては合格者最低点が載っているので，それを見て目標点を決めるのもよいです。

時間配分を確認
(Kさん／私立大学合格)
赤本は時間配分や解く順番を決めるために使いました。

添削してもらう
(Sさん／私立大学合格)
記述式の問題は先生に添削してもらうことで自分の弱点に気づけると思います。

新課程入試 Q&A

2022 年度から新しい学習指導要領（新課程）での授業が始まり，2025 年度の入試は，新課程に基づいて行われる最初の入試となります。ここでは，赤本での新課程入試の対策について，よくある疑問にお答えします。

Q1. 赤本は新課程入試の対策に使えますか？

A. もちろん使えます！

OK

旧課程入試の過去問が新課程入試の対策に役に立つのか疑問に思う人もいるかもしれませんが，心配することはありません。旧課程入試の過去問が役立つのには次のような理由があります。

● 学習する内容はそれほど変わらない

新課程は旧課程と比べて科目名を中心とした変更はありますが，学習する内容そのものはそれほど大きく変わっていません。また，多くの大学で，既卒生が不利にならないよう「経過措置」がとられます（Ｑ３参照）。したがって，出題内容が大きく変更されることは少ないとみられます。

● 大学ごとに出題の特徴がある

これまでに課程が変わったときも，各大学の出題の特徴は大きく変わらないことがほとんどでした。入試問題は各大学のアドミッション・ポリシーに沿って出題されており，過去問にはその特徴がよく表れています。過去問を研究してその大学に特有の傾向をつかめば，最適な対策をとることができます。

出題の特徴の例	・英作文問題の出題の有無 ・論述問題の出題（字数制限の有無や長さ） ・計算過程の記述の有無

新課程入試の対策も，赤本で過去問に取り組むところから始めましょう。

Q2. 赤本を使う上での注意点はありますか？

A. 志望大学の入試科目を確認しましょう。

過去問を解く前に，過去の出題科目（問題編冒頭の表）と 2025 年度の募集要項とを比べて，課される内容に変更がないかを確認しましょう。ポイントは以下のとおりです。科目名が変わっていても，実際は旧課程の内容とほとんど同様のものもあります。

英語・国語	科目名は変更されているが，実質的には変更なし。 ▶▶ **ただし，リスニングや古文・漢文の有無は要確認。**
地歴	科目名が変更され，「歴史総合」「地理総合」が新設。 ▶▶ **新設科目の有無に注意。ただし，「経過措置」（Q3 参照）により内容は大きく変わらないことも多い。**
公民	「現代社会」が廃止され，「公共」が新設。 ▶▶ **「公共」は実質的には「現代社会」と大きく変わらない。**
数学	科目が再編され，「数学 C」が新設。 ▶▶ **「数学」全体としての内容は大きく変わらないが，出題科目と単元の変更に注意。**
理科	科目名も学習内容も大きな変更なし。

数学については，科目名だけでなく，どの単元が含まれているかも確認が必要です。例えば，出題科目が次のように変わったとします。

旧課程	「数学Ⅰ・数学Ⅱ・数学 A・数学 B（数列・ベクトル）」
新課程	「数学Ⅰ・数学Ⅱ・数学 A・**数学 B（数列）・数学 C（ベクトル）**」

この場合，新課程では「数学Ｃ」が増えていますが，単元は「ベクトル」のみのため，実質的には旧課程とほぼ同じであり，過去問をそのまま役立てることができます。

Q3.「経過措置」とは何ですか？

A. 既卒の旧課程履修者への対応です。

多くの大学では，既卒の旧課程履修者が不利にならないように，出題において「経過措置」が実施されます。措置の有無や内容は大学によって異なるので，募集要項や大学のウェブサイトなどで確認しておきましょう。

◯旧課程履修者への経過措置の例

- 旧課程履修者にも配慮した出題を行う。
- 新・旧課程の共通の範囲から出題する。
- 新課程と旧課程の共通の内容を出題し，共通範囲のみでの出題が困難な場合は，旧課程の範囲からの問題を用意し，選択解答とする。

例えば，地歴の出題科目が次のように変わったとします。

旧課程	「日本史 B」「世界史 B」から１科目選択
新課程	「**歴史総合**，日本史探究」「**歴史総合**，世界史探究」から１科目選択※ ※旧課程履修者に不利益が生じることのないように配慮する。

「歴史総合」は新課程で新設された科目で，旧課程履修者には見慣れないものですが，上記のような経過措置がとられた場合，新課程入試でも旧課程と同様の学習内容で受験することができます。

新課程の情報は WEB もチェック！
より詳しい解説が赤本ウェブサイトで見られます。
https://akahon.net/shinkatei/

科目名が変更される教科・科目

	旧課程	新課程
国語	国語総合 国語表現 現代文A 現代文B 古典A 古典B	現代の国語 言語文化 論理国語 文学国語 国語表現 古典探究
地歴	日本史A 日本史B 世界史A 世界史B 地理A 地理B	歴史総合 日本史探究 世界史探究 地理総合 地理探究
公民	現代社会 倫理 政治・経済	公共 倫理 政治・経済
数学	数学Ⅰ 数学Ⅱ 数学Ⅲ 数学A 数学B 数学活用	数学Ⅰ 数学Ⅱ 数学Ⅲ 数学A 数学B 数学C
外国語	コミュニケーション英語基礎 コミュニケーション英語Ⅰ コミュニケーション英語Ⅱ コミュニケーション英語Ⅲ 英語表現Ⅰ 英語表現Ⅱ 英語会話	英語コミュニケーションⅠ 英語コミュニケーションⅡ 英語コミュニケーションⅢ 論理・表現Ⅰ 論理・表現Ⅱ 論理・表現Ⅲ
情報	社会と情報 情報の科学	情報Ⅰ 情報Ⅱ

目 次

2022 年度 問題と解答

解答用紙は，赤本オンラインに掲載しています。

https://akahon.net/kkm/dsh/index.html

※掲載内容は，予告なしに変更・中止する場合があります。

掲載内容についてのお断り

・推薦選抜入試および文化情報学部の人学入学共通テスト利用入試の個別学力検査は掲載していません。

基本情報

沿革

1875（明治 8）　官許同志社英学校開校

- 1884（明治 17）彰栄館（同志社最初の煉瓦建築）竣工
- 1886（明治 19）礼拝堂（チャペル）竣工
- 1887（明治 20）書籍館（現・有終館）開館
- 1894（明治 27）クラーク神学館（現・クラーク記念館）開館

1912（明治 45）　専門学校令による同志社大学開校

1920（大正 9）　大学令による同志社大学の開校。文学部，法学部を設置

1944（昭和 19）　文，法の 2 学部を法文学部 1 学部に縮小

1946（昭和 21）　学部を復旧し元の 2 学部に

1947（昭和 22）　文学部神学科が神学部となる

1948（昭和 23）　新制大学開校。神，文，法，経済学部を設置

1949（昭和 24）　商学部，工学部を設置

1950（昭和 25）　短期大学部（夜間 2 年制）を設置

1954（昭和 29）　短期大学部を発展的に解消，2 部（4 年制）を設置（文，法，経済，商，工各学部）

1975（昭和 50）	創立 100 周年
2004（平成 16）	政策学部を設置
2005（平成 17）	社会学部，文化情報学部を設置
2008（平成 20）	生命医科学部，スポーツ健康科学部を設置。工学部を理工学部に改組再編・名称変更
2009（平成 21）	心理学部を設置
2011（平成 23）	グローバル・コミュニケーション学部を新設。国際教育インスティテュートを開設
2013（平成 25）	グローバル地域文化学部を設置

校章

正三角形を 3 つ寄せたこのマークは，国あるいは土を意味するアッシリア文字『ムツウ』を図案化したものです。考案者の湯浅半月は，同志社が生んだ詩人（代表作『十二の石塚』）であり古代オリエント学者でもありました。制定された当時，半月は同志社神学校教授でした。制定以来，知・徳・体の三位一体あるいは調和をめざす同志社の教育理念をあらわすものと解釈されています。

学部・学科の構成

（注）学部・学科および大学院に関する情報は 2024 年 4 月現在のものです。

大　学

●**神学部**　今出川校地
神学科

●**文学部**　今出川校地
英文学科
哲学科
美学芸術学科
文化史学科
国文学科

●**社会学部**　今出川校地
社会学科
社会福祉学科
メディア学科
産業関係学科
教育文化学科

●**法学部**　今出川校地
法律学科
政治学科（現代政治コース，歴史・思想コース，国際関係コース）

●**経済学部**　今出川校地
経済学科

●**商学部**　今出川校地
商学科（商学総合コース，フレックス複合コース）

●**政策学部**　今出川校地
政策学科

●**グローバル地域文化学部**　今出川校地
グローバル地域文化学科（ヨーロッパコース，アジア・太平洋コース，アメリカコース）

●文化情報学部　京田辺校地

文化情報学科

●理工学部　京田辺校地

インテリジェント情報工学科

情報システムデザイン学科

電気工学科

電子工学科

機械システム工学科

機械理工学科

機能分子・生命化学科

化学システム創成工学科

環境システム学科

数理システム学科

●生命医科学部　京田辺校地

医工学科

医情報学科

医生命システム学科

●スポーツ健康科学部　京田辺校地

スポーツ健康科学科

●心理学部　京田辺校地

心理学科

●グローバル・コミュニケーション学部　京田辺校地

グローバル・コミュニケーション学科（英語コース，中国語コース，日本語コース）　※日本語コースは外国人留学生を対象としたコース

大学院

神学研究科／文学研究科／社会学研究科／法学研究科／経済学研究科／商学研究科／総合政策科学研究科／文化情報学研究科／理工学研究科／生命医科学研究科／スポーツ健康科学研究科／心理学研究科／グローバル・スタディーズ研究科／脳科学研究科／司法研究科（法科大学院）／ビジネス研究科（ビジネススクール）

大学所在地

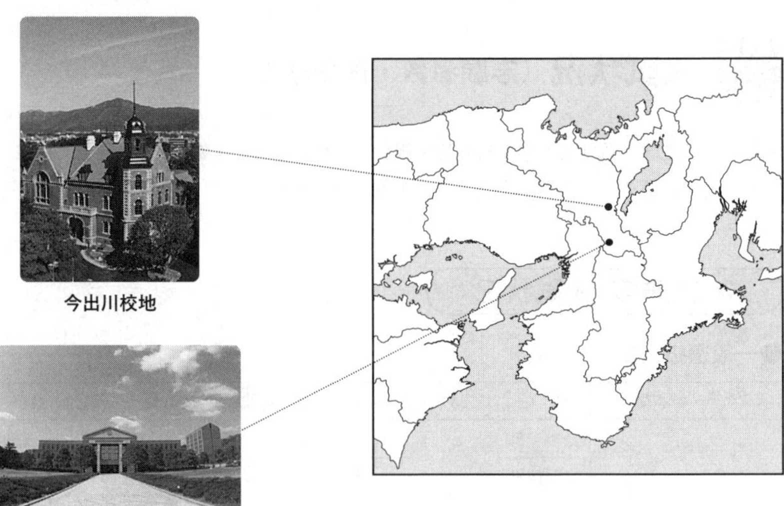

今出川校地　〒602-8580　京都市上京区今出川通烏丸東入
京田辺校地　〒610-0394　京田辺市多々羅都谷１－３

入試データ

入試状況（志願者数・競争率など）

○競争率は受験者数（個別学力検査等を課さない場合は志願者数）÷合格者数で算出。
○大学入学共通テストを利用する入試は１カ年のみ掲載。

2024年度 入試状況

●一般選抜入試

学部・学科等		日　程	募集人員	志願者数	受験者数	合格者数	競争率
神		全学部	31	64	62	16	3.9
		学部個別		220	209	63	3.3
文	英文	全学部	185	520	507	212	2.4
		学部個別		784	764	331	2.3
	哲	全学部	48	239	229	78	2.9
		学部個別		310	298	102	2.9
	美学芸術	全学部	49	213	208	64	3.3
		学部個別		248	236	78	3.0
	文化史	全学部	76	380	373	164	2.3
		学部個別		451	435	161	2.7
	国文	全学部	79	327	316	104	3.0
		学部個別		396	378	149	2.5
社会	社会	全学部	51	206	199	46	4.3
		学部個別		728	690	161	4.3
	社会福祉	全学部	54	149	143	27	5.3
		学部個別		663	635	144	4.4
	メディア	全学部	53	178	173	33	5.2
		学部個別		499	482	91	5.3
	産業関係	全学部	47	36	35	12	2.9
		学部個別		446	436	201	2.2

（表つづく）

学部・学科等		日　程	募集人員	志願者数	受験者数	合格者数	競争率
社　会	教育文化	全学部	42	128	125	49	2.6
		学部個別		310	297	121	2.5
法	法　律	全学部	380	1,343	1,286	481	2.7
		学部個別		2,177	2,070	801	2.6
	政　治	全学部	104	212	207	81	2.6
		学部個別		579	546	226	2.4
経　済		全学部	510	2,135	2,045	655	3.1
		学部個別		3,679	3,524	1,087	3.2
商	商学総合	全学部	344	919	885	257	3.4
		学部個別		2,126	2,032	586	3.5
	フレックス複合	全学部	75	180	176	43	4.1
		学部個別		467	441	127	3.5
政　策		全学部	204	737	709	145	4.9
		学部個別		1,820	1,729	377	4.6
文化情報		全学部（文系）	130	309	289	72	4.0
		全学部（理系）		282	266	88	3.0
		学部個別（文系型）		488	465	159	2.9
		学部個別（理系型）		304	285	126	2.3
理　工	インテリジェント情報工	全学部	23	519	498	172	2.9
		学部個別	23	464	427	138	3.1
	情報システムデザイン	全学部	23	546	524	170	3.1
		学部個別	23	526	475	163	2.9
	電気工	全学部	27	324	311	167〈26〉	1.9
		学部個別	27	321	301	148	2.0
	電子工	全学部	29	512	494	260	1.9
		学部個別	29	376	353	173	2.0
	機械システム工	全学部	37	745	725	412	1.8
		学部個別	32	649	614	277	2.2
	機械理工	全学部	27	489	467	266	1.8
		学部個別	23	426	399	181	2.2
	機能分子・生命化	全学部	26	595	581	274	2.1
		学部個別	27	616	575	268	2.1

（表つづく）

学部・学科等		日　程	募集人員	志願者数	受験者数	合格者数	競争率
理　工	化学システム創成工	全学部	26	527	512	261	2.0
		学部個別	27	516	485	232	2.1
	環境システム	全学部	16	430	413	192〈 9〉	2.2
		学部個別	17	399	377	166	2.3
	数理システム	全学部	11	237	223	89	2.5
		学部個別	13	297	279	121	2.3
生命医科	医　工	全学部	30	288	271	144	1.9
		学部個別	36	380	358	192	1.9
	医情報	全学部	30	199	191	106	1.8
		学部個別	36	179	165	88	1.9
	医生命システム	全学部	17	520	503	196	2.6
		学部個別	24	534	509	198	2.6
スポーツ健康科		全学部（文系）	90	320	303	94	3.2
		全学部（理系）		134	130	52	2.5
		学部個別（文系型）		403	386	105	3.7
		学部個別（理系型）		138	130	53	2.5
心　理		全学部（文系）	79	377	368	109	3.4
		全学部（理系）		100	93	25	3.7
		学部個別		512	483	149	3.2
グローバル・コミュニケーション	英語コース	全学部	50	210	202	46	4.4
		学部個別		381	366	103	3.6
	中国語コース	全学部	26	56	55	21	2.6
		学部個別		146	138	54	2.6
グローバル地域文化	ヨーロッパコース	全学部	46	175	172	67	2.6
		学部個別		268	256	93	2.8
	アジア・太平洋コース	全学部	37	114	109	40	2.7
		学部個別		187	179	62	2.9
	アメリカコース	全学部	31	109	107	25	4.3
		学部個別		235	231	59	3.9
合　計			3,480	40,731	38,923	13,964	—

（備考）理工学部電気工・環境システム学科においては，全学部日程において第2志望合格を実施した。合格者数の〈　〉内は第2志望合格者で外数。競争率は第1志望合格者数より算出している。

●大学入学共通テストを利用する入試

学部・学科等			募集人員	志願者数	合格者数	競争率
神			2	42	7	6.0
文	英文	A方式	25	141	42	3.4
		B方式	10	414	215	1.9
	哲		3	117	40	2.9
	美学芸術		3	125	35	3.6
	文化史		5	200	49	4.1
	国文		4	244	63	3.9
社会	社会		5	144	27	5.3
	社会福祉		5	78	8	9.8
	メディア		5	69	23	3.0
	産業関係		5	23	1	23.0
	教育文化		5	255	60	4.3
法	法律		20	964	426	2.3
	政治		10	170	76	2.2
経済			27	1,673	543	3.1
商	商学総合		25	754	202	3.7
政策	3科目方式		30	399	72	5.5
	4科目方式		5	163	60	2.7
文化情報	A方式		20	187	34	5.5
	B方式		10	676	220	3.1
理工	インテリジェント情報工		5	209	40	5.2
	情報システムデザイン		5	245	59	4.2
	電気工		5	106	36	2.9
	電子工		5	215	73	2.9
	機械システム工		2	155	15	10.3
	機械理工		2	175	19	9.2
	機能分子・生命化		5	202	40	5.1
	化学システム創成工		5	201	40	5.0
	環境システム		2	243	41	5.9
	数理システム		2	116	27	4.3
生命医科	医工		5	135	39	3.5
	医情報		3	51	13	3.9
	医生命システム		2	181	30	6.0

（表つづく）

学部・学科等		募集人員	志願者数	合格者数	競争率
スポーツ健康科	3 科 目 方 式	5	250	67	3.7
	5 科 目 方 式	10	276	100	2.8
	スポーツ競技力加点方式	15	185	88	2.1
心 理		5	300	69	4.3
グローバル地域文化	ヨーロッパコース	2	68	14	4.9
	アジア・太平洋コース	2	47	10	4.7
	アメリカコース	2	45	10	4.5
合 計		313	10,243	3,033	—

2023 年度 入試状況

●一般選抜入試

（　）内は女子内数

学部・学科等		日　程	募集人員	志願者数	受験者数	合格者数	競争率
神		全 学 部	31	86(45)	85(45)	23(10)	3.7
		学部個別		210(99)	206(97)	61(26)	3.4
文	英　文	全 学 部	185	543(309)	530(299)	216(122)	2.5
		学部個別		843(487)	822(476)	348(198)	2.4
	哲	全 学 部	48	177(69)	171(67)	77(34)	2.2
		学部個別		264(108)	256(104)	107(43)	2.4
	美学芸術	全 学 部	49	161(122)	154(116)	52(41)	3.0
		学部個別		242(188)	231(181)	71(51)	3.3
	文化史	全 学 部	76	449(208)	437(204)	131(57)	3.3
		学部個別		583(262)	569(260)	165(69)	3.4
	国　文	全 学 部	79	302(190)	295(188)	101(61)	2.9
		学部個別		377(237)	365(230)	129(87)	2.8
社　会	社　会	全 学 部	51	256(151)	250(149)	52(35)	4.8
		学部個別		890(387)	853(375)	164(83)	5.2
	社会福祉	全 学 部	54	81(60)	78(57)	22(18)	3.5
		学部個別		356(175)	350(171)	141(61)	2.5
	メディア	全 学 部	53	162(110)	160(108)	33(21)	4.8
		学部個別		442(278)	433(272)	114(65)	3.8
	産業関係	全 学 部	47	77(38)	72(36)	10(　4)	7.2
		学部個別		839(283)	809(279)	174(59)	4.6
	教育文化	全 学 部	42	124(76)	120(73)	39(25)	3.1
		学部個別		385(216)	362(205)	99(62)	3.7
法	法　律	全 学 部	380	1,300(533)	1,256(513)	462(195)	2.7
		学部個別		2,122(829)	2,014(790)	744(309)	2.7
	政　治	全 学 部	104	209(82)	197(78)	77(29)	2.6
		学部個別		582(193)	550(181)	204(75)	2.7
経　済		全 学 部	510	2,094(477)	2,006(460)	692(177)	2.9
		学部個別		3,581(941)	3,423(899)	1,158(316)	3.0

（表つづく）

学部・学科等		日　程	募集人員	志願者数	受験者数	合格者数	競争率
商	商学総合	全 学 部	344	1,026(399)	991(386)	219(92)	4.5
		学部個別		2,626(868)	2,513(836)	547(191)	4.6
	フレックス複合	全 学 部	75	196(60)	187(57)	42(15)	4.5
		学部個別		424(136)	408(127)	111(38)	3.7
政策		全 学 部	204	421(141)	411(137)	188(56)	2.2
		学部個別		1,176(462)	1,140(446)	514(198)	2.2
文化情報		全 学 部(文 系)	130	261(133)	252(129)	75(32)	3.4
		全 学 部(理 系)		181(58)	175(57)	75(29)	2.3
		学部個別(文系型)		433(211)	404(195)	148(79)	2.7
		学部個別(理系型)		291(72)	275(71)	139(36)	2.0
理工	インテリジェント情報工	全 学 部	23	612(45)	593(44)	227(10)	2.6
		学部個別	23	508(35)	482(32)	178(10)	2.7
	情報システムデザイン	全 学 部	23	541(66)	526(61)	155(19)	3.4
		学部個別	23	617(64)	583(56)	191(13)	3.1
	電気工	全 学 部	27	307(16)	300(13)	178(7) 〈 8(0)〉	1.7
		学部個別	27	202(7)	196(5)	103(1)	1.9
	電子工	全 学 部	29	506(24)	492(22)	261(10)	1.9
		学部個別	29	403(12)	389(11)	191(4)	2.0
	機械システム工	全 学 部	37	874(65)	845(62)	430(30)	2.0
		学部個別	32	764(43)	721(39)	302(14)	2.4
	機械理工	全 学 部	27	465(26)	453(24)	251(15) 〈 16(1)〉	1.8
		学部個別	23	372(20)	346(17)	184(7)	1.9
	機能分子・生命化	全 学 部	26	460(165)	446(160)	268(103)	1.7
		学部個別	27	489(143)	459(134)	248(78)	1.9
	化学システム創成工	全 学 部	26	505(144)	494(143)	299(89)	1.7
		学部個別	27	460(115)	441(110)	252(68)	1.8
	環境システム	全 学 部	16	410(84)	396(84)	183(38) 〈 9(0)〉	2.2
		学部個別	17	390(70)	369(67)	164(27)	2.3
	数理システム	全 学 部	11	216(18)	205(15)	87(6)	2.4
		学部個別	13	237(21)	218(19)	113(10)	1.9

(表つづく)

学部・学科等		日程	募集人員	志願者数	受験者数	合格者数	競争率
生命医科	医工	全学部	30	281(84)	274(84)	157(55)	1.7
		学部個別	36	305(83)	286(78)	160(45)	1.8
	医情報	全学部	30	263(85)	256(82)	108(35)	2.4
		学部個別	36	257(53)	237(48)	100(14)	2.4
	医生命システム	全学部	17	499(297)	476(277)	184(103)	2.6
		学部個別	24	386(224)	366(213)	148(78)	2.5
スポーツ健康科		全学部(文系)	90	274(96)	259(90)	72(30)	3.6
		全学部(理系)		145(32)	138(30)	54(19)	2.6
		学部個別(文系型)		371(123)	348(116)	97(37)	3.6
		学部個別(理系型)		145(31)	140(30)	54(16)	2.6
心理		全学部(文系)	79	431(267)	410(257)	114(80)	3.6
		全学部(理系)		93(39)	85(35)	23(9)	3.7
		学部個別		607(372)	576(356)	164(103)	3.5
グローバル・コミュニケーション	英語コース	全学部	50	178(94)	174(92)	42(25)	4.1
		学部個別		338(179)	321(173)	88(47)	3.6
	中国語コース	全学部	26	58(46)	58(46)	27(20)	2.1
		学部個別		143(94)	142(94)	65(42)	2.2
グローバル地域文化	ヨーロッパコース	全学部	46	243(164)	241(163)	66(45)	3.7
		学部個別		391(250)	384(248)	88(64)	4.4
	アジア・太平洋コース	全学部	37	133(104)	131(102)	33(25)	4.0
		学部個別		262(197)	258(195)	73(51)	3.5
	アメリカコース	全学部	31	82(40)	81(40)	25(14)	3.2
		学部個別		162(84)	160(84)	62(31)	2.6
合計			3,480	40,157 (13,914)	38,565 (13,405)	14,026 (4,647)	—

(備考) 理工学部電気工・機械理工・環境システム学科においては，全学部日程において第2志望合格を実施した。合格者数の〈 〉内は第2志望合格者で外数。競争率は第1志望合格者数より算出している。

2022 年度 入試状況

●一般選抜入試

( ) 内は女子内数

学部・学科等		日 程	募集人員	志願者数	受験者数	合格者数	競争率
神		全 学 部	31	58(28)	56(27)	18(10)	3.1
		学部個別		172(65)	160(60)	50(19)	3.2
文	英 文	全 学 部	185	513(295)	499(286)	209(126)	2.4
		学部個別		801(477)	776(466)	351(216)	2.2
	哲	全 学 部	48	190(62)	186(60)	60(16)	3.1
		学部個別		275(109)	265(105)	91(37)	2.9
	美学芸術	全 学 部	49	186(148)	184(147)	52(43)	3.5
		学部個別		236(190)	231(185)	80(63)	2.9
	文化史	全 学 部	76	330(152)	321(149)	145(72)	2.2
		学部個別		470(222)	457(217)	200(102)	2.3
	国 文	全 学 部	79	389(240)	371(229)	106(61)	3.5
		学部個別		525(321)	510(313)	135(90)	3.8
社 会	社 会	全 学 部	51	211(127)	207(123)	55(28)	3.8
		学部個別		702(300)	679(293)	177(96)	3.8
	社会福祉	全 学 部	54	125(87)	123(85)	26(19)	4.7
		学部個別		564(275)	548(269)	143(76)	3.8
	メディア	全 学 部	53	163(117)	162(117)	31(25)	5.2
		学部個別		460(279)	453(276)	101(64)	4.5
	産業関係	全 学 部	47	46(22)	45(21)	7(3)	6.4
		学部個別		606(196)	598(194)	211(60)	2.8
	教育文化	全 学 部	42	118(77)	111(72)	52(35)	2.1
		学部個別		268(150)	252(140)	111(69)	2.3
法	法 律	全 学 部	380	1,376(510)	1,329(492)	411(153)	3.2
		学部個別		2,370(851)	2,251(811)	705(253)	3.2
	政 治	全 学 部	104	199(65)	192(65)	67(29)	2.9
		学部個別		669(209)	633(203)	203(78)	3.1
経 済		全 学 部	510	1,957(394)	1,880(382)	663(144)	2.8
		学部個別		3,529(798)	3,390(768)	1,187(251)	2.9

(表つづく)

学部・学科等		日　程	募集人員	志願者数	受験者数	合格者数	競争率
商	商学総合	全 学 部	344	836(299)	802(288)	250(90)	3.2
		学部個別		2,146(703)	2,049(673)	633(197)	3.2
	フレックス複合	全 学 部	75	102(42)	94(39)	35(12)	2.7
		学部個別		242(81)	232(77)	78(31)	3.0
政策		全 学 部	204	509(191)	495(188)	158(52)	3.1
		学部個別		1,319(544)	1,278(530)	397(174)	3.2
文化情報		全 学 部(文 系)	130	194(74)	188(69)	76(30)	2.5
		全 学 部(理 系)		142(38)	134(33)	61(16)	2.2
		学部個別(文系型)		320(152)	303(147)	102(52)	3.0
		学部個別(理系型)		211(46)	200(43)	108(26)	1.9
理工	インテリジェント情報工	全 学 部	23	705(57)	680(55)	243(14)	2.8
		学部個別	23	572(43)	529(41)	185(14)	2.9
	情報システムデザイン	全 学 部	23	559(70)	540(66)	194(17)	2.8
		学部個別	23	489(60)	452(56)	202(15)	2.2
	電気工	全 学 部	27	286(12)	274(11)	158(7) 〈 12(1)〉	1.7
		学部個別	27	228(9)	213(9)	104(5)	2.0
	電子工	全 学 部	29	404(18)	384(17)	225(12)	1.7
		学部個別	29	343(6)	329(6)	155(3)	2.1
	機械システム工	全 学 部	37	775(56)	746(54)	426(37)	1.8
		学部個別	32	673(39)	636(36)	301(13)	2.1
	機械理工	全 学 部	27	405(21)	394(20)	237(14)	1.7
		学部個別	23	299(12)	278(11)	168(5)	1.7
	機能分子・生命化	全 学 部	26	446(152)	438(151)	247(74)	1.8
		学部個別	27	388(131)	366(127)	185(57)	2.0
	化学システム創成工	全 学 部	26	515(142)	508(141)	290(68)	1.8
		学部個別	27	461(110)	439(108)	248(59)	1.8
	環境システム	全 学 部	16	409(98)	394(93)	172(42) 〈 9(3)〉	2.3
		学部個別	17	339(66)	313(56)	137(24)	2.3
	数理システム	全 学 部	11	242(33)	227(30)	97(11)	2.3
		学部個別	13	227(22)	210(19)	107(5)	2.0

(表つづく)

学部・学科等		日程	募集人員	志願者数	受験者数	合格者数	競争率
生命医科	医工	全学部	30	276(82)	262(75)	138(45)	1.9
		学部個別	36	349(79)	322(70)	177(42)	1.8
	医情報	全学部	30	224(90)	215(85)	113(40)	1.9
		学部個別	36	216(68)	207(64)	104(33)	2.0
	医生命システム	全学部	17	388(240)	372(234)	153(93)	2.4
		学部個別	24	338(199)	311(185)	134(80)	2.3
スポーツ健康科		全学部(文系)	90	252(89)	245(87)	68(27)	3.6
		全学部(理系)		104(19)	99(17)	36(9)	2.8
		学部個別(文系型)		371(117)	355(112)	104(35)	3.4
		学部個別(理系型)		100(17)	94(16)	39(8)	2.4
心理		全学部(文系)	79	411(257)	402(252)	111(72)	3.6
		全学部(理系)		74(31)	69(28)	22(8)	3.1
		学部個別		571(353)	550(345)	163(102)	3.4
グローバル・コミュニケーション	英語コース	全学部	50	172(95)	166(92)	37(24)	4.5
		学部個別		366(206)	358(202)	88(41)	4.1
	中国語コース	全学部	26	46(39)	46(39)	20(16)	2.3
		学部個別		85(57)	83(55)	45(30)	1.8
グローバル地域文化	ヨーロッパコース	全学部	46	172(112)	170(110)	59(40)	2.9
		学部個別		293(173)	286(168)	101(54)	2.8
	アジア・太平洋コース	全学部	37	121(104)	117(100)	43(33)	2.7
		学部個別		203(165)	198(161)	79(65)	2.5
	アメリカコース	全学部	31	88(52)	83(50)	26(17)	3.2
		学部個別		212(123)	199(118)	63(36)	3.2
合計			3,480	37,726 (12,860)	36,203 (12,414)	13,570 (4,368)	—

(備考) 理工学部電気工・環境システム学科においては，全学部日程において第２志望合格を実施した。合格者数の〈　〉内は第２志望合格者で外数。競争率は第１志望合格者数より算出している。

合格最低点（一般選抜入試）

●合否の目安

合否の判定は3教科の合計得点により行われる。

合格最低点は以下に示すとおりであるが，**法・経済学部の英語については基準点(80点)**が設けられており，英語が79点以下の場合，3教科の総得点が合格最低点を上回っていても不合格となる。

●選択科目間の得点調整について

両日程・全学部において，選択科目間の得点調整が実施されている。計算式は以下のとおり。

150点満点の場合

$$調整点=\frac{得点-当該科目の平均点}{当該科目の標準偏差}\times 15+選択科目全ての平均点$$

200点満点の場合

$$調整点=\left[\frac{得点-当該科目の平均点}{当該科目の標準偏差}\times 15+選択科目全ての平均点\right]\times\frac{200}{150}$$

ただし，調整点＜0の場合，調整点は0点。また，調整点＞150（200）の場合，調整点は150点（200点）。なお，当該科目の得点が0点または満点の場合，得点調整は行われない。

●全学部日程

学部・学科等		満点	2024	2023	2022
神		500	347	365	365
文	英文	500	338	357	358
	哲		348	355	367
	美学芸術		348	365	364
	文化史		353	372	367
	国文		353	361	373
社会	社会	500	373	387	384
	社会福祉		350	358	361
	メディア		371	374	382
	産業関係		339	373	363
	教育文化		353	369	364
法	法律	500	351	371	374
	政治		348	375	374
経済		500	345	368	359
商	商学総合	500	353	379	368
	フレックス複合		353	379	368
政策		500*	355	383	406
文化情報		文系 500	344	354	354
		理系 550	309	296	300
理工	インテリジェント情報工	550	350	332	335
	情報システムデザイン		350	334	329
	電気工		①301 ②308	①300 ②301	①305 ②310
	電子工		317	304	313
	機械システム工		301	305	295
	機械理工		304	①300 ②303	301
	機能分子・生命化		318	297	297
	化学システム創成工		320	296	303
	環境システム		①321 ②337	①315 ②330	①322 ②339
	数理システム		352	342	347

（表つづく）

学部・学科等		満点	2024	2023	2022
生命医科	医工	600	316	311	314
	医情報		308	320	301
	医生命システム		358	350	350
スポーツ健康科		文系 500	319	344	345
		理系 550	260	279	273
心理		文系 500	356	375	372
		理系 500	314	312	319
グローバル・コミュニケーション	英語コース	550	407	425	424
	中国語コース	500	340	359	358
グローバル地域文化	ヨーロッパコース	500	358	391	376
	アジア・太平洋コース		357	377	370
	アメリカコース		364	370	374

（備考）理工学部の①は第 1 志望合格者の最低点，②は第 2 志望合格者の最低点を示す。
＊2023・2022 年度は 550 点満点。

●学部個別日程

学部・学科等		満点	2024	2023	2022
神		500	351	376	338
文	英文	500	327	367	360
	哲		337	365	369
	美学芸術		340	372	364
	文化史		343	381	370
	国文		342	370	376
社会	社会	500	372	395	377
	社会福祉		347	359	352
	メディア		369	380	374
	産業関係		335	378	349
	教育文化		349	375	354
法	法律	500	340	357	371
	政治		337	360	371
経済		500	334	357	359
商	商学総合	500	366	394	344
	フレックス複合		366	394	344
政策		500	371	356	373
文化情報		文系型 500	353	360	367
		理系型 550	328	324	303
理工	インテリジェント情報工	450	267	273	253
	情報システムデザイン		263	272	240
	電気工		235	240	236
	電子工		248	257	246
	機械システム工		244	258	235
	機械理工		244	250	229
	機能分子・生命化		233	241	223
	化学システム創成工		235	248	228
	環境システム		246	259	231
	数理システム		257	260	248
生命医科	医工	500	303	276	268
	医情報		290	288	259
	医生命システム		334	308	298

（表つづく）

学部・学科等		満点	2024	2023	2022
スポーツ健康科		文系型 500	339	349	349
		理系型 550	307	302	288
心理		500	369	393	351
グローバル・コミュニケーション	英語コース	550	396	414	425
	中国語コース	500	325	339	354
グローバル地域文化	ヨーロッパコース	500	370	405	360
	アジア･太平洋コース		369	392	352
	アメリカコース		375	384	357

募集要項（願書）の入手方法

大学案内・入試ガイドは６月に発行される予定です。一般選抜・大学入学共通テスト利用入試の入試要項の発行時期については大学ホームページ等でご確認ください。郵送をご希望の方は，大学ホームページよりお申し込みください。テレメールでも請求できます。

問い合わせ先

同志社大学　入学センター入学課
〒602-8580　京都市上京区今出川通烏丸東入
TEL　075-251-3210〔直通〕
FAX　075-251-3082
ホームページ　https://www.doshisha.ac.jp
E-mail　ji-nyugk@mail.doshisha.ac.jp

合格体験記 募集

2025 年春に入学される方を対象に，本大学の「合格体験記」を募集します。お寄せいただいた合格体験記は，編集部で選考の上，小社刊行物やウェブサイト等に掲載いたします。お寄せいただいた方には小社規定の謝礼を進呈いたしますので，ふるってご応募ください。

応募方法

下記 URL または QR コードより応募サイトにアクセスできます。
ウェブフォームに必要事項をご記入の上，ご応募ください。
折り返し執筆要領をメールにてお送りします。

※入学が決まっている一大学のみ応募できます。

☞ http://akahon.net/exp/

応募の締め切り

総合型選抜・学校推薦型選抜	2025年2月23日
私立大学の一般選抜	2025年3月10日
国公立大学の一般選抜	2025年3月24日

受験にまつわる川柳を募集します。
入選者には賞品を進呈！
ふるってご応募ください。

応募方法　http://akahon.net/senryu/　にアクセス！☞

在学生メッセージ

大学ってどんなところ？　大学生活ってどんな感じ？
ちょっと気になることを，在学生に聞いてみました。

以下の内容は 2020～2022 年度入学生のアンケート回答に基づくものです。ここで触れられている内容は今後変更となる場合もありますのでご注意ください。

メッセージを書いてくれた先輩　［文学部］R.O. さん　［法学部］小野倫敬さん　安東賢信さん

大学生になったと実感！

大学からは自分で時間割を作成することができます。また，科目は自分の興味があることに応じて選ぶことができます。アルバイトやサークルをするのも自由です。しかし，高校までとは違い，進路などを考えるときには自分から説明会やインターンシップに足を運ばねばなりません。受け身ではいつまでも貴重な情報を得ることができないのが大学という場所だと思います。ですが，あらゆる面で，束縛されずにアクティブに活動できるのは大学生のいいところだと思います。（安東さん／法）

大学生活に必要なもの

大学生として必要なものはパソコンです。パソコンは授業中に調べものをしたり，レポートを作成したり，さらには履修登録をするために使用したりと必須アイテムです。大学にもパソコンがありますが，自分のパソコンを持っていないと自宅や授業で使用する際に困る場合があるので，自分のパソコンを用意することをおすすめします。また，Wi-Fi などのインターネットが使える環境の準備も必要です。（小野さん／法）

この授業がおもしろい！

文化史学科日本史コースの必修科目である日本文化史演習。少人数で行われる漢文講読の授業で，学生それぞれに漢文史料が割り振られて，それについて調査して発表を行うことを主としている。他の人の発表を聞くと，自分の力ではわからなかった新たな発見があってとてもおもしろい。（R.O. さん／文）

おもしろい授業は外交論についての授業です。歴代日本首相のアメリカとの外交について学ぶことができる授業です。この授業では，メディアに多数出演されている有名教授の話を聞くことができ，日米関係についての理解を深めることができます。戦後公開された映画「ゴジラ」のゴジラは何を表しているのか，亡くなった日本兵なのか，アメリカ人なのか，など身近な題材を基にした話もあり，教授の研究に引き込まれました。（小野さん／法）

部活・サークル活動

演劇のサークルに入っている。年に4回ほど新町キャンパスにある小ホールで公演を行っており，それに向けた稽古が主な活動内容となっている。同志社大学には演劇のサークルが複数あり，他にも多種多様なサークルがあるので，自分に合ったサークルを選択することができる。（R.O. さん／文）

私は2つのサークルに所属しています。1つ目は野球のサークルで，週に1回程度，集まって野球をしています。私は野球初心者ですが楽しく活動しています。2つ目はキャンプのサークルで，子供たちが夏休みにキャンプをする際にボランティアをするサークルです。子供たちと川遊びをしたりご飯を作ったり，かけがえのない思い出をつくることができます。（小野さん／法）

交友関係は？

入学式で話しかけてくれた人と仲良くさせてもらっている。また，少人数クラスで席が隣の人に話しかけると仲良くなれると思う。積極的に話しかけることが大切。先輩とはやはりサークルを通じて交流することがメインだと思う。交友関係を広げるためには積極性は不可欠だと感じている。（R.O. さん／文）

いま「これ」を頑張っています

現在，高校からやっているギターを猛練習しています。軽音サークルにも入っているので1曲でも多くの曲を上手に弾けるようになれたらと思っています！ サークルの中では，自分の知らないバンドや曲のことを共有できるのでいい刺激になっています。（安東さん／法）

おススメ・お気に入りスポット

大学の図書館。蔵書数も多く，落ち着いた雰囲気で勉強や読書に集中できる。また，古書特有の独特な香りが漂っている書庫も気に入っている。中には史料がたくさんあり，レポートや発表資料の作成に非常に役立つ。(R.O. さん／文)

大学周辺のお気に入りスポットは鴨川です。鴨川周辺は夏でも涼しいので散歩をするのに快適です。その他にも自転車で 20 分くらいの場所に河原町があるので買い物ができますし，地下鉄に乗れば 10 分程度で京都駅に行けるので，学校の立地がとてもいいです。(小野さん／法)

入学してよかった！

同志社大学に入学してよかったと思うことは，自分に刺激を与えてくれる友人が多いことです。中国語検定 1 級を持っている友人や，弁護士を目指して必死に勉強している友人など，尊敬できる友人は多岐にわたります。そのような友人たちとの出会いを通して自分の世界観を広げることができました。(小野さん／法)

高校生のときに「これ」をやっておけばよかった

受験英語だけでなく，英会話など実践的な英語にもっと触れておけばよかったと痛感している。同志社大学は外国人留学生も多く，また英語教育にも力を入れているため，英語が苦手で受験英語の勉強しかしてこなかった自分にとって，ついていくのが難しいという状況になってしまっている。(R.O. さん／文)

みごと合格を手にした先輩に，入試突破のためのカギを伺いました。入試までの限られた時間を有効に活用するために，ぜひ役立ててください。

（注）ここでの内容は，先輩方が受験された当時のものです。2025 年度入試では当てはまらないこともありますのでご注意ください。

・アドバイスをお寄せいただいた先輩・

N.M. さん　文学部（美学芸術学科）
全学部日程 2024 年度合格，愛媛県出身

試験前日は新しい問題に取り組んでわからないと焦ってしまうかもしれないので，今まで取り組んできたインプットを繰り返しました。自信にもつながりますし，基礎が大切な同志社大学では最後まで戦力を高められました。

T.Y. さん　法学部（法律学科）
全学部日程・学部個別日程 2024 年度合格，茨城県出身

周りに流されるのではなく，自分のレベルや現状に合わせて，試験日までに淡々とこなしていくことです。

M.Y. さん　政策学部
全学部日程 2024 年度合格，三重県出身

私は浪人生でした。毎朝同じ時間に起きて同じ時間に予備校に行って勉強するというサイクルを習慣化させました。早寝早起き朝ごはんを徹底していたので風邪をひくこともなかったです。人より早く予備校や学校に行って勉強するなどのちょっとした差が後々大きな差を生むことになると思います。受験期間は自分のやりたいことを我慢して勉強漬けの毎日になるとは思いますが，勉強だけの生活で自分が壊れてしまわないように，日々の中にちょっとした娯楽を入れることも大切です。

その他の合格大学　立教大（観光），國學院大（観光まちづくり），名城大（法），愛知大（地域政策〈共通テスト利用〉）

S.K. さん　理工学部（インテリジェント情報工学科）
学部個別日程 2024 年度合格，神奈川県出身

最後まで諦めないことです。わからなくても，わかることを最後まで諦めずに書き続けることが肝心です。私はそれで合格最低点＋ 8 点で滑り込みました。

その他の合格大学　明治大（理工〈情報科〉），立命館大（情報理工〈共通テスト利用〉）

T.U. さん　スポーツ健康科学部
全学部日程（文系）2024 年度合格，滋賀県出身

とても基本的なことですが，睡眠時間をしっかりと確保して，栄養バランスのよい食事をし，適度にランニングなどの運動をしたりして，健康的な生活を続けたうえで，勉強していました。特に適度に運動することはとてもよかったと思っていて，ちょっと体を動かすだけでむしろその１日の自分の調子がよくなって，勉強により集中して取り組めました。

その他の合格大学　近畿大（経営〈経営〉），京都産業大（経営）

A.N. さん　社会学部（教育文化学科）
全学部日程・学部個別日程 2023 年度合格，兵庫県出身

合格のポイントは，正確に，確実に問題を解けるように練習したことです。同志社大学は標準レベルの問題が出題されますが，標準的な問題だからこそ他の受験生が取れるような問題を落としてはいけません。特に，英語や国語では１問の配点が高い問題が多くあり，その問題の出来で合否が変わる可能性が十分にあります。練習すれば必ず高得点を狙える実力を手に入れることができます。また，記述問題の対策も合格するために必要です。しっかりと自分の答案を解答用紙に表現できるように頑張ってください。

その他の合格大学　立命館大（経済〈共通テスト利用〉），関西大（経済，社会）

H.S. さん　生命医科学部（医生命システム学科）
全学部日程 2023 年度合格，広島県出身

合格するために最も大切なのは，本番の精神力だと思います。私は，本番では物理と数学で苦戦し，過去問と比べても全然できませんでした。絶望的でしたが，得意の英語で持ち直し，英語では 8 割を取ることができました。本番ではいかに気持ちをコントロールして，最後まで粘れるかが重要だと思います。また私は，本番に弱いタイプだとわかっていたので，どんなに緊張してもある程度の力は出せるよう，たくさん演習しました。本番で精神を安定させるための準備も大切だと思います。受験勉強や本番の試験で，つらいこと，焦ることはたくさんあると思います。それでも，私のように絶対に不合格だと思っても受かることはあるので，最後まで諦めないで頑張ってほしいです。

その他の合格大学　立命館大（薬〈共通テスト利用〉）

N.I. さん　商学部
学部個別日程 2021 年度合格，兵庫県出身

英単語を 2 年生の間にある程度覚えておいたことが，後々とても役に立ったと思います。英文を読んだときに知っている単語があると，スラスラ読めてモチベーションも上がるからです。なので，受験生の方は早めに英単語を覚えておくことをおすすめします。

その他の合格大学　同志社大（法，経済，政策）

入試なんでもQ&A

受験生のみなさんからよく寄せられる，
入試に関する疑問・質問に答えていただきました。

「赤本」の効果的な使い方を教えてください。

A 志望校を決定した高3の4月に赤本で一通り問題形式を確認しました。1年の学習の指針を立てるためにも早めに一度目を通しておくべきです。本格的に取り組み始めたのは10月頃でした。周りは8月頃から取り組んでいたので焦りはありましたが，きちんと基礎ができてから取り組めたので，結果としては正解でした。同志社大学の英語は問題形式が同じなので，英語は志望学部にかかわらず全部解きました。

(N.M. さん／文)

A 最新年度の問題は，自分のレベルや志望校との距離を測るために，すぐに解きました。解き終わったら，何が足りなくてどうすればよいのかといった分析，次につなげる対策，そして解いた年度の過去問の復習をしっかりしました。その後に第一志望の学部以外の赤本も解くことで，形式に慣れたり，問題集として利用したりしました。最後に，時間配分の確認や本番当日と同じ時間割で解くといった仕上げとして残りの年度の問題を解きました。

(T.Y. さん／法)

1年間のスケジュールはどのようなものでしたか？

A　高2の12月くらいから英文法や古典文法，単語などの基礎をやり始めて，文法事項に関しては夏休みまでにはほぼ完璧にしました。単語に関しては受験直前まで1個でも多く覚えようと継続してやりました。理想としては単語も夏休みまでに完璧にできれば強いと思います。僕は3科目受験だったので，とにかく配点の高い英語に一番勉強時間を割きました。現代文は，毎日継続して文章を読むように努力すれば感覚が染みついてきます。社会は，僕は始めるのが少し遅くて本格的には夏休みから始めたのですが，もう少し早く取りかかっておけば受験直前での仕上がりがよかったんだろうなぁと少し後悔しています。けれど，社会は最後の最後まで粘れば成績は伸びます！　受験直前に自分の思う完成度じゃなかったとしても，諦めずに最後まであがき続けてください。

（T.U. さん／スポーツ健康科）

Q どのように学習計画を立て，受験勉強を進めていましたか？

A　1カ月の目標や終わらせたい参考書から逆算して1週間の計画を立てていました。計画はある程度の余裕をもたせて立てました。また，2カ月に一度，共通テスト模試を受けていたので，それで基礎が不足している苦手科目や分野を特定し，3科目の勉強時間を調節していました。

（N.M. さん／文）

A　英文法が苦手だったので，予備校の授業で習ったことをしっかり復習しました。全然身についていないなと思ったら毎日連続で復習し，定着してきたなと思ったら3日置きに復習するなど間隔を空けていきました。前日に次の日にすることをメモして，次の日にすぐ勉強に取りかかれるようにしました。うまく進まない日もあるので，そんな日のために何も予定を入れない予備日も作っておきました。日本史は最後のほうに近現代史が残ってしまわないように，10月くらいまでには一通り終わらせました。

（M.Y. さん／政策）

学校外での学習はどのようにしていましたか？

A 家ではあまり勉強に集中できなかったので，休日や長期休暇は1日中塾にこもっていました。朝は10時からの開校でしたが，それまでは家ではあえて勉強しませんでした。塾に行くまでの時間は，軽くランニングをしたりニュースを見たりなど，なるべく遊び過ぎずに勉強以外のことをするように意識していました。電車で塾に通っていたので，電車に乗った瞬間にその日の勉強はスタートです。電車に乗っているときは，ひたすら単語を覚えまくりました。正直なところ，僕の受験勉強のなかで一番頑張ったなと思うのは，この時間です。座ってしまうとどうしても眠くなって全く頭に入っていないことに気づいてからは，意地でも立って単語帳を開いていました（笑）。往路は英単語，復路は古文単語などとすることを分けると，より集中力が上がった気がします。これを毎日，受験本番まで続けました。 （T.U. さん／スポーツ健康科）

時間をうまく使うためにしていた工夫があれば，教えてください。

A キッチンタイマーを使って時間を計り，45分勉強したら15分休憩（スマホも漫画もOK）ということをしていました。これならモチベーションも保てるし，かなり効率よく勉強することができます。また，英語などの暗記科目は電車やバスの中で取り組みました。家から高校まではバス・電車で片道1時間半程度で，往復しっかりと勉強すれば約3時間近くの勉強時間を手に入れることができました。 （S.K. さん／理工）

同志社大学を攻略するうえで，特に重要な科目は何ですか？

A 英語です。配点が高いのと，得点調整がなくそのまま反映されるので，重要です。同志社大学は語彙力が大切なので，単語帳は『英単語ターゲット 1400』と『同 1900』（旺文社），『速読英単語 上級編』（Z会），『システム英単語』（駿台文庫）の 4 冊を使いました。また，文法力も重要なので『Next Stage 英文法・語法問題』（桐原書店）で強化しました。そして何よりも長文に慣れる必要があるので，『やっておきたい英語長文』シリーズ（河合出版）や他大学の過去問を解きました。英作文は，実際に第三者に見てもらい添削してもらうことが大切です。日本語の微妙なニュアンスが英語に訳せていなかったりするのは自分ではなかなか気づけないので，私の場合は家庭教師の先生に添削してもらいました。

（N.M. さん／文）

A 数学です。理系であれば配点も高いですが，高難度のため「途中点をガッツリ取る」ということを心がけなければなりません。私は，赤本でわからなかった問題の解答例と自分の解答を見比べながら，考え方の違いを整理したり，赤本の解答例通りに自分で解答を作成してみたりということを繰り返しました。このようにすると自ずと合格につながる解答の書き方のコツが見えてくるのではないかと思います。他の同傾向の過去問を解いてみるのもよいでしょう。（S.K. さん／理工）

苦手な科目はどのように克服しましたか？

A 私は国語がとても苦手でした。特に現代文のできるときとできないときの波が激しかったです。しかし，予備校の授業を受けて，教えてもらったことを徹底的に身につけたおかげで，本番でも緊張することなく力を発揮できました。同志社大学の国語には記述問題がありますが，現代文の解き方がしっかり身についていれば何も怖くありません。また，古文は単語が重要だと思います。早いうちに覚えてしまいましょう。助動詞などの古文文法もしっかりとやるべきです。（M.Y. さん／政策）

**Q 併願をするうえで重視したことは何ですか？
また，注意すべき点があれば教えてください。**

A 私は後悔しないように，受けるか迷った大学は基本受けました。ただし，3日連続受験することは避けました。自分でも気づかないうちに精神的にも体力的にも疲れます。また，大学の出題形式によって向き不向きが多少あります。過去問を見ていて，自分と相性が悪すぎると思うなら，併願校を変えてみてもいいかもしれません。たまに本命しか受けない人がいますが，それはあまりおすすめしません。1校だけでも練習として受けておくと本命大学の受験のときに，あまり緊張せず，力を発揮できると思います。 (M.Y. さん／政策)

**Q 試験当日の試験場の雰囲気はどのようなものでしたか？
緊張のほぐし方，交通事情，注意点等があれば教えてください。**

A 試験当日は，ほぼ確実に緊張します。僕は，なるべく気持ちを落ち着かせるために，受験勉強を始めたときからずっと続けてきて一番長い時間一緒にいたであろう単語帳を静かに見返していました。あれこれ見るのではなく，何か1つだけ自分のお気に入りの参考書などを試験会場に持って行って，じっくりとそれを読むのが一番緊張がほぐれるような気がします。また，僕は試験会場に着く時間を意識しました。8時半から試験会場に入室可能だったので，なるべく早めに自分の席についてイメトレをしていました。よい結果を出すには，もちろんそれまでの勉強の頑張りも必要だけれど，当日の自分のコンディションをよくして最大限のパフォーマンスをすることも必要です。当日に自分でできるあらゆる準備をしたうえで試験に臨むとよいと思います。あとは，周りには賢そうな受験生がたくさんいますが，あまり気にしてはいけません。あくまで自分との戦いです。試験中に自分のできることにだけ集中すればよい結果は望めるはずです。 (T.U. さん／スポーツ健康科)

受験生へアドバイスをお願いします。

A　失敗したと思った科目があっても最後まで諦めず，とりあえず力を出し切って答案は全部埋めましょう。私は当日，英語の試験の手応えがなくて絶対ダメだと思い，すぐに帰りたい気持ちにさえなりましたが，なんとか残りの国語や日本史の試験も終えました。正直言って合格発表まで合格している自信はありませんでしたが，得点開示を見てみると国語や日本史だけでなく，英語も英作文や和訳を諦めずに書いたことで得点がもらえていました。あなたが一生懸命に書いた答案はきちんと採点者に見てもらえます。最後まで頑張ってきた全力を出し切りましょう。

（N.M. さん／文）

科目別攻略アドバイス

みごと入試を突破された先輩に，独自の攻略法や
おすすめの参考書・問題集を，科目ごとに紹介していただきました。

英　語

とにかく語彙力を強化しましょう。同志社大学の英語は単語単体で問われることもあるなど，何かと語彙が必要です。　（N.M. さん／文）

おすすめ参考書　『速読英単語　上級編』（Z 会）

同志社大学の英語はさまざまな分野の専門的話題から出題されることが多いですが，多くが選択式の問題ですから，単語さえわかれば雰囲気はつかめるのではないでしょうか。私は『リンガメタリカ』の文章と単語・熟語を何周も口に出して大きな声で音読し，頭に叩き込んでいきました。

（S.K. さん／理工）

おすすめ参考書　『話題別英単語リンガメタリカ』（Z 会）

日本史

日本史は時代の流れをしっかり攻略することが大切です。「いつ，どこで，どうしてそのような戦いが起こったのか？」「なぜ〇〇の輸出が増えたのか？」など，教科書に書かれている前後関係をしっかり把握しておきましょう。同志社大学の日本史は記述問題もあります。日頃から漢字を書く練習をして本番で頭が真っ白にならないように気をつけてください。

(M.Y. さん／政策)

おすすめ参考書 『実力をつける日本史 100 題』（Z会）
『詳説日本史』（山川出版社）

世界史

年号は必ず覚えておいてください。語呂をつかって覚えると速く覚えられると思います。また，用語だけではなくて背景も知っておくと，正誤判定問題で役に立つと思います。 (N.I. さん／商)

数　学

同志社大学の文系数学はとても難しい問題が出題されることがありますが，それにくじけないことです。また，記述式の問題が 2 題あり，その問題では解答のプロセスをわかりやすく，また理にかなったものを書くことを心がけて解答を作成することです。 (A.N. さん／社会)

おすすめ参考書 『理系数学の良問プラチカ』（河合出版）

物　理

いかにして基本をきちんとおさえて応用問題につなげられるかがポイントです。

(H.S. さん／生命医科)

おすすめ参考書 『実戦 物理重要問題集 物理基礎・物理』（数研出版）

国　語

設問の趣旨をしっかり把握することです。問われていることに答えないと，せっかく書いた答案も点数がつかなくなります。　（T.Y. さん／法）

現代文の正確な解き方を身につけることがポイント。古文単語，古文助動詞は早いうちに覚えましょう。　（M.Y. さん／政策）

おすすめ参考書　『つながる・まとまる古文単語 500PLUS』（いいずな書店）

『望月光　古典文法講義の実況中継①・②』（語学春秋社）

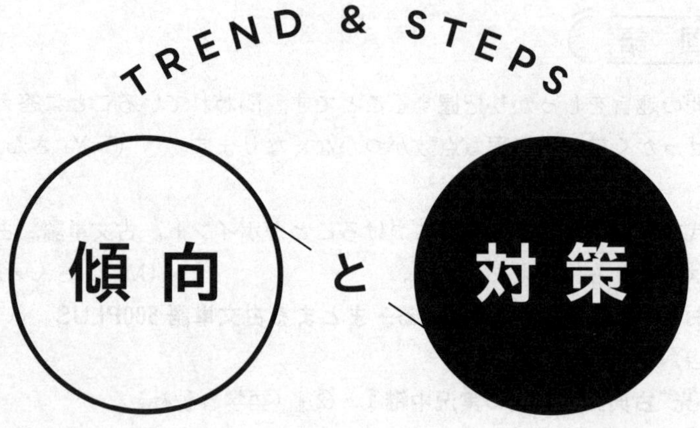

科目ごとに問題の「傾向」を分析し，具体的にどのような「対策」をすればよいか紹介しています。まずは出題内容をまとめた分析表を見て，試験の概要を把握しましょう。

注 意

「傾向と対策」で示している，出題科目・出題範囲・試験時間等については，2024 年度までに実施された入試の内容に基づいています。2025 年度入試の選抜方法については，各大学が発表する学生募集要項を必ずご確認ください。

英　語

年　度		番号	項　目	内　容
2024	理工	〔1〕	読解	空所補充，同意表現，内容説明，語句整序，段落の主題，内容真偽
		〔2〕	読解	空所補充，同意表現，内容説明，語句整序，内容真偽，英文和訳
		〔3〕	会話文，英作文	空所補充，和文英訳
	生命医科・文化情報（理）・スポーツ（理）	〔1〕	読解	空所補充，同意表現，内容説明，語句整序，主題（小見出し），内容真偽
		〔2〕	読解	空所補充，同意表現，内容説明，語句整序，内容真偽，英文和訳
		〔3〕	会話文，英作文	空所補充，和文英訳
2023	理工	〔1〕	読解	空所補充，同意表現，内容説明，語句整序，内容真偽，英文和訳
		〔2〕	読解	空所補充，同意表現，内容説明，語句整序，内容真偽
		〔3〕	会話文，英作文	空所補充，和文英訳
	生命医科・文化情報（理）・スポーツ（理）	〔1〕	読解	空所補充，同意表現，内容説明，語句整序，内容真偽
		〔2〕	読解	空所補充，同意表現，内容説明，語句整序，内容真偽，英文和訳
		〔3〕	会話文，英作文	空所補充，和文英訳
2022	理工	〔1〕	読解	空所補充，同意表現，内容説明，語句整序，内容真偽
		〔2〕	読解	空所補充，同意表現，内容説明，語句整序，内容真偽，英文和訳
		〔3〕	会話文，英作文	空所補充，和文英訳
	生命医科・文化情報（理）・スポーツ（理）	〔1〕	読解	空所補充，同意表現，内容説明，語句整序，内容真偽
		〔2〕	読解	空所補充，同意表現，内容説明，語句整序，内容真偽，英文和訳
		〔3〕	会話文，英作文	空所補充，和文英訳

読解英文の主題

年度		番号	主題
2024	理工	〔1〕	水がもたらす癒し効果
		〔2〕	英国における発掘品の保管場所不足
	生命医科・文化情報(理)・スポーツ(理)	〔1〕	ミツバチの言語の習得と伝承
		〔2〕	親切な行為が生む幸福感に関する研究
2023	理工	〔1〕	気候変動が昆虫や生態系に与える影響
		〔2〕	カササギフエガラスの利他的行動
	生命医科・文化情報(理)・スポーツ(理)	〔1〕	Huh? という言葉の重要性と普遍性
		〔2〕	画面上で文章を読むときの問題点
2022	理工	〔1〕	嗅覚と記憶の関連性
		〔2〕	犬のしつけの仕方とは
	生命医科・文化情報(理)・スポーツ(理)	〔1〕	人類の実年齢を示す新発見について
		〔2〕	食品ロスを減らす取り組み

論旨を正確に把握する長文読解力の養成を

01　出題形式は？

理工学部，生命医科学部，文化情報学部〈理系型〉，スポーツ健康科学部〈理系型〉の４学部とも試験時間 100 分で，読解問題２題に会話文問題１題の計３題が出題されている。長文読解問題で英文和訳１問，会話文問題で和文英訳１問が記述式で問われるほかは，すべて選択式という形式になっている。

02　出題内容はどうか？

読解問題：読解英文は論説文や説明文の出題が中心で，内容は人文・社会・自然科学とバラエティーに富んでいる。英文の主旨がはっきりしており，語彙的には標準～やや難レベルであるが，語注を参照することができる。ただ，論説文独特の表現（たとえば，同一のものを何通りかの表現で説明するなど）に慣れていないと，やや読みにくいかもしれない。設問の内容は，記述式の英文和訳のほかに，空所補充，同意表現，内容説明，内容真偽，語句整序などが頻出である。

会話文：まとまった分量の会話文が出題されている。テーマは日常的なものが中心であるが，やや専門的なものが取り上げられることもある。おおむね標準的な内容であり，特別な口語表現が出てくるわけではない。設問は，空所補充が必出で，記述式の和文英訳も出題されている。

全体としては読解問題の分量が圧倒的に多く，明らかに読解力や情報処理の速度が重視されている。また，会話文問題の分量も，入試問題としては多い部類に入る。速読即解力をみることが主眼であると考えられる。

03 難易度は？

個々の設問をみると，全体的には標準的なレベルの問題であるが，なかには紛らわしい選択肢を含む問題や，慣用表現に関する深い知識を要求する問題もある。和文英訳は例年標準的なものである。

英文も設問も標準的であるとはいえ，100 分の試験時間内にこれだけの量の英文を読み，なおかつ正解に達するのは容易ではない。普段から長文読解のトレーニングを積んでおくことが不可欠である。

対策

01 精読力＋速読力を養成する

英文を読むには，よく言われるように，「精読力」と「速読力」の両方が要求される。内容説明や内容真偽の選択問題などは「精読力」を必要とする設問である。一方，〈傾向〉でも述べたように，大量の英文を処理する力も同時に要求されている。つまり，精読力だけでは不十分で，「速読力」も身につけていなければ合格は望めない。

精読力を身につけるには，次のような学習法が適している。まずは学校の授業を中心として基礎を固め，参考書や問題集で応用力を高める。特に大切なのが，構文・承前語句・文法・語法などに注意しながら綿密に読むことである。難しそうな箇所や複雑な構文が使われているところは，和訳をして英文和訳の練習も同時に行ってしまおう。不明な箇所は，文法書や辞書で徹底的にチェックするようにしよう。『論理を捉えて内容をつかむ大学入試 英文解釈クラシック』（研究社），『大学入試 ひと目でわかる英文読解』（教学社）などを用いて精読演習に挑戦してみるのもよいだろう。

これに対して速読力（速読即解力）の養成には，副読本や英字新聞あるいは英語雑誌などを利用するのがよい。最近では，高校生でも理解できるレベルの英語を使った新聞や雑誌が数多く発行されている。とりわけ，入試問題に出題される英文は，比較的最近海外で評判になったエッセーや記事などが多く，その意味でも新聞や雑誌に触れておくのは有効である。*The Japan Times Alpha*（ジャパンタイムズ）や *Asahi Weekly*（朝日新聞社）などの英字新聞がよいだろう。

実際に入試で出題された問題を集中的に解くのも，効果的・実戦的な学習方法である。本シリーズや難関校過去問シリーズ『同志社大の英語』（教学社），『大学入試 ぐんぐん読める英語長文』（教学社），『竹岡の英語長文 SUPREMACY 至高の 20 題』（学研プラス）などを用いるのが最適であろう。

02 文法知識を確実に

文法・語彙問題は独立した大問としては出題されていないが，読解力や英作文力の裏付けとしても大切なので，文法・語法の知識は身につけておかなければならない。信頼できる文法書を選び，1つの単元が終わるたびに問題集でチェックをして，不明な点は文法書に戻って復習をする。このような学習を繰り返し，1冊の文法書を完全に読破できれば，文法の力は定着するはずである。たとえば，受験生が間違えやすいポイントを完全網羅した総合英文法書『大学入試 すぐわかる英文法』（教学社）などを手元に置いて，調べながら学習すると効果アップにつながるだろう。最終チェックには過去の入試問題を用いるとよい。

03 英英辞典を活用する

同意表現など，類似の表現のニュアンスや用法の差を理解していないと解答できない設問が多い。この種の問題に対応するためには，語彙を増やすことが不可欠である。そのためには英英辞典を利用するのも一手である。英英辞典は語彙力の強化のほかに，速読即解力を養成するのにも大いに役立つし，和文英訳のセンスを磨くのにもつながる。『Longman Dictionary of Contemporary English（ロングマン現代英英辞典）』（Pearson Japan）などは，非英語圏に住む人向けの学習辞典として，日本だけでなく世界的に定評のある辞書である。

同志社大「英語」におすすめの参考書

✓『論理を捉えて内容をつかむ 大学入試 英文解釈クラシック』（研究社）
✓『大学入試 ひと目でわかる英文読解』（教学社）
✓『The Japan Times Alpha』（ジャパンタイムズ）
✓『Asahi Weekly』（朝日新聞社）
✓『同志社大の英語』（教学社）
✓『大学入試 ぐんぐん読める英語長文』（教学社）
✓『竹岡の英語長文 SUPREMACY 至高の 20 題』（学研プラス）
✓『大学入試 すぐわかる英文法』（教学社）
✓『Longman Dictionary of Contemporary English（ロングマン現代英英辞典）』（Pearson Japan）

赤本チャンネルで同志社大特別講座を公開中
実力派講師による傾向分析・解説・勉強法をチェック →

数学

年度		番号	項目	内容
2024	理工	〔1〕	小問2問	(1)じゃんけんに関する確率 (2)複素数平面における三角形の重心・外心
		〔2〕	極限	三角関数の極限値
		〔3〕	微・積分法	回転体の体積
		〔4〕	極限	直線の傾きに関する極限値 ⊘証明
	生命医科・文化情報・スポーツ(理)・(理)	〔1〕	小問2問	(1)点の移動に関する確率 (2)複素数平面における軌跡
		〔2〕	微・積分法	直線と曲線で囲まれた図形の面積
		〔3〕	微・積分法	数列の極限
		〔4〕	ベクトル	四面体の表面積の最小値
2023	理工	〔1〕	小問2問	(1)3つの袋の中の玉を交換することに関する確率漸化式 (2)複素数平面における正三角形の頂点
		〔2〕	ベクトル	四角形の面積の最大値
		〔3〕	極限	円に関わる極限値
		〔4〕	微・積分法	定積分に関わる不等式の証明と0以外の有限の値に収束する極限値 ⊘証明
	生命医科・文化情報・スポーツ(理)・(理)	〔1〕	小問2問	(1)数字の書かれたカードを取り出すことに関する確率 (2)条件を満たす複素数
		〔2〕	ベクトル	三角形の面積の極限
		〔3〕	数列	数列の漸化式 ⊘証明
		〔4〕	微・積分法	条件を満たす領域の面積
2022	理工	〔1〕	小問2問	(1)袋から玉を取り出す確率 (2)複素数平面上における図形
		〔2〕	積分法	線分が通過する領域の面積
		〔3〕	微分法	漸化式で定義される整式
		〔4〕	微・積分法	微・積分法を利用する関数に関わる不等式の証明 ⊘証明
	生命医科・文化情報・スポーツ(理)・(理)	〔1〕	小問2問	(1)さいころの出た目に関する条件付き確率 (2)無理数の相等
		〔2〕	微・積分法	定積分の最大値・最小値 ⊘証明
		〔3〕	ベクトル	空間における図形の面積の和の極限値
		〔4〕	微分法	曲線を表す関数に関わる微分法 ⊘証明

出題範囲の変更

2025年度入試より，数学は新教育課程での実施となります。詳細については，大学から発表される募集要項等で必ずご確認ください（以下は本書編集時点の情報）。

2024年度（旧教育課程）	2025年度（新教育課程）
数学Ⅰ・Ⅱ・Ⅲ・A・B（数列，ベクトル）	数学Ⅰ・Ⅱ・Ⅲ・A・B（数列）・C（ベクトル，平面上の曲線と複素数平面）

微・積分法を中心に標準レベルの問題 証明問題も出題

01 出題形式は？

試験時間100分，大問4題の出題が続いている。〔1〕は空所補充形式の小問集合問題であり，〔2〕～〔4〕はすべて記述式である。これらは誘導のついた小問で成り立っており，多いものでは5問程度の小問がついている。証明問題が出題されることも多い。

B5判の問題冊子の表紙には，「問題紙の余白は計算に使用してもよい」と記されており，余白が十分ある。B4判の解答用紙は問題冊子と別になっており，実際に答案を記入できるスペースは大問1題につきA4判くらいである。多くの計算を要する問題では狭く感じることがあるかもしれないが，解答欄はおおむね適当な広さといえる。

02 出題内容はどうか？

近年，いずれの学部でも，微・積分法中心の出題である。極限，接線・法線の方程式，関数の増減への応用，定積分の計算，面積・体積への応用，曲線の長さなどの問題が多い。その他では，ベクトル，複素数平面，確率などがよく出題される。ほとんどの問題が小問で構成されており，各小問が密接に関係して最終の結論に無理なく至ることができるように絶妙な誘導が施されている。また，計算に煩雑なものが含まれている問題が出題されることも多い。

03 難易度は？

いずれの学部でも，やや易しめのレベルからやや難しめのレベルの問題が出題されている。100 分で 4 題を解くには適当な難易度といえる。空所補充問題である〔1〕は速さを意識して解き，あとの 3 題をあせらず解答できるような時間配分を心がけるのがよいだろう。

対策

01 典型問題の解法の徹底的理解

基本事項をおろそかにしていては，標準レベル以上の問題を解くことはできない。まずは教科書傍用問題集で徹底的に練習を積み重ねていこう。問題を見てすぐに解法のプロセスを自然に頭で組み立てることができるようになるまで繰り返し解こう。さらに，公式や定理については，単なる丸暗記ではなく，導かれる過程までしっかりと理解し，自分でも公式・定理を導出できるようにしておこう。その後，解答・解説の詳しい，標準レベルの入試問題集で，徹底的に演習を繰り返すとよい。いずれの問題集においても 8， 9 割できた段階で別の問題集に取りかかっても力はつかない。残りの 1， 2 割の不完全なところの理解を深めていく過程が大切なのであり，その際に力がついていくことを知っておこう。

02 頻出項目の強化学習

微・積分法は毎年出題されている最頻出項目である。演習を十分に重ね，確実に得点できる実力をつけておこう。特に定積分の計算は繰り返し練習を重ねよう。置換積分法での置換の仕方，部分積分法を利用するときの被積分関数の見極め方をはじめとして，途中の式変形など，正解を得るためには的確に計算できなければならない。また，極限をはじめとする他の頻出項目についても学習を強化し，実力養成をはかろう。特に現役生は既卒生と比較して「数学Ⅲ，数学C」に関してはどうしても演習量が不足しがちで，それが入試結果に影響をおよぼしてしまうことが多い。できれば早めに「数学Ⅲ，数学C」を終えて，まずは計算問題を中心に十分に演習しておきたい。

03 計算力の充実

02でも述べたように，頻出項目である定積分の問題を確実に解くには，計算力の強化は不可欠である。特に，結果のみを必要とする空所補充形式の問題については，計算力不足は致命的である。迅速かつ正確な計算ができるよう，日頃から心がけて計算をするようにしよう。無駄を省きミスを防ぐにはどのようにすればよいのかを考え，1行1行すばやく確認しながら計算をすすめることである。特に極限，微・積分法については演習を繰り返し，力をつけておきたい。計算問題集には基本レベルのものが多いが，『数Ⅲ（極限，級数，微分，積分）試験に出る計算演習 改訂版』（河合出版）はレベルが高い問題も多く載っており，おすすめである。

04 小問のつながりを意識した問題演習

多くの問題で小問の誘導がついているのが特徴である。この傾向は近年さらに顕著になってきている。このような問題への対策として，普段の演習から小問のつながりを強く意識して解答していくとよいだろう。第1問から最後の設問を結ぶように小問が配置されているとすれば，今解いている問題はどのような位置にあるのか，「何が使えて」「何につなげていくのか」を意識することは大きなヒントにもなる。過去問を解き終えてから小問どうしがどのような関わりをもち，つながっていたかを振り返ってみよう。

05 空所補充問題

空所補充形式の問題は，結果のみを問われているのであるから，そのことを逆に利用し，結果のみをすばやく導く練習をするのも効果的である。数値だけでなく式まで空所になっている場合もあるので，本書で過去問にあたって慣れておきたい。

06 答案作成の練習

記述式の問題では，解答を導くことができても，その内容を記述する力を身につけていなければ十分な得点は望めない。単なる式や計算の羅列ではなく，その間に説明をうまく入れていき，意味の通じる答案作成を心がけたい。教科書や参考書の解答を参考に，記述式答案作成の練習を繰り返し積んでおこう。問題が解けなくて困っている友達に丁寧にわかりやすく解答の手順を教えてあげるような気持ちで答案を作るとよい。証明問題では，自分が暗算で処理できるような式であったとしても，ポイントになる式などは記し，丁寧な説明を心がけよう。また，過去にはグラフを図示する問題も出題されている。速く，正確に描くためには慣れも必要である。時間をかけずに正確なグラフを描く訓練も，日頃の問題演習を通して積んでおきたい。「赤本オンライン」には同志社大学の解答用紙も用意されているので，演習時にはぜひ利用しよう。

同志社大「数学」におすすめの参考書

✓『数Ⅲ（極限，級数，微分，積分）試験に出る計算演習 改訂版』（河合出版）

物　理

年度		番号	項目	内容	
2024	理工	〔1〕	力学	単振動と振り子	⊘描図
		〔2〕	電磁気	磁場中の導体棒の運動	
		〔3〕	波動	平面波の屈折	
	生命医科・文化情報〈理〉・スポーツ〈理〉	〔1〕	力学	斜面上の物体の運動とつりあい	⊘描図
		〔2〕	原子	コンプトン散乱，ブラッグ反射	
		〔3〕	電磁気	電池，電流計，電圧計の内部抵抗	⊘描図
2023	理工	〔1〕	力学	垂直な2つのばねによる振動の合成	⊘描図
		〔2〕	電磁気	直流モーターと交流発電	
		〔3〕	熱力学	断熱変化と熱効率	
	生命医科・文化情報〈理〉・スポーツ〈理〉	〔1〕	力学	2物体の相対運動	⊘描図
		〔2〕	電磁気	8個の点電荷の電場内での運動	
		〔3〕	原子	粒子線・X線による電離作用	
2022	理工	〔1〕	力学	落下運動，衝突，鉛直ばねの振動	
		〔2〕	電磁気	2つの点電荷の電場内の運動	
		〔3〕	熱力学	風船内の気体の仕事，水圧，断熱変化	
	生命医科・文化情報〈理〉・スポーツ〈理〉	〔1〕	力学	2球の衝突と力学的エネルギー，単振動	
		〔2〕	電磁気	電場，電気力線，ガウスの法則	⊘描図
		〔3〕	波動	音圧の式，ドップラー効果，衝撃波	⊘描図

空所補充問題による標準的な内容　物理についての深い理解を問う設問

01 出題形式は？

大問3題の出題で，試験時間は75分。描図問題以外は問題文の空所を補充する形式である。大部分は計算によって数式や数値を求めるものになっており，その結果のみを解答用紙に記入する。

02 出題内容はどうか？

出題範囲は「物理基礎・物理」である。

力学と電磁気は各１題ずつ毎年出題されており，あとの１題は波動・熱力学・原子から出題されている。いずれの分野においても，基本的で重要な事項は出題頻度が高くなっている。

03 難易度は？

個々の小問の内容は基本的事項に基づくものであるが，問題の題材は，物理についての深い理解を問うように工夫されていて，単なる公式の丸暗記では対処できない。難度の高い小問も含まれているので，時間配分に注意すること。

対策

01 教科書中心に学習を

教科書の内容に沿った問いが主流となっているので，まず教科書を中心に学習を進め，疑問点があれば徹底的に解明しておくことである。重要な法則や公式などは，それらが導かれる過程をしっかり理解し，物理的な物の見方・考え方を身につけることが大切である。

02 物理現象に対する理解を深めよう

できるだけ数多くの問題に取り組んで解き方の型を覚える学習法もあるが，同志社大学の出題の題材は多種多様で，描図問題も含めて物理に対する深い理解を問う内容となっているので，そのような学習だけでは十分とはいえない。多様な自然現象が少数の原理や法則によって説明されるという物理の考え方を理解し，さまざまな角度から物理現象をとらえる力を養ってほしい。

03 空所補充問題への対応を

解答は結果だけを記入するものがほとんどであるので，計算問題の場合，考え方は正しくても，計算を誤れば失点となる。したがって，平素の問題演習においても，集中して計算に取り組み，誤りのない結果を導けるよう努めてほしい。文中に解答を求めるためのヒントが与えられていることが多いので，問題文をよく読むことが大切である。なお，難しい設問や，計算に時間がかかる設問もあるので，試験時間内に大問３題を解く時間配分を考えて，解答する練習も大切である。

04 物理のセンスの会得を

授業や講習などで教わったことに熟達しておくことは大切であるが，それだけでは不十分で，自ら意欲的に学習を発展させていくことが大切である。教科書においても，探究活動や課題研究の項目が設けられているから，平素の学習で興味を覚えた事柄について追究していくようにしてほしい。そのような学習は物理のセンスを磨くとともに，物理の本質的な理解につながるので，どのような題材をもとに出題されてもあわてずに対処できる力が身につくであろう。

化　学

年度		番号	項目	内容
2024	理工	〔1〕	変化・無機	NH_3 の工業的製法と利用，化学平衡，結合エネルギー，気体の圧力 ⊘計算・論述
		〔2〕	変化・状態	結合の違いと物質の性質，気体の圧力と蒸気圧，濃度と沸点上昇 ⊘計算
		〔3〕	有機	$-OH$・$-COOH$・$-NH_2$ の基をもつ化合物とアミノ酸・ペプチドの性質 ⊘論述
	生命医科・文化情報・スポーツ（理）	〔1〕	構造・無機	電子配置とエネルギー，アンモニアソーダ法，Ca化合物の性質 ⊘計算
		〔2〕	変化・状態	二原子分子の性質，状態方程式と実在気体，反応速度と化学平衡 ⊘計算・描図
		〔3〕	有機・変化	ヒドロキシ酸の構造と性質，中和反応と pH，緩衝液，セルロース ⊘計算
2023	理工	〔1〕	無機・理論	Ca と Zn の単体および化合物の構造と反応，凝固点降下，HF の性質 ⊘計算
		〔2〕	状態・変化	$CuSO_4$ と NaCl の溶解度・濃度・析出量・性質・反応・溶解速度 ⊘計算・描図
		〔3〕	高分子	合成および天然高分子化合物の合成・性質・反応，平均分子量 ⊘計算
	生命医科・文化情報・スポーツ（理）	〔1〕	構造・変化	NH_3 の性質とその利用，緩衝液，単位格子と水素吸蔵，燃料電池 ⊘計算
		〔2〕	理論	結合力と状態変化，加熱と温度変化，飽和蒸気圧，反応熱，平衡定数 ⊘計算
		〔3〕	有機・高分子	脂肪族および芳香族化合物の性質と反応，高分子化合物，界面活性剤 ⊘計算
2022	理工	〔1〕	理論・無機	Al の精錬，Al の単体と化合物の性質・反応，金属イオンの分離 ⊘計算
		〔2〕	状態	コロイドの性質，$CuSO_4 \cdot 5H_2O$ の溶解量と析出量，希薄溶液の性質 ⊘計算
		〔3〕	有機・高分子	ウルシオールおよびセルロースの構造と反応，アルキド樹脂 ⊘計算
	生命医科・文化情報・スポーツ（理）	〔1〕	理論・無機	S の単体および化合物の性質と反応，沸点上昇，Cu の製錬 ⊘計算
		〔2〕	理論・高分子	糖類の性質，糖類を題材とする反応速度・化学平衡・反応熱・浸透圧 ⊘計算
		〔3〕	高分子	タンパク質の性質，テトラペプチドの構造決定，ナイロン 66 の製法 ⊘計算・論述

無機・有機ともに理論分野を含む 標準的な問題が多く，計算問題重視の傾向

01 出題形式は？

例年大問３題の出題で，試験時間は75分となっている。一部選択式もみられるが，大部分は記述式である。論述問題や，グラフの作図などの描図問題も出題されている。記述問題は，語句や化学式のほか，構造式や化学反応式などが求められている。計算問題は，計算過程の記述は求められず，結果のみを解答欄に記す形となっている。2023年度は出題がなかったが，論述問題は基本的には字数指定はなく，解答欄に合わせて記述する形式が多い。過去には理工学部で字数指定のある問題が出題されたことがある。

02 出題内容はどうか？

出題範囲は「化学基礎・化学」である。

大問３題は，理論を中心に，バランスよく出されている。理論は無機および有機のそれぞれに絡めて出題されることが多い。

理論分野は幅広い出題であるが，化学平衡，熱化学，気体の状態方程式，溶解度積などに関する計算問題の出題頻度が高い。このほか，化学反応式を用いた量的関係，電気分解，電池，反応速度さらには中和滴定などもよく出題されている。

無機分野は，重要な物質を中心に幅広く出題されている。金属ならアルミニウムや銅，鉄，亜鉛およびそのイオンの反応，非金属ならハロゲン，窒素の化合物，炭素の化合物さらには硫黄の化合物などが出題されているが，理論と絡めて出されることも多い。

有機分野は，脂肪族化合物や芳香族化合物をはじめ，高分子化合物からも出題されている。この有機分野でもほとんどの問題で計算が含まれている。脂肪族化合物または芳香族化合物に関しては，化合物の構造推定を中心に出題されているが，その中に混合物の分離や化学反応式を書かせるものも含まれている。高分子化合物に関しては，糖やアミノ酸などの天然有機化合物を対象にするものが多く，かなり詳しい構造を書かせたり，化学平衡と関連させたものもある。合成高分子に関しても単純な知識だけではなく，イオン交換樹脂など機能性高分子化合物の働きに関するものや理論計算を要するものなどがある。

03 難易度は？

文章の空所補充のように教科書の太字語句を問うものから，相当な応用力・計算力を必要とするものまで，各設問のレベルに幅があるが，大部分は基本的あるいは標準的な知識に基づいて解答できるものである。難度の高い出題においては，基本をマスターした上での応用力が問われている。

対策

01 基本的な知識と理解を確実に

まず，教科書の知識を確実に身につけることが重要である。例年みられる空所補充は，教科書の太字の重要語句を問うものが多いので，教科書の後ろにある索引に記載されている語句を簡単に説明できるようにしておこう。この練習は，空所補充だけでなく論述問題への対策としても有効である。理論分野の中心は，化学平衡に関するものであり，いろいろな分野と関連しているので，幅広い学習が要求されているといえる。平衡移動の予想など標準的なものから，電離平衡，緩衝溶液や難溶性塩の溶解度積といったやや応用的な問題まで，練習を十分にしておこう。

02 ミスのないスピーディーな計算力を

理論分野だけでなくほとんどの問題に計算が含まれる。計算は結果のみを答えるものであるから，確実な計算力を身につけることが大切である。最後まで正確に計算する習慣を普段からつけるようにしたい。有効数字に関する知識も確認しておこう。

03 無機物質の知識を豊富に

無機分野は理論分野と組み合わせて出題されることが多いが，重要な物質については製法や性質・反応を確実に理解しておく必要がある。化学反応式は理論計算でも必要なので正しく書けるようにすること。

04 有機は構造決定と高分子化合物を

元素分析から組成式や分子式を決定したり，反応性から構造式を決定する問題は頻出である。対象となる化合物は炭素数の多い複雑な構造の化合物ではなく，標準的だが構造異性体や幾何異性体あるいは光学異性体といった観点で変化に富んだものであることが多い。ただ，年度によってはやや複雑な化合物も問われるので，演習を十分行って対処しよう。有機分野では合成高分子化合物や天然高分子化合物の分野も出題されている。アミノ酸・タンパク質・糖類・核酸も含め，応用的な内容の問いにも対応できるようにしておこう。また，高分子化合物に関連する計算問題にも慣れておきたい。

05 グラフ問題にも注目を

グラフを読み取る問題や，描く問題が出されることもある。教科書などに出てくる図やグラフが何を示しているのかを理解しておこう。グラフの縦軸・横軸の設定にも注意を払い，正確な読み取りを心がけるとともに，自力でも描けるように問題集などで演習しておくとよい。

06 論述問題にも要注意

論述問題の出題もみられる。常に「なぜ」と問いかける姿勢で学習に取り組み，自分で表現する練習をしておこう。論述問題では，求められている内容を的確につかみ簡潔にまとめることが必要である。また，解答欄に収まる範囲で図や構造式を使って説明することも可能であろうから，そういったことも念頭において練習をしておこう。

07 参考書・問題集

全体を通しての入試対策としては，過去問を解くのはもちろんのこと，『理系大学受験 化学の新演習 改訂版』（三省堂）のような比較的量のある問題集を使って演習することがあげられる。

生　物

年　度		番号	項　目	内　容
2024	理工	〔1〕	動物の反応，生殖・発生	動物の行動，ショウジョウバエの発生，被子植物の受精と発生（75字）　☑論述
		〔2〕	遺伝情報	遺伝子の発現調節，オペロン説（90字他）　☑計算・論述
		〔3〕	進化・系統	生物の進化，進化のしくみと集団遺伝　☑計算
	生命医科・文化情報（理）・スポーツ（理）	〔1〕	体内環境，遺伝情報	免疫とウイルス，半保存的複製と遺伝暗号の解読（40字）　☑描図・論述
		〔2〕	動物の反応	抑制性シナプス後電位の発生，アンタゴニストの作用（50字2問）　☑論述
		〔3〕	総　合	生物の分類，酵母菌と麹菌に関する小問集合（20字）　☑計算・論述
2023	理工	〔1〕	総　合	光合成，モータータンパク質，減数分裂，膜電位（100字）　☑論述
		〔2〕	体内環境，動物の反応	味覚と視覚，血糖値の調節，アメフラシの学習（75字）　☑論述・描図
		〔3〕	生　態	個体群の成長，生存曲線，種内競争と種間競争（40・45字）　☑論述
	生命医科・文化情報（理）・スポーツ（理）	〔1〕	代謝，動物の反応	受容体のはたらき，興奮の伝達，酵素反応と阻害剤（100字2問）　☑論述・計算
		〔2〕	生殖・発生	配偶子形成，カエルの発生，ショウジョウバエの発生，Hox遺伝子（100字）　☑描図・論述
		〔3〕	進化・系統	生命の起源と生物の変遷，人類の進化，進化のしくみ，分子系統樹
2022	理工	〔1〕	生　態	生態系の保全，間接効果（40・50字）　☑論述
		〔2〕	細胞，遺伝情報	体細胞分裂のしくみ，細胞周期（10字，20字2問，40字2問）　☑論述・計算
		〔3〕	体内環境，代謝	酸素の運搬，呼吸のしくみ（30・45字）　☑論述・計算
	生命医科・文化情報（理）・スポーツ（理）	〔1〕	生殖・発生，体内環境	アポトーシスのしくみ，自然免疫，神経管の形成とカドヘリン
		〔2〕	動物の反応	ヒトとセミの聴覚，大脳皮質のはたらき（60字）　☑論述
		〔3〕	生殖・発生，遺伝情報	iPS細胞とES細胞，遺伝子の発現調節，脂溶性ホルモンのはたらき（60字2問）　☑論述

描図問題も含む多様な出題形式
正確な知識がカギ

01 出題形式は？

大問3題，試験時間75分という形式が続いている。空所補充問題，選択問題，計算問題，論述問題，グラフの読解問題とさまざまな形の問いが並ぶ。年度によっては描図問題も出題されている。選択問題は「正しいものをすべて選べ」というような形式で，消去法が使えないものもある。

02 出題内容はどうか？

出題範囲は「生物基礎・生物」である。

理工学部では，生態，動物の反応，体内環境や遺伝情報などがやや目立つが，幅広い範囲から出題されている。全範囲の基本事項をしっかりマスターしておきたい。

生命医科・文化情報〈理系型〉・スポーツ健康科〈理系型〉学部では，動物に関する出題が多く，動物の反応が頻出で，体内環境，代謝，生殖・発生などの出題も多い。ただ，数年を通してみるとバランスがとれている。

いずれの学部も１つの大問が複数の分野にまたがることもある。

03 難易度は？

理工学部はかなり難化した2022年度を除くと，2024年度も含めて標準レベルで安定している。知識がしっかり定着していることが要求されるため，大雑把な学習では大きく失点する可能性がある。論述問題も「何となくわかるけれど，書きにくい」ものが多々ある。用語の定義，さまざまな現象やその意義などを正確に表現できる力が必要となる。

生命医科・文化情報〈理系型〉・スポーツ健康科〈理系型〉学部は2023年度はやや難化したが，例年は基礎～標準レベルの問題が中心である。長いリード文をもとにした深い考察力を要する問題がみられることもあるが，どの大問も標準レベルの問題集に掲載されている問題をマスターしていれば十分に合格ラインに達することが可能である。幅広い知識が問われるので，高得点を獲得するためには，抜け落ちのないように全範囲の知識を定着させることが重要である。

各学部とも計算問題がよく出題されているので，計算トレーニングは必須である。

01 基礎事項の徹底マスター

まずは基本的な生物用語をその定義にも気をつけながら理解，記憶しよう。文脈から推測する空所補充問題が多いことから，生物用語の丸暗記ではなく，ストーリーなどの中で記憶することが役に立つだろう。特に生態や進化・系統は，学習が間に合わなかったということがないように，早い時期からコツコツと問題集などで知識を定着させていこう。

02 問題集の使い方

基礎レベルの問題をまずはマスターしよう。次に，標準レベルの問題集で定番の計算問題，実験問題をマスターしよう。基礎問題を繰り返すことや，さまざまな問題に触れることも重要である。

03 論述問題対策

論述問題は必出であり，しっかりと対策をとっておきたい。まずは定番の用語の説明，違いの説明，しくみの説明などをしっかりとマスターしよう。さらに，利点や意義を問う問題で書きにくい論述が多く出題されているので，日頃からさまざまな生命現象に対して「なぜ？」「これにはどういう意義があるのか？」と問いかける姿勢で学習することが重要となる。『大学入試 全レベル問題集 生物〔生物基礎・生物〕3 私大標準・国公立大レベル 改訂版』（旺文社）などを用いて演習しておこう。

04 計算問題対策

理工学部では，年度によっては指数関数などを利用する思考力が必要な問題が出題されることがあるので，基本的な数学の力をつけておく必要がある。生命医科・文化情報〈理系型〉・スポーツ健康科〈理系型〉学部では，定番の計算問題だけでなく，与えられたデータを処理する形式の計算問題も出題されている。落ち着いて処理できるよう，さまざまなパターンの計算問題に触れることが有効である。

2024年度

問題と解答

学部個別日程（理工学部）

問 題 編

▶試験科目・配点

●理工学部（数・理重視型）

教　科	科　　目	配　点
外国語	コミュニケーション英語Ⅰ・Ⅱ・Ⅲ，英語表現Ⅰ・Ⅱ	100 点*
数　学	数学Ⅰ・Ⅱ・Ⅲ・A・B	200 点
理　科	**機械システム工学科**：「物理基礎・物理」 **電気工，電子工，機械理工学科**：「物理基礎・物理」，「化学基礎・化学」から１科目選択 **インテリジェント情報工，情報システムデザイン，機能分子・生命化，化学システム創成工，環境システム，数理システム学科**：「物理基礎・物理」，「化学基礎・化学」，「生物基礎・生物」から１科目選択	150 点

▶備　考

- 「数学B」は「数列」および「ベクトル」から出題する。

＊「外国語」は同日実施の共通問題（100 分，200 点満点）を使用し，配点を 100 点満点に換算する。

英語

(100分)

〔I〕 次の文章を読んで設問に答えなさい。[＊印のついた語句は注を参照しなさい。](71点)

On a dusty August day in 2020, Wallace J. Nichols hiked into the California valley where he had lived for more than 20 years to find his family's home and all their possessions destroyed by a wildfire.

(W), Nichols searched the debris*. He walked the entire property. Then he did the only helpful thing he could think to do: He went down to the nearby creek*, stripped off his clothes and submerged* himself.

Nichols, who is a marine scientist, was seeking the healing power of water.

It has been a rough few years. Many of us are finding ourselves exhausted, burned out, struggling to build balance back into our lives. We need to recharge.

Water can help. Neuroscientists* say that spending time near oceans, lakes, rivers and other blue spaces can <u>provide</u>(a) a range of benefits including reducing anxiety, easing mental fatigue and rejuvenating* us.

Participating in water activities such as swimming or surfing can help us enter a "flow state," where we become fully immersed* in what we're doing. This calms the mind, which is often absorbed by rumination* and worry, says Ricardo Gil-da-Costa, a neuroscientist and chief executive of the neurotechnology* company Neuroverse, who has studied how water affects our brain.

Bodies of water also can produce a glorious sense of awe — the emotional response to something vast that expands and challenges how we see the world. Awe can decrease stress and help us put things into perspective.

Water naturally relaxes us (and helps focus our thoughts) "by taking away all the noise," says Nichols, whose work centers on how blue spaces affect our well-being. "All we have to do is show up."

Water has special properties that may boost(b) nature's positive impact, environmental psychologists say. When you are near water, there is often less visual and auditory* information to process. Your mind can rest.

The sound of water, typically steady and soft, soothes us. Its smell can provoke(c) positive memories and associations. When we're floating in water, our bodies can rest too, (X) we never can on land.

Most important: Water is dynamic. It moves rhythmically, producing a play of light, color and sound that is mesmerizing*. It holds our attention, but not in an overly demanding way(ア). Researchers call this soft fascination. It gives our brains a break from the intense, focused, cognitively depleting* attention that much of daily life requires.

"Water helps your mind wander(d) in a positive way," says Marc Berman, director of the Environmental Neuroscience Laboratory at the University of Chicago. "This is what is so restorative*."

Here's some advice on how to harness the healing power of water(イ).

〈 A 〉

You likely have some close by, even if it is just a creek alongside the road. Start there. Then branch out to water you can visit on the weekend or a vacation.

Urban water counts(e) — rivers, canals and fountains. (Y) domestic water — in pools, bathtubs, even sprinklers. Pay attention to the sound, play of light and movement, says Nichols, author of *Blue Mind*, (あ)

（ い ）（ う ）（ え ）（ お ） us happier and healthier.

If you can't get to actual water, then paintings, photographs, videos and movies can produce some of the same benefits, he says. If you want to boost the positive effect, choose locations that represent positive memories for you.

Even virtual reality helps. In research studies, computer-generated virtual reality water scenes boosted participants' moods, likely because they got to interact with the virtual environment.

〈 B 〉

A little bit makes a big difference.

A 2019 study found that it takes at least two hours a week in nature to improve our well-being, although that time can be broken into smaller stretches. A more recent, yet-to-be-published study found that spending a similar amount of time near water has the same benefits, says Mathew White, an environmental psychologist at the University of Vienna, who studies the health benefits of water environments and was lead researcher on both studies. Scientists also have found that people who peered into aquariums had lower heart rates and better moods after just 15 minutes.

〈 C 〉

And get good at it. This will help you experience a flow state where time and your worries fall away as you become fully engaged in what you are doing, says Gil-da-Costa. When you become proficient at an activity, your brain changes: It forms new neural pathways, which become faster and stronger. This makes it even easier in the future to enter a state of flow while doing this same activity.

〈 D 〉

It is (Z) that many of the most popular soundscapes* on the Calm app, such as "Rain on Leaves," involve water.

One of the most calming properties of water is its sound, White says. In a recent study, he and colleagues found that the water sounds people find most restorative are rain in a rainforest, waves lapping on a beach, and a babbling* brook. When the researchers added biotic* sounds, from living beings, to the water sounds, people liked them even more.

Make an audio recording of your favorite water. It will trigger happy memories.

You can spend time on the water anywhere, anytime in your mind. Visualize the sun sparkling on its surface or the sound of its waves splashing against the shore. And when the water you imagine is water you have enjoyed in real life, the positive effect will be even stronger, Nichols says.

When Nichols surfaced(f) for air after submerging himself in the creek behind the ruins of his still-smoldering* home, he sobbed. Then he floated on his back until he felt calm.

Since then, he has gone into the creek each day. "It is like a daily reset," he says. "I don't know how I would have gotten through all my feelings without it."

(From *Reader's Digest*, March/April 2023)

［注］ debris　瓦礫　がれき
creek　小川
submerged　(submerge　沈める)
Neuroscientists　神経科学者
rejuvenating　(rejuvenate　若返らせる)
immersed　(immerse　浸す)
rumination　沈思黙考

出典追記：The Underrated Therapy for Anxiety and Stress: Water, The Wall Street Journal on August 23, 2022 by Elizabeth Bernstein neurotechnology　ニューロテクノロジー（脳神経科学の分野において発展した技術）

auditory　聴覚の、聴覚による

mesmerizing　（mesmerize　魅了する）

depleting　（deplete　減らす）

restorative　元気を回復させる

soundscapes　サウンドスケープ、音風景（音を環境の中で、風景として捉えようとすること）

babbling　（babble　さらさらと音を立てて流れる）

biotic　生命の、生物の

still-smoldering　（smolder　くすぶる）

I－A　空所(W)～(Z)に入るもっとも適切なものを次の1～4の中からそれぞれ一つ選び、その番号を解答欄に記入しなさい。

(W)　1　Stun　2　Stunned　3　Stunning　4　To stun

(X)　1　in a way　2　in conclusion
3　in the moment　4　in time

(Y)　1　So did　2　So do　3　So does　4　So that

(Z)　1　no coincidence　2　no incident
3　no meaning　4　no trouble

I－B　下線部(a)～(f)の意味・内容にもっとも近いものを次の1～4の中からそれぞれ一つ選び、その番号を解答欄に記入しなさい。

(a)　provide
1　prepare　2　purchase　3　supply　4　suppose

(b)　boost
1　control　2　restrain　3　surpass　4　uplift

(c)　provoke
1　arouse　2　erase
3　misrepresent　4　preserve

(d) wander

1 clarify　2 drift　3 extend　4 marvel

(e) counts

1 is attributed　2 is calculated

3 is included　4 is reduced

(f) surfaced

1 came up　2 looked up　3 sat down　4 went down

I－C　波線部 (ア) と (イ) の意味・内容をもっとも的確に示すものを次の1～4の中からそれぞれ一つ選び、その番号を解答欄に記入しなさい。

(ア) not in an overly demanding way

1 not in a very ambiguous manner

2 not in an especially excessive manner

3 not in a particularly unconscious way

4 not in an outstandingly moralistic way

(イ) how to harness the healing power of water

1 how to reject the activating effect of water

2 how to neutralize the powerful effect of water

3 how to deal with the mysterious effect of water

4 how to take advantage of the soothing effect of water

I－D　二重下線部の空所(あ)～(お)に次の1～6の中から選んだ語を入れて文を完成させたとき、(あ)と(う)と(お)に入る語の番号を解答欄に記入しなさい。同じ語を二度使ってはいけません。選択肢の中には使われないものが一つ含まれています。

Pay attention to the sound, play of light and movement, says Nichols, author of *Blue Mind*, (あ)(い)(う)(え)(お) us happier and healthier.

1 makes　2 to make　3 explores　4 how

5 which　6 water

I－E　空所〈A〉～〈D〉に入るもっとも適切な小見出しを次の1～5の中からそれぞれ選び、その番号を解答欄に記入しなさい。同じ選択肢を二度使ってはいけません。選択肢の中には使われないものが一つ含まれています。

1 **Listen**
2 **Soft fascination**
3 **Go often**
4 **Remember that all water counts**
5 **Try a water sport**

I－F　本文の意味・内容に合致するものを次の1～8の中から三つ選び、その番号を解答欄に記入しなさい。

1 Being near bodies of water provides more auditory and visual stimulation, which excites and activates our minds, relieving us of our daily worries and stresses.
2 It is important to note, the researchers point out, that water gently fascinates us by constantly and rhythmically producing sounds and reflecting sparkling light on the surface of the water.
3 Practicing water sports will not enable us to increase the flow of air in and out of our lungs and enable us to stay under water for longer periods of time.
4 By engaging in immersive activities in the water, such as swimming or surfing, we can free ourselves from the cares and concerns we ordinarily feel.
5 Simply looking at water in paintings, photographs, videos, and movies, rather than being near actual water, is not enough to have a positive effect on our minds.
6 According to one researcher, it is crucial to look at the water for at least two continuous hours a week, and being near the water for small, fragmented periods of time will not bring peace of mind.
7 The sound of rain falling in a tropical rainforest or waves crashing

on a beach can comfort us, but if we can hear the sounds of the creatures living there, the effect is reduced by half.

8 Imagining the sparkle of water or the sound of crashing waves on the shore has an even greater effect on our mind if it is an actual water-related experience we have had.

〔Ⅱ〕 次の文章を読んで設問に答えなさい。[＊印のついた語句は注を参照しなさい。](79点)

Troves* of ancient artifacts* unearthed during building and infrastructure works are gathering dust in warehouses as England's museums run out of space, the BBC has learned. Archeologists* say this is a missed opportunity for people to learn about their history and heritage$_{(a)}$. The objects range from fine Roman metalwork to bronze age pottery. They are discovered by archeological contractors whom developers hire before clearing sites for construction. Many of our most important historical discoveries now come from such contractors, known as "commercial archeologists."

London's largest mosaic find in 50 years was unearthed during a regeneration* project near the Shard* in Southwark and archeologists working on the route of the HS2 high-speed railway* found a vast wealthy Roman trading settlement. But Historic England says that museums could soon run out of room for such artifacts. A report commissioned$_{(b)}$ by the public body and Arts Council England shows that (W) they acquire more storage space, the amount of material coming out of the ground will soon be greater than the space available to store it.

"The clock is ticking — we have four or five years (X) we really do start seeing massive problems," said Barney Sloane, national specialist services director at Historic England. "The potential of archeological archives$_{(ア)}$

is really rich," he said. "It would be a massive shame if we couldn't find a way of making sure they are protected for the future."

While the management of archeological finds differs between Scotland, Wales and Northern Ireland, all three countries have also reported similar problems with storage. Many museums have already stopped collecting archeological archives. This means that they remain out of sight of the public, (イ) although many contractors provide access to researchers who want to study them. "There's literally nowhere to put them," said Tom Booth, a researcher at the Crick Institute who works with museums to access samples for research. He added that a lack of dedicated archeological curators*, due to funding, (c) added to the problem. "If there's not an archeological curator at a museum, they might not be as keen to take it on because they don't feel they could look after [the finds] properly," he said. (Y) of museums in England now have an archeological curator, according to the Society of Museum Archeologists.

Already, at least a quarter of the excavations undertaken by archeological contractors in England produce collections that never find their way to a museum, according to Historic England and Arts Council England. That means contractors are left holding the bag (ウ) when it comes to storing them, but are ill-equipped (d) to show what they have found to the public, even though some do try to make objects available to local communities.

"We have a small visitor center at our office where people can come and view some of the archival material," said Victoria Sands of The Colchester Archeology Trust, a charity which also does contract work and discovered the site of a Roman circus. "But obviously we're not a museum, it's not on permanent (e) display or anything like that."

Historic England, along with Arts Council England and National Trust, are in early talks to advise government on the creation of a national archive that they say could solve the issue of storage for the next

100 years. It (あ)(い)(う)(え)(お) government will commit funding to that solution. Historic England say they are concerned that if storage space runs out, councils may no longer be able to compel(f) developers to excavate sites of archeological interest, meaning a lot of history could be lost forever.

One novel solution to the storage problem has been to put finds back (Z) they came — underground. Cambridgeshire County Council has turned to Deepstore, an underground storage company located in a former salt mine in Cheshire, which gives them boundless space to keep their 20,000 boxes of historical artifacts, which they can recall(g) as needed. A project called After the Plague run by the University of Cambridge has requested hundreds of boxes of human remains from their collection at Deepstore that came from burials at the Hospital of St. John in Cambridge. That project used cutting-edge techniques to learn more about the consequences of the Black Death in Cambridge, including how epidemic* diseases affect our evolution, and found the first direct archeological evidence of the plague in Britain. "That benefits(h) medicine, it benefits genetics — it's not just about heritage," said Mr. Sloane of Historic England.

Finds from the stores can also be loaned out(i) to museums for temporary exhibitions, like the current showing of goods from two graves at the burial site of a possible Saxon* princess on display at Ely museum. That exhibition uses finds from the collection of Cambridgeshire County Council, including an ancient brooch and amethyst* beads from a necklace. "The whole point of storing this material is to tell stories about it and to show it to people and make them aware of their own history," said Sally Croft, archives manager for Cambridgeshire County Council. "And you can only do that by putting it on display and allowing people to see it."

(By Patrick Hughes, writing for *BBC News*, February 24, 2023)

［注］ Troves　貴重な発見物

artifacts　（特に古代人が用いた）人工品

Archeologists　考古学者

regeneration　再生

the Shard　ロンドンの高層ビル

HS2 high-speed railway　イングランドで計画されている高速鉄道路線

curators　（博物館、美術館の）学芸員

epidemic　（病気などが）流行性の

Saxon　古代サクソン人の

amethyst　（鉱物）紫水晶、アメジスト

Ⅱ－A　空所(W)～(Z)に入るもっとも適切なものを次の１～４の中からそれぞれ一つ選び、その番号を解答欄に記入しなさい。

(W)　1 also　2 because　3 provided　4 unless

(X)　1 ago　2 before　3 for　4 since

(Y)　1 All　2 Fewer than half　3 More than most　4 None

(Z)　1 when　2 where　3 which　4 while

Ⅱ－B　下線部 (a)～(i) の意味・内容にもっとも近いものを次の１～４の中からそれぞれ一つ選び、その番号を解答欄に記入しなさい。

(a) heritage

1 legacy　2 lesson　3 resource　4 technology

(b) commissioned

1 argued　2 contacted　3 ordered　4 used

(c) funding

1 base　2 capital　3 experience　4 motivation

(d) ill-equipped

1 unaware　2 unhealthy

3 unprepared　4 unused

(e) permanent

1 joint　2 occasional　3 perpetual　4 private

(f) compel

1 deter　2 find　3 forbid　4 oblige

(g) recall

1 remember　2 retain　3 retrieve　4 reveal

(h) benefits

1 adjusts　2 improves　3 introduces　4 moderates

(i) loaned out

1 handed on　2 lent out

3 paid back　4 passed down

II－C　波線部 (ア)～(ウ) の意味・内容をもっとも的確に示すものを次の１～４の中からそれぞれ一つ選び、その番号を解答欄に記入しなさい。

(ア) The potential of archeological archives is really rich

1 Archeological finds enable people to learn about their history and culture

2 People will discover many more places in the future to store archeological finds they unearthed

3 Archeological objects are being digitally archived for future classification and preservation

4 People can obtain wealth through maintaining archeological objects

(イ) they remain out of sight of the public

1 they are not stored close to inhabited areas

2 they are too small to be visible

3 they are too precious to be exhibited

4 they are not available for exhibition

(ウ) contractors are left holding the bag

1 contractors remain responsible for transporting the finds

2 contractors have to deal with a difficult situation on their own

3 contractors usually have to wait for their employers' directions

4 contractors leave construction sites as soon as possible after work

Ⅱ－D 二重下線部の空所(あ)～(お)に次の１～６の中から選んだ語を入れて文を完成させたとき、(い)と(お)に入る語の番号を解答欄に記入しなさい。同じ語を二度使ってはいけません。選択肢の中には使われないものが一つ含まれています。

It (あ)(い)(う)(え)(お) government will commit funding to that solution.

1 be　　2 whether　　3 to　　4 seen

5 had　　6 remains

Ⅱ－E 本文の意味・内容に合致するものを次の１～８の中から三つ選び、その番号を解答欄に記入しなさい。

1 Archeological contractors are hired by developers to dispose of artifacts and clean up construction sites.

2 One of the most difficult problems from an archeological point of view is the lack of space to store excavated objects.

3 People are optimistic about the storage problem because there is still ample time to find a solution.

4 The lack of archeological contractors is another reason why museums are unwilling to take in and store excavated artifacts.

5 Archeological contractors are reluctant to make ancient artifacts available to local communities because it is costly and time-consuming.

6 There is a possibility that mandatory excavation of archeological finds will not be part of the future of building developments in England.

7 People bury what they unearthed back into the ground because they do not know how to deal with them.

8 A research project took advantage of access to the underground storage to make new medical and archeological discoveries about the Black Death.

Ⅱ－F　本文中の太い下線部を日本語に訳しなさい。

It would be a massive shame if we couldn't find a way of making sure they are protected for the future.

〔Ⅲ〕　次の会話を読んで設問に答えなさい。(50点)

(*Annie and Emma are friends who haven't seen each other for quite a while, so Annie decided to visit Emma in Kyoto for a week to catch up. They are discussing Annie's sightseeing plans.*)

Emma: Hi Annie, it's so great to see you.

Annie: Likewise.

Emma: How long has it been?

Annie: I can't even remember.

Emma: At least five years, I reckon?

Annie: Approximately. ＿＿(a)＿＿

Emma: All the more reason to make the most of your time in Kyoto. I'm so glad you managed to find the time to come visit me here. How long are you going to stay?

Annie: Six days. My mom has a doctor's appointment on the 19th, so I want to be back in Korea by then. ＿＿(b)＿＿

Emma: Oh! Nothing serious, I hope.

Annie: No, it's just a routine check-up, but my mom gets really nervous about not being able to remember everything the doctor tells her, so she likes it when there is a second person there to take notes. And we always turn it into a fun day out together, going shopping and visiting one of the many cute and stylish cafés we have in Seoul.

Emma: ＿＿(c)＿＿ I would love to take you to some of my

favorite cafés and sights.

Annie: To be honest, I didn't spend much time looking into what I want to do and see while I'm here, but I did see pictures of Kiyomizu-dera and Kinkaku-ji. ＿＿＿(d)＿＿＿

Emma: That's a great idea. I can tell you how to get there. You can go there while I'm at work and I can show you some of my favorite sights on the weekend. Do you like hiking?

Annie: ＿＿＿(e)＿＿＿ If it's not too strenuous or long, then I quite enjoy it.

Emma: The hike I am thinking of is not too demanding. It is a little bit steep in some places, but it is not even two hours long. And afterwards you get to cool off sitting in a restaurant over the river, which is really refreshing after the hike.

Annie: Over the river? How does that work?

Emma: During the hot summer months, they put *tatami* mats up across the river. The water flows underneath the mats, so it is not only cooling, but it is also really pretty to watch while you're eating lunch. The food is also really special.

Annie: How so?

Emma: In one of the restaurants they serve noodles that flow down a bamboo tube. [麺が流れ過ぎる間に、お箸でつかまえないといけないんです。]

Annie: I never heard of floating noodles.

Emma: It's fun, I promise. ＿＿＿(f)＿＿＿ If you miss them, they are gone for good.

Annie: Does that taste nice? Plain noodles sound a bit tasteless.

Emma: It's a simple meal, but they are surprisingly delicious. You get a dipping sauce with them, so they are much more tasty than they sound.

Annie: Even if they weren't tasty, I would still want to try them.

(g) ＿＿＿＿＿＿＿＿

Emma: It sure is! I promise it is worth it.

Annie: Can't wait! I'm getting hungry just thinking about it.

Emma: If you're hungry, I have a few dinner suggestions for you to choose from.

Annie: No need. ＿＿＿＿(h)＿＿＿＿

Emma: How do you feel about a quaint little restaurant with some delicious local specialties? Their *tofu* in particular is worth trying.

Annie: Sounds great. Lead the way!

Emma: Alright. Let's go.

Ⅲ－A　空所 (a)～(h) に入るもっとも適切なものを次の１～10の中からそれぞれ一つ選び、その番号を解答欄に記入しなさい。同じ選択肢を二度使ってはいけません。選択肢の中には使われないものが二つ含まれています。

1 They look really nice, so I was thinking I might pay them a visit.
2 How do you do?
3 I promised to accompany her.
4 That sounds about right.
5 And you have to be quick too.
6 It depends.
7 I am not a big fan of sightseeing.
8 I trust you to pick something delicious for us.
9 Speaking of which, what are your plans while you're here?
10 That sounds like quite an experience in and of itself.

Ⅲ－B　本文中の［　　　］内の日本語を英語で表現しなさい。

麺が流れ過ぎる間に、お箸でつかまえないといけないんです。

数　学

(100 分)

〔I〕次の □ に適する数または式を，解答用紙の同じ記号のついた □ の中に記入せよ．

(1) じゃんけんにおいて，出た手が2種類の場合は勝者が決まり，そうでない場合はあいことする．じゃんけんをする人はグー，チョキ，パーをそれぞれ $\frac{1}{3}$ の確率で出すものとする．n を3以上の自然数とする．n 人で1回目のじゃんけんをし，勝者が1人のときは2回目のじゃんけんをせず，勝者が2人以上のときは勝者のみで2回目のじゃんけんをする．1回目のじゃんけんがあいこの場合は，n 人全員で2回目のじゃんけんをする．1回目のじゃんけんの勝者が1人である確率を a_n とし，1回目があいこである確率を b_n とする．また，2回目のじゃんけんが行われ，かつ，その勝者が1人である確率を c_n とする．このとき，$a_3 =$ ア，$c_3 =$ イ である．また，a_n，b_n を n の式で表すと，$a_n = \frac{\boxed{ウ}}{3^{n-1}}$，$b_n = \frac{\boxed{エ}}{3^{n-1}}$ となり，$c_5 =$ オ となる．

(2) t を実数とし，z の2次方程式 $z^2 + (4t+6)z + 5t^2 + 12t + 32 = 0$ の解を虚部の大きい順に α，β とする．複素数平面上の3点 $\mathrm{A}(\alpha)$，$\mathrm{B}(\beta)$，$\mathrm{C}(t)$ が同一直線上にあるとき，$t =$ カ である．3点A，B，Cが三角形をなすとき，その重心を表す複素数を w とする．このとき，w，$|\alpha - w|^2$ を t の式で表すと，$w =$ キ，$|\alpha - w|^2 =$ ク となり，$\triangle\mathrm{ABC}$ の重心と外心が一致する t の値は大きい順に ケ，コ である．

〔 II 〕 実数α, βは$\alpha > \beta > 0$を満たすとする．数列$\{a_n\}$, $\{b_n\}$を

$$a_1 = \alpha,\ b_1 = \beta,\quad a_{n+1} = \frac{2a_nb_n}{a_n + b_n},\ b_{n+1} = \sqrt{a_{n+1}b_n}\ (n = 1, 2, 3, \cdots)$$

で定める．次の問いに答えよ．ただし，必要ならば，$\displaystyle\lim_{x\to 0}\frac{\sin x}{x} = 1$が成り立つことを証明なしに用いてよい．

(1) 実数uは$0 < u < \dfrac{\pi}{4}$を満たすとする．$\alpha = \tan(2u)$, $\beta = \sin(2u)$のとき，$\dfrac{a_2}{\tan u}$, $\dfrac{b_2}{\sin u}$はそれぞれ定数A, Bとなる．A, Bを求めよ．

(2) 実数p, xはそれぞれ$p > 0$, $0 < x < \dfrac{\pi}{2}$を満たすとする．$\alpha = p\tan x$, $\beta = p\sin x$のとき，自然数nに対して，$\dfrac{a_n}{\tan\left(\frac{x}{2^{n-1}}\right)}$, $\dfrac{b_n}{\sin\left(\frac{x}{2^{n-1}}\right)}$をそれぞれ$p$, nを用いて表せ．

(3) $\alpha = 2$, $\beta = 1$のとき，極限値$\displaystyle\lim_{n\to\infty} a_n$, $\displaystyle\lim_{n\to\infty} b_n$をそれぞれ求めよ．

〔 III 〕 aを定数として，xy平面上で次の2つの曲線C, D_aを考える．

$$C：\ y = \frac{\sqrt{3}}{6}(x-1)^2,\qquad D_a：\ \frac{(x-1)^2}{3} + (y-a)^2 = 1$$

次の問いに答えよ．

(1) 曲線D_a上の点$\left(1-\sqrt{2},\ a-\dfrac{\sqrt{3}}{3}\right)$における曲線$D_a$の接線の傾きを求めよ．

(2) $s > 1$とする．2つの曲線C, D_aが共有点$\mathrm{P}(s,\ t)$をもち，この共有点Pにおいて共通の接線をもつ．このとき，a, s, tの値を求めよ．

(3) (2)で求めたaの値をkとして，曲線D_kの$y \leqq k$の部分を曲線E_kとする．2つの曲線CとE_kで囲まれた部分を，直線$y = k$の周りに1回転させてできる立体の体積をVとする．Vの値を求めよ．

2024年度　理工　数学

〔Ⅳ〕 xを正の実数とする．$f(x)=\dfrac{\cos x}{\sqrt{x}}$とおく．また，$x \neq \dfrac{2k-1}{2}\pi$ $(k=1,2,3,\cdots)$のとき，$g(x)=\tan x+\dfrac{3}{2x}$とおく．$p$を正の実数とし，点$(p,\ f(p))$における曲線$y=f(x)$の接線を$\ell_p$とする．次の問いに答えよ．ただし，必要ならば，$\pi>3$であることを証明なしに用いてよい．

(1) $f(x)$，$g(x)$の導関数$f'(x)$，$g'(x)$をそれぞれ求めよ．

(2) ℓ_pが原点$(0,0)$を通るとき，$g(p)$の値を求めよ．

(3) 自然数nに対して，次の2つの条件(i)，(ii)を同時に満たす実数p_nがただ一つあることを示せ．

(i) $|p_n-\pi n|<\dfrac{\pi}{2}$ (ii) ℓ_{p_n}が原点$(0,0)$を通る

(4) 自然数nに対して，(3)のp_nは$\pi n-\dfrac{1}{n}<p_n<\pi n$を満たすことを示せ．ただし，必要ならば，$0 \leqq x<\dfrac{\pi}{2}$のとき$\tan x \geqq x$が成り立つことを証明なしに用いてよい．

(5) 自然数mに対して，直線$\ell_{p_{2m}}$の傾きをα_mとおく．極限値$\displaystyle\lim_{m\to\infty} m^{\frac{3}{2}}\alpha_m$を求めよ．

物　理

(75 分)

〔I〕次の文中の空欄（ア）～（ク）にあてはまる式または数値を解答用紙（―）の該当する欄に記入せよ。また，解答用紙（―）の解答図（I–A）と（I–B）には適切なグラフの概形を描け。ただし，重力加速度の大きさを g とする。

図1のように，小物体Pが点Cを中心とする半径 A の円周上を角速度 ω で反時計回りに等速円運動している。この円周上に点Qを定め，線分CQと平行にCからQの向きを正として x 軸をとり，CとPから x 軸への正射影をそれぞれ原点Oと点Rとする。PがQを通過する時刻を $t=0$ とすると，時刻 t におけるRのOからの変位は $x=$ （ア） と表され，Rは単振動することがわかる。Rの速度は，Pの速度の x 成分に等しいので， （イ） と表される。

図2のように，天井の点Sから軽い糸で質量 m の小球Nをつるし，鉛直面内で左右に振動させた。Nの最下点の位置を原点Oとし水平右向きを正として x 軸をとる。糸がたるまないようにしてNを x 座標が $x=A$ の位置から静かに放したところ，糸が鉛直方向となす角は常に小さく，Nは角振動数 ω_0 で単振動した。この振り子の糸の長さは （ウ） である。Nにはたらく復元力は，向きに注意してNの変位 x を用いて表すと， （エ） と書ける。

つぎに，図3のように，原点Oの鉛直上方の点Uに細い釘を取り付け，小球Nが原点Oを通る瞬間に，Nが運動する円弧の中心が点SからUに変わるようにした。糸と釘との間には摩擦力ははたらかないとする。糸がたるまないようにしてNを x 座標が $x=A$ の位置から静かに放したところ，Nは，$x>0$ の領域で角振動数 ω_0 の単振動の一部をし，$x<0$ の領域で角振動数 $2\omega_0$ の単振動の一部をした。UのOからの高さは （オ） である。図1の場合と同様に，Nのこの運動を $x>0$ と $x<0$ のそれぞれの領域での等速円運動の一部の x 軸への正射影とみなす。この射影の元になる円運動を表す円周上の軌跡の概形を，解答図（I–A）に描け。

さらに，図4のように，細い釘の位置を点Vに移動し，小球Nの x 座標が $-\frac{A}{\sqrt{2}}$ となる瞬間に糸が釘に触れるようにした。Nを糸がたるまないようにして $x=A$ の位置から静かに放したところ，Nは，$x>-\frac{A}{\sqrt{2}}$ の領域で角振動数 ω_0 の単振動の一部をし，$x<-\dfrac{A}{\sqrt{2}}$の領域でVの鉛直下方の点O′を振動の中心として単振動の一部をした。糸が釘に触れる瞬間のNの運動エネルギーは（カ）である。各領域におけるNの単振動の最下点を基準点とした位置エネルギーと運動エネルギーの和は，$x<-\dfrac{A}{\sqrt{2}}$の領域での値が$x>-\dfrac{A}{\sqrt{2}}$の領域での値の$\dfrac{2}{3}$倍となっていた。このことから，O′のx座標は（キ）である。図1の場合と同様に，Nのこの運動を$x>-\dfrac{A}{\sqrt{2}}$と$x<-\dfrac{A}{\sqrt{2}}$のそれぞれの領域での等速円運動の一部のx軸への正射影とみなす。この射影の元になる円運動を表す円周上の軌跡の概形を，解答図（I-B）に描け。このとき，Nを静かに放してからNが$x=A$の位置に初めて戻ってくるまでの時間は（ク）である。

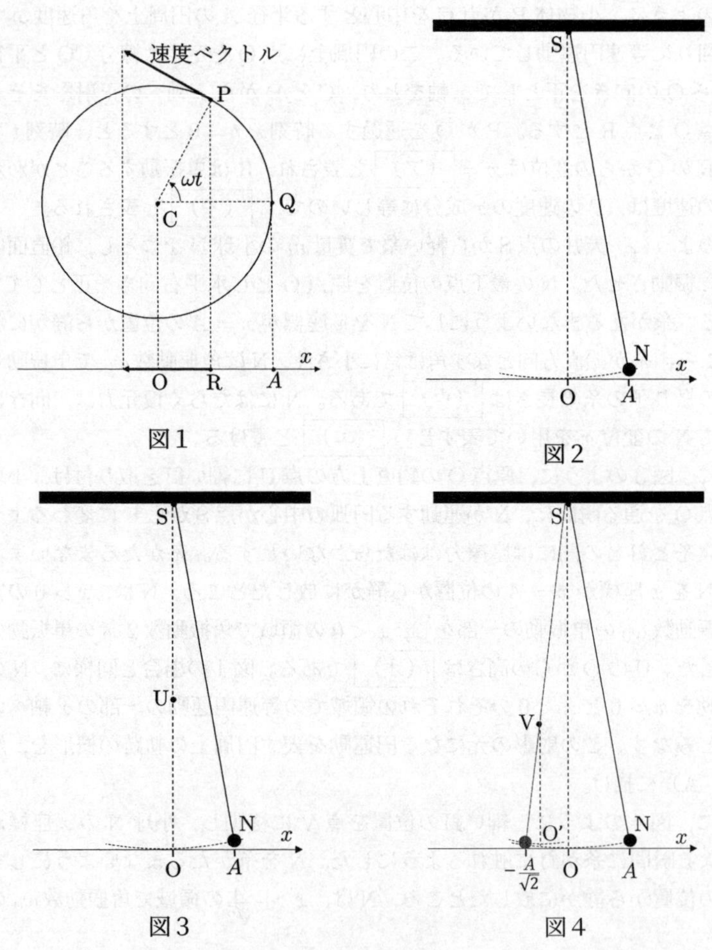

図1　図2　図3　図4

〔解答欄〕

解答図（I–A）

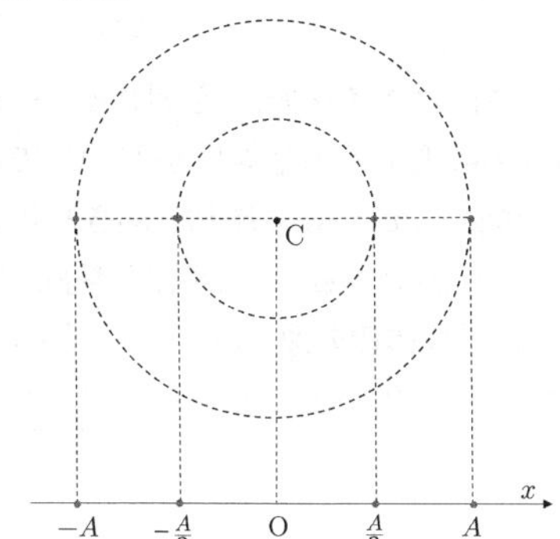

解答図（I–B）

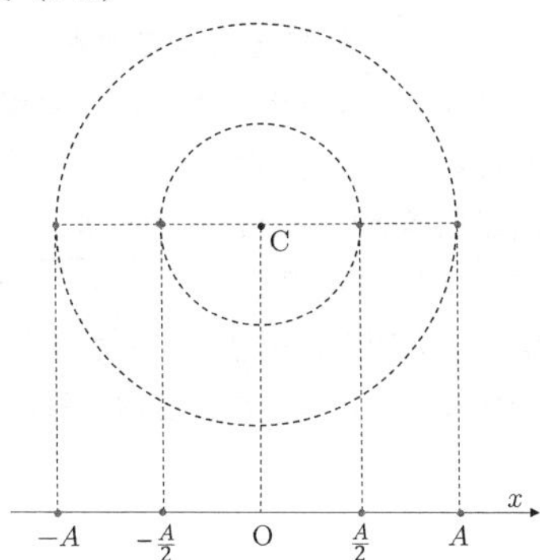

〔 II 〕次の文中の空欄（ア）～（ク）にあてはまる式または数値を解答用紙 (二) の該当する欄に記入せよ。ただし，重力加速度の大きさを g [m/s^2] とする。

図１のように，鉛直上向きで磁束密度 B [T] の一様な磁場中に，間隔が L [m] のなめらかな２本の平行な導線を，水平面から θ の角度をなすように固定する。導線の上端 c と d の間には抵抗値 R_1 [Ω] の抵抗 R_1 に加えて，スイッチ S_1 と電気容量 C [F] のコンデンサー C が並列に接続されており，導線の下端 e と f の間には抵抗値 R_2 [Ω] の抵抗 R_2 とスイッチ S_2 が接続されている。はじめ，C に電荷は蓄えられていなかった。

スイッチ S_1 を閉じ，S_2 を開いた状態で，電気抵抗が無視できる質量 m [kg] の導体棒を水平になるように平行導線上に置き，静かに手を離したところ，導体棒は導線の上をすべり始めた。ただし，導体棒は水平を保ちながら摩擦力を受けること無くすべり，回路を流れる電流が作る磁場は無視できるものとする。

導体棒の速さが v [m/s] となったとき，図１の導体棒と平行導線が作る a，b，c，d で囲まれた面を，水平面に正射影した面積の単位時間あたりの増加は ［（ア）］ [m^2/s] となる。このとき，導体棒に生じる誘導起電力の大きさは，v を用いて書き表すと，［（イ）］ [V] となり，導体棒に電流が流れるため磁場から力を受ける。したがって，導体棒の加速度は，平行導線に沿って下向きを正とし，v を用いて，［（ウ）］ [m/s^2] と書くことができる。

導体棒から手を離して十分に時間が経過すると，導体棒の速さは v_f [m/s] で一定となった。抵抗 R_1 で消費される電力は，m, g, θ, v_f を用いて，［（エ）］ [W]

と書くことができる。ここで，スイッチS_1を開く。S_1を開いた直後に導体棒を流れる電流は，導体棒中を図1のaからbに流れる向きを正として，v_fを用いて，（オ）[A]と書くことができる。

つぎに，コンデンサーCの充電が完了する前にスイッチS_2を閉じる。Cに蓄えられている電気量がQ [C]，導体棒の両端の電位差の絶対値がV [V]である瞬間に導体棒を流れる電流は，導体棒中を図のaからbに流れる向きを正として，QとVを用いて，（カ）[A]と書くことができる。十分時間が経った後，導体棒の速さは再び一定となった。このときの導体棒の速さはv_fの（キ）倍であり，Cに蓄えられる電気量の大きさは，v_fを用いずに表すと，（ク）[C]となる。

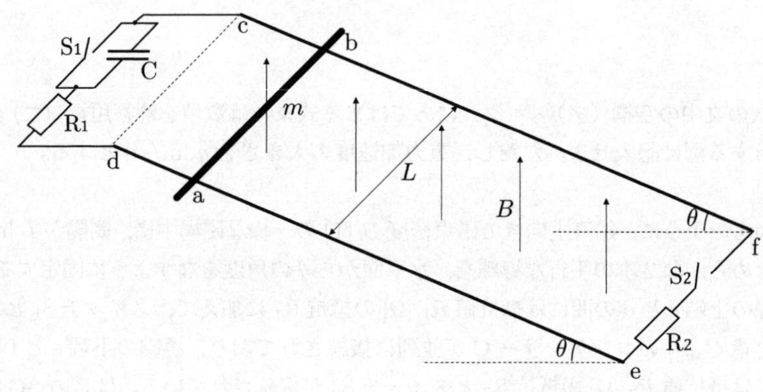

図1

〔III〕次の文中の空欄（ア）〜（ク）にあてはまる式または数値を解答用紙（二）の該当する欄に記入せよ。

ホイヘンスの原理により屈折の法則を考えよう。図1のように，媒質 M_1 を速さ V_1 で進む振動数 f_1 の平面波が，入射角 θ_1 で媒質 M_2 との境界に入射する。入射波の波面が AA' に達した瞬間に A からは M_2 へ進む素元波が発生し，続いて境界上の AB' に達したこの波の A に近い方から順々に素元波が生じる。A' にあった波面が境界上の B' に達するのに要する時間を t_1 とすると，$A'B' =$ （ア） となる。その間に，A で生じた素元波は M_2 の中を速さ V_2 で広がり，A を中心とする半径 （イ） の円周上に達する。境界で次々と生じる素元波の広がり始める時刻がずれているため，半径の異なる無数の半円が M_2 の中につくられ，その全てに接する BB' が屈折波の波面となる。直角三角形 $\triangle AA'B'$ において AB' を θ_1 を用いて表すと $AB' =$ （ウ），直角三角形 $\triangle ABB'$ において AB' を屈折角 θ_2 を用いて表すと $AB' =$ （エ）が成り立ち，これらを等しいとおくことにより屈折の法則が得られる。

ジェット気流や黒潮などのように流速の異なる帯状の領域が存在する。そのような領域の境界に波が入射すると，同じ媒質でも波の進む向きが変わる，屈折といえる現象が生じることが知られている。この場合の屈折について次のような理想的な状況で考えてみよう。図2のように，媒質が静止している領域 R_1 と媒質が境界に平行に一様な速さ u で流れている領域 R_2 があり，R_1 を進む振動数 f_1 の平面波が，入射角 θ_1 で境界に入射する。いずれの領域においても，媒質に対する波の進む速さは V_0 である。入射波の波面が AA' に達してから A' にあった波面が境界上の B' に達するのに要する時間を t_0 とする。この間に，A と B' で生じた素元波は R_2 中で下流へ速さ u で一様に流されながら媒質に対して速さ V_0 で広がる。A と B' で生じた素元波の円の中心をそれぞれ C と C' とすると，この t_0 だけ経過したときの移動距離は，u を用いて，$B'C' = AC =$ （オ） と表される。屈折角を θ_2 とすると，屈折波の振動数は （カ），波長は u を用いずに （キ） と表される。また，$AB' = AC + CB'$ であることから，θ_1 と θ_2 を用いて，$u =$ （ク） と表され，境界での波の屈折と u との関係がわかる。

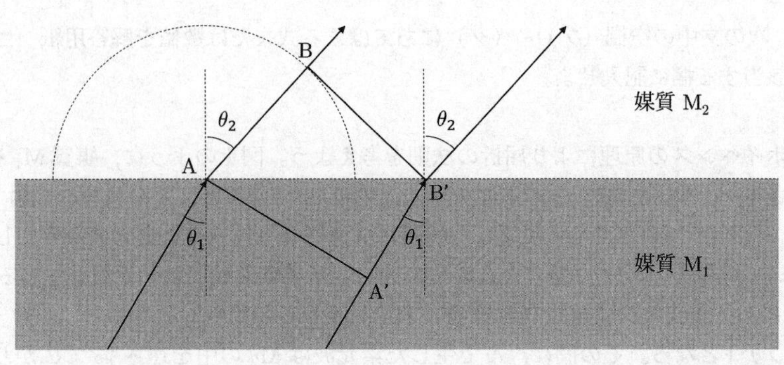
B
θ_2
θ_2
媒質 M_2
A
B'
θ_1
θ_1
媒質 M_1
A'

図1

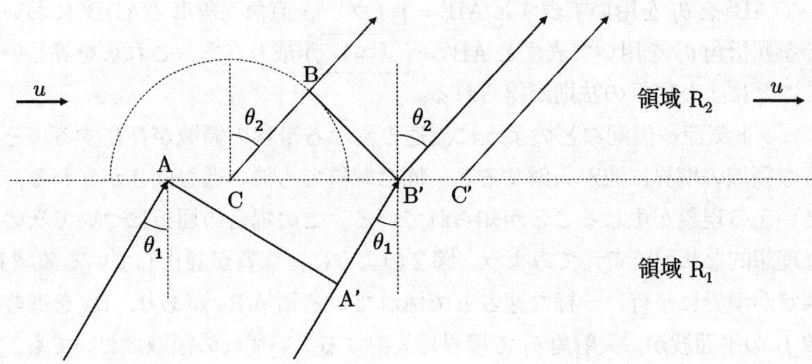
u
B
θ_2
θ_2
領域 R_2
u
A
C
B'
C'
θ_1
θ_1
領域 R_1
A'

図2

化 学

(75分)

[注意]
原子量は H = 1.00，C = 12.0，N = 14.0，O = 16.0，S = 32.0 とし，気体定数は 8.3×10^3 Pa·L/(K·mol) とする。

〔Ⅰ〕 次の文を読み，問い（1）～（4）の答えを，解答用紙（一）の〔Ⅰ〕の該当する欄に記入せよ。

18 世紀後半にイギリスで起きた産業革命によりヨーロッパの人口は急増し，20 世紀の初頭には人類は深刻な食糧危機に直面した。農作物の生産性の向上には「肥料の三要素」とよばれる窒素，（ **あ** ），（ **い** ）の農地への補充が必要である。当時は窒素源としてチリ硝石などの輸入に頼っており，1898 年にイギリスのクルックス卿は王立学会で「人口増加に伴う食糧危機を救うには大気中の窒素の固定が必要」との期待を説いた。

窒素と水素を直接反応させてアンモニアを合成する反応は

$$N_2(気) + 3H_2(気) \rightleftarrows 2NH_3(気) \quad ①$$

という反応式で示され，ドイツのカールスルーエ工科大学の（ **う** ）は 1909 年に実験室規模での合成実験に成功した。ドイツの化学メーカーはこの研究成果の工業化に踏み出し，（ **え** ）とミタッシュによる高圧反応装置の大型化，安くて高活性な（ **お** ）を主成分とする触媒の開発の成果を通して，1913 年にアンモニアの工業的生産が開始された。この合成法は現在（ **う** ）·（ **え** ）法とよばれている。この結果，合成アンモニアを原料とした人工肥料が大量に製造され，農業生産量は飛躍的に増加した。現在もアンモニアは 80 億人を超える世界人口を維持するために不可欠な肥料原料となっている。

現在ではアンモニアは燃焼しても CO_2 を排出しない「カーボンフリー」の燃料としても再び脚光を浴び，発電，船舶用エンジン，工業炉での活用に向けての開発，実証が進められている。アンモニアは常温でもわずかな圧力で液化が可能で，①式の逆反応によりアンモニアから水素を容易に得ることもできるため，水素エネルギーキャリアとしても期待されている。

（1）（　**あ**　），（　**い**　）に最も適する元素名，（　**う**　），（　**え**　）に人名，（　**お**　）には化学式を記入せよ。

（2）アンモニアの工業的製法に関して，次の問い（i）～（iv）に答えよ。

（i）表1に示す結合エネルギーを用いて，アンモニアの生成熱〔kJ/mol〕を求めよ。

（ii）工業的にはアンモニアは約500℃で触媒を用いて合成されている。この理由に関する次の文章を読み，（　**か**　）～（　**こ**　）の空欄に最も適する語句を語群から選んで記入せよ。

アンモニアの生成反応は（　**か**　）反応であるため，（　**き**　）の原理によりアンモニアの生成率を考えると（　**く**　）で反応させる方が好ましい。しかし，（　**く**　）では反応速度が（　**け**　）ため，反応速度を（　**こ**　）ために触媒を用いて500℃で合成される。

語群：中和，発熱，吸熱，質量保存，ラボアジェ，定比例，パスカル，ルシャトリエ，高温，低温，速い，遅い，大きくする，小さくする

（iii）窒素，水素，アンモニアの分圧をそれぞれ P_{N2}，P_{H2}，P_{NH3} とし，これらを用いて①式の圧平衡定数 K_p を表せ。

（iv）容積一定の容器内に，窒素 1.0 mol と水素 3.0 mol を入れた。ある一定の温度まで加熱し，反応が平衡に達したときのアンモニアの物質量は 1.0 mol であった。このときの全圧が 1.2×10^5 Pa であった場合，この反応の圧平衡定数 K_p を有効数字2桁で単位とともに答えよ。

表1　結合エネルギー

結合	結合エネルギー〔kJ/mol〕
H−H	432
N−H	386
N≡N（三重結合）	928

（3）　次の（A）～（C）の反応の化学反応式および用いられる触媒をそれぞれ記せ。ただし，触媒は化学式で答えよ。

（A）　硝酸の工業的製法で，アンモニアを酸化して一酸化窒素を得る反応。

（B）　硫酸の工業的製法で，二酸化硫黄を酸化して三酸化硫黄を得る反応。

（C）　塩素酸カリウムを加熱して，単体の酸素を得る反応。

（4）　気体水素の状態方程式は近似的に次式で表すことができる。

$$P(V_{\mathrm{m}} - b) = RT \qquad ②$$

ここで，P は圧力〔Pa〕，V_{m} は気体1モルの体積〔L/mol〕，R は気体定数，T は温度〔K〕，b は定数であり，300 K で 2.5×10^{-2} L/mol である。次の問い（i）～（iii）に答えよ。

（i）　②式の定数 b は理想気体では 0 L/mol であるが，水素では正の値を持つ。その理由を簡潔に述べよ。

（ii）　燃料電池自動車は高圧容器に蓄えた 5 kg 程度の水素で東京－大阪間（約 500 km）を走ることができる。300 K で 7.0×10^{7} Pa に加圧された 5.0 kg の水素を蓄えるには何 L の容積を持つ高圧容器が必要か。有効数字2桁で求めよ。

（iii）　液体アンモニアを気化して①式の逆反応を利用し，車上で水素を生成して燃料電池自動車を走行させたい。5.0 kg の水素を取り出すのに必要な 300 K における液体アンモニアの体積〔L〕を有効数字2桁で求めよ。ここで，液体アンモニアの密度は

300 K で 0.68 g/cm^3 とする。

(50点)

〔Ⅱ〕 次の文を読み，問い（1）～（9）の答えを，解答用紙（一）の〔Ⅱ〕の該当する欄に記入せよ。気体は理想気体の状態方程式に従うものとせよ。

物質の沸点や融点は，物質を構成する粒子間にはたらく力が強い物質ほど（　ア　）。このため，分子結晶の融点は，一般に共有結合の結晶やイオン結晶の融点に比べて（　イ　）。直鎖状のアルカンの沸点は，炭素数が多くなるほど高くなるが，これは分子量が大きくなると（　ウ　）力が強くなるためである。一方，ほとんど同じ分子量であるメタンとアンモニアの沸点を比べると（　エ　）の方がはるかに沸点が高い。これには，（　オ　）原子の電気陰性度が大きいことと，分子の形が，メタンは（　カ　）であり，アンモニアは（　キ　）であることが関係している。また，(あ) イオン結晶であるハロゲン化ナトリウムはハロゲン化物イオンのイオン半径が変化すると融点が変化する。

気体と液体の間の状態の変化をおこすためには，いくつかの方法がある。例えば，(い) 容積が一定の容器に気体を入れて冷却することで液体を得ることができる。一方，容積を変えることができる容器に気体を入れ，(う) 温度を一定に保ったまま容器の体積を小さくすると，気体が液体に変化することがある。また，(え) 圧力を一定に保つように容積が変化する容器に液体のみを入れ加熱することで気体を得ることができる。

（1） 空欄（　ア　），（　イ　）に，「高い」あるいは「低い」を記せ。

（2） 空欄（　ウ　）～（　オ　）にあてはまる最も適切な語句を記せ。

（3） 空欄（　カ　），（　キ　）にあてはまる最も適切な語句を次の語群から選んで記せ。

語群：直線形，折れ線形，正三角形，正四面体形，三角錐形

(4) 次に示した固体の中から分子結晶であるものを全て選んで記せ。あてはまるものがない場合は「なし」と記せ。

水酸化ナトリウム，ドライアイス，ダイヤモンド，氷，
二酸化ケイ素，銅

(5) 分子量が比較的近い次の4種類の単体または化合物の沸点について，2種類は−100℃よりも高く，2種類は−100℃より低い。沸点が−100℃よりも高いものを2つ選んで化学式で記せ。

H_2S，O_2，HCl，F_2

(6) 下線部**(あ)**について，次のハロゲン化ナトリウムを融点の高いものから低いものに順番に並べて化学式で記せ。

NaBr，NaCl，NaF，NaI

〔解答欄〕

高い ┈┈┈┈┈┈┈┈┈┈┈┈┈┈┈▸ 低い

　　　＞　　　＞　　　＞

(7) 図1の実線は，直鎖状のアルカン**X**の気体 n〔mol〕のみを容積が8.3Lの容器に入れ420Kとし，この温度から下線部**(い)**のように冷却した時の容器内の圧力を示している。次の問い（i）〜（iv）に答えよ。

（i） 容器内のアルカン**X**の物質量 n〔mol〕の値を有効数字2桁で求めよ。

（ii） 冷却して350Kになった時，容器内に液体が11.2g生成していた。この値からアルカン**X**の分子量がわかる。この分子量の値から推定されるアルカン**X**の化合物名を記せ。ただし，容器の体積に占める液体の体積は無視せよ。

（iii） アルカン**X**の物質量を n〔mol〕ではなく，$0.7n$〔mol〕として，体積が8.3Lの容器に入れ420Kとし，この温度から下線部**(い)**のように冷却した時，液体が現れ始めた温度に最も近いと考えられるものを次から選んで番号で記せ。

① 324 K ② 336 K ③ 348 K
④ 360 K ⑤ 372 K

(iv) 図1の破線は直鎖状のアルカン**Y**の蒸気圧と温度の関係を表している。アルカン**Y**とアルカン**X**の分子量は28だけ異なることがわかっている。アルカン**Y**の化合物名を記せ。

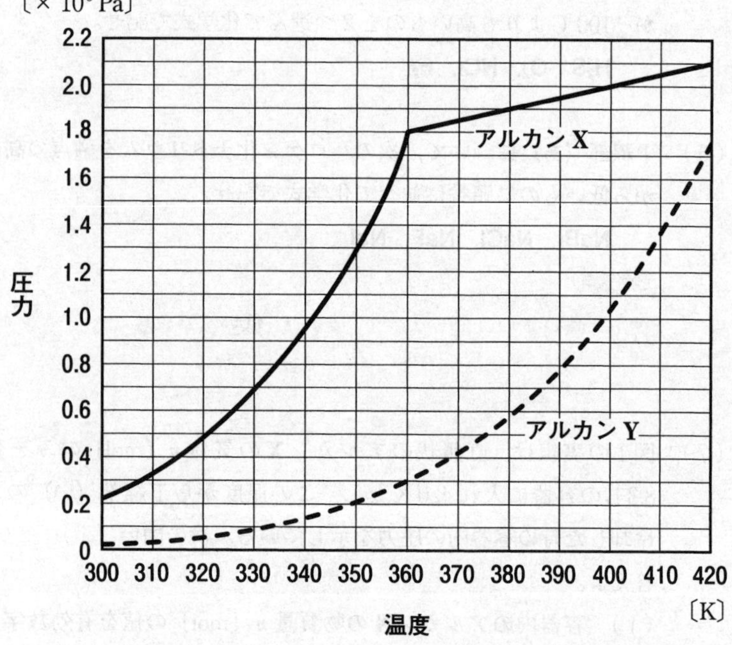

図1 アルカンXおよびYの温度と圧力の変化

(8) 蒸気圧が図1で示されるアルカン**Y**とアルゴンの混合気体のみを十分大きな容積の容器に入れ，温度を390 Kとして下線部 **(う)** のように容積を小さくしていった。次の問い（i）および（ii）に答えよ。ただし，アルゴンは液体にならず，液体となったアルカン**Y**へのアルゴンの溶解はヘンリーの法則に従うものとする。

（i） 容積を小さくすると圧力が増加した。全圧が 1.0×10^5 Pa までは容器内に液体は存在しなかったが，それよりわずかに体積を小さくすると液体のアルカン**Y**が現れた。最初に入れた混合気体中のアルゴンのモル分率を有効数字1桁で求めよ。

（ii）容積をさらに小さくすると気体と液体が共存した。気体の体積が V_g〔L〕のとき，気体中のアルカン**Y**の物質量が x〔mol〕，アルカン**Y**の液体1Lあたりに溶けているアルゴンの物質量が y〔mol〕であった。さらに容器の容積を小さくしたところ気体の体積が $0.5\,V_g$〔L〕となった。このとき，気体中のアルカン**Y**の物質量〔mol〕を x を用いて表せ。また，アルカン**Y**の液体1Lあたりに溶けているアルゴンの物質量〔mol〕を y を用いて表せ。ただし，液体中に溶解するアルゴンは非常に少ないため，溶解したアルゴンの物質量の変化に伴う気体中のアルゴンの物質量の変化は無視せよ。

（9）水100gに塩化ナトリウムが溶解した水溶液をつくり，大気圧下で下線部**(え)**のように加熱したところ温度が上がり，100.10℃の時に初めて容器内に水蒸気が現れた。水溶液中の塩化ナトリウムは完全に電離するものとして，次の問い（i）および（ii）に答えよ。ただし，大気圧における水の沸点は100.00℃であり，水のモル沸点上昇は0.50K·kg/molであるとせよ。

（i）容器に入れた水溶液中の塩化ナトリウムの質量モル濃度〔mol/kg〕を有効数字2桁で求めよ。

（ii）気体が現れた後も加熱を続けた。水溶液の質量が最初に比べて40g減少した時の水溶液の温度〔℃〕を小数第2位まで求めよ。ただし，容器内は気液平衡にあり，塩化ナトリウムはすべて水に溶解しているものとする。

（50点）

〔Ⅲ〕 次の文を読み，問い（1）～（7）の答えを解答用紙（二）の〔Ⅲ〕の該当する欄に記入せよ。構造式は例にならって記すこと。

有機化合物の性質は分子内にどのような官能基が含まれているかによって変化する。脂肪族炭化水素の水素原子をヒドロキシ基に置換した化合物はアルコールと呼ばれる。炭素原子の数が少ないアルコールは水に溶けやすく，水溶液は（　**ア**　）を示す。アルコールを濃硫酸中で加熱すると脱水反応が起こる。例えばエタノールを濃硫酸中170℃で加熱すると分子内脱水反応が起こり（　**イ**　）が生成する。

酸性を示す代表的な官能基としてカルボキシ基があげられる。カルボキシ基を持つ化合物はカルボン酸と呼ばれる。カルボン酸は炭酸よりも強い酸である。①<u>例えば水溶液中で酢酸を炭酸水素ナトリウムと反応させると二酸化炭素を発生しながら酢酸ナトリウムが生じる</u>。カルボキシ基は他の官能基と反応してエステル結合やアミド結合などの化学結合を形成するため，二価カルボン酸は合成高分子の原料として用いられる。例えばテレフタル酸を（　**ウ**　）と混ぜて縮合重合すると高分子化合物であるポリエチレンテレフタラートが得られる。

塩基性を示す代表的な官能基としてアミノ基があげられる。アミノ基を有する化合物は一般にアミンと呼ばれる。メタンの水素原子のひとつをアミノ基に置換した物質はメチルアミンである。②<u>メチルアミンが水に溶解すると水溶液は塩基性を示す</u>。ベンゼン環にアミノ基が直接結合した化合物はアニリンである。アニリンは希塩酸中で氷冷しながら（　**エ**　）と反応させると塩化ベンゼンジアゾニウムとなり，染料合成の際の原料として用いられる。

（1） 文中の（　**ア**　）～（　**エ**　）にあてはまる適切な語句を次の語群より選んで記せ。

【語群】 弱酸性，中性，弱塩基性，ジエチルエーテル，
エチレングリコール，エチレン，スチレン，アジピン酸，
亜硝酸ナトリウム，過マンガン酸カリウム，
次亜塩素酸ナトリウム

（2） 下線部①および②の反応をそれぞれ化学反応式で示せ。ただし②は電離平衡の式として示すこと。

（3） メタンの1つの水素原子を次の原子団で置換した4つの化合物**A**～**D**について，次の問い（ⅰ）～（ⅲ）に答えよ。

Aの原子団：$-CHO$　　**B**の原子団：$-COCH_3$

Cの原子団：$-OH$　　**D**の原子団：$-OCH_3$

（ⅰ） **A**～**D**の化合物名をそれぞれ答えよ。

（ⅱ） **A**～**D**のいずれかをひとつ含む水溶液を一部とり，そこにヨウ素と水酸化ナトリウムを加えると，黄色沈殿が生じた。もとの水溶液に含まれる化合物をさらに特定するためには，どのような実験を行えばよいかを説明せよ。

（ⅲ） **D**は，水素と一酸化炭素を原料として，**A**～**C**のいずれかの化合物を経由して，2段階で合成される。この2段階の反応を化学反応式で示せ。ただし触媒や温度などの反応条件については記述を省略してよいものとする。

（4） カルボン酸に関する記述として誤っているものをすべて選び記号で答えよ。ただし該当するものがない場合には「なし」と答えよ。

（あ） ギ酸はカルボキシ基とアルデヒド基をもつ。

（い） アセチルサリチル酸は二価のカルボン酸である。

（う） 水を含まない高純度酢酸のことを無水酢酸と呼ぶ。

（え） 油脂をけん化すると脂肪酸の塩とグリセリンを生じる。

（お） 芳香族カルボン酸は酸性の冷水によく溶解する。

（5） 芳香族アミンであるアニリン（$C_6H_5-NH_2$）は，ニトロベンゼン（$C_6H_5-NO_2$）を原料とし，濃塩酸中でスズと反応させてアニリン塩酸塩（$C_6H_5-NH_3Cl$）とした後，水酸化ナトリウム水溶液を加えて遊離させることで得られる。次の問い（ⅰ）および（ⅱ）に答えよ。

（ⅰ） ニトロベンゼンが還元されてアニリンへと変化する半反応式（電子 e^- を用いたイオン反応式）を示せ。

（ⅱ）この反応においてスズ Sn は還元剤として作用し，半反応式は

$$Sn \longrightarrow Sn^{4+} + 4e^-$$

のように表される。ニトロベンゼンとスズから濃塩酸を用いてアニリン塩酸塩が生成する際の化学反応式を示せ。

（6）同じ炭素原子にアミノ基とカルボキシ基の両方が結合した化合物を α–アミノ酸と呼ぶ。次の（ⅰ）および（ⅱ）の α–アミノ酸の構造式をそれぞれ示せ。ただし官能基は全て非イオンの形で示すこと。

（ⅰ）グリシン（分子量 75）：不斉炭素原子を持たない。

（ⅱ）システイン（分子量 121）：チオール基（–SH）を含む。

（7）化合物 **E** はアスパルテームと呼ばれる物質であり，人工甘味料として使用される。酵素を用いて **E** のアミド結合（ペプチド結合）を加水分解したところ2種類の化合物 **F** と **G** が生成した。次の問い（ⅰ）および（ⅱ）に答えよ。

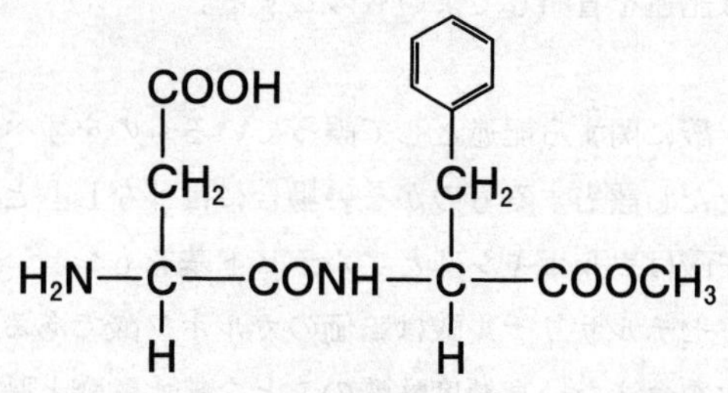

化合物 **E**

（ⅰ）**F** と **G** のどちらか一方は，双性イオンの形がとれる化合物である。双性イオンの形がとれる方の化合物の構造式を双性イオン型で示せ。

（ⅱ）酵素を用いずに加水分解を行うと **E** に含まれるアミド結合とエステル結合が切断され，3種類の化合物 **G**，**H**，**I** が生成した。**E**～**I** の中で，**I** のみがニンヒドリン反応を示さなかった。**E**～**I** の中でキサントプロテイン反応が陽性となるものを全て選び記号で答えよ。

構造式の例

$$
\begin{array}{c}
NH_2 \\
| \\
CH_2 \\
| \\
H_3N^+ - C - COOH \\
| \\
CH_2 - S - CH_2 - COO^-
\end{array}
$$

（50点）

生 物

（75 分）

〔I〕 次の文章を読み，問い（1）から（7）の答えを解答用紙（一）の〔I〕の該当する欄に記入せよ。

羽根鳴らす　蜂あたたかに　見なさるる　窓をうづめて　咲くさうびかな

この歌は，正岡子規も絶賛した江戸時代の歌人，橘曙覧（たちばなのあけみ）の作品「薔薇（さうび）」である。「さうび」とは，日本古来のバラであり，蜂はミツバチを表す。この歌は，有性生殖を行う生物どうしの相互関係を見事に表現している。ミツバチは，なかまとコミュニケーションを図る生物で，のちにその特徴的行動は動物学者のカール・フォン・フリッシュらによって明らかにされた。またバラは，世界中の人々から愛される花であり，これまでに多品種が作出されてきた。

（1） ミツバチは，バラのような餌場を見つけると巣に戻ってダンスを行い，なかまへ知らせる。餌場の位置情報の伝達は，複数のダンスによって行われる。餌場が巣から約 50 m と近い場合，ミツバチは巣でどのようなダンスを行うか，ダンスの名称を答えよ。

（2）（1）のようにミツバチがダンスをすることは，経験や学習がなくとも本能として体内に備わっている。このように出現する行動は何と呼ばれるか名称を答えよ。

（3） ある晴れた日の京都，ミツバチは午前 11 時に巣から 200 m 離れた場所でバラの餌場を見つけ，巣に戻って図 1 のようにダンスをした。

ダンスは，鉛直線に対して時計回りに30度の方向を示した。同じ日の午後2時，同じバラの餌場を確認した別のミツバチが巣に戻ってダンスでなかまへ伝えた。この時のダンスはどのようになるか，以下の選択肢1）～5）からもっとも適切なものを一つ選び，記号で答えよ。

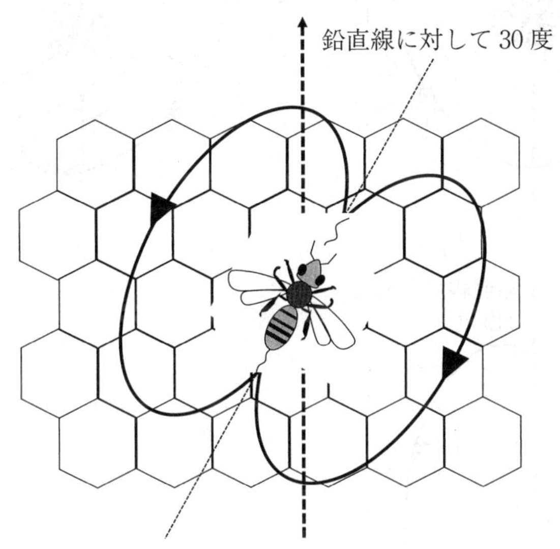

図1　午前11時におけるミツバチのダンス

【選択肢】

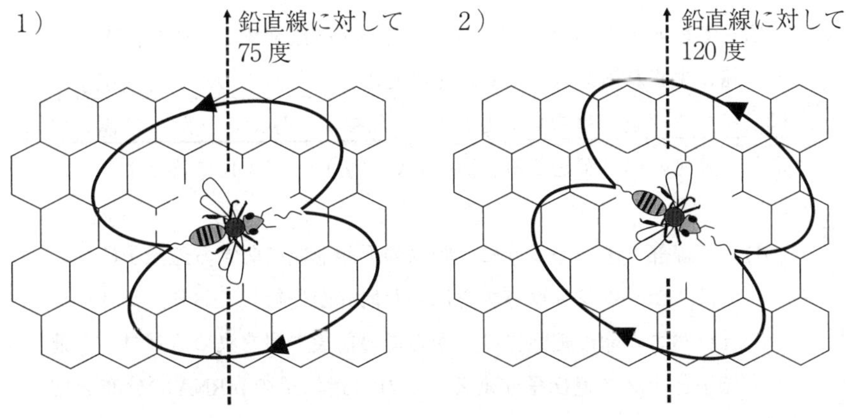

3）

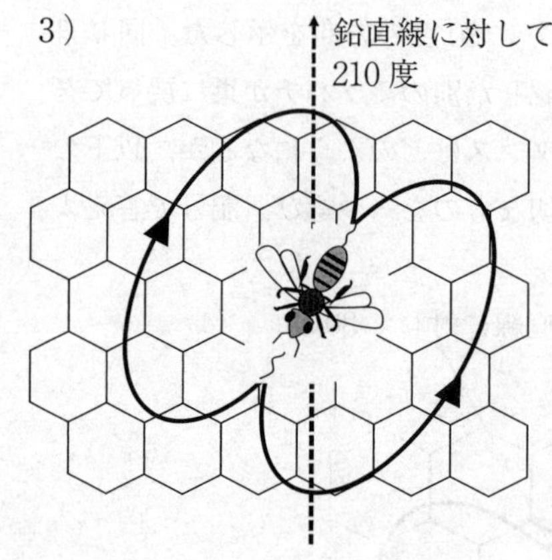

4）

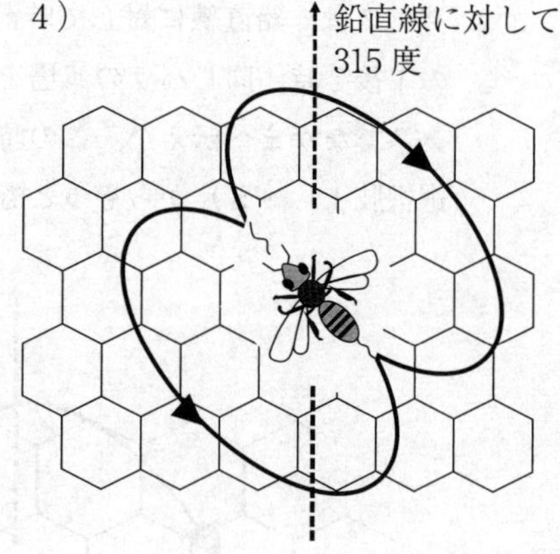

5）

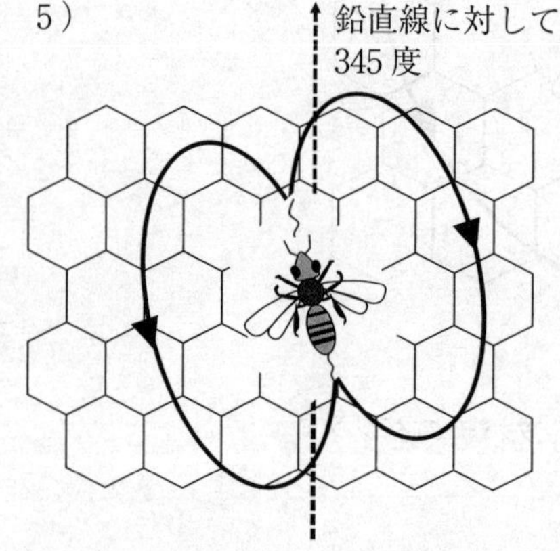

（4） 蜜を集めるミツバチと，のちに女王バチへ成育するハチは，どちらも一緒に生まれるメスである。そのため，(i)どちらのハチも遺伝子の構成に大きな違いはない。しかし(ii)幼虫期に与えられた餌の違いにより，分化の違いが起こる。次の問い（ア）～（エ）に答えよ。

（ア） 下線部（i）のように，動物の形態形成に関する遺伝子については，ショウジョウバエを用いた研究が先行しており，ショウジョウバエの卵母細胞には，からだの前後や端を決めるビコイド遺伝子とナノス遺伝子がある。これら遺伝子のmRNAの分布を図

2に示す。これらのmRNAは，受精前から卵に蓄積されている。このような遺伝子は，何と呼ばれるか名称を答えよ。

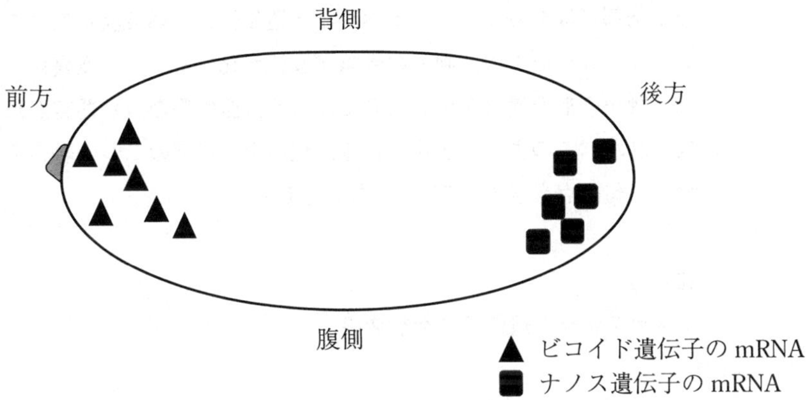

図2　ショウジョウバエの卵母細胞における2種類のmRNA

(イ)　ビコイド遺伝子とナノス遺伝子のmRNAの分布には，濃度勾配がある。これらの遺伝子やタンパク質の機能について正しく説明しているものを以下の選択肢（い）～（ほ）から一つ選び，記号で答えよ。

(い)　胚の前方で合成されたビコイドタンパク質は，後方からナノスタンパク質が拡散してくることを阻害して体軸を決定する。

(ろ)　ナノスタンパク質は，胚の前方で分解を受けて濃度勾配を形成して体軸を決定する。

(は)　ビコイドタンパク質とナノスタンパク質は，他の遺伝子の転写を調節して体軸を決定している。

(に)　ナノス遺伝子が機能を失うと頭部と胸部を欠いた個体が生じる。

(ほ)　ビコイドタンパク質とナノスタンパク質は，他のタンパク質を積極的に分解して体軸を決定している。

(ウ)　正常なショウジョウバエは，触角を2本もつ。しかし，頭部から中胸部にはたらくアンテナペディア遺伝子に突然変異が生じたショウジョウバエは，両方の触角が肢に変化する。この変異体では，触角の形態異常が生じたのではなく，全く異なった器官が形成された。このような変化が起きた理由を，以下の二つの語句を使い，句読点も含めて75字以内で答えよ。

【語句】

ホメオティック遺伝子，突然変異

(エ)　下線部（ii）のように，ミツバチの幼虫が女王バチへ分化するためには遺伝子型の違いではなく，ミツバチが分泌したロイヤルゼリーに2％含まれるロイヤラクチンという糖タンパク質が必要であることがわかった。このロイヤラクチンの効果は，ミツバチだけではなくショウジョウバエにも見られ，個体の大きさや産卵数が増加する。ロイヤルゼリーとロイヤルゼリーから精製したロイヤラクチンが寿命に与える効果について検討する実験を行なった。実験では，雄（♂）と雌（♀）のショウジョウバエを以下の5群にわけてそれぞれ餌を与えて，各群の生存割合と日数を観察した（図3）。この実験のショウジョウバエは，同日に生まれた個体を各群40匹ずつ使用した。また，餌は毎日交換しているとする。

【各群の実験条件】

①　通常のショウジョウバエ飼育餌

②　通常のショウジョウバエ飼育餌に牛乳等に含まれている栄養素のカゼインタンパク質を2％配合

③　通常のショウジョウバエ飼育餌に新鮮なロイヤルゼリーを配合

④　通常のショウジョウバエ飼育餌に40℃で30日間保存したロイヤルゼリーを配合

⑤　通常のショウジョウバエ飼育餌に新鮮なロイヤルゼリーから精製したロイヤラクチンを2％配合

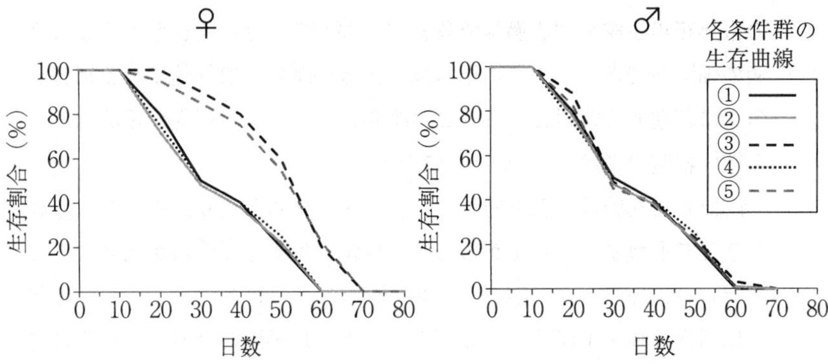

図3　飼育餌別のショウジョウバエの生存日数

この実験結果について，誤った考察をしているものを以下の選択肢（A）～（E）から二つ選び，記号で答えよ。

（A）　ロイヤルゼリーに含まれるロイヤラクチンの濃度は，2％が最適な濃度である。

（B）　ロイヤルゼリーに含まれるロイヤラクチンの寿命への効果は，性差がある。

（C）　40℃で30日間保存したロイヤルゼリーでは，ロイヤラクチンが分解などの物質変化を受けている可能性が考えられる。

（D）　カゼインタンパク質は，ショウジョウバエの生育に有効である。

（E）　実験条件④の40℃で30日間保存したロイヤルゼリーに精製した新鮮なロイヤラクチンを加えると，雌に長寿の効果が期待できる。

（5） 被子植物の受精に関する以下の文章を読み，次の文章中の空欄（あ）～（け）に入るもっとも適切な語句を答えよ。

若いおしべの葯（やく）の中では，多数の花粉（　あ　）細胞が減数分裂を行い，それぞれが（　い　）と呼ばれる4個の未熟花粉となる。1つの未熟花粉が成熟する過程で体細胞分裂が起こり，大きさの異なる2個の細胞ができる。小さい細胞は，大きい細胞に取り込まれて細胞質の中に存在する状態となる。この細胞は（　う　）細胞と呼ばれる。大きい細胞の核は，（　え　）になる。

成熟した花粉は，花を訪れたミツバチに付着したり，風に飛ばされたりして飛散する。花粉がめしべの柱頭に付着して受粉が成立すると，（　お　）に向かって花粉管が伸び始める。このとき（　う　）細胞は体細胞分裂を1回行い，2個の（　か　）細胞となる。花粉管の先端が胚のうに達すると，1個の（　か　）細胞と（　き　）細胞が融合して受精が起こる。もう1個の（　か　）細胞は，中央細胞と融合し，（　く　）が生じる。このように2個の（　か　）細胞による融合現象が同時に起こる。これを（　け　）受精という。

（6） 被子植物の胚の発生に関する以下の文章を読み，次の問いに答えよ。

バラは観賞用に多品種作られてきたが，同じ被子植物のシロイヌナズナは，ゲノム解読が最初に行われ，これまで研究対象として繰り返し用いられてきた。シロイヌナズナの受精卵は，細胞分裂を繰り返して胚球と胚柄となる。胚球はさらに分裂して，幼芽，子葉，胚軸，幼根からなる胚が形成される。胚はある程度発達した時点で発生・成長を止め，休眠にはいる。

図4の（a）～（e）は，上記の文章で示した5つの波線部の語句のうちどれに該当するか。もっとも適切な語句を答えよ。

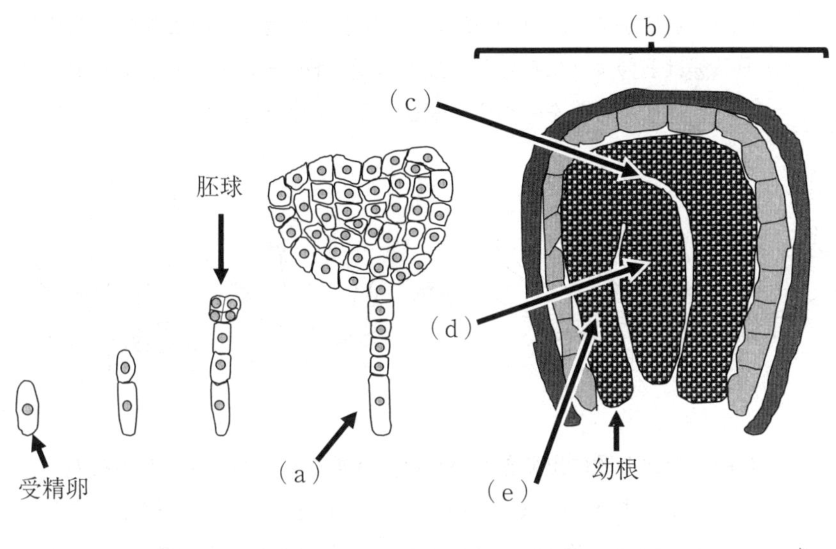

図4　シロイヌナズナの発生過程

（7） 花の器官分化の制御に関する以下の文章を読み，次の問い（i）〜（iii）に答えよ。

花の器官分化には規則性があり，遺伝子A，遺伝子B，および遺伝子Cの3つが制御する4つの領域が存在する。これは，図5に示したABCモデルと呼ばれている。これらの遺伝子に変異が生じると，形態形成に異常が生じることが知られている。

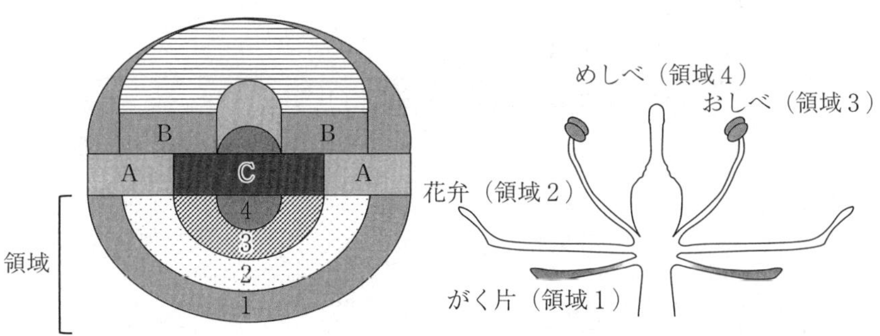

図5　ABCモデルと花のつくり

（ⅰ） 遺伝子A，B，Cがそれぞれ欠損した場合，形成される花の形態はどのようになるか，以下の選択肢①〜③からそれぞれもっとも適切なものを一つずつ選び，記号で答えよ。

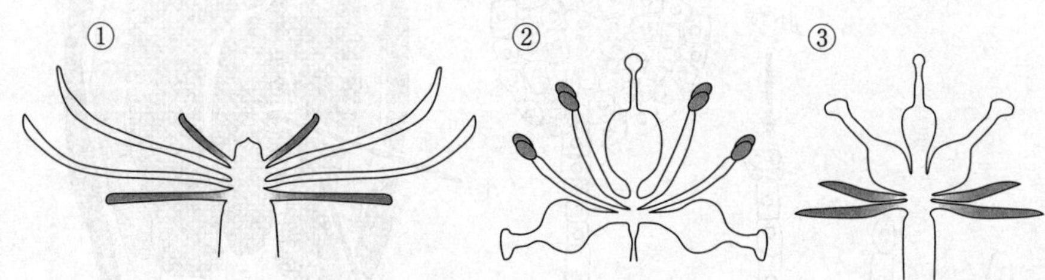

（ⅱ） 冒頭の歌に出てきたバラは，八重咲きである。バラの花の形態は遺伝子A，B，Cのうち，どの遺伝子が部分的に機能損失となった結果と考えられるか，もっとも適切なものを遺伝子A，B，Cから一つ選び，記号で答えよ。

（ⅲ） 1790年，ゲーテは「花器官は葉を原型として多種多様に変化したものである」と仮説を立てている。これを証明するためには，どの遺伝子を機能不全にすれば証明できるか，以下の選択肢ア）〜オ）からもっとも適切なものを一つ選び，記号で答えよ。

ア） A遺伝子

イ） B遺伝子

ウ） C遺伝子

エ） A遺伝子とB遺伝子

オ） A遺伝子とB遺伝子とC遺伝子

（50点）

〔Ⅱ〕 次の文章を読み，問い（1）～（9）の答えを解答用紙の（一）の〔Ⅱ〕の該当する欄に記入せよ。

原核生物と真核生物では，タンパク質の合成過程が異なる。大腸菌のような原核生物をみると，（　あ　）膜はなく，DNA から転写された RNA が mRNA として機能する。このため，原核生物では，転写と（　い　）がほぼ同じ場所で行われタンパク質が合成される。一方，酵母のような真核生物では，（　あ　）膜が存在する。(a)真核生物の DNA は，（　あ　）のなかで 4 種類のヒストンが 8 個集合した円盤状の構造のまわりに巻き付いて（　う　）を形成している。このような（　う　）が積み重なった構造をクロマチン繊維と呼ぶ。荷電についてみると，DNA は（　え　）に，またヒストンは（　お　）に荷電している。この巻き付いた状態では立体的な障害のため，（　か　）は DNA 上のプロモーターに近づくことができない。ところが，(b)折りたたまれたクロマチン繊維がほどけた状態になると，（　か　）と基本転写因子は，プロモーターに結合できるため，転写が開始される。この機構によって(c)mRNA 前駆体が合成される。その後，mRNA 前駆体からイントロンが取り除かれて mRNA が完成される。mRNA は（　あ　）膜孔を通過し，細胞質基質へ送られて(d)タンパク質が合成される。

生物は置かれた環境に応じて，遺伝子の発現を調節できる。大腸菌は，培地にラクトース（乳糖）を加えても，培地にグルコースが十分に含まれていればラクトースを利用しない。一方，(e)グルコースを含まない培地に大腸菌を移すと，ラクトースを分解する酵素（ラクターゼ）の合成が誘導されてラクトースを利用する。ラクターゼ遺伝子は，隣接する他の酵素の遺伝子と共に転写される。このように機能的に関連している複数の遺伝子が，共通の制御を受けている単位のことを（　き　）と呼ぶ。

（1） 本文中の空欄（あ）～（き）にあてはまる，もっとも適切な語句を答えよ。

（2）下線部（**a**）について，ある真核生物の細胞からDNAを取り出し，DNAに含まれている塩基の割合を調べた結果，アデニンとチミンの合計は46％であった。この取り出したDNAに含まれるシトシンの割合（％）はいくらになるか答えよ。

（3）下線部（**a**）について，ある複相（2n）の真核生物の細胞1個に含まれるDNAの分子量は3.60×10^{12}である。1個のヌクレオチド残基の平均分子量は3.00×10^{2}，隣接する2つの塩基間の平均距離が3.40×10^{-7} mmとすると，この細胞1個に含まれるDNAの全長（m）はどれくらいになるか，有効数字3桁で答えよ。

（4）下線部（**b**）のように，クロマチン繊維がほどけた状態になるためには，ヒストンはどのような化学修飾を受ける必要があるか，化学修飾の名称を一つ答えよ。

（5）下線部（**c**）について，真核生物ではmRNA前駆体からmRNAがつくられるとき，除かれる部分の違いによって複数種類のmRNAができ，複数種類のタンパク質がつくられる。この異なるmRNAをつくるしくみを何というか，しくみの名称を答えよ。

（6）下線部（**c**）に関する次の文章を読み，空欄（ i ）と（ ii ）にあてはまるもっとも適切な語句を答えよ。また次の文章の波線部について，どのような反応が起きているか答えよ。

イントロンが取り除かれた後のmRNA前駆体は，両端に化学的な修飾を受けてmRNAとなる。mRNA前駆体の5’側の末端には（　i　）と呼ばれる構造が，3’側の末端には（　ii　）と呼ばれる構造がそれぞれ付加される。細胞質基質に移動したmRNAは，（　ii　）が除去されると半減期が短くなる。

(7) 下線部(**d**)に関する次の文章を読み，以下の問い①と②に答えよ。

リボソームで合成されたタンパク質は，複数種のシャペロンのはたらきにより正しい立体構造が形成される。

① シャペロンにより正しい立体構造を形成する過程は何と呼ばれるか，名称を答えよ。

② シャペロンの機能について説明した以下の選択肢(A)～(E)の中で，誤っているものを二つ選び，記号で答えよ。

(A) 合成されたタンパク質の立体構造形成を助ける。
(B) 誤って折りたたまれたタンパク質をほどき，修復する。
(C) 誤って合成されたタンパク質のアミノ酸配列を修復する。
(D) 積極的にエンドサイトーシスを起こし，細胞外に存在する凝集したタンパク質の修復を行う。
(E) リボソームで合成された後のタンパク質に結合し，凝集を防ぐ。

(8) 下線部(**d**)に関する次の文章を読み，空欄(ア)にあてはまる適切な語句を答えよ。また，(ア)が形成される細胞小器官の名称を答えよ。

真核生物のタンパク質分解の制御として，ユビキチン・プロテアソーム系とオートファジー(自食作用)が知られている。ユビキチン・プロテアソーム系では，ユビキチンタンパク質で標識された不要なタンパク質をプロテアソームが選択的に分解する。一方，オートファジーには分解酵素を含んだ(　ア　)がはたらき，タンパク質を分解する。

(9) 次の文章を読み，以下の問い①と②に答えよ。

下線部（**e**）について実験するため，遺伝子変異のない大腸菌に突然変異誘発剤を作用させ，変異型大腸菌Aと変異型大腸菌Bを作製した。各変異型大腸菌の突然変異の部位は，オペレーター領域，プロモーター領域，調節遺伝子領域のいずれかの領域の1塩基であり，この変異により各領域の機能は失われる。遺伝子変異のない野生型大腸菌と，変異型大腸菌Aと変異型大腸菌Bを用いて，培地へのラクトース添加前後におけるラクターゼ遺伝子のmRNA発現について比較した。この結果を表1に示す。なおラクトース添加後の培地には，大腸菌が利用できる糖質として，ラクトース以外の添加はない。

① 変異型大腸菌A，変異型大腸菌Bは，DNAのどの領域に突然変異が入らなかったと考えられるか，オペレーター領域，プロモーター領域，調節遺伝子領域からすべて選び，名称を答えよ

② これらの遺伝子変異によって，ラクトース添加後の変異型大腸菌Aと変異型大腸菌Bの生育は，野生型大腸菌と比較するとどのようになるか，句読点を含め90字以内で答えよ。

表1　各大腸菌のラクターゼ遺伝子のmRNA発現の有無

	ラクトース添加前	ラクトース添加後
野生型大腸菌	−	+
変異型大腸菌A	−	−
変異型大腸菌B	+	+

mRNAの発現がある場合は+，ない場合は−で表す。

(50点)

〔Ⅲ〕 次の文章を読み，問い（1）～（6）の答えを解答用紙の（二）の〔Ⅲ〕の該当する欄に記入せよ。

現在の生物は（　あ　）に遺伝情報を保持している。（　あ　）の遺伝情報からタンパク質を合成するしくみは，全ての生物でほぼ共通していることから，現在の生物は，共通の祖先から(A)<u>進化してきた</u>と推測できる。

過去の生物も現在の生物も，遺伝情報をコピー（複製）して受け渡すことで増殖してきた。しかし，そのコピーの過程で偶然のミスが塩基配列に生じることもある。これを（　い　）という。生存や繁殖に有害となる複製ミスは生物集団中には存続しないが，有害ではないミスはそのまま受け渡され，集団中に蓄積されることで遺伝的多様性が増える。そのようにして実現した遺伝情報の多様化が進化の源となってきた。

さまざまな生物の形態の違いに注目すると，自然選択による進化の過程を見ることができる。両生類，は虫類，鳥類，哺乳類は外形や生態が異なっているが，同じ四足動物として，前肢の構造など，基本的な点でよく似た構造を共有している。同じ哺乳類でもその前肢は，コウモリは翼，クジラやイルカはひれ，ヒトは腕というように外形はさまざまだが，前肢の骨の基本的構造は共通している。この例のように，(B)<u>外形やはたらきが大きく異なっているにもかかわらず，共通した構造をもつ器官</u>を（　う　）という。

昆虫のはねと鳥の翼は，飛ぶための器官という機能は同じである。しかし，その構造や発生のしかたは異なっている。鳥の翼は前肢が変形したものだが，昆虫のはねは，胸部の背面から生えた器官である。しかも，鳥と昆虫は系統もかけ離れている。このように，(C)<u>系統が大きく異なる種類同士なのに構造が似かよっていて機能も同じ器官</u>を（　え　）という。

（1） 上の文章のうち，空欄（あ）～（え）にあてはまるもっとも適切な語句を解答欄に記入せよ。

（2）　下線部（**A**）に関して，進化のしくみについて説明している次の文章を読み，空欄（お），（か）にあてはまるもっとも適切な語句を解答欄に記入し，空欄（き），（く）については，解答欄中の適切と考えられる語句を丸で囲い答えよ。

個体の形質は遺伝子型で決まるが，有性生殖を行う生物では，次世代には遺伝子型ではなく遺伝子そのものが伝わる。集団がもつ遺伝子の集合全体を（　お　）とよび，この対立遺伝子の頻度の変化によって進化を考えることができる。有性生殖で繁殖する過程では，自然選択とは無関係に，偶然によって集団内の遺伝子頻度が変化することがあり，この変化を（　か　）という。集団が小さいほど（　か　）の影響が（　き：大きく・小さく　）なりやすく，偶然によって遺伝子頻度が変化する可能性が（　く：大きい・小さい　）。

（3）　下線部（**A**）に関して，遺伝子頻度の変化は，ハーディ・ワインベルグの法則をもとに考えることができる。以下の問い①，②に答えよ。

①　次の文章を読み，空欄（ア）～（ウ）にあてはまる数値を解答欄に記入せよ。

ハーディ・ワインベルグの法則が成り立つのは一定の理想的条件下である。この法則の意味を考える。ある集団について，対立遺伝子Aとaを含み，その遺伝子頻度がpとq（$p + q = 1$），遺伝子型の割合がAA：Aa：aa＝1：2：1と仮定すると，対立遺伝子の頻度は$p =$（　ア　），$q =$（　イ　）となる。次に子の世代の遺伝子頻度について考えると，親世代の遺伝子型の組み合わせは全部で（　ウ　）通り，子の遺伝子型はAA：Aa：aa＝1：2：1，対立遺伝子の頻度は$p =$（　ア　），$q =$（　イ　）となり，子の世代でも対立遺伝子の頻度に変化がないことがわかる。

② 自然の集団では，ハーディ・ワインベルグの法則は成立しない。この法則を成立させない要因が，進化の要因であるといえる。自然選択がはたらいた場合の遺伝子型頻度の変化を考える。ある集団に対立遺伝子Bとbが存在するとする。Bはbに対して優性である。環境の変化により自然選択がはたらいて，bbの個体のみ，生殖可能になる前に90％が死亡するものとする。第一世代の誕生直後のB，bの遺伝子頻度をそれぞれ0.2，0.8とした場合，遺伝子型bbの頻度はどのように変化すると考えられるか。次のグラフ（ア）～（ク）から一つ選び，記号で答えよ。

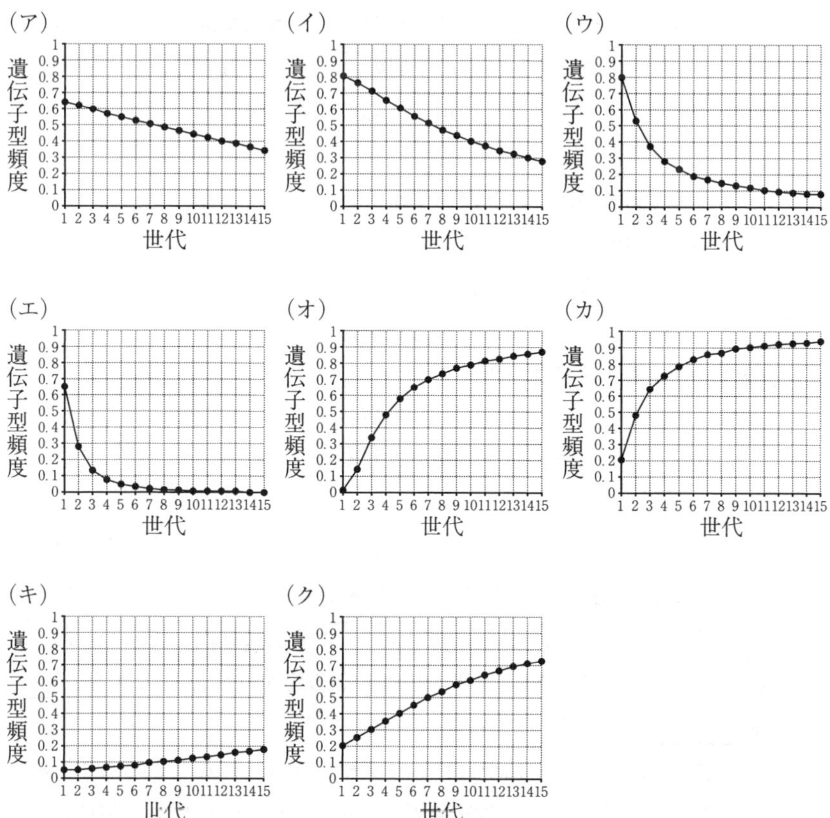

（4） 下線部（**B**）に関して，器官の骨の基本構造が共通している理由はどのように考えられるか。下記のうちもっともあてはまる説明を次の（ア）～（オ）から一つ選び，記号で答えよ。

（ア） 種間競争の結果
（イ） 環境に適応した結果
（ウ） 収束進化の結果
（エ） 共進化の結果
（オ） 共通祖先からその形質を引き継いだ結果

（5） 下線部（**C**）に関して，系統が異なるのに形態や機能が似ている理由はどのように考えられるか。下記のうちもっともあてはまる説明を次の（ア）～（オ）から一つ選び，記号で答えよ。

（ア） 構成部品の数に限りがあるから
（イ） 異所的種分化が起こったから
（ウ） 遺伝子重複が起こったから
（エ） 各環境下で生存繁殖に適した構造だから
（オ） 中立進化が起こったから

（6） 生物の進化の過程に関する次の文章を読み，以下の問い①～⑤に答えよ。

今から4億5000万年ほど前のオルドビス紀になると，陸上の環境条件が整ったことで，最初に（ a ）が陸上に進出してきた。約4億年以上前のシルル紀の地層からは，その姿を残す最古の化石(1)クックソニアが見つかっている。

デボン紀から石炭紀にかけて，シダや（ b ）などからなる森林が形成され，陸生の節足動物も進化した。約3億7000万年前には，(2)肺魚やシーラカンスの祖先にあたる魚類のグループから原始的な

（　c　）が進化した。

一方，オルドビス紀末，デボン紀末，ペルム紀末，三畳紀末，白亜紀末と，少なくとも5回の(3)大量絶滅が起きたことが知られている。なかでも古生代の最後にあたるペルム紀末の大量絶滅の規模が最大で，（　d　）など，生息していた動物種の多くが絶滅したとされている。その後に訪れた中生代の海中には，遊泳能力に優れた魚類や大型は虫類，（　e　）などが繁栄した。陸上では，古生代末の大量絶滅を生き残ったは虫類が多様な種類を進化させた。今から6500万年前の白亜紀末に起きた大量絶滅では，陸上において（　f　）などが絶滅した。

① 文章中の空欄（a）～（c）にあてはまるもっとも適切な語句を，次の（ア）～（キ）からそれぞれ一つ選び，記号で答えよ。

（ア） 両生類　　（イ） リンボク
（ウ） ストロマトライト　　（エ） リニア
（オ） 藻類　　（カ） は虫類
（キ） 植物

② 文章中の空欄（d）～（f）にあてはまるもっとも適切な語句を，次の（ク）～（セ）からそれぞれ一つ選び，記号で答えよ。

（ク） 恐竜　　（ケ） アンモナイト
（コ） 三葉虫　　（サ） アノマロカリス
（シ） シーラカンス　　（ス） ウミユリ
（セ） マンモス

③ 下線部（1）に関して，クックソニアの特徴を次の（あ）～（う）から一つ選び，記号で答えよ。

（あ）　根，葉，維管束をもたない
（い）　根，葉をもたないが，維管束をもつ
（う）　根，葉，維管束をもつ

④　下線部（**2**）に関して，肺魚やシーラカンスは太古の祖先に近い形質を維持したまま現代でも生息しているため，生きている化石と呼ばれる。生きている化石に該当する生物を以下の語群から3つ選び答えよ。

モウコノウマ，ダイオウグソクムシ，メタセコイア，カブトガニ，エミュー，オウムガイ，シダ，ハリネズミ

⑤　下線部（**3**）に関して，過去に起きた大量絶滅の原因として，もっとも有力とされている説を次の（ア）～（オ）から二つ選び記号で答えよ。

（ア）　太陽黒点の異常　　（イ）　巨大な隕石の衝突
（ウ）　地球磁場の逆転　　（エ）　地球規模の火山活動
（オ）　地球規模の大量感染

(50点)

解答編

英語

A. (W)－2　(X)－1　(Y)－3　(Z)－1

B. (a)－3　(b)－4　(c)－1　(d)－2　(e)－3　(f)－1

C. (ア)－2　(イ)－4

D. (あ)－5　(う)－4　(お)－1

E. 〈A〉－4　〈B〉－3　〈C〉－5　〈D〉－1

F. 2・4・8

全訳

《水がもたらす癒し効果》

1　2020年8月の埃っぽい日，ウォレス＝J. ニコルズは20年以上住んできたカリフォルニアの谷にハイキングに出かけ，森林火災で全焼した自宅と家財道具を見つけた。

2　唖然としながらも，ニコルズは瓦礫の中を探した。敷地全体を歩いた。そして彼は考えられるかぎり唯一の有益なことをした。近くの小川に降りて服を脱ぎ，水中に身を沈めたのだ。

3　海洋科学者であるニコルズは，水が持つ癒しの力を求めていた。

4　ここ数年は大変な年だった。私たちの多くは気づけば疲れ果て，燃え尽き，人生に落ち着きを取り戻すのに苦労している。私たちには充電が必要なのだ。

5　水はその助けになる。神経科学者によれば，海，湖，川，その他の水域の近くで過ごすことは，不安を軽減し，精神的疲労を和らげ，私たちを若返らせるなど，さまざまな効果をもたらすという。

6　水泳やサーフィンのようなウォーターアクティビティへの参加は，自分の行っていることに完全に没頭する「フロー状態」に入るのに役立つ可能性がある。これは考え事や心配事にとらわれがちな心を落ち着かせるのだ，と水が脳にどのような影響を与えるのかを研究している神経科学者で，ニューロバースというニューロテクノロジーを扱う企業の最高責任者であるリカルド＝ギル－ダ－コスタは述べている。

7 水域はまた，深く畏敬の念を抱かせることもある。これは広大なものに対して気持ちが反応することであり，私たちの世界の見方を広げたり，それとは異なる見方を与えてくれたりする。畏敬の念はストレスを軽減し，物事を大局的に見る助けとなるのだ。

8 水は「すべての雑音を取り除くことで」私たちを自然にリラックスさせる（そして頭を整理する手助けとなる），と水域が私たちの幸福にどのような影響を与えるかを研究しているニコルズは言う。「私たちは水があるところに行きさえすればよいのです」

9 水には特別な性質があり，自然がもたらす良い影響を水が後押ししているのかもしれないと環境心理学者は言う。水の近くにいると，視覚や聴覚で処理すべき情報が少なくなることが多い。心が休まるのだ。

10 水の音は普通，一定していて柔らかく，私たちを落ち着かせる。水の匂いは良い記憶やそれに関連することを呼び起こさせる。水に浮かんでいるときは，陸上では決してできない方法で，私たちの身体も休むことができるのである。

11 最も重要なことは，水は動的だということだ。リズミカルに動き，魅力的な光，色，音の戯れを生み出す。それは私たちの注意を引きつけるが，過度に要求するものではない。研究者はこれをソフトな魅力と呼んでいる。それは日常生活の多くの場面で必要とされる，集中力を要し，認知能力を消耗させる極度の注意力から私たちの脳を解放してくれる。

12 「水に接することによって，私たちの心が良い方向に漂います」とシカゴ大学環境神経科学研究所所長のマーク＝バーマンは言う。「これが元気を大いに回復させるのです」

13 以下に水が持つ癒しの力を利用する方法についてアドバイスを示そう。

「すべての水が含まれることを忘れてはならない」

14 道路沿いのちょっとした小川だけだとしても，おそらく身近に何らかの水があるだろう。まずはそこから始めよう。そして週末や休暇に訪れることのできる水のあるところにまで足をのばしてみよう。

⑮　河川，運河，噴水など，都市部の水も含まれる。プールや浴槽，さらにスプリンクラーなど，家庭の水も同様だ。どのようにして水が私たちをより幸せに，そしてより健康にするかを探究している『Blue Mind』の著者であるニコルズは，音，光の戯れ，動きに注意を払おうと言う。

⑯　実際の水に触れることができない場合は，絵画，写真，ビデオ，映画でも同じ効果が得られるとニコルズは言っている。良い効果を高めたいなら，自分にとって良い思い出を象徴する場所を選ぶことだ。

⑰　仮想現実でさえも役に立つ。調査研究では，コンピューターが生成した仮想現実の水のシーンによって参加者の気分が高まった。おそらく仮想環境に触れることができたからであろう。

「頻繁に行こう」

⑱　ちょっとしたことが大きな違いを生む。

⑲　2019 年の研究では，私たちの幸福度を向上させるには，短い時間に分割しても構わないが，少なくとも週に 2 時間，自然の中で過ごす必要があることがわかった。最近の未発表の研究によると，水の近くで同じくらいの時間を過ごすと同様の効果が表れる，と水環境の健康効果を研究し，両方の研究の主任研究員を務めたウィーン大学の環境心理学者，マシュー＝ホワイトは言う。科学者たちはまた，水槽を覗き込んだ人は，たった 15 分後に心拍数が下がり，気分が良くなることも発見している。

「ウォータースポーツをやってみよう」

⑳　そして上手になろう。こうすることで，自分がしていることに完全に没頭しながら，時間や心配事が消えていくフロー状態を経験することができる，とギル－ダ－コスタは言う。ある活動に熟達すると，脳が変化する。つまり，脳が新しい神経経路を作り，それが一層速く，より強くなる。こうすることで，将来，同じ活動をしているときにフロー状態にさらに入りやすくなるのだ。

「耳を傾けよう」

21　Calm アプリで，Rain on Leaves のような最も人気のあるサウンドスケープの多くに水が使われているのは偶然ではない。

22　水の最も心を落ち着かせる特性の1つは，その音だとホワイトは言う。最近の研究で，彼と同僚は人々が最も回復力を感じる水の音は，熱帯雨林の雨，浜辺に打ち寄せる波，小川のせせらぎであることを発見した。また水の音に生物の鳴き声を加えると，さらに好まれることがわかった。

23　お気に入りの水の音を録音してみよう。それは幸せな記憶を呼び起こすだろう。

24　いつでもどこでも，水上で過ごしていることが想像できる。水面にきらめく太陽や，岸辺に打ち寄せる波の音を思い浮かべてみよう。そして，想像した水が現実の生活で楽しんだことのあるものであれば，その良い効果はさらに強くなる，とニコルズは述べている。

25　ニコルズは，まだくすぶっている自宅の廃墟の裏にある小川に身を沈めた後，息をするために浮き上がったとき，号泣してしまった。そして気持ちが落ち着くまでは仰向けに浮いていた。

26　それ以来，彼は毎日小川に入るようになった。「日々のリセットのようなものだよ」と彼は言う。「それがなかったら，今までどうやって自分のすべての気持ちを乗り越えてきたのかわからない」

解説

A. (W)　stun は「唖然とさせる」という意味の動詞。be stunned で「唖然としている，呆然としている」という意味になるので，正解は2。Stunned の前には being が省略されており，分詞構文になっている。

(X)　空所の直後に we never can (rest) on land という文が来ていることから，関係副詞 that が省略されていると考え，1を入れる。ここでは way は「方法」という意味を表す。2は「結論として」，3は「～の瞬間に，～の時間に」，4は「間に合うように」という意味。

(Y)　「～もそうである」という意味を表す so は，so V S の語順で用いる。正解は3で，does は直前の文の三人称単数形になっている動詞 counts を受けている。

(Z)　空所の直後に，Calm アプリ（リラックスさせるアプリ）で最も人気のあるサウンドスケープの多くに水が使われていると書かれている。前の段落で述べられているウォータースポーツにも水の効用があり，このアプリのサウンドスケープにも水が使用されていることは「偶然ではない」と考えると，1が正解となる。it is no coincidence that ～は「～は偶然のことではない」という意味の熟語。2は「出来事がない」，3は「意味がない」，4は「問題がない」という意味。

B. (a) provideは「与える，供給する」という意味なので，3が正解。1は「準備する」，2は「購入する」，4は「考える」という意味。

(b) boostは「増大させる，高める」という意味なので，4が正解。1は「制御する」，2は「制止する，抑える」，3は「～より優れている」という意味。

(c) provokeは「引き起こす，誘発する」という意味なので，1が正解。2は「消す」，3は「誤って伝える」，4は「保存する」という意味。

(d) wanderは「歩き回る，さまよう」という意味なので，2が正解。1は「明らかにする」，3は「延長する」，4は「驚く」という意味。

(e) countはここでは「含まれる，数に入れられる」という意味なので，3が正解。1は「(性質などが) ～にあると考えられる」，2は「計算される」，4は「減らされる」という意味。

(f) surfaceはここでは動詞で「浮き上がる」という意味なので，1が正解。直後のfor airやafter submergingから意味を推測できる。2は「見上げた」，3は「腰を下ろした」，4は「下った」という意味。

C. (ア) 波線部は「過度に要求するものではなく」という意味。demandingは「多くを要求する，厳しい」という意味。excessiveと言い換えている2.「特に過度な方法ではなく」が正解。1は「あまり曖昧な方法ではなく」，3は「特に無意識にする方法ではなく」，4は「著しく道徳的な方法ではなく」という意味。

(イ) 波線部は「水が持つ癒しの力を利用する方法」という意味。harness「利用する」をtake advantage ofに，healingをsoothingに言い換えた4が正解。1は「水が持つ活性化させる力を拒否する方法」，2は「水が持つ強力な力を無効にする方法」，3は「水が持つ謎の力に対処する方法」という意味。

D. 解答へのプロセスは以下の通り。

①空所(あ)の直前には*Blue Mind*という書名が来ているので，その内容を補足・説明する節が来ると考えて関係代名詞whichを入れる。この場合

は非制限用法である。
②空所(い)は直前の空所に主格の関係代名詞 which が入ったので，次に動詞 explores を入れる。
③空所(う)(え)(お)には explores の目的語が入るので，疑問詞 how から始まる間接疑問文を作る。空所の直後に us happier があることから，make O C「O を C にさせる」という使役の文構造をとると考え，how の後に water makes を入れると文意が通じる。

E.〈A〉 第 14 段（You likely have …）で道路沿いの小川などの身近にある水，第 15 段（Urban water counts …）で都市部や家庭内の水，第 16 段（If you can't …）で写真や映画などに出てくる水，第 17 段（Even virtual reality …）で仮想現実の中で触れることのできる水など，あらゆる水が癒しの効果を持つということがわかるので，正解は 4．「すべての水が含まれることを忘れてはならない」になる。

〈B〉 第 19 段第 1 文（A 2019 study …）で少なくとも週に 2 時間，自然の中で過ごす必要があると述べられ，また同段最終文（Scientists also have …）で水槽を覗き込んだだけで気分が良くなると書かれていることから，水にできるだけ触れることの大切さがわかるので，正解は 3．「頻繁に行こう」。

〈C〉 第 20 段第 3 文（When you become …）に，ある活動に熟達すると，脳が変化すると書かれている。activity が sports activity のことだと考えると，正解は 5．「ウォータースポーツをやってみよう」である。こうすることで，同段第 1 文（And get good …）の it が a water sport を指し，整合性が取れる。

〈D〉 第 22 段第 1 文（One of the …）に，水の最も心を落ち着かせる特性はその音であると述べられている。さらに第 23 段（Make an audio …）に，お気に入りの水の音を録音して聞くと幸せな記憶がよみがえると書かれている。これらより，水の音を聞くことで癒しの効果がもたらされることがわかるので，正解は 1．「耳を傾けよう」である。

F. それぞれの選択肢の意味と正誤の根拠は以下の通り。

1．「水域の近くにいると，聴覚や視覚からの刺激が多くなり，心が刺激されて活性化され，日々の悩みやストレスから解放される」

第 9 段第 2 文（When you are …）より，水域の近くにいると視覚や聴覚で処理すべき情報が少なくなるので誤りである。

2.「研究者たちが指摘するように，水は絶えずリズミカルに音を発し，水面にきらめく光を反射させることで，私たちをやさしく魅了することに気づくことが重要である」

第11段（Most important: Water …）に書かれている水のソフトな魅力が表す内容に合致しているので，正解である。

3.「ウォータースポーツを実践することで，肺の空気の出入りが増え，より長時間水中にいられるようになるわけではない」

第20段（And get good …）にウォータースポーツの効用について述べられているが，ここで述べられているのは脳や神経経路についてなので，誤りである。

4.「水泳やサーフィンのような水中での没入感のある活動に参加することで，私たちは普段感じている悩みや心配事から解放されるのだ」

第6段（Participating in water …）に，水泳やサーフィンのようなウォーターアクティビティへの参加は，それに完全に没頭することで，考え事や心配事にとらわれがちな心を落ち着かせてくれると書かれているので，正解である。

5.「実際の水の近くにいるのではなく，絵画，写真，ビデオ，映画などで水を眺めるだけでは，私たちの心に良い影響を与えるには十分ではない」

第13段（Here's some advice …）と第16段第1文（If you can't …）で，絵画，写真，ビデオ，映画を見るだけでも，水が持つ癒しの力を感じることができると述べられているので誤りである。

6.「ある研究者によれば，少なくとも週に2時間は連続して水を眺めることが重要であり，細切れの時間に水の近くにいるだけでは心の平穏は得られないという」

第19段第1文（A 2019 study …）において，週に2時間，自然の中で過ごすことが心の平穏を得るのに必要であると書かれており，その2時間を分割して過ごしても問題ないと書かれているので，誤りである。

7.「熱帯雨林で降る雨の音や浜辺に打ち寄せる波の音は私たちを慰めてくれるが，そこに住む生き物の鳴き声が聞こえると，その効果は半減してしまう」

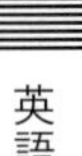

第22段第2・3文（In a recent… them even more.）において，人々は熱帯雨林の雨，浜辺に打ち寄せる波などの水の音を聞くと回復力を感じるが，生物の鳴き声が合わさるとさらに好まれるとあり，その効果が半減するとは書かれていないので，誤りである。

8.「水のきらめきや岸辺に打ち寄せる波の音を想像することは，それが実際に経験した水に関することであれば，さらに大きな効果を私たちの心にもたらす」

第24段第2・3文（Visualize the sun … stronger, Nichols says.）で述べられている内容に合うので，正解である。

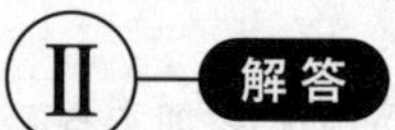

A. (W)－4　(X)－2　(Y)－2　(Z)－2

B. (a)－1　(b)－3　(c)－2　(d)－3　(e)－3
(f)－4　(g)－3　(h)－2　(i)－2

C. (ア)－1　(イ)－4　(ウ)－2

D. (い)－3　(お)－2

E. 2・6・8

F. 全訳下線部参照。

全訳

《英国における発掘品の保管場所不足》

1　建築工事やインフラ工事で発掘された貴重な古代の遺物が，英国の博物館の展示場所が不足していることに伴い，倉庫で埃をかぶっていることがBBCの取材でわかった。考古学者たちは，これは人々が自分たちの歴史や遺産について学ぶ機会を逃している，と言う。出土品は，ローマ時代の洗練された金属細工から青銅器時代の陶器まで，多岐にわたる。それらは，開発業者が建設用地を切り開く前に雇う考古学請負業者によって発見される。現在，最も重要な歴史的発見の多くは，「商業考古学者」として知られるこのような業者からもたらされている。

2　ロンドンで，この50年間で最大となるモザイク画の出土品が，サザークのザ・シャード近くで行われていた再生プロジェクト中に発掘されたり，HS2という高速鉄道路線で作業していた考古学者たちが，広大で裕福なローマ時代の交易集落を発見したりしている。しかし，ヒストリック・イングランドは，博物館がそのような遺物を保管する場所をすぐに使い果たしてしまう可能性があるとしている。同公的機関とイングランド芸術評議会が委託した報告書によれば，博物館がより多くの保管場所を確保しない限り，地中から出てくる資料の量は，すぐにその保管場所のスペースを上回るという。

3 「時間は刻々と過ぎている——4，5年後には大きな問題を実際目の当たりにし始めることになる」とヒストリック・イングランドの国家専門サービスディレクターのバーニー＝スローンは言う。「考古学的資料が持つ可能性は本当に大きい。将来に向けて確実にそれらを保管する方法を見つけられなければ，非常に残念なことになるだろう」と彼は述べている。

4 スコットランド，ウェールズ，北アイルランドで考古学的遺物の管理は異なるものの，3カ国とも保管に関して同様の問題を報告している。多くの博物館はすでに考古学的資料の収集を中止している。そのため，多くの請負業者が研究を希望する研究者にそれらを公開はしているが，一般市民の目に触れることはないままである。「文字通り，保管する場所がないのだ」と，クリック研究所の研究者で，博物館と連携して研究用のサンプルを利用しているトム＝ブースは言う。彼が付け加えるには，資金面の問題から考古学専門の学芸員が不足していることも，この問題に拍車をかけている。「博物館に考古学の学芸員がいない場合，彼らは［発見されたものを］きちんと管理できないと考えるため，あまり引き受けたがらないかもしれない」と彼は述べている。博物館考古学者協会によれば，考古学を専門とする学芸員がいるのは現在イギリスの博物館の半数以下である。

5 ヒストリック・イングランドとイングランド芸術評議会によれば，英国の考古学請負業者による発掘の少なくとも4分の1で見つかった出土品は，博物館に収蔵されることなく終わっている。つまり，請負業者は，収蔵品の保管という話になると，自分たちだけで責任を負わなければならないことになるが，中には地域の人が品々を見られるよう努力する業者もいるものの，発見物を一般に公開するほど十分な設備を持っていないのである。

6 「私たちの事務所には小さな案内所があり，一般の人が資料の一部を見に来ることができます」と，請負業務も行いながら，ローマ円形競技場がある場所を発見した慈善団体であるコルチェスター・アーケオロジー・トラストのビクトリア＝サンズは言う。「でも，言うまでもありませんが，博物館ではないので，常設展示のようなことはしておりません」

7　ヒストリック・イングランドは，イングランド芸術評議会とナショナル・トラストとともに，今後100年間の保管問題を解決することができるとするナショナル・アーカイブの創設について，政府に助言するための協議を開始している。政府がその解決策に資金を提供するかどうかはまだわからない。ヒストリック・イングランドは，保管スペースがなくなれば，議会が開発業者に考古学的に興味深い場所の発掘を強制できなくなり，多くの歴史が永遠に失われてしまうことになるのではないかと懸念していると言う。

8　保管場所の問題に対するひとつの斬新な解決策は，発掘物を元の場所，つまり地下に戻すことである。ケンブリッジシャー郡議会は，チェシャーの塩鉱山の跡地にある地下倉庫会社，ディープストアに頼ることにした。ディープストアは，2万箱の歴史的遺物を保管することができる広大なスペースを提供し，必要に応じてそれらを取り出すができる。ケンブリッジ大学が運営する「アフターペスト」と呼ばれるプロジェクトでは，ディープストアの所蔵品からケンブリッジの聖ヨハネ病院にある墓所に由来する遺骨を数百箱取り寄せている。このプロジェクトでは，伝染病が人間の進化にどのような影響を及ぼすかなど，ケンブリッジにおける黒死病の影響について最先端の技術を駆使して詳しく調べ，英国で初めてペストの直接的な考古学的証拠を発見した。「これは医学や遺伝学に利益をもたらすものです――遺産だけの問題ではないのです」とヒストリック・イングランドのスローン氏は言う。

9　保管所からの発見物は，一時的な展示会のために博物館に貸し出すこともできる。例えば，現在開催中の展示会では，古代サクソン人の王女と考えられる人物の埋葬地にある2つの墓から出土した品々がイーリー博物館で展示されている。この展示では，古代のブローチや，ネックレスのアメジストでできたビーズといったケンブリッジシャー郡議会が所蔵する出土品が使用されている。「このような資料を保管する意義は，その資料について物語を語り，一般公開し，自分たちの歴史を認識してもらうことにあります」とケンブリッジシャー郡議会のアーカイブ責任者のサリー＝クロフトは言う。「そしてそれを展示し，人々に見てもらうことで，初めてそれが可能になるのです」

解説

A. (W)　空所の直後の「博物館がより多くの保管場所を確保する」とカンマの後の「地中から出てくる資料の量は，すぐにその保管場所のスペースを上回る」をつなぐ適切な接続詞は 4 の unless「～しない限り」である。

(X)　空所の前後に文があることから接続詞を入れる。「4，5年ある」と「大きな問題を目の当たりにし始める」をつなぐ接続詞として適切なものは 2 の before「～する前」である。直訳は「実際に私たちが大きな問題を目の当たりにする前に，まだ4，5年残っている」。

(Y)　第4段第5文（He added that …）を踏まえると，空所を含む文の意味は，英国の博物館の学芸員が不足しているという意味になると推測できる。4 の None を入れると英国の博物館には考古学専門の学芸員がまったくいなくなることになってしまうので誤り。よって正解は 2 の Fewer than half「半数以下」。

(Z)　空所の直前にある put ～ back は「～を元に戻す」という意味。よって，先行詞 place の意味を含む関係副詞である 2 の where が正解。put *A* back where ～「～の場所に *A* を戻す」という形で覚えてもよい。

B. (a)　heritage は「遺産」という意味。よって 1 が正解。2 は「教訓」，3 は「資源」，4 は「科学技術」という意味。

(b)　commissioned は「委託した」という意味なので，3 の「注文した」が最も近い。1 は「主張した」，2 は「連絡をとった」，4 は「使った」という意味。

(c)　funding は「資金，財源」という意味の名詞。よって 2 の「資本(金)」が最も近い。1 は「基礎」，3 は「経験」，4 は「動機」という意味。

(d)　ill-equipped は「十分な設備を持っていない」という意味なので，3 の「準備ができていない」が最も近い。1 は「気づいていない」，2 は「不健全な，有害な」，4 は「使われていない」という意味。

(e)　permanent「永遠の，常設の」という意味なので，3 の「永久の」が最も近い。1 は「共同の」，2 は「時々の」，4 は「私的な」という意味。

(f)　compel は「強制する」という意味なので，4 が正解。1 は「思いとどまらせる」，2 は「見つける」，3 は「禁じる」という意味。

(g)　recall は「呼び戻す」という意味なので，3 の「取り戻す」が最も近い。1 は「思い出す」，2 は「保持する」，4 は「暴露する」という意味。

recallの主語であるtheyはCambridgeshire County Councilを指している。as neededは「必要に応じて」という意味の熟語。

(h)　benefitは動詞で「利益を与える」という意味なので，2の「向上させる」が最も近い。1は「適応させる」，3は「紹介する，導入する」，4は「和らげる」という意味。

(i)　loaned outは「貸し出される」という意味なので，2が正解。1は「渡される，譲られる」，3は「報いられる」，4は「伝えられる」という意味。

C. (ア)　波線部は「考古学的資料が持つ可能性は本当に大きい」という意味。「可能性」を具体的に述べている1の「考古学的発見物により，人々が自分たちの歴史や文化について学ぶことができる」が正解。2は「発掘された考古学的発見物を保管する場所は，今後さらに多く発見されるだろう」，3は「考古学的遺物は，後の分類や保管のためにデジタル保存されつつある」，4は「考古学的遺物を管理することで，人々は富を得ることができる」という意味。

(イ)　波線部は「それらは一般市民の目に触れることはないままである」という意味。よって4の「それらは展示には利用できない」が正解。1は「それらは人が住む地域の近くに保管されない」，2は「それらは小さすぎて見えない」，3は「それらは高価すぎて展示できない」という意味。out of sight of～は「～から見えないところに」という意味の熟語。

(ウ)　波線部を直訳すると「請負業者はカバンを持ったまま残される」という意味。直前の文より，請負業者による発掘で見つかった出土品の一部は，博物館に収蔵されないことがわかるので，請負業者は窮地に立たされることが推測できる。したがって正解は2．「請負業者は困難な状況に自分で対処しなければならない」。1は「発掘品の輸送は，請負業者が責任を負い続けている」，3は「請負業者は通常，雇用主の指示を待たなければならない」，4は「請負業者は仕事が終わるとできるだけ早く工事現場を離れる」という意味。leave *A* holding the bagは「*A*に一人で責任を負わせる，*A*を見殺しにする」という意味。

D.　ポイントは以下の通り。

①主語はItなので，空所(あ)には動詞remainsを入れる。

②〈remain to be＋過去分詞形〉で「(まだ～されないので) 残っている，

解決されないままである」という意味なので，空所(い)(う)(え)には to be seen を，空所(お)には whether を入れる。It remains to be seen whether ～を「～はまだわからない，～はこれからのことだ」という意味の熟語として捉えることもできる。

E. それぞれの選択肢の意味と正誤の根拠は以下の通り。

1.「考古学の請負業者は，遺物を処分したり，建設現場を片付けたりするために開発業者に雇われる」

第1段第4文（They are discovered …）より，考古学の請負業者は開発業者が建設用地を切り開く前に雇われるので，誤りである。

2.「考古学的観点から最も難しい問題のひとつは，出土品を保管するスペースが不足していることだ」

第2段第2・3文（But Historic England … to store it.）より，発掘し続けると，出土品を保管する場所が不足するという問題が起こることがわかるので，正解である。

3.「解決策を見つけるにはまだ十分な時間があるため，人々は保管問題については楽観的である」

第3段第1文（"The clock is …）より，保管問題が大きくなるまでに4，5年しかなく，また人々が楽観的であるとは書かれていないので，誤りである。

4.「考古学の請負業者の不足も，博物館が発掘された遺物の引き取りや保管に消極的な理由のひとつである」

第4段第6文（"If there's not …）より，博物館が発掘された遺物の引き取りや保管に消極的なのは，請負業者ではなく，考古学の学芸員の不足が理由なので，誤りである。

5.「考古学の請負業者は，費用と時間がかかるため，古代の遺物を地域の人が見られるようにすることに消極的である」

第5段第2文（That means contractors …）において，考古学の請負業者が古代の遺物を地域社会に提供することに消極的な理由は，費用と時間がかかるためではなく，十分な設備がないからなので，誤りである。

6.「今後，イギリスの建築開発において，考古学的遺物の強制発掘が行われなくなる可能性もある」

第7段第3文（Historic England say …）に，保管スペースが不足すれば，議会が開発業者に考古学的に興味深い場所の発掘を強制できなくなると述べられているので，正解である。

7.「発掘されたものを土に埋めてしまうのは，その処理方法がわからないからである」

第8段第1文（One novel solution …）に保管場所の問題に対するひとつの斬新な解決策は，発掘物を元の場所，つまり地下に戻すことだと書かれている。これは処理の仕方がわからないのではなく，保管場所として地下倉庫を利用するということなので誤りである。

8.「黒死病に関する医学的・考古学的な新しい発見をするために，ある研究プロジェクトが地下貯蔵庫を利用した」

第8段第3～最終文（A project called … of Historic England.）より，「アフターペスト」と呼ばれるプロジェクトが地下に保管されていた遺骨を利用して，黒死病に関する医学的・考古学的な発見をしたことがわかるので，正解である。

F. it is a shame that ～「～は残念だ」を基に，it would be a shame if ～という表現が表す意味を考える。it は形式主語で，if 以下を主語として日本語に訳す。文中に would，couldn't があることから，仮定法過去である。make sure (that) ～は「確実に～する」という意味の熟語。

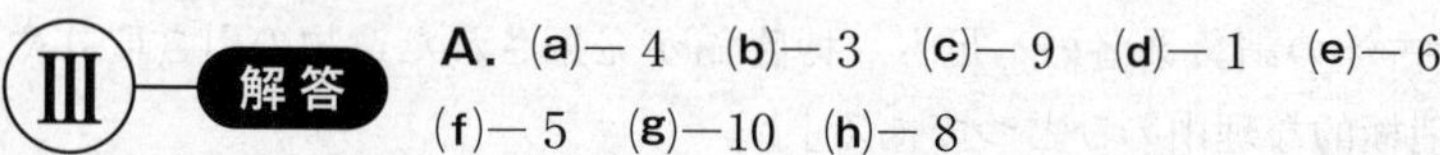

III　解答　**A.** (a)－4　(b)－3　(c)－9　(d)－1　(e)－6　(f)－5　(g)－10　(h)－8

B. 〈解答例1〉You have to catch them with your chopsticks while they are flowing in front of you.

〈解答例2〉While they are flowing by you, you need to pick them up with your chopsticks.

全訳

《京都観光について話し合う友人同士の会話》

（アニーとエマは友達で，しばらく顔を合わせていなかった。そのためアニーは京都に1週間滞在して，エマに久しぶりに会うことにした。2人はアニーの観光プランについて話し合っている。）

エマ：こんにちは，アニー，会えてとてもうれしいわ。

アニー：私もよ。

エマ：どれくらいぶりかしら？
アニー：思い出せないくらい。
エマ：最低でも５年くらいかしら？
アニー：大体そうね。それくらいだわ。
エマ：それならなおさら，京都での滞在時間を有意義に過ごすべきだよね。時間を見つけて私を訪ねてきてくれて，とてもうれしいわ。どのくらい滞在するつもりなの？
アニー：６日間よ。19日に母の診察があるので，それまでに韓国に戻りたいの。母に付き添うと約束したの。
エマ：そうなのね！　何もなければいいけど。
アニー：心配することはなくて，ただの定期検診なんだけど，母はお医者さんに言われたことを全部覚えられないことですごく不安になるみたいで，メモを取る人がいてほしいのよ。それに私たちは一緒にショッピングをしたり，ソウルにたくさんあるかわいくておしゃれなカフェの１つに行ったりして，いつもその日を楽しい一日に変えているの。
エマ：そういえば，滞在中の予定は？　私のお気に入りのカフェや観光スポットに連れて行ってあげたいわ。
アニー：実は滞在中に何をしたいのか，何を見たいのか，あまり調べていなかったんだけど，清水寺と金閣寺の写真は見たわ。とてもきれいだったので，行ってみようかと考えていたの。
エマ：それはいいアイデアね。行き方は私が教えられるわ。私が仕事に行っている間に行けるし，週末には私のお気に入りの観光スポットを紹介できるわ。ハイキングは好きかしら？
アニー：場合によるわね。あまりきついとか長いとかでなければ，結構楽しめると思うわ。
エマ：私が考えているハイキングは，それほどきつくないわ。ちょっと険しいところもあるけど，２時間もかからないわよ。その後は川の上のお食事処に入って涼むの。ハイキングの後で本当にリフレッシュできるわよ。
アニー：川の上？　どういう仕組みなの？
エマ：夏の暑い時期には，川の上に畳を敷くのよ。畳の下を水が流れるので，涼しいだけじゃなく，ランチを食べながら眺めるのもとてもすてきよ。食事も本当に特別なの。

アニー：どんなふうに？

エマ：あるお食事処では，竹の筒を伝って流れてくる麺が食べられるの。麺が流れ過ぎる間に，お箸でつかまえないといけないのよ。

アニー：流れてくる麺なんて聞いたことないわ。

エマ：楽しいわよ，絶対。それに素早さも必要よ。逃したら，戻ってこないからね。

アニー：おいしいの？　麺だけではちょっと味気ない気がするけど。

エマ：簡単な料理だけど，驚くほどおいしいわ。つゆもついてくるから，思っているよりずっとおいしいわよ。

アニー：おいしくなかったとしても，試してみたいわ。それだけでも，かなりおもしろい体験になりそうね。

エマ：そうね！　それだけの価値はきっとあると思うわ。

アニー：待ちきれないわ！　考えただけでお腹が空いてきたわ。

エマ：もしお腹が空いてるなら，お勧めの夕食がいくつかあるから，あなたが選んでね。

アニー：いえいえ。あなたがおいしいものを選んでくれると信じてるわ。

エマ：地元のおいしい特産品がある，趣のある小さなレストランはどう？特にここの豆腐は食べてみる価値があるわよ。

アニー：いいわね。案内して！

エマ：わかったわ。行きましょう。

解説

A. (a)　直前のエマの発言「最低でも５年くらいかしら」を受けて，空所の直前でアニーが「大体そうね」と言っており，この発言を補足している４.「それくらいだわ」を空所に入れると文意が通る。

(b)　空所の直前でアニーが「19日に母の診察があるので，それまでに韓国に戻りたい」と言っていることから，母に関する発言が続くと考えることができるので，３.「母に付き添うと約束したの」が正解となる。

(c)　空所の直後でエマが「私のお気に入りのカフェや観光スポットに連れて行ってあげたい」と言っているので，アニーに滞在中の計画を尋ねたと考えて，９.「そういえば，滞在中の予定は？」を入れると文意が通る。speaking of which は「そういえば」という意味の口語表現。

(d)　空所の直前でアニーが「清水寺と金閣寺の写真は見た」と言っているので，次に取る行動を表す1.「とてもきれいだったので，行ってみようかと考えていたの」が正解である。

(e)　ハイキングの好き嫌いについて尋ねられたアニーが，空所の直後で「あまりきついとか長いとかでなければ，結構楽しめると思うわ」という条件付きの回答をしていることから，6.「場合によるわね」が正解となる。

(f)　空所の直後でエマが「逃したら，戻ってこないからね」というアドバイスを伝えていることから，5.「それに素早さも必要よ」が正解となる。

(g)　空所の直前でアニーが「おいしくなかったとしても，(流れてくる麺を) 食べてみたいわ」と言っていることから，おいしいかどうかではなく，流れてくる麺を経験してみたいと考えていることがわかるので，正解は10.「それだけでも，かなりおもしろい体験になりそうね」が正解となる。in and of itself は「それ自体で」という意味の熟語。in itself とほぼ同じ意味である。

(h)　直前のエマの発言で「お勧めの夕食がいくつかあるから，あなたが選んでね」と言われたことに対して，アニーは「いえいえ」と断っているので，これに続く発言として適切なのは8.「あなたがおいしいものを選んでくれると信じてるわ」である。

B.「つかまえる」には catch のほかに，「拾い上げる」と考えて pick up などを用いる。目的語は直前の文の noodles なので them で置き換えればよい。「お箸で」は手段を表す前置詞 with を用いて表す。「麺が流れ過ぎる間に」は「麺があなたの前を流れている間に」と考え，接続詞 while, 動詞 flow, 前置詞句 in front of を用いて書く。あるいは「あなたのそばを通り過ぎる」と考えて flow by you なども使うことができる。

講評

2024年度も2023年度と同様に，長文読解問題が2題，会話文問題が1題の構成で，試験時間100分，下線部和訳と和文英訳以外はすべて選択式であった。ⅠとⅡは英文が長く，問題量も多いので，解答するにはかなり時間がかかる。正確さに加え，日ごろから色々な英文を読み，問題を制限時間内で解けるように，即断即決する習慣を身につける必要がある。

Ⅰは，水がもたらす癒し効果について書かれた英文である。水がある身近な場所に行ったり，ウォーターアクティビティを行ったり，映画や絵画の中で水に触れるといった具体例を用いて説明されているため，全体としてわかりやすい英文となっていた。難度の高い表現や語句もあまりなく，具体例を手掛かりに，水の癒し効果がどのようなものかをつかみながら読み進めたい。設問に関して，2024 年度は段落に見出しを付す問題が出題されたが，当該段落を丁寧に読み，趣旨をつかめばそこまで難しいものではなかった。

Ⅱは，英国における発掘品の保管場所不足の問題について論じた英文であった。語彙面などを考えると，Ⅰより難易度が高かったのではないだろうか。出土品を保管するスペースがなくなり発掘が中止されると，自分たちの歴史を知る機会が奪われるだけでなく，医学や遺伝学などさまざまな分野の発展の妨げになるという論旨を見失わないように読み進めたい。ⅠとⅡに共通して出題される内容真偽問題については，本文中の該当箇所を素早く見つけ，言い換え表現などに注意しながら解答していきたい。

Ⅲは，韓国に住むアニーと久しぶりに会うエマとの会話で，アニーの京都での観光プランについて話している。聞き慣れないイディオムや会話表現はほとんど使われておらず，また空所補充問題は標準的でぜひ満点を目指してほしいところである。和文英訳問題も難しい表現を問われているわけではない。「～している間に…しなければならない」という大きな構造をつかんで，接続詞 while を使い，簡単な英語で表現すれば，満点を取れる可能性は十分ある。

読解問題の英文は例年，さまざまな学問分野の入門書やニュースサイトの記事からの出題で，具体的なテーマを扱ったものである。ただ，原文がほぼそのまま用いられているために注が多く，注を参照しながら読むのがやや大変かもしれない。

形式・分量・難易度を考慮すると，100 分という試験時間ではやや足りないと思われる。過去問演習をする中で，例えばⅠは 35 分，Ⅱは 35 分，Ⅲは 25 分，見直し 5 分といった時間配分を決めて解いていく必要があり，同時に正確かつ迅速に読み解けるように語彙力・文構造解析力・内容理解力をバランスよく磨いていこう。

数　学

I　解答

(1)ア．$\frac{1}{3}$　イ．$\frac{1}{3}$　ウ．n　エ．$3^{n-1}-2^n+2$

オ．$\frac{125}{729}$

(2)カ．-1　キ．$-t-2$　ク．$2t^2+2t+24$　ケ．2　コ．-5

解説

《小問2問》

(1)　3人が1回じゃんけんをするとき，手の出し方は 3^3 通りあるから

- 1人だけ勝つ確率：誰が勝つか，勝者が何の手で勝つかを考えて

$$\frac{{}_3C_1\cdot{}_3C_1}{3^3}=\frac{1}{3}$$

- 2人勝つ確率：誰が勝つか，勝者が何の手で勝つかを考えて

$$\frac{{}_3C_2\cdot{}_3C_1}{3^3}=\frac{1}{3}$$

- あいこの確率：$1-\frac{1}{3}-\frac{1}{3}=\frac{1}{3}$

2人が1回じゃんけんをするとき，手の出し方は 3^2 通りあるから

- 勝ち負けがつく確率：誰が勝つか，勝者が何の手で勝つかを考えて

$$\frac{{}_2C_1\cdot{}_3C_1}{3^2}=\frac{2}{3}$$

- $\left(\text{あいこの確率}：1-\frac{2}{3}=\frac{1}{3}\right)$

a_3＝（3人でじゃんけんをし，1回目のじゃんけんの勝者が1人である確率）

$a_3=\frac{1}{3}$　→ア

c_3＝（3人でじゃんけんをし，2回目のじゃんけんが行われ，かつ，その勝者が1人である確率）

＝（3人でじゃんけんをし，1回目にあいこで2回目の勝者が1

人である，または，1回目の勝者が2人で，かつ，2回目の勝者が1人である確率)

$=\frac{1}{3}\cdot\frac{1}{3}+\frac{1}{3}\cdot\frac{2}{3}=\frac{1}{3}$ →イ

n 人が1回じゃんけんをするとき，手の出し方は 3^n 通りあるから

• k 人だけ勝つ確率：誰が勝つか，勝者が何の手で勝つかを考えて

$$\frac{{}_nC_k\cdot{}_3C_1}{3^n}=\frac{{}_nC_k}{3^{n-1}}$$

a_n=(n 人でじゃんけんをし，1回目のじゃんけんの勝者が1人である確率)

$=\frac{{}_nC_1}{3^{n-1}}=\frac{n}{3^{n-1}}$ →ウ

b_n=(n 人でじゃんけんをし，1回目であいこである確率)

$$=1-\sum_{k=1}^{n-1}\frac{{}_nC_k}{3^{n-1}}$$

$$=1-\left(\sum_{k=0}^{n}\frac{{}_nC_k}{3^{n-1}}-\frac{1}{3^{n-1}}\times 2\right)$$

$$=1-\frac{1}{3^{n-1}}({}_nC_0+{}_nC_1+{}_nC_2+\cdots+{}_nC_n-2)$$

$$=1-\frac{1}{3^{n-1}}\{(1+1)^n-2\}$$

$=\frac{3^{n-1}-2^n+2}{3^{n-1}}$ →エ

c_5=(5人でじゃんけんをし，2回目のじゃんけんが行われ，かつ，その勝者が1人である確率)

=(1回目：あいこ　2回目：1人勝つ確率)

+(1回目：2人勝つ　2回目：1人勝つ確率)

+(1回目：3人勝つ　2回目：1人勝つ確率)

+(1回目：4人勝つ　2回目：1人勝つ確率)

$$=\frac{3^4-2^5+2}{3^4}\cdot\frac{{}_5C_1}{3^4}+\frac{{}_5C_2}{3^4}\cdot\frac{{}_2C_1}{3^1}+\frac{{}_5C_3}{3^4}\cdot\frac{{}_3C_1}{3^2}+\frac{{}_5C_4}{3^4}\cdot\frac{{}_4C_1}{3^3}$$

$=\frac{1125}{3^8}=\frac{125}{729}$ →オ

参考1　エを求める過程では二項定理を利用した。ウ，エを求めるに当たって，まずは k 人だけ勝つ確率 $\dfrac{{}_n\mathrm{C}_k}{3^{n-1}}$ を求めた。ウはこれを具体へ落とし込み，$k=1$ の場合を求めた。さらに引き続きこれを利用できる方法として，まずは，$b_n=1-\sum_{k=1}^{n-1}\dfrac{{}_n\mathrm{C}_k}{3^{n-1}}$ と変形した上で，さらに

$$b_n=1-\left(\sum_{k=0}^{n}\frac{{}_n\mathrm{C}_k}{3^{n-1}}-\frac{1}{3^{n-1}}\times 2\right)$$

と変形して二項定理を利用できる準備をするという方針を立てていたからである。

二項定理について確認しておこう。

$$(a+b)^n={}_n\mathrm{C}_0a^nb^0+{}_n\mathrm{C}_1a^{n-1}b^1+{}_n\mathrm{C}_2a^{n-2}b^2+\cdots$$
$$+{}_n\mathrm{C}_{n-1}a^1b^{n-1}+{}_n\mathrm{C}_na^0b^n$$

に，$a=b=1$ を代入すると

$${}_n\mathrm{C}_0+{}_n\mathrm{C}_1+{}_n\mathrm{C}_2+\cdots+{}_n\mathrm{C}_n=(1+1)^n=2^n$$

が得られる。

参考2　〔参考1〕のような他の問題とのつながりを考えないのであれば，全く別の考え方を用いて，エを次のように求めてもよい。

n 人がグーとチョキだけを出す場合を考える。手の出し方は 2^n 通りだから，2^n 通りからグーだけ，チョキだけを出す2通りを除いて，2^n-2 通りある。チョキとパーの場合，パーとグーの場合も同様であるから，$3(2^n-2)$ 通り。

したがって，n 人でじゃんけんをし，1回目であいこである確率は

$$1-\frac{3(2^n-2)}{3^n}=\frac{3^{n-1}-2^n+2}{3^{n-1}}$$

(2)　$z^2+(4t+6)z+5t^2+12t+32=0$ を解くと

$$z=-(2t+3)\pm\sqrt{(2t+3)^2-1\cdot(5t^2+12t+32)}$$
$$=-(2t+3)\pm\sqrt{-t^2-23}$$
$$=-(2t+3)\pm\sqrt{t^2+23}\,i$$

これらで虚部の大きい順に α，β とすると

$$\begin{cases}\alpha=-(2t+3)+\sqrt{t^2+23}\,i\\ \beta=-(2t+3)-\sqrt{t^2+23}\,i\end{cases}$$

となる。複素数平面上の 3 点 $A(\alpha)$，$B(\beta)$，$C(t)$ が同一直線上にあるとき，実部に注目して，$t=-(2t+3)$ となるので

$t=-1$ →カ

また，3 点 A，B，C が三角形をなすとき，その重心を表す複素数を w とすると

$$w=\frac{\alpha+\beta+t}{3}$$

$$=\frac{\{(-2t-3)+\sqrt{t^2+23}\,i\}+\{(-2t-3)-\sqrt{t^2+23}\,i\}+t}{3}$$

$$=-t-2 \quad \text{→キ}$$

$$|\alpha-w|^2=(\alpha-w)\overline{(\alpha-w)}$$

$$=\{-(t+1)+\sqrt{t^2+23}\,i\}\{-(t+1)-\sqrt{t^2+23}\,i\}$$

$$=\{-(t+1)\}^2+(t^2+23)$$

$$=2t^2+2t+24 \quad \text{→ク}$$

三角形 ABC の重心と外心が一致するための条件は，重心を表す複素数 w に外心となる条件を適用し

$$|\alpha-w|=|\beta-w|=|t-w|$$

が成り立つことである。それは，α，β は共役な複素数であり，w が実数なので

$$|\alpha-w|=|\beta-w|$$

は成り立つので

$$|t-w|=|\alpha-w|$$

が成り立つことである。

したがって

$$|t-(-t-2)|^2=2t^2+2t+24$$

$$t^2+3t-10=0$$

$$(t+5)(t-2)=0$$

よって，求める t の値は大きい順に

2，-5 →ケ，コ

である。

Ⅱ 解答 (1) 実数 u は $0<u<\dfrac{\pi}{4}$ を満たすとすると，

$\alpha=\tan(2u)$，$\beta=\sin(2u)$ において，$0<2u<\dfrac{\pi}{2}$ である。

$$\frac{a_2}{\tan u}=\frac{\dfrac{2a_1b_1}{a_1+b_1}}{\tan u}=\frac{2\alpha\beta}{(\alpha+\beta)\tan u}=\frac{2}{\tan u}\cdot\frac{\tan(2u)\sin(2u)}{\tan(2u)+\sin(2u)}$$

ここで，$0<\theta<\dfrac{\pi}{2}$ である θ に対して

$$\frac{\tan\theta\sin\theta}{\tan\theta+\sin\theta}=\frac{\sin\theta}{1+\cos\theta}=\frac{2\sin\dfrac{\theta}{2}\cos\dfrac{\theta}{2}}{2\cos^2\dfrac{\theta}{2}}=\tan\frac{\theta}{2}\quad\cdots\cdots①$$

が成り立つことから，①で $\theta=2u$ とすると

$$\frac{\tan(2u)\sin(2u)}{\tan(2u)+\sin(2u)}=\tan u$$

となるので

$$\frac{a_2}{\tan u}=\frac{2}{\tan u}\cdot\tan u=2$$

よって　$A=2$　……(答)

$a_2=2\tan u$ より

$$\frac{b_2}{\sin u}=\frac{\sqrt{a_2b_1}}{\sin u}=\frac{\sqrt{2\tan u\sin(2u)}}{\sin u}$$

ここで，$0<\theta<\dfrac{\pi}{2}$ である θ に対して

$$\sqrt{2\tan\frac{\theta}{2}\sin\theta}=\sqrt{2\cdot\frac{\sin\dfrac{\theta}{2}}{\cos\dfrac{\theta}{2}}\cdot2\sin\frac{\theta}{2}\cos\frac{\theta}{2}}$$

$$=\sqrt{\left(2\sin\frac{\theta}{2}\right)^2}=2\sin\frac{\theta}{2}\quad\cdots\cdots②$$

が成り立つことから，②で $\theta=2u$ とすると

$$\sqrt{2\tan u\sin(2u)}=2\sin u$$

となるので

$$\frac{b_2}{\sin u}=\frac{2\sin u}{\sin u}=2$$

よって　　$B=2$　……(答)

(2)　$\alpha=p\tan x$，$\beta=p\sin x$ において，実数 p，x はそれぞれ $p>0$，$0<x<\dfrac{\pi}{2}$ を満たすとすると

$$\frac{a_2}{\tan\left(\dfrac{x}{2^{2-1}}\right)}=\frac{\dfrac{2a_1b_1}{a_1+b_1}}{\tan\dfrac{x}{2}}=\frac{\dfrac{2\alpha\beta}{\alpha+\beta}}{\tan\dfrac{x}{2}}=\frac{2p\cdot\dfrac{\tan x\sin x}{\tan x+\sin x}}{\tan\dfrac{x}{2}}$$

が成り立ち，①で $\theta=x$ とすると

$$\frac{\tan x\sin x}{\tan x+\sin x}=\tan\frac{x}{2}$$

となるので

$$\frac{a_2}{\tan\dfrac{x}{2}}=\frac{2p\tan\dfrac{x}{2}}{\tan\dfrac{x}{2}}=2p$$

$a_2=2p\tan\dfrac{x}{2}$ より

$$\frac{b_2}{\sin\left(\dfrac{x}{2^{2-1}}\right)}=\frac{\sqrt{a_2b_1}}{\sin\dfrac{x}{2}}=\frac{p\sqrt{2\tan\dfrac{x}{2}\sin x}}{\sin\dfrac{x}{2}}$$

が成り立ち，②で $\theta=x$ とすると

$$\sqrt{2\tan\frac{x}{2}\sin x}=2\sin\frac{x}{2}$$

となるので

$$\frac{b_2}{\sin\left(\dfrac{x}{2^{2-1}}\right)}=\frac{2p\sin\dfrac{x}{2}}{\sin\dfrac{x}{2}}=2p$$

よって　　$b_2=2p\sin\dfrac{x}{2}$

この計算の過程より，数列 $\{a_n\}$，$\{b_n\}$ ともに a_n，b_n のそれぞれを次の項 a_{n+1}，b_{n+1} に変形するのに，2倍されて角度が $\dfrac{1}{2}$ 倍されると推定できるので，自然数 n に対して

$$\begin{cases} a_n=2^{n-1}p\tan\left(\dfrac{x}{2^{n-1}}\right) \\ b_n=2^{n-1}p\sin\left(\dfrac{x}{2^{n-1}}\right) \end{cases} \quad \cdots\cdots③$$

が成り立つことを数学的帰納法で証明する。

［1］　$n=1$ のとき

$$a_1=2^0p\tan\frac{x}{2^0}=p\tan x$$

となるので，$a_1=\alpha$ となり成り立つ。さらに

$$b_1=2^0p\sin\frac{x}{2^0}=p\sin x$$

となるので，$b_1=\beta$ となり成り立つ。

よって，③は成り立つ。

［2］　$n=k$ のときに，③が，つまり

$$\begin{cases} a_k=2^{k-1}p\tan\left(\dfrac{x}{2^{k-1}}\right) \\ b_k=2^{k-1}p\sin\left(\dfrac{x}{2^{k-1}}\right) \end{cases}$$

が成り立つと仮定する。

このとき

$$a_{k+1}=\frac{2a_kb_k}{a_k+b_k}=\frac{2^{2(k-1)+1}p}{2^{k-1}}\cdot\frac{\tan\left(\dfrac{x}{2^{k-1}}\right)\sin\left(\dfrac{x}{2^{k-1}}\right)}{\tan\left(\dfrac{x}{2^{k-1}}\right)+\sin\left(\dfrac{x}{2^{k-1}}\right)}$$

ここで，①で $\theta=\dfrac{x}{2^{k-1}}$ とすると

$$\frac{\tan\left(\dfrac{x}{2^{k-1}}\right)\sin\left(\dfrac{x}{2^{k-1}}\right)}{\tan\left(\dfrac{x}{2^{k-1}}\right)+\sin\left(\dfrac{x}{2^{k-1}}\right)}=\tan\left(\frac{x}{2^k}\right)$$

となるので

$$a_{k+1}=2^kp\tan\left(\frac{x}{2^k}\right)$$

が成り立ち，$n=k+1$ のときにも③の $a_n=2^{n-1}p\tan\left(\dfrac{x}{2^{n-1}}\right)$ は成り立つ。

さらに

$$b_{k+1}=\sqrt{a_{k+1}b_k}=\sqrt{2^k p\tan\left(\frac{x}{2^k}\right)\cdot 2^{k-1}p\sin\left(\frac{x}{2^{k-1}}\right)}$$

$$=2^{k-1}p\sqrt{2\tan\left(\frac{x}{2^k}\right)\sin\left(\frac{x}{2^{k-1}}\right)}$$

ここで，②で $\theta=\frac{x}{2^{k-1}}$ とすると

$$\sqrt{2\tan\left(\frac{x}{2^k}\right)\sin\left(\frac{x}{2^{k-1}}\right)}=2\sin\left(\frac{x}{2^k}\right)$$

となるので

$$b_{k+1}=2^{k-1}p\cdot 2\sin\left(\frac{x}{2^k}\right)=2^k p\sin\left(\frac{x}{2^k}\right)$$

が成り立ち，$n=k+1$ のときにも③は成り立つ。

［1］，［2］より，すべての自然数 n に対して，③は成り立つので

$$\begin{cases} a_n=2^{n-1}p\tan\left(\frac{x}{2^{n-1}}\right) \\ b_n=2^{n-1}p\sin\left(\frac{x}{2^{n-1}}\right) \end{cases}$$

よって

$$\begin{cases} \dfrac{a_n}{\tan\left(\frac{x}{2^{n-1}}\right)}=2^{n-1}p \\ \dfrac{b_n}{\sin\left(\frac{x}{2^{n-1}}\right)}=2^{n-1}p \end{cases} \quad \cdots\cdots\text{(答)}$$

(3)　$\alpha=2$，$\beta=1$ のとき，実数 x は $0<x<\frac{\pi}{2}$ を満たすとする。

$$\begin{cases} p\tan x=2 & \cdots\cdots④ \\ p\sin x=1 & \cdots\cdots⑤ \end{cases}$$

とおく。④より $\frac{p\sin x}{\cos x}=2$ なので，⑤を代入すると　$\frac{1}{\cos x}=2$

したがって　$\cos x=\frac{1}{2}$

$0<x<\frac{\pi}{2}$ においては　$x=\frac{\pi}{3}$

$x=\dfrac{\pi}{3}$ を⑤に代入すると　$\dfrac{\sqrt{3}}{2}p=1$

したがって　$p=\dfrac{2}{\sqrt{3}}$

よって，③に $x=\dfrac{\pi}{3}$，$p=\dfrac{2}{\sqrt{3}}$ を代入すると，このとき

$$\begin{cases} a_n=\dfrac{2^n}{\sqrt{3}}\tan\dfrac{\pi}{3\cdot 2^{n-1}} \\ b_n=\dfrac{2^n}{\sqrt{3}}\sin\dfrac{\pi}{3\cdot 2^{n-1}} \end{cases}$$

となるので

$$\begin{aligned}\lim_{n\to\infty}b_n&=\lim_{n\to\infty}\frac{2^n}{\sqrt{3}}\sin\frac{\pi}{3\cdot 2^{n-1}}\\&=\lim_{n\to\infty}\frac{3\cdot 2^{n-1}}{\pi}\cdot\frac{2\pi}{3\sqrt{3}}\cdot\sin\frac{\pi}{3\cdot 2^{n-1}}\\&=\lim_{n\to\infty}\frac{2\pi}{3\sqrt{3}}\cdot\frac{\sin\frac{\pi}{3\cdot 2^{n-1}}}{\frac{\pi}{3\cdot 2^{n-1}}}\\&=\frac{2\pi}{3\sqrt{3}}\cdot 1\quad\left(\because\quad n\to\infty\text{ のとき }\frac{\pi}{3\cdot 2^{n-1}}\to 0\right)\\&=\frac{2\sqrt{3}\pi}{9}\quad\cdots\cdots(\text{答})\end{aligned}$$

$$\begin{aligned}\lim_{n\to\infty}a_n&=\lim_{n\to\infty}\frac{2^n}{\sqrt{3}}\tan\frac{\pi}{3\cdot 2^{n-1}}\\&=\lim_{n\to\infty}\frac{2^n}{\sqrt{3}}\sin\frac{\pi}{3\cdot 2^{n-1}}\cdot\frac{1}{\cos\frac{\pi}{3\cdot 2^{n-1}}}\\&=\frac{2\sqrt{3}\pi}{9}\cdot 1\cdot\frac{1}{1}\\&=\frac{2\sqrt{3}\pi}{9}\quad\cdots\cdots(\text{答})\end{aligned}$$

解説

《三角関数の極限値》

(1) ①, ②を求めておくとよい。$\theta=2u$ とおくと(1)に, $\theta=x$ とおくと(2)に対応できる。

(2) (1)では, $\alpha=\tan(2u)$, $\beta=\sin(2u)$ のときについて考えたことを, (2)では $\alpha=p\tan x$, $\beta=p\sin x$ のときについて考えることになる。変形の根幹部分は(1)での①, ②を利用すると, $\dfrac{a_2}{\tan\dfrac{x}{2}}$, $\dfrac{b_2}{\sin\dfrac{x}{2}}$ を整理できる。値を求めることが目的ではなく計算プロセスに注目したい。その過程より値は2倍, 角度は $\dfrac{1}{2}$ 倍されることを確認しておこう。判断がつかないようであれば, 手間はかかるが, 次の段階に続けて $\dfrac{a_3}{\tan\left(\dfrac{x}{2^2}\right)}$, $\dfrac{b_3}{\sin\left(\dfrac{x}{2^2}\right)}$ も計算して整理してみよう。これらの実験的な作業から予想されたことを数学的帰納法で証明すればよい。

(3) (2)の誘導にしたがって, $\alpha=2$, $\beta=1$ を $p\tan x=2$, $p\sin x=1$ とおいてみる。ここまでの誘導がなければ, このようにおけばよいことに気づくのは難しいが, 小問の誘導に従えば, これが当然のこととなる。この場合の x, p を求めて③に代入すれば, 極限値 $\lim_{n\to\infty}a_n$, $\lim_{n\to\infty}b_n$ を求めることは容易である。

Ⅲ 解答

(1) $\dfrac{(x-1)^2}{3}+(y-a)^2=1$ の両辺を x で微分すると

$$\frac{2}{3}(x-1)+2(y-a)\frac{dy}{dx}=0$$

$y\neq a$ のとき

$$\frac{dy}{dx}=-\frac{\frac{2}{3}(x-1)}{2(y-a)}=-\frac{x-1}{3(y-a)} \quad \cdots\cdots①$$

したがって, 曲線 D_a 上の点 $\left(1-\sqrt{2},\ a-\dfrac{\sqrt{3}}{3}\right)$ における曲線 D_a の接

線の傾きは

$$-\frac{(1-\sqrt{2})-1}{3\left\{\left(a-\frac{\sqrt{3}}{3}\right)-a\right\}}=-\frac{\sqrt{6}}{3}\quad\cdots\cdots(\text{答})$$

参考　曲線 D_a 上の点 $\left(1-\sqrt{2},\ a-\frac{\sqrt{3}}{3}\right)$ における曲線 D_a の接線の方程式は

$$\frac{\{(1-\sqrt{2})-1\}(x-1)}{3}+\frac{\left\{\left(a-\frac{\sqrt{3}}{3}\right)-a\right\}(y-a)}{1}=1$$

$$-\frac{\sqrt{2}}{3}(x-1)-\frac{\sqrt{3}}{3}(y-a)=1$$

$$y=-\frac{\sqrt{6}}{3}x+a-\sqrt{3}+\frac{\sqrt{6}}{3}$$

このように方程式から傾きを求めてもよいが，接線の方程式を求めなくても(2)・(3)は解答できる。(1)で接線の傾きだけを問われていることから，〔解答〕のように求めることにした。接線の方程式を求める必要がある場合は，〔参考〕で示した方法も有効な解法の一つである。

(2)　$y=\frac{\sqrt{3}}{6}(x-1)^2$ の両辺を x で微分すると

$$\frac{dy}{dx}=\frac{\sqrt{3}}{3}(x-1)\quad\cdots\cdots②$$

2つの曲線 C と D_a が点 $\mathrm{P}(s,\ t)$ において，共通の接線をもつための条件は

- 2つの曲線 C と D_a はともに点 $\mathrm{P}(s,\ t)$ を通ることから

$$\begin{cases} t=\frac{\sqrt{3}}{6}(s-1)^2 & \cdots\cdots③\\ \frac{(s-1)^2}{3}+(t-a)^2=1 & \cdots\cdots④\end{cases}$$

が成り立つ。

- 点 $\mathrm{P}(s,\ t)$ における接線の傾きが等しいことから，①，②より

$$-\frac{s-1}{3(t-a)}=\frac{\sqrt{3}}{3}(s-1)\quad\cdots\cdots⑤$$

が成り立つ。

⑤は　$\frac{1}{3}(s-1)\left(\frac{1}{t-a}+\sqrt{3}\right)=0$

と変形でき，$s-1\neq 0$ なので

$\frac{1}{t-a}+\sqrt{3}=0$　より　$t-a=-\frac{1}{\sqrt{3}}$　……⑥

⑥を④に代入すると　$\frac{(s-1)^2}{3}=\frac{2}{3}$

$s>1$ より　$s=1+\sqrt{2}$　……(答)

$s=1+\sqrt{2}$ を③に代入すると

$$t=\frac{\sqrt{3}}{6}\{(1+\sqrt{2})-1\}^2=\frac{\sqrt{3}}{3}\quad\cdots\cdots(\text{答})$$

$t=\frac{\sqrt{3}}{3}$ を⑥に代入すると

$$a=\frac{\sqrt{3}}{3}+\frac{\sqrt{3}}{3}=\frac{2\sqrt{3}}{3}\quad\cdots\cdots(\text{答})$$

(3)　$k=\frac{2\sqrt{3}}{3}$ であるから

$$\begin{cases} C : y=\frac{\sqrt{3}}{6}(x-1)^2 \\ D_{\frac{2\sqrt{3}}{3}} : \frac{(x-1)^2}{3}+\left(y-\frac{2\sqrt{3}}{3}\right)^2=1 \end{cases}$$

曲線 $D_{\frac{2\sqrt{3}}{3}}$ の $y\leqq\frac{2\sqrt{3}}{3}$ の部分を $E_{\frac{2\sqrt{3}}{3}}$ とする。2つの曲線 C と $D_{\frac{2\sqrt{3}}{3}}$ は点 $\mathrm{P}\left(1+\sqrt{2},\ \frac{\sqrt{3}}{3}\right)$ と点 $\left(1-\sqrt{2},\ \frac{\sqrt{3}}{3}\right)$ で接しており，次のような図を得る。

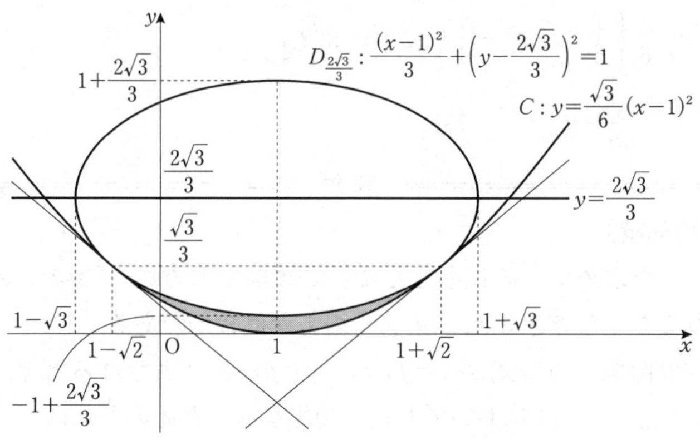

図の網かけ部分を直線 $y=\frac{2\sqrt{3}}{3}$ の周りに1回転させてできる立体の体積 V を求めるのであるが，これは，図形を平行移動して，次のような網かけ部分を x 軸の周りに1回転させてできる立体の体積と等しい。

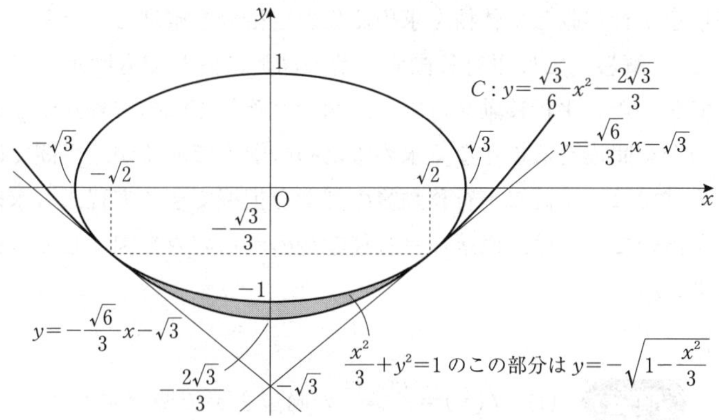

求める体積 V は

$$V=\int_{-\sqrt{2}}^{\sqrt{2}}\pi\left\{-\left(\frac{\sqrt{3}}{6}x^2-\frac{2\sqrt{3}}{3}\right)\right\}^2dx-\int_{-\sqrt{2}}^{\sqrt{2}}\pi\left(1-\frac{x^2}{3}\right)dx$$

$$=2\pi\left[\int_0^{\sqrt{2}}\left\{\left(\frac{1}{12}x^4-\frac{2}{3}x^2+\frac{4}{3}\right)-\left(1-\frac{1}{3}x^2\right)\right\}dx\right]$$

$$=2\pi\int_0^{\sqrt{2}}\frac{1}{12}(x^4-4x^2+4)dx$$

$$=\frac{\pi}{6}\left[\frac{1}{5}x^5-\frac{4}{3}x^3+4x\right]_0^{\sqrt{2}}$$

$$=\frac{\pi}{6}\left\{\frac{1}{5}(\sqrt{2})^5-\frac{4}{3}(\sqrt{2})^3+4\sqrt{2}\right\}$$

$$=\frac{16\sqrt{2}}{45}\pi \quad \cdots\cdots(答)$$

解説

《回転体の体積》

(1)　導関数を求めて，それをもとにして傾きを求めた。〔参考〕のようにして求めることもできるが，〔解答〕の方が直接的である。

(2)　2つの曲線の方程式が $y=f(x)$，$y=g(x)$ と表されるとき，この2つの曲線が点 $(p,\ q)$ において共通な接線をもつための条件は

$$\begin{cases} f(p)=g(p)(=q) \\ f'(p)=g'(p) \end{cases}$$

が成り立つことである。本問では D_a が与えられた方程式のままでは $y=g(x)$ の形にはなっていないので，〔解答〕のようにした。

(3)　図形を平行移動して体積を求める際の定積分を整理し，要領よく計算すること。〔解答〕では平行移動する前の図形に関しても図示して方程式も付しておいた。平行移動する際に，図形とそれぞれの方程式がどのようになるのかを間違えることなく求めるための配慮であるが，手間ではある。実際の入試では，正確に平行移動後の図形を把握できて方程式も求めることができるのであれば，直接，平行移動後の図形のみを図示して体積を求めてもよい。

Ⅳ　解答

(1)　$f(x)=\dfrac{\cos x}{\sqrt{x}}$ の両辺を x で微分すると

$$f'(x)=\frac{(\cos x)'\sqrt{x}-(\cos x)(\sqrt{x})'}{(\sqrt{x})^2}$$

$$=\frac{-\sqrt{x}\sin x-\dfrac{1}{2\sqrt{x}}\cos x}{x}$$

$$=-\frac{2x\sin x+\cos x}{2x\sqrt{x}} \quad \cdots\cdots(答)$$

$g(x)=\tan x+\dfrac{3}{2x}$ の両辺を x で微分すると

$$g'(x)=\frac{1}{\cos^2 x}-\frac{3}{2x^2}$$ ……(答)

(2)　直線 l_p の傾きは $f'(p)=-\dfrac{2p\sin p+\cos p}{2p\sqrt{p}}$ であるから，直線 l_p の方程式は

$$y-\frac{\cos p}{\sqrt{p}}=-\frac{2p\sin p+\cos p}{2p\sqrt{p}}(x-p)$$

$$y=-\frac{2p\sin p+\cos p}{2p\sqrt{p}}x+\frac{2p\sin p+3\cos p}{2\sqrt{p}}$$

直線 l_p が原点を通るための条件は，$(x,\ y)=(0,\ 0)$ を代入すると成り立つことだから

$$\frac{2p\sin p+3\cos p}{2\sqrt{p}}=0$$

よって

$$2p\sin p=-3\cos p$$

$p=\dfrac{\pi}{2},\ \dfrac{3}{2}\pi,\ \dfrac{5}{2}\pi,\ \cdots$ のときはこの等式は成り立たないので，

$p\neq\dfrac{\pi}{2},\ \dfrac{3}{2}\pi,\ \dfrac{5}{2}\pi,\ \cdots$ である。このとき，両辺を 0 ではない $2p\cos p$ で割ると

$$\tan p=-\frac{3}{2p}$$

このとき

$$g(p)=\tan p+\frac{3}{2p}=-\frac{3}{2p}+\frac{3}{2p}=0$$ ……(答)

(3)　(i) $|p_n-\pi n|<\dfrac{\pi}{2}$ より　　$-\dfrac{\pi}{2}<p_n-\pi n<\dfrac{\pi}{2}$

したがって　　$\left(n-\dfrac{1}{2}\right)\pi<p_n<\left(n+\dfrac{1}{2}\right)\pi$

(ii)直線 l_{p_n} が原点 $(0,\ 0)$ を通るための条件は，(2)より $g(p_n)=0$ が成り立つことである。

(i)，(ii)より

$$g(p_n)=0\quad\left(\left(n-\frac{1}{2}\right)\pi<p_n<\left(n+\frac{1}{2}\right)\pi\right)$$

を満たす実数 p_n がただ一つあることを証明する。

$\left(n-\frac{1}{2}\right)\pi<x<\left(n+\frac{1}{2}\right)\pi$ の範囲のうち，大きい側の $n\pi\leqq x<\left(n+\frac{1}{2}\right)\pi$ において，$\tan x\geqq 0$ より

$$g(x)=\tan x+\frac{3}{2x}>0$$

であり，$g(x)=0$ となることはないから，小さい側の $\left(n-\frac{1}{2}\right)\pi<x<n\pi$ の範囲について調べる。

(1)で求めたように，$g'(x)=\frac{1}{\cos^2 x}-\frac{3}{2x^2}$ である。

ここで　　$\cos^2 x\leqq 1$

逆数をとると　　$\frac{1}{\cos^2 x}\geqq 1$

である。また，$\left(n-\frac{1}{2}\right)\pi<x<n\pi$ の各辺は正だから，各辺を 2 乗すると

$$\left(n-\frac{1}{2}\right)^2\pi^2<x^2<n^2\pi^2$$

各辺の逆数をとると

$$\frac{1}{\left(n-\frac{1}{2}\right)^2\pi^2}>\frac{1}{x^2}>\frac{1}{n^2\pi^2}$$

$$\frac{3}{2\left(n-\frac{1}{2}\right)^2\pi^2}>\frac{3}{2x^2}>\frac{3}{2\pi^2\pi^2}$$

大きい方の限界の $\frac{3}{2\left(n-\frac{1}{2}\right)^2\pi^2}$ について，$\pi>3$ なので

$$\frac{3}{2\left(\frac{1}{2}\right)^2 3^2}\geqq\frac{3}{2\left(n-\frac{1}{2}\right)^2 3^2}>\frac{3}{2\left(n-\frac{1}{2}\right)^2\pi^2}$$

よって

$$\frac{2}{3}>\frac{3}{2\left(n-\frac{1}{2}\right)^2\pi^2}>\frac{3}{2x^2}$$

したがって

$$g'(x)=\frac{1}{\cos^2 x}-\frac{3}{2x^2}>1-\frac{2}{3}=\frac{1}{3}>0$$

（**(注)** 実際には，$\frac{1}{\cos^2 x}=1$，$\frac{3}{2x^2}=\frac{2}{3}$ を同時に満たす x は存在しないが，引かれる側を小さい方の限界の 1 とし，引く側を大きい方の限界の $\frac{2}{3}$ としたものでも正の値をとるということは，実際に取り得る x については，$g'(x)>0$ が成り立つ。）

よって，$\left(n-\frac{1}{2}\right)\pi<x<n\pi$ において，$g(x)$ は単調に増加する。

さらに

$$\begin{cases} g(n\pi)=\tan n\pi+\dfrac{3}{2n\pi}=\dfrac{3}{2n\pi}>0 \\ \displaystyle\lim_{x\to\left(n-\frac{1}{2}\right)\pi+0} g(x)=-\infty \end{cases}$$

であるので，$\left(n-\frac{1}{2}\right)\pi<x<n\pi$ において，$g(x)=0$ を満たす x がただ一つある。

ゆえに，２つの条件(i)，(ii)を同時に満たす実数 p_n がただ一つある。

（証明終）

(4) (3)で $g(x)=0$ の解 $x=p_n$ は $\left(n-\frac{1}{2}\right)\pi<x<n\pi$ の範囲にただ一つあることがわかったが，その p_n がさらに，$n\pi-\frac{1}{n}<p_n<n\pi$ を満たすことを証明する。

$\left(n-\frac{1}{2}\right)\pi<n\pi-\frac{1}{n}<n\pi$ が成り立つから，(3)より $g(x)$ は $n\pi-\frac{1}{n}<x<n\pi$ で単調に増加する。

$$g\left(n\pi-\frac{1}{n}\right)=\tan\left(n\pi-\frac{1}{n}\right)+\frac{3}{2\left(n\pi-\frac{1}{n}\right)}$$

$$=\tan\left(-\frac{1}{n}\right)+\frac{3}{2\left(n\pi-\frac{1}{n}\right)}$$

$$=-\tan\frac{1}{n}+\frac{3}{2\left(n\pi-\frac{1}{n}\right)}$$

$$<-\frac{1}{n}+\frac{3}{2\left(n\pi-\frac{1}{n}\right)}$$

$$\left(\because\quad 0<\frac{1}{n}<\frac{\pi}{2}\text{ なので }\tan\frac{1}{n}>\frac{1}{n}\right)$$

$$=\frac{-2\left(n\pi-\frac{1}{n}\right)+3n}{2n\left(n\pi-\frac{1}{n}\right)}$$

$$=-\frac{(-2\pi+3)n+\frac{2}{n}}{2n\left(n\pi-\frac{1}{n}\right)}$$

$$<0$$

(3)より $g(n\pi)>0$ なので，p_n は $n\pi-\frac{1}{n}<p_n<n\pi$ を満たす。

（証明終）

(5)　直線 $l_{p_{2m}}$ の傾き α_m は $f'(p_{2m})$ で求めることができ，(1)より

$$f'(p_{2m})=-\frac{2p_{2m}\sin p_{2m}+\cos p_{2m}}{2p_{2m}\sqrt{p_{2m}}}$$

となるから

$$\lim_{m\to\infty}m^{\frac{3}{2}}\alpha_m=\lim_{m\to\infty}m^{\frac{3}{2}}\left(-\frac{2p_{2m}\sin p_{2m}+\cos p_{2m}}{2p_{2m}\sqrt{p_{2m}}}\right)$$

$$=\lim_{m\to\infty}\left\{-\frac{2p_{2m}\sin p_{2m}+\cos p_{2m}}{2\left(\frac{p_{2m}}{m}\right)^{\frac{3}{2}}}\right\}\quad\cdots\cdots①$$

(ア)　$\lim_{m\to\infty}\left(\frac{p_{2m}}{m}\right)^{\frac{3}{2}}$ について

(4)で示した $n\pi-\frac{1}{n}<p_n<n\pi$ において，$n=2m$ とすると

$$2m\pi-\frac{1}{2m}<p_{2m}<2m\pi$$

が成り立ち，各辺を m で割ると

$$2\pi-\frac{1}{2m^2}<\frac{p_{2m}}{m}<2\pi$$

各辺は正なので

$$\left(2\pi-\frac{1}{2m^2}\right)^{\frac{3}{2}}<\left(\frac{p_{2m}}{m}\right)^{\frac{3}{2}}<(2\pi)^{\frac{3}{2}}$$

となる。ここで，$\displaystyle\lim_{m\to\infty}\left(2\pi-\frac{1}{2m^2}\right)^{\frac{3}{2}}=(2\pi)^{\frac{3}{2}}$ なので，はさみうちの原理より

$$\lim_{m\to\infty}\left(\frac{p_{2m}}{m}\right)^{\frac{3}{2}}=(2\pi)^{\frac{3}{2}}$$

(イ)　$\displaystyle\lim_{m\to\infty}\cos p_{2m}$ について

(3)・(4)で示した $\left(n-\frac{1}{2}\right)\pi<n\pi-\frac{1}{n}<p_n<n\pi$ において，$n=2m$ とすると

$$\left(2m-\frac{1}{2}\right)\pi<2m\pi-\frac{1}{2m}<p_{2m}<2m\pi$$

が成り立ち，$\left(2m-\frac{1}{2}\right)\pi<x<2m\pi$ において $\cos x$ は単調に増加するので

$$\cos\left(2m\pi-\frac{1}{2m}\right)<\cos p_{2m}<\cos 2m\pi$$

$$\cos\left(-\frac{1}{2m}\right)<\cos p_{2m}<1$$

ここで，$\displaystyle\lim_{m\to\infty}\cos\left(-\frac{1}{2m}\right)=\cos 0=1$ なので，はさみうちの原理より

$$\lim_{m\to\infty}\cos p_{2m}=1$$

(ウ)　$\displaystyle\lim_{m\to\infty}2p_{2m}\sin p_{2m}$ について

$$g(p_{2m})=0$$

が成り立つから

$$\tan p_{2m}+\frac{3}{2p_{2m}}=0$$

$$2p_{2m}\sin p_{2m}+3\cos p_{2m}=0$$

よって

$$\lim_{m\to\infty}2p_{2m}\sin p_{2m}=\lim_{m\to\infty}(-3\cos p_{2m})=-3\cdot 1=-3\quad(\because\ (イ))$$

(ア), (イ), (ウ)より，①は

$$\lim_{m\to\infty}m^{\frac{3}{2}}\alpha_m=\lim_{m\to\infty}\left\{-\frac{2p_{2m}\sin p_{2m}+\cos p_{2m}}{2\left(\frac{p_{2m}}{m}\right)^{\frac{3}{2}}}\right\}=-\frac{-3+1}{2(2\pi)^{\frac{3}{2}}}=\frac{1}{2\pi\sqrt{2\pi}}$$

……(答)

解説

《直線の傾きに関する極限値》

(1)　$f(x)$，$g(x)$ の導関数 $f'(x)$，$g'(x)$ を求める問題である。ミスをすると以降の問題に関わるので正確に計算しよう。

(2)　接線 l_p の方程式を求めて，この接線が原点 $(0,\ 0)$ を通ることから $\tan p$ を p で表してみよう。

(3)　(i)より，$\left(n-\frac{1}{2}\right)\pi<x<\left(n+\frac{1}{2}\right)\pi$ の範囲で考えることになるが，条件を満たす p_n は，その中でも特に $n\pi-\frac{1}{n}<x<n\pi$ の範囲に存在することが(4)で問われているので，それを先取りした。$n\pi\leqq x<\left(n+\frac{1}{2}\right)\pi$ に p_n が存在しないことを述べて，$\left(n-\frac{1}{2}\right)\pi<x<n\pi$ の範囲について考えることにした。このようにしておくと(4)で範囲を絞り込む際に処理しやすい。

(4)　(3)で右端の $x=n\pi$ のとき $g(n\pi)>0$ となることは示せているので，$g\left(n\pi-\frac{1}{n}\right)$ の符号が負になることを示せばよい。(3)では $x=\left(n-\frac{1}{2}\right)\pi$ で tan が定義できないので直接値を代入することができず，極限をとったが，$x=n\pi-\frac{1}{n}$ で tan は定義されるので，直接代入できる。$0\leqq x<\frac{\pi}{2}$ のとき $\tan x\geqq x$ が成り立つことをどこで使うか考えながら変形していこう。

(5)　直線 $l_{p_{2m}}$ の傾き α_m に関する極限値を求める問題である。ここまでで求めたことを利用しながら解き進めていこう。まとめて計算しようとせずに，部分ごとに計算するとよい。

講評

2024年度も例年通り，試験時間100分で大問4題を解答させるものであった。Ⅰは小問集合で結果だけを空欄に記入させる形式，Ⅱ～Ⅳは記述式の解答形式の問題であり，これも例年通りの形式である。

Ⅰ　小問集合の問題数は2問で，この形式が定着してきている。(1)はじゃんけんに関する確率の問題であり，基本的な内容である。(2)は複素数平面の問題である。2次方程式を解いて，解が表す点についての図形的な考察をする問題であり，やや易しめの内容である。

Ⅱ　三角関数の極限値に関する問題である。小問の誘導にうまく乗ることがポイントになる。一般的な形式のものを作っておき，各小問を解答するときは，文字の置き換えに気を配って進めていくとよい。やや難しめの問題である。

Ⅲ　楕円と放物線，それらの共通接線に関する問題である。与えられたまま計算に持ち込むと煩雑になるので，図形を平行移動して簡単になるように工夫してから，計算することがポイントとなる。記述式の大問の中では標準レベルで一番解答しやすい問題であるから，ぜひ完答したい。

Ⅳ　微分，極限がテーマの問題である。(3)・(4)の過程で計算処理に手間取る部分があり難しく，完答するにはかなり手強い問題といえる。

どの問題もとても丁寧で巧妙な小問の誘導が付いている。最終的に問われていることは高度なことであっても，無理なく上っていくことができるようにはしごを立てかけてくれている。それをうまく利用しながら解答していくことがポイントになる。各小問には何らかの意味があり，必ず以降の設問につながることを意識すること。

物　理

I

解答　(ア) $A\cos\omega t$　(イ) $-A\omega\sin\omega t$　(ウ) $\dfrac{g}{{\omega_0}^2}$　(エ) $-m{\omega_0}^2x$

(オ) $\dfrac{g}{4{\omega_0}^2}$　(カ) $\dfrac{1}{4}mA^2{\omega_0}^2$　(キ) $-\dfrac{\sqrt{2}}{3}A$　(ク) $\dfrac{27+4\sqrt{3}}{18}\cdot\dfrac{\pi}{\omega_0}$

解答図（I-A）

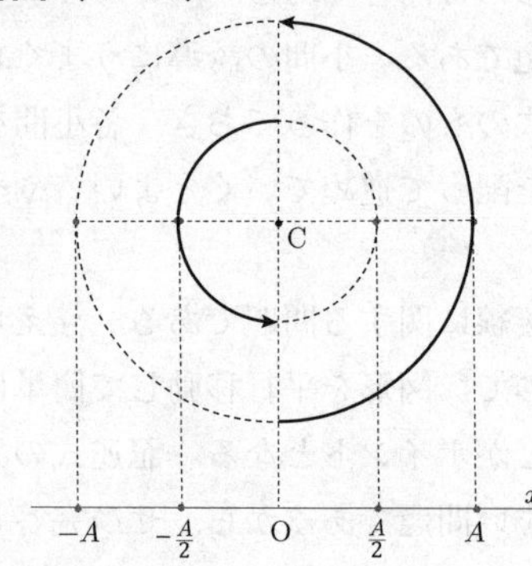

解答図（I-B）

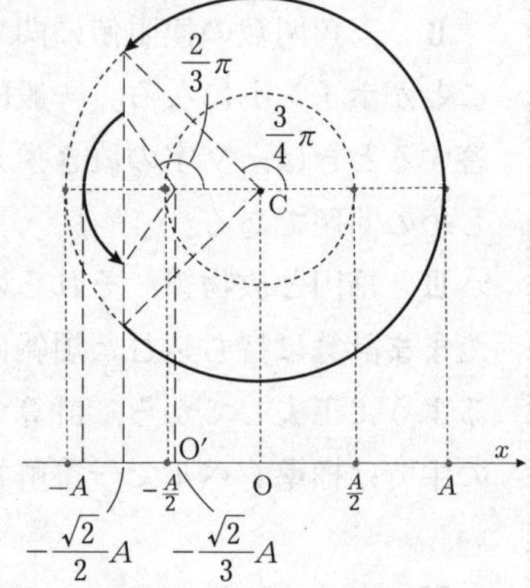

解説

《単振動と振り子》

(ア)　図1より

$$x=\mathrm{OR}=\mathrm{CP}\cos\omega t=A\cos\omega t$$

(イ)　等速円運動の速さは $A\omega$ である。図1の速度ベクトルの向きより

$$\mathrm{R}\text{の速度}=-A\omega\sin\omega t$$

(ウ)　糸の長さを L とすると，単振り子の周期の式より

$$2\pi\sqrt{\frac{L}{g}}=\frac{2\pi}{\omega_0}\qquad\therefore\quad L=\frac{g}{{\omega_0}^2}$$

(エ)　復元力は小球Nの重力を円軌道の接線方向と中心方向に分解したときの接線方向成分である。(ウ)より

$$-mg\times\frac{x}{L}=-m{\omega_0}^2x$$

(オ)　求める高さ（振り子の糸の長さ）を h とする。(ウ)の結果と同様に

$$h=\frac{g}{(2\omega_0)^2}=\frac{g}{4\omega_0{}^2}$$

(カ)　$x=-\frac{A}{\sqrt{2}}$ のとき，(ア)より　$\omega_0 t=\frac{3}{4}\pi$

(イ)より，運動エネルギーは

$$\frac{1}{2}m\left(-A\omega_0\sin\frac{3}{4}\pi\right)^2=\frac{1}{4}mA^2\omega_0{}^2$$

(キ)　点 O′ の x 座標を x' とする。$x<-\frac{A}{\sqrt{2}}$ の単振動の振幅を A'，角振動数を ω'，振り子の糸の長さを L' とする。

2つの単振動のエネルギーの関係より

$$\frac{1}{2}mA'^2\omega'^2=\frac{1}{2}mA^2\omega_0{}^2\times\frac{2}{3}\quad\cdots\cdots①$$

L' と L の長さの比は，(ウ)の結果と①より

$$\frac{L'}{L}=\frac{\omega_0{}^2}{\omega'^2}=\frac{3A'^2}{2A^2}\quad\cdots\cdots②$$

糸が釘に触れる瞬間の2つの単振動の位置と速度が等しいので，$x<-\frac{A}{\sqrt{2}}$ の単振動の位相を $\omega't'$ とすると

$$-\frac{A}{\sqrt{2}}=x'+A'\cos\omega't'\quad\cdots\cdots③$$

$$-A\omega_0\frac{1}{\sqrt{2}}=-A'\omega'\sin\omega't'\quad\cdots\cdots④$$

①と④より　$\sin\omega't'=\frac{\sqrt{3}}{2}\quad\left(\omega't'=\frac{2}{3}\pi\right)$

③より　$x'=-\frac{A}{\sqrt{2}}+\frac{A'}{2}\quad\cdots\cdots⑤$

釘に触れた瞬間の糸の長さと単振動の中心からの位置の比が比例するので

$$L:\frac{A}{\sqrt{2}}=L':\left\{x'-\left(-\frac{A}{\sqrt{2}}\right)\right\}\quad\cdots\cdots⑥$$

⑤と⑥より　$\frac{L'}{L}=\frac{\sqrt{2}A'}{2A}\quad\cdots\cdots⑦$

②と⑦を用いると

$$\frac{L'}{L}=\frac{3A'^2}{2A^2}=\frac{\sqrt{2}\,A'}{2A} \qquad \therefore\ A'=\frac{\sqrt{2}}{3}A\quad\left(L'=\frac{1}{3}L\right)$$

⑤より　$x'=-\frac{\sqrt{2}}{3}A$

(ク)　(キ)の結果より $\omega'=\sqrt{3}\,\omega_0$ である。

$x>-\frac{A}{\sqrt{2}}$ では位相 0 から $\frac{3}{4}\pi$ と $\frac{5}{4}\pi$ から 2π の単振動で，$x<-\frac{A}{\sqrt{2}}$ では位相 $\frac{2}{3}\pi$ から $\frac{3}{4}\pi$ の単振動なので，求める時間は

$$\left\{\left(\frac{3}{4}\pi-0\right)+\left(2\pi-\frac{5}{4}\pi\right)\right\}\div\omega_0+\left(\frac{4}{3}\pi-\frac{2}{3}\pi\right)\div\omega'=\frac{27+4\sqrt{3}}{18}\cdot\frac{\pi}{\omega_0}$$

解答図（Ⅰ-A）　$x<0$ の単振動の振幅を A_U とすると，原点Oでの速さが変わらないので，$A_U 2\omega_0=A\omega_0$ より $A_U=\frac{1}{2}A$ である。

解答図（Ⅰ-B）　(キ)の〔解説〕より $A'=\frac{\sqrt{2}}{3}A$ で，糸が釘に触れる瞬間の $x<-\frac{A}{\sqrt{2}}$ の単振動の位相は $\omega't'=\frac{2}{3}\pi$ である。

Ⅱ　解答

(ア) $vL\cos\theta$　(イ) $vBL\cos\theta$　(ウ) $g\sin\theta-\frac{vB^2L^2\cos^2\theta}{mR_1}$

(エ) $mgv_f\sin\theta$　(オ) $-\frac{v_fBL\cos\theta}{R_1}$　(カ) $-\frac{R_1+R_2}{R_1R_2}V+\frac{Q}{CR_1}$　(キ) $\frac{R_2}{R_1}$

(ク) $\frac{CmgR_2\tan\theta}{BL}$

解説

《磁場中の導体棒の運動》

(ア)　導体棒の速度の水平方向成分は $v\cos\theta$ なので

$v\cos\theta\times L=vL\cos\theta$〔m²/s〕

(イ)　誘導起電力の大きさを V〔V〕とする。電磁誘導の法則より

$V=B\times vL\cos\theta=vBL\cos\theta$〔V〕

(ウ)　求める加速度を α〔m/s²〕とする。導体棒の電流が磁場から受ける力の大きさは $B\frac{V}{R_1}L=\frac{vB^2L^2\cos\theta}{R_1}$ より，運動方程式は

$$ma = mg\sin\theta - \frac{vB^2L^2\cos\theta}{R_1}\cos\theta$$

$$\therefore\quad a = g\sin\theta - \frac{vB^2L^2\cos^2\theta}{mR_1}\,\text{〔m/s}^2\text{〕}$$

(エ)　(ウ)の式で $v=v_f$，$a=0$ とすると

$$v_fB^2L^2\cos^2\theta = mgR_1\sin\theta$$

抵抗 R_1 で消費される電力は

$$\frac{v_f{}^2B^2L^2\cos^2\theta}{R_1} = mgv_f\sin\theta\,\text{〔W〕}$$

(オ)　S_1 を開いた直後に導体棒に生じる a から b の向きの誘導起電力は $-v_fBL\cos\theta$ であり，コンデンサー C の極板間の電位差は 0 なので，求める電流は

$$-\frac{v_fBL\cos\theta}{R_1}\,\text{〔A〕}$$

(カ)　導体棒中の電流は b から a の向きである。抵抗 R_1 からコンデンサー C へ流れる電流を I_1〔A〕，抵抗 R_2 を e から f の向きに流れる電流を I_2〔A〕とすると，抵抗 R_1 とコンデンサー C の電圧の和と抵抗 R_2 の電圧は V に等しいので

$$I_1R_1 + \frac{Q}{C} = V,\quad I_2R_2 = V$$

よって，a から b の向きに流れる電流は

$$-I_1 - I_2 = -\frac{R_1+R_2}{R_1R_2}V + \frac{Q}{CR_1}\,\text{〔A〕}$$

(キ)　十分時間が経ったとき，コンデンサー C は充電完了しているので，電流は導体棒と抵抗 R_2 の回路に流れている。このときの導体棒の速さを kv_f〔m/s〕とすると，等速の条件は(エ)の式と同様に

$$kv_fB^2L^2\cos^2\theta = mgR_2\sin\theta$$

(エ)の式と比較すると　　$k = \dfrac{R_2}{R_1}$ 倍

(ク)　このときの導体棒に生じる誘導起電力の大きさは $BLkv_f\cos\theta$ なので，コンデンサー C に蓄えられる電気量の大きさは $CBLkv_f\cos\theta$ である。(キ)の式を用いて，v_f を消去すると

$$CBLkv_f\cos\theta = CBL\frac{mgR_2\sin\theta}{B^2L^2\cos\theta} = \frac{CmgR_2\tan\theta}{BL}\text{〔C〕}$$

III　解答　(ア) V_1t_1　(イ) V_2t_1　(ウ) $\frac{V_1t_1}{\sin\theta_1}$　(エ) $\frac{V_2t_1}{\sin\theta_2}$　(オ) ut_0　(カ) f_1

(キ) $\frac{V_0\sin\theta_2}{f_1\sin\theta_1}$　(ク) $\left(\frac{1}{\sin\theta_1}-\frac{1}{\sin\theta_2}\right)V_0$

解説

《平面波の屈折》

(ア)　媒質 M_1 の速さ V_1 より　$A'B'=V_1t_1$

(イ)　媒質 M_2 の速さ V_2 より　半径 $=V_2t_1$

(ウ)　$\angle B'AA'=\theta_1$ より　$AB'\sin\theta_1=A'B'$

$$\therefore\quad AB'=\frac{A'B'}{\sin\theta_1}=\frac{V_1t_1}{\sin\theta_1}$$

(エ)　$\angle AB'B=\theta_2$ より　$AB'\sin\theta_2=AB$

$$\therefore\quad AB'=\frac{AB}{\sin\theta_2}=\frac{V_2t_1}{\sin\theta_2}$$

(オ)　速さ u で移動するので　ut_0

(カ)　屈折では振動数は変化しないので　f_1

(キ)　領域 R_1 の波長は $\frac{V_0}{f_1}$ である。屈折の法則より，領域 R_2 の波長は

$$\frac{V_0}{f_1}\times\frac{\sin\theta_2}{\sin\theta_1}=\frac{V_0\sin\theta_2}{f_1\sin\theta_1}$$

(ク)　図2より

$$AB'\sin\theta_1=A'B'=V_0t_0$$
$$CB'\sin\theta_2=CB=V_0t_0$$

$AB'=AC+CB'$ に代入すると

$$\frac{V_0t_0}{\sin\theta_1}=ut_0+\frac{V_0t_0}{\sin\theta_2}$$

$$\therefore\quad u=\left(\frac{1}{\sin\theta_1}-\frac{1}{\sin\theta_2}\right)V_0$$

講評

2024 年度の出題は，大問 3 題，試験時間 75 分の従来通りであった。Ⅲは，2022・2023 年度は熱力学の出題であったが，2024 年度は波動から出題された。2023 年度に引き続き描図問題が出題された。Ⅰでは後半に難問や，計算や描図に時間を要する設問があるので，全体の時間配分に注意したい。

Ⅰ　2023 年度に引き続き単振動を扱った出題である。前半は確実に解答したい。図 3 と図 4 では 2 つの単振動の接続が扱われているが，接続する点での速度や位置が等しいことと与えられた条件から考えていけばよい。(キ)，(ク)は難問であり，（Ⅰ-B）の描図も難しい。

Ⅱ　一様な磁場中で斜面上を運動する導体棒の問題である。スイッチ S_1 を閉じているときは，コンデンサー C の電気量は 0 であり，開くと充電が始まり，十分時間が経過すると充電電流は 0 となる点に注意する。

Ⅲ　前半はホイヘンスの原理から屈折の法則を導く設問で，確実に解答したい。後半は領域 R_2 が一様な速さで流れている場合である。リード文が丁寧に誘導しているので完答したい。

化　学

I 解答 **(1)あ.** リン　**い.** カリウム（あ・いは順不同）

う. ハーバー　**え.** ボッシュ　**お.** Fe_3O_4

(2)(i) 46 kJ/mol

(ii)**か.** 発熱　**き.** ルシャトリエ　**く.** 低温　**け.** 遅い　**こ.** 大きくする

(iii) $K_p=\dfrac{P_{NH_3}{}^2}{P_{N_2}\cdot P_{H_2}{}^3}$

(iv)数値：3.7×10^{-10}　単位：Pa^{-2}

(3)(A)反応式：$4NH_3+5O_2 \longrightarrow 4NO+6H_2O$　触媒：Pt

(B)反応式：$2SO_2+O_2 \longrightarrow 2SO_3$　触媒：V_2O_5

(C)反応式：$2KClO_3 \longrightarrow 2KCl+3O_2$　触媒：MnO_2

(4)(i)水素分子自身に体積があるため。

(ii) 1.5×10^2 L　(iii) 42 L

解説

《NH_3 の工業的製法と利用，化学平衡，結合エネルギー，気体の圧力》

(1)　植物の生長に必要な元素を必須元素といい，収穫量を増やすには肥料で補う必要がある。なかでもN，P，Kは肥料の三要素と呼ばれ，主にNは葉や茎，Pは花や実，Kは根の成長に重要である。

(2)(i)　求める生成熱を Q〔kJ/mol〕とすれば，熱化学方程式は

$$\frac{1}{2}N_2(気)+\frac{3}{2}H_2(気)=NH_3(気)+Q\,kJ$$

となり

$$Q=3\times386-\left(\frac{1}{2}\times928+\frac{3}{2}\times432\right)=46〔kJ/mol〕$$

(ii)　アンモニアの生成反応は(i)の結果から発熱とわかる。つまり，低温にすれば NH_3 生成の方へ平衡が移動し NH_3 の生成率が上がる。しかし，低温だと反応速度が小さくなったり，反応に必要なエネルギーが与えられず効率が悪くなる。そこで工業的には，適切な触媒と生成率も上がる温度を見つけることが重要となる。

(iv) 反応前および平衡時の各成分の物質量は次のようになる。

$$N_2 + 3H_2 \rightleftarrows 2NH_3$$

	N_2	$3H_2$	$2NH_3$	
反応前	1.0	3.0	0	
平衡時	0.50	1.5	1.0	全物質量 3.0〔mol〕

気体の分圧＝全圧×モル分率より

$$K_p = \frac{P_{NH_3}{}^2}{P_{N_2} \cdot P_{H_2}{}^3} = \frac{\left(1.2\times10^5\times\dfrac{1.0}{3.0}\right)^2}{1.2\times10^5\times\dfrac{0.50}{3.0}\times\left(1.2\times10^5\times\dfrac{1.5}{3.0}\right)^3}$$

$$= 3.703\times10^{-10} \fallingdotseq 3.7\times10^{-10}\text{〔Pa}^{-2}\text{〕}$$

(3)(A) オストワルト法の１段階目の反応である。

(B) 接触法の１段階目の反応である。

(C) MnO_2 は過酸化水素を分解して酸素を発生させる触媒として有名だが，塩素酸カリウムと混合して加熱しても酸素が発生する。

(4)(i) 気体が自由に動ける空間が気体の体積であるが，右図のように気体分子自身のもつ体積の分だけ，実際には動ける空間つまり体積は小さくなる。気体分子自身のもつ体積の分を排除して，気体の体積を正しく補正した状態方程式が②式である。水素では分子自身の体積の影響が生じるため正の値となる。

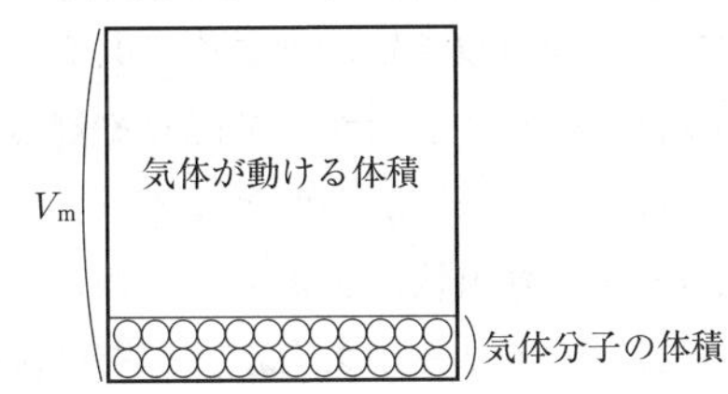

(ii) $b = 2.5\times10^{-2}\times\dfrac{5.0\times10^3}{2.00} = 62.5$〔L〕

求める体積を v〔L〕とすると

$$7.0\times10^7\times(v-62.5) = \frac{5.0\times10^3}{2.00}\times8.3\times10^3\times300$$

$$v = 151 \fallingdotseq 1.5\times10^2\text{〔L〕}$$

(iii) 求める体積を v'〔cm^3〕とすると

$$\frac{0.68v'}{17.0}\times\frac{3}{2}\times2.00 = 5.0\times10^3$$

$$v' = 4.16\times10^4 \fallingdotseq 4.2\times10^4\text{〔cm}^3\text{〕}$$

よって，答えは 42L となる。

Ⅱ　解答　(1)ア．高い　イ．低い

(2)ウ．ファンデルワールス　エ．アンモニア

オ．窒素

(3)カ．正四面体形　キ．三角錐形

(4)ドライアイス，氷

(5)H_2S，HCl

(6)NaF＞NaCl＞NaBr＞NaI

(7)(i)0.50 mol　(ii)ヘキサン　(iii)―③　(iv)オクタン

(8)(i)0.2

(ii)Y の物質量：$0.5x$〔mol〕　アルゴンの物質量：$2y$〔mol〕

(9)(i)0.10 mol/kg　(ii)100.17°C

解説

《結合の違いと物質の性質，気体の圧力と蒸気圧，濃度と沸点上昇》

(1)　結合の強さはおおよそ，共有結合＞イオン結合＞金属結合＞分子間力の順になる。したがって融点や沸点は，共有結合の結晶＞イオン結晶＞金属結晶＞分子結晶の順となる。

(2)・(3)　直鎖状のアルカンは無極性分子のため，分子量が大きくなるほどファンデルワールス力が強くなり沸点は高くなる。

また，CH_4 と NH_3 は結合に極性はあるが，右図のように CH_4 は正四面体形で，分子全体として極性が打ち消されるため無極性分子，NH_3 は三角錐形で打ち消されないため極性分子となる。そのため NH_3 の方が沸点は高い。

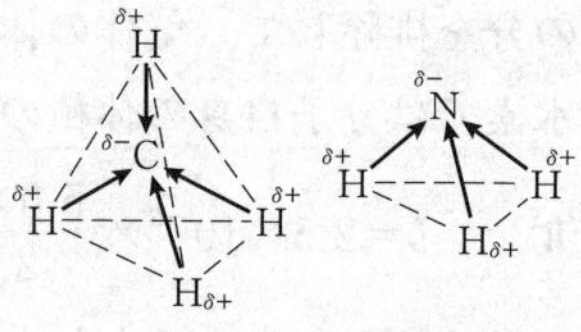

(4)　CO_2 と H_2O のように，非金属原子が共有結合して分子はできる。ただし，C（ダイヤモンド・黒鉛）や SiO_2 は多数の原子が共有結合によりできた共有結合の結晶である。NaOH は金属原子と非金属原子からなりイオン結晶，銅は金属の単体で金属結晶である。

(5)　H_2S と HCl は極性分子であり沸点は高くなる。

(6)　陽イオンどうし，また陰イオンどうしの価数が等しいイオン結晶では，イオン半径の小さい組み合わせほどイオン結合が強く融点は高くなる。Na^+ が共通で，陰イオン半径の大きさは F^-＜Cl^-＜Br^-＜I^- なので，融

点の高さは〔解答〕のようになる。

(7)(i) 図1より，420K でアルカン **X** はすべて気体となっており

$2.1\times10^5\times8.3=n\times8.3\times10^3\times420$　　$n=0.50$〔mol〕

(ii) 350K における気体の **X** の物質量を n'〔mol〕とすると，図1より

$1.3\times10^5\times8.3=n'\times8.3\times10^3\times350$

$n'=0.3714\fallingdotseq0.371$〔mol〕

生成した液体 11.2g は

$n-n'=0.50-0.371=0.129$〔mol〕

にあたるので，**X** の分子量を m とすると

$0.129\times m=11.2$　　$m=86.82\fallingdotseq86.8$

X の分子式を C_xH_{2x+2} とすると

$12x+2x+2=86.8$　　$x=6.05\fallingdotseq6$

よって，**X** は C_6H_{14} である。

(iii) 420K における $0.7n$〔mol〕の気体の圧力を p〔Pa〕とすると

$p\times8.3=0.35\times8.3\times10^3\times420$　　$p=1.47\times10^5$〔Pa〕

この状態から冷却させると，図1における n〔mol〕の **X** の直線部分の傾きの 0.7 倍の傾きをもって圧力が小さくなる。そして約 348K 付近で蒸気圧曲線と交わるので，この温度で液体が生じることになる。

(iv) 分子量の差 28($CH_2\times2$) から，アルカン **Y** の炭素数は 2 だけ **X** と異なる。図1の温度範囲では **Y** のグラフは蒸気圧曲線なので，**X** に比べて沸点は高いと考えられる。つまり，炭素数は **X** に比べて 2 だけ多くなる。

(8)(i) 液体の **Y** が現れたとき，**Y** は飽和蒸気圧を示す。つまり，図1より 390K では約 0.78×10^5 Pa となる。よって，Ar の分圧は 0.22×10^5 Pa となり，分圧比＝物質量比よりモル分率は

$$\frac{0.22\times10^5}{1.0\times10^5}=0.22\fallingdotseq0.2$$

(ii) 容積を小さくしても **Y** の圧力は飽和蒸気圧で一定を保つので，体積が半分になれば物質量も半分となる。また，アルゴンの分圧は 2 倍となるため，1L あたりに溶けている溶解量も 2 倍となる。

(9)(i) 求める質量モル濃度を a〔mol/kg〕とすると

$100.10-100.00=0.50\times2\times a$　　$a=0.10$〔mol/kg〕

(ii)　求める温度を t〔℃〕とすると

$$t-100.00=0.50\times0.10\times\frac{100}{100-40}\times2$$

$$t=100.166\fallingdotseq100.17\text{〔℃〕}$$

III　解答　(1)**ア.** 中性　**イ.** エチレン　**ウ.** エチレングリコール
エ. 亜硝酸ナトリウム

(2)① $CH_3COOH+NaHCO_3 \longrightarrow CH_3COONa+H_2O+CO_2$

② $CH_3NH_2+H_2O \rightleftarrows CH_3NH_3{}^++OH^-$

(3)(i)**A**：アセトアルデヒド　**B**：アセトン　**C**：メタノール

D：ジメチルエーテル

(ii)アンモニア性硝酸銀水溶液を加えて温める。

（または，フェーリング液を加えて加熱する）

(iii)１段階目：$CO+2H_2 \longrightarrow CH_3OH$

２段階目：$2CH_3OH \longrightarrow CH_3OCH_3+H_2O$

(4)—(い)・(う)・(お)

(5)(i) $C_6H_5-NO_2+6e^-+6H^+ \longrightarrow C_6H_5-NH_2+2H_2O$

(ii) $2C_6H_5-NO_2+3Sn+14HCl \longrightarrow 2C_6H_5-NH_3Cl+3SnCl_4+4H_2O$

(6)(i) $H_2N-\overset{\displaystyle H}{\underset{\displaystyle H}{\overset{|}{\underset{|}{C}}}}-COOH$　(ii) $H_2N-\overset{\displaystyle SH \atop \displaystyle CH_2}{\underset{\displaystyle H}{\overset{|}{\underset{|}{C}}}}-COOH$

(7)(i) $H_3N^+-\overset{\displaystyle COOH \atop \displaystyle CH_2}{\underset{\displaystyle H}{\overset{|}{\underset{|}{C}}}}-COO^-$

(ii)—**E**，**F**，**H**

解説

《−OH・−COOH・−NH₂ の基をもつ化合物とアミノ酸・ペプチドの性質》

(1)**ア.** アルコール R−OH がもつ炭化水素基 −R は疎水基で −OH は親水基である。−R の炭素数が少ないアルコールは −OH の影響が大きく水に溶けやすいが，炭素数が多くなると溶けにくくなる。アルコールの −OH は水溶液中で電離せず，水溶液は中性を示す。

イ～エ. それぞれ次式の反応が起こる。

$$C_2H_5-OH \longrightarrow CH_2=CH_2+H_2O$$

$$n\,HO-\overset{O}{\overset{\|}{C}}-C_6H_4-\overset{O}{\overset{\|}{C}}-OH+n\,HO-CH_2-CH_2-OH$$

テレフタル酸　エチレングリコール

$$\longrightarrow HO\left[\overset{O}{\overset{\|}{C}}-C_6H_4-\overset{O}{\overset{\|}{C}}-O-CH_2-CH_2-O\right]_nH+(2n-1)H_2O$$

ポリエチレンテレフタラート

$$C_6H_5-NH_2+2HCl+NaNO_2$$

$$\longrightarrow C_6H_5-N_2Cl+NaCl+2H_2O$$

塩化ベンゼンジアゾニウム

(2)② メチルアミンは水中で NH_3 と同じように電離し塩基性を示す。

(3)(ii) $CH_3-\overset{O}{\overset{\|}{C}}-$ または $CH_3-\overset{OH}{\overset{|}{C}}H-$ の構造をもつ化合物がヨードホルム反応陽性であり，該当するのは **A** と **B** となる。これらのうち **A** はアルデヒドで還元性をもつため，銀鏡反応やフェーリング反応で **B** と区別できる。

(iii) ZnO を触媒として H_2 と CO を反応させると，〔解答〕のように CH_3-OH が得られる。そして，CH_3-OH に濃硫酸を加えて 130°C 程度に加熱すると，〔解答〕のようにジメチルエーテル **D** が得られる。

(4) (あ)正しい。ギ酸は下図のようにカルボキシ基とアルデヒド基をもつ。

$$H-\overset{}{\underset{\underset{O}{\|}}{C}}-OH$$

(い)誤り。アセチルサリチル酸は下図のように 1 価のカルボン酸である。

$$C_6H_4(OCOCH_3)(COOH)$$

(う)誤り。高純度酢酸は氷酢酸で，無水酢酸は酢酸 2 分子からできる酸無水物である。

(え)正しい。油脂をけん化すると，次式のようにグリセリンと脂肪酸の塩が生成する。

$$\begin{array}{l} CH_2-O-\overset{\overset{\large O}{\|}}{C}-R \\ | \\ CH-O-\overset{\overset{\large O}{\|}}{C}-R \\ | \\ CH_2-O-\overset{\overset{\large O}{\|}}{C}-R \end{array} + 3NaOH \longrightarrow \begin{array}{l} CH_2-O-H \\ | \\ CH-O-H \\ | \\ CH_2-O-H \end{array} + 3R-COONa$$

油脂　グリセリン　脂肪酸の塩

(お)誤り。芳香族カルボン酸は水に溶けにくいが，塩基性の水溶液にはカルボン酸塩となって溶解する。

(5)(i)　以下のような流れで半反応式をつくることができる。

$$C_6H_5-\underline{N}O_2 \longrightarrow C_6H_5-\underline{N}H_2$$

酸化数 $+3$　-3

酸化数の差を受け取った e^- として左辺に加える。

$$C_6H_5-NO_2+6e^- \longrightarrow C_6H_5-NH_2$$

両辺の電荷の和を等しくするため H^+ を左辺に加える。

$$C_6H_5-NO_2+6e^-+6H^+ \longrightarrow C_6H_5-NH_2$$

右辺に H_2O を加え両辺の原子数を合わせると〔解答〕の半反応式となる。

(7)　酵素を用いて化合物 **E**（アスパルテーム）を加水分解すると，次図のようにアスパラギン酸とフェニルアラニンのメチルエステルが得られる。

$$H_2N-\underset{\underset{\large H}{|}}{\overset{\overset{\large COOH}{|}}{\overset{CH_2}{CH}}}-CONH-\underset{\underset{\large H}{|}}{\overset{\overset{\large C_6H_5}{|}}{\overset{CH_2}{C}}}-COOCH_3$$

E（アスパルテーム）

$$\longrightarrow H_2N-\underset{\underset{\large H}{|}}{\overset{\overset{\large COOH}{|}}{\overset{CH_2}{CH}}}-COOH + H_2N-\underset{\underset{\large H}{|}}{\overset{\overset{\large C_6H_5}{|}}{\overset{CH_2}{C}}}-COOCH_3$$

アスパラギン酸　フェニルアラニンのメチルエステル

アスパラギン酸はアミノ基とカルボキシ基を有するため，〔解答〕の双性イオンの形がとれる。酵素を用いずに加水分解すると，次図のようにアスパラギン酸とフェニルアラニンおよびメタノールが得られる。

```
     COOH              C6H5
      |                 |
     CH2               CH2
      |                 |
H2N－CH－CONH－C－COOCH3
      |                 |
      H                 H
        E（アスパルテーム）

              COOH                C6H5
               |                   |
              CH2                 CH2
               |                   |
──→ H2N－CH－COOH ＋ H2N－C－COOH ＋ CH3OH
               |                   |
               H                   H
        アスパラギン酸      フェニルアラニン    メタノール
```

メタノールはニンヒドリン反応を示さないため **I**，アスパラギン酸は酵素の有無に関係なく生成するので **G**，**H** がフェニルアラニンでそのメチルエステルが **F** となる。ベンゼン環を含むアミノ酸やペプチドがキサントプロテイン反応陽性で，該当するのは **E**，**F** および **H** である。

講評

例年通り大問3題の出題で，試験時間は75分。難易度も例年並みで，基本～やや難しい内容まで幅広く出題されている。すべての大問において，空所補充や化学反応式・構造式を書かせるといった知識問題と，計算力・思考力が必要な問題が盛り込まれている。空所補充や択一式問題は比較的解答しやすいので，ここで点数を落とさないようにしたい。

Ⅰ　空中窒素の固定の歴史的背景から始まり，NH_3 に関わる生成熱・化学平衡・触媒と多くの要素が盛り込まれた問題である。標準的だが(4)だけやや難しく，b の意味を正しく理解する力が必要である。

Ⅱ　(1)～(6)や(9)は基本的・標準的な問題で確実に解答したい。(7)は図1の2つのグラフの違いを正しく理解できているかどうかが重要となる。(8)は問題の設定条件を正しく理解し，それによる気体の挙動の変化を法則に当てはめられるかがポイントとなる。設問文の長さに比べて考え方は単純である。

Ⅲ　例年，有機分野が出題されている。高分子化合物も十分に学習しておこう。(1)〜(4)は基本的な問題であり確実に解答したい。(5)(i)の半反応式は，覚えられていない場合〔解説〕のように考えよう。(6)のシステインの構造式は分子量が与えられており，覚えていなかったとしても書けるだろう。(7)の**F**〜**I**の推定は難しくないので確実に解答したい。

生　物

(1)円形ダンス　(2)生得的行動　(3)－5）
(4)(ア)母性効果遺伝子　(イ)－(は)
(ウ)アンテナペディア遺伝子はホメオティック遺伝子であり，本来は発現しない頭部の触角を形成する領域でこの遺伝子が発現する突然変異が起こり肢が形成された。(75字以内)
(エ)－(A)・(D)
(5)(あ)母　(い)花粉四分子　(う)雄原　(え)花粉管核　(お)胚珠（珠孔，助細胞）
(か)精　(き)卵　(く)胚乳　(け)重複
(6)(a)：胚柄　(b)：胚　(c)：幼芽　(d)：子葉　(e)：胚軸
(7)(i)遺伝子A：②　遺伝子B：③　遺伝子C：①
(ii)遺伝子C　(iii)－オ）

解説

《動物の行動，ショウジョウバエの発生，被子植物の受精と発生》

(3)　巣から見た太陽の方向と餌場の方向とのなす角度が，8の字ダンスでの鉛直上方とダンスの直進部分の方向とのなす角度に相当する。太陽は1時間で15度移動し，正午に南中するので，午前11時の太陽は真南よりも東側に15度の方向にある。午前11時のダンスの方向は，鉛直上方に対して時計回りに30度の方向なので，餌場は巣から見て真南から西側に15度の方向にある（下図左）。3時間後の午後2時では，太陽はもとの位置から45度西側へ移動するので，巣から見た太陽の方向と餌場の方向とのなす角度は反時計回りに15度となる（下図右）。よって，午後2時のダンスの方向は5）のようになる。

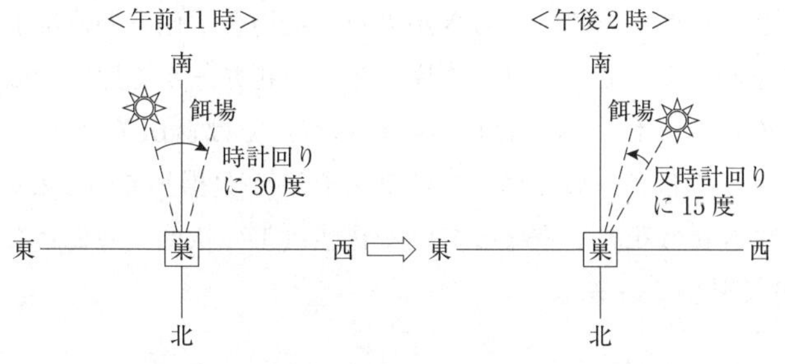

(4)(イ)　ショウジョウバエの未受精卵では，前端にビコイド mRNA が，後端にナノス mRNA が母性因子として蓄積されている。受精後，これらの mRNA が翻訳されてビコイドタンパク質やナノスタンパク質が合成されるとともに，細胞質基質中を拡散して濃度勾配を形成する。これらのタンパク質は，それぞれの濃度に応じて特定の遺伝子の発現を調節し，その結果，からだの前後軸が決定される。拡散を阻害したり，他の物質を分解したりするわけではない。よって，(は)が正しく，(い)，(ろ)，(ほ)は誤り。なお，ビコイド遺伝子が機能を失うと頭部と胸部を欠いた個体が生じるので，(に)は誤りである。

(ウ)　前後軸が形成されると，分節遺伝子のはたらきによって前後軸に沿った体節構造が形成され，さらにその後，それぞれの体節から触角，眼，肢，翅などの器官が形成される。体節ごとに特有の器官を形成するための情報はホメオティック遺伝子がはたらくことでもたらされる。ホメオティック遺伝子は複数あり，体節ごとにその発現パターンが異なり，これによって各体節の構造が決定される。アンテナペディア遺伝子に突然変異が生じたショウジョウバエでは，触角が肢に変化するとある。これは，ホメオティック遺伝子の１つであるアンテナペディア遺伝子に突然変異が生じることで，もともと頭部では発現しない肢の形成に関わるアンテナペディア遺伝子が発現するようになったためと考えられる。

(エ)　(A)誤文。ロイヤラクチン濃度が２％ではない実験条件が与えられていないので，２％が最適濃度であるかはわからない。

(D)誤文。①と②を比較してもカゼインタンパク質が有効だとはいえない。

(7)(i)　遺伝子 A，B，C の発現領域と花の器官分化は右図のようになる。また，設問文には書かれていないが，遺伝子 A と遺伝子 C は互いのはたらきを抑制し合っており，どちらか一方のはたらきが失われた場合，他方の遺伝子が発現するようになる。よって，①（がく片ー花弁ー花弁ーがく片）では遺伝子 C が，②（めしべーおしべーおしべーめしべ）では遺伝子 A が，③（がく片ーがく片ーめしべーめしべ）では遺伝子 B が欠損しているといえる。

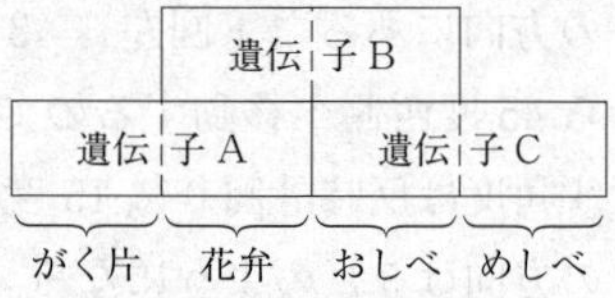

(ii)　八重咲きとは花弁が重なっている状態（①の状態）のことなので，遺伝子 C が欠損している。

(iii)　この仮説を証明するには，遺伝子A，B，Cをすべて機能不全にすると葉が形成されることを示せばよい。ちなみに，花の原基（花芽）において遺伝子A，B，Cがはたらくことで花が形成されるのだが，遺伝子A，B，Cがすべてはたらかないようにすると，がく，花弁，おしべ，めしべの部分がすべて葉になった花状の構造が形成される。

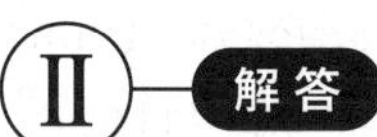

(1)(あ)核　(い)翻訳　(う)ヌクレオソーム　(え)負 (−)
(お)正 (＋)　(か)RNAポリメラーゼ　(き)オペロン

(2)27%

(3)2.04 m

(4)アセチル化

(5)選択的スプライシング

(6)(i)キャップ

(ii)ポリA尾部（ポリAテール，ポリA鎖）

反応：RNA分解酵素によって急速に分解される反応。

(7)①フォールディング　②—(C)・(D)

(8)(ア)リソソーム　名称：ゴルジ体

(9)①変異型大腸菌A：オペレーター領域，調節遺伝子領域

変異型大腸菌B：プロモーター領域

②変異型大腸菌Aはラクターゼが合成されず，ラクトースを利用できないので生育できない。変異型大腸菌Bはラクターゼが合成され，ラクトースを利用できるので野生型大腸菌と同様に生育できる。(90字以内)

解説

《遺伝子の発現調節，オペロン説》

(1)(う)〜(か)　DNAはリン酸基が電離することで負の電荷を帯び，それに結合するヒストンは正の電荷を帯びている。DNAがヒストンに巻き付いた基本構造をヌクレオソームといい，ヌクレオソームが積み重なった構造をクロマチン繊維という。ヌクレオソームが高密度に積み重なった状態のクロマチン繊維ではRNAポリメラーゼや基本転写因子がプロモーターに近づくことができないが，クロマチン繊維がほどけた状態になるとRNAポリメラーゼや基本転写因子がプロモーターに結合することができる。

(2)　アデニンとチミンの合計が46%なので，グアニンとシトシンの合計

が54%となるので，シトシンの割合はその半分の27%である。

(3) この細胞1個に含まれる総塩基数は $\frac{3.60\times10^{12}}{3.00\times10^{2}}$ なので，総塩基対数はその半分の

$$\frac{3.60\times10^{12}}{3.00\times10^{2}}\times\frac{1}{2}=6.00\times10^{9}\text{ 塩基対}$$

とわかる。また，隣接する2つの塩基間の平均距離が 3.40×10^{-7}〔mm〕$=3.40\times10^{-10}$〔m〕なので，この細胞1個に含まれるDNAの長さは

$$(6.00\times10^{9})\times(3.40\times10^{-10})=2.04\text{〔m〕}$$

とわかる。

(4) 転写開始時には，ヒストンの一部にアセチル基（$-COCH_3$）が付加され，ヒストンとDNAとの結合が弱くなることでクロマチン繊維がほどけた状態になる。

(6) 真核生物のmRNA前駆体は，スプライシングの前に2つの修飾を受ける。mRNA前駆体の5’末端にはメチル化したグアニンヌクレオチドが付加され，帽子になぞらえてキャップという。一方，mRNA前駆体の3’末端には複数のアデニンヌクレオチドが付加され，この構造はポリA尾部という。核内から細胞質基質に移動したmRNAは，ポリA尾部を分解する酵素の作用を受ける。ポリA尾部がある程度分解されると，mRNAはRNA分解酵素によって急速に分解される。このように，ポリA尾部はmRNAの分解を防ぐはたらきがある。本問の波線部にあるように，ポリA尾部が除去されたmRNAの半減期が短くなるのは，mRNAがRNA分解酵素によって急速に分解されるからである。

(7) リボソームで合成されたタンパク質は，シャペロンのはたらきにより正しい立体構造が形成される（タンパク質を正しい立体構造に折りたたむ過程をフォールディングという）。また，タンパク質はそれほど安定しているわけではなく，立体構造は変化しやすい（変性しやすい）。ひとたび変性すると分子どうしが凝集して水にとけにくい塊をつくってしまう。シャペロンには，フォールディングを助けるほか，変性したタンパク質を正常な立体構造に回復させたり，古くなったタンパク質の分解を助けたりするものもある。

(8) リソソームはゴルジ体から形成される細胞小器官の1つで，内部には

高濃度の分解酵素が含まれている。古くなったり機能を失ったりして不要になったタンパク質や細胞小器官は，膜で包まれた後，リソソームと融合して分解処理される。このような反応系をオートファジーという。

(9)①　野生型大腸菌におけるラクターゼ遺伝子の発現の有無について確認しておく。

〈ラクトース添加前〉

調節遺伝子から合成されたリプレッサーがオペレーターに結合するため，RNA ポリメラーゼがプロモーターに結合できず，ラクターゼ遺伝子は発現しない（ラクトースを利用できない）。

〈ラクトース添加後〉

ラクトース代謝産物がリプレッサーに結合することでリプレッサーがオペレーターから離れ，RNA ポリメラーゼがプロモーターに結合できるようになり，ラクターゼ遺伝子が発現する（ラクトースを利用できる）。

変異型大腸菌 A，B は，オペレーター領域，プロモーター領域，調節遺伝子領域のいずれかの領域で１塩基の変異が起こり，その領域の機能が失われている。オペレーター領域に変異が起これば，リプレッサーが結合できず，ラクトースの有無に関わらずラクターゼ遺伝子が発現する（次表Ⅰ）。プロモーター領域に変異が起これば，RNA ポリメラーゼが結合できず，ラクトースの有無に関わらずラクターゼ遺伝子は発現しない（次表Ⅱ）。調節遺伝子領域に変異が起これば，リプレッサーが合成されず，ラクトースの有無に関わらずラクターゼ遺伝子が発現する（次表Ⅲ）。なお，次表の○は変異なし，×は変異ありを示している。

	オペレーター領域	プロモーター領域	調節遺伝子領域	ラクターゼ遺伝子の発現
Ⅰ	×	○	○	あり
Ⅱ	○	×	○	なし
Ⅲ	○	○	×	あり

変異型大腸菌 A は上表のⅡと同じ結果なので，突然変異が入った領域はプロモーター領域であり，突然変異が入らなかった領域は，オペレーター領域と調節遺伝子領域である。変異型大腸菌 B は上表のⅠやⅢと同じ

結果なので，突然変異が入った領域はオペレーター領域または調節遺伝子領域であり，入らなかった領域はプロモーター領域である。

② ラクトースを添加した場合でも，変異型大腸菌Aはラクトースを利用できないので，野生型大腸菌と比べて生育は悪い（生育できない）。一方，変異型大腸菌Bはラクトースを利用できるので，野生型大腸菌と同様に生育できる。

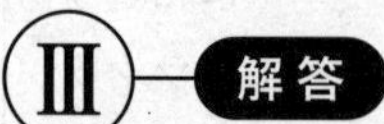

(1)(あ)DNA　(い)突然変異　(う)相同器官　(え)相似器官

(2)(お)遺伝子プール　(か)遺伝的浮動　(き)大きく

(く)大きい

(3)①(ア)0.5　(イ)0.5　(ウ)6　②―(エ)

(4)―(イ)

(5)―(エ)

(6)①(a)―(キ)　(b)―(イ)　(c)―(ア)

②(d)―(コ)　(e)―(ケ)　(f)―(ク)

③―(あ)

④メタセコイア，カブトガニ，オウムガイ

⑤―(イ)・(エ)

解説

《生物の進化，進化のしくみと集団遺伝》

(1)(い) 複製時の誤りなどによってDNAの塩基配列が変化することを突然変異という。なお，「変異」は個体間に見られる形質の違いを指すので，ここでは適当ではない。

(2) 有性生殖で繁殖する生物の集団の場合，多数の配偶子ができるが，受精して次世代の個体となるのはごく一部である。そのため，小さな集団では交配の際の偶然的な配偶子の選ばれ方によって，対立遺伝子の頻度が変動することが多い。その結果，集団の遺伝子プールの対立遺伝子は，あるものは増えたり，減ったりする。このような偶然による遺伝子頻度の変化を遺伝的浮動といい，特に小さい集団でその影響が大きくなりやすい。

(3)① 遺伝子型の割合がAA：Aa：aa＝1：2：1である集団において，A，aの遺伝子頻度をそれぞれp，q（p＋q＝1）とすると，Aの遺伝子頻

度は $p=\frac{2\times1+1\times2}{2(1+2+1)}=0.5$，a の遺伝子頻度も 0.5 となる。子の世代の遺伝子型の割合も

$$AA:Aa:aa=p^2:2pq:q^2=1:2:1$$

となり，A，a の遺伝子頻度は変化しない。

② 第一世代の誕生直後（第一子世代とする）の遺伝子頻度が B：b=0.2：0.8 なので，第一子世代の遺伝子型の割合は

$$BB:Bb:bb=(0.2)^2:2\times0.2\times0.8:(0.8)^2=1:8:16$$

$$\left(\text{bb の頻度は } \frac{16}{1+8+16}=0.64\right)$$

となる。生殖可能になる前に bb の個体の 90％が死亡するので，生殖可能年齢に達した第一世代（第一親世代とする）の遺伝子型の割合は

$$BB:Bb:bb=1:8:1.6=5:40:8$$

$$\left(\text{bb の頻度は } \frac{8}{5+40+8}\fallingdotseq0.15\right)$$

となる。なお，第一世代の bb の頻度が 0.15 である選択肢がないので，各選択肢の縦軸の値は子世代における bb の頻度と考えられる。

次に，第一親世代（BB：Bb：bb=5：40：8）における，B の遺伝子頻度は $\frac{2\times5+1\times40}{2(5+40+8)}\fallingdotseq0.47$，b の遺伝子頻度は 0.53 とわかるので，第二子世代の遺伝子型の割合は

$$BB:Bb:bb=(0.47)^2:2\times0.47\times0.53:(0.53)^2\fallingdotseq22:50:28$$

（bb の頻度は 0.28）

となる。よって，(エ)が正解となる。

(4) 四足動物の前肢は，外観やはたらきが異なっていても，基本構造は共通している（外観やはたらきが異なるが，発生起源が同じため同じ基本構造をもつ器官を相同器官という）。これは，原始的な四足動物の前肢が，それぞれの環境に適応した結果である。なお，生物が共通の祖先から異なる環境へ適応して多様化する現象を適応放散という。

(5) 昆虫のはねと鳥の翼は飛ぶときにはたらく器官であるが，それぞれ起源は異なっている（起源は異なるが，似た形態やはたらきをもつ器官を相似器官という）。これは，同じような環境で同じような自然選択が起こっ

た結果である。なお，異なる生物が似た形態をもつようになる現象を収れん（収束進化）という。このように，収れんは自然選択を受けるので，(エ)が適当である。

(6)①(a)・(b)　オルドビス紀の地層からは植物の胞子の化石が発見されており，この頃には植物が陸上に進出していたと考えられている。また，胞子ではなく植物体そのままの姿を残す最古の化石はシルル紀の地層から発見されたクックソニアである。その後，デボン紀から石炭紀になると，ロボクやリンボクなどの大型の木生シダ植物からなる大森林が形成された。

(c)　デボン紀になると，硬骨魚類のなかまから，ひれに骨格をもつものや消化管の一部が肺に変化したもの（肺魚やシーラカンスの祖先にあたる魚類）が現れ，そこから原始的な両生類が出現した。

②(d)　古生代の最後にあたるペルム紀末には，地球規模で火山活動が活発化し，火山灰などで太陽光がさえぎられたことによる気候変動が原因となって三葉虫を含む多くの動物種が絶滅した。

(e)・(f)　中生代に入ると，海中では魚類や大型は虫類（魚竜や首長竜），アンモナイトなどが繁栄し，陸上でも大型のは虫類（恐竜）が繁栄した。中生代の最後にあたる白亜紀末には，巨大隕石が地球に衝突し，粉塵などで太陽光がさえぎられたことによる気候変動が原因となって恐竜などの大型は虫類が絶滅した。

③　クックソニアは，根，葉，維管束をもたない。その後出現したリニアと呼ばれる植物は，根や葉をもたないが維管束はもつ。その後，原始的な維管束植物の中からさまざまなシダ植物が出現した。

④　メタセコイアは新生代に繁栄した裸子植物の子孫である。カブトガニは古生代オルドビス紀にはすでに出現したといわれており，オウムガイは古生代カンブリア紀に出現したといわれている。

講評

2024年度も大問3題の出題で，基礎〜標準的な問題が中心であった。2023年度に比べて論述量は減少したものの，やや時間を要する計算問題や細かい知識を要求する問題も含まれており，例年並みの難易度であった。

Ⅰ　(1)〜(3)はどれも基本的であり，完答したい。(4)の(ウ)は「アンテナペディア遺伝子が発現すると肢が形成される」といった内容まで書けた受験生は少なかったかもしれない。(ア)，(イ)，(エ)は基本的である。(5)，(6)は基本的であり，完答したい。(7)では，(i)の遺伝子Aと遺伝子Cにおいて，一方のはたらきが失われると他方の遺伝子が発現するようになることは知っておきたい。(ii)，(iii)は，問題の意図を正確に汲み取ることができればさほど難しくはない。

Ⅱ　(1)，(2)はともに基本的である。(3)はやや計算に時間を要するが，典型頻出問題であり正解したい。(4)，(5)はどちらも基本的である。(6)で出題されているキャップやポリA尾部は新課程の教科書ではあまり扱われなくなった内容ではあるが，〔解説〕を読んで理解してほしい。(7)シャペロンのはたらきを細かく覚えていないと完答は難しい。(8)リソソームがゴルジ体から形成されることまで覚えていた受験生は少ないと思われる。(9)の①では，突然変異が入らなかった領域が問われていることに注意する。標準レベルの考察問題であり正解したい。②も標準レベルの論述問題であり，これも正解したい。

Ⅲ　(1)，(2)はともに基本的である。(3)②は(ア)と(エ)で悩んだかもしれないが，第二世代まで計算すれば確実に判断できる。計算にやや時間を要する。(4)は適応放散のしくみを理解していればさほど難しくはない。(5)は収れんが起こる理由を知らなくても，選択肢から判断できると思われる。(6)はどれも基本的な問題ではあるが，クックソニアや生きている化石に関しては多くの教科書で記載されなくなっている。新課程履修の受験生は注意してほしい。

学部個別日程（生命医科学部・文化情報学部〈理系型〉・スポーツ健康科学部〈理系型〉）

問　題　編

▶試験科目・配点

●生命医科学部（数・理重視型）

教　科	科　　　目	配　点
外国語	コミュニケーション英語Ⅰ・Ⅱ・Ⅲ，英語表現Ⅰ・Ⅱ	100点 *1
数　学	数学Ⅰ・Ⅱ・Ⅲ・A・B	200点
理　科	「物理基礎・物理」，「化学基礎・化学」，「生物基礎・生物」から１科目選択	200点 *2

●文化情報学部（理系型）

教　科	科　　　目	配　点
外国語	コミュニケーション英語Ⅰ・Ⅱ・Ⅲ，英語表現Ⅰ・Ⅱ	200点
数　学	数学Ⅰ・Ⅱ・Ⅲ・A・B	200点
理　科	「物理基礎・物理」，「化学基礎・化学」，「生物基礎・生物」から１科目選択	150点

●スポーツ健康科学部（理系型）

教　科	科　　　目	配　点
外国語	コミュニケーション英語Ⅰ・Ⅱ・Ⅲ，英語表現Ⅰ・Ⅱ	200点
数　学	数学Ⅰ・Ⅱ・Ⅲ・A・B	150点 *3
理　科	「物理基礎・物理」，「化学基礎・化学」，「生物基礎・生物」から１科目選択	200点 *2

▶**備　考**

- 「数学Ｂ」は「数列」および「ベクトル」から出題する。

＊1　同日実施の共通問題（100分，200点満点）を使用し，配点を100点満点に換算する。

＊2　同日実施の共通問題（75分，150点満点）を使用し，配点を200点満点に換算する。

＊3　同日実施の共通問題（100分，200点満点）を使用し，配点を150点満点に換算する。

英 語

（100 分）

〔 I 〕 次の文章を読んで設問に答えなさい。[＊印のついた語句は注を参照しなさい。]（71点）

The Greek historian Herodotus reported over 2,000 years ago on a misguided forbidden experiment in which two children were prevented from hearing human speech so that a king could discover the true, unlearned language of human beings.

Scientists now know that human language requires social learning and interaction with other people, a property (a) shared with multiple animal languages. But why should humans and other animals need to learn a language instead of being born with this knowledge, like many other animal species?

This question fascinates me and my colleagues and is the basis for our recent paper published in the journal *Science*. As a biologist, I have spent decades studying honeybee communication and how it may have evolved (b).

There are two common answers to why language should be learned or innate*. For one, complex languages can often respond to local conditions as they are learned. A second answer is that complex communication is often difficult to produce even when individuals are born with some knowledge of the correct signals. (X) the ways honeybees communicate are quite elaborate, we decided to study how they learn these behaviors to answer this language question.

〈 A 〉

Astonishingly, honeybees possess one of the most complicated examples of nonhuman communication. They can tell each other where to find resources such as food, water, or nest sites with a physical "waggle* dance." This dance conveys (c) the direction, distance and quality of a resource to the bee's nestmates.

Essentially, the dancer points recruits in the correct direction and tells them how far to go by repeatedly circling around in a figure eight pattern centered around a waggle run, in which the bee waggles its abdomen* as it moves forward. Dancers are pursued by potential recruits, bees that closely follow the dancer, to learn where to go to find the communicated resource.

Longer waggle runs communicate greater distances, and the waggle angle communicates direction. For higher-quality resources such as sweeter nectar*, dancers repeat the waggle run more times and race back faster after each waggle run.

〈 B 〉

This dance is difficult to produce. The dancer is not only running — covering about one body-length per second — while trying to maintain the correct waggle angle and duration (d). It is also usually in total darkness, amid a crowd of jostling* bees and on an irregular surface.

Bees therefore can make three different types of mistakes: pointing in the wrong direction, signaling the wrong distance, or making more errors in performing the figure eight dance pattern — (Y) researchers call disorder errors. The first two mistakes make it harder for recruits to find the location being communicated. Disorder errors may make it harder for recruits to follow the dancer.

Scientists knew that all bees of the species *Apis mellifera* begin to forage* and dance only as they get older and that they also follow experienced dancers before they first attempt to dance. Could they be learning from practiced teachers?

〈 C 〉

My colleagues and I thus created isolated experimental colonies of bees that could not observe other waggle dances before they themselves danced. (Z) the ancient experiment described by Herodotus, these bees could not observe the dance language because they were all the same age and had no older, experienced bees to follow. In contrast, our control* colonies contained bees of all ages, so younger bees could follow the older, experienced dancers.

We recorded the first dances of bees living in colonies (ア)with both population age profiles. The bees that could not follow the dances of experienced bees produced dances with (e)significantly more directional, distance and disorder errors than the dances of control novice* bees.

We then tested the same bees later, when they were experienced foragers. Bees who had lacked teachers now produced significantly fewer directional and disorder errors, possibly because they had more practice or had learned by eventually following other dancers. The dances of the older control bees from colonies with teachers remained just as good as their first dances.

This finding told us that bees are therefore (あ)(い)(う)(え)(お)(か) to dance, but they can learn how to dance even better by following experienced bees. This is the first known example of such complex social learning of communication in insects and is a form of animal culture.

〈 D 〉

A mystery remained with respect to the bees that had lacked dance teachers early on. They could never correct their distance errors. They continued to overshoot*, communicating greater distances than normal. So, why is this interesting to scientists? The answer may lie in how distance communication could adapt to local conditions.

There can be significant differences in where food is distributed in different environments. As a result, different honeybee species have evolved different "dance dialects," described as the relationship between the distance to a food source and the corresponding waggle dance duration.

Interestingly, these dialects vary, even within the same honeybee species. Researchers suspect this variation exists because colonies, even of the same species, can live in very different environments.

If learning language is a way to cope with (f) different environments, then perhaps each colony should have a distance dialect tailored to its locale* and passed on from experienced bees to novices. If so, our teacher-deprived individual bees (イ) may never have corrected their distance errors because they acquired, on their own, a different distance dialect.

Normally, this dialect would be learned from experienced bees, but could potentially change within a single generation if their environmental conditions changed or if the colony swarmed to a new location.

In addition, each colony has a "dance floor," or the space where bees dance, with complex terrain* that the dancers may learn to better navigate over time or by following in the footsteps of older dancers.

These ideas remain to be tested but provide a foundation for future experiments that will explore cultural transmission between older and younger bees. We believe that this study and future studies will expand our understanding of collective (g) knowledge and language learning in animal societies.

(By James C. Nieh, writing for *The Conversation*, March 9, 2023)

［注］ innate　生得の

waggle　（尻などを）振り動かすこと

abdomen　腹部

nectar　（植物の）蜜

jostling　（jostle　押し合う）

forage　（食料を）捜し回る

control　対照群（実験結果を対照するために、その実験の条件を与えられていないグループ）となる

novice　初心者

overshoot　行き過ぎる

locale　（できごとに関連した特定の）場所

terrain　地形

I－A　空所(X)～(Z)に入るもっとも適切なものを次の1～4の中からそれぞれ一つ選び、その番号を解答欄に記入しなさい。

(X)　1 Along　2 Given that　3 Other than　4 Regarding

(Y)　1 for　2 how　3 so　4 what

(Z)　1 By　2 For　3 Like　4 Without

I－B　下線部(a)～(g)の意味・内容にもっとも近いものを次の1～4の中からそれぞれ一つ選び、その番号を解答欄に記入しなさい。

(a) property
1 breeding　2 estate　3 history　4 quality

(b) evolved
1 developed　2 rotated　3 spread　4 stalled

(c) conveys
1 calculates　2 commits　3 indicates　4 proves

(d) duration

1 length of time　　2 speed of movement

3 type of action　　4 width of space

(e) significantly

1 appropriately　　2 considerably

3 magnificently　　4 suspiciously

(f) cope with

1 choose among　　2 elect to

3 manage in　　4 shift from

(g) collective

1 adequate　　2 defective　　3 shared　　4 privileged

I－C 波線部 (ア)と(イ) の意味・内容をもっとも的確に示すものを次の１～４の中からそれぞれ一つ選び、その番号を解答欄に記入しなさい。

(ア) with both population age profiles

1 where a number of bees grow older according to the data analyzed by researchers

2 where researchers can obtain information on both the number and age groups of bees

3 where both younger and older bees cooperate with each other to properly maintain the community

4 where one has only bees of the same generation and the other has a mixture of novice and experienced bees

(イ) our teacher-deprived individual bees

1 the bees without any guidance from senior dancers

2 the bees surpassing their instructors in dance ability

3 the bees living on their own after leaving their hives

4 the bees with skills and knowledge taught by their leaders

I－D　二重下線部の空所(あ)～(か)に次の１～７から選んだ語を入れて文を完成させたとき、(い)と(え)と(か)に入る語の番号を解答欄に記入しなさい。同じ語を二度使ってはいけません。選択肢の中には使われないものが一つ含まれています。

This finding told us that bees are therefore (あ)(い)(う)(え)(お)(か) to dance

1　with　　2　how　　3　born　　4　of

5　ignorant　　6　knowledge　　7　some

I－E　空所〈A〉～〈D〉に入るもっとも適切な小見出しを次の１～４の中からそれぞれ選び、その番号を解答欄に記入しなさい。同じ選択肢を二度使ってはいけません。

1　**Making mistakes**

2　**A “forbidden” bee experiment**

3　**What is a waggle dance?**

4　**Dance dialects are about distance**

I－F　本文の意味・内容に合致するものを次の１～８の中から三つ選び、その番号を解答欄に記入しなさい。

1　Scientists decided to study honeybee dance language because the language skills of humans and bees are inborn.

2　Whenever bees find better resources, they decrease the number and speed of waggle runs to better communicate.

3　Even after bees learn how to dance, it is still not easy as there are movements that require proper angle and duration.

4　Even if dancers perform the figure eight dance in a wrong way, other bees can find the correct location easily.

5　Even the bees that once lived only with others of their own age can improve their dance ability later in life, but not completely.

6　The way bees perform a waggle dance seems to be influenced by the environmental conditions of their habitat.

7 Colonies have a certain amount of space for bees to dance freely and easily, and it is typically performed on a smooth surface.

8 The research results will not be useful in future studies to identify the transfer of knowledge and skills between younger and older bees.

〔Ⅱ〕 次の文章を読んで設問に答えなさい。[＊印のついた語句は注を参照しなさい。](79点)

Scientists who study happiness know that being kind to others can improve well-being. Acts as simple as buying a cup of coffee for someone can boost a person's mood, for example. Everyday life affords many opportunities for such actions, yet people do not always take advantage of them.

In a set of studies published online in the *Journal of Experimental Psychology: General*, Nick Epley, a behavioral scientist at the University of Chicago Booth School of Business, and I examined a possible explanation. We found that people who perform random acts of kindness do not always realize how much of an impact they are having on another individual. People consistently and systematically underestimate how others value these acts.

Across multiple experiments involving approximately 1,000 participants, people performed a random act of kindness — that is, an action done with the primary intention(a) of making someone else (who isn't expecting the gesture) feel good. (X) who perform such actions expect nothing in return.

From one procedure to the next, the specific acts of kindness varied(b). For instance, in one experiment, people wrote notes to friends and family "just because."(ア) In another, they gave cupcakes away. Across these experiments, we asked both the person performing a kind act and the one receiving it to fill out questionnaires. We asked the person who had acted with kindness to report their own experience and predict their recipient's response. We wanted to understand how valuable people perceived these acts to be, so both the performer and recipient had to rate how "big" the act seemed (イ). In some cases, we also inquired about the actual or perceived cost in time, money or effort. In all cases, we compared the performer's expectations of the recipient's mood with the recipient's *actual* experience.

Across our investigations, several robust* patterns emerged (c). For one, both performers and recipients of the acts of kindness were in more positive moods than normal after these exchanges. (Y), it was clear that performers undervalued their impact: recipients felt significantly better than the kind actors expected. The recipients also reliably rated these acts as "bigger" than the people performing them did.

We initially studied acts of kindness done for familiar people, such as friends, classmates or family. But we found that participants underestimated their positive impact on strangers as well. In one experiment, participants at an ice-skating rink in a public park gave away hot chocolate on a cold winter's day. Again the experience was more positive than the givers anticipated for the recipients, who were people that just happened to be nearby. While the people giving the hot chocolate saw the act as relatively inconsequential (d), it really mattered to the recipients.

Our research also revealed one reason that people may underestimate their action's impact. When we asked one set of participants to estimate how much someone would like getting a cupcake simply for participating in a study, for example, their predictions were well-calibrated* with recipient reactions. But when people received cupcakes through a random act of kindness, the cupcake givers (あ)(い)(う) their (え)(お)(か). Recipients of these unexpected actions tend to focus more on *warmth* than performers do.

Our work suggests that simply being part of a positive, prosocial* interaction is meaningful beyond whatever it is a person receives. People understand that cupcakes can make folks feel good, to be sure, but it turns out that cupcakes given in kindness can make them feel *surprisingly* good. When someone is thinking primarily about the tasty treat they are giving away, they may not realize that the warmth of that gesture is (ウ) an extra ingredient that can make the cupcake even sweeter.

Missing the importance of warmth may stand in the way of being kinder in daily life. People generally want to perform kind actions — (Z), many of our participants noted that they'd like to do so more often. But our data suggest that underestimating the impact of one's actions may reduce the (e) likelihood of kindness. If people undervalue this impact, they might not bother to carry out these warm, prosocial behaviors.

Furthermore, the consequences of these acts may go beyond a single recipient: kindness can be (f) contagious. In another experiment, we had people play an economic game that allowed us to examine what are sometimes called "pay it forward" effects. In this game, participants (g) allocated money between themselves and a person whom they would never meet. People who had just been on the receiving end of a kind act gave substantially more to an (h) anonymous person than those who had not. Meanwhile the person who performed the initial act did not recognize that their generosity would spill over in these downstream* interactions.

These findings suggest that what might seem small when we are deciding whether or not to do something nice for someone else could matter a great deal to the person we do it for. Given that these warm gestures can enhance our own mood and brighten the day of another person, why not choose kindness when we can?

(By Amit Kumar, writing for *Scientific American*, December 12, 2022)

［注］ robust　安定性のある
well-calibrated　合致している
prosocial　相手によくしてあげようとする
downstream　下方向の

Ⅱ－A　空所(X)～(Z)に入るもっとも適切なものを次の1～4の中からそれぞれ一つ選び、その番号を解答欄に記入しなさい。

(X)　1 Them　2 These　3 This　4 Those

(Y)　1 For another　2 For two　3 Formerly　4 Fortunately

(Z)　1 in contrast　2 in demand　3 in fact　4 in turn

Ⅱ－B　下線部 (a)～(h) の意味・内容にもっとも近いものを次の1～4の中からそれぞれ一つ選び、その番号を解答欄に記入しなさい。

(a) intention
1 certainty　2 perception　3 purpose　4 subject

(b) varied
1 continued　2 differed　3 increased　4 mattered

(c) emerged
1 announced　2 failed　3 initiated　4 surfaced

(d) inconsequential
1 unimportant　2 unnatural　3 unpleasant　4 unusual

(e) likelihood
1 generosity　2 harm　3 mood　4 probability

(f) contagious
1 general　2 influential　3 playful　4 truthful

(g) allocated
1 divided　2 generated　3 returned　4 tolerated

(h) anonymous
1 famous　2 notorious　3 unknown　4 wealthy

II－C 波線部 (ア)〜(ウ) の意味・内容をもっとも的確に示すものを次の１〜４の中からそれぞれ一つ選び、その番号を解答欄に記入しなさい。

(ア) just because

1 for no specific reason
2 expecting to be praised
3 for apparent reasons
4 expecting to be told off

(イ) rate how "big" the act seemed

1 evaluate the timeliness of an action
2 assess the size of cupcakes
3 evaluate the significance of an action
4 assess the price of cupcakes

(ウ) an extra ingredient that can make the cupcake even sweeter

1 a substance that sweetens cupcakes further
2 a factor that causes people to return the favor
3 a substance that is secretly added to cupcakes
4 a factor that helps people feel more appreciative

II－D 二重下線部の空所(あ)〜(か)に次の１〜７から選んだ語を入れて文を完成させたとき、(あ)と(う)と(お)に入る語の番号を解答欄に記入しなさい。同じ語を二度使ってはいけません。選択肢の中には使われないものが一つ含まれています。

the cupcake givers (あ)(い)(う) their (え)(お) (か)

1 would	2 recipients	3 how	4 receives
5 underestimated	6 positive	7 feel	

II－E 本文の意味・内容に合致するものを次の１～８の中から三つ選び、その番号を解答欄に記入しなさい。

1 The author was involved in a series of studies on the way people's kind actions influence others.

2 Nick Epley and the author only asked people who performed kind acts to answer a set of questions.

3 Whether they perform or receive kind actions, people generally regard them as insignificant.

4 Researchers found that the more costly a present that people gave, the better recipients felt.

5 People feel much better afterwards when they perform kind acts for their friends and family than for others.

6 Recipients of cupcakes usually appreciated them even more when the cupcakes they received were warm.

7 People may be less likely to perform kind acts when they suspect their actions do not leave much of an impact on others.

8 An experiment has revealed that people who receive kind actions tend to be more generous afterwards.

II－F 本文中の太い下線部を日本語に訳しなさい。

Missing the importance of warmth may stand in the way of being kinder in daily life.

〔Ⅲ〕 次の会話を読んで設問に答えなさい。(50点)

(*Brad is talking with Jan, a shop employee, in an outdoor goods shop.*)

Jan: Hi there. Just let me know if you have any questions.

Brad: Actually, there is something you could help me with. I'm planning a camping trip with my family, but I've never actually gone camping before! I'm not sure what to buy. Can you give me a bit of advice?

Jan: No problem. Where are you planning to go?

Brad: An area called the Adirondacks, in northern New York. ＿＿＿(a)＿＿＿

Jan: Sure, I've camped there many times. It's lovely at this time of year.

Brad: Well, that's good to hear. ＿＿＿(b)＿＿＿

Jan: That's all the more reason to be prepared. Now, to start off, you'll want a nice, sturdy tent — one that's light but also weather resistant.

Brad: Yes, that sounds like a pretty essential item.

Jan: Absolutely. We have a variety of options depending on materials, size, etc.

Brad: ＿＿＿(c)＿＿＿

Jan: Yes, there are a lot to choose from, although you'll find that even our more affordable varieties will hold up pretty well in all types of conditions. You said you're going with your family?

Brad: ＿＿＿(d)＿＿＿ There will be four of us.

Jan: Well, you can either go with one four-person tent or carry two two-person tents. Are you going with any children?

Brad: Yes. And both are still pretty small.

Jan: [その場合、あなたはもっと小さいのを持っていきたいと思うかもしれませんね。] Like this one here.

Brad: Oh, that looks like it would be fine. Will it protect us against the rain?

Jan: Of course. All the tents we sell are completely waterproof. ＿＿＿＿(e)＿＿＿＿

Brad: Great. That's one thing checked off the list. I imagine we'll also need sleeping bags too.

Jan: Definitely. The main consideration with those is the season when you'll be using them. Since it sounds like you'll be going in the summer months, I recommend warm-weather bags. They're much lighter to carry.

Brad: And hopefully they'll be cheaper as well.

Jan: Probably a little bit, but the difference won't be huge. You'll also want to get some sleeping pads too.

Brad: Are those really necessary? ＿＿＿＿(f)＿＿＿＿

Jan: Well yes, but sleeping directly on the ground is never fun. And since you'll be using a thinner sleeping bag, you'll want a little extra padding. Your muscles will appreciate it, especially after a long day of hiking.

Brad: Um, ok. Although my muscles might also be tired from carrying them.

Jan: Oh, that's not a big problem. Sleeping pads are very light. You can even buy blow-up ones that collapse when not in use.

Brad: Ok, that sounds reasonable. ＿＿＿＿(g)＿＿＿＿

Jan: Well, if you don't have them already, hiking backpacks. Ones that are large enough to hold all your gear.

Brad: Yes, I figured those would be the next things to take care of. I'll need two that are adult-size.

Jan: Absolutely. This brand is highly rated. They make these packs that each hold 60 liters.

Brad: ___(h)___

Jan: That will suffice to carry most of the things you'll need for a few days of hiking, including other gear like a stove, plates, tools, water bottles....

Brad: Oh...right. I didn't even consider those things!

Ⅲ－A 空所 (a)～(h) に入るもっとも適切なものを次の 1～10 の中からそれぞれ一つ選び、その番号を解答欄に記入しなさい。同じ選択肢を二度使ってはいけません。選択肢の中には使われないものが二つ含まれています。

1 And I see there's also a range in prices.
2 Did you say that you were worried about the weather?
3 That's correct.
4 So, what else will I need?
5 I'm afraid I don't really have an idea of how much that is.
6 So you won't need to worry about that.
7 I'm surprised you don't have a bigger tent selection.
8 I am worried that the forecast is for rain, though.
9 Ever heard of it?
10 It seems like that would just be more to carry.

Ⅲ－B 本文中の［　　］内の日本語を英語で表現しなさい。

その場合、あなたはもっと小さいのを持っていきたいと思うかもしれませんね。

数　学

（100 分）

〔Ⅰ〕次の □ に適する数または式を，解答用紙の同じ記号のついた □ の中に記入せよ．

(1) 円周を 4 等分する点を時計回りに A, B, C, D とする．これら 4 点のいずれかに位置する動点 P に対して，「赤玉 3 個，白玉 2 個の合計 5 個の玉が入った袋から玉を 1 個取り出し，色を調べてからもとの袋に玉を戻す．玉の色が赤であれば動点 P を時計回りの隣の点に移動させ，白であれば動点 P を反時計回りの隣の点に移動させる」という試行を考える．n を自然数とし，最初に点 A に位置する動点 P に対してこの試行を n 回続けて行ったあと，動点 P が点 A，C に位置する確率をそれぞれ a_n, c_n とすると，$a_2 =$ [ア]．k を自然数として，$n = 2k$ の場合を考える．このとき，$a_{2k} + c_{2k}$ の値は [イ]，a_{2k+2} を a_{2k} で表すと $a_{2k+2} =$ [ウ] $a_{2k} + \dfrac{13}{25}$．よって，a_{2k} を k で表すと $a_{2k} = \dfrac{1}{2}(1 +$ [エ]$)$ となり，$\displaystyle\lim_{k\to\infty} c_{2k} =$ [オ]．

(2) 複素数平面上で，点 2 を，原点を中心として $\dfrac{\pi}{4}$ だけ回転した点を α とする．α の実部は [カ]，虚部は [キ] である．次に，0 でない複素数 z が，方程式 $|z-2| = |z-\alpha|$ を満たしながら変化するとき，$w = \dfrac{1}{z}$ で表される点 w が描く図形は，2 つの点 $\dfrac{1}{2}$，β を結ぶ線分の垂直二等分線から原点を除いたものになる．ここで，β の実部は [ク]，虚部は [ケ] である．また，$|z-w|^2$ の最小値は [コ] である．

〔Ⅱ〕a を正の実数とする．座標平面上に，4点 O$(0, 0)$, A$(a, 0)$, B$(a, 9)$, C$(0, 9)$ を頂点とする四角形 OABC と曲線 H：$y = e^x$ を考える．四角形 OABC の面積を $D(a)$ とする．四角形 OABC の周およびその内部からなる図形のうち，不等式 $y \leqq e^x$ の表す領域に含まれる部分の面積を $S(a)$ とする．関数 $f(a) = \dfrac{1}{2}D(a) - S(a)$ とする．次の問いに答えよ．ただし，自然対数の底 e について，$e < 3$ であることを証明なしに用いてよい．

(1) 点 B が曲線 H 上にあるときの a の値を a_0 とする．a_0 と $f(a_0)$ の値をそれぞれ求めよ．

(2) (1) の a_0 に対し，区間 $0 < a \leqq a_0$ における $f(a)$ の符号を調べよ．

(3) $f(a) = 0$ となる a の値を求めよ．

〔Ⅲ〕n を自然数とする．自然数 k に対して関数 $f_k(x)$ を

$$f_k(x) = \frac{k}{n}\sin(kx) + \cos(kx)$$

で定め，$F_k = \displaystyle\int_0^{2\pi} |f_k(x)|\,dx$ とおく．次の問いに答えよ．

(1) 三角関数の合成を用いると，$f_k(x) = C_k \sin(kx + \theta_k)$ と表される．このとき，C_k と $\tan\theta_k$ を k, n の式で表せ．ただし，$C_k > 0$ とする．

(2) F_k を k, n の式で表せ．ただし，c を実数，$g(x)$ を連続関数で 2π を周期とする周期関数とするとき，等式 $\displaystyle\int_0^{2\pi} g(x+c)\,dx = \int_0^{2\pi} g(x)\,dx$ が成り立つことを証明なしに用いてよい．

(3) 関数 $h(x) = x\sqrt{1+x^2} + \log\left(x + \sqrt{1+x^2}\right)$ の導関数 $h'(x)$ について，$h'(x) = \alpha\sqrt{1+x^2}$ となる定数 α の値を求めよ．

(4) 極限 $\displaystyle\lim_{n\to\infty} \frac{1}{n}\sum_{k=1}^{n} F_k$ を求めよ．

〔Ⅳ〕 a を正の定数，t を実数とする．点Oを原点とする座標空間内に，3点 A(2, 0, 0)，B(0, 2, 0)，D(t, t, a) を考える．次の問いに答えよ．

(1) △ABD と △OAD の面積をそれぞれ S_1，S_2 とする．S_1，S_2 を a，t を用いて表せ．

(2) c を正の定数として，x の方程式 $\dfrac{x^2}{x^2+2c} = \dfrac{x^2-2x+1}{x^2-2x+1+c}$ を解け．

(3) 等式 $\sqrt{6+4\sqrt{2}} = m+\sqrt{2}$ を満たす整数 m を求めよ．ここで，2つの整数 p，q が等式 $p+q\sqrt{2}=0$ を満たせば，$p=q=0$ であることを証明なしで用いてよい．

(4) $a = 128^{\frac{1}{4}}$ とする．t が実数全体を動くとき，四面体 OABD の表面積の最小値とそのときの t の値を求めよ．

物　理

（75 分）

〔Ⅰ〕次の文中の空欄（ア）〜（ク）にあてはまる式または数値を解答用紙（一）の該当する欄に記入せよ。また，解答用紙（一）の解答図（I–A）には適切な力を表す矢印を作用点の位置を黒点で示しながら描け。ただし，重力加速度の大きさを g とする。

図1のように，密度が一様で直方体（高さ a，幅 $3a$）の物体Aを，水平となす角 θ $(\geqq 0)$ を変えることができる粗い斜面Bの上に置く。Aのどの面がBと接していても，AとBとの間の静止摩擦係数を μ，動摩擦係数を $\mu'(<\mu)$ とする。θ が小さいときにB上で静止していたAは，θ を徐々に大きくして θ が摩擦角 θ_0 を超えると，転倒することなくすべり降り始めた。$\tan\theta_0 =$ （ア） である。ある角度 $\theta(>\theta_0)$ でBの傾きを固定し，AをBの上に静かに置いたところ，Aは加速度の大きさが （イ） で転倒することなくすべり降りた。Aがすべり始めてから距離 L だけすべり降りたときのAの速さは （ウ） である。

つぎに，図2のように，物体Aを高さが $3a$ になるようにして，水平となす角 θ の斜面Bの上にAを置いたところ，AはB上で静止した。このとき，AがBから受ける垂直抗力の作用点は，Aの下端の点Pから距離 （エ） の位置にある。解答図（I–A）には，Aにはたらく重力を表す矢印を，その作用点の位置（重心）を黒点で示しながら描いてある。この重力の表記にならって，大きさと作用点の位置に注意して，AがBから受ける垂直抗力と静止摩擦力のそれぞれを表す矢印を解答図（I–A）に描け。ただし，それぞれの力の作用点の位置を黒点で示すこと。さらに，この状態から θ を徐々に大きくしていくと，AはB上をすべることなく転倒した。このことから，$\mu >$ （オ） であることがわかる。

最後に，図3のように，斜面Bの水平となす角 θ を物体Aが転倒することのない角度 θ_1 に固定した。AをB上に置き，Bと接しているAの一端Qからの距離が a となる高さの位置に軽い糸をAに取り付け，糸がBの傾き方向と平行になるように糸を引いた。糸を引く力を徐々に大きくしていくと，糸を引く力がある値を超えたときに，Aは転倒することなくB上をすべり上がり始めた。Aが動き出す直前の糸の張力の大きさは，Aにはたらく重力の大きさの （カ） 倍であり，AがBから受ける垂直抗力の作用点はQから距離 （キ） の位置にある。また，糸の位置を変更する場合に，Aに取り付ける糸を引いてAが転倒することなくB上をすべり上がるためには，糸をQからの距離が （ク） となる高さの位置よりも小さくする必要がある。ただし，この値は$3a$を超えないものとする。

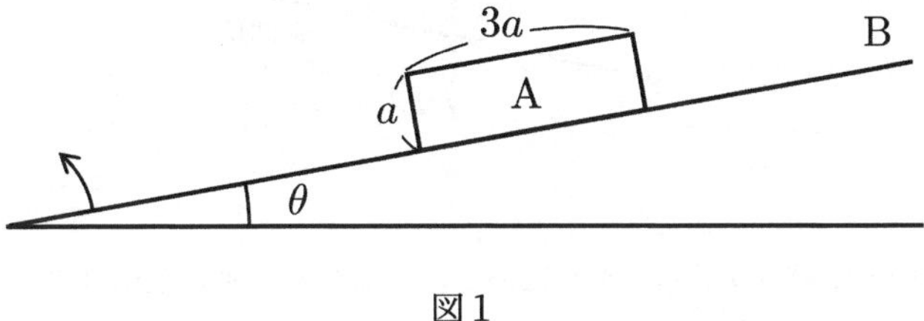

図1

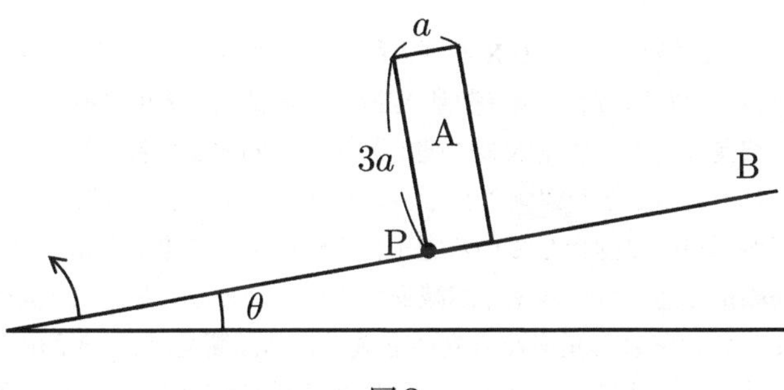

図2

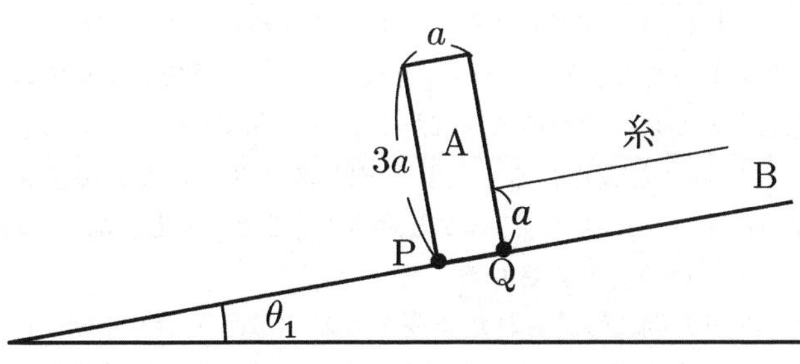

図3

〔解答欄〕 解答図（I–A）

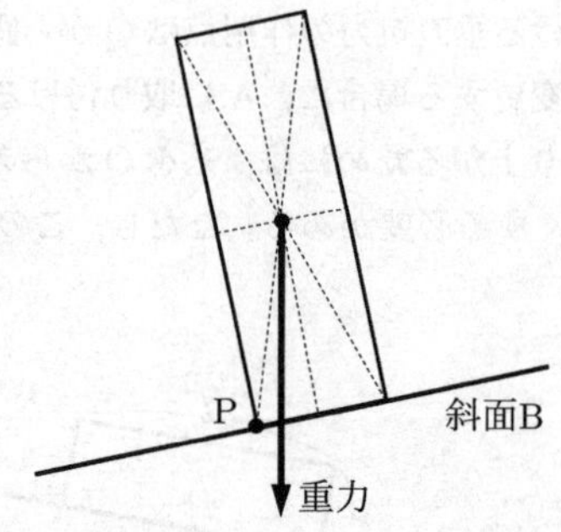

〔II〕次の文中の空欄（ア）～（キ）にあてはまる式を，また空欄（ク）にあてはまる数値を有効数字2桁で，解答用紙 (一) の該当する欄に記入せよ。ただし，光の速さを c [m/s]，プランク定数を h [J·s] とする。

図1のように，波長 λ [m] のX線（入射X線）を試料に入射し，入射方向となす角 θ [rad] で散乱したX線（散乱X線）を単結晶に入射させ，その波長を調べると，波長 λ をもつ散乱X線の他に，λ よりわずかに長い波長をもつ散乱X線が含まれていることが観測される。コンプトンは，この現象の原因として，X線の光子が試料中で静止している電子に弾性衝突して電子をはね飛ばし，光子自身の運動量と運動エネルギーが減少するためであると考えた。入射X線の入射方向に x 軸，それと垂直な方向に y 軸を定め，衝突は xy 平面内の運動とする。衝突後に，x 軸となす角 θ で散乱したX線の波長を λ' [m]，x 軸となす角 ϕ [rad] ではね飛ばされた質量 m [kg] の電子の速さを v [m/s] とする。衝突の前後での x 方向と y 方向についての運動量保存の法則から，それぞれ $\dfrac{h}{\lambda}=$ （ア） と $0=$ （イ） が成り立つ。これら2式から ϕ を消去して，m^2v^2 を，h，λ，λ'，θ を用いて表すと， （ウ） となる。また，衝突の前後でエネルギーが保存されることから，はね飛ばされた電子の運動エネルギーは，h，c，λ，λ' を用いて， （エ） と表される。入射X線と散乱X線の波長の差 $\lambda'-\lambda$ が λ に比べて十分に小さく，$\dfrac{\lambda}{\lambda'}+\dfrac{\lambda'}{\lambda}\fallingdotseq 2$ と近似できるとすると，h，c，m，θ を用いて，$\lambda'-\lambda=$ （オ） と表される。

試料によって θ 方向に散乱された波長 λ と λ' の散乱X線を単結晶に入射することで，そのわずかな波長の差を算出することができる。単結晶の格子面（結晶面）は結晶表面に平行で，格子面の間隔は d [m] である。また，xy 平面に垂直な方向を軸として単結晶を回転させることができる。単結晶を，その格子面が散乱X線の入射方向に平行な方向から，しだいに傾けていくと，図1のように，回転角が α [rad] となったとき，反射の法則を満たす方向（2α）にある検出器が，最初に強く反射したX線を検出した。この反射をブラッグ反射という。この実験で用いた入射X線の波長 λ は，d, α を用いて，$\lambda =$ （カ） と表される。α からわずかな角度 $\varDelta\alpha$ だけ単結晶を回転し，散乱X線の入射方向に対して $2\alpha + 2\varDelta\alpha$ の方向に検出器を移動させたところ，波長 λ' のX線によるブラッグ反射を観測した。$\varDelta\alpha$ は，波長 λ, λ' を用いずに h, c, m, d, θ, α を用いて，$\varDelta\alpha =$ （キ） と表すことができる。ただし，$\varDelta\alpha$ は1に比べて十分に小さく，$\sin\varDelta\alpha \fallingdotseq \varDelta\alpha$, $\cos\varDelta\alpha \fallingdotseq 1$, $\sin(\alpha + \varDelta\alpha) \fallingdotseq \sin\alpha + \varDelta\alpha\cos\alpha$ とする。$\theta = \frac{\pi}{3}$ の場合，$h = 6.6 \times 10^{-34}$ J·s, $c = 3.0 \times 10^{8}$ m/s, $m = 9.1 \times 10^{-31}$ kg として，$\lambda' - \lambda =$ （ク） m となる。この波長差は非常に小さいが，一般の結晶の格子面間隔が $d = 10^{-10}$ m 程度であることから，格子面間隔が既知の単結晶を用いてその回転角 $\varDelta\alpha$ を計測することで，この波長差を精度良く求めることができ，コンプトンの考えが検証可能となった。

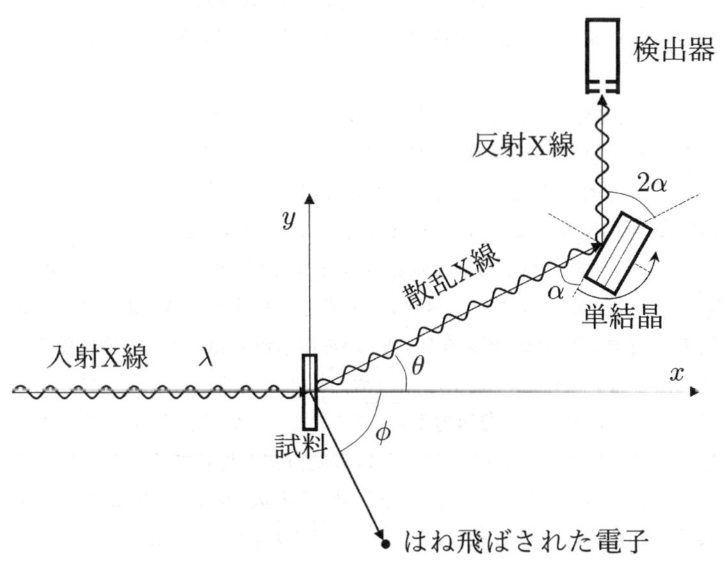

図1

〔III〕次の文中の空欄（ア）～（ク）にあてはまる式を解答用紙 (二) の該当する欄に記入せよ。また，解答用紙 (二) の解答図（III–A）には適切なグラフの概形を描け。

図1のように，起電力が E [V] で内部抵抗が r [Ω] の電池Eに可変抵抗 $\mathrm{R_1}$ を接続した。$\mathrm{R_1}$ の抵抗値を R_1 [Ω] とすると，$\mathrm{R_1}$ を流れる電流は［（ア）］[A] であり，$\mathrm{R_1}$ で消費される電力は［（イ）］[W] である。R_1 を変化させると，$\mathrm{R_1}$ を流れる電流と $\mathrm{R_1}$ の消費電力は変化する。$\mathrm{R_1}$ を流れる電流と $\mathrm{R_1}$ の消費電力の関係を表すグラフの概形を解答図（III–A）に描け。$\mathrm{R_1}$ の消費電力が最大となるのは，R_1 が［（ウ）］[Ω] のときである。

つぎに，内部抵抗のわかっている電流計と電圧計が示す値（指示値）を用いて，抵抗の抵抗値や消費電力を求めるために，図2と図3の2種類の回路を考える。電池Eに，内部抵抗が r_A [Ω] の電流計，内部抵抗が r_V [Ω] の電圧計，抵抗 $\mathrm{R_2}$ を接続した。電流計と電圧計の指示値から直接得られる抵抗 $\mathrm{R_2}$ の抵抗値や消費電力は，$\mathrm{R_2}$ の実際の抵抗値や各回路で実際に $\mathrm{R_2}$ で消費される電力とは異なる値となる。これら実際の抵抗値や消費電力を真の値として，以下では，指示値から得られた値と真の値との差を真の値で割った絶対値を相対誤差と呼ぶことにする。

$\mathrm{R_2}$ の真の抵抗値を R_2 として，各回路における指示値を R_2 を用いて表し，各回路で得られる抵抗値や消費電力の相対誤差の R_2 との関係を調べる。図2の接続において，電流計の指示値 I_A [A] と電圧計の指示値 V_A [V] から得られる抵抗 $\mathrm{R_2}$ の抵抗値 $V_\mathrm{A}/I_\mathrm{A}$ は，V_A や I_A を含まない形で表すと，［（エ）］[Ω] である。また，これらの指示値から得られる抵抗 $\mathrm{R_2}$ の消費電力 $V_\mathrm{A}I_\mathrm{A}$ の相対誤差は，V_A や I_A を含まない形で表すと，［（オ）］である。図3の接続において，電流計の指示値 I_B [A] と電圧計の指示値 V_B [V] から得られる抵抗 $\mathrm{R_2}$ の抵抗値 $V_\mathrm{B}/I_\mathrm{B}$ は，V_B や I_B を含まない形で表すと，［（カ）］[Ω] であり，また，これらの指示値から得られる抵抗 $\mathrm{R_2}$ の消費電力 $V_\mathrm{B}I_\mathrm{B}$ の相対誤差は，V_B や I_B を含まない形で表すと，［（キ）］である。図2と図3の接続方法を比較するとき，図3の接続における抵抗 $\mathrm{R_2}$ の消費電力の相対誤差が図2の接続における $\mathrm{R_2}$ の消費電力の相対誤差よりも小さくなる条件は，$R_2 >$［（ク）］[Ω] である。

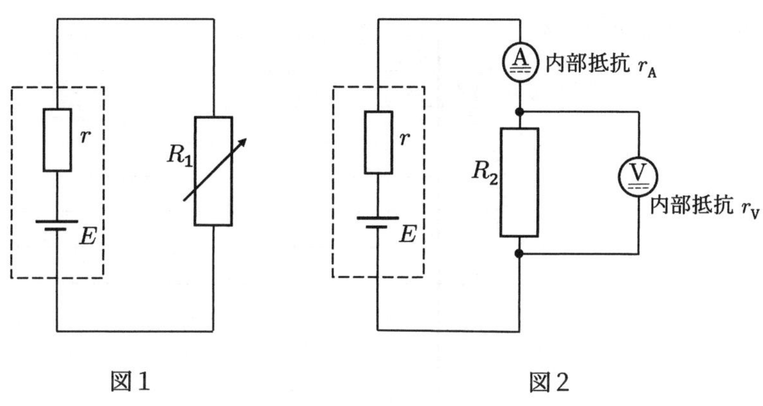

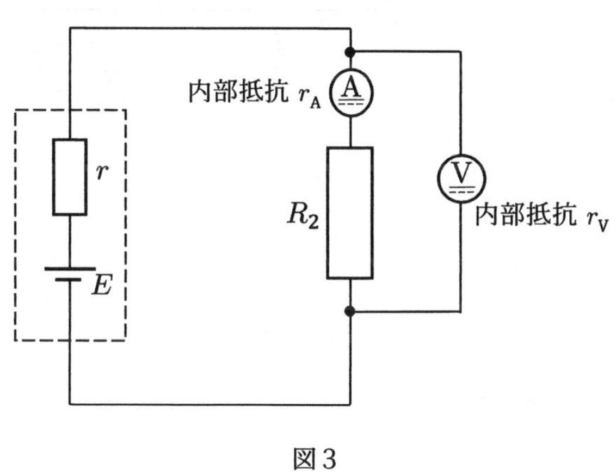

図3

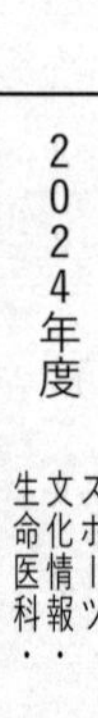
2024年度
スポーツ・文化情報・生命医科
物理

〔解答欄〕　解答図（III–A）

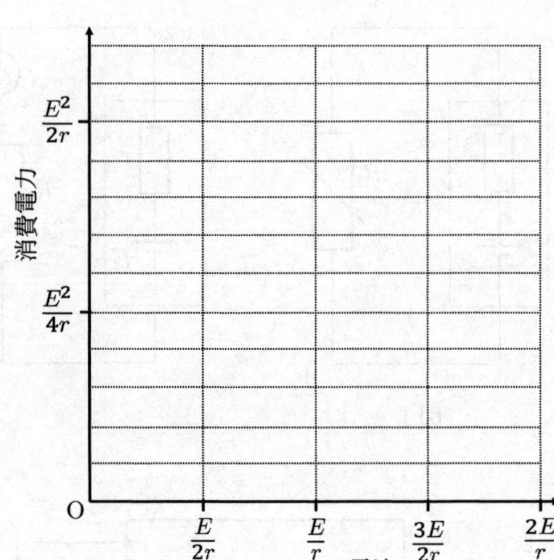
消費電力
$\frac{E^2}{2r}$
$\frac{E^2}{4r}$
O
$\frac{E}{2r}$
$\frac{E}{r}$
$\frac{3E}{2r}$
$\frac{2E}{r}$
電流

化 学

（75 分）

［注意］

原子量は，H = 1.00，C = 12.0，O = 16.0，Na = 23.0，Cl = 35.0，I = 127 とする。水のイオン積 K_w は，$1.00 \times 10^{-14} (\mathrm{mol/L})^2$ とする。気体定数は $8.31 \times 10^3\ \mathrm{Pa \cdot L/(K \cdot mol)}$ とする。必要であれば，$\log_{10} 2 = 0.30$，$\log_{10} 3 = 0.48$，$\log_{10} 5 = 0.70$ を用いよ。

〔Ⅰ〕 次の文章を読み，問い（1）～（4）の答えを，解答用紙（一）の〔Ⅰ〕の該当する欄に記入せよ。

原子がイオンになるときは，原子番号の最も近い貴ガスの原子と同じ電子配置をとる傾向がある。例えば，ナトリウム原子は（　**あ**　）から1個の電子を失うと，ナトリウムイオンになる。ナトリウムイオンは，（　**い**　）原子と同じ電子配置をとる。真空中で原子から1価の陽イオンにするのに必要なエネルギーを（　**う**　）という。塩素原子は（　**あ**　）に電子を1個受け取り，塩化物イオンになる。塩化物イオンは，（　**え**　）原子と同じ電子配置をとる。原子が1価の陰イオンになるときに放出されるエネルギーを（　**お**　）という。一般に（　**う**　）が（　**か**　）原子ほど，陽イオンになりやすく，（　**お**　）が（　**き**　）原子ほど陰イオンになりやすい。固体の塩化ナトリウムでは，多数のナトリウムイオンと塩化物イオンが交互にイオン結合により規則正しく配列している。高温で融解した液体の塩化ナトリウムを電気分解することにより液体の金属ナトリウムが得られる。水酸化ナトリウムは，塩化ナトリウム水溶液を，ナトリウムイオンのみを透過する膜を用いて電気分解することで得られる。この方法を（　**く**　）法という。（　**く**　）法では $_{(ア)}$ <u>陰極で生成した水酸化物イオン</u>と膜を透過してきたナトリウムイオンから，水酸化ナトリウムが生成する。$_{(イ)}$ <u>水酸化ナトリウム</u>

と二酸化炭素は容易に反応し，炭酸ナトリウムが生じる。また，(ウ) 工業的な炭酸ナトリウムの製造法のひとつに，塩化ナトリウムと石灰石を原料とする（　け　）法がある。

（1）文中の空欄（　あ　）～（　け　）に最も適する語句または物質名を，次の語群から選んで答えよ。必要であれば同じ語句または物質名を繰り返して用いてよい。

語群：K殻，L殻，M殻，電子親和力，電極，イオン化エネルギー，
電気陰性度，活性化エネルギー，内部エネルギー，
分解エネルギー，結合エネルギー，大きい，小さい，
アンモニアソーダ，クロール，オストワルト，溶融塩電解，
イオン交換膜，ヘリウム，ネオン，アルゴン，キセノン

（2）下線部 **(ア)** の陰極で水酸化物イオンが生成する反応を，電子 e^- を含むイオン反応式で記せ。また，下線部 **(イ)** の反応について化学反応式で記せ。

（3）文中の下線部 **(ウ)** の方法では，炭酸ナトリウムは次の反応①～⑤を組み合わせて製造される。次の問い（ i ）～（iii）に答えよ。

反応①：原料の塩化ナトリウムの飽和水溶液にアンモニアと二酸化炭素を吹き込むと，炭酸水素ナトリウムが沈殿する。

反応②：反応①で得られた沈殿物を回収し，熱すると二酸化炭素，（　さ　）と水に分解する。得られた二酸化炭素は再び反応①に利用される。

反応③：原料の石灰石を加熱すると二酸化炭素と（　し　）に分解する。得られた二酸化炭素は反応①に利用される。

反応④：反応③により得られた（　し　）に水を加えると（　す　）が生成する。

反応⑤：反応①により生成した沈殿を取り除いた溶液に（　す　）を

加えて熱すると，アンモニアが発生する。得られたアンモニアは再び反応①に利用される。

（ｉ）文中の空欄（　さ　）～（　す　）に最も適する化合物を化学式で記入せよ。

（ii）反応①～反応⑤の反応全体を一つの化学反応式で記せ。

（iii）炭酸ナトリウム 1.00 kg の製造に必要な塩化ナトリウムの質量〔kg〕を有効数字 3 桁で答えよ。

（4）次の操作①～③について，問い（ｉ）～（iv）に答えよ。

操作①：1.00 mol/L の塩酸 480 mL に 0.490 mol の水酸化ナトリウムを加えた。この溶液に 0.0050 mol の塩化カルシウムを加えて，さらに，純水を加え 1000 mL に希釈したところ沈殿のない均一な溶液を得た。

操作②：操作①で得られた溶液に二酸化炭素を通じたところ，陽イオンとしてカルシウムイオンのみを含む白色の沈殿が生成した。

操作③：操作②で得られた沈殿を含む溶液にさらに二酸化炭素を通じたところ，沈殿の 90 % は炭酸水素イオンとして溶解した。

（ｉ）操作①により得られた溶液中に存在する塩化物イオンの物質量〔mol〕を有効数字 2 桁で答えよ。

（ii）操作①により得られた溶液の pH を整数で答えよ。

（iii）操作②により生じた沈殿が操作③により炭酸水素イオンとして溶解する反応の化学反応式を記せ。

（iv）操作③により生成した炭酸水素イオンの物質量〔mol〕を有効数字 1 桁で記せ。ただし，操作②ではカルシウムイオンのすべてが沈殿し，また操作③で生成した炭酸水素イオンは溶解反応からのみ生じたとして考えてよい。

（50点）

〔Ⅱ〕 次の文を読み，問い（1）～（4）の答えを解答用紙（一）の〔Ⅱ〕の該当する欄に記入せよ。

単体が二原子分子となる元素として水素，酸素，塩素などがある。ただし，酸素の単体には，二原子分子の酸素以外に同素体として（　**あ**　）が存在する。水素，酸素，塩素の二原子分子は室温で気体であるが，温度を下げていくと液体にすることができる。周期表で塩素と同じ（　**い**　）族に属するヨウ素の単体は同じように二原子分子であるが，室温では固体である。塩素 Cl_2 は，室温では（　**う**　）色の気体であり，殺菌などに用いられる。一方でヨウ素 I_2 は室温では（　**え**　）色の固体であり，うがい薬などに用いられる。実験室では，(a) 塩素 Cl_2 は高度さらし粉に塩酸を加えて得ることができる。

(b) 水素 H_2 は反応性が比較的高く，酸素 O_2 や塩素 Cl_2，あるいはヨウ素 I_2 と反応してそれぞれ，水，塩化水素，ヨウ化水素を生成することができる。実験室では，(c) 塩化水素は塩化ナトリウムに濃硫酸を加えて加熱すると得られる。

（1） 文中の空欄（　**あ**　）にあてはまる単体の名称，（　**い**　）にあてはまる最も適切な数字を記せ。また（　**う**　）（　**え**　）には次の語群から最もあてはまる語句を選び記号で答えよ。

（ア） 赤緑　（イ） 青緑　（ウ） 黄緑
（エ） 白　（オ） 黒紫　（カ） 茶

（2） 下線部（a）および（c）の反応の化学反応式をそれぞれ記せ。

（3） 2.54 g のヨウ素の固体を容積が 0.200 L の容器に入れ，500 K に保ったところヨウ素が全て気体となった。次の問い（ⅰ）～（ⅲ）に答えよ。ただし，容器にはヨウ素しか存在しないものとし，容器の容積は温度・圧力によって変化しないとする。

（ⅰ） ヨウ素の気体が理想気体であると仮定して，この時の圧力を有効数字3桁で求めよ。

(ii) ヨウ素の温度と圧力に関する次の文を読み，空欄（ **お** ），（ **か** ）にあてはまる最も適切な語句を記せ。

ヨウ素の気体の圧力と温度，物質量の関係を調べると①式にしたがうことがわかった。

$$\frac{PV}{nRT} = 1 + \frac{nB}{V} \quad ①$$

ここで，Pは圧力，Vは体積，Tは絶対温度，Rは気体定数，nは気体の物質量を表す。Bは温度に依存する係数である。係数Bの温度変化を示す図1によれば，図に示す温度範囲で係数Bは負の値をとり，温度の上昇とともに絶対値が小さくなる。係数Bが負の値をとるのは分子間に（ **お** ）力が作用するからであり，温度上昇とともに絶対値が小さくなるのは，分子の（ **か** ）が活発になるからである。

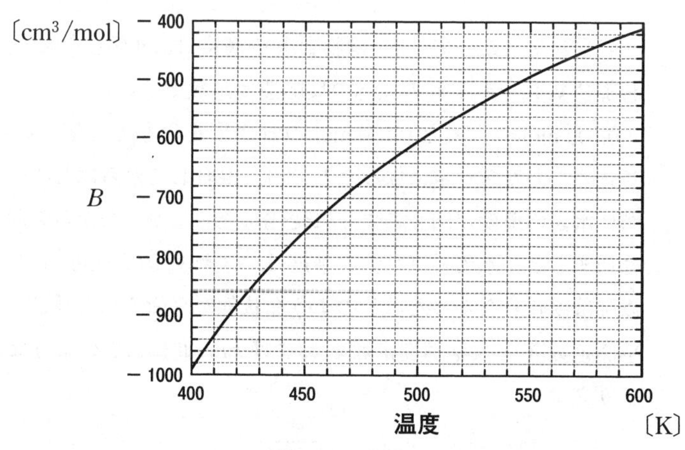

図1　係数Bの温度変化

(iii) ヨウ素の圧力が①式に従うとすると，容器内の圧力はヨウ素が理想気体として計算した値の何倍になるか，有効数字2桁で答えよ。

（4） 下線部（b）に関連する次の文を読み，問い（ i ）～（vi）に答えよ。ただし，物質はすべて気体として存在し，容器内の全圧は反応によって変化しないものとする。

水素とヨウ素の反応は次のように表される。

$$H_2 + I_2 \rightleftarrows 2\,HI \qquad ②$$

この反応は正反応と逆反応が同時に進行する（　き　）反応である。水素分子（H–H），ヨウ素分子（I–I），ヨウ化水素分子（H–I）の結合エネルギーがそれぞれ 432 kJ/mol，149 kJ/mol，295 kJ/mol であるので，この正反応の反応熱は水素 1 mol あたり（　く　）kJ である。

正反応の反応速度（水素が消費される速度）を v_1，逆反応の反応速度（水素が生成する速度）を v_2 とすれば，

$$v_1 = k_1[H_2][I_2] \qquad ③$$

$$v_2 = k_2\ \boxed{（け）} \qquad ④$$

と表される。ここで［X］は物質 X の濃度〔mol/L〕を表す。また k_1 および k_2 はそれぞれの反応の反応速度定数である。

0.100 mol の水素と 0.100 mol のヨウ素を容積が 1.00 L の容器に閉じ込め，温度を一定に保ったところ，混合してからはじめの 200 秒の間に水素の濃度が図 2 のように変化した。しかしながら時間が十分に経過すると，水素とヨウ素の濃度はいずれも 0.020 mol/L となりそれ以降は変化しなかった。このような状態を平衡状態と呼び，反応②の平衡定数 K と反応速度定数 k_1 および k_2 の間には次のような関係式が成り立つ。

$$K = \boxed{（こ）} \qquad ⑤$$

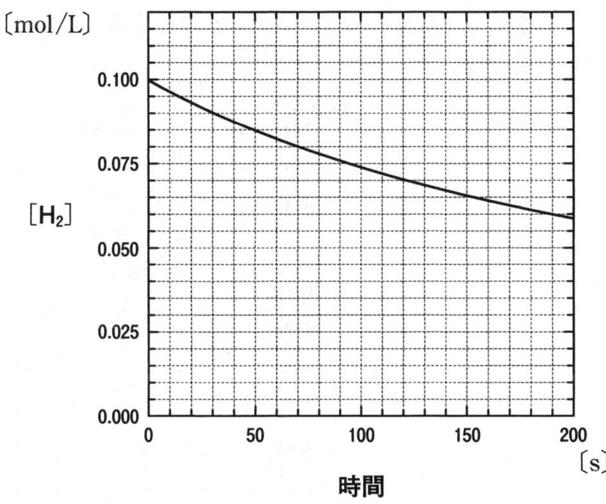

図2　水素の濃度の時間変化

（i）文中の（　き　）にあてはまる最も適切な語句，（　く　）にあてはまる整数，（　け　）（　こ　）にあてはまる最も適切な数式を記せ。

（ii）グラフから50秒後の水素の濃度を読み取り，はじめの50秒における正反応の反応速度 v_1〔mol/（L·s)〕を有効数字2桁で答えよ。

（iii）（ii）の結果を利用してはじめの50秒における k_1〔L/(mol·s)〕を有効数字2桁で求めよ。ただし，この時間での逆反応の寄与は無視せよ。

（iv）解答欄のグラフには図2と同じ水素の濃度変化を表す曲線が記入してある。これを参考に，解答欄のグラフに0秒，100秒後，200秒後のヨウ化水素の濃度を表す点を記入せよ。

（v）この温度における反応②の平衡定数 K を有効数字2桁で求めよ。

（vi）図2に示される反応を，他の条件は変えずに，（a）触媒存在下でおこなった場合と，（b）温度を上げておこなった場合で，それぞれ k_1 および K はどのように変化するか。（ア）大きくなる（イ）変わらない（ウ）小さくなる，のいずれかを選び記号で答えよ。

〔(iv)の解答欄〕

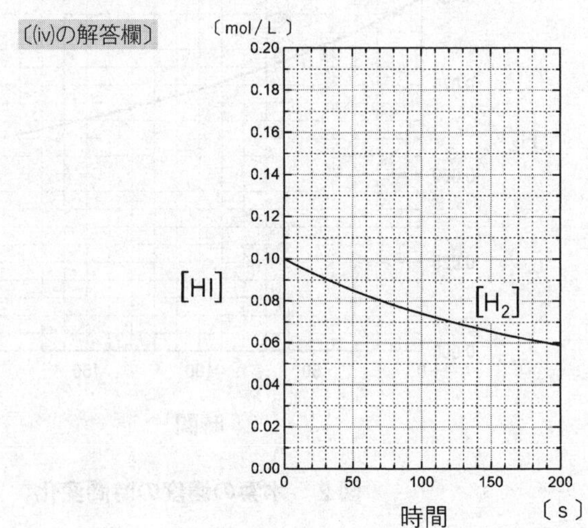

(50点)

〔Ⅲ〕次の文を読み，問い（1）～（11）の答えを，解答用紙（二）の〔Ⅲ〕の該当する欄に記入せよ。構造式は図1にならって記すこと。

食品に酸味料などとして添加されているものに，クエン酸，リンゴ酸，酒石酸がある。これらの化合物は，ブドウ，レモンなどの果実に含まれるほか，菌による発酵でも作られているが，1769年から1785年にスウェーデンの化学者シェーレによって初めて純粋な物質として単離されたものである。クエン酸，リンゴ酸，酒石酸は，酸性を示す原因となる官能基である（　あ　）基と別の官能基である（　い　）基をもっている。クエン酸の構造式を図1に示す。リンゴ酸，酒石酸は，（　あ　）基を2つ，不斉炭素原子を1つ以上もち，分子式はそれぞれ，$C_4H_6O_5$，$C_4H_6O_6$である。リンゴ酸は（　い　）基を1つ，酒石酸は（　い　）基を2つもっている。クエン酸，リンゴ酸，酒石酸のなかで，（　い　）基が結合した炭素が酸化されにくいのは，（　う　）である。

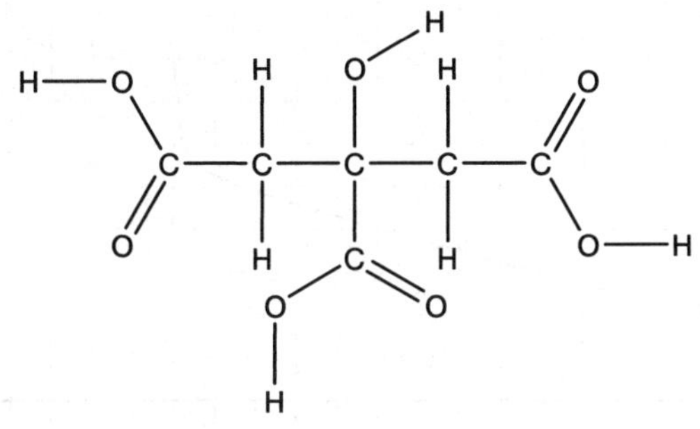

図 1　クエン酸の構造式

（1）　文中の空欄（　あ　）および（　い　）に当てはまる最も適切な語句を答えよ。

（2）　リンゴ酸の構造式を図 1 にならって示せ。不斉炭素原子に＊をつけて示せ。

（3）　酒石酸の構造式を図 1 にならって示せ。不斉炭素原子に＊をつけて示せ。

（4）　文中の空欄（　う　）に当てはまる物質名を答えよ。

（5）　クエン酸一水和物の結晶を蒸留水に完全に溶かして 100 mL の溶液とし，0.10 mol/L **NaOH** 水溶液で滴定すると，図 2 に示す滴定曲線が得られた。蒸留水に溶かした結晶の質量〔g〕を有効数字 2 桁で答えよ。

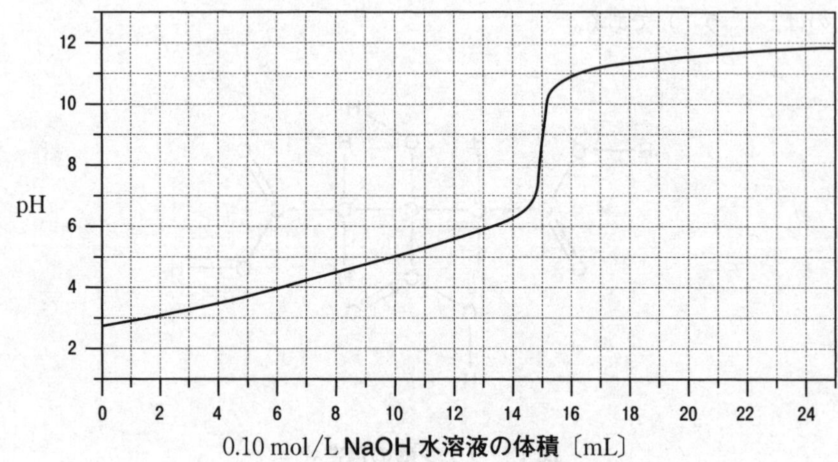

図 2　クエン酸水溶液の滴定曲線

（6）　0.015 mol/L HCl 水溶液 100 mL に 0.10 mol/L NaOH 水溶液を滴下したときの NaOH 水溶液の体積と pH の関係を表に示す。空欄（　え　）～（　き　）に当てはまる数値を 2 桁で答えよ。水溶液を混合したときの体積は，それぞれの溶液の体積の和であるとせよ。

NaOH 水溶液の滴下量（mL）	0.0	（　お　）	（　か　）	25
pH	（　え　）	3.0	11	（　き　）

（7）　クエン酸の緩衝作用について，次の（ア）～（ウ）の記述について，正しいものをすべて選び，記号で答えよ。正しいものがないときには，「なし」と答えよ。

（ア）　クエン酸を用いて pH 4 付近の緩衝液を調製することができる。

（イ）　クエン酸を用いて pH 8 付近の緩衝液を調製することができる。

（ウ）　クエン酸を用いて pH 11 付近の緩衝液を調製することができる。

（8）　図2に示すクエン酸の滴定に関する次の（ア）～（ウ）の記述について，正しいものには「○」，誤っているものには「×」を記入せよ。

（ア）　中和点を求めるための pH 指示薬としてメチルオレンジが適切である。

（イ）　図2の滴定曲線で 25 mL の 0.1 mol/L $NaOH$ 水溶液を加えたときのクエン酸のイオンは，4つの官能基がすべて電離している。

（ウ）　クエン酸は強酸である。

（9）　クエン酸を加熱すると酸無水物（分子式 $C_6H_6O_6$）に変化した。生成した酸無水物の構造式をすべて答えよ。また，不斉炭素原子を含む場合は，不斉炭素原子に＊をつけて示せ。

（10）　セルロースの示性式は，$[C_6H_7O_2(OH)_3]_n$ で表される。次の（ア）～（ウ）の記述について，正しいものには「○」，誤っているものには「×」を記入せよ。

（ア）　セルロースと酢酸のエステルの示性式は，$[C_6H_7O_2(OCOCH_3)_3]_n$ である。

（イ）　セルロースと硫酸のエステルの示性式は，$[C_6H_7O_2(OSO_3H)_3]_n$ である。

（ウ）　デンプンの示性式は，$[C_6H_7O_2(OH)_3]_n$ である。

（11）　次に示す物質のなかで，セルロースが主成分であるものをすべて選び記号で答えよ。該当するものがない場合は「なし」と答えよ。

（ア）　絹　　（イ）　綿

（ウ）　ろ紙　　（エ）　グリコーゲン

（オ）　コラーゲン

（50点）

生　物

（75分）

〔Ⅰ〕次の文章を読み，問い（1）〜（5）の答えを解答用紙の（一）の〔Ⅰ〕の該当する欄に記入せよ。

新型コロナウイルス感染症（COVID-19）が，2019年から世界的に大流行している。COVID-19の原因ウイルスはSARS-CoV-2であり，そのゲノムはRNAで構成されている。このようなRNAウイルスの仲間には，（　あ　）酵素を利用して自身のRNAをDNAに変換し宿主細胞のゲノムに入り込む（　い　）ウイルスがいる。

現在COVID-19を診断する方法として，(i)抗体を用いる迅速な抗原検査と，微量のウイルスゲノムを増幅する（　う　）検査による診断が可能となった。さらにCOVID-19予防として，SARS-CoV-2が宿主細胞に感染するために必要なウイルスタンパク質を指定するmRNAを用いたワクチンが開発された。一般的に真核生物のmRNAは，タンパク質を指定しない配列である（　え　）が（　お　）によって取り除かれ，タンパク質を指定する配列である（　か　）のみがつながった状態のRNAである。一方で，ほとんどのウイルスは（　き　）生物と同様に（　え　）をもたない。(ii)mRNAは非常に不安定なため，mRNAワクチンでは化学修飾されたヌクレオチドを用いてmRNAを分解から保護している。

既存のmRNAワクチンが作用しにくい変異体ウイルスが出現するなど，未だCOVID-19の根絶には至っていない。本来の塩基とは異なった別の塩基に変化する（　く　）や，塩基の欠失や挿入といった突然変異は，エンドヌクレアーゼや（　け　）といった酵素のヌクレオチド除去機能などで修復される。しかし，ウイルスは遺伝子に変異を入りやすくすることで多様性を獲得して宿主となる生物や細胞の種類を増やし，ウイルス自身の

(iii)ゲノム複製や(iv)タンパク質合成を行うなど独自の生存・増殖戦略をとっていると考えられている。

(1) 本文中の空欄（あ）～（け）にあてはまるもっとも適切な語句をそれぞれ答えよ。

(2) 下線部（i）に関する説明として正しいものには○，誤っているものは下線部を正しい語句に書き換えよ。

（ア） 抗体は，細胞性免疫で重要な役割をもつ分子である。
（イ） 活性化したB細胞は，形質細胞に分化して抗体を産生する。
（ウ） マウスやウサギが作る抗体は，H鎖とL鎖が組み合わさってできている。
（エ） ヒトの場合，抗原を認識する可変部はH鎖にのみ存在する。
（オ） 免疫寛容とは，同一の病原体が再び侵入したときに素早く免疫反応する仕組みのことである。

(3) 下線部（ii）に関して，RNAを分解する仕組みを利用して特定の遺伝子の発現を抑制し，その遺伝子の機能を調べる方法の名称を答えよ。

(4) 下線部（iii）に関する次の文章を読み，以下の問い（a）～（d）に答えよ。

ゲノムDNAが半保存的に複製されることは，メセルソンとスタールによって証明された。彼らは，DNAの構成単位であるヌクレオチドに窒素が含まれていることに着目し，大腸菌を通常の窒素（^{14}N）よりも質量の大きい同位体^{15}Nのみを窒素源に含む培地（^{15}N培地）で何世代も培養した。次に，その大腸菌を^{14}Nのみを窒素源に含む培地（^{14}N培地）に移して増殖させた。分裂回数の異なる大腸菌から

DNAを抽出し，図1に示すような塩化セシウムを用いた密度勾配遠心法でDNAの比重を調べた。この遠心法では，塩化セシウム溶液を試験管に入れ，高速回転させて遠心力を加えると，塩化セシウムの密度は試験管の底ほど高くなる。このときDNAを一緒に加えておくと，DNAの密度とつり合う塩化セシウムの密度の位置にDNAが集まって層になる。

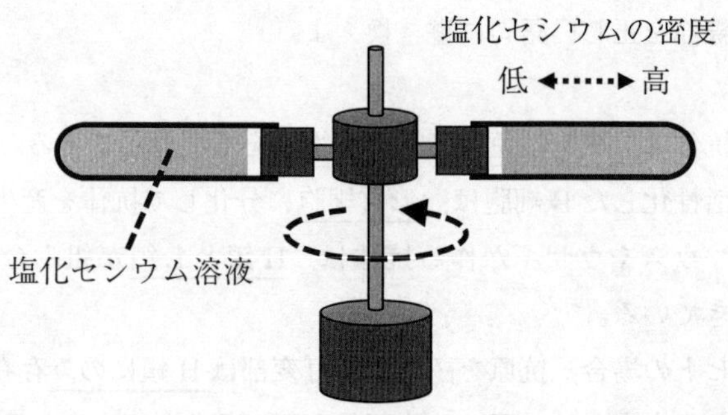

図1　塩化セシウムを用いた密度勾配遠心の模式図

（a）次の文章を読み，空欄（こ）～（し）にあてはまるもっとも適切な語句をそれぞれ答えよ。また，空欄（す）には適切な語句を選び解答用紙に丸をつけよ。

DNAのヌクレオチドは塩基，（　こ　），（　さ　）から構成され，塩基にはアデニン（A），グアニン（G），シトシン（C），チミン（T）がある。DNA二重らせん内部では，AとT間，CとG間で（　し　）結合が形成されている。AとT間よりも，CとG間の（　し　）結合の方が（す　強い　弱い）。

（b）^{14}N培地に移したあと2回分裂した大腸菌のDNAを密度勾配遠心した結果，図2に示すような2本のDNA層が見られた。図2のDNA層①，②のうち，^{14}NのみがふくまれるDNA層はどちらか数字で答えよ。

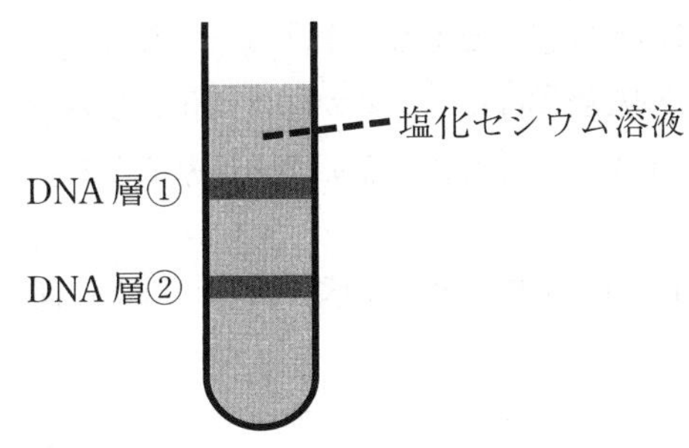

図２　^{14}N 培地に移したあと２回分裂した大腸菌 DNA を密度勾配遠心した後の試験管

（c）　^{15}N 培地で何世代も培養した大腸菌の DNA と，^{14}N 培地に移して１回だけ分裂した大腸菌の DNA を別々に密度勾配遠心した場合，それぞれどの高さに DNA 層が見られるか，例にならって解答欄に図示せよ。

〔解答欄〕

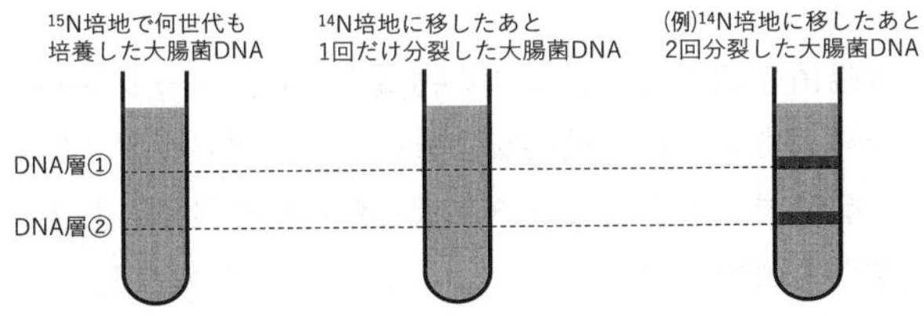

（d）　^{14}N 培地での分裂回数が増えると DNA 層①，②はそれぞれどのように変化するか，もっとも適切な文章を次の（ア）～（ク）から一つ選び，記号で答えよ。

（ア）　DNA 層①も②も厚くなる。
（イ）　DNA 層①も②も薄くなる。
（ウ）　DNA 層①は厚くなるが②は薄くなる。
（エ）　DNA 層①は厚くなるが②は変化しない。
（オ）　DNA 層①は変化しないが②は薄くなる。

（カ） DNA層①は薄くなるが②は厚くなる。
（キ） DNA層①は薄くなるが②は変化しない。
（ク） DNA層①は変化しないが②は厚くなる。

（5） 下線部（iv）に関する次の文章を読み，以下の問い（a）～（c）に答えよ。

mRNAのコドンがどのアミノ酸を指定するかは，ニーレンバーグやコラーナらによって解明された。まずニーレンバーグらは，すべての塩基がウラシル（U）となるようにmRNAを合成し，大腸菌の抽出液に加えた結果，フェニルアラニン1種類のみからなるポリペプチドが合成されたことを発見した。この結果は，UUUがフェニルアラニンを指定するコドンであることを示している。次にコラーナらは，アデニン（A）とシトシン（C）が交互に並んだmRNA（ACAC・・・）や，CAAが繰り返すmRNA（CAACAA・・・）を合成し同様の実験を行った。

（a） 大腸菌の抽出物に含まれる物質のうち，ニーレンバーグやコラーナらの実験で特に重要な物質を次の（ア）～（オ）から二つ選び，記号で答えよ。また，選択した物質の役割として，もっとも適切なものを次の（カ）～（コ）から一つずつ選び，記号で答えよ。

物質
（ア） RNAポリメラーゼ （イ） rRNA （ウ） リソソーム
（エ） ヒストンタンパク質 （オ） tRNA

役割
（カ） アミノ酸を運ぶ
（キ） タンパク質を分解する
（ク） ヌクレオソームを形成する
（ケ） ホスホジエステル結合を作る
（コ） リボソームを構成する

(b) コラーナらの実験の結果，塩基AとCが交互に並んだmRNA（ACAC・・・）ではトレオニンとヒスチジンが交互に出現するポリペプチド1種類のみ合成された。一方，CAAが繰り返すmRNA（CAACAA・・・）では複数のポリペプチドが合成され，その一つがトレオニンのみが連続するポリペプチドであったものの，ヒスチジンはどのポリペプチドにも含まれていなかった。この実験結果によって示されたトレオニンとヒスチジンのアンチコドンをそれぞれアルファベット3文字で答えよ。

(c) 塩基UとAが繰り返すmRNA（UAAUAA・・・）を用いて同様の実験を行った。UAAをトリプレットとした場合，どういう結果になるか，その理由も含めて40字以内で答えよ。アルファベット，数字，句読点は1字と数える。

（50点）

〔Ⅱ〕 次の文章を読み，以下の問い（1）～（3）の答えを解答用紙（一）の〔Ⅱ〕の該当する欄に記入せよ。

細胞は，細胞膜によって包まれることで，細胞内の環境を外とは異なるものとしている。細胞膜は（　ア　）脂質の二重層とさまざまな膜タンパク質から構成される。細胞膜はイオンや親水性の分子を透過させにくい。一方，細胞内外へ物質を輸送し，拡散によってイオンを通す役割をもつ膜タンパク質が埋め込まれている。このように特定の物質だけ透過させる膜の性質を（　イ　）という。たとえば，神経細胞の細胞膜にはナトリウムポンプが存在し，（　ウ　）から（　エ　）への加水分解によって得られたエネルギーを用いてナトリウムイオンを細胞外に排出しカリウムイオンを細胞内に取り込む。このような濃度勾配に逆らって物質を輸送する物質移動を（　オ　）輸送と呼ぶ。これとは別に，カリウムイオンを自由に透過させるイオンチャネルが存在するが，このような濃度勾配に依存した物質移動を（　カ　）輸送と呼ぶ。これらによって静止電位は－60 mVから－90 mV付近に保たれる。神経細胞に刺激を与えると活動電位が発生する。活動電位は細胞体付近で発生したのち，軸索を伝導しシナプス前終末に到達する。シナプス前終末では分泌小胞の一種であるシナプス小胞が細胞膜に融合する（　キ　）という現象が起こり，小胞内に詰め込まれた神経伝達物質を細胞外に放出する。（　キ　）の後には，小胞膜を回収するために細胞膜の一部が細胞内に取り込まれる（　ク　）という現象が起こる。細胞外に放出された神経伝達物質は，シナプス後細胞の受容体に結合し，興奮や抑制の反応を引き起こす。受容体のなかには，受容体に神経伝達物質が結合すると，イオンの透過性を変化させるイオンチャネルを活性化させるものがある。たとえば$_{(\mathbf{A})}$<u>γ－アミノ酪酸（GABA）が受容体に結合すると，塩化物イオンを透過するチャネルが活性化され，通常は抑制性の応答を引き起こす。</u>$_{(\mathbf{B})}$<u>GABA受容体のアゴニスト（受容体にGABAと同様に結合してチャネルを活性化する物質），アンタゴニスト（受容体の活性化を阻害する物質）</u>には精神神経疾患の治療薬になりうるものがある。受容体の中には，リガンドが結合すると活性化し，（　ケ　）に結合していたGDPがGTPに入れ替わり，その結果としてアデニル酸シクラーゼなどの酵素を活性化させるものがある。これらの酵素はサイクリックAMP（cAMP）などの別の情報伝達物質を産生する。cAMPは，細胞外の情報を間接的に細胞内に伝える分子なので，（　コ　）と呼ばれる。

（1）　空欄（ア）～（コ）にあてはまるもっとも適切な語句を答えよ。

（2）　下線部（**A**）について以下の文章を読み，次の問い①と②に答えよ。

GABA受容体を発現する神経細胞に，人工的に－50 mVから－80 mVのさまざまな膜電位に設定した状態でGABAを細胞外から投与すると，設定した膜電位の違いに応じて，図1のような膜電位応答が見られた。上向きはより正の電位を示し，縦軸，横軸はすべての波形に共通である。GABA投与のタイミングを点線で示している。

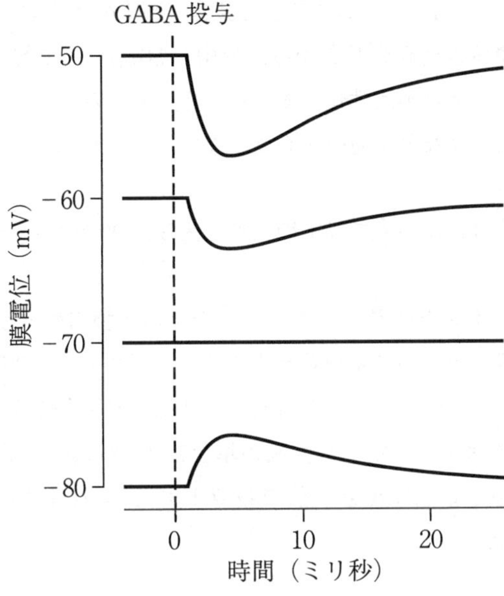

図 1　GABA 投与に対する神経細胞の膜電位応答

① 次の文章の空欄（あ）～（え）にあてはまる適切な語句を語群㋑～㋬から選び，記号で答えよ。

図 1 の実験の場合，細胞外の塩化物イオン濃度は細胞内の塩化物イオン濃度よりも（　あ　）となる。よって，設定した膜電位が −50 mV の場合，GABA 投与によって，陰イオンである塩化物イオンが（　い　）することで，膜電位が負の方向へと変化する。一方で設定した膜電位が −80 mV の場合，膜電位によって生じる電位勾配による力が塩化物イオンの濃度勾配による力を（　う　）ため，塩化物イオンが（　え　）し，膜電位が正の方向へと変化する。

語群：㋑　高濃度　㋺　低濃度　㋩　細胞外から細胞内へ流入
㋥　細胞内から細胞外へ流出　㋭　上回る　㋬　下回る

② 膜電位を -70 mV に設定した場合，図1のようにGABAを投与しても電位変化が生じなかった理由を50字以内で答えよ。なお，GABA受容体は不活性化していないものとする。句読点も1字とし，具体的な数値などを述べる必要はない。

（3） 下線部（**B**）について以下の文章を読み，次の問い①～③に答えよ。

塩化物イオンを透過させるイオンチャネル型GABA受容体を培養細胞に発現させ，GABAや受容体のアンタゴニストを投与する実験をおこなった。GABAの濃度を横軸に，細胞の応答を縦軸にとったグラフを図2に示す。このとき横軸の単位は 10^{-6} mol/L，縦軸は相対値である。図2でGABAを単独で投与したときの濃度－応答曲線は（c）である。

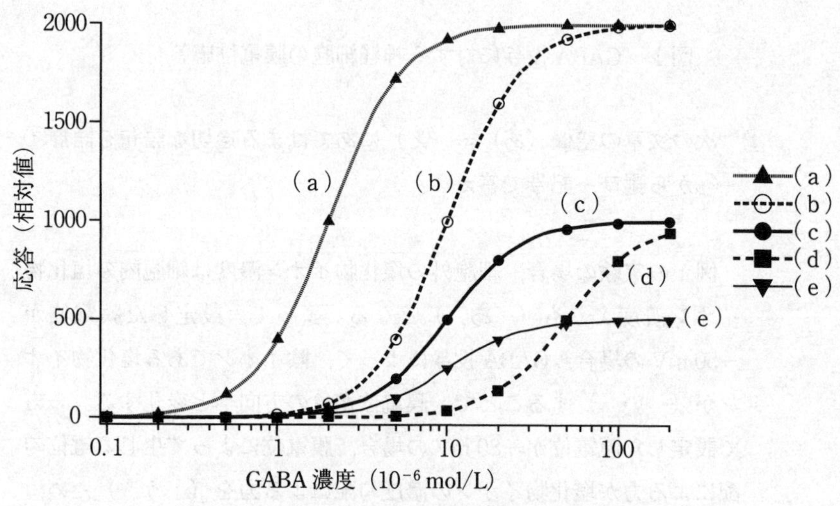

図2　GABAを投与した際の濃度－応答曲線

① GABA受容体に対して競争的阻害をするアンタゴニストをGABAと同時に培養細胞に投与した。このとき 50×10^{-6} mol/LのGABAとアンタゴニスト 100×10^{-6} mol/Lを同時に投与すると，アンタゴニストなしのときに比べて応答がほぼ半分に抑制された。アンタ

ゴニストの濃度を 100×10^{-6} mol/L に一定にしつつ，同時に投与する GABA の濃度を変化させた場合，濃度－応答曲線はどれになるか，曲線（a）～（e）のうち適切なものを一つ選び，記号で答えよ。

② 曲線（c）の時と比べ，GABA 受容体の細胞膜での発現量が 2 倍になったとき，GABA に対する濃度－応答曲線はどれになるか，曲線（a）～（e）のうち適切なものを一つ選び，記号で答えよ。

③ 図 2 の（c）のように，GABA の濃度が一定以上になると応答がそれ以上大きくならない理由を 50 字以内で述べよ。句読点も 1 字とする。

（50点）

〔Ⅲ〕次の文章を読み，問い（1）～（5）の答えを解答用紙の（二）の〔Ⅲ〕の該当する欄に記入せよ。

和食は日本人の伝統的な食文化であり，2013 年にユネスコの無形文化遺産に登録された。(A)酵母菌と麹菌（こうじ）は，この和食の「うま味」を生み出す代表的な(B)微生物である。

酵母菌は，和食はもちろんのこと，世界中の食文化に深く根ざした微生物である。特に，一般にパン酵母（サッカロミセス・セレビシエ）として知られる酵母菌は，アルコール飲料の発酵や，パン生地を膨らませるときに用いられる。なお，「酵母」は単細胞の菌類を指す用語であり，分類学上の特定の種やグループを指す名称ではない。

麹菌といえば一般にニホンコウジカビを指し，菌糸と呼ばれる糸状の細胞からなる多細胞の菌類である。デンプンをグルコースに分解する酵素の活性や，タンパク質をうま味成分であるアミノ酸に分解する酵素の活性が高いことで知られる。なお，「麹」は米・麦・大豆といった原材料に麹菌が生えたものを指す。

酵母菌と麹菌のはたらきは，日本酒の醸造工程に見ることができる。日本酒の原材料は米，すなわちイネの果実である籾から外皮を取り去った粒状の穀物である。蒸した米に麹菌をつけて米麹を作ることで，米に含まれるデンプンが麹菌のはたらきにより分解する。その生成物を酵母菌が(C)代謝することで，アルコール成分が生成する。微生物によるこの一連のはたらきにより，日本酒に特有の香りと味わいが生み出される。

このように，酵母菌と麹菌の代謝活性や(D)成長特性を活かすことで，日本の和食の文化が育まれてきたのである。

（1） 下線部（A）に関して，次の問い①～⑥に答えよ。

① パン酵母やニホンコウジカビと同じ界に属する生物を，次の（ア）～（カ）から一つ選び，記号で答えよ。

（ア） 根粒菌　　（イ） メタン菌
（ウ） キイロタマホコリカビ　　（エ） シイタケ
（オ） スギゴケ　　（カ） チンパンジー

② 近年，複数の遺伝子の塩基配列を解析した結果，真核生物は大きく8つのグループ（スーパーグループ）に分けられることが明らかになった。パン酵母やニホンコウジカビと同じグループで，かつ違う界に属する生物を，次の（ア）～（カ）から一つ選び，記号で答えよ。

（ア） 根粒菌　　（イ） メタン菌
（ウ） キイロタマホコリカビ　　（エ） シイタケ
（オ） スギゴケ　　（カ） チンパンジー

③　パン酵母とニホンコウジカビは，アカパンカビやアオカビと同じ分類群に属する。その分類群名を，次の（ア）～（カ）から一つ選び，記号で答えよ。

（ア）　卵菌類　　（イ）　ツボカビ類　　（ウ）　接合菌類
（エ）　子のう菌類　　（オ）　担子菌類　　（カ）　粘菌類

④　パン酵母とニホンコウジカビが属する③の分類群に認められる特徴について述べた次の文章（ア）～（カ）のうち，内容が正しい文章を二つ選び，記号で答えよ。

（ア）　細胞壁は多糖類の一種であるキチンからなる。
（イ）　細胞壁にはペプチドグリカンが含まれる。
（ウ）　多核の細胞からなる。
（エ）　生殖細胞にべん毛がある。
（オ）　植物の根に感染してアーバスキュラー菌根を形成する。
（カ）　有性生殖により形成される胞子の核相は n である。

⑤　次の5種類の生物を，（あ）ゲノムの総塩基対数，または（い）遺伝子数の順で並べたとき，パン酵母は多いほうからそれぞれ何番目になるかを答えよ。

パン酵母，ヒト，イネ，キイロショウジョウバエ，大腸菌

⑥　パン酵母をはじめとする酵母菌は自然界に広く分布しているが，糖分の多い樹液や花蜜，果汁などで特に頻繁に見出される。これらの住み場所に生息する酵母菌の食物網上の位置を，次の（ア）～（カ）から一つ選び，記号で答えよ。

（ア）　生産者　　（イ）　消費者　　（ウ）　分解者
（エ）　被食者　　（オ）　捕食者　　（カ）　寄生者

（2）　下線部（**B**）の観察には顕微鏡が不可欠である。ある植物の花蜜を野外で採取して，光学顕微鏡で観察した。最初に，接眼レンズに接眼ミクロメーターを入れ，ある倍率の対物レンズを用いて対物ミクロメーターを見たところ，図1のようになった。次に，対物ミクロメーターを取り外し，採取した花蜜を同じ倍率の対物レンズを用いて観察したところ，図2のようになった。次の問い①～④に答えよ。

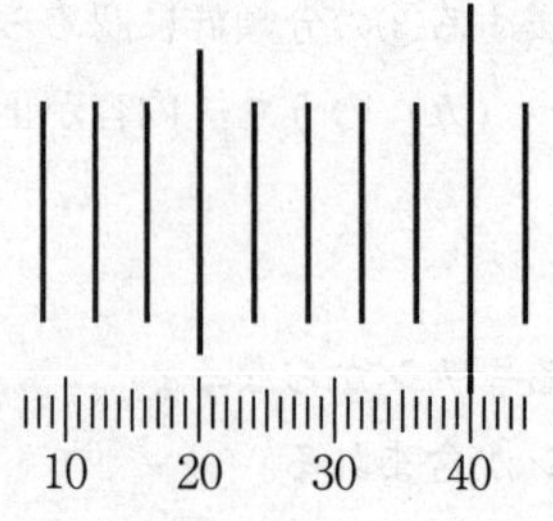

図1　対物ミクロメーターの観察結果

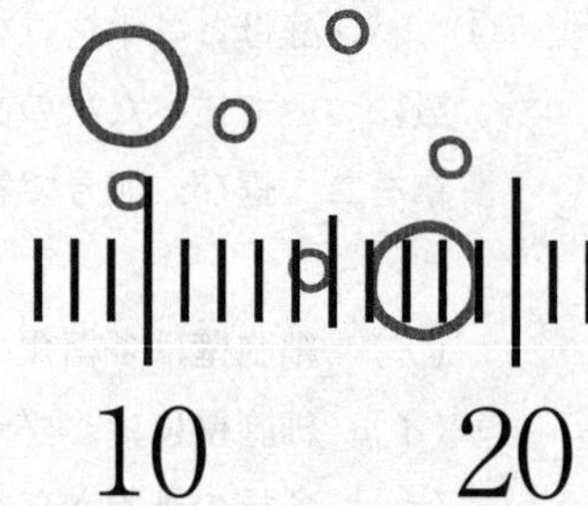

図2　花蜜の観察結果
図中の円は細胞を示す

①　顕微鏡で見える限界は分解能と呼ばれ，2点間を区別できる最小距離と定義される。ヒトの肉眼，光学顕微鏡の順に分解能をあらわした組み合わせでもっとも適切なものを次の（ア）～（エ）から一つ選び，記号で答えよ。

（ア）　0.01 mm，0.02 μm　　（イ）　0.1 mm，0.2 μm
（ウ）　1 mm，2 μm　　（エ）　10 mm，20 μm

②　対物ミクロメーターの1目盛りの示す長さは何 μm か，整数で答えよ。

③　図1において，対物ミクロメーターから得られる情報に基づくと，接眼ミクロメーターの1目盛りの示す長さは何 μm か，小数点第一位まで求めよ。

④　図2では酵母菌と細菌が混在している様子が認められた。このうち，酵母菌の細胞の直径は何 μm か，小数点第一位まで求めよ。ただし，顕微鏡の視野下の細胞はそれぞれ同一サイズの酵母菌もしくは細菌のみからなるとし，それらの細胞は球形と見なせるものとする。

(3)　下線部（C）に関して，パン酵母の代謝活性を調べるために，液体培地を用いた［実験Ⅰ］を行った。次の問い①～⑤に答えよ。

［実験Ⅰ］：滅菌済みの培養用フラスコ（容量 270 mL）を準備し，微生物は遮断し，ガス交換が可能なキャップで密閉した。そのフラスコに，5％グルコース水溶液 100 mL を入れ，市販の乾燥パン酵母 0.02 g を液面に加えて，25℃の恒温培養器内に静置した。しばらくすると，(a)パン酵母が液面から液中に広がり，液中から気泡が発生している様子が観察された。その後も培養を続けると，(b)気泡の発生が止まるとともに，パン酵母の細胞がフラスコの底面にたまっていく様子が確認された。

①　下線部（a）の観察結果に関する次の文章中の空欄（う）～（く）にあてはまるもっとも適切な語句あるいは整数を答えよ。

パン酵母が水溶液中に広がることができるのは，アルコール発酵により酸素のない条件下でも ATP を合成してエネルギーを獲得できることによる。発生した気泡は（　う　）であり，パン酵母によるアルコール発酵の生成物である。アルコール発酵を好気呼吸と比べると，1分子のグルコースが（　え　）分子の（　お　）を生じるまでは共通であるが，アルコール発酵では（　お　）は（　う　）と（　か　）に変化し，（　か　）はさらに（　き　）に変化する。このアルコール発酵で最終的に合成される ATP 量は，好気呼吸で1分子のグルコースから生成される量に比べて

（　く　）分の1と少ない。なお，（　き　）は殺菌性を有するため，（　き　）の質量パーセント濃度が20％を超えるとパン酵母は生存できないことが知られている。

② 下線部（**a**）のとき，培養用フラスコの底面近くの水溶液と液面の水溶液を混合しないようにそれぞれ採取し，それら水溶液中に含まれるパン酵母の細胞を，電子顕微鏡を用いて観察した。その結果に関する次の文章中の空欄（け）と（こ）にあてはまるもっとも適切な語句を答えよ。

底面近くの細胞では，細胞小器官である（　け　）がほとんど発達しておらず，数も少なかった。一方，液面の細胞では，（　け　）が発達し，数も多かった。このことから，液面の細胞は好気呼吸を行なっていると考えられる。好気呼吸によって生産された過剰なATPは，発酵に関わる酵素の活性を抑制することが知られている。このように，酸素の存在により発酵が制御される現象のことを（　こ　）という。

③ パン酵母は出芽により無性繁殖することが知られている。下線部（**a**）から下線部（**b**）の終わりまでの培養時間の経過にともなう，パン酵母の細胞数の変化を示すもっとも適切なグラフを，図3の（ア）～（カ）から一つ選び，記号で答えよ。ただし，グラフの横軸は時間，縦軸は細胞数の相対値を示し，軸は対数軸ではなく線形軸とする。

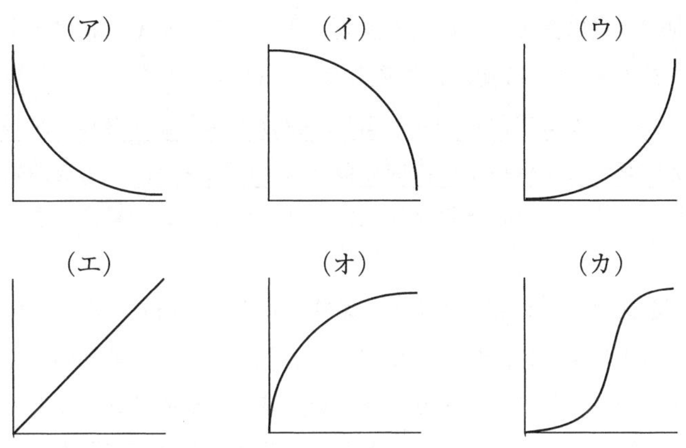

図3　培養にともなう変化の模式図

④　［実験Ⅰ］において，アルコール発酵により水溶液中のグルコースがすべて（　き　）に変換されたと仮定した場合，水溶液の（　き　）の質量パーセント濃度は何％になるか，小数点第一位まで求めよ。ただし，培養中に温度変化や水溶液の密度の変化，代謝や蒸発，結露などによる水分量の増減はないものとする。また，炭素，水素，酸素の原子量はそれぞれ12，1，16とする。

⑤　下線部（**b**）のように，パン酵母の増殖が停止して気泡の発生が止まった理由を，句読点を含めて20字以内で説明せよ。

（4）　下線部（**D**）に関して，ニホンコウジカビの成長特性を調べるために，平板培地を用いた［実験Ⅱ］を行った。

［実験Ⅱ］：滅菌済みのプラスチックシャーレ（直径9cm，深さ1.5cm）を用いて，ポテトデキストロース寒天平板培地を作製した。ポテトデキストロース寒天平板培地は菌類の培養に一般に用いられる培地であり，ジャガイモ浸出液粉末0.4％とグルコース2％を含み，寒天末1.5％を加えて固化している。市販の乾燥米麹1粒を，寒天平板

培地の中央に接種し，雑菌が混入しないようにシャーレに封をしてから，25℃の恒温培養器に静置した。しばらくすると，$_{(c)}$米麹からニホンコウジカビの菌糸が伸び出し，枝分かれを繰り返しながらコロニーを形成して平板培地の表面を覆うように成長した。培養開始から1週間で，菌糸は平板培地全体に広がり，シャーレの縁に到達した。

ニホンコウジカビの細胞は，糸状に連なった菌糸である。菌糸の成長は図4のように，先端部が伸長するとともに，先端部のやや下で枝分かれが生じることにより，新たな先端部が形成されることで進行する。下線部（c）のときに，菌糸の枝分かれが単位時間あたり一定の頻度で生じると仮定した場合，培養時間の経過にともなうニホンコウジカビの菌糸先端数の変化を示すもっとも適切なグラフを，図3の（ア）～（カ）から一つ選び，記号で答えよ。ただし，この場合，縦軸は細胞数ではなく菌糸の先端数の相対値を示すものとし，形成された先端部は伸長にともなって他の菌糸に融合しないものとする。また，軸は対数軸ではなく線形軸とする。

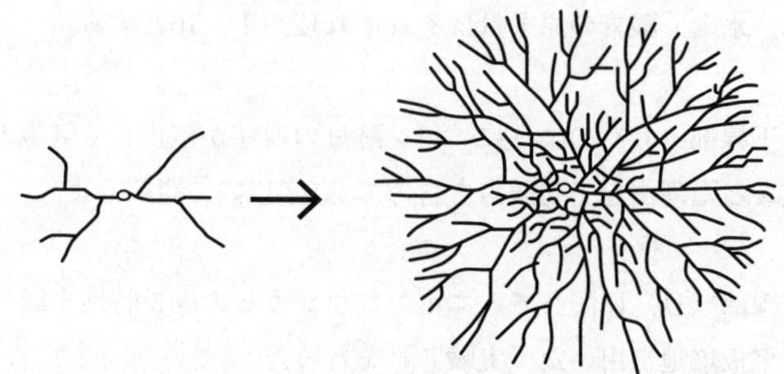

図4　菌糸の成長の模式図。矢印は培養時間の経過にともなう変化を表す。

（5）　パン酵母とニホンコウジカビの成長特性と生育環境との関係を調べるため，さらに［実験Ⅲ］と［実験Ⅳ］を行なった。

［実験Ⅲ］：［実験Ⅱ］で用いた市販の乾燥米麹1粒を，［実験Ⅰ］で作製したのと同じグルコース水溶液を含む液体培地の表面に添加して，［実験Ⅰ］と同じ条件で培養した。しばらくすると，ニホンコウジカビの菌糸は，水溶液の表面を覆うように成長したが，液中には広がらなかった。

［実験Ⅳ］：［実験Ⅰ］で用いた市販の乾燥パン酵母0.02gを，［実験Ⅱ］で作製したのと同じポテトデキストロース寒天平板培地の中央に接種して，［実験Ⅱ］と同じ条件で培養した。培養開始から1週間で，パン酵母のコロニーは直径1cmに広がった。

寒天で固めていない水溶液の状態の液体培地を水中環境，水溶液を寒天で固めた平板培地を陸上環境のモデルとして考えた場合，［実験Ⅰ］から［実験Ⅳ］までの結果に基づいて，水中環境と陸上環境のそれぞれにより適応した成長様式を有するのはパン酵母とニホンコウジカビのどちらと考えられるかを答えよ。

（50点）

解答編

英語

I　解答　A．(X)－2　(Y)－4　(Z)－3
B．(a)－4　(b)－1　(c)－3　(d)－1　(e)－2
(f)－3　(g)－3
C．(ア)－4　(イ)－1
D．(い)－1　(え)－6　(か)－2
E．〈A〉－3　〈B〉－1　〈C〉－2　〈D〉－4
F．3・5・6

全訳

《ミツバチの言語の習得と伝承》

1 ギリシアの歴史家ヘロドトスは2000年以上前，ある王が人間の真の生まれつき持っている言語を発見するために，2人の子供に人間の言葉を聞かせなかったという誤った禁断の実験について報告している。

2 科学者は現在，人間の言語には社会的学習と他の人々との関わりが必要であり，これは複数の動物の言語と共有される特性であるということを知っている。しかし，なぜ人間や他の動物は，他の多くの動物種のようにこのようなことを知って生まれてくるのではなく，言語を学ぶ必要があるのだろうか？

3 この疑問は私と私の同僚たちを魅了し，『サイエンス』誌に掲載された最近の論文の根本となっている。私は生物学者として，ミツバチのコミュニケーションとそれがどのように進化してきたかを何十年もかけて研究してきた。

4 言語はなぜ習得されるものだと言えるのか，あるいは言語はなぜ生まれつき備わっていると言えるのかという疑問に対して2つの一般的な答えがある。ひとつは，複雑な言語は学習される過程で，それが使われている環境に応じて変化することが多いということ。もうひとつは，複雑なコミュニケーションは，生まれつき個体が正しい合図をある程度知っていたとしても，生み出すことが難しい場合が多いということだ。ミツバチのコミュニケーションの方法は非常に複雑であることから，私たちはこの言語の疑問に答えるため，ミツバチがどのようにこれらの行動を学習するのかを研究することにした。

ミツバチの尻振りダンスとはどのようなものか？

5　驚くべきことに，ミツバチには人間以外の動物のコミュニケーションの中で最も複雑な例の１つが見られる。彼らは体を動かして「尻振りダンス」を行うことで，餌や水，巣などの資源がどこにあるかをお互いに教え合うことができるのだ。このダンスは，ハチの巣の仲間に資源がある方向，距離，質を伝える。

6　基本的には，ダンスをするハチが腹部を振りながら前進する進み方を中心に，８の字を描くように繰り返し旋回することで，新入りのハチに正しい方向を指し示し，進むべき距離を伝える。ダンスをするハチは，伝えられた資源を見つけるのにどこへ行けばよいかを知るために密着してくる新入り候補のハチに追い回される。

7　尻振り走行が長ければ長いほど距離が長いことが伝えられ，尻を振る角度によって方向が伝えられる。甘い蜜のような質の高い蜜源の場合，ダンスをするハチは尻振り走行をさらに繰り返し行い，一回一回終わるたびにより素早く戻ってくる。

過ちを犯すこと

8　このダンスを踊るのは難しい。ダンスをするハチは，正しい尻振りの角度と継続時間を維持しようとしながら，１秒間におよそ体１つ分の距離を動くだけではない。このダンスはまた，通常は真っ暗闇の中，押し合いへし合いするハチの群れの中，さらには凸凹の表面で行われるのだ。

9　そのため，ハチは３種類の異なる過ちを犯す可能性がある。間違った方向を指す，間違った距離を示す，あるいは８の字ダンスパターンを行う際にさらに過ちを犯す――研究者たちはこれを混乱の誤りと呼んでいる。最初の2つの過ちが原因で，新入りのハチが伝えられた場所を見つけるのが難しくなる。混乱の誤りによって，新入りのハチがダンスをするハチを追いかけるのが難しくなる可能性もあるのだ。

⑩　科学者は，セイヨウミツバチという種に属するすべてのハチが，成長してからのみ餌を探し，ダンスを始めること，さらに初めてダンスをしようとする前に，経験豊富なダンスをするハチについていくことも知っていた。セイヨウミツバチは練習を積んだ指導係から学んでいるのだろうか？

「禁断の」ミツバチ実験

⑪　こういう理由で，私と私の同僚たちは，実験用のミツバチの集団を作って隔離し，ミツバチたちが踊り始める前に他の尻振りダンスを観察できないようにした。ヘロドトスが説明した古代の実験のように，これらのハチはすべて同日齢で，ついていく先輩の経験豊富なミツバチがいなかったため，ダンス言語を観察することができなかった。これに対して，私たちの対照群の集団にはあらゆる日齢のミツバチがいたため，若いミツバチが先輩の経験豊富なダンサーの後を追うことができたのだ。

⑫　私たちは両方の日齢構成を持つ集団に生息するミツバチの最初のダンスを記録した。経験豊富なミツバチのダンスについていけなかったハチは，対照群の初心者のミツバチのダンスに比べ，方向，距離，混乱の誤りが有意に多いダンスをした。

⑬　その後，私たちは同じハチが経験豊富な採餌ミツバチになってから，それらを調べた。指導係がいなかったミツバチは，方向と混乱の誤りが有意に少なくなっていた。おそらく練習を多く積んだか，あるいは結局他のダンスをするハチに従って学んだかのどちらかの理由によるものだ。指導係がいる集団の，成長した対照群のミツバチのダンスは，質の面において最初に踊ったダンスと変わらなかった。

⑭　したがって，ミツバチは生まれつき踊り方についてある程度の知識を持っているが，経験豊富なミツバチの後についていくことで，さらに上手な踊り方を学ぶことができることがこの発見によりわかった。これは昆虫に見られる非常に複雑な社会的コミュニケーション学習の知られている限りの最初の例であり，動物文化の一形態である。

ダンス方言は距離に関するものだ

15　最初からダンス指導係がいなかったハチについては，謎が残っていた。距離の誤りを修正することができなかったのだ。彼らは行き過ぎ続け，通常よりも長い距離を伝えていたのだ。ではなぜこのようなことが科学者にとって興味深いのだろうか？　その答えは，距離の伝え方が局地的条件にどのように適応していくのかということにあるのかもしれない。

16　異なる環境では，餌が分布する場所に大きな違いがある場合もある。その結果，ミツバチの種によって異なる「ダンス方言」（食料源までの距離とそれに対応する尻振りダンスの持続時間の関係として説明されるもの）が発展した。

17　興味深いことに，これらの方言は同じミツバチ種でも異なる。研究者たちは，同じ種であっても，それが属する集団が非常に異なる環境で生活することがあるため，このような違いが存在するのではないかと考えている。

18　言語を学ぶことが異なる環境に対処する方法だとすれば，おそらく各集団にはその土地に合わせた距離を表す方言があり，経験豊富なミツバチから初心者のミツバチに伝えられるはずだ。もしそうだとすれば，指導係を失った個々のミツバチたちは，自力で異なる距離を表す方言を身につけたために，距離の誤りを正すことはなかったのかもしれない。

19　通常，この方言は経験豊富なハチから学習されるはずだが，環境条件が変化したり，集団が新しい場所に群がったりすると，一世代のうちに変化する可能性がある。

20　さらに，それぞれの巣にはハチが踊る空間である「踊り場」があり，ダンスをするハチは，時間の経過とともに，あるいは先輩ダンサーの足跡をたどることによって，より上手にその複雑な地形を移動することを学ぶかもしれない。

21　これらの考えはまだ検証されていないが，先輩と後輩のミツバチの間の文化の伝承を探る将来の実験の根拠となる。この研究と今後の研究によって，動物社会における集団的知性と言語学習についての理解が深まると信じている。

解説

A. (X)　空所の直後に the ways honeybees communicate are quite elaborate という文があることから，正解は2となる。the ways が主語，

対応する動詞は are である。Given that S V は「～を考慮にいれれば」という意味。1は「～に沿って」，3は「～以外」，4は「～に関して」という意味で，すべて前置詞の働きをするため，直後には名詞が来る。

(Y)　空所の直後に「研究者が混乱の誤りと呼ぶ」とあり，call O C「OをCと呼ぶ」のOに当たるものがないので不完全文である。よって正解は「こと，もの」という意味を表す4の関係代名詞 what。

(Z)　直後の「ヘロドトスが説明した古代の実験」は第1段（The Greek historian …）で述べられているもので，それに続く「ミツバチはダンス言語を観察できなかった」という内容との間には共通点があることから，3が正解。like は前置詞で「～のように」という意味。

B. (a)　直後に「複数の動物の言語と共有される」という説明があることから，4が正解。property はここでは「特性，特質」という意味。1は「繁殖」，2は「財産，資産」，3は「歴史」という意味。

(b)　evolved は「進化した」という意味なので，1が正解。2は「回転した」，3は「広がった」，4は「(エンジン・車などを) 止まらせた」という意味。

(c)　convey は「伝える」という意味なので，3の「示す」が最も近い。1は「計算する」，2は「取り組む」，4は「証明する」という意味。

(d)　duration は「継続時間，持続時間」という意味なので，1が正解。2は「動きの速さ」，3は「行動の形式」，4は「空間の幅」という意味。

(e)　significantly は「かなり，著しく」という意味なので，2が正解。1は「適切に」，3は「壮大に」，4は「不審そうに」という意味。

(f)　cope with は「うまく処理する」という意味なので，「～の中でやり遂げる」という意味を表す3が正解。1は「～の間から選ぶ」，2は「～することに決める」，4は「～から移る」という意味。

(g)　collective は「集団の，共同の」という意味なので，3が正解。1は「十分な」，2は「欠陥のある」，4は「特権的な」という意味。

C. (ア)　波線部は「両方の日齢構成を持つ」という意味。「両方の日齢構成」は第11段より，同じ日齢のミツバチといろいろな日齢のミツバチを指しているので，4.「一方の集団には同じ世代のミツバチだけ，もう一方の集団には初心者と経験豊富なミツバチが混在する」が正解。1は「研究者によって分析されたデータによると，多くのミツバチが成長する」，

2は「研究者がミツバチの数と日齢層の両方の情報を得ることができる」，3は「若いミツバチと高齢のミツバチが集団を適切に維持するために，お互い協力し合っている」という意味。

(イ) 波線部は直訳すると「私たちの，教師を奪われた個々のミツバチ」で，指導役がいないミツバチのことを言っている。teacher-deprived は形容詞で individual bees を修飾している。よって1．「先輩ダンサーの指導を受けることができないミツバチ」が正解。2は「指導係のダンス能力を凌駕するミツバチ」，3は「巣箱を出た後，単独で生活するミツバチ」，4は「指導者から技術や知識を教わったミツバチ」という意味。

D．解答へのプロセスは以下の通り。

①that 節の中の主語は bees，動詞は are。空所(あ)には，are に続くものとして意味が通る born を入れる。be born は「生まれる」という意味。

②空所(い)・(う)・(え)には，ミツバチがどのように生まれてきたのかを考え，with some knowledge を入れる。第2段最終文（But why should …）にある born with this knowledge という表現が参考になる。

③空所(お)には knowledge に続く前置詞 of を入れる。knowledge of ～は「～に関する知識」という意味。

④空所(か)には直後に不定詞 to があることから，how を入れる。how to *do* で「～の仕方」という意味。

E．**〈A〉** 第5段第3文（This dance conveys …）に waggle dance の説明が述べられていることから，3．「ミツバチの尻振りダンスとはどのようなものか」が正解となる。

〈B〉 第8段（This dance is …）に書かれている，尻振りダンスが行われる環境，状況を踏まえて，第9段（Bees therefore can …）でミツバチが犯す3種類の過ちについて述べられていることから，正解は1．「過ちを犯すこと」となる。

〈C〉 第11段第1文（My colleagues and …）に「実験用のミツバチの集団を作って隔離し，ミツバチたちが踊り始める前に他の尻振りダンスを観察できないようにした」とあり，これは第1段（The Greek historian …）のヘロドトスが報告した a misguided forbidden experiment と酷似している。さらに第12段（We recorded the …）から第14段（This finding told …）において，その実験の手順や結果が述べられていることから，2．「『禁断の』ミツバチ実験」が正解となる。

〈D〉　第15段（A mystery remained …）でダンスの指導係がいなかったミツバチが距離の誤りを修正できず，間違って伝えていたこと，第16段（There can be …）で食料源までの距離を伝えるダンス方言の発展，第18段（If learning language …）ではミツバチは周りの環境に合わせたダンス方言を学んだ可能性がある，と述べられていることから，4．「ダンス方言は距離に関するものだ」が正解となる。

F．それぞれの選択肢の意味と正誤の根拠は以下の通り。

1．「科学者たちは人間とミツバチの言語能力は先天的なものだから，ミツバチのダンス言語を研究することに決めた」

第4段第1文（There are two …）より，言語能力はなぜ後天的に習得されると言えるのか，あるいは言語能力はなぜ生まれつき備わっているものと言えるのかという疑問があることから，人間とミツバチの言語能力は先天的なものだとは言い切れないので誤りである。

2．「ハチはより良い資源を見つけるといつも，より上手くコミュニケーションをとるために，尻振り走行の数と速度を減らす」

第7段第2文（For higher-quality resources …）に，質の高い蜜源の場合，ダンスをするハチは尻振り走行をさらに繰り返し行い，一回ごとにより素早く戻ってくると書かれているので，誤りである。

3．「ハチが踊り方を覚えた後でも，適切な角度や持続時間が必要な動きがあるため，それは簡単ではない」

第8段第1・2文（This dance is … angle and duration.）より正しい尻振りの角度と継続時間を維持しながら踊らないといけないため，そのダンスは難しいと書かれているので，正解となる。

4．「ダンスをするハチが間違った方法で8の字ダンスを踊っても，他のハチは簡単に正しい場所を見つけることができる」

第9段第1・2文（Bees therefore can … being communicated.）で，8の字ダンスを行う際に過ちを犯した場合，新入りのミツバチは伝えられた場所を見つけることが難しくなる可能性が指摘されているので，誤りである。

5．「同世代のハチとしか以前に暮らしたことがなかったハチも，後になってダンス能力を向上させることができるが，完全ではない」

第13段第2文（Bees who had…）に，同世代の集団で暮らしていたミツバチでも後に経験を積むことで，方向と混乱の誤りを減らすことができると述べられている。また，第18段第2文（If so, our…）に，そうしたミツバチは距離の誤りを正すことはなかったかもしれないとあるので，正解である。

6.「ハチが尻振りダンスを踊る方法は，生息地の環境条件に影響されるようだ」

第16段（There can be…）および第17段第2文（Researchers suspect this…）より，ミツバチは環境に応じて異なった尻振りダンスを発展させていることがわかるので，正解である。本文中の different environments が environmental conditions of their habitat に言い換えられている。

7.「巣にはハチが自由に踊りやすい一定の空間があり，それは通常，滑らかな表面で行われる」

第20段（In addition, each…）に，巣にはハチが踊るための空間があると記述されているが，「複雑な地形」と書かれているので，誤りである。

8.「この研究結果は今後の研究で，後輩のハチと先輩のハチとの間で知識や技術が受け継がれていることを明らかにする上で役立たないだろう」

第21段第1文（These ideas remain…）より，本文で述べられている研究結果が後輩のミツバチと先輩のミツバチの間での文化の伝承を探る将来の実験の根拠となることがわかるので，誤りである。

Ⅱ 解答

A. (X)—4　(Y)—1　(Z)—3

B. (a)—3　(b)—2　(c)—4　(d)—1　(e)—4　(f)—2　(g)—1　(h)—3

C. (ア)—1　(イ)—3　(ウ)—4

D. (あ)—5　(う)—6　(お)—1

E. 1・7・8

F. 全訳下線部参照。

全訳

《親切な行為が生む幸福感に関する研究》

1　幸福を研究する科学者たちは，他人に親切にすることが幸福感を高めることを知っている。例えば，誰かにコーヒーを一杯奢るという単純な行為が，その人の気分を高めることがある。日常生活にはそのような行為の機会がたくさんあるが，人はいつもそれを利用しているわけではない。

[2] Journal of Experimental Psychology: General のオンライン版で発表された一連の研究において，シカゴ大学ブース・スクール・オブ・ビジネスの行動科学者であるニック＝エプリーと私は，その理由になりそうな説明を検証した。私たちは，無作為に親切な行為をする人は，自分が他の人にどれほどの影響を与えているのか必ずしも自覚していないことを発見した。人は他人がこれらの行為をどのように評価しているかを，一貫して過小評価する傾向にあるのだ。

[3] 約 1,000 人の参加者を対象とした複数の実験を通じて，人々が無作為の親切行為，つまり（その行為を期待していない）他の誰かを良い気分にさせるのが主な目的である行為を行った。このような行為をする人は，見返りを期待していないのである。

[4] 手順によって，具体的な親切の行為は異なる。例えば，ある実験では，人々は友人や家族に「特に理由もなく」手紙を書いた。別の実験では，カップケーキをプレゼントした。これらの実験では，親切な行為をした人とされた人の両方にアンケートに答えてもらった。親切な行為をした人には，自分の経験を報告してもらい，受けた側の人の反応を予測してもらった。私たちは人々が親切な行為にどれほどの価値があると感じているかを理解したかったので，親切な行為をした人とされた人の双方に，その行為がどれほど「大きなもの」に思えたかを評価してもらった。場合によっては，時間，お金，労力など，実際にかかった，またはかかったと思われるコストについても質問した。あらゆる場合において，親切な行為をした人が期待する受け手の気持ちと，受け手が「実際に」経験したことを比較した。

[5] 調査の結果，いくつかのよく見られる傾向が浮かび上がった。一つは，親切な行為をする人とその受け手の両方が，やりとりの後，通常よりも良い気分になったことである。もう一つは，親切な行為をした人が自分の影響を過小評価していることが明らかだったことである。親切な行為を受けた人は，親切な行為を行った側が期待したよりもかなり良い気分になっていた。またその人たちは親切な行為をした人たちより，これらの行為を確かに「高く」評価したのだ。

6　私たちは当初，友人や同級生，家族など，身近な人に対する親切な行為について研究した。しかし，実験に参加した人が見知らぬ人への良い影響も過小評価していることに気づいた。ある実験では，寒い冬の日，公共の公園のアイススケートリンクで，参加者がホットチョコレートを配った。この場合も，たまたま近くにいただけの人たちである，もらう側にとっては，配る側の予想以上によい体験となった。ホットチョコレートを配る側は，その行為を比較的取るに足らないものだと考えていたが，受け取る側にとっては本当に重要なことだったのだ。

7　私たちの調査では，人が自分の行動の影響を過小評価する理由のひとつも明らかになった。例えば，ある研究に参加しただけでカップケーキをもらえるとしたら，その人がどれくらい喜ぶか，一群の参加者に推測してもらったところ，彼らの予測は受け取った人の反応とよく合致した。しかし，人々が無作為の親切な行為によってカップケーキを受け取った場合，カップケーキを配った人は，受け取った人がどの程度好意的に感じるかを過小評価していた。このような予期せぬ行為を受ける側は，行う側よりも「思いやり」に注目する傾向がある。

8　私たちの研究は，前向きな，相手によくしてあげようとするやり取りに参加するだけで，その人が受け取るものが何であれ，それ以上に意味があることを示唆している。人々はカップケーキが人々を良い気分にさせることを確かに理解しているが，親切心から配られたカップケーキが人々を「驚くほど」良い気分にさせることが判明している。あげるための美味しいお菓子を第一に考えているときに人は，その振る舞いの思いやりによって，カップケーキをさらに甘くする要素が追加されることに気づかないかもしれない。

9　思いやりがいかに大切かを見過ごしているために，日常生活で親切にすることが妨げられるかもしれない。一般的に，人は親切な行為をしたいと思うものだ。実際，参加者の多くは，もっと頻繁にそうしたいと述べている。しかし，私たちのデータは，自分の行為が与える影響を過小評価することが，親切な行為の可能性を減らすかもしれないと示唆している。もし人々がその影響を過小評価すれば，このような思いやりがあり，相手によくしてあげようという行動をわざわざ実行しないかもしれない。

10　さらに，こうした行為がもたらす結果は，一人の受け手にとどまらないかもしれない。親切は伝染する可能性がある。別の実験では,「ペイ・イット・フォワード」効果とも呼ばれるものを調べるために,人々に経済ゲームをしてもらった。このゲームでは参加者は自分と一度も会わないであろう人との間でお金を分けた。直前に親切な行為を受ける側にいた人は,そうでない人に比べて,匿名の人にかなり多くのお金を渡した。一方,その発端となる行為をした人は,自分の寛大さがこのような行為の結果として生じる相互作用に波及することを認識していなかった。

11 これらの知見は,私たちが誰かのために親切なことをするかしないかを決めているときには小さく見えることでも,相手にとっては大きな意味を持つ可能性があることを示唆している。このような思いやりのある行動が自分の気分を高め,相手の一日を楽しくすることを考えれば,できるときに親切な行動をとることを選んでみてはどうだろうか。

解説

A. (X) 直後の関係詞 who の先行詞としてふさわしいものは,4の Those。those who ～で「～する人々」という意味。

(Y) 空所の直前文の one は several robust patterns「いくつかのよく見られる傾向」を受けた表現なので,For one に対応する表現は1である。one ～, another … は「一方は～で,もう一方は…」という意味。2は「2つにとっては」,3は「以前は」,4は「幸運にも」という意味。

(Z) 空所の直前で「人は親切な行動をとりたいと思うものだ」と述べられている。直後では「参加者の多くは,もっと頻繁にそうしたいと述べている」と書かれていることから,前文の内容を補足していると考えることができるので,正解は3の「実際」。1は「対照的に」,2は「需要がある」,4は「順番に」という意味。

B. (a) intention は「意図,目的」という意味なので,3が正解。1は「確実性」,2は「知覚」,4は「主題,教科」という意味。

(b) varied は「異なった」という意味なので,2が正解。1は「持続した」,3は「増加した」,4は「重要であった」という意味。

(c) emerged は「現れた」という意味なので,4が正解。1は「宣言した」,2は「失敗した」,3は「開始した」という意味。

(d) inconsequential は「重要でない」という意味なので,1が正解。下線部を含む文の while が対比を表す接続詞であることから,主節の

mattered「重要であった」の反対の意味だと推測することもできる。2は「自然でない」，3は「不愉快な」，4は「普通でない」という意味。

(e) likelihood は「可能性」という意味なので，4が正解。1は「寛大さ」，2は「害，損害」，3は「気分」という意味。

(f) contagious は「人に移りやすい，伝染する」という意味。直前で「こうした行為がもたらす結果は，一人の受け手にとどまらないかもしれない」と書かれており，これを受けて contagious と言っていることから，意味を推測できる。正解は2の「影響力のある」となる。1は「一般的な」，3は「元気いっぱいの」，4は「正直な」という意味。

(g) allocated は「分配した，割り当てた」という意味なので，1「分けた」が正解。2は「生成した，生み出した」，3は「戻った」，4は「許した」という意味。

(h) anonymous は「匿名の」という意味なので，3の「知られていない」が正解。1は「有名な」，2は「悪名高い」，4は「裕福な」という意味。

C. (ア) 波線部の just because は「ただなんとなく」という意味の口語表現。一般的には接続詞として使用され，後ろにＳＶが来て「ただ～という理由で」という意味で用いられる。この場合，just because の後に they were told to do so「ただそうするように言われたという理由で」といった内容が省略されていると考えると，意味を推測できる。これに最も近いのは1の「特別な理由なく」である。2は「褒められることを期待して」，3は「明らかな理由で」，4は「叱られることを期待して」という意味。

(イ) 波線部は「その行為がどれほど『大きなもの』に思えたかを評価する」という意味。rate を evaluate に，big を significance に言い換えた3の「ある行為の重大性を評価する」が正解。1は「ある行為のタイミングの良さを評価する」，2は「カップケーキの大きさを調べる」，4は「カップケーキの値段を調べる」という意味。

(ウ) 波線部は「カップケーキをさらに甘くする要素が追加されること」という意味。これに対する主語は the warmth of that gesture なので比喩だと判断する。よって正解は4の「人々がより感謝するよう促す要素」が正解。1は「カップケーキをさらに甘くする物質」，2は「人々に恩に報いさせる要素」，3は「カップケーキに内緒で加えられた物質」という意味。

D．ポイントは以下の通り。
①二重下線部の主語は the cupcake givers なので，空所(あ)には動詞 underestimated「過小評価した」を入れる。
②空所(い)以下で疑問詞 how を先頭に underestimated の目的語を作る。所有格 their の後ろには名詞が来るので，空所(え)には recipients が入る。
③ their recipients would feel positive という文を元に，程度を問う場合は〈how＋形容詞・副詞＋S V〉の語順になるので，how positive their recipients would feel となる。

E．それぞれの選択肢の意味と正誤の根拠は以下の通り。
1．「筆者は，人の親切な行為が他人にどのように影響を与えるのかに関する一連の研究に携わっていた」
　第2段第1・2文（In a set … on another individual.）より，筆者が親切な行為が人に与える影響について研究していることがわかるので，正解である。
2．「ニック＝エプリーと筆者は，親切な行為をした人にのみ一連の質問に答えてもらった」
　第4段第4文（Across these experiments, …）より，親切な行為をした人だけでなく，親切な行為を受けた人にも質問したことがわかるので，誤りである。
3．「親切な行為をしようがされようが，一般的に人はそれを取るに足らないものとみなす」
　第5段第3・4文（For another, it … them did.）より，親切な行為を行った人は自分の影響を過小評価しているが，親切な行為を受けた人はそれを高く評価していることがわかる。また，第6段最終文（While the people …）にも同様の趣旨の内容が述べられているので，誤りである。
4．「研究者たちは，贈るプレゼントが高価であればあるほど，受け取った人は気分が良くなることを発見した」
　高価なプレゼントを贈ったという記述は本文中に書かれていないので，誤りである。
5．「友人や家族のために親切な行いをしたほうが，他の人のためにしたときよりも，その後の気分はずっといい」
　第6段（We initially studied …）で，身近な人ではなく見知らぬ人に対する親切な行為についての実験が記述されているが，友人や家族に親切な行いをしたほうが，他の人にした場合と比べて気分がよかったかどうかということについては書かれていないので，誤りである。

6．「カップケーキを受け取った人は，通常，その受け取ったカップケーキが温かいと，さらにもっと喜ぶ」

第7段（Our research also…）で，カップケーキを配った場合の受け取り手の反応に関して報告されているが，カップケーキが温かいかどうかがその反応に影響を与えるということについては書かれていないので，誤りである。

7．「人は，自分の行為が他人にあまり影響を与えないのではと思ってしまうと，親切な行為をしにくくなるのかもしれない」

第9段第3文（But our data…）で，自分の行為が与える影響を過小評価すると，親切な行為の可能性が減るかもしれないと記述されているので，正解である。

8．「ある実験によると，親切な行為を受けた人はその後，より寛大になる傾向があることが明らかになった」

第10段第4文（People who had…）で示されている経済ゲームの実験において，直前に親切な行為を受けた人は，そうでない人に比べて，匿名の人にかなり多くのお金を渡したという結果が示されているので，正解である。

F．文全体の主語は動名詞句 Missing the importance of warmth，動詞は stand である。the importance of warmth は「思いやり（温かみ）の重要性」，または importance を how important warmth is と疑問詞を補って考えて「いかに思いやりが大切であるか」と訳してもよい。miss は「見過ごす，見逃す」という意味の他動詞。stand in the way of ～は「～を妨げる」という意味の熟語。

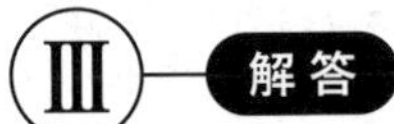

A．(a)―9　(b)―8　(c)―1　(d)―3　(e)―6
(f)―10　(g)―4　(h)―5

B．〈解答例1〉In that case, you might want to carry a smaller one.
〈解答例2〉In that case, consider taking a smaller one with you.

全訳

《アウトドア用品店での会話》

（ブラッドはアウトドア用品店で，店員のヤンと話している）。

ヤン：いらっしゃいませ。何かご質問がありましたらお尋ねください。

ブラッド：実は手伝ってもらいたいことがあります。家族でキャンプに行く予定なのですが，今まで一度も実際にキャンプに行ったことがないんです！　何を買えばいいのかわかりません。少しアドバイスをいただけますか？

ヤン：わかりました。どこに行く予定ですか？

ブラッド：ニューヨーク北部のアディロンダックという地域です。聞いたことありますか？

ヤン：はい，何度もキャンプしたことがあります。この時期に行くにはとてもいい所です。

ブラッド：なるほど，それはよかったです。雨の予報なのが心配ですけど。

ヤン：それならなおさら準備が必要ですね。まず最初に素敵で頑丈なテント，軽いだけでなく天候に耐えられるものが必要ですね。

ブラッド：ええ，かなり必須アイテムだと思います。

ヤン：その通りです。素材や大きさなどによって，様々な商品からお選びいただけます。

ブラッド：それに価格にも幅がありますね。

ヤン：はい，たくさんの選択肢の中から選べますが，お手頃な価格の物でも，あらゆる状況にかなり耐えられると思います。ご家族で行かれるとおっしゃいましたね？

ブラッド：その通りです。４人で行きます。

ヤン：では，４人用テントを１つ持って行くか，２人用テントを２つ持って行くか，どちらかですね。お子様はご一緒ですか？

ブラッド：はい。どちらもまだとても小さいです。

ヤン：その場合，もっと小さいのを持って行きたいと思うかもしれませんね。こちらのような。

ブラッド：ああ，これなら大丈夫そうですね。雨はしのげますか？

ヤン：もちろん。私たちが販売しているテントはすべて完全防水です。ですので，その点については心配される必要はありません。

ブラッド：よかったです。これでひとつリストにチェックが入りました。寝袋も必要だと思うのですが。

ヤン：もちろんです。寝袋については使用する季節を主に考えないといけませんね。夏場に行かれるようなので，暖かい気候で使用する寝袋をお勧めします。持ち運びがずっと軽くなります。

ブラッド：それと，できれば安くなるといいのですが。

ヤン：おそらく少しは安くなりますが，大した差ではないと思います。あと就寝用マットも必要ですね。

ブラッド：それって本当に必要なのですか？　荷物が増えるだけのような気がするんですが。

ヤン：確かにそうですが，地面に直接寝るのは心地が悪いですよね。それに薄い寝袋を使われるということなので，少し余分なマットがあったほうがいいですよ。特に長い１日のハイキングの後は，筋肉も喜びますよ。

ブラッド：そうですね。そのマットを背負っているので，筋肉も疲れているかもしれませんし。

ヤン：ああ，それはあまり気にされなくて大丈夫です。就寝用マットはとても軽いです。膨らませて使用して，使わないときは折りたためるものも売っています。

ブラッド：なるほど，それはよさそうですね。では他に何が必要ですか？

ヤン：それでは，もしすでにお持ちでなければ，ハイキング用のリュックサックはどうでしょう。荷物が全部入る大きさのものです。

ブラッド：そうですね。それは次に必要なものだと思います。大人サイズのものが２つ欲しいです。

ヤン：わかりました。このブランドは評価が高いです。こちらのリュックサックはそれぞれ60リットル入ります。

ブラッド：それがどれくらいの容量なのか，僕にはよくわからないんですけど。

ヤン：コンロやお皿，道具，水筒などの荷物を含め，数日間のハイキングに必要なものはほとんど入りますよ。

ブラッド：ああ，そうなんですね。そういった器具のことは考えもしませんでした！

解説

A. (a) 空所の直後でヤンが「はい，何度もキャンプしたことがあります」と答えているので，これに対する適切な質問は9.「聞いたことありますか？」である。Ever の前には Have you が省略されている。

(b) 空所の直後でヤンが「それならなおさら準備が必要ですね」と言っていることから，何の準備かを考える。正解は8.「雨の予報なのが心配ですけど」である。though は副詞で「でも，～だけど」という意味。

(c) 空所の直後でヤンが「はい，たくさんの選択肢の中から選べます」と言っていることから，その選択肢を含んでいる1.「それに価格にも幅がありますね」が正解である。

(d) 空所の直前でヤンが「ご家族で行かれるとおっしゃいましたね？」と言っていることから，これに対して適切な返答は3.「その通りです」。これを入れると，直後の「4人で行きます」につながる。

(e) 空所の直前でヤンが「私たちが販売しているテントはすべて完全防水です」と言い，これに続く発言として適切なのは6.「ですので，その点については心配される必要はありません」である。

(f) 空所の直前でブラッドが「それって本当に必要なのですか？」という懸念を示す発言をしていることから，これに続くのは10.「荷物が増えるだけのような気がするんですが」である。

(g) 空所の直後でヤンが「それでは，もしお持ちでなければ，ハイキング用のリュックサックはどうでしょう」と提案しているので，正解は4.「では他に何が必要ですか？」である。ヤンの発言の中の代名詞 them は後ろの hiking backpacks を指している。

(h) 空所の直前でヤンが「これらのリュックサックはそれぞれ60リットル入ります」と言っており，さらに直後でヤンがどれぐらいの荷物が入るのかを説明していることから，正解は5.「それがどれくらいの容量なのか，僕にはよくわからないんですけど」である。

B.「その場合」は in that case と表す。「～したいと思うかもしれません」は might want to *do*，またはこの婉曲表現を「～することを考えてみてください」という命令文に読みかえて consider *doing* を使うこともできる。「持っていく」は carry や take *A* with *B*（人）を使うことができる。「小さいの」は名詞 tent の繰り返しを避けるため，代名詞 one を用いる。〈a／an＋形容詞＋one〉という語順に注意すること。

講評

2024年度も2023年度と同様に，長文読解問題が2題，会話文問題が1題の構成で，試験時間100分，下線部和訳と和文英訳以外はすべて選択式であった。ⅠとⅡは英文が長く，問題量も多いので，解答するにはかなり時間がかかる。正確さに加え，日ごろから色々な英文を読み，多くの問題を制限時間内で解き，即断即決する習慣を身につける必要がある。

Ⅰは「ミツバチの言語の習得と伝承」について論じた英文である。言い換え表現を把握し，waggle danceがどのようなものかなどを想像しながら読み進めていくこと。難解な箇所があるものの，研究者の実験結果を丁寧に読み，論旨を見失わないようにしたい。設問に関して，2024年度は段落に見出しを付す問題が出題されたが，当該段落を丁寧に読めば，そこまで難しいものではなかった。その他は例年通り，すべて標準的なもので，文章の大意を見失うことなく，文構造が複雑な箇所で立ち止まらずに1問1問丁寧に解答していけば，十分対応可能なものである。

Ⅱは「親切な行為が生む幸福感に関する研究」について論じた英文である。カップケーキやホットチョコレートを無作為に人に配り，行為者と受け手がどのように感じるかを調べた実験結果を丁寧に読めば，難しい問題ではなかった。設問はほぼ標準レベルであった。空所補充問題や同意表現問題において，一部難解なもの，ややこしいものがあったが，文脈から推測すれば選択肢を絞ることができるので落ち着いて解答したい。

Ⅲはアウトドア用品店での店員ヤンと客のブラッドの会話で，ブラッドが購入を検討している，テントや寝袋などのキャンプ用品に関する質問に対して，ヤンが丁寧に答え，いろいろなものを勧めている。聞き慣れないイディオムや会話表現はほとんど使われておらず，また空所補充問題は比較的平易でぜひ満点を目指してほしいところである。和文英訳問題については「～したいと思うかもしれません」をmight want to *do*などで書き，「持っていく」をcarryやtake *A* with youを使って表現すれば簡単に書ける。いずれも難しい要求ではないので，ミスなく確実に得点したい。

2024 年度の読解問題の英文は一部を除いてそこまで抽象度が高くなく，原文をほぼそのまま用いているために注が多いが，その注を利用しながら読み進めていけば，決して難しいものではなかったと考えられる。

形式・分量・難易度を考慮すると，100 分という試験時間ではやや足りないと思われる。過去問演習をする中で，例えばⅠは 35 分，Ⅱは 35 分，Ⅲは 25 分，見直し 5 分といった時間配分を決めて解いていく必要があり，同時に正確かつ迅速に読み解けるように語彙力・文構造解析力・内容理解力をバランスよく磨いていこう。

数　学

I　解答

(1)ア. $\frac{12}{25}$　イ. 1　ウ. $-\frac{1}{25}$　エ. $\left(-\frac{1}{25}\right)^k$

オ. $\frac{1}{2}$

(2)カ. $\sqrt{2}$　キ. $\sqrt{2}$　ク. $\frac{\sqrt{2}}{4}$　ケ. $-\frac{\sqrt{2}}{4}$　コ. $2-\sqrt{2}$

解説

《小問2問》

(1)
事象 X：袋から赤玉を取り出して，動点Pは時計回りの隣の点に移動する事象
事象 Y：袋から白玉を取り出して，動点Pは反時計回りの隣の点に移動する事象

とおく。

事象 X の起こる確率 $P(X)=\frac{3}{5}$，事象 Y の起こる確率 $P(Y)=\frac{2}{5}$ である。

$a_2=$(試行を2回続けたあとに点Aに位置する確率)

$=$(事象 X, Y が1回ずつ起こる確率)

$={}_2C_1\frac{3}{5}\cdot\frac{2}{5}=\frac{12}{25}$　→ア

試行を $2k$ 回続けて行ったあと，動点Pは点Aに位置するか点Cに位置するかのいずれかであるから

$a_{2k}+c_{2k}=1$　→イ

点Pの位置する点は次のような推移となる。

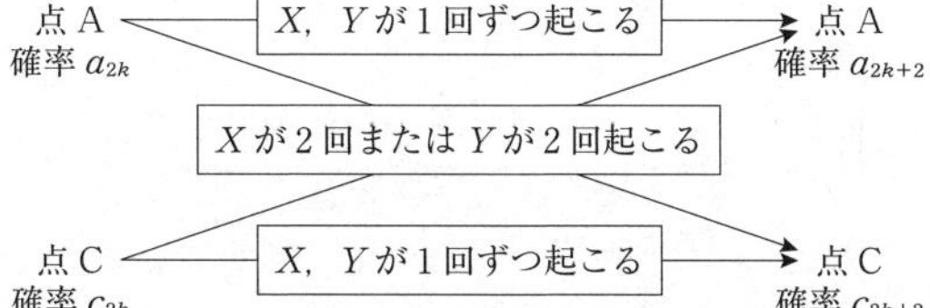

先の推移において，X，Y が1回ずつ起こる確率は，a_2 を求めたときのように $\frac{12}{25}$ である。X が2回または Y が2回起こる確率は

$$\left(\frac{3}{5}\right)^2+\left(\frac{2}{5}\right)^2=\frac{13}{25}$$

であるから

$$a_{2k+2}=\frac{12}{25}a_{2k}+\frac{13}{25}c_{2k}=\frac{12}{25}a_{2k}+\frac{13}{25}(1-a_{2k})=-\frac{1}{25}a_{2k}+\frac{13}{25}$$

→ウ

この漸化式は

$$a_{2k+2}-\frac{1}{2}=-\frac{1}{25}\left(a_{2k}-\frac{1}{2}\right)$$

と変形できるので，数列 $\left\{a_{2k}-\frac{1}{2}\right\}$ は初項 $a_2-\frac{1}{2}=\frac{12}{25}-\frac{1}{2}=-\frac{1}{50}$，公比 $-\frac{1}{25}$ の等比数列である。よって

$$a_{2k}-\frac{1}{2}=-\frac{1}{50}\left(-\frac{1}{25}\right)^{k-1}=\frac{1}{2}\left(-\frac{1}{25}\right)^k$$

$$a_{2k}=\frac{1}{2}\left\{1+\left(-\frac{1}{25}\right)^k\right\} \quad \text{→エ}$$

となり

$$\lim_{k\to\infty}c_{2k}=\lim_{k\to\infty}(1-a_{2k})=\lim_{k\to\infty}\left[1-\frac{1}{2}\left\{1+\left(-\frac{1}{25}\right)^k\right\}\right]=\frac{1}{2} \quad \text{→オ}$$

(2)　α は，点2を，原点を中心として $\frac{\pi}{4}$ だけ回転した点なので

$$\alpha=2\left(\cos\frac{\pi}{4}+i\sin\frac{\pi}{4}\right)=2\left(\frac{\sqrt{2}}{2}+i\frac{\sqrt{2}}{2}\right)=\sqrt{2}+\sqrt{2}\,i \quad \cdots\cdots①$$

よって　　α の実部は $\sqrt{2}$　→カ，虚部は $\sqrt{2}$　→キ

0でない複素数 z が，方程式 $|z-2|=|z-\alpha|$ ……② を満たしながら変化するとき，$w=\frac{1}{z}$ において $w\neq0$ なので $z=\frac{1}{w}$ と表せて，これを②に代入すると

$$\left|\frac{1}{w}-2\right|=\left|\frac{1}{w}-\alpha\right|$$

両辺に $\left|\frac{1}{2}w\right|$ をかけると

$$\left|w-\frac{1}{2}\right|=\left|\frac{1}{2}\alpha w-\frac{1}{2}\right|$$

$$\left|w-\frac{1}{2}\right|=\frac{1}{2}|\alpha|\left|w-\frac{1}{\alpha}\right|$$

ここで，①より $|\alpha|=2$ なので

$$\left|w-\frac{1}{2}\right|=\left|w-\frac{1}{\alpha}\right|$$

と表される。したがって，$w\neq0$ であることも併せて，点 w が描く図形は，2つの点 $\frac{1}{2}$ と $\frac{1}{\alpha}$ を結ぶ線分の垂直二等分線から原点を除いたものになるから，$\beta=\frac{1}{\alpha}$ となり，①より

$$\beta=\frac{1}{\alpha}=\frac{1}{\sqrt{2}+\sqrt{2}\,i}=\frac{\sqrt{2}}{4}-\frac{\sqrt{2}}{4}i$$

よって　　β の実部は $\frac{\sqrt{2}}{4}$ →ク，虚部は $-\frac{\sqrt{2}}{4}$ →ケ

点 z の描く図形は，2つの点 α と 2 を結ぶ線分の垂直二等分線から原点を除いたものになる。

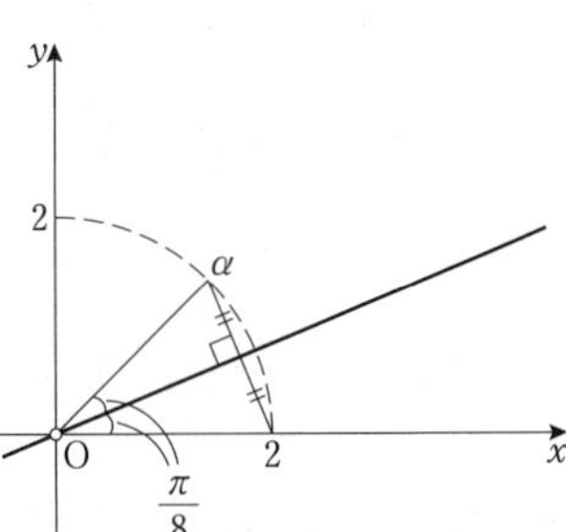

$$z=r\left(\cos\frac{\pi}{8}+i\sin\frac{\pi}{8}\right)$$

と表すことができ，$z\neq0$ であることから，$r\neq0$ である。よって

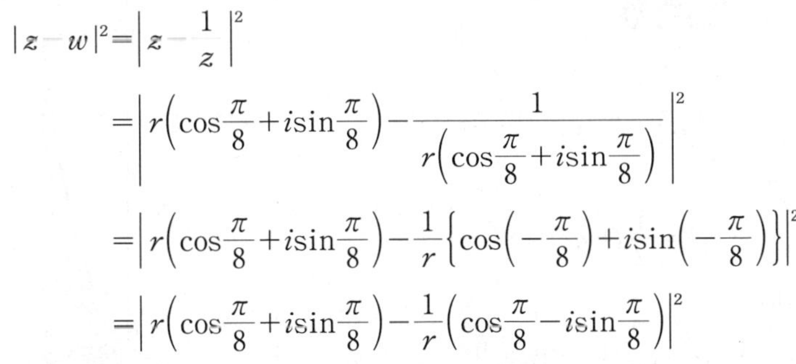

$$|z-w|^2=\left|z-\frac{1}{z}\right|^2$$

$$=\left|r\left(\cos\frac{\pi}{8}+i\sin\frac{\pi}{8}\right)-\frac{1}{r\left(\cos\frac{\pi}{8}+i\sin\frac{\pi}{8}\right)}\right|^2$$

$$=\left|r\left(\cos\frac{\pi}{8}+i\sin\frac{\pi}{8}\right)-\frac{1}{r}\left\{\cos\left(-\frac{\pi}{8}\right)+i\sin\left(-\frac{\pi}{8}\right)\right\}\right|^2$$

$$=\left|r\left(\cos\frac{\pi}{8}+i\sin\frac{\pi}{8}\right)-\frac{1}{r}\left(\cos\frac{\pi}{8}-i\sin\frac{\pi}{8}\right)\right|^2$$

$$=\left|\left(r-\frac{1}{r}\right)\cos\frac{\pi}{8}+i\left(r+\frac{1}{r}\right)\sin\frac{\pi}{8}\right|^2$$

$$=\left(r-\frac{1}{r}\right)^2\cos^2\frac{\pi}{8}+\left(r+\frac{1}{r}\right)^2\sin^2\frac{\pi}{8}$$

$$=\left(r^2+\frac{1}{r^2}-2\right)\cos^2\frac{\pi}{8}+\left(r^2+\frac{1}{r^2}+2\right)\sin^2\frac{\pi}{8}$$

$$=\left(r^2+\frac{1}{r^2}\right)\left(\cos^2\frac{\pi}{8}+\sin^2\frac{\pi}{8}\right)-2\left(\cos^2\frac{\pi}{8}-\sin^2\frac{\pi}{8}\right)$$

$$=r^2+\frac{1}{r^2}-2\cos\frac{\pi}{4}$$

$$=r^2+\frac{1}{r^2}-\sqrt{2}$$

$r^2>0$，$\frac{1}{r^2}>0$ なので，相加平均・相乗平均の関係を用いると

$$\frac{r^2+\frac{1}{r^2}}{2}\geqq\sqrt{r^2\cdot\frac{1}{r^2}}$$

$$r^2+\frac{1}{r^2}\geqq 2$$

$$r^2+\frac{1}{r^2}-\sqrt{2}\geqq 2-\sqrt{2}$$

$$|z-w|^2\geqq 2-\sqrt{2}$$

等号が成り立つ r として $r^2=\frac{1}{r^2}$，$r>0$ より $r=1$ であり，$|z-w|^2$ の最小値は　　$2-\sqrt{2}$　→コ

Ⅱ　解答

(1)　点 $\mathrm{B}(a,\ 9)$ が曲線 H 上にあるときの a の値を a_0 とすると，$9=e^{a_0}$ が成り立つから

$$a_0=\log 9=2\log 3 \quad \cdots\cdots(答)$$

となる。

$$f(a_0)=\frac{1}{2}D(a_0)-S(a_0)$$

において

$$\frac{1}{2}D(a_0)=\frac{1}{2}\cdot a_0\cdot 9=\frac{9}{2}a_0=9\log 3$$

$$S(a_0)=\int_0^{a_0} e^x dx=\Big[e^x\Big]_0^{a_0}$$

$$=e^{a_0}-e^0=e^{\log 9}-1=9-1=8$$

$f(a_0)=9\log 3-8$ ……(答)

(2) $f(a)=\dfrac{1}{2}D(a)-S(a)$

$$=\frac{9}{2}a-e^a+1$$

両辺を a で微分すると

$$f'(a)=\frac{9}{2}-e^a$$

$0<a<a_0$ の範囲で $f'(a)=0$ とするとき

$$e^a=\frac{9}{2}$$

$$a=\log\frac{9}{2}$$

となるので，$f(a)$ の $0<a\leqq a_0$ における増減は次のようになる。

a	(0)	$\cdots$	$\log\frac{9}{2}$	$\cdots$	$2\log 3$
$f'(a)$		$+$	0	$-$	
$f(a)$	(0)	↗	極大	↘	$9\log 3-8$

ここで，$f(2\log 3)$ の符号について調べる。

$$f(2\log 3)=9\log 3-8>9\log e-8=1>0 \quad (\because \ e<3)$$

であるから，区間 $0<a\leqq a_0$ における $f(a)$ の符号は正である。……(答)

(3) (2)より，$f(a)=0$ となる a は $a>a_0$ を満たす。

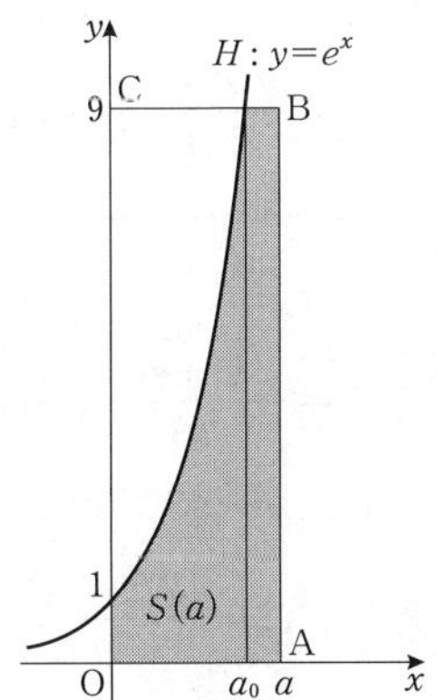

$$f(a)=\frac{1}{2}D(a)-S(a)$$

$$=\frac{1}{2}\cdot a\cdot 9-\{S(a_0)+9(a-a_0)\}$$

$$=\frac{9}{2}a-\{8+9(a-2\log 3)\}$$

$$=-\frac{9}{2}a+18\log 3-8$$

$f(a)=0$ より　　$-\frac{9}{2}a+18\log3-8=0$

求める a の値は

$$a=4\log3-\frac{16}{9}\quad\cdots\cdots(答)$$

解説

《直線と曲線で囲まれた図形の面積》

(2) (1)で扱った値 a_0 を a に置き換えれば要領よく計算できる。$f(a)$ から $f'(a)$ を求めて $0<a\leqq a_0$ における増減を調べ，$9\log3-8>0$ を示すことができれば，$f(a)>0$ となることがわかる。

(3) (2)で $0<a\leqq a_0$ の範囲では $f(a)>0$ となることがわかったから，$f(a)=0$ となる a は $a>a_0$ を満たす a である。$a>a_0$ のときの $f(a)$ を a で表して，$f(a)=0$ を満たす a の値を求めよう。

いずれの問題も図を描いて状況を確認した上で立式するとよい。

Ⅲ 解答

(1) 三角関数の合成を用いると

$$\begin{aligned}
&f_k(x)\\
&=\sqrt{\left(\frac{k}{n}\right)^2+1^2}\left\{\sin(kx)\cdot\frac{\frac{k}{n}}{\sqrt{\left(\frac{k}{n}\right)^2+1^2}}+\cos(kx)\cdot\frac{1}{\sqrt{\left(\frac{k}{n}\right)^2+1^2}}\right\}\\
&=\frac{\sqrt{k^2+n^2}}{n}\left\{\sin(kx)\cdot\frac{k}{\sqrt{k^2+n^2}}+\cos(kx)\cdot\frac{n}{\sqrt{k^2+n^2}}\right\}\\
&=\frac{\sqrt{k^2+n^2}}{n}\{\sin(kx)\cos\theta_k+\cos(kx)\sin\theta_k\}\\
&\qquad\qquad\left(ただし，\cos\theta_k=\frac{k}{\sqrt{k^2+n^2}}，\ \sin\theta_k=\frac{n}{\sqrt{k^2+n^2}}\right)\\
&=\frac{\sqrt{k^2+n^2}}{n}\sin(kx+\theta_k)
\end{aligned}$$

したがって

$$C_k=\frac{\sqrt{k^2+n^2}}{n}\quad\cdots\cdots(答)$$

$$\tan\theta_k=\frac{\sin\theta_k}{\cos\theta_k}=\frac{\dfrac{n}{\sqrt{k^2+n^2}}}{\dfrac{k}{\sqrt{k^2+n^2}}}=\frac{n}{k}\quad\cdots\cdots(\text{答})$$

(2)　(1)より

$$F_k=\int_0^{2\pi}|f_k(x)|\,dx=\int_0^{2\pi}\left|\frac{\sqrt{k^2+n^2}}{n}\sin(kx+\theta_k)\right|dx$$

ここで，$f_k(x)$ について

$$\begin{aligned}f_k(x+2\pi)&=\frac{\sqrt{k^2+n^2}}{n}\sin\{k(x+2\pi)+\theta_k\}\\&=\frac{\sqrt{k^2+n^2}}{n}\sin(kx+\theta_k+2k\pi)\\&=\frac{\sqrt{k^2+n^2}}{n}\sin(kx+\theta_k)\\&=f_k(x)\end{aligned}$$

となるので，$f_k(x)$ は連続関数で 2π を周期とする周期関数であることが示せたから，問題文の周期関数の性質を用いて

$$F_k=\int_0^{2\pi}\left|\frac{\sqrt{k^2+n^2}}{n}\sin(kx)\right|dx$$

と表せる。

$u=kx$ とおき，両辺を x で微分すると，$\dfrac{du}{dx}=k$ より　　$dx=\dfrac{1}{k}du$

また，積分区間の対応は

x	$0\ \to\ 2\pi$
u	$0\ \to\ 2k\pi$

よって

$$\begin{aligned}F_k&=\int_0^{2\pi}\left|\frac{\sqrt{k^2+n^2}}{n}\sin(kx)\right|dx\\&=\int_0^{2k\pi}\frac{\sqrt{k^2+n^2}}{n}|\sin u|\cdot\frac{1}{k}du\\&=\frac{\sqrt{k^2+n^2}}{kn}\int_0^{2k\pi}|\sin u|\,du\\&=\frac{\sqrt{k^2+n^2}}{kn}\cdot 2k\int_0^{\pi}\sin u\,du\end{aligned}$$

$$=\frac{2\sqrt{k^2+n^2}}{n}\Big[-\cos u\Big]_0^{\pi}$$

$$=\frac{2\sqrt{k^2+n^2}}{n}\{-(-1)-(-1)\}$$

$$=\frac{4\sqrt{k^2+n^2}}{n}\quad \cdots\cdots(答)$$

(3) $h(x)=x\sqrt{1+x^2}+\log(x+\sqrt{1+x^2})$

$$h'(x)=x'\sqrt{1+x^2}+x(\sqrt{1+x^2})'+\frac{1}{x+\sqrt{1+x^2}}(x+\sqrt{1+x^2})'$$

$$=\sqrt{1+x^2}+\frac{x^2}{\sqrt{1+x^2}}+\frac{1}{x+\sqrt{1+x^2}}\left(1+\frac{x}{\sqrt{1+x^2}}\right)$$

$$=\frac{1+2x^2}{\sqrt{1+x^2}}+\frac{\sqrt{1+x^2}-x}{(\sqrt{1+x^2}+x)(\sqrt{1+x^2}-x)}\cdot\frac{\sqrt{1+x^2}+x}{\sqrt{1+x^2}}$$

$$=\frac{1+2x^2}{\sqrt{1+x^2}}+\frac{1}{\sqrt{1+x^2}}=\frac{2(1+x^2)}{\sqrt{1+x^2}}$$

$$=2\sqrt{1+x^2}$$

したがって，$h'(x)=\alpha\sqrt{1+x^2}$ となる α の値は　2　……(答)

(4) $\displaystyle\lim_{n\to\infty}\frac{1}{n}\sum_{k=1}^{n}F_k=\lim_{n\to\infty}\frac{1}{n}\sum_{k=1}^{n}\frac{4\sqrt{k^2+n^2}}{n}$　（∵　(2)）

$$=\lim_{n\to\infty}\frac{1}{n}\sum_{k=1}^{n}4\sqrt{\left(\frac{k}{n}\right)^2+1}$$

$$=\int_0^1 4\sqrt{1+x^2}\,dx$$

$$=2\int_0^1 2\sqrt{1+x^2}\,dx$$

$$=2\Big[h(x)\Big]_0^1\quad(\because\ (3))$$

$$=2\Big[x\sqrt{1+x^2}+\log(x+\sqrt{1+x^2})\Big]_0^1$$

$$=2\{\sqrt{2}+\log(1+\sqrt{2})\}\quad\cdots\cdots(答)$$

解説

《数列の極限》

(1) 三角関数の加法定理を用いて合成をすることで，

$f_k(x)=C_k\sin(kx+\theta_k)$ と表す。その過程で $\cos\theta_k=\dfrac{k}{\sqrt{k^2+n^2}}$,

$\sin\theta_k=\dfrac{n}{\sqrt{k^2+n^2}}$ とおいていることから，$\tan\theta_k$ の値も求めることができる。

(2)　(1)で $f_k(x)$ を表したことに加えて，連続関数で 2π を周期とする周期関数の性質を用いることで式を整理し，F_k を k，n の式で表す。

(3)　(1)・(2)には関係なく，$h(x)$ を x で微分することで $h'(x)$ を求めよう。

(4)　(1)は(2)で利用した。(3)は(1)・(2)とは無関係に独立して解答できたので，本問では(2)・(3)の結果を用いることを意識しながら変形していこう。特に，(3)で示したことを利用できるように変形するところがポイントになる。与えられた式を見れば区分求積法ではないかと予想は立つ。

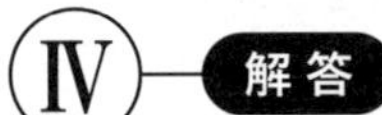
(1)　三角形 ABD の面積 S_1 は

$$S_1=\frac{1}{2}\sqrt{|\overrightarrow{AB}|^2|\overrightarrow{AD}|^2-(\overrightarrow{AB}\cdot\overrightarrow{AD})^2}$$

で求めることができる。

$$\begin{cases}\overrightarrow{AB}=(-2,\ 2,\ 0)\\ \overrightarrow{AD}=(t-2,\ t,\ a)\end{cases}$$

より

$$\begin{cases}|\overrightarrow{AB}|^2=(-2)^2+2^2+0^2=8\\ |\overrightarrow{AD}|^2=(t-2)^2+t^2+a^2=2t^2-4t+a^2+4\\ \overrightarrow{AB}\cdot\overrightarrow{AD}=-2(t-2)+2t+0\cdot a=4\end{cases}$$

よって

$$S_1=\frac{1}{2}\sqrt{8(2t^2-4t+a^2+4)-4^2}=\sqrt{4t^2-8t+2a^2+4}\quad\cdots\cdots(答)$$

三角形 OAD の面積 S_2 は

$$S_2=\frac{1}{2}\sqrt{|\overrightarrow{OA}|^2|\overrightarrow{OD}|^2-(\overrightarrow{OA}\cdot\overrightarrow{OD})^2}$$

で求めることができる。

$$\begin{cases} \overrightarrow{OA}=(2,\ 0,\ 0) \\ \overrightarrow{OD}=(t,\ t,\ a) \end{cases}$$

より

$$\begin{cases} |\overrightarrow{OA}|^2=2^2+0^2+0^2=4 \\ |\overrightarrow{OD}|^2=t^2+t^2+a^2=2t^2+a^2 \\ \overrightarrow{OA}\cdot\overrightarrow{OD}=2t+0\cdot t+0\cdot a=2t \end{cases}$$

よって

$$S_2=\frac{1}{2}\sqrt{4(2t^2+a^2)-(2t)^2}=\sqrt{t^2+a^2} \quad \cdots\cdots(答)$$

(2)

$$\frac{x^2}{x^2+2c}=\frac{x^2-2x+1}{x^2-2x+1+c}$$

$$\frac{x^2}{x^2+2c}=\frac{(x-1)^2}{(x-1)^2+c}$$

の両辺に $(x^2+2c)\{(x-1)^2+c\}$ をかけると

$$x^2\{(x-1)^2+c\}=(x-1)^2(x^2+2c)$$

$$(x-1)^2\{x^2-(x^2+2c)\}+cx^2=0$$

$$-2c(x-1)^2+cx^2=0$$

両辺を正の定数 c で割ると

$$-2(x-1)^2+x^2=0 \qquad x^2-4x+2=0$$

よって　$x=2\pm\sqrt{2}$　……(答)

(3)

$$\sqrt{6+4\sqrt{2}}=m+\sqrt{2} \qquad \sqrt{6+2\sqrt{8}}=m+\sqrt{2}$$

$$\sqrt{4}+\sqrt{2}=m+\sqrt{2} \qquad 2+\sqrt{2}=m+\sqrt{2}$$

よって　$m=2$　……(答)

参考　二重根号をはずすことができれば，上の解法のように解答すればよいが，出題者は次の解法を想定していると思われる。

$$\sqrt{6+4\sqrt{2}}=m+\sqrt{2} \quad \cdots\cdots(*)$$

の右辺が正である条件のもとで，両辺を 2 乗すると

$$6+4\sqrt{2}=m^2+2m\sqrt{2}+2$$

$$(m^2-4)+(2m-4)\sqrt{2}=0$$

ここで，2 つの整数 p，q が等式 $p+q\sqrt{2}=0$ を満たせば，$p=q=0$ で

あることを用いると

$$m^2-4=0 \quad かつ \quad 2m-4=0$$

これより　　$m=2$

これは(＊)を満たす。

p，q は特に整数でなくても，有理数であれば

「2つの有理数 p，q が等式 $p+q\sqrt{2}=0$ を満たせば，$p=q=0$ であること」が成り立つ。

(4)　四面体 OABD の表面積は，△OAB＋△OBD＋△OAD＋△ABD で求めることができる。

ここで

$$\triangle\mathrm{OAB}=\frac{1}{2}\cdot2\cdot2=2$$

$$\triangle\mathrm{OBD}=\triangle\mathrm{OAD}=S_2=\sqrt{t^2+a^2}$$

$$\triangle\mathrm{ABD}=S_1=\sqrt{4t^2-8t+2a^2+4}$$

であるから，求める表面積を $S(t)$ とおくと

$$S(t)=\sqrt{4t^2-8t+2a^2+4}+2\sqrt{t^2+a^2}+2$$

両辺を t で微分すると

$$S'(t)=\frac{(4t^2-8t+2a^2+4)'}{2\sqrt{4t^2-8t+2a^2+4}}+2\cdot\frac{(t^2+a^2)'}{2\sqrt{t^2+a^2}}$$

$$=\frac{4t-4}{\sqrt{4t^2-8t+2a^2+4}}+\frac{2t}{\sqrt{t^2+a^2}}$$

$S'(t)=0$ のとき

$$\frac{-2t+2}{\sqrt{4t^2-8t+2a^2+4}}=\frac{t}{\sqrt{t^2+a^2}}$$

$-2t+2\geqq0$ かつ $t\geqq0$ より，$0\leqq t\leqq1$ ……① のもとで，両辺を2乗して

$$\frac{4(t-1)^2}{4t^2-8t+2a^2+4}=\frac{t^2}{t^2+a^2}$$

ここで，$a=128^{\frac{1}{4}}$ であるから，$a^2=(128^{\frac{1}{4}})^2=128^{\frac{1}{2}}=8\sqrt{2}$ となり

$$\frac{4(t-1)^2}{4t^2-8t+4+16\sqrt{2}}=\frac{t^2}{t^2+8\sqrt{2}}$$

$$\frac{t^2}{t^2+2\cdot4\sqrt{2}}=\frac{t^2-2t+1}{t^2-2t+1+4\sqrt{2}}$$

$4\sqrt{2}$ は正の定数なので，(2)を利用すると

$$t=2\pm\sqrt{2}$$

このうち，①を満たすものは

$$t=2-\sqrt{2}$$

よって，$S(t)$ の増減は右のようになる。

t	$\cdots$	$2-\sqrt{2}$	$\cdots$
$S'(t)$	$-$	0	$+$
$S(t)$	↘	極小	↗

$$S(2-\sqrt{2})=\sqrt{4(2-\sqrt{2})^2-8(2-\sqrt{2})+4+16\sqrt{2}}+2\sqrt{(2-\sqrt{2})^2+8\sqrt{2}}+2$$

$$=\sqrt{12+8\sqrt{2}}+2\sqrt{6+4\sqrt{2}}+2$$

$$=2\cdot\frac{\sqrt{6+4\sqrt{2}}}{\sqrt{2}}+2\sqrt{6+4\sqrt{2}}+2$$

(3)より，$\sqrt{6+4\sqrt{2}}=2+\sqrt{2}$ なので

$$S(2-\sqrt{2})=2\cdot\frac{2+\sqrt{2}}{\sqrt{2}}+2(2+\sqrt{2})+2=8+4\sqrt{2}$$

したがって，四面体 OABD の表面積は

$t=2-\sqrt{2}$ のときに最小となり，最小値は $8+4\sqrt{2}$　……(答)

解説

《四面体の表面積の最小値》

(1)　空間において三角形の面積を求める場合は，ベクトルを利用するとよい。ベクトルの成分から，ベクトルの大きさ，内積を求めて面積を計算する。

(2)　問題のテーマとは離れて，x の方程式 $\dfrac{x^2}{x^2+2c}=\dfrac{x^2-2x+1}{x^2-2x+1+c}$ を解くことに集中する。計算していく過程で c の値には関わらず解が求まることがわかり，これは(4)で利用するであろうと推測できる。

(3)　等式 $\sqrt{6+4\sqrt{2}}=m+\sqrt{2}$ から二重根号をはずすことにより m の値を求めよう。二重根号をはずすことができなければ，〔参考〕のように問題文のヒントを利用すればよい。これも(4)で利用するだろうことがわかる。

(4)　四面体 OABD の表面積を a，t を用いて表す。4 面のうち，2 面は(1)で求めている。残り 2 面のうち三角形 OAB は直角二等辺三角形なので容易に求めることができる。三角形 OBD は(1)ですでに面積を求めた三角形 OAD と合同であることから新たに求める必要はない。表面積の最小値を求めるので，表面積を t の関数とみて導関数を求めることで増減を調べ

る。(2)・(3)の結果をどこでどのように用いるのかを意識しながら解き進めていこう。

また，$S'(t)=0$ を満たす t の値を求めるプロセスで，$0\leqq t\leqq 1$ のもとで計算しただけであり，t 自体は実数全体を動くので，増減を調べるときの t の値の範囲が $0\leqq t\leqq 1$ と制限されているわけではないことにも注意しよう。

講評

2024 年度も例年通り，試験時間 100 分で大問 4 題を解答させるものであった。Ⅰは小問集合で結果だけを空欄に記入させる形式，Ⅱ～Ⅳは記述式の解答形式の問題であり，これも例年通りの形式である。

Ⅰ　小問集合の問題数は 2 問で，この形式が定着してきている。(1)は点の移動に関する確率の問題である。(2)は複素数平面の軌跡に関する問題である。どちらも，やや易しめ～標準レベルの問題である。

Ⅱ　直線と曲線で囲まれた図形の面積に関する問題である。やや易しめ～標準レベルの問題である。記述式の 3 題の中では最も取り組みやすい問題であり，確実に得点したい。

Ⅲ　周期が 2π の連続関数に関する問題である。誘導に従って，数列の極限を求める標準レベルの問題である。

Ⅳ　四面体の表面積の最小値を求める問題である。誘導に従い準備していけば要領よく結果を得ることができるが，やや難しめのレベルの問題である。

どの問題もとても丁寧な小問の誘導が付いている。最終的に問われていることにたどり着くための過程で必要な計算結果を事前に準備しておくために，小問を配置してくれているイメージである。それをうまく利用しながら解答していくことがポイントになる。

物　理

I **解答**　(ア) μ　(イ) $g(\sin\theta-\mu'\cos\theta)$　(ウ) $\sqrt{2g(\sin\theta-\mu'\cos\theta)L}$

(エ) $\dfrac{1}{2}(1-3\tan\theta)a$　(オ) $\dfrac{1}{3}$　(カ) $\sin\theta_1+\mu\cos\theta_1$　(キ) $(1+\tan\theta_1-2\mu)\dfrac{a}{2}$

(ク) $\dfrac{3\tan\theta_1+1}{2(\tan\theta_1+\mu)}a$

解答図（I-A）

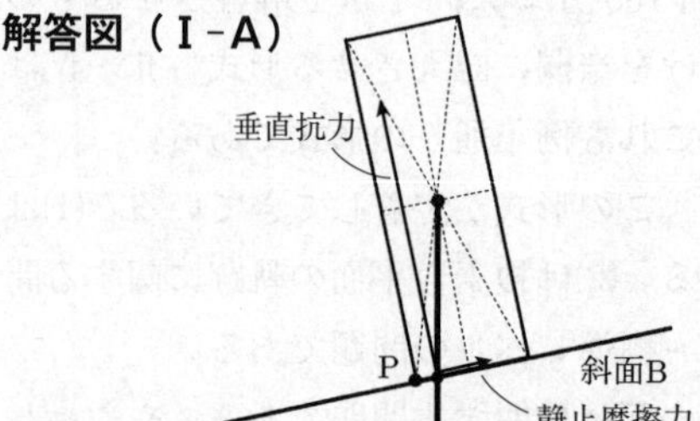

解説

《斜面上の物体の運動とつりあい》

(ア)　物体Aの質量を m とする。すべり降り始める直前の物体Aに作用する力の斜面方向のつりあいより

$$mg\sin\theta_0=\mu mg\cos\theta_0 \qquad \therefore \quad \tan\theta_0=\mu$$

(イ)　物体Aの加速度の大きさを α とする。物体Aの斜面方向下向きの運動方程式より

$$m\alpha=mg\sin\theta-\mu' mg\cos\theta \qquad \therefore \quad \alpha=g(\sin\theta-\mu'\cos\theta)$$

(ウ)　求める速さを v とする。等加速度運動の式より

$$v^2-0^2=2\alpha L$$

$$\therefore \quad v=\sqrt{2g(\sin\theta-\mu'\cos\theta)L}$$

(エ)　求める距離を X とする。物体Aに作用する力の点Pのまわりのモーメントの和＝0より

$$mg\sin\theta\times\frac{3}{2}a-mg\cos\theta\times\frac{1}{2}a+mg\cos\theta\times X=0$$

$\therefore \quad X=\frac{1}{2}(1-3\tan\theta)a$

(オ) 物体Aが転倒する直前のとき，$X=0$ となるので

$$\tan\theta=\frac{1}{3}$$

物体Aはすべり降りないので，$\theta<\theta_0$ より　$\tan\theta<\tan\theta_0$

$\therefore \quad \mu>\frac{1}{3}$

(カ) Aが動き出す直前の糸の張力の大きさを T とする。すべり上がり始める直前の物体Aに作用する力の斜面方向のつりあいより

$$T=mg\sin\theta_1+\mu mg\cos\theta_1$$

よって　$\frac{T}{mg}=\sin\theta_1+\mu\cos\theta_1$

(キ) 求める距離を Y とする。すべり上がり始める直前の物体Aに作用する力の点Qのまわりのモーメントの和＝0より

$$mg\sin\theta_1\times\frac{3}{2}a+mg\cos\theta_1\times\frac{1}{2}a-mg\cos\theta_1\times Y-T\times a=0$$

$\therefore \quad Y=(1+\tan\theta_1-2\mu)\frac{a}{2}$

(ク) 求める距離を h とする。このとき，転倒する直前として垂直抗力の作用点のQからの距離を0とする。物体Aに作用する力の点Qのまわりのモーメントの和＝0より

$$mg\sin\theta_1\times\frac{3}{2}a+mg\cos\theta_1\times\frac{1}{2}a-T\times h=0$$

$\therefore \quad h=\frac{3\tan\theta_1+1}{2(\tan\theta_1+\mu)}a$

II　解答

(ア) $\frac{h}{\lambda'}\cos\theta+mv\cos\phi$　(イ) $\frac{h}{\lambda'}\sin\theta-mv\sin\phi$

(ウ) $\left(\frac{1}{\lambda^2}+\frac{1}{\lambda'^2}-\frac{2}{\lambda\lambda'}\cos\theta\right)h^2$　(エ) $\left(\frac{1}{\lambda}-\frac{1}{\lambda'}\right)hc$　(オ) $(1-\cos\theta)\frac{h}{mc}$

(カ) $2d\sin\alpha$　(キ) $\frac{(1-\cos\theta)h}{2dmc\cos\alpha}$　(ク) 1.2×10^{-12}

解説

《コンプトン散乱，ブラッグ反射》

(ア)　x 方向の運動量保存則より

$$\frac{h}{\lambda}=\frac{h}{\lambda'}\cos\theta+mv\cos\phi$$

(イ)　y 方向の運動量保存則より

$$0=\frac{h}{\lambda'}\sin\theta-mv\sin\phi$$

(ウ)　(ア)，(イ)の2式より

$$\begin{aligned}m^2v^2&=m^2v^2\cos^2\phi+m^2v^2\sin^2\phi\\&=\left(\frac{h}{\lambda}-\frac{h}{\lambda'}\cos\theta\right)^2+\left(\frac{h}{\lambda'}\sin\theta\right)^2\\&=\left(\frac{1}{\lambda^2}+\frac{1}{\lambda'^2}-\frac{2}{\lambda\lambda'}\cos\theta\right)h^2\end{aligned}$$

(エ)　エネルギー保存則より

$$\frac{hc}{\lambda}=\frac{hc}{\lambda'}+\frac{1}{2}mv^2$$

$$\therefore\quad \frac{1}{2}mv^2=\left(\frac{1}{\lambda}-\frac{1}{\lambda'}\right)hc$$

(オ)　(エ)の式×$2m$ と(ウ)の式より v を消去すると

$$\left(\frac{1}{\lambda}-\frac{1}{\lambda'}\right)2mhc=\left(\frac{1}{\lambda^2}+\frac{1}{\lambda'^2}-\frac{2}{\lambda\lambda'}\cos\theta\right)h^2$$

この式の両辺に $\lambda\lambda'$ をかけて，与えられた近似を用いると

$$(\lambda'-\lambda)2mhc=\left(\frac{\lambda'}{\lambda}+\frac{\lambda}{\lambda'}-2\cos\theta\right)h^2\fallingdotseq(2-2\cos\theta)h^2$$

$$\therefore\quad \lambda'-\lambda=(1-\cos\theta)\frac{h}{mc}$$

(カ)　回転角 α になったとき隣りあう格子面で反射された2つのX線の経路差は $2d\sin\alpha$ である。このとき，最初に強く反射した波長 λ のX線を検出したので，ブラッグ反射の式は

$$\lambda=2d\sin\alpha$$

(キ)　波長 λ' のX線についてのブラッグ反射の式は

$$2d\sin(\alpha+\varDelta\alpha)=\lambda'$$

与えられた近似式と(カ)の式より

$$\lambda'-\lambda \fallingdotseq 2d\Delta\alpha\cos\alpha$$

(オ)の式を用いると

$$2d\Delta\alpha\cos\alpha=(1-\cos\theta)\frac{h}{mc} \qquad \therefore \quad \Delta\alpha=\frac{(1-\cos\theta)h}{2dmc\cos\alpha}$$

(ク) (オ)の式に与えられた数値を代入すると

$$\lambda'-\lambda=(1-\cos\theta)\frac{h}{mc}=\left(1-\cos\frac{\pi}{3}\right)\frac{6.6\times10^{-34}}{9.1\times10^{-31}\times3.0\times10^{8}}$$

$$=1.20\times10^{-12}\fallingdotseq1.2\times10^{-12}\,〔\mathrm{m}〕$$

III 解答 **(ア)** $\dfrac{E}{r+R_1}$ **(イ)** $\dfrac{E^2R_1}{(r+R_1)^2}$ **(ウ)** r **(エ)** $\dfrac{r_VR_2}{r_V+R_2}$ **(オ)** $\dfrac{R_2}{r_V}$

(カ) R_2+r_A **(キ)** $\dfrac{r_A}{R_2}$ **(ク)** $\sqrt{r_Ar_V}$

解答図（III-A）

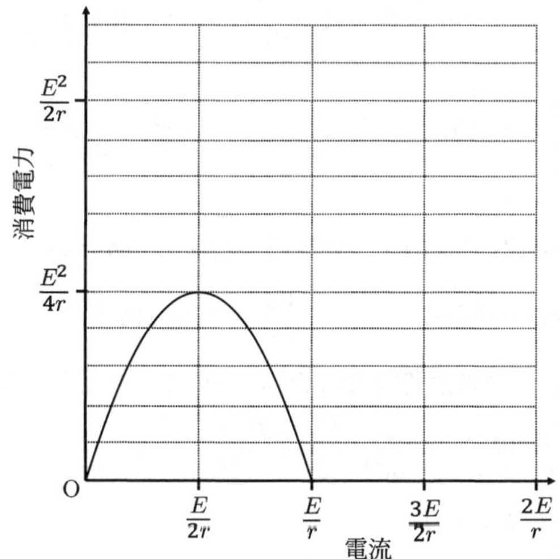

解説

《電池，電流計，電圧計の内部抵抗》

(ア) 求める電流を I_1〔A〕とすると，図1の回路について電位の関係より

$$E-rI_1=R_1I_1 \qquad \therefore \quad I_1=\frac{E}{r+R_1}〔\mathrm{A}〕$$

(イ) 求める消費電力を P_1〔W〕とすると

$$P_1=I_1{}^2R_1=\frac{E^2R_1}{(r+R_1)^2}〔\mathrm{W}〕$$

(ウ)　(イ)の P_1 の式を変形すると　$P_1=\dfrac{E^2}{\dfrac{(r+R_1)^2}{R_1}}$

P_1 の最大値は変形した式の分母が最小になるときで，相加平均≧相乗平均より

$$(\text{分母})=\frac{r^2}{R_1}+R_1+2r\geqq 2r+2r=4r$$

よって，P_1 が最大となるのは $\dfrac{r^2}{R_1}=R_1$ のときである。

したがって　$R_1=r\,[\Omega]$

(エ)　図2の回路の抵抗 R_2 の電圧が $V_\mathrm{A}\,[\mathrm{V}]$ で，電流の関係より

$$I_\mathrm{A}=\frac{V_\mathrm{A}}{r_\mathrm{V}}+\frac{V_\mathrm{A}}{R_2}\qquad\therefore\quad\frac{V_\mathrm{A}}{I_\mathrm{A}}=\frac{r_\mathrm{V}R_2}{r_\mathrm{V}+R_2}\,[\Omega]$$

(オ)　抵抗 R_2 の真の消費電力は $\dfrac{{V_\mathrm{A}}^2}{R_2}$ なので，相対誤差は

$$\frac{V_\mathrm{A}I_\mathrm{A}-\left(\dfrac{{V_\mathrm{A}}^2}{R_2}\right)}{\dfrac{{V_\mathrm{A}}^2}{R_2}}=\frac{I_\mathrm{A}}{V_\mathrm{A}}R_2-1=\frac{r_\mathrm{V}+R_2}{r_\mathrm{V}}-1=\frac{R_2}{r_\mathrm{V}}$$

(カ)　図3の回路の抵抗 R_2 と電流計の電圧の和が $V_\mathrm{B}\,[\mathrm{V}]$ より

$$V_\mathrm{B}=I_\mathrm{B}R_2+I_\mathrm{B}r_\mathrm{A}\qquad\therefore\quad\frac{V_\mathrm{B}}{I_\mathrm{B}}=R_2+r_\mathrm{A}\,[\Omega]$$

(キ)　抵抗 R_2 の真の消費電力は ${I_\mathrm{B}}^2R_2$ なので，相対誤差は

$$\frac{V_\mathrm{B}I_\mathrm{B}-{I_\mathrm{B}}^2R_2}{{I_\mathrm{B}}^2R_2}=\frac{V_\mathrm{B}}{I_\mathrm{B}R_2}-1=\frac{R_2+r_\mathrm{A}}{R_2}-1=\frac{r_\mathrm{A}}{R_2}$$

(ク)　(オ)と(キ)の結果より

$$\frac{r_\mathrm{A}}{R_2}<\frac{R_2}{r_\mathrm{V}}\qquad\therefore\quad R_2>\sqrt{r_\mathrm{A}r_\mathrm{V}}\,[\Omega]$$

解答図（Ⅲ-A）　消費電力 P_1 を電流 I_1 の関数として表すと（R_1 を消去する）

$$P_1={I_1}^2R_1={I_1}^2\left(\frac{E}{I_1}-r\right)=-r{I_1}^2+EI_1$$

$$=-r\left(I_1-\frac{E}{2r}\right)^2+\frac{E^2}{4r}$$

- 電流 I_1 の最大値は $R_1=0$ のとき，$I_1=\dfrac{E}{r}$〔A〕，消費電力 0
- 電流 $I_1\to 0$ のとき，$R_1\to\infty$ で消費電力 $I_1{}^2R_1\to 0$

講評

2024 年度の出題は，従来通りの大問 3 題，試験時間 75 分であった。2023 年度に引き続いて出題された描図問題は 2 問であった。

Ⅰ　斜面上の直方体のつりあいと運動からの出題である。(エ)では垂直抗力の作用点を力のモーメントのつりあいから求めたが，描図では作用する 3 力の作用線が 1 点で交わることより，重力の作用線と斜面の交点が垂直抗力の作用点として求められる。

Ⅱ　前半のコンプトン散乱では，与えられた近似をうまく用いればよい。後半のブラッグ反射では，公式 $2d\sin\alpha=n\lambda$ の $n=1$ の場合であることに注意すればよい。

Ⅲ　内部抵抗を考慮した出題である。(ウ)では相加平均≧相乗平均で解答したが，描図の〔解説〕のように P_1 を電流 I_1 の 2 次関数で表した方が描図しやすい。なお，電流 I_1 の範囲 $0<I_1\leqq\dfrac{E}{r}$ に注意したい。

化 学

I 解答

(1)あ. M殻 **い.** ネオン **う.** イオン化エネルギー **え.** アルゴン **お.** 電子親和力 **か.** 小さい **き.** 大きい **く.** イオン交換膜 **け.** アンモニアソーダ

(2)(ア) $2H_2O+2e^- \longrightarrow 2OH^-+H_2$

(イ) $2NaOH+CO_2 \longrightarrow Na_2CO_3+H_2O$

(3)(i)さ. Na_2CO_3 **し.** CaO **す.** $Ca(OH)_2$

(ii) $2NaCl+CaCO_3 \longrightarrow Na_2CO_3+CaCl_2$

(iii) 1.09 kg

(4)(i) 0.49 mol **(ii)** 12

(iii) $CaCO_3+H_2O+CO_2 \longrightarrow Ca(HCO_3)_2$

(iv) 0.009 mol

解説

《電子配置とエネルギー，アンモニアソーダ法，Ca 化合物の性質》

(1)あ～き. 右図のように，原子から電子を1個取り去って1価の陽イオンにするために必要なエネルギーをイオン化エネルギーという。この値が小さいほど電子は取れやすく陽イオンになりやすい。また原子が電子を1個受け取って1価の陰イオンになるときに放出されるエネルギーを電子親和力という。この値が大きいほどエネルギーの低い安定したイオンになれるため陰イオンになりやすい。

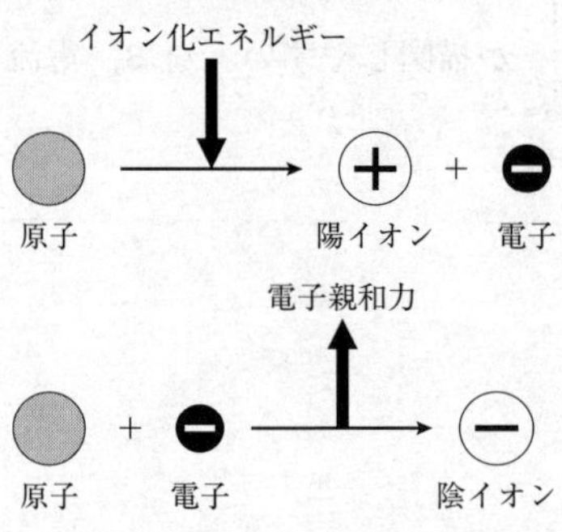

く. 右図のように陽イオン交換膜（陽イオンのみ通過する膜）で仕切った容器で NaClaq を電気分解すると，陰極では下線部(ア)の反応により OH^- が生成する。また，陽極では

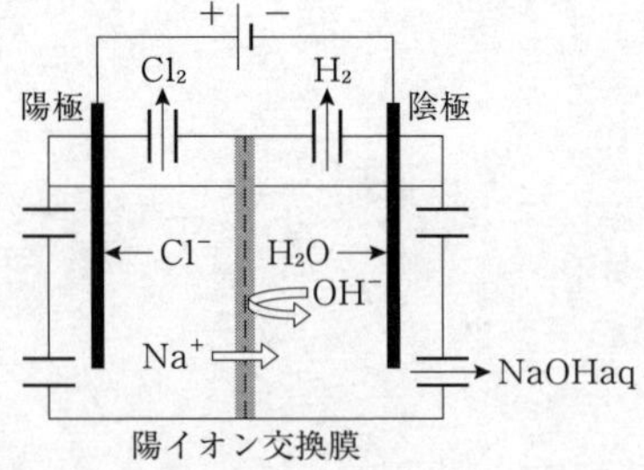

$2Cl^- \longrightarrow Cl_2 + 2e^-$

の反応により Cl_2 が発生すると同時に Na^+ が残る。この Na^+ が陽イオン交換膜を通って陰極室に移動するが，陰極で生成した OH^- は陽イオン交換膜を通れないため陰極室に留まり NaOH が得られことになる。

(3)(i)・(ii)　NaCl と $CaCO_3$ を直接反応させて Na_2CO_3 を得るのが難しいため，以下の工程（アンモニアソーダ法）で合成する。

反応①：$NaCl + H_2O + NH_3 + CO_2 \longrightarrow NaHCO_3 + NH_4Cl$

反応②：$2NaHCO_3 \longrightarrow Na_2CO_3 + H_2O + CO_2$

反応③：$CaCO_3 \longrightarrow CaO + CO_2$

反応④：$CaO + H_2O \longrightarrow Ca(OH)_2$

反応⑤：$2NH_4Cl + Ca(OH)_2 \longrightarrow CaCl_2 + 2H_2O + 2NH_3$

これらをまとめると〔解答〕の反応式となる。

(iii)　$\dfrac{1.00}{106} \times 2 \times 58.0 = 1.094 \fallingdotseq 1.09$〔kg〕

(4)(i)　塩酸と加えた $CaCl_2$ に含まれる量の和になるので

$$1.00 \times \frac{480}{1000} + 0.0050 \times 2 = 0.49\text{〔mol〕}$$

(ii)　操作①では HCl と NaOH の中和反応が起こるが，量的関係から NaOH が余り塩基性となる。水溶液全体の体積は 1 L なので

$$[OH^-] = 0.490 - 1.00 \times \frac{480}{1000} = 0.010 = 1.0 \times 10^{-2}\text{〔mol/L〕}$$

したがって，pH は 12 となる。

(iv)　沈殿した $CaCO_3$ は，操作①で加えた $CaCl_2$ の物質量に等しい 0.0050 mol で，この 90% が溶解すると，反応式より

$$0.0050 \times \frac{90}{100} \times 2 = 0.009\text{〔mol〕}$$

の HCO_3^- が生成する。

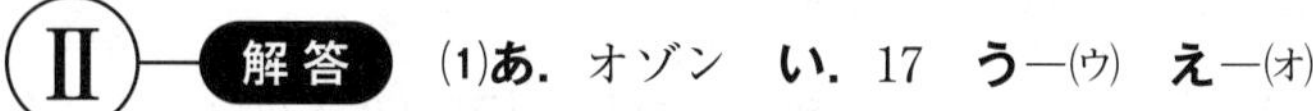

(2)(a) $Ca(ClO)_2 \cdot 2H_2O + 4HCl \longrightarrow CaCl_2 + 4H_2O + 2Cl_2$

(c) $NaCl + H_2SO_4 \longrightarrow NaHSO_4 + HCl$

(3)(i) 2.08×10^5 Pa

(ii) **お.** ファンデルワールス　**か.** 熱運動

(iii) 0.97倍

(4)(i) **き.** 可逆　**く.** 9　**け.** $[HI]^2$　**こ.** $\frac{k_1}{k_2}$

(ii) 3.0×10^{-4} mol/(L･s)

(iii) 3.5×10^{-2} L/(mol･s)

(iv)

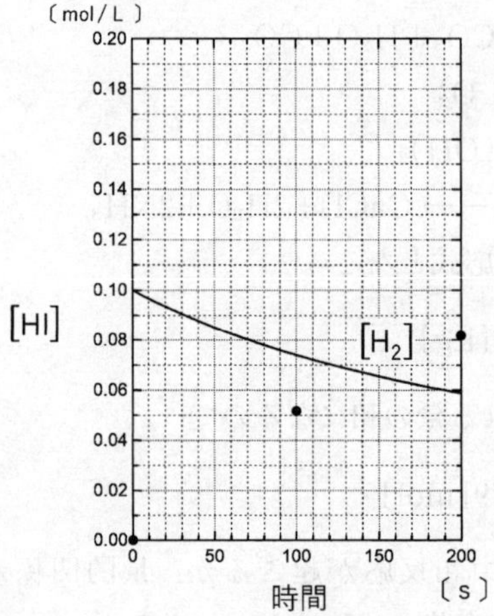

(v) 64

(vi) k_1：(a)―(ア)　(b)―(ア)　K：(a)―(イ)　(b)―(ウ)

解説

《二原子分子の性質，状態方程式と実在気体，反応速度と化学平衡》

(1) **い〜え.** ハロゲンの単体は二原子分子で，常温で F_2 は淡緑色の気体，Cl_2 は黄緑色の気体，Br_2 は赤褐色の液体，I_2 は黒紫色の固体である。

(3)(i)　求める圧力を p〔Pa〕とすると，理想気体の状態方程式より

$$p\times0.200=\frac{2.54}{254}\times8.31\times10^3\times500$$

$$p=2.077\times10^5\fallingdotseq2.08\times10^5\text{〔Pa〕}$$

(ii)　理想気体では常に $\frac{PV}{nRT}=1$ が成り立つが，実在気体では常に1になるとは限らない。そのずれの要因の一つがファンデルワールス力で，係数 B により理想気体の状態方程式にファンデルワールス力の影響を加味し

た式が①となる。温度が高いほどファンデルワールス力は小さくなるため，負の値である B の絶対値は小さくなる。さらに，n が大きいほどファンデルワールス力がはたらく分子の数が増え，V が小さいほど分子間距離が小さくなってファンデルワールス力がより強くはたらくため，1からのずれは大きくなる。これらのことから，①式が成り立つ合理性は理解できる。

(iii)　図1より 500 K における B の値は $-605\,\mathrm{cm^3/mol}$ となるので

$$1+\frac{nB}{V}=1+\frac{0.010\times(-605)}{200}=0.969\fallingdotseq 0.97$$

よって，0.97 倍となる。

(4)(i)く． 求める反応熱を Q〔kJ/mol〕とすると，反応②の熱化学方程式は

$$H_2(気)+I_2(気)=2HI(気)+Q\,\mathrm{kJ}$$

となり

$$Q=2\times 295-(432+149)=9〔\mathrm{kJ/mol}〕$$

(ii)　$$-\frac{0.085-0.100}{50}=3.0\times 10^{-4}〔\mathrm{mol/(L\cdot s)}〕$$

(iii)　図2より，はじめの50秒における $[H_2]$ および $[I_2]$ の平均は

$$[H_2]=[I_2]=\frac{0.100+0.085}{2}=0.0925〔\mathrm{mol/L}〕$$

となる。よって

$$3.0\times 10^{-4}=k_1\times 0.0925^2$$

$$k_1=3.50\times 10^{-2}\fallingdotseq 3.5\times 10^{-2}〔\mathrm{L/(mol\cdot s)}〕$$

(iv)　図2より，100秒後および200秒後までに H_2 は

$$0.100-0.074=0.026〔\mathrm{mol}〕$$

および

$$0.100-0.059=0.041〔\mathrm{mol}〕$$

減少している。したがって，HI は 0.052 mol および 0.082 mol 生成していることになり，これらの値をグラフ上にプロットする。

(v)　反応前および平衡時の各成分の濃度は以下のようになる。

	H_2	+ I_2	$\rightleftarrows$ 2HI	
反応前	0.100	0.100	0	
平衡時	0.020	0.020	(0.100−0.020)×2	〔mol/L〕

したがって

$$K=\frac{[\mathrm{HI}]^2}{[\mathrm{H_2}][\mathrm{I_2}]}=\frac{0.16^2}{0.020\times0.020}=64$$

(vi)　触媒が存在すると活性化エネルギーが小さくなり，反応速度は正逆ともに大きくなる。つまり k_1 と k_2 は大きくなる。しかし平衡状態における物質の量的関係は変わらないため，平衡定数は変化しない。また温度を上げると k_1 と k_2 は大きくなり，反応速度も大きくなる。しかし正反応は発熱反応であるため，平衡が左に移動し K の値は小さくなる。

III　解答

(1)**あ．** カルボキシ　**い．** ヒドロキシ

(2)

```
                      H
         H      O
H−O      |      |       O
   C − C −*C − C
O          |      |       O−H
         H      H
```

(3)

```
                      H
         H      O
H−O      |      |       O
   C −*C −*C − C
O          |      |       O−H
         O      H
      H
```

(4)クエン酸

(5)0.11 g

(6)**え．** 1.8　**お．** 14　**か．** 16　**き．** 12

(7)―(ア)

(8)(ア)―×　(イ)―×　(ウ)―×

(9)

```
                         OH                      O         O
                         |                        C ⁀ O ⁀ C
HO−C−CH2−*C−CH2                       |         |
     ‖                   /      \                H2C      CH2
     O            O=C      C=O                  \    /
                      \ O /              HO−C − C   OH
                                              ‖
                                              O
```

(10)(ア)―○　(イ)―○　(ウ)―○

(11)―(イ)・(ウ)

解説

《ヒドロキシ酸の構造と性質，中和反応とpH，緩衝液，セルロース》

(1) カルボキシ基とともにヒドロキシ基をもつ化合物をヒドロキシ酸といい，乳酸，クエン酸，リンゴ酸，酒石酸などがある。

(4) リンゴ酸，酒石酸がもつヒドロキシ基は第二級だが，クエン酸は第三級のため酸化されにくい。

(5) クエン酸一水和物の分子式は $C_6H_8O_7 \cdot H_2O$（分子量 210）で 3 価の酸である。図 2 より，0.10 mol/L NaOH 水溶液 15 mL と中和しているので，求める質量を w〔g〕とすると

$$3\times\frac{w}{210}=1\times0.10\times\frac{15}{1000}\qquad\therefore\quad w=0.105\fallingdotseq0.11\text{〔g〕}$$

(6)え. $[H^+]=0.015=15\times10^{-3}$〔mol/L〕

$$pH=-\log_{10}(15\times10^{-3})=3-(\log_{10}3+\log_{10}5)=1.82\fallingdotseq1.8$$

お. $[H^+]=1.0\times10^{-3}$〔mol/L〕より，求める体積を x〔mL〕とすると

$$\left(0.015\times\frac{100}{1000}-0.10\times\frac{x}{1000}\right)\times\frac{1000}{100+x}=1.0\times10^{-3}$$

$x=13.8\fallingdotseq14$〔mL〕

か. $[OH^-]=1.0\times10^{-3}$〔mol/L〕より，求める体積を y〔mL〕とすると

$$\left(0.10\times\frac{y}{1000}-0.015\times\frac{100}{1000}\right)\times\frac{1000}{y+100}=1.0\times10^{-3}$$

$y=16.1\fallingdotseq16$〔mL〕

き. $$[OH^-]=\left(0.10\times\frac{25}{1000}-0.015\times\frac{100}{1000}\right)\times\frac{1000}{25+100}$$

$$=8.0\times10^{-3}\text{〔mol/L〕}$$

$$pOH=-\log_{10}(2^3\times10^{-3})=3-3\log_{10}2=2.1$$

$\therefore\quad pH=14-2.1=11.9\fallingdotseq12$

(7) 弱酸とその塩が共存する水溶液が緩衝作用を示す。図 2 より，pH 4 付近ではクエン酸のナトリウム塩とクエン酸が共存する状態であるため緩衝液を調製することができる。pH 8 や 11 付近ではクエン酸はナトリウム塩の状態であり，緩衝液は調製できない。

(8) (ア)誤り。中和点が塩基性にあるため変色域が酸性のメチルオレンジは使用できない。

(イ)誤り。3つのカルボキシ基は完全に中和されて塩になっており電離している。ヒドロキシ基は電離しない中性の官能基である。

(ウ)誤り。クエン酸の酸性はカルボキシ基によるもので，弱酸である。

(9)　分子式より，この酸無水物は分子内脱水でできたものとわかる。その場合，右図のように2通りのカルボキシ基間での脱水が考えられる。

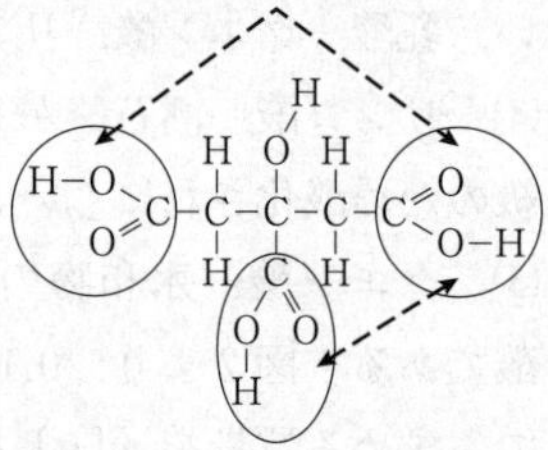

(10)　(ア)正しい。セルロースに無水酢酸を反応させると，次式のように3つのヒドロキシ基がアセチル化されたトリアセチルセルロースが得られる。

$$[C_6H_7O_2(OH)_3]_n + 3n(CH_3CO)_2O \longrightarrow [C_6H_7O_2(OCOCH_3)_3]_n + 3nCH_3COOH$$

トリアセチルセルロース

(イ)正しい。セルロースは硫酸と反応して，次式のように硫酸エステルが得られる。

$$[C_6H_7O_2(OH)_3]_n + 3nH_2SO_4 \longrightarrow [C_6H_7O_2(OSO_3H)_3]_n + 3nH_2O$$

セルロースの硫酸エステル

(ウ)正しい。デンプンは次図のように，α-グルコースが多数縮合した化合物である。

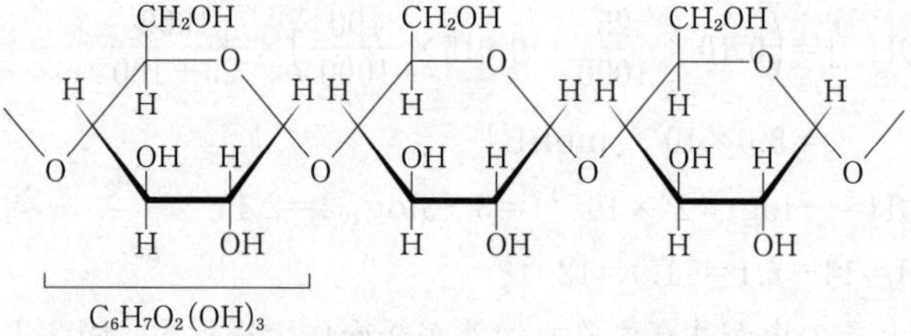

$C_6H_7O_2(OH)_3$

よって示性式は $[C_6H_7O_2(OH)_3]_n$ となり，これはβ-グルコースが多数縮合したセルロースと同じである。

(11)　セルロースは植物の細胞壁を形成し綿や紙の主成分である。絹およびコラーゲンはタンパク質，グリコーゲンはα-グルコースが多数縮合してできるアミロペクチン（デンプン）に似た物質である。

講評

例年と同じく大問3題の出題で，試験時間は75分。難易度は例年並みで，基本～やや難しい内容まで幅広く出題されている。すべての大問において，空所補充や化学反応式・構造式を書かせるといった知識問題と，計算力・思考力が必要な問題が盛り込まれている。空所補充や択一式問題は比較的解答しやすいので，落とさないようにしたい。

Ⅰ　(1)～(3)は基本的な知識問題が多く確実に解答したい。アンモニアソーダ法はすべての反応式が書けるようにしておこう。(4)では各操作で起こる反応を正しく理解する必要がある。

Ⅱ　やはり(1)・(2)の知識問題では確実に解答したい。(3)は，ファンデルワールスの状態方程式を学習していれば，係数 B の意味はわかるであろうが，そうでなければ，理想気体と実在気体の違いを基に，式の意味を考えよう。(4)は理論的な難しさはないが，計算問題が多いので時間がかかる。短時間で正確な計算力が問われる。

Ⅲ　例年，有機分野が出題される。天然・合成を問わず高分子化合物も十分に学習しておこう。乳酸以外のヒドロキシ酸についても構造式が書けるようにしておきたい。後半の正誤問題・択一式問題は比較的易しいので確実に解答したい。

生　物

I 解答

(1)(あ)逆転写　(い)レトロ　(う)PCR　(え)イントロン
(お)スプライシング　(か)エキソン　(き)原核　(く)置換
(け)DNA ポリメラーゼ（DNA リガーゼ）
(2)(ア)体液性免疫　(イ)—◎　(ウ)—◎　(エ)H 鎖と L 鎖　(オ)二次応答
(3)RNA 干渉（ノックダウン）
(4)(a)(こ)糖（デオキシリボース）　(さ)リン酸　((こ), (さ)は順不同）　(し)水素
(す)強い
(b)—①
(c)

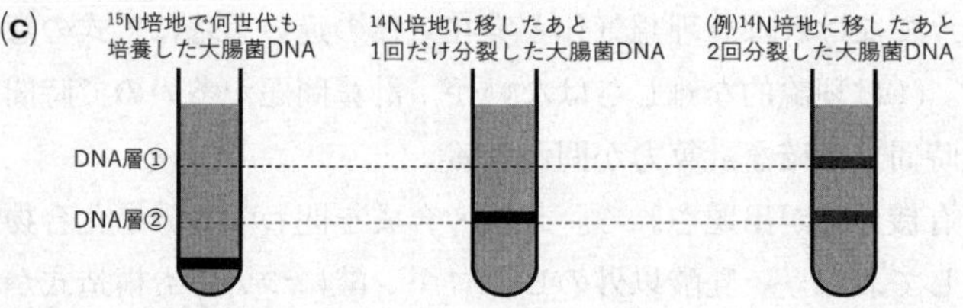

(d)—(エ)
(5)(a)物質：(イ)　役割：(コ)
物質：(オ)　役割：(カ)
(b)トレオニン：UGU　ヒスチジン：GUG
(c)UAA は終止コドンなのでアミノ酸を指定せず，ポリペプチドは合成されない。(40 字以内)

解説

《免疫とウイルス，半保存的複製と遺伝暗号の解読》

(1)(あ)・(い)　レトロウイルスは，遺伝物質として 1 本鎖 RNA をもつウイルスで，逆転写酵素を利用して自身の RNA から DNA を合成し，これを宿主細胞のゲノムに組み込む。

(け)　DNA は，紫外線やある種の化学物質による損傷や DNA の複製時の誤りによって，塩基配列が変化することがある。これを突然変異といい，DNA 修復と呼ばれるしくみによってただちに修復される。たとえば，紫外線などの影響で突然変異が起こった場合，突然変異を起こした部位とそ

の両側にあるいくつかの塩基を含めた部分がエンドヌクレアーゼと呼ばれる酵素によって取り除かれる。次に，DNA ポリメラーゼのはたらきによって相補的な塩基をもったヌクレオチドが結合していき，最後に DNA リガーゼのはたらきでヌクレオチドの切れ目が連結されて，修復が完了する。また，DNA の複製時に相補的でない塩基対が生じた場合，DNA ポリメラーゼが誤ったヌクレオチドを取り除き，正しいヌクレオチドをつなぎ直す。

本問の場合，ヌクレオチド除去機能をもつ酵素という部分に注目すると，エンドヌクレアーゼや DNA ポリメラーゼが当てはまるが，DNA 修復に関与する酵素を答えるのであれば DNA リガーゼでもよいと思われる。

(2) (ア)誤文。細胞性免疫ではなく体液性免疫。

(エ)誤文。可変部は H 鎖と L 鎖からなる。

(オ)誤文。自己成分に免疫がはたらかない状態を免疫寛容という。

(3) RNA の中には，タンパク質と結合して mRNA を分解したり，翻訳を阻害したりするものがあり，このような RNA のはたらきを RNA 干渉という。RNA 干渉のしくみを利用して，目的とする遺伝子の mRNA の分解や翻訳の阻害をすることで遺伝子の発現を抑制することをノックダウンといい，遺伝子の機能を調べる方法として広く用いられている。

(4)(a) A と T 間では 2 本の水素結合が，G と C 間では 3 本の水素結合が形成されるので，A と T 間よりも G と C 間の水素結合の方が強い。

(b) ^{14}N のみからなる軽い DNA，^{14}N と ^{15}N からなる中間の重さの DNA，^{15}N のみからなる重い DNA をそれぞれ ^{14}N－^{14}N，^{14}N－^{15}N，^{15}N－^{15}N と表すことにする。また，^{15}N 培地で何世代も培養した大腸菌を第 0 世代とし，^{14}N 培地に移したあとで，1 回分裂して生じた大腸菌を第 1 世代，2 回分裂して生じた大腸菌を第 2 世代とし，各世代がもつ DNA とその存在比をまとめると以下のようになる。

	^{14}N－^{14}N		^{14}N－^{15}N		^{15}N－^{15}N
第 0 世代	0	:	0	:	1
第 1 世代	0	:	1	:	0
第 2 世代	1	:	1	:	0
第 3 世代	3	:	1	:	0
第 4 世代	7	:	1	:	0

^{14}N 培地に移したあと 2 回分裂した大腸菌の DNA では，

$(^{14}N-^{14}N):(^{14}N-^{15}N)=1:1$となる。設問文からわかるように，重いDNAほど試験管の底に集まるので，$^{14}N-^{14}N$はDNA層①に，$^{14}N-^{15}N$はDNA層②に存在する。

(c)　^{15}N培地で何世代も培養した大腸菌（第0世代）のDNAには$^{15}N-^{15}N$のみが含まれるので，DNA層②より下側の位置にDNA層が見られる。^{14}N培地に移して1回だけ分裂した大腸菌のDNAには$^{14}N-^{15}N$のみが含まれるので，DNA層②だけが見られる。

(d)　世代を経るごとに，大腸菌から抽出したDNAに占める$^{14}N-^{14}N$の量は多くなるので，DNA層①は厚くなる。$^{14}N-^{15}N$のDNAは第1世代以降常に一定量存在し続けるので，DNA層②は変化しないと考えられる。

(5)(b)　AとCが交互に並んだmRNAを用いた実験から，ACA，CACの一方がトレオニンを指定し，他方がヒスチジンを指定するとわかる。また，CAAが繰り返すmRNAを用いた実験から，CAA，ACA，AACのいずれかがトレオニン指定し，ヒスチジンを指定するものはないとわかる。よって，トレオニンを指定するコドンはACAで，そのアンチコドンはUGUとなる。また，ヒスチジンを指定するコドンはCACで，そのアンチコドンはGUGとなる。

Ⅱ　解答

(1)(ア)リン　(イ)選択的透過性　(ウ)ATP　(エ)ADP　(オ)能動　(カ)受動　(キ)エキソサイトーシス　(ク)エンドサイトーシス　(ケ)Gタンパク質　(コ)セカンドメッセンジャー

(2)①(あ)―㋑　(い)―㋩　(う)―㋭　(え)―㋥

②濃度勾配による力と電位勾配による力がつり合い，塩化物イオンの流入や流出が起こらなかったから。(50字以内)

(3)①―(d)　②―(b)

③GABAの濃度が一定以上になると，すべてのGABA受容体が常にGABAと結合した状態になるから。(50字以内)

解説

《抑制性シナプス後電位の発生，アンタゴニストの作用》

(1)(ケ)・(コ)　シナプス後細胞には，神経伝達物質と特異的に結合する受容体が存在し，この受容体と特異的に結合する分子をリガンドという。なお，シナプス後細胞の受容体のなかには，リガンドが結合することでイオンの透過性を変化させるものや，リガンドが結合することで活性化し，化学反応を介してcAMP（細胞内情報伝達物質，セカンドメッセンジャー）を合成するものもある。後者の場合，Gタンパク質と呼ばれるタンパク質を介して特定の酵素が活性されてcAMPの合成が起こる。

(2)① 細胞膜を介したイオンの移動には，細胞膜内外のイオンの濃度勾配による力と，膜電位によって生じる電位勾配による力が影響する。通常，Cl^- 濃度は細胞外の方が高いので，濃度勾配による力は細胞内に Cl^- を流入させる方向にはたらく。また，通常の膜電位は細胞内が負なので，電位勾配による力は細胞外に Cl^- を流出させる方向（Cl^- の流入を阻止する方向）にはたらく。膜電位が $-50\,mV$ の場合では，濃度勾配による力が電位勾配による力を上回るので，細胞内に向かって Cl^- が流入し，過分極が起こる。一方，膜電位が $-80\,mV$ の場合では，電位勾配による力が濃度勾配による力を上回るので，細胞外に向かって Cl^- が流出し，脱分極が起こる。

② 膜電位を $-70\,mV$ に設定すると電位変化は生じない。これは，濃度勾配による力と電位勾配による力がつり合い，Cl^- の流入や流出が起こらなかったためである。

(3)① 基質と構造のよく似た阻害物質が，基質との間で酵素の活性部位を奪い合うことで，酵素と基質の結合を阻害する作用を競争的阻害という。ただし，競争的阻害では，基質濃度が高くなるほど阻害物質の影響は見られなくなる。本問はこの競争的阻害のしくみを参考にして解けばよい。つまり，アンタゴニストはGABAとの間で受容体を奪い合うことで，GABAと受容体の結合を阻害している。しかし，GABAの濃度が高くなるほどアンタゴニストの影響は見られなくなる。

② 酵素濃度を一定にして，基質濃度と反応速度の関係が右図のグラフ1のようになった場合，酵素濃度を2倍にするとグラフ2のようになる（基質濃度に関わらず，反応速度はグラフ1の2倍になる）。本問はこのグラフをイメージして解けばよい。つまり，GABA受容体の発現量を2倍にすると，GABA

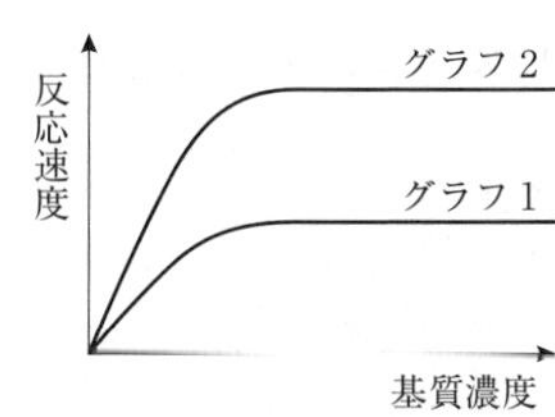

濃度に関わらず，応答の大きさはグラフ(c)の2倍になる。

③　もう一度②で見たグラフを確認する。酵素濃度が一定のとき，反応速度は，基質濃度に比例して大きくなり，やがて一定になっている。これは，基質濃度が一定以上になると，すべての酵素が常に基質と結合した状態（酵素−基質複合体）になるためである。本問もこの考え方を使って論述すればよい。

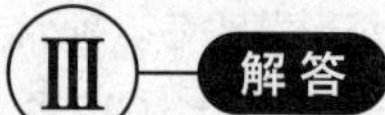

Ⅲ　解答

(1)①—(エ)　②—(カ)　③—(エ)　④—(ア)・(カ)

⑤(あ)：4番目　(い)：4番目　⑥—(イ)

(2)①—(イ)　②10 μm　③2.5 μm　④7.5 μm

(3)①**(う)**二酸化炭素　**(え)**2　**(お)**ピルビン酸　**(か)**アセトアルデヒド

(き)エタノール　**(く)**19（16も可）

②**(け)**ミトコンドリア　**(こ)**パスツール効果

③—(カ)　④2.6%

⑤液中のグルコースをすべて消費したから。(20字以内)

(4)—(ウ)

(5)水中：パン酵母　陸上：ニホンコウジカビ

解説

《生物の分類，酵母菌と麹菌に関する小問集合》

(1)①　パン酵母やニホンコウジカビはシイタケと同じ菌界に属する。なお，根粒菌とメタン菌は原核生物界，キイロタマホコリカビは原生生物界（細胞性粘菌の一種であり菌界に属するのではない），スギゴケは植物界，チンパンジーは動物界にそれぞれ属する。

②　近年の遺伝子の研究から，真核生物は次図のように8つのグループに分けられることが明らかになった。これらのグループはスーパーグループと呼ばれ，菌類と動物は異なる界に属するが，同じスーパーグループ（オピストコンタ）にまとめられる。よって，(カ)が正しい。

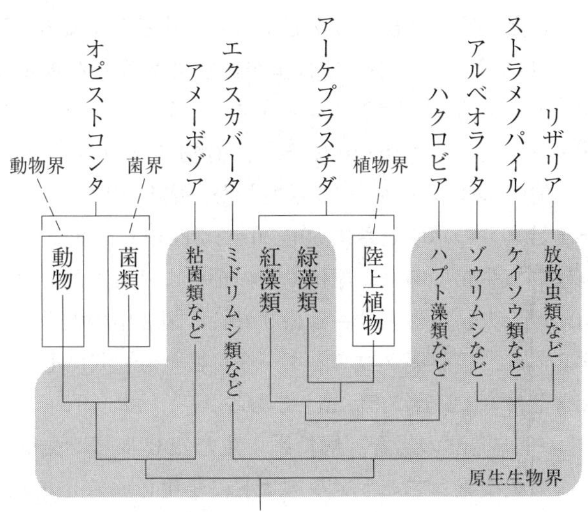

③　菌界の代表的な分類群として，子のう菌類（アカパンカビやアオカビなど）と担子菌類（シイタケなど）は覚えておきたい。

④　子のう菌類の特徴を以下にまとめておく。

- 細胞壁は主にキチン質と呼ばれる多糖類からなる。
- 単核の細胞が糸状に連なった菌糸でできている。
- 減数分裂によって単相（n）の胞子（べん毛をもたない生殖細胞）を形成する。

なお，アーバスキュラー菌根菌は菌界に属するが，子のう菌類とは別の分類群に含まれる。アーバスキュラー菌根菌が植物の根に感染すると，土壌から吸収したリンなどの無機塩類を植物に供給し，植物は光合成でつくった有機物をこの菌根菌に与える。

⑤　5種類の生物について，ゲノムの総塩基対数と遺伝子数を以下にまとめておく。

	ヒ　ト	イ　ネ	キイロショウジョウバエ	パン酵母	大腸菌
総塩基対数	約30億	約4億	約1億2000万	約1200万	約500万
遺伝子数	約2万	約3万2000	約1万4000	約7000	約4500

⑥　外界から有機物を取り入れ利用する生物を消費者といい，消費者のうち，遺骸や排出物を利用する生物を分解者と呼ぶことがある。樹液や花蜜

などを利用するということは，分解者よりも消費者とする方が適当である。

(2)②・③　図1のうち，目盛りに数値が付してある方が接眼ミクロメーターで，付してない方が対物ミクロメーターである。対物ミクロメーターの1目盛りの示す長さは10μmであり，対物ミクロメーター5目盛り（50μm）と接眼ミクロメーター20目盛りが対応しているので，接眼ミクロメーター1目盛りの示す長さは$50\div20=2.5$〔μm〕である。

④　酵母菌は真核生物であり，原核生物の細菌よりも大きい（酵母菌の大きさは約10μm，大腸菌の大きさは約3μm）。図2中の大きい方の細胞が酵母菌と考えられ，接眼ミクロメーター3目盛り分に対応している。よって，その大きさは$3\times2.5=7.5$〔μm〕である。

(3)①　アルコール発酵の場合，解糖系で生じたピルビン酸は，脱炭酸酵素の作用で二酸化炭素とアセトアルデヒドに変化し，アセトアルデヒドは，アルコール脱水素酵素のはたらきでエタノールに変化する。なお，呼吸によって1分子のグルコースが分解されたときに得られるATPの分子数は，最大で38分子としている教科書もあれば，約32分子としている教科書もある。

②　パン酵母は，酸素が少ないときは主にアルコール発酵を行い多量のグルコースを消費するが，酸素が多いときは主に呼吸を行いグルコースの消費量が低下する。この現象はパスツール効果と呼ばれ，呼吸によって生産された過剰なATPが解糖系の初期段階ではたらく酵素の活性を抑制するためである。

③　はじめは細胞数が急速に増加していくが，やがて増加の速度が鈍り，ある一定の細胞数に達するとそれ以上は増加しなくなる。

④　水溶液の密度を1.0g/mLとすると，5％グルコース水溶液100mLに含まれるグルコースの質量は5.0gとなる。アルコール発酵の場合，1分子のグルコース（分子量180）から2分子のエタノール（分子量46）が生じるので，5.0gのグルコースから生じるエタノールの質量は

$$\frac{5.0}{180}\times2\times46=2.55\fallingdotseq2.6\text{〔g〕}$$

となる。また，培養中の温度変化，水溶液の密度変化や水分量の増減はないとあるので，水溶液は100gのまま（気泡となって出ていく二酸化炭素の影響は無視する）と考えられ，エタノールの質量パーセント濃度は約

2.6%となる。

⑤ ①の問題文を見ると,「エタノールの質量パーセント濃度が20%を超えるとパン酵母は生存できない」とある。しかし,④で求めたように,エタノールの質量パーセント濃度は約2.6%であるので,エタノール濃度が原因とは考えられない。よって,パン酵母の増殖が停止して気泡の発生が止まったのは,呼吸基質であるグルコースをすべて消費したためと考えられる。

(4) 菌糸の先端部は,伸長するとともに,先端部のやや下で枝分かれが生じる。枝分かれによって新たに生じた先端部でも同様なことが起これば,菌糸の先端数は指数関数的に増加していく。

(5) [実験Ⅰ]と[実験Ⅲ]で用いた液体培地の場合,パン酵母は液中に広がり,ニホンコウジカビは液中には広がらなかった。一方,[実験Ⅱ]と[実験Ⅳ]で用いた平板培地の場合,ニホンコウジカビは平板培地全体に広がり,パン酵母は直径1cm程度しか広がらなかった。よって,水中環境に適応しているのはパン酵母で,陸上環境に適応しているのはニホンコウジカビといえる。

講評

2024年度も大問3題の出題で,2023年度に比べて難度の高い考察問題や論述問題は減少したものの,細かい知識を問う問題がやや増加したため,全体的には例年並みの難易度であった。

Ⅰ (1)は概ね基本的であるが,DNA修復に関する空所補充はやや難しい。(2),(3)は基本的であり完答したい。(4)はメセルソンとスタールの実験を扱った典型問題であり,これも完答したい。(5)の(b)はコドンではなくアンチコドンの塩基配列が問われている。きちんと設問文を読まないと間違えやすい。(c)の論述問題は平易であり,完答したい。Ⅰは基本的な問題が多く,ここでできるだけ得点しておきたい。

Ⅱ (1)のGタンパク質が正解できた受験生は少ないと思われるが,その他の空所補充は正解したい。(2)の①,②は見慣れない実験ではあるが,濃度勾配による力と電位勾配による力の意味が理解できればさほど難しくはない。(3)の①は酵素反応における競争的阻害のしくみを参考にすればよい。標準レベルの問題である。②，③は基質濃度と反応速度の関係を思い出せばよいが，やや苦戦したかもしれない。

Ⅲ (1)の②，④，⑤はかなり難しい。完答できた受験生は少なかったと思われる。ただ，スーパーグループに関する問題は，今後増えていくと思われるので，図説などを用いてしっかり確認しておきたい。(2)は典型問題であり，完答したい。(3)①～③は基本的。④は発生する二酸化炭素まで考慮するとかなり苦戦する。⑤は，エタノール濃度が原因でないことに気づけばよいが，論述にやや時間を要したかもしれない。(4)，(5)は，設問文自体は長いものの，問われていることは基本的であり，ぜひとも完答したい。

/////////////////// · memo · ///////////////////

////////////////////// · memo · //////////////////////

2023年度

問題と解答

■学部個別日程（理工学部）

問題編

▶試験科目・配点

●理工学部（数・理重視型）

教　科	科　　　目	配　点
外国語	コミュニケーション英語Ⅰ・Ⅱ・Ⅲ，英語表現Ⅰ・Ⅱ	100点*
数　学	数学Ⅰ・Ⅱ・Ⅲ・A・B	200点
理　科	機械システム工学科：「物理基礎・物理」	150点
	電気工，電子工，機械理工学科：「物理基礎・物理」，「化学基礎・化学」から１科目選択	
	インテリジェント情報工，情報システムデザイン，機能分子・生命化，化学システム創成工，環境システム，数理システム学科：「物理基礎・物理」，「化学基礎・化学」，「生物基礎・生物」から１科目選択	

▶備　考

- 「数学B」は「数列」および「ベクトル」から出題する。

＊「外国語」は同日実施の共通問題（100分，200点満点）を使用し，配点を100点満点に換算する。

英語

(100分)

〔I〕 次の文章を読んで設問に答えなさい。[*印のついた語句は注を参照しなさい。](80点)

We know that we are heading toward a future in which the climate will be different. This will affect insects both directly and indirectly.

One challenge is that climate changes disturb the finely tuned synchronizations* between different species. We see a shift in the timing of many processes, such as the return of migratory birds and foliation*, or spring blossoming*. The challenge is that different events do not necessarily shift in sync. If insect-eating birds produce their young too late or too early in relation to the period when there are the most insects, there may be too little food for the chicks* in the nest. This can happen if some events are triggered by length of day (which is not affected by global warming) while others are triggered by mean(a) temperature (which is [affected by global warming]*), for instance. In the same way, plants that are reliant on particular insects for pollination* may suffer (W) poor seed production if they flower at a point when these insects are no longer swarming*.

The spring can be particularly (あ), especially a "false spring" (い) arrives (う)(え)(お). When that happens, overwintering* adult insects are tempted(b) by the warmth to go out in search of food. When the frost returns, the insects will struggle to cope with the cold and with finding enough food because they have poor cold tolerance(ア) and few food reserves.

We see that many insects try to change (X) response to changes in the climate. Sometimes their entire distribution is shifted, but we often see that the species fail to keep up and the distribution shrinks (c) instead. In the case of dragonflies* and butterflies, it has been proven that many species have become less widespread and are shifting northward. Color charts of the different insect species show that many butterflies and dragonflies, especially those with dark coloring, have vanished from southern Europe and sought refuge (d) in the northeast, where the climate is cooler. Scenarios produced for bumblebees* indicate that we may risk losing between a tenth and — in a worst-case scenario — half of our sixty-nine European varieties by 2100 owing to climate change.

In the north, climate change is increasing the distribution of leaf-eating caterpillars*. This exacerbates (e) the effects on the birch* forests, which are being chewed bare. Over the course of a decade, outbreaks of autumnal moths* and their relatives have caused considerable (f) damage to the birch forests of Finnmark in northern Norway. The outbreaks have ripple effects* on the entire system: food conditions, vegetation, and animal life are all changed.

Along with researchers in Tromsø and at the Norwegian University of Life Sciences outside Oslo, I have looked at how the autumnal moths' depredations* affect a different group of insects: the beetles* that break down the dead birches, thereby ensuring that the nutrients* are recycled. Our results show that the attack of the autumnal moths creates so many dead birch trees in such a short space of time that the wood-living beetles (イ) are simply unable to keep pace. They cannot respond to the increase in available food with an equivalent increase in the number of individuals. We do not know what effect this may have (Y) the long term, and this illustrates a key point: we have no idea what sort of consequences continued temperature increases will have for the ecosystem in the north, but it is obvious that there will be dramatic (g) changes.

Since one of my research fields is insects in large, ancient, hollow oak trees, I have been wondering how climate change will affect the beetles that inhabit them. A couple of years ago, my research group and some Swedish scientists compared a large data set that covered beetle communities associated with oak trees across the whole of southern Sweden and southern Norway. The oaks stood in places with differing climates, so that the range they spanned in terms of temperature and precipitation* was roughly equivalent to the changes foreseen(h) in climate scenarios. We looked at differences in the beetle communities in order to gain knowledge about how a warmer, wetter, and wilder climate might affect these different insect communities in the future.

In our study, we found that warmer climates were good for the most specialized and peculiar species. Unfortunately, though, these unique species reacted badly to increased precipitation. This means that climate change is (Z) going to improve conditions for these particular insects. However, the more common species showed few reactions to climate differences.

This confirms(i) a pattern that is common in our times, not just in relation to climate change but quite generally: locally unique, specially adapted species are the ones that suffer, whereas common species do fine. This means that many rare and unique species will go into decline, whereas relatively few species that are already common will become more common. This is known as *ecological homogenization*: the same species are found everywhere, and nature becomes more similar across different geographies.

(From *Extraordinary Insects*, by Anne Sverdrup-Thygeson, 2019)

［注］ synchronizations［sync］ 同時性、同期
foliation　発葉、葉を出すこと
blossoming　(blossom　開花する)

chicks　ひな鳥

[affected by global warming]（出題者による加筆）

pollination　授粉

swarming（swarm　群をなして動く）

overwintering（overwinter　越冬する）

dragonflies（虫）トンボ

bumblebees（虫）マルハナバチ

caterpillars（虫）イモ虫、毛虫

birch（植物）カバ

autumnal moths（虫）アキナミシャク（蛾の一種）

ripple effects　波状効果

depredations　喰い荒らした跡

beetles（虫）カブトムシ

nutrients　栄養分

precipitation　降水量

I－A　空所(W)～(Z)に入るもっとも適切なものを次の１～４の中からそれぞれ一つ選び、その番号を解答欄に記入しなさい。

(W)　1 at　2 from　3 of　4 over

(X)　1 by　2 for　3 in　4 with

(Y)　1 at　2 by　3 over　4 with

(Z)　1 always　2 hardly
　3 often　4 probably

I－B　下線部(a)～(i)の意味・内容にもっとも近いものを次の１～４の中からそれぞれ一つ選び、その番号を解答欄に記入しなさい。

(a)　mean

1 average　2 even　3 high　4 low

(b)　tempted

1 attracted　2 disturbed　3 forced　4 inhibited

(c) shrinks

1 recovers　2 reduces　3 remains　4 responds

(d) refuge

1 family　2 freedom　3 peace　4 sanctuary

(e) exacerbates

1 curbs　2 improves　3 intensifies　4 secures

(f) considerable

1 deliberate　2 lasting　3 substantial　4 visible

(g) dramatic

1 exciting　2 moderate　3 playful　4 significant

(h) foreseen

1 accelerated　2 accomplished

3 anticipated　4 overlooked

(i) confirms

1 abandons　2 alters　3 repeats　4 supports

I－C　波線部(ア)と(イ)の意味・内容をもっとも的確に示すものを次の1～4の中からそれぞれ一つ選び，その番号を解答欄に記入しなさい。

(ア) they have poor cold tolerance

1 they are insensitive to the cold

2 they are vulnerable to the cold

3 they can easily adjust to a temperature change

4 they can survive in freezing weather

(イ) are simply unable to keep pace

1 can hardly survive now that winter starts earlier

2 can simply eat the dead birch trees faster than before

3 cannot eat the birch trees as fast as the trees are killed

4 cannot eat the moths fast enough to save the birch trees

I－D　二重下線部の空所(あ)～(お)に次の1～7から選んだ語を入れて文を完成させ

たとき、(あ)と(い)と(え)に入る語の番号を解答欄に記入しなさい。同じ語を二度使ってはいけません。選択肢の中には使われないものが二つ含まれています。

The spring can be particularly (あ), especially a "false spring" (い) arrives (う)(え)(お).

1 challenging　2 early　3 far　4 such
5 that　6 too　7 when

I－E　本文の意味・内容に合致するものを次の1～8の中から三つ選び、その番号を解答欄に記入しなさい。

1 Because global warming causes many birds, plants, and trees to thrive later in spring, birds hardly have any trouble feeding.

2 If the weather gets warmer earlier in the year, overwintering insects sleep longer and starve.

3 According to the passage, many dragonflies and butterflies with lighter coloring have moved south to seek more vegetation in a warmer climate.

4 If climate change goes on at the present rate, we might lose over thirty European varieties of bumblebees by 2100.

5 Autumnal moths and their relatives have damaged the ecosystem of the forests in northern Norway.

6 When the author worked with Swedish scientists, they investigated beetle communities in oak trees in a wide variety of climates.

7 As the researchers had assumed before their research, all varieties of beetles showed similar reactions to climate change: they liked a warmer and wetter climate.

8 Because of climate change, it is only locally specific insects that are likely to be able to adapt and survive in the future.

I－F　本文中の太い下線部を日本語に訳しなさい。

many rare and unique species will go into decline, whereas relatively few species that are already common will become more common

〔Ⅱ〕 次の文章を読んで設問に答えなさい。[＊印のついた語句は注を参照しなさい。](70点)

When we attached tiny, backpack-like* tracking devices to five Australian magpies* for a pilot study, we didn't expect to discover an entirely new social behaviour rarely seen in birds. Our goal was to learn more about the movement and social dynamics of these highly intelligent birds, and to test these new, durable* and reusable devices. Instead, the birds outsmarted* us. As our new research paper explains, the magpies began showing evidence of cooperative "rescue" behaviour to help each other remove the tracker. While we're familiar with magpies being intelligent and social creatures, this was the first instance we knew of that showed this type of seemingly(a) altruistic* behaviour: helping another member of the group without getting an immediate, tangible* reward.

As academic scientists, we're accustomed to experiments going awry(b) in one way or another. Expired* substances, failing equipment, contaminated* samples, an unplanned power outage* — these can all set back months (or even years) of carefully planned research. For those of us who study animals, and especially behaviour, unpredictability is part of the job description(ア). This is the reason we often require pilot(c) studies. Our pilot study was one of the first of its kind — most trackers are too big to fit on medium to small birds, and those that do tend to have very limited capacity for data storage or battery life. They also tend to be single-use only. A novel aspect of our research was the design of the harness that held the tracker. We devised a method that didn't require birds to be caught again to download precious(d) data or reuse the small devices.

We trained a group of local magpies to come to an outdoor, ground feeding "station" that could either wirelessly charge the battery of the tracker, download data, or release the tracker and harness by using a magnet. The harness was tough, (X) only one weak point where the magnet could function. To remove the harness, one needed that magnet, or some really good scissors. We were excited by the design, as it opened up many possibilities for efficiency and enabled a lot of data to be collected.

We (あ) to see (い) the new (う)(え)(お) as planned, and discover what kind of data we could gather. How far did magpies go? Did they have patterns or schedules throughout the day in terms of movement, and socialising? How did age, sex or dominance rank affect their activities? All this could be (e)uncovered using the tiny trackers — weighing less than one gram — we successfully fitted five of the magpies with. All we had to do was wait, and watch, and then lure the birds back* to the station to gather the valuable data.

Many animals that live in societies cooperate with one another to (f)ensure the health, safety and survival of the group. In fact, cognitive ability and social cooperation has been found to (g)correlate. Animals living in larger groups tend to have an increased capacity for problem solving* (中略). Australian magpies (イ)are no exception. As a generalist species* that excels in problem solving, it has adapted well to the extreme changes to their (h)habitat from humans.

Australian magpies generally live in social groups of between two and 12 individuals, cooperatively occupying and defending their territory through song choruses and aggressive behaviours. These birds also breed cooperatively, with older siblings* helping to raise young. During our pilot study, we found out how quickly magpies team up to solve a group problem. Within ten minutes of fitting the final tracker, we witnessed an adult female without a tracker working with her bill* to try and remove the harness off of a younger bird. Within hours, most of the other trackers had been removed. By day 3, even the (i)dominant male of the group had its tracker successfully dismantled*.

We don't know if it was the same individual helping the others or if they shared duties, but we had never read about any other bird cooperating in this way to remove tracking devices. The birds needed to problem solve, possibly testing at pulling and snipping* at different sections of the harness with their bill. They also needed to willingly help other individuals, and accept help. The only (Y) similar example of this type of behaviour we could find in the literature was that of Seychelles warblers* helping release others in their social group from sticky Pisonia* seed clusters. This is a very rare behaviour termed "rescuing".

So far, most bird species that have been tracked haven't necessarily been very social or considered to be cognitive problem solvers (中略). We never considered the magpies may perceive the tracker as some kind of parasite that requires removal. Tracking magpies is crucial for conservation efforts, as these birds are vulnerable to the increasing frequency and intensity of heatwaves under climate change. In a study published this week, Perth* researchers showed the survival rate of magpie chicks in heatwaves can be as low as 10%. Importantly, they also found that higher temperatures resulted (Z) lower cognitive performance for tasks such as foraging*. This might mean cooperative behaviours become even more important in a continuously warming climate.

Just like magpies, we scientists are always learning to problem solve. Now we need to go back to the drawing board to find ways of collecting more vital(j) behavioural data to help magpies survive in a changing world.

(By Dominique Potvin, writing for *The Conversation*, February 21, 2022)

[注] backpack-like リュックサックのような

Australian magpies (鳥)カササギフエガラス

durable 丈夫な
outsmarted (outsmart 上手をいく)
altruistic 利他的な
tangible 明白な、具体的な
Expired 有効期限を過ぎた
contaminated (contaminate 汚染する)
power outage 停電
lure the birds back 鳥を呼び戻す
problem solving (problem solve 問題を解決しようとする)
generalist species ジェネラリスト種(広い範囲に対応できる種)
siblings 兄弟姉妹
bill (鳥の)くちばし
dismantled (dismantle 取り除く)
snipping (snip ちょきんと切る)
Seychelles warblers (鳥)セイシェルウグイス
Pisonia (植物)ウドノキ
Perth (オーストラリアの)パース市
foraging (forage 食糧を探す)

Ⅱ－A 空所(X)～(Z)に入るもっとも適切なものを次の1～4の中からそれぞれ一つ選び、その番号を解答欄に記入しなさい。

(X) 1 by 2 for 3 in 4 with
(Y) 1 another 2 any 3 other 4 so
(Z) 1 at 2 by 3 from 4 in

Ⅱ－B 下線部(a)～(j)の意味・内容にもっとも近いものを次の1～4の中からそれぞれ一つ選び、その番号を解答欄に記入しなさい。

(a) seemingly
1 apparently 2 effectively 3 remarkably 4 temporarily
(b) going awry

1 carried on　2 carried out　3 going well　4 going wrong

(c) pilot

1 biological　2 comparative

3 preliminary　4 sustained

(d) precious

1 available　2 basic　3 precise　4 valuable

(e) uncovered

1 removed　2 retained　3 revealed　4 rewarded

(f) ensure

1 endanger　2 improve　3 secure　4 welcome

(g) correlate

1 compete　2 confuse　3 contradict　4 correspond

(h) habitat

1 behaviours　2 difficulties

3 numbers　4 surroundings

(i) dominant

1 hostile　2 leading　3 oldest　4 smelly

(j) vital

1 crucial　2 crude　3 cruel　4 cruising

II－C　波線部 (ア) と (イ) の意味・内容をもっとも的確に示すものを次の１～４の中からそれぞれ一つ選び、その番号を解答欄に記入しなさい。

(ア) unpredictability is part of the job description

1 only unpredictable researchers are hired

2 only unusual animals are studied

3 we have to be ready for the unexpected

4 we have to start projects without working hypotheses

(イ) are no exception

1 are able to exclude other animals

2 are distinct from other animals

3 have superior abilities to other animals

4 have the same tendency as other animals

Ⅱ－D 二重下線部の空所(あ)～(お)に次の1～7から選んだ語を入れて文を完成させたとき、(あ)と(い)と(お)に入る語の番号を解答欄に記入しなさい。同じ語を二度使ってはいけません。選択肢の中には使われないものが二つ含まれています。

We (あ) to see (い) the new (う)(え)(お) as planned

1 design　2 if　3 not　4 wanted

5 what　6 work　7 would

Ⅱ－E 本文の意味・内容に合致するものを次の1～8の中から三つ選び、その番号を解答欄に記入しなさい。

1 The scientists had expected to discover that the magpies could make intelligent use of the tracking devices, as they developed their social dynamics.

2 The researchers' pilot study produced the unexpected result that magpies cooperated with each other to remove the harnesses.

3 Scientists often have to cope with various problems that delay even carefully prepared research projects.

4 For the study, the researchers used ordinary trackers, which were disposable and had been tested previously on medium and small birds.

5 Their study is innovative since the scientists designed a new kind of harness for the trackers and set up a feeding station which could charge the battery and collect data.

6 The scientists noted that the dominant male magpie was the first to have his harness removed.

7 The researchers found the case of the magpies helping each other to remove the tracking devices unique; this was the first recorded example of the "rescuing" behavior.

8 Now that Australian magpies are evolving to cope with heatwaves, their need for cooperative behaviour will probably diminish.

〔Ⅲ〕 次の会話を読んで設問に答えなさい。(50点)

(*Kaname visits Stevie to help plan for an important party.*)

Stevie: Kaname! It's great to see you, please come in. Thanks for coming over to help me decorate for the party.

Kaname: Hi Stevie! ＿＿＿(a)＿＿＿

Stevie: My mom is turning 50 today and I want to make sure she feels properly celebrated for her birthday.

Kaname: Your mom is amazing! I hope to be half as cool as her when I turn 50.

Stevie: Only time will tell.

Kaname: ＿＿＿(b)＿＿＿

Stevie: But not a lot of time today before the party starts.

Kaname: Right, what time does it start again?

Stevie: 7 pm and it's 3 now. So, we only have four hours to get everything set up.

Kaname: It's true that isn't a lot of time. ＿＿＿(c)＿＿＿

Stevie: You are a genius when it comes to decorating, so I know I can trust you with that. The biggest challenge now is the food. [昨日から料理をしているけど、パーティーに間に合わないのではないかと心配です。]

Kaname: It smells amazing! ＿＿＿(d)＿＿＿

Stevie: Well, let me see. So far, I have made some mini pizzas, curry bread, several different kinds of sushi, tacos, steamed vegetables, a green salad, a pasta salad, and a fruit salad.

Kaname: You have prepared a feast! There is enough food here to feed a small town. What could you possibly have left to make?

Stevie: I know, I tried to make all of my mom's favorite foods. But I still need to make the most important thing, the cake. Except, I can't decide between carrot cake or cheesecake. ＿＿＿(e)＿＿＿

Kaname: That is a tough decision. But hey, you still have four hours. I think that's enough time to make two cakes.

Stevie: Maybe you are right! My mom does always say "there's no harm in trying."

Kaname: ＿＿＿(f)＿＿＿

Stevie: Oh, feel free to try anything. I'd love to know what you think before I serve it to the other guests.

Kaname: Really? Can I try the curry bread? My mouth is watering just looking at it.

Stevie: Of course.

(*Kaname picks up a curry bread and takes a bite.*)

Stevie: Well, what do you think?

Kaname: As expected, this is delicious. ＿＿＿(g)＿＿＿

Stevie: Actually, I didn't use one.

Kaname: Not at all?

Stevie: Well, I read a lot of recipe books and get ideas from them. But I find it difficult to follow the recipes because it seems like I never have all the necessary ingredients. So, I usually end up just improvising.

Kaname: Improvising?

Stevie: You know, just making it up as I go along. So, I guess you could say I made up my own recipe, but I didn't write it down and I probably couldn't make it again.

Kaname: Wow! You have a lot of guts. Even when I try to follow recipes, I often can't get it to come out right.

Stevie: ＿＿(h)＿＿ But I guess it's worth it for the satisfaction that comes out of being creative.

Kaname: Speaking of being creative, we both have a lot to do and not a lot of time to do it, so we better get back to work.

Ⅲ－A 空所 (a)～(h) に入るもっとも適切なものを次の 1 ～10 の中からそれぞれ一つ選び、その番号を解答欄に記入しなさい。同じ選択肢を二度使ってはいけません。選択肢の中には使われないものが二つ含まれています。

1 All of the flavors come together perfectly.
2 All this talk about food is making me hungry.
3 But I am confident we can manage.
4 I fail sometimes too.
5 I guess we have a few decades to find out.
6 I've already been to get a cake from the supermarket.
7 No problem, it is my pleasure.
8 She loves them both.
9 What did you make?
10 You must teach me the recipe.

Ⅲ－B 本文中の［　　］内の日本語を英語で表現しなさい。

昨日から料理をしているけど、パーティーに間に合わないのではないかと心配です。

数学

(100分)

〔Ⅰ〕次の $\boxed{}$ に適する数または式を，解答用紙の同じ記号のついた $\boxed{}$ の中に記入せよ．

(1) n を自然数とする．3つの袋A，B，Cがあり，袋Aには1つの赤玉，袋Bには1つの青玉，袋Cには1つの白玉がそれぞれ入っている．次の試行 $(*)$ を n 回続けて行った後に白玉が袋A，B，Cの中にある確率をそれぞれ a_n，b_n，c_n とする．

試行 $(*)$：1個のさいころを投げて，出た目が1の場合は袋Aの中の玉と袋Cの中の玉を交換し，出た目が1以外の場合は袋Bの中の玉と袋Cの中の玉を交換する．

このとき，$c_2 = \boxed{\text{ア}}$ である．$n=1,\ 2,\ 3,\ \cdots$ に対して，等式 $c_{n+2} = p(a_n + b_n) + qc_n$ が成り立つような定数 p, q の値はそれぞれ $p = \boxed{\text{イ}}$，$q = \boxed{\text{ウ}}$ であり，等式 $c_{n+2} - \dfrac{1}{3} = r\left(c_n - \dfrac{1}{3}\right)$ が成り立つような定数 r の値は $r = \boxed{\text{エ}}$ である．したがって，自然数 m に対して，c_{2m} を m の式で表すと $c_{2m} = \boxed{\text{オ}}$ となる．

(2) i を虚数単位とする．c を複素数として，z に関する3次方程式 $z^3 - 3(1+i)z^2 + cz + 2 - i = 0$ が異なる3つの複素数解 α, β, γ をもつとする．このとき，$u = \dfrac{1}{3}(\alpha + \beta + \gamma)$，$v = \alpha\beta\gamma$ とおくと，u の値は $\boxed{\text{カ}}$，v の値は $\boxed{\text{キ}}$ である．次に，複素数平面上の3点 $\mathrm{A}(\alpha)$，$\mathrm{B}(\beta)$，$\mathrm{C}(\gamma)$ を頂点とする三角形が正三角形であるとき，$w = \alpha - u$ とおくと，w^3 の値は $\boxed{\text{ク}}$，c の値は $\boxed{\text{ケ}}$ であり，α, β, γ のそれぞれの実部の値のうち，最大の値は $\boxed{\text{コ}}$ である．

〔 II 〕 t を正の実数とする．座標空間の 4 点 $\mathrm{A}(2,\,0,\,2)$，$\mathrm{B}(-2,\,0,\,2)$，$\mathrm{C}(0,\,-2,\,-2)$，$\mathrm{D}(0,\,2,\,-t)$ を考える．xy 平面と直線 AC，AD，BC，BD の交点をそれぞれ E，F，G，H とする．次の問いに答えよ．

(1) 点 E と点 G の座標をそれぞれ求めよ．

(2) 点 F と点 H の座標をそれぞれ t を用いて表せ．

(3) xy 平面上の四角形 EFHG の面積を S とする．$(t+2)^2S$ を t の式で表せ．

(4) t が正の実数全体を動くとき，(3) の S の最大値とそのときの t の値を求めよ．

〔 III 〕 座標平面上の 2 つの円 C_1，C_2 を

$$C_1 : (x+2)^2+y^2=1, \quad C_2 : (x-3)^2+y^2=4$$

とする．次の問いに答えよ．

(1) 点 $(3,0)$ と直線 $x-2\sqrt{6}\,y+7=0$ の距離を求めよ．

(2) 直線 ℓ は 2 つの円 C_1, C_2 とそれぞれ点 P_1, P_2 で接し，点 P_1, P_2 の y 座標はいずれも正であるとする．P_1 の座標を求めよ．

(3) 中心の座標が $\left(-\dfrac{1}{5},\,\dfrac{12}{5}\right)$ である円 D が C_1, C_2 の両方に外接しているとする．D の半径を求めよ．また，このときの C_1 と D の接点の座標を求めよ．

(4) q を正の実数とし，中心の y 座標が q であるような円 E_q が C_1, C_2 の両方に外接しているとする．E_q の中心の x 座標を p としたとき，p を q の式で表せ．また，極限 $\displaystyle\lim_{q\to\infty}\frac{p}{q}$ を求めよ．

(5) (4) の円 E_q と C_2 の接点の座標を $(s,\,t)$ とする．極限 $\displaystyle\lim_{q\to\infty}s$，$\displaystyle\lim_{q\to\infty}t$ をそれぞれ求めよ．

〔Ⅳ〕 p を正の実数とする．0 以上の整数 n に対して，

$$I_n = \int_0^{\frac{\pi}{2}} e^{-2px}\cos(nx)\,dx$$

とおく．次の問いに答えよ．必要ならば，実数 r に対して $\lim_{p\to\infty} p^r e^{-\pi p} = 0$ が成り立つことを証明なしに用いてよい．

(1) 不定積分 $\int e^{-2px}\cos x\,dx$, $\int e^{-2px}\sin x\,dx$ を求めよ．

(2) I_0, I_2 をそれぞれ p の式で表せ．

(3) 1 以上の整数 n に対して，不等式 $\left| I_n - \dfrac{2p}{4p^2+n^2} \right| \leqq e^{-\pi p}$ が成り立つことを示せ．

(4) 実数 c に対して，$p \to \infty$ のとき $p^c(I_0 I_4 - I_2^2)$ が 0 でないある定数 α に収束するとする．このときの c の値と α の値を求めよ．

物理

(75分)

〔Ｉ〕 次の文中の空欄 (ア) ~ (ク) にあてはまる式または数値を解答用紙 (一) の該当する欄に記入せよ。また，解答図（Ｉ－Ａ）に適切なグラフの概形を描け。ただし，重力加速度の大きさを g とする。

図１のように，ばね定数 k の軽いばねＡの一端を天井に固定し，他端を箱に取り付ける。箱の内壁の左端には軽いばねＢの一端が固定され，ばねの他端には質量 m の小球が取り付けられている。箱は左右の壁に接し，傾くことなく鉛直方向にのみ，なめらかに動くことができる。また，小球は箱の上下の内壁に接し，箱の中で左右の方向にのみ，なめらかに動くことができる。箱と小球を合わせた質量は M である。箱と小球がともに静止しているときの小球の位置を原点とし，図１で水平右向きに x 軸，鉛直上向きに y 軸をとる。この静止した状態のときのばねＡの自然長からの伸びは [(ア)] である。

図２のように，箱を上に ℓ だけ持ち上げ，小球を右に ℓ だけ移動して，小球の位置を $(x, y) = (\ell, \ell)$ にした。小球を静かにはなしたところ，小球は左に動き始めた。小球が $x = 0$ の位置を右から左に通過する瞬間に，箱を静かにはなした。この時刻を $t = 0$ とする。その後，箱は鉛直方向に単振動した。箱の単振動の周期は [(イ)] であり，時刻 t の箱の y 方向の速度は [(ウ)] である。箱をはなした後，小球は，図３のように，円軌道上を運動した。このことから，ばねＢのばね定数は [(エ)] であることがわかる。小球には，重力，ばねＢの復元力，箱からの抗力の３つの力が働いている。小球と円運動の中心を結ぶ線分が，図３に示すように x 軸と角 θ をなす位置を小球が通過するとき，この３つの力の合力の大きさは [(オ)] であり，小球が箱から受ける y 方向の抗力は，鉛直上向きを正として [(カ)] である。

次に，ばねＢを軽いばねＣに取り替え，箱と小球の位置を図２の状態にした。ただし，ばねＣとばねＢの自然長は同じで，ばねＣのばね定数は，ばねＢのばね定数の４倍である。ばねＢのときと同様に，小球を静かにはなし，小球が $x = 0$ の位置を右から左に通過する瞬間に，箱を静かにはなしたところ，小球は円軌道とは異なる軌道上を周期運動した。このときの小球の軌道の概形を解答図（Ｉ－Ａ）に描け。小球が最も左に位置するときの小球の速さは [(キ)] である。

最後に，箱からばねAを取り外し，ばねCをばね定数がkで，ばねBと同じ自然長のばねに取り替えた。小球の位置を，ばねの自然長から右にℓだけ移動して静止させ，小球と箱を同時に静かにはなしたところ，箱が地面に落下するまでの間に小球は箱の中でn回振動した。このことから，箱をはなす直前の箱の底面は，地面から［　（ク）　］の高さにあったことがわかる。

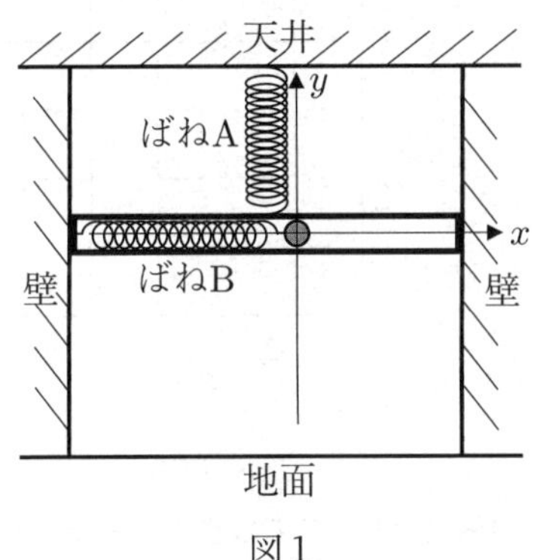

図1

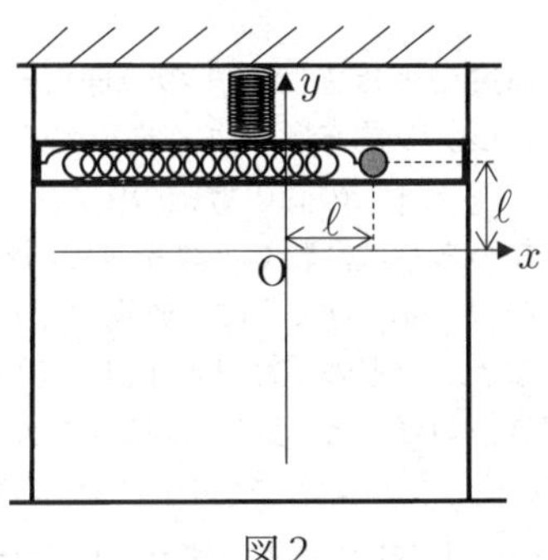

図2

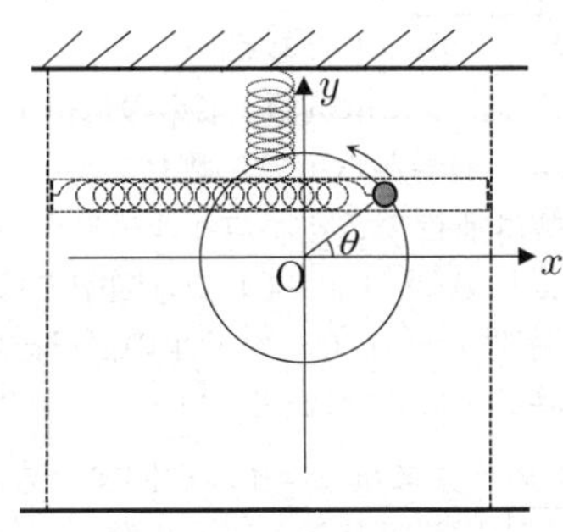

図3

〔解答欄〕 解答図（Ⅰ-A）

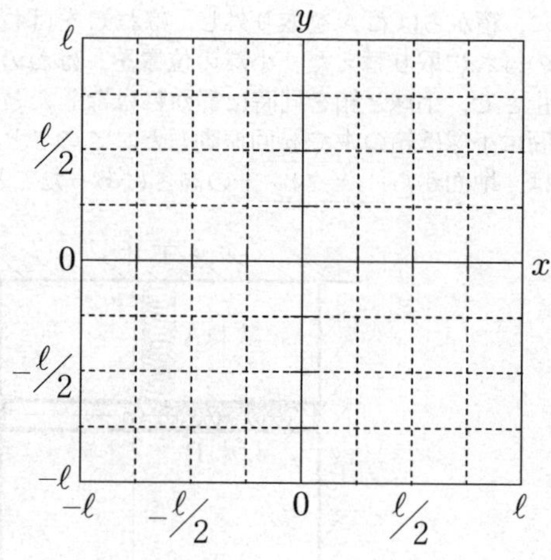

〔Ⅱ〕 次の文中の空欄（ア）～（ク）にあてはまる式または数値を解答用紙 (二) の該当する欄に記入せよ。ただし，重力や空気の抵抗の影響は無視する。

図１のように，磁束密度の大きさ B [T] の一様な磁場中に， $P_1P_2 = P_3P_4 = a$ [m], $P_2P_3 = P_4P_1 = b$ [m] の長方形のコイルを置く。コイルは抵抗の無視できる導線でできており，P_2 と P_3 の間の導線の中点と P_4 と P_1 の間の導線の中点を通る軸のまわりをなめらかに回転し，コイルの回転軸は磁場に垂直である。コイルの回転角を図１の θ [rad] のように，磁場と平行な面からの角度とする。コイルに直流電源をつなぎ，一定の電流 I [A] $(I > 0)$ を流した。電流が作る磁場による影響は無視でき，コイルや配線のねじれによる影響も無視できる。コイルの回転角が θ $(0 \leqq \theta < \frac{\pi}{2})$ のとき，P_1 と P_2 の間の導線が磁場から受ける力の大きさは [(ア)] [N] である。また，P_2とP_3 の間の導線が，磁場から受ける力の大きさは [(イ)] [N] である。コイルが受ける偶力のモーメントの大きさは [(ウ)] [N·m] である。

直流電源を外し，図２のように抵抗値 r [Ω] の抵抗 r をコイルに接続した。r を接続した回路の位置は，磁場から十分に離れており，磁場が r とコイルを接続する回路に与える影響は無視できる。コイルの回転軸上に絶縁体のハンドルをつけ，一定の角速度 ω [rad/s] $(\omega > 0)$ で，図中の角 ωt が増加する向きに，手でコイルを回した。時刻 $t = 0$ で，コイルの面は磁場と平行である。ωt が $0 \leqq \omega t < \frac{\pi}{2}$ のとき，時刻 t [s] において，コイルに発生する誘導起電力の大きさは [(エ)] [V] である。また，コイルを回すために手が行っている時刻 t での仕事率は [(オ)] [W] である。コイルが一回転する間に r で消費され

るエネルギーは [　（カ）　] [J] である。

図 3 のように，抵抗 r を容量が C [F] のコンデンサ C と取り替える。C を接続した回路の位置は，磁場から十分に離れており，磁場が C とコイルを接続する回路に与える影響は無視できる。時刻 $t=0$ でコイルの面が磁場と平行となるように，一定の角速度 ω で，図中の角 ωt が増加する向きに，手でコイルを回した。回転中にコンデンサが蓄えている電気量の一周期の平均値は 0 であるとする。回転角 ωt が $0 \leqq \omega t < \frac{\pi}{2}$ にあるときの時刻 t において，回路に流れる電流の大きさは [　（キ）　] [A] と表される。また，C が蓄えるエネルギーの最大値は [　（ク）　] [J] である。

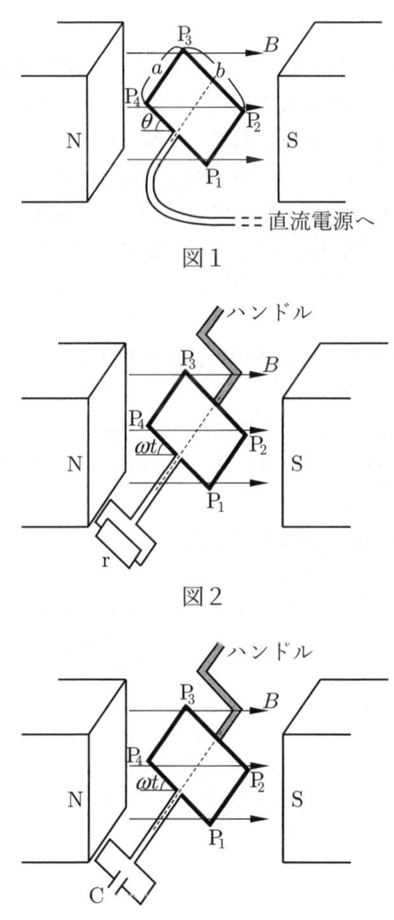

図 1

図 2

図 3

〔Ⅲ〕　次の文中の空欄（ア）～（キ）にあてはまる式または数値を解答用紙（二）の該当する欄に記入せよ。ただし，気体定数を R [J/(mol·K)] とする。

ガラス管の底に少し綿くずを入れ，なめらかに動くピストンでガラス管に気体を閉じ込める。ピストンをすばやく押し込むと断熱圧縮により，ガラス管内の気体の温度が高くなって，綿くずが発火する。単原子分子理想気体の断熱変化では，圧力と体積との間に，(圧力)×(体積)$^{\frac{5}{3}}$＝一定 の関係があると知られている。容器の中に 300 K の単原子分子理想気体を閉じ込め，その体積をもとの体積の $\frac{1}{8}$ まで断熱圧縮すると，温度は［（ア）］[K] まで上がることになる。理想的な断熱変化を利用した熱機関について，サイクルの熱効率を計算してみよう。

シリンダーと，なめらかに動くピストンからなる断熱容器に，物質量 n [mol] の単原子分子理想気体が閉じ込められている。この容器内には気体を加熱したり冷却したりすることができる装置が取り付けられている。装置と容器によって熱機関を構成し，容器内の気体の圧力 p [Pa] と体積 V [m^3] を，図 1 に示すように A→B→C→D→A と変化させた。状態 A の温度は T [K] である。状態 A の体積と状態 B の体積の比，つまり（状態 A の体積）/（状態 B の体積）を a，状態 C の体積と状態 B の体積の比，つまり（状態 C の体積）/（状態 B の体積）を c とする。

状態 A から状態 B まで，容器内の気体を断熱圧縮した。この間に容器内の気体がピストンからされた仕事は［（イ）］[J] である。状態 B から，圧力を一定に保ったままで容器内の気体に熱を加え，状態 C まで気体を膨張させた。状態 C の温度は［（ウ）］[K] となる。この定圧変化中に気体が受け取った熱量は［（エ）］[J] である。

状態 C から状態 D まで気体を断熱膨張させると，状態 D の気体の温度は［（オ）］[K] となる。状態 D から体積を一定に保ったまま気体を冷却すると，気体は状態 A へと変化した。この状態変化で容器内の気体が放出した熱量は［（カ）］[J] である。以上のサイクルに対する，この熱機関の熱効率は［（キ）］となる。

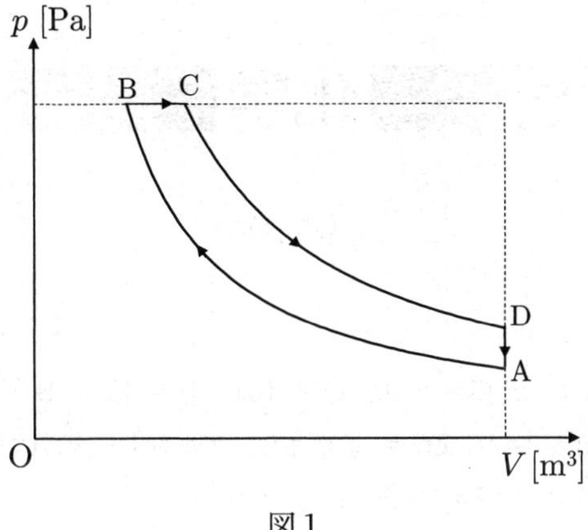

図 1

化学

(75分)

[注意]

原子量は，H = 1.00，C = 12.0，O = 16.0，F = 19.0，S = 32.0，Cl = 35.0，Ca = 40.0，Cu = 64.0，Zn = 65.0とし，アボガドロ定数は6.00×10^{23}/mol，気体定数は8.30×10^{3} Pa·L/(K·mol) とする。

〔Ⅰ〕次の文を読み，問い（1）～（7）の答えを，解答用紙（一）の〔Ⅰ〕の該当する欄に記入せよ。

2族元素の原子は，2個の価電子をもち，2価の陽イオンになりやすい。水との反応性は，原子番号が（　あ　）ものほど高くなる。また，同じ周期の1族元素と比較すると，イオン半径は（　い　）。

第4周期の2族元素であるカルシウムCaの化合物は，工業製品の原料や建築材料として多用されている。石灰石，大理石や貝殻などの主成分である炭酸カルシウム$CaCO_3$は，加熱すると生石灰とよばれる酸化カルシウムCaOになる。CaOは（　う　）酸化物で，水を加えると（　え　）して消石灰とよばれる水酸化カルシウム$Ca(OH)_2$になる。$Ca(OH)_2$の飽和水溶液に二酸化炭素を通じると$CaCO_3$が得られ，水溶液は白濁する。①この白濁液に二酸化炭素を通じ続けると$CaCO_3$が溶けて透明になる。また，②$CaCO_3$に希塩酸を加えると塩化カルシウム$CaCl_2$が得られる。

第4周期の亜鉛Znは（　ア　）族元素で，Caと同じく原子は価電子を2個もち，2価の陽イオンになりやすい。しかし，CaとZnではM殻の電子数が異なり，その数はCa原子では（　イ　）個，Zn原子では（　ウ　）個である。単体のZnは，閃亜鉛鉱（ZnS）から酸化亜鉛ZnOを作り，ZnOを炭素で還元するか，ZnSを硫酸に溶かし電気分解してつくられる。Znは青みを帯びた銀白色の金属であり，③Znを水酸化ナトリウム水溶液と反応させると水素が発生する。ZnO は，（　お　）酸化物であり，白色顔料，化粧品，医薬品に利用されている。Zn イオンを含む水溶液に少量の塩基を加えると水酸化亜鉛 $Zn(OH)_2$ の白色ゲルが沈殿する。$Zn(OH)_2$ は（　か　）水酸化物である。また，$Zn(OH)_2$ は④多量のアンモニア水に溶けて錯イオンを形成する。

（1） 本文中の（　あ　）～（　か　）に入る最も適切な語句を，次の語群から選び，記号で答えよ。なお，同じ語句を繰り返して用いてもよい。

語群：（a） 大きい　（b） 小さい　（c） 酸性　（d） 塩基性
（e） 両性　（f） 発熱　（g） 吸熱

（2） 本文中の（　ア　）～（　ウ　）に入る最も適切な数字を記せ。

（3） 下線部①～③の反応を，それぞれ化学反応式で記せ。また，下線部④の反応をイオン反応式で記せ。

（4） 水 370 g に 5.50 g の $CaCl_2$ を完全に溶かしたときの，凝固点降下度〔K〕を有効数字2桁で答えよ。なお，$CaCl_2$ は水溶液中で完全に電離しているとする。また，水のモル凝固点降下は 1.85 K·kg/mol である。

（5） ホタル石（主成分は CaF_2）からフッ化水素をつくる実験について，次の問い（ i ）および（ ii ）に答えよ。

（ i ） 1.00 g 中に 0.600 g の CaF_2 を含むホタル石 0.130 g の粉末に濃硫酸を加えて加熱するとフッ化水素が生じた。このときのフッ化水素が生成する化学反応式を記せ。また，生じたフッ化水素を温度 400 K，圧力 1.00×10^5 Pa にした。この条件でフッ化水素を理想気体であるとみなし，その体積〔mL〕を有効数字3桁で答えよ。ただし，ホタル石に含まれる CaF_2 はすべて反応し，CaF_2 からのみフッ化水素が生成するものとする。

（ⅱ）フッ化水素に関する次の（a）～（d）の記述のうち，正しいものをすべて選び，記号で答えよ。ただし，正しいものがないときは，「なし」と答えよ。

（a）フッ化水素の水溶液は，電離度が大きく強酸である。

（b）フッ化水素の水溶液は，ケイ酸塩や石英を溶かす。

（c）フッ化水素は，極性分子であり，分子内に電荷の偏りがある。

（d）フッ素分子は水素と爆発的に反応し，フッ化水素を生成する。

（6）図 1 は，**ZnS** の単位格子（一辺 5.40×10^{-8} cm の立方体）の構造を示したものである。**S** の配位数を記せ。また，**ZnS** の密度〔g/cm^3〕を有効数字 2 桁で答えよ。

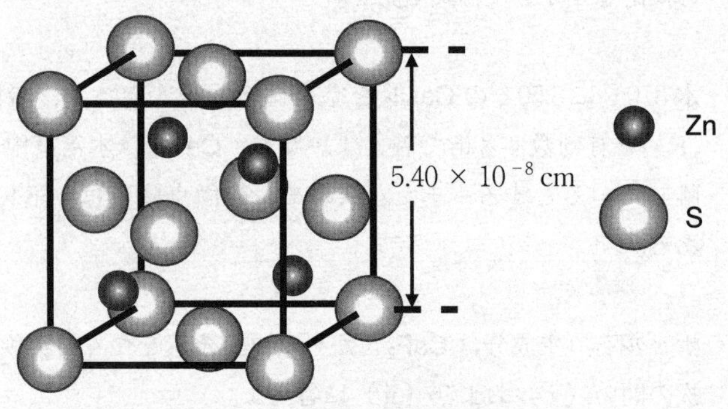

図 1　閃亜鉛鉱型結晶構造

（7）シュウ酸カルシウム一水和物（$CaC_2O_4 \cdot H_2O$）73 mg をゆっくり加熱しながらその質量変化を測定した。その結果，時間とともに温度は上昇し，質量は図 2 のように変化した。190 ℃近傍で質量が減少し，そのとき気体 A のみが発生した。続いて 500 ℃近傍で気体 B のみが発生し，さらに加熱すると 780 ℃付近で気体 C のみが発生した。以降加熱を続けても気体は発生せず，900 ℃まで昇温したところ，試料は

1種類の固体の化合物になっていた。発生した気体A，B，Cの各分子の分子量をM_A，M_B，M_Cとすると，分子量の大小関係は$M_A < M_B < M_C$であった。このとき，各気体の分子式を記せ。

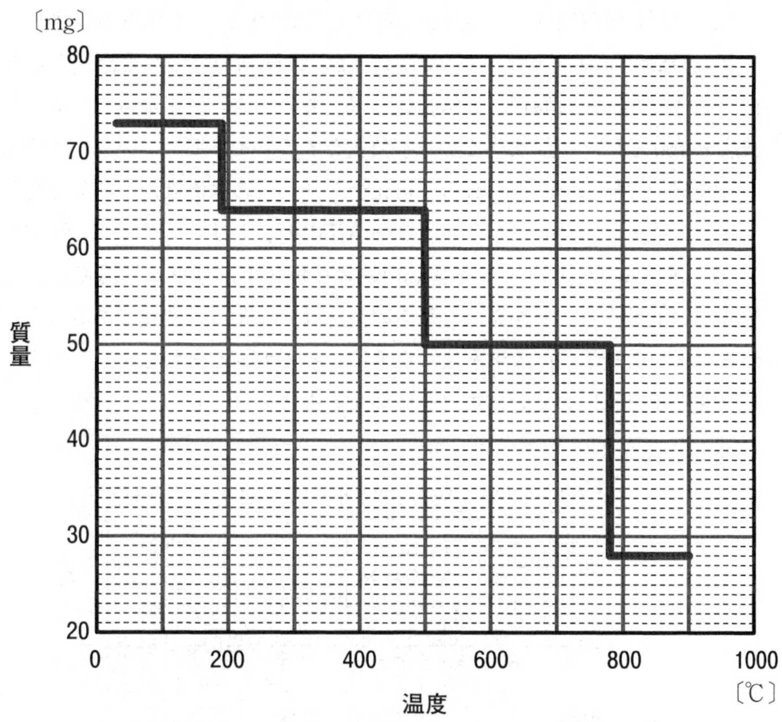

図2　シュウ酸カルシウム一水和物の質量変化

（50点）

〔Ⅱ〕 次の文を読み，問い（1）～（6）の答えを，解答用紙（一）の〔Ⅱ〕の該当する欄に記入せよ。

図1に硫酸銅(Ⅱ)五水和物および塩化ナトリウムの水への溶解度曲線を示した。ただし溶解度は，水100gに溶ける硫酸銅(Ⅱ)無水塩および塩化ナトリウムの質量〔g/水100g〕で表している。硫酸銅(Ⅱ)の水溶液から結晶を析出させると，硫酸銅(Ⅱ)五水和物の（　**あ**　）色の結晶が得られる。この結晶を150℃以上に加熱すると，水和水をすべて失って（　**い**　）色粉末状の硫酸銅(Ⅱ)無水塩が得られる。塩化ナトリウムの水溶液から結晶を析出させると，イオン結晶が得られる。この結晶中のナトリウムイオンの配位数は（　**う**　）である。図1で硫酸銅(Ⅱ)および塩化ナトリウムは温度とともに溶解度が上昇することから，それらの溶解は（　**え**　）変化であることがわかる。また硫酸銅(Ⅱ)の溶解度は温度によって大きく変わるが，このように溶解度の差を利用して固体物質を精製する操作を（　**お**　）という。

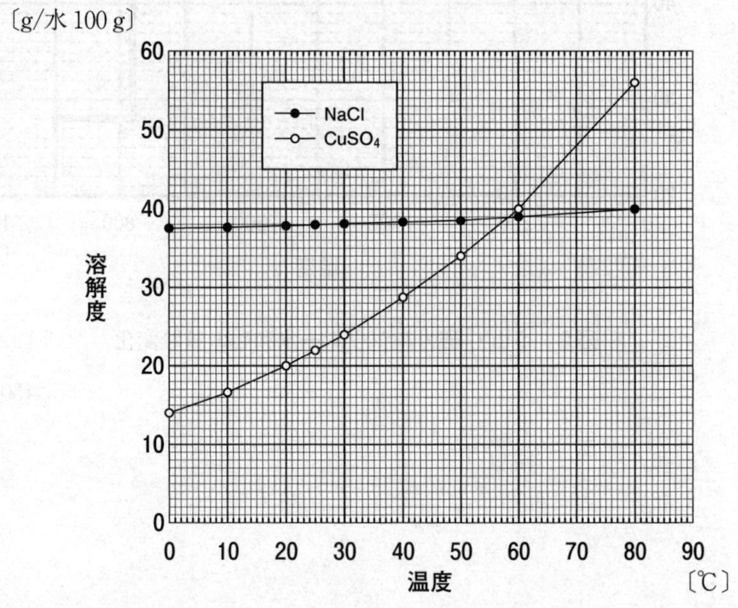

図1　溶解度曲線

（1）　文中の空欄（　**あ**　）～（　**お**　）に入る最も適切な語句もしくは数字を答えよ。ただし（　**え**　）には吸熱あるいは発熱のいずれかを記せ。

（2）　次の問い（ⅰ）および（ⅱ）に答えよ。

（ⅰ）　硫酸銅(Ⅱ)および塩化ナトリウムは正塩，酸性塩および塩基性塩のいずれか。それぞれ答えよ。

（ⅱ）　硫酸銅(Ⅱ)水溶液および塩化ナトリウム水溶液は中性，酸性，塩基性のいずれを示すか。それぞれ答えよ。

（3）　次の（ⅰ）および（ⅱ）の反応の化学反応式を答えよ。

（ⅰ）　塩化ナトリウムに濃硫酸を加えて加熱し，塩化水素が発生する反応

（ⅱ）　濃硫酸に銅を溶かして，硫酸銅(Ⅱ)が生成する反応

（4）　80℃で硫酸銅(Ⅱ)無水塩を水100gに溶かし，硫酸銅(Ⅱ)の飽和水溶液を調製した。この水溶液を冷却することで，溶解させた硫酸銅(Ⅱ)無水塩の質量の70％を五水和物として回収したい。水溶液を何℃に冷却すべきか。整数値で答えよ。

（5）　20℃における塩化ナトリウムの飽和水溶液1.00L中に含まれる塩化ナトリウムの質量〔g〕を有効数字2桁で求めよ。ただし20℃の塩化ナトリウムの溶解度は37.8であり，この飽和水溶液の密度は1.20 g/cm^3 である。

（6）　次の塩化ナトリウムの溶解に関する文章を読み，次の問い（ⅰ）～（ⅲ）に答えよ。

反応速度の取り扱いと同じように水溶液への塩化ナトリウムの溶解の速度過程を考えてみよう。図2に示すように板状の塩化ナトリウムの結晶に塩化ナトリウムを28g含む100mLの水溶液を加えた。この

板状結晶は塩化ナトリウム水溶液に徐々に溶解する。なお水溶液の温度は常に10℃に保たれており，水溶液は十分に撹拌され，水溶液内の塩化ナトリウムの濃度は均一と考えてよい。このときの水溶液中の塩化ナトリウム濃度（C_w）〔g/L〕の変化を図3に示した。時間の経過とともに塩化ナトリウム結晶が溶解して，水溶液中で塩化ナトリウム濃度が増加し，20分後には溶解平衡に達した。ただし塩化ナトリウムの溶解に伴う水溶液の体積変化は無視できる。

時刻 t_1 から t_2 の間に，塩化ナトリウムの濃度が C_{w1} から C_{w2} まで増加したとすると，その間の塩化ナトリウムの溶解速度 v〔g/(L·min)〕およびそれらの平均の濃度 $\overline{C}_w$〔g/L〕は次式で与えられる。

$$v = \frac{C_{w2} - C_{w1}}{t_2 - t_1}$$

$$\overline{C}_w = \frac{C_{w1} + C_{w2}}{2}$$

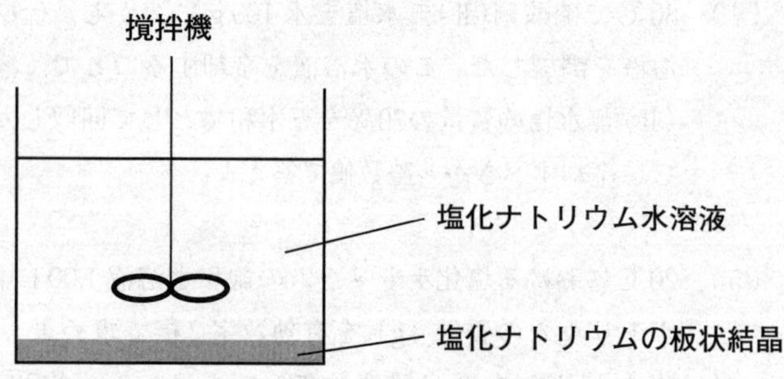

図2　塩化ナトリウムの溶解

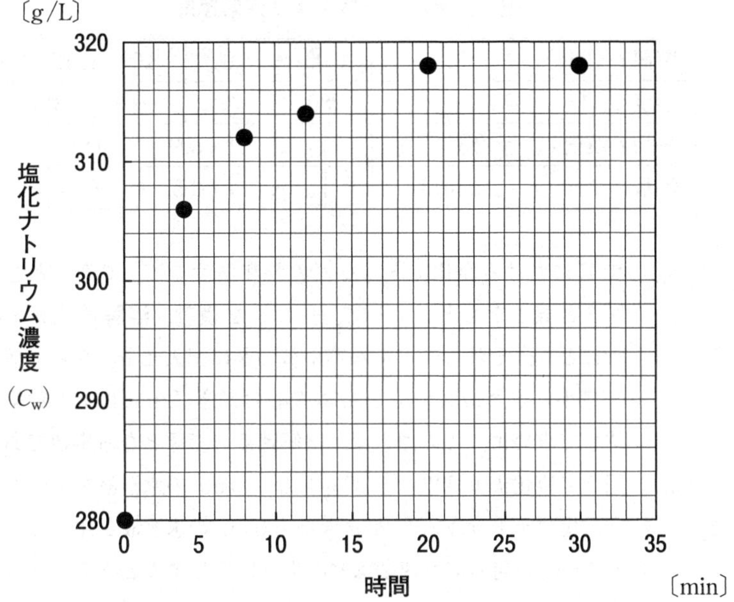

図 3　塩化ナトリウム濃度の時間変化

図 3 から 10 ℃における塩化ナトリウムの溶解速度を求めたい。なお塩化ナトリウムのある時刻における溶解速度は，塩化ナトリウムの飽和濃度とその時刻における濃度との差に比例することが知られている。

(1)　図 3 より時間および塩化ナトリウム濃度を読み取り，各時間間隔での溶解速度および平均の濃度を計算した結果を次の表 1 にまとめた。表中の空欄 A～F に当てはまる数値を求めよ。ただし A～D は有効数字 3 桁で，E および F は小数第 1 位まで求めよ。

表 1　平均の濃度および溶解速度

時間 t〔min〕	0.00		4.00		8.00		12.00
濃度 C_w〔g/L〕	280		A		B		314
平均の濃度 $\overline{C}_w$〔g/L〕		C		309		D	
溶解速度 v〔g/(L·min)〕		E		1.5		F	

(ii)　10℃における塩化ナトリウムの飽和濃度を C_{ws} で表すとき，図3と表1をもとに，（$C_{ws} - \overline{C}_w$）を横軸，溶解速度 v を縦軸にとり，それらの点を解答用紙の図に記入せよ。さらに横軸が最小の点と最大の点を結ぶ直線の傾き〔/min〕を小数第1位まで求めよ。この傾きは，溶解速度の指標となる定数である。

(iii)　図2で塩化ナトリウムを 30 g 含む 100 mL の水溶液を用いた場合，塩化ナトリウムを 28 g 含む 100 mL の水溶液と比べて，0～4 min の間の溶解速度はどのように変化すると考えられるか。次の（あ）～（う）から選び，記号で答えよ。ただし溶解速度の指標となる定数は変わらないものとする。

（あ）　大きくなる　　（い）　変わらない　　（う）　小さくなる

(50点)

〔(ii)の解答欄〕〔g/(L·min)〕

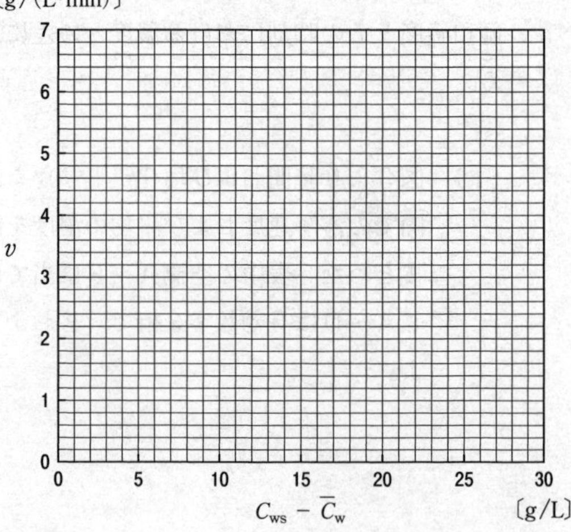

〔Ⅲ〕 次の文を読み，問い（1）～（6）の答えを，解答用紙（二）の〔Ⅲ〕の該当する欄に記入せよ。構造式と化学反応式は例にならって記すこと。

分子量が約1万以上の化合物は高分子化合物とよばれ，分子量の小さな化合物とは異なる性質を示す。高分子化合物のうち天然に存在するものは天然高分子化合物，人工的に合成されたものは合成高分子化合物という。

高分子化合物をつくる重合反応には，二重結合や三重結合をもつ単量体の不飽和結合が開裂して次々と結びつく（　**あ**　）重合と，単量体との反応により水などの簡単な分子がとれて単量体が次々と結びつく（　**い**　）重合などがある。また，重合の形式には，2種類以上の単量体が繰り返し連なる（　**う**　）重合や，環状の単量体が環を開きながら繰り返し連なる（　**え**　）重合などがある。こうして合成される高分子化合物には，個々の分子の重合度にばらつきがあり，分子量に幅が生じることが多い。そのため，合成高分子化合物の分子量には平均分子量が用いられる。

低分子量の化合物の固体は一般に個々の分子が規則正しく配列して結晶をつくり一定の融点を示す。しかし，一般に高分子化合物は分子鎖が比較的規則的に配列した（　**お**　）部分と，分子鎖が不規則に配列した（　**か**　）部分が入り混じった状態をとる。このように固体状態にある高分子化合物の構造は不均一であり，加熱すると（　**き**　）の弱い部分から次第に軟化し明確な融点を示さない。

人工的につくられる合成高分子化合物には，その形態や機能の違いにより合成繊維，合成樹脂，合成ゴムなどがある。合成樹脂は熱や圧力を加えると成形・加工ができる合成高分子化合物である。アメリカのベークランドは，フェノールと（　**A**　）を原料として世界初の合成樹脂となるフェノール樹脂を発明した。フェノール樹脂は酸触媒，塩基触媒のどちらを用いても合成可能である。塩基触媒を用いた場合，①～③式に示すように生成物の分子量が増加していく。②式や③式の生成物などを含む液体状態の混合物は（　**く**　）とよばれ，（　**く**　）を加熱すると硬化し，フェノール樹脂となる。

フェノール（OH）＋（　A　）$\xrightarrow{\text{塩基}}$ o-ヒドロキシベンジルアルコール（OH, CH_2OH）　　①式

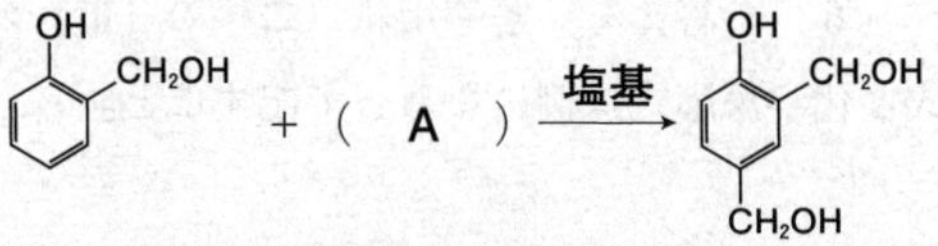

$$\text{(2-(hydroxymethyl)phenol)} + (\ \mathbf{A}\ ) \xrightarrow{\text{塩基}} \text{(2,4-bis(hydroxymethyl)phenol)} \quad \text{②式}$$

$$\text{(2,4-bis(hydroxymethyl)phenol)} + \text{(2,4-bis(hydroxymethyl)phenol)} \xrightarrow{\text{塩基}} \text{(2 phenols linked by } CH_2\text{; } CH_2OH \text{ groups)} + (\ \mathbf{B}\ ) \quad \text{③式}$$

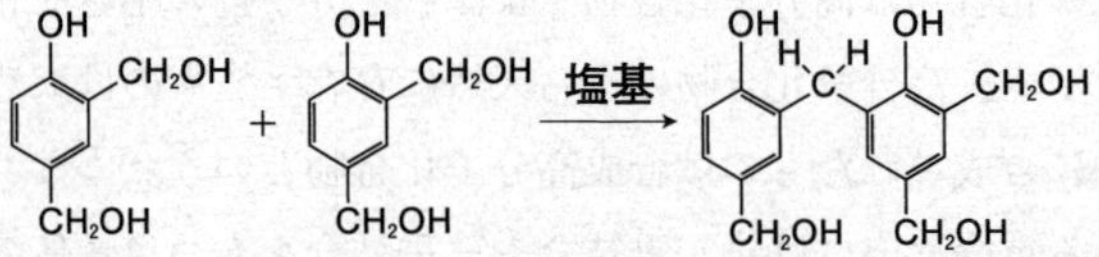

フェノール樹脂などの（　**け**　）性樹脂は，硬化後に立体網目状構造となるため，加熱しても変形することができない。一方，ポリエチレンなどの鎖状構造を有する樹脂は加熱すると軟化し，冷却すると再び硬化する性質を持っており，（　**こ**　）性樹脂とよばれる。（　**け**　）性樹脂は，資源として再利用することが困難であり，現在，再利用に向けた研究が進められている。また，石油資源に頼ることなく，植物や二酸化炭素から高分子化合物を合成する研究も進められている。

(1)　空欄（　**あ**　）〜（　**こ**　）にあてはまる最も適切な語句あるいは物質名を次の語群から選び，記号で答えよ。

【語群】

(a)　付加	(b)　脱離	(c)　縮合
(d)　脱水	(e)　共	(f)　複
(g)　開環	(h)　閉環	(i)　シート
(j)　ヘリックス	(k)　結晶	(l)　非結晶
(m)　分子間力	(n)　共有結合	(o)　レゾール
(p)　ノボラック	(q)　熱硬化	(r)　熱可逆
(s)　熱可塑	(t)　熱不可逆	

(2)　文中および①式，②式中の空欄（　**A**　）および③式中の空欄（　**B**　）にあてはまる化合物を構造式で記せ。

(3)　次の文章中の空欄（　**C**　）〜（　**H**　）にあてはまる最も適切な数字，語句あるいは化合物名を記せ。ただし，（　**D**　）には酵素，

（　E　）には二糖類，（　F　）には単糖類の名称を，（　G　）には数字を記せ。また，図 1 に示す化合物 I の構造式を記せ。

【文章】

デンプンは植物中で光合成によりつくられる天然高分子化合物であり，その平均分子量は粘度測定あるいは（　C　）測定によって求めることができる。デンプンを（　D　）によって加水分解して得られる（　E　）を希酸で加水分解すると（　F　）が得られる。こうして得られる天然由来の（　F　）は水溶液中において，六員環構造あるいは鎖状構造をもつ（　G　）種類の異性体が平衡状態にあり，鎖状構造の（　F　）は（　H　）基を有するため還元性を示す。植物の細胞壁の主成分であるセルロースを酸と反応させ（　F　）を得ることもできる。このようにして得られる（　F　）から合成される 2,5−フランジカルボン酸は，2 価アルコールを反応させてポリエステルを得ることができるため，植物由来のプラスチック原料として注目されている。2,5−フランジカルボン酸は（　F　）から，「1 分子の化合物から 3 分子の水がとれる反応」と「酸化反応」を用いて合成され，その合成ルートには図 1 に示す 2 通りが考えられる。

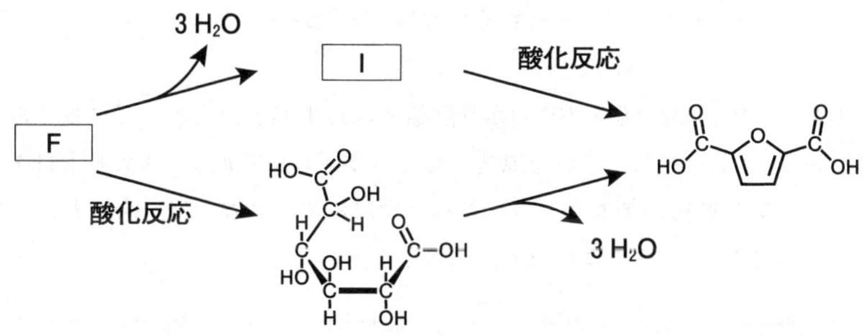

図 1　2,5−フランジカルボン酸の合成

（4）　ポリエチレンテレフタラートは，化合物 J とエチレングリコール（1,2−エタンジオール）から合成されるポリエステルである。化合物

Jは，工業的には触媒を用いて，p-キシレンから酸素O_2を酸化剤とする酸化反応によってつくられる。この酸化反応の化学反応式を記せ。

（5）炭素，水素および酸素のみからなる2価アルコールK（$C_nH_{2n}(OH)_2$）45 g を，触媒を用いて二酸化炭素と反応させた結果，すべての2価アルコールKが反応し，次に示す平均重合度1000，平均分子量1.16×10^5のポリカーボネートLが生成した。次の問い（i）～（iii）に答えよ。

$$\mathrm{H}\!\left[\mathrm{O\,C}_n\mathrm{H}_{2n}\,\mathrm{O}-\overset{\overset{\displaystyle \mathrm{O}}{\|}}{\mathrm{C}}\right]_{1000}\!\mathrm{OC}_n\mathrm{H}_{2n}\,\mathrm{OH}$$

ポリカーボネートL

（i）2価アルコールKの分子量を有効数字2桁で記せ。

（ii）ポリカーボネートLの生成にともなって生じた水の質量〔g〕を有効数字2桁で記せ。

（iii）2価アルコールKは不斉炭素原子を1つ含む。2価アルコールKとして考えられる化合物の構造式をすべて記せ。

（6）平均分子量8.6×10^4のポリ酢酸ビニル1.0 kgからポリビニルアルコールを合成し，それを原料としてポリビニルアルコールのヒドロキシ基の50 %がアセタール化された次に示すビニロンMを合成した。次の問い（i）および（ii）に答えよ。

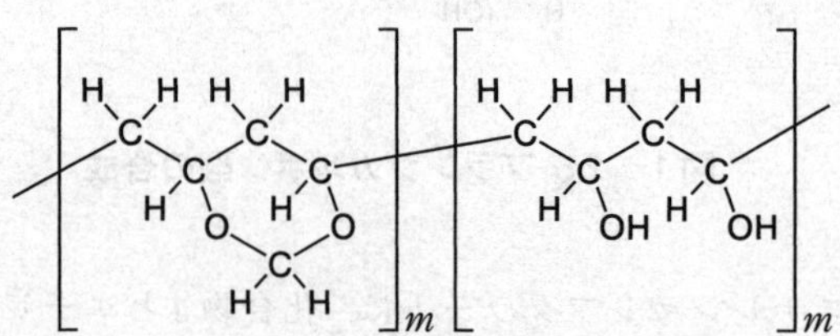

ビニロンM

(ⅰ) ビニロンMの平均分子量を有効数字2桁で記せ。

(ⅱ) 理論上得られるビニロンMの質量〔kg〕を，有効数字2桁で記せ。

構造式と化学反応式の例

$$C_6H_5-C(OH)(CH_3)-C(OH)(CH_3)-C_6H_5 \longrightarrow C_6H_5-C(=O)-C(CH_3)_2-C_6H_5 + H_2O$$

(50点)

生物

(75分)

〔Ⅰ〕次の文章を読み，問い（1）～（7）の答えを解答用紙の㈠の〔Ⅰ〕の該当する欄に記入せよ。

以下は生物に見られる基本的な5つの特徴である。

1．全ての生物の基本単位は細胞である。細胞では，（　ア　）が細胞質基質や細胞小器官をふくむ細胞自身と外界を隔てている。細胞の大きさは様々であり，核をもつ（　イ　）は直径がおよそ（　ウ　）から100 μmであり，核をもたない（　エ　）の直径はおよそ（　オ　）である。生物には1つの細胞からなる（　カ　）と，多数の細胞からなる（　キ　）とが存在する。（　エ　）は全て（　カ　）である。

2．生物が示す現象，すなわち生命現象にはエネルギーの利用が不可欠である。生命現象のためのエネルギーの入手手段は多様であり，主に①太陽の光エネルギーを用いて単純な物質から複雑な物質（有機物）を合成する生物がいる一方，②複雑な物質（有機物）を分解して化学エネルギーを得て，それを用いて生命活動を行う生物もいる。このような生体内での物質の合成や分解に伴う反応を（　ク　）という。

3．③生物の体の構造や行動といったあらゆる特徴は，その生物のもつ遺伝情報をもとに合成されるタンパク質によって決められる。この遺伝情報は（　ケ　）という分子の構造によって規定されている。

4．（　イ　）や（　エ　）を含む全ての生物には，自分と同じ種として分類される子孫をつくる④遺伝の仕組みがある。

5．地球上には多様な環境があり，それぞれの環境に適応した多様な生物が生息している。すべての生物には，細胞外の環境やその変化に関わらず⑤生体内の環境を一定に保とうとする仕組みがある。

上記の1から5までの特徴を多様化したすべての生物が示す。この共通性は全ての生物が共通の祖先から（　コ　）したことで生じた結果と考えられている。

（1） 本文中の空欄（ア）～（コ）にあてはまるもっとも適切な語句を答えなさい。

（2） （ア）の厚みを単位を含め答えなさい。また（ア）を構成する成分のうち大部分を占める2種類の物質の名称を答えなさい。

（3） 下線部①の反応の総称を同化というが，多くの植物の行う同化反応を何というか，その名称と酸素発生型の反応式，およびその反応に際して太陽光を吸収する色素の名称を答えなさい。

（4） 下線部②では複雑な物質（有機物）を分解して得られた化学エネルギーを用いて「エネルギーの通貨」と呼ばれる化学物質を合成する。この化学物質の名称を答えなさい。

（5） 以下はゾウリムシの模式図である。下線部③について，ゾウリムシを例にとって考える。ゾウリムシは全体を繊毛によって覆われ，繊毛を規則的に動かすことによって水中を移動する。ゾウリムシの繊毛の構造と動きの両方にとって必須なタンパク質について，以下から該当する3つを選択し答えなさい。

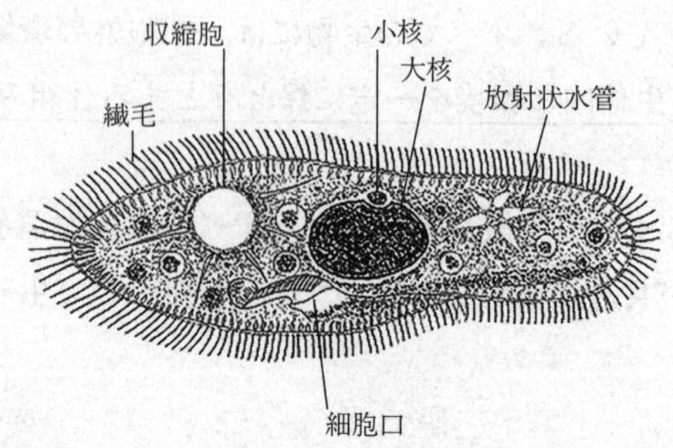

(あ)	ヒストン	(か)	キネシン
(い)	ダイニン	(き)	トリプシン
(う)	ミオシン	(く)	インスリン
(え)	トロポニン	(け)	チューブリン
(お)	アクチン	(こ)	トロポミオシン

(6) 下線部④について以下の設問に答えなさい。

個体において雌雄が分かれ，それぞれの配偶子が形成される生物については，配偶子間の融合，すなわち受精によって次世代の生物が誕生する。有性生殖によって同一の両親から生まれた複数の子の間では双子等を除いて遺伝情報が異なる。同一の両親の複数の子の間で，遺伝情報が異なる仕組みについて，句読点を含め100字以内で記述しなさい。

(7) 下線部⑤について，次の文章を読んで以下の問い（A）～（D）に答えなさい。

生物のからだを取り巻く環境は，外部環境（体外環境）と呼ばれる。多数の細胞によって個体が成り立つ生物において細胞は，体液と呼ばれる液体に浸されている。体液は細胞にとっての環境であり，外部環境に対して体内環境と呼ばれる。体内環境は，たえず変化し続ける外部環境からの影響を受けつつも，一定に保たれており，体を構成する細胞は安定した生命活動を営むことができる。体液のうち細胞成分を除いたものを細胞外液という。細胞外液には様々なイオンやタンパク質などが含まれている。細胞外液の塩類濃度は Na^+ の濃度が高く，K^+ の濃度が低い。一方，細胞内液では K^+ の濃度が高く，Na^+ の濃度が低い。⑥この塩類濃度の細胞外液と内液の差は，外部環境からの作用によって一時的に変化することがあるが，変化後はすぐに元の状態に戻る。

塩類濃度の細胞外液と内液の差の形成に必要なタンパク質が（　サ　）である。（　サ　）による⑦イオンの輸送は濃度差に逆らった輸送であり，エネルギーを必要とする。外部環境からの刺激のない，一定に保たれた状態において細胞外の（　a　）が細胞内に入る（　シ　）は開いていないのに対し，（　b　）が細胞外に流出する（　ス　）は，一部が開いたままであるため，細胞内から外へ一定数の（　c　）が漏れ出て細胞外の（　セ　）が高くなる。その結果、細胞の内側が細胞の外側に対して（　ソ　）となる状態が発生する。

（A）　下線部⑤を何というか，名称を答えなさい。

（B）　下線部⑥の外部環境からの刺激がない状態において生じる細胞の電気的性質を何というか答えなさい。

（C）　上の文章の2段落目からは，外部環境からの刺激のない状態において生じる細胞の電気的性質が生じる仕組みについて述べている。文章中の空欄（　a　）～（　c　）には，Na^+ あるいは K^+ が，空欄（　サ　）～（　ソ　）には語句が入る。それぞれの空欄に適切なイオンの名称と語句を答えなさい。

（D）　下線部⑦のような輸送を何と言うか答えなさい。

（50点）

〔Ⅱ〕 次の文章を読み，問い（1）～（7）の答えを解答用紙（一）の〔Ⅱ〕の該当する欄に記入せよ。

自分の感覚や思考を相手へ言葉で正確に伝える時，誰にでも「意思の伝達は難しい」という経験は，一度はあるだろう。文章のみであれば，読み手側の理解を助けるために，様々な工夫が必要になる。そのため，作家は臨場感に溢れた表現や，どの読み手にも経験や体験があるような表現法を巧みに用いてきた。次の文章は，1914年に刊行された夏目漱石の「こゝろ」に記述された一節である。これは1世紀前の文学ではあるが，情景描写の中にも多様な生物学的表現が含まれている。これが現代でも読み手を魅了する理由のひとつであろう。

（中略）

私はすぐに下宿へはもどらなかった。国へ帰る前に調える買物もあったし，(ア)ごちそうを詰めた(イ)胃袋にくつろぎを与える必要もあったので，ただにぎやかな町の方へ(ウ)歩いて行った。町はまだ宵の口であった。用事もなさそうな男女が(エ)ぞろぞろ動くなかに，私は(オ)今日いっしょに卒業したなにがしに会った。

（1） 下線部（ア）で私が「ごちそう」の味を認識できたのは，舌の味覚器が識別したためである。味覚器が知覚する基本味は，5種類に分類される。この5種類の名称をすべて答えよ。また食事は，歯応え，舌触りなどの食感も加えて味わうことができる。この食感が伝えられる感覚野は大脳のどの領域か，もっとも適切なものを，次の（あ）～（え）から一つ選び，記号で答えよ。

（あ） 前頭葉
（い） 頭頂葉
（う） 後頭葉
（え） 側頭葉

（2） 下線部（ア）の「詰めた」は，胃や小腸が刺激されて得られた知覚の表現である。この知覚は，胃や小腸で生じた刺激の情報が感覚神経によって中枢まで運ばれることで認識される。この感覚神経は，大脳へ至るまでに間脳を中継する。間脳のどの部位でシナプスを介すか，その名称を答えよ。

（3） 図1は，味覚器である味細胞や，その他の細胞で構成された味蕾を示している。味覚を刺激する化学物質は，味細胞の受容体に結合する。この受容体は味細胞のどこにあるか，もっとも適切なものを，図1の（A）～（E）から一つ選び記号で答えよ。また，舌にはこのような味蕾が数多く存在する。なぜヒトは，味の濃さの違いを識別できるのか，もっとも適切な理由を以下の選択肢①～⑤から一つ選び，番号で答えよ。

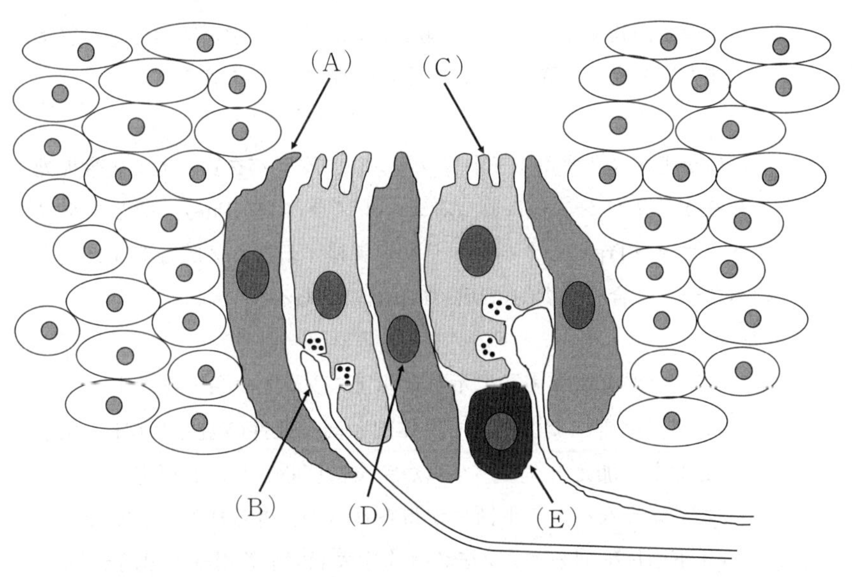

図1　ヒトの味蕾

① 舌の前部は薄味を感じる味細胞が分布し，後部には濃い味を感じ

る味細胞が分布する。味細胞には，役割に応じた分布があるため。

② 味細胞にある受容体は，すべての化学物質と結合するが，化学物質の濃度に応じた受容器電位を発生し，濃度差を感じるため。

③ 受容体の種類は化学物質ごとに異なっており，化学物質の濃度が高いほど，味神経に発生する興奮の頻度が多くなるため。

④ 受容体の種類は化学物質ごとに異なっており，発生する興奮の頻度は不変であるが，化学物質が受容体と速く結合すると受容器電位が大きくなり濃い味を感じ，結合が遅いと受容器電位は小さくなり薄味を感じるため。

⑤ 味細胞にある受容体は，すべての化学物質と結合するが，味覚野までの味神経の長さによって濃度が識別されるため。

（4） 下線部（イ）は，酵素による消化を表現している。すい臓でつくられたアミラーゼやキモトリプシンは，糖質やタンパク質をそれぞれ小さな分子に消化する。これらの酵素がはたらく化学反応の名称を答えよ。また次の文章を読み，以下の問い1）と2）を答えよ。

主に小腸に存在するキモトリプシンは，タンパク質のアミノ酸配列に存在するチロシン（Tyr），フェニルアラニン（Phe），そしてトリプトファン（Trp）のカルボキシ基と隣接するアミノ酸のアミノ基とのペプチド結合を選択的に切断する酵素である。

1） アミノ酸3文字表記で示した以下のタンパク質とキモトリプシンを試験管内で混ぜて，生体内と同じ条件の温度とpHで反応させた。加えたタンパク質が完全に切断されたと仮定すると，どのようなペプチド断片が得られるか。得られるすべてのペプチド断片配列をアミノ酸の3文字表記で解答用紙に記述せよ。

Glu-Tyr-Gln-Arg-Pro-Trp-Gln-Met-Lys-Ala-Gly-Gly-Phe-Asp-Ala

2）下線部（ウ）の意義について，生物学的知見を得るために実験を行った。まず被験者 12 名は，空腹で実験に参加し，同時刻に同じ食事を摂った。食事直後を 0 分とし，参加者全員は血糖値（血中グルコース濃度）を測定した。そのうち 6 名は，15 分間のウォーキングをした後，安静にしてある時間間隔ごとに血糖値を測定した。この血糖値の測定は，120 分間連続して行った。この群を『運動あり』とする。一方，別の 6 名は食後の 15 分間は何も運動せず安静にし，その後に『運動あり』と同条件で血糖値を測定した。この群を『運動なし』とする。図 2 は，両群の各時間における血糖値（平均値）の変化を示したグラフである。この実験から，食後のウォーキングによる血糖値の変化は『運動なし』と比較するとどのような知見が得られるか，以下の語句をすべて使用し，句読点を含め 75 字以内で答えよ。ただし，100 などの数字や単位はそれぞれ 1 字とする。

例：| 100 | mg |

［語句］：血糖値，100 mg/100 mL 以下の正常値，食後のウォーキング，上昇，下降

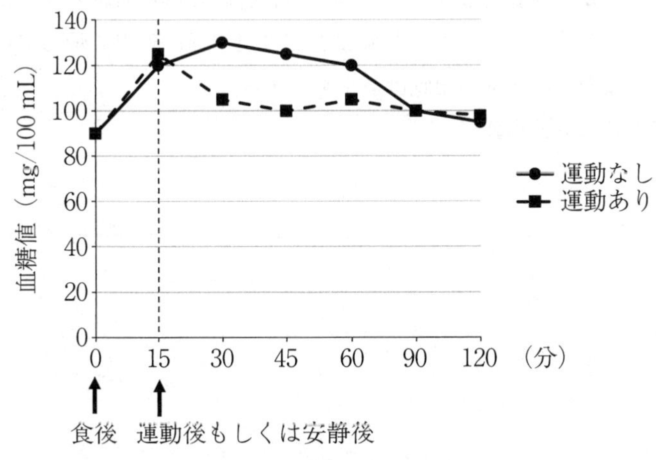

図 2　食後の時間経過による血糖値変化（平均値）

（5） 下線部（エ）は，視覚器で得られた情報を表現している。動物は光の情報を活用することにより，外敵の様子や存在，時間，場所の情報を得ている。そのため，動物は光を敏感に受容する光受容細胞をもっている。以下の問い1）と2）について答えよ。

1） 哺乳類の視細胞が光を吸収してから視覚として情報を得る順番について，次の（A）～（D）を正しく並び替え，記号を解答欄に記入せよ。ただし最初は，『視細胞が光を吸収する』とする。

（A） 視神経細胞は視神経繊維を興奮させる。
（B） 視覚野のニューロンが興奮して視覚が生まれる。
（C） 視神経は大脳の視覚野へ信号を伝える。
（D） 受容器電位の信号は，介在ニューロンを経由して視神経細胞へ伝わる。

2） 図3は，視覚器が受けた光の刺激が脳に伝わる経路であり，ヒト脳を上から観察した図である。しかしこの図は，左右の各眼球から出たそれぞれ2本の視神経が視交叉（しこうさ）で途切れている。ここから視覚野まで続くすべての視神経を解答用紙の図に書き加え完成させよ。ただし両眼右側の視神経は破線で示している。またこのヒトの視覚は，正常とする。

〔解答欄〕 図3に同じ。

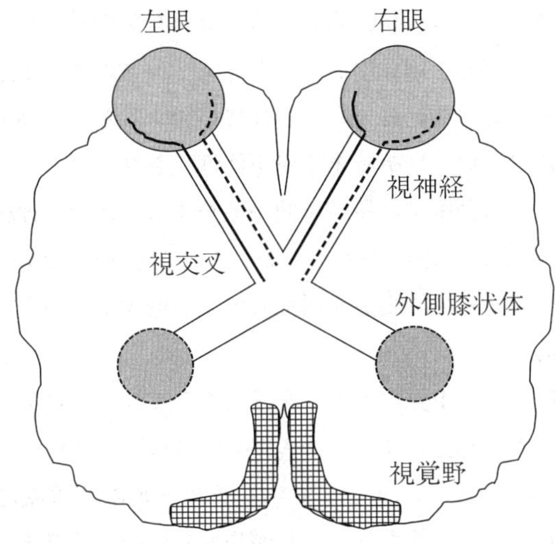

図3　光の刺激が脳に伝わる経路

(6)　下線部（オ）は，エピソード記憶と呼ばれ，体験を含めた長期記憶である。短期記憶や長期記憶は，ヒト以外にもアメフラシやマウスにも見られる学習行動で，その分子機構の詳細について調べられてきた。次の文章を読み，(A)～(E)にあてはまるもっとも適切な語句を答えよ。

アメフラシは水管から海水を出し入れして呼吸をする。この水管に接触して刺激を与えると，アメフラシは水管やえらを体の中に縮める。これを何度か繰り返すとえらを引っ込めなくなる。これは（　A　）と呼ばれる学習である。しばらくの間，アメフラシを放置すると接触刺激により再びえらを引っ込めるようになる。ところが，（　A　）の状態にあるアメフラシの尾部に電気ショックを与えると，えらの引っ込め反射が回復する。さらに強い電気ショックを与えると，次に弱い刺激を与えてもえらを引っ込めるようになる。この変化を（　B　）という。この（　B　）の状態では，尾部感覚ニューロンから情報を受けた介在ニューロンは，水管感覚ニューロンの神経終末とシナプスを形成して，反応を増強する。介在ニューロンの神経伝達物質が水管感覚ニューロンの神経終末の受容体に結合すると，活動電位の再分極に関与する（　C　）チャネルが不活性化されて（　C　）イオン流出が減少し，活動電位の持続時間が延長することで，神経終末内への（　D　）イオンの流入が多くなる。これより水管感覚ニューロンからの神経伝達物質の放出量が増加して，伝達効率が高まる。これが短期記憶である。

さらに尾部への電気ショックを与えて介在ニューロンへの影響を繰り返すと，水管感覚ニューロンの軸索末端は形態変化によって分岐が（　E　）する。これより（　C　）チャネルの不活性化が消失しても，反応が生じやすくなる。これが長期記憶の機構である。

（7）　上記文学の主題でもある「こゝろ」にあるように，自分の心や状況を相手に伝えることは難しく，また他者を理解することも難しい。しかし我々は，速やかな相手の理解に努めている。そのため，人に入力された多くの情報は，最終的に中枢で処理され，速やかに出力へ変換される。この情報の伝導や伝達を担っているのが神経細胞である。神経細胞の軸索を髄鞘が囲んだ神経は，有髄神経繊維であり，興奮した活動電位をすばやく伝導する。一方，中枢には髄鞘のない無髄神経繊維も存在し，伝導速度は遅い。また伝導の速度は，髄鞘の有無以外の要因にも影響を受けることが知られている。それらの要因は何か，以下の語群から適切なものを二つ選び，答えよ。

［語群］生体の大きさ，神経細胞の大きさ，軸索の長さ，軸索の直径，軸索の直線性，外気圧，温度，血中 O_2 濃度，血中 CO_2 濃度，髄鞘の巻き回数，髄鞘を形成する細胞の種類

（50点）

〔Ⅲ〕次の文章を読み，問い（1）～（8）の答えを解答用紙の（二）の〔Ⅲ〕の該当する欄に記入せよ。

生物が自然界にいる場合，病気になったり，食べられたり，あるいは食糧が足りないなどのために，成体まで生き延びる事ができるのは一部のみとなる。ある地域に生息する同じ種の個体のまとまりを個体群と呼ぶが，個体群において生まれた子の数が出生後の経過時間にともなって，どのように減っていくかを示した表を(A)生命表という。この生命表をグラフにしたものを（　あ　）と呼ぶが，（　あ　）の形は，(B)その種の生態的な特徴を反映しているといわれている。

生物の個体数は何の制限もなければ世代を重ねることで指数関数的に増加するが，実際には個体群の成長が無限に続くわけではない。例えば，ゾウリムシを容器の中で飼育すると，(C)個体数は（　い　）字型の曲線を描き，安定した値に落ち着くと考えられている。つまり個体群の成長が抑えられることになる。この安定した値を（　う　）と呼ぶ。個体群密度の変化に伴って個体群の性質が変化する事を(D)密度効果という。

密度効果を引き起こす要因の一つに種内競争がある。植物での種内競争について確かめるために，密度を変えて栽培したダイズの個体の反応を調べる実験を行った。(E)種子を様々な密度でまいた実験処理を6セット用意し，ダイズの個体の平均重量を，種子をまいてから10，20，30，45，85，120日目に収穫して計測した。その結果，いずれの日数でも，個体の平均重量は個体群密度の低い方が高くなり，種内競争が個体に与える影響が確かめられた。一方で，単位面積あたりの個体群の重量は時間が経過すると，種子をまいたときの密度に関係なくほぼ一定になることもわかった。これを（　え　）の法則という。

個体群が成長するにつれて種内競争が生じるのと同じように，異なる種の個体群の間に種間競争が生じることがある。種間競争によって一方の種がもう一方の種を駆逐することを（　お　）という。(F)植物の種間競争では，光や栄養塩類を巡る競争がしばしば見られる。このうち光を巡る競争では，背丈の高い種が優位に立つ。しかし，(G)落葉樹林に見られるカタクリやエンゴサクなどの（　か　）と呼ばれる草本は，自分よりはるかに背丈の高い樹木の下にある林床に生育する事ができる。

（1）上の文章の空欄（あ）～（か）にあてはまるもっとも適切な語句を解答欄に記入せよ。

（2）下線部（**A**）に関して，異なる生態的特徴を有する自然界の生物種の生命表を表1のように作成した。ここでの齢は相対値である。生存個体の割合は，出生時（齢1）の個体数を1.000として示している。表1の種a～cのような変化を示す生物としてふさわしい生物を次の（ア）～（カ）から二つずつ選び，記号で答えよ。

表1．生物種a～cの生命表

齢(相対値)	種a	種b	種c
1	1.000	1.000	1.000
2	0.223	0.939	0.020
3	0.050	0.505	0.005
4	0.007	0.186	0.002
5	0.002	0.002	0.001

（ア）マイワシ　（イ）ミツバチ　（ウ）トカゲ　（エ）シカ
（オ）アサリ　（カ）ヒバリ

（3）下線部（**B**）に関して，（あ）の形は種によって大きく異なり，表1に示すような典型的な3つの類型に区分される。種cではどのような生態的な特徴を示すか，次の文章（ア）～（オ）のうち，あてはまる説明を二つ選び，記号で答えよ。

（ア）出産直後に死亡する個体が少ない。
（イ）大きな卵や子を少数産む。

(ウ)　水中で浮遊生活する幼生期をもつ生物がこの型を示す場合が多い。

(エ)　多くの子を産むが，出生後初期の生存率が低い。

(オ)　社会性昆虫はこの型になることが多い。

(4)　下線部(**C**)のような変化が見られる理由について，句読点を含めて 40 字以内で説明せよ。

(5)　下線部(**D**)について，個体群の大きさ（密度）に対する出生率と死亡率の変化によって，密度が小さいときには個体群が成長し，密度が大きいときには個体群の成長が抑制されるような調節がみられることが知られている。図 1 は，個体群の大きさに対応した出生率（実線）と死亡率（破線）の変化を模式的に示している。(ア)～(カ)のうち，密度に応じた上記の様な調節が生じていないと考えられるものをすべて選び，記号で答えよ。

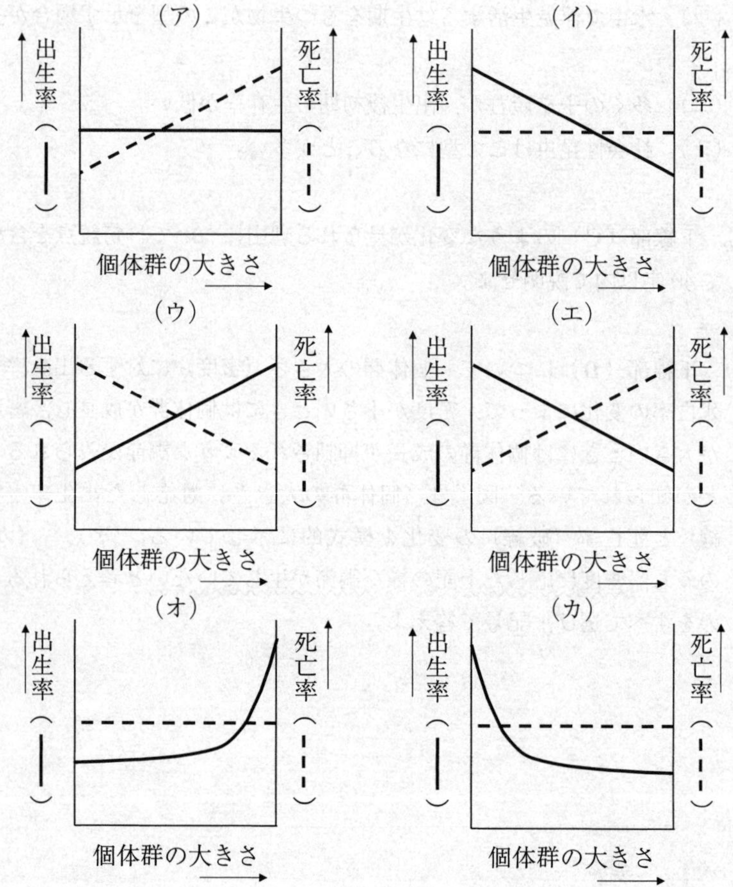

図１．個体群の大きさと出生率及び死亡率の関係の模式図
各軸の値は，矢印方向に増加する。

（6） 下線部（**E**）の実験結果を，個体群密度（本/m²）を横軸に，個体の平均重量（g 乾燥重量）を縦軸に取った 30 日目の結果を図 2 で示した。それぞれの縦軸及び横軸は対数目盛である。85 日目の結果を示す最も適切なグラフを図 3 の（ア）～（カ）の中から一つ選び，記号で答えよ。

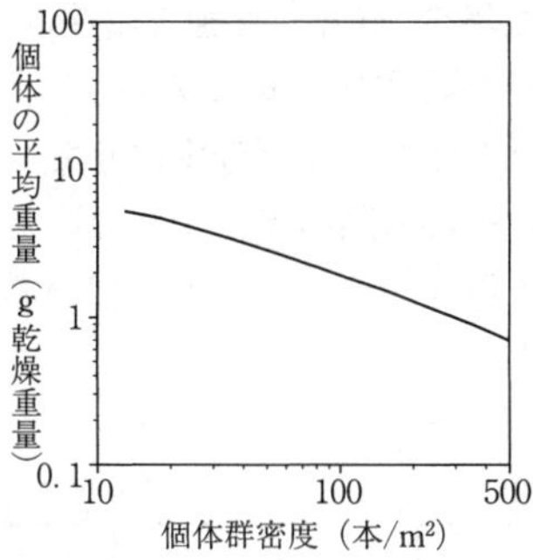

図 2．個体群密度を変えたダイズの個体の 30 日目の平均重量

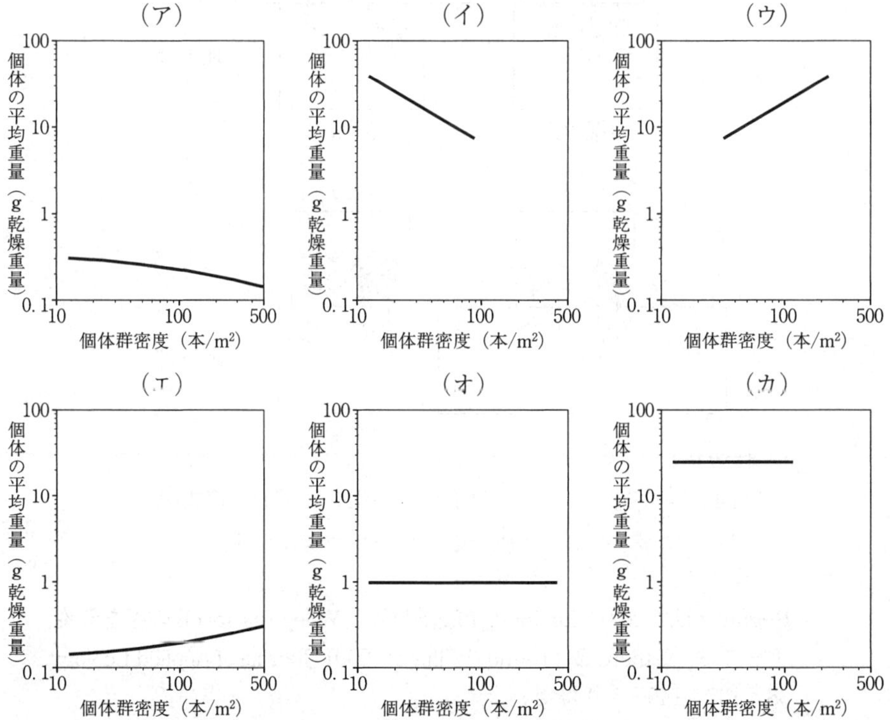

（ア）　（イ）　（ウ）

（エ）　（オ）　（カ）

図 3．個体群密度を変えたダイズの個体の平均重量の変化の模式図

（7） 下線部（**F**）について，トウモロコシとエンドウについて調べた研究がある。この実験では図 4 のように，（a）エンドウを単独で栽培し成長させた場合，（b）2 種を混生させるが，地上部に仕切りを設けて，地上部の競争が起こらないようにした場合，（c）2 種を混生させるが，土壌を入れた地下部に仕切りを入れて，地下部の競争が起こらないようにした場合，（d）2 種を混生させ，仕切りは設けない場合の 4 種類の処理を設けた。単独成長時（a）のエンドウの個体の生産量の乾燥重量を 100 とした百分率にして，各処理におけるエンドウの示す数値をそれぞれの図の下に示している。なお，仕切りは光をさえぎらない素材であり，地上部，地下部の箱の大きさは成長に影響を与えないものとする。

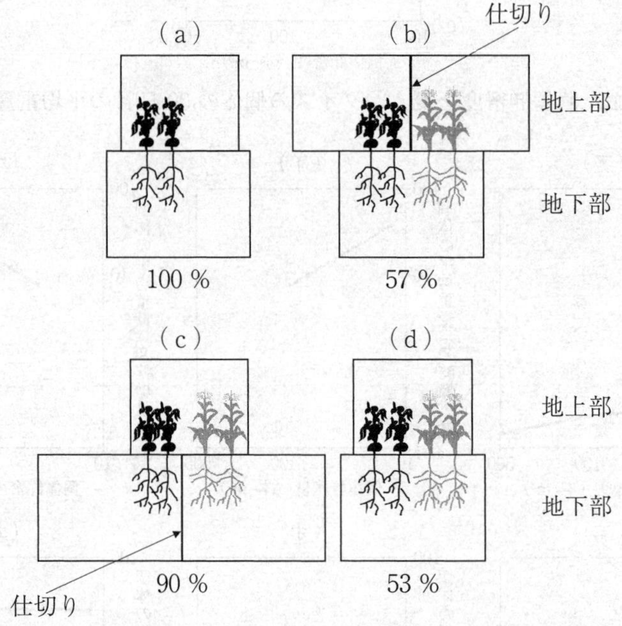

図 4． トウモロコシとエンドウを混生した実験の模式図
黒がエンドウ，灰色がトウモロコシを示す。

Begon et al.（2021）Ecology，fifth edition，Wiley Blackwell の図を改変。データは，Semere & Fround-Williams（2001）Journal of Applied Ecology, 38：137 - 145. より得た。

この実験の結果が生じた理由を考察した文章として，不適切な文章を次の文章（ア）～（カ）のうちから二つ選び，記号で答えよ。

（ア） 土壌の資源は光よりも成長を制限していた。
（イ） 光は土壌の資源よりも成長を制限していた。
（ウ） エンドウとトウモロコシを混生させても成長に影響は無い。
（エ） エンドウとトウモロコシは養分や水分を巡って競争している。
（オ） エンドウとトウモロコシは光を巡って競争している。
（カ） 地下部と地上部での競争は一緒になって植物体全体の競争の効果を生む。

（8） 下線部（G）について，カタクリやエンゴサクが落葉樹林の林床で生育できる理由を以下の語群の用語をすべて用いて，句読点を含めて45文字以内で答えよ。

語群：樹木，葉，日光

（50点）

解答編

英語

I **解答** A．(W)－2　(X)－3　(Y)－3　(Z)－2

B．(a)－1　(b)－1　(c)－2　(d)－4　(e)－3　(f)－3　(g)－4　(h)－3　(i)－4

C．(ア)－2　(イ)－3

D．(あ)－1　(い)－5　(え)－6

E．4・5・6

F．全訳下線部参照。

◆全　訳◆

≪気候変動が昆虫や生態系に与える影響≫

私たちは，気候が変化する未来に向かっていることを知っている。このことは昆虫にも直接的，そして間接的に影響を与えるだろう。

一つの難題は，気候の変化が，異なる種の間におけるぴったり合った同時性を乱すことである。渡り鳥が戻ってくる時期，発葉の時期，春の開花時期など，多くの過程のタイミングがずれることがわかっている。異なる事象が必ずしも同じタイミングで変化するわけではないことが難題なのだ。もし，昆虫を食べる鳥が，昆虫が最も多くいる時期に対して卵を産む時期が遅すぎたり早すぎたりすると，巣の中のひな鳥の餌が少なくなりすぎることがあるかもしれない。これが起こるのは，例えば，ある現象が（温暖化の影響を受けない）日照時間の長さによって引き起こされる場合もあれば，ある現象が（温暖化の影響を受ける）平均気温によって引き起こされる場合もある。同様に，授粉を特定の昆虫に頼っている植物が，その昆虫が群れをなして動かなくなる時期に開花すると，種子の生産が悪くなるような被害を受けることがあるかもしれない。

とりわけ春は，早すぎる「偽りの春」と呼ばれるほど，厳しい状況になることがある。それが訪れると，越冬しようとしていた成虫は暖かさに誘われて餌を探しに外に出てしまう。再び霜が降りると，昆虫は寒さに弱く，餌の蓄えも少ないため，寒さへの対処や十分な餌の確保に苦労することになるのだ。

このように，多くの昆虫が気候の変化に応じて変わろうとしていることがわかる。時に分布全体が移動することもあるが，種が追いつかず，かえって分布が縮小することもよくある。トンボやチョウの場合，多くの種の分布が小さくなり，北上していることが証明されている。昆虫の種類別の色見本を見ると，多くのチョウやトンボの中で特に色の濃いものは，南ヨーロッパから姿を消し，気候の涼しい北東部に避難していることがわかる。マルハナバチを例にとると，2100年までにヨーロッパに生息する69種のうち，10分の1から――最悪の場合は――半分が，気候変動のために失われる可能性がある。

北部では，気候変動により葉を食べるイモ虫の分布が拡大している。このため，カバの森が喰い荒らされ，その影響はさらに深刻化している。10年以上にわたって，アキナミシャクとその近縁種の発生が，ノルウェーの北部にあるフィンマルクのカバの森にかなり大きな被害を与えてきた。この大発生が生態系全体に波及効果をもたらした。食糧事情，植生，動物の生態など，すべてが変わった。

私は，トロムソやオスロ郊外のノルウェー生命科学大学の研究者とともに，アキナミシャクが喰い荒らした跡が，別の昆虫グループ，例えば枯れたカバを分解して栄養を再利用するカブトムシにどのような影響を与えるかを調べてきた。その結果，アキナミシャクの攻撃は短期間に多くのカバの枯死を引き起こすので，木に生息するカブトムシはそれにただただついていけなくなることが判明した。つまり，餌の増加に見合った個体数の増加ができていないということである。このことが長期的にどのような影響を及ぼすかはわからないが，以下の重要なポイントを示している。つまり，気温の上昇が続くと，北半球の生態系にどのような影響が出るかはわからないが，劇的な変化が起きることは明らかだということである。

私の研究分野のひとつは古くて空洞のあるオークの大木に生息する昆虫類なので，気候変動がそこに生息するカブトムシにどのような影響を与えるかを考えてきた。数年前，私の研究グループとスウェーデンの科学者たちは，スウェーデン南部とノルウェー南部の全域に生えるオークの木と関係しているカブトムシの群れを対象とした大規模なデータを比較したことがある。オークの木は気候が異なる場所に立っているので，気温や降水量の観点から，それらが広がる範囲は，気候シナリオで予測される気候変化とほぼ同じになった。私たちはカブトムシの群れの違いを調べ，気候が温暖化・湿潤化・荒涼化した場合，将来これらの様々な昆虫の群れにどのような影響を与えるかについて知識を得た。

私たちの研究の中で，温暖な気候は最も特殊で特異な種にとって好都合であることがわかった。しかし，残念ながら，これらの特異な種は降水量の増加に対して悪い反応を示した。つまり，気候変動がこれらの特異な昆虫の環境を改善することは難しいということだ。しかし，より一般的な種は気候の違いに対してほとんど反応を示さなかった。

これは気候変動に限らずかなり一般的なことで，現代によく見られるパターンを裏付けている。つまり，その土地固有の，特別に適応した種が被害を受け，一方で一般的な種はうまくいくということである。つまり，多くの希少種や固有種が減少する一方で，すでによく見かける比較的少数の種が，ますますありふれたものになっていくだろう。これは生態系の均質化と呼ばれるもので，同じ種がどこでも見られるようになり，異なる地域間で自然がより似てくるのである。

◀解　説▶

A. (W)空所の直前に suffer があるので，正解は 2 となる。suffer from ～ は「害を被る，～（苦痛・害など）を受ける」という意味。直後の poor はここでは「悪い，乏しい」という意味で，poor seed production は直訳すると「乏しい種の生産」だが，ここでは「種の生産が乏しくなる，悪くなる」ということを表している。

(X)空所の直後に response とあるので，正解は 3 となる。in response to ～ は「～に応じて，～に応えて」という意味。

(Y)空所の直後に the long term があるので，正解は 3 になる。over the long term は「長期的に見て」という意味。over の代わりに in を使うこともできる。

(Z)空所の直前の文より，最も特殊で特異な種にとっては温暖な気候が好都合であると考えられていたが，これらの種は降水量の増加に対して悪い反応を示したと書かれている。つまり，「悪い反応」が具体化された文が次にくると考えることができるので，正解は2となる。hardly は「ほとんど〜ない」という意味。

B．(a)直後に名詞 temperature があることから，下線部は形容詞だと考える。mean は形容詞で「平均の」という意味で文意が通る。よって1が正解。2は「〜でさえ」，3は「高い」，4は「低い」という意味。

(b)tempted は be 動詞とともに用いて「誘惑される」という意味。よって最も近いのは，1．「魅了される」である。2は「乱される」，3は「強制される」，4は「抑制される」という意味。

(c)shrinks は「縮小する，減少する」という意味なので，2が正解。1は「回復する」，3は「〜のままでいる，残っている」，4は「反応する」という意味。

(d)refuge は「逃げ場，避難所」という意味なので，4が正解。1は「家族」，2は「自由」，3は「平和」という意味。

(e)直前の文で，北部では気候変動により，葉を食べるイモ虫の分布が拡大していると書かれているので，これによりカバの森への影響は悪いものになると推測できる。よって3．「増大する」が正解。exacerbate は「悪化させる」という意味。1は「抑える」，2は「改善する」，4は「確保する」という意味。

(f)considerable は「かなりの，相当の」という意味なので，3が正解。1は「故意の」，2は「長続きする」，4は「目に見える」という意味。

(g)dramatic は「劇的な」という意味なので，正解は4．「重大な」である。1は「わくわくさせる」，2は「適度な」，3は「遊びが好きな」という意味。

(h)foreseen は「予見される」という意味なので，3が正解。1は「加速される」，2は「達成される」，4は「見落とされる」という意味。

(i)confirms は「裏付ける，立証する」という意味なので，4が正解。1は「見捨てる」，2は「変える」，3は「繰り返す」という意味。

C．(ア)波線部は直訳すると「それらは寒さへの耐性が乏しい（悪い）」で，つまり「それらは寒さへの耐性があまりない」ということ。正解は2．「寒さに弱い」である。be vulnerable to〜は「〜に弱い，〜にかかりやすい」という意味。1は「それらは寒さに鈍感である」，3は「それらは気温の変化に簡単に適応できる」，4は「それらは凍えるような気候で生存できる」という意味。

(イ)波線部は「ただただついていけない」という意味。keep pace の後ろには with が省略されており，keep pace with ～で「～に遅れずについていく」の意味で，ここでは with の後に省略されている内容を考える。直前の文より，樹木に生息するカブトムシは，アキナミシャクの攻撃がカバの枯死を引き起こす速さについていけないということがわかるので，正解は 3．「カバの木が枯れるほど速くその木を食べることができない」である。1 は「今や冬が始まるのが早いので，ほとんど生き残ることができない」，2 は「以前より早く枯れたカバの木を食べることができるだけである」，4 は「カバの木を救うほど速く蛾を食べることができない」という意味。

D．解答へのプロセスは以下の通り。

①空所（　あ　）の直前に副詞 particularly「とりわけ，特に」があるので，形容詞が入ると考えて challenging を入れる。challenging の意味は「やりがいのある，意欲をそそる」だが，ここでは婉曲的に「難しい，厳しい」という意味を表している。

②空所（　い　）の直後に動詞 arrives があり三人称単数形になっていることから，a "false spring" を先行詞とする関係代名詞が入ると考えて，that を入れる。

③残った選択肢より，too early「あまりに早く」と並べ，この前に副詞 far を置く。よって（　う　）（　え　）（　お　）には far too early が入る。ここでは far は程度を表す「はるかに，ずっと」という意味。

E．それぞれの選択肢の意味と正誤の根拠は以下の通り。

1．「温暖化により，多くの鳥や草木の春の成長時期が遅くなるため，鳥は餌に困ることはほとんどない」

→第 2 段第 4 文（If insect-eating birds …）で，昆虫の個体数が最も多い時期より，昆虫を食べる鳥類の産卵が早かったり遅かったりすると，ひな鳥の餌に困るということが書かれているので，誤りである。

2．「暖かくなるのが早ければ，越冬する昆虫の睡眠時間が長くなり，飢餓状態になる」

→第 3 段第 1・2 文（The spring can … search of food.）より，春の訪れが早まり暖かくなると，越冬しようとしていた（冬眠していた）昆虫は餌を求めて外に出ることがわかるので，睡眠時間は短くなる。よって誤りである。

3.「本文によると，多くの色の薄いトンボやチョウは，温暖な気候で育つ，より多くの植物を求めて南下したという」

→第 4 段第 3 文（In the case …）より，トンボやチョウは北上していることが証明されているので，その時点で誤りである。

4.「現在の速さで気候変動が進むと，2100 年までにヨーロッパの 30 種類以上のマルハナバチが失われるかもしれない」

→第 4 段最終文（Scenarios produced for …）に，マルハナバチに関して 2100 年までにヨーロッパに生息する 69 種のうち，最悪の場合は半分が気候変動のために失われる可能性があると書かれているので，正解となる。

5.「アキナミシャクとその近縁種は，ノルウェー北部の森林の生態系を破壊している」

→第 5 段第 3 文（Over the course …）にアキナミシャクとその近縁種に関して，10 年以上にわたって，アキナミシャクとその近縁種の発生がノルウェー北部のカバの森に大きな被害を与えてきたことが書かれているので，正解である。

6.「筆者がスウェーデンの科学者と共同研究を行った際，様々な気候下のオークの木に生息するカブトムシの群れを調査した」

→第 7 段第 2 文（A couple of …）に，筆者たちがスウェーデン南部とノルウェー南部の全域に生えるオークの木に生息するカブトムシの群れを対象とした大規模なデータを比較したと書かれているので，正解である。oak trees across the whole of southern Sweden and southern Norway が oak trees in a wide variety of climates に，compared a large data が investigated に言い換えられている。スウェーデン南部とノルウェー南部の気候は次の文の The oaks stood in places with differing climates より，気候は異なっているという前提で考えてよいだろう。

7.「研究者たちが調査前に想定していたとおり，どの種類のカブトムシも気候変動に対して似たような反応を示し，より温暖で湿潤な気候を好んだ」

→第 8 段第 1・2 文（In our study, …），同段最終文（However, …）において，温暖で湿潤な気候がカブトムシにどのような影響を与えるのかについて書かれている。その結果，最も特殊で特異な種にとっては，温暖な気候が好都合で降水量の増加はよくないが，一般的な種は気候変動に対してほとんど反応を示さなかったことがわかる。よって，すべての種類のカブトムシが似た反応を示していないことがわかるので，誤りである。

8.「気候変動のために，今後適応して生き残ることができるのは，その土地固有の昆虫だけである可能性が高い」

→最終段第1文（This confirms a …）に，気候変動による被害を受けるのはその土地固有の，特別に適応することができた種であり，うまく生き残れるのは一般的な種であると書かれているので，誤りである。

F．文全体の主語は many rare and unique species で，動詞は go である。go into (a) decline は「減少する」という意味。whereas は接続詞で「一方で」という意味で，希少種や固有種と一般的な種を対比させる働きをしている。whereas 以下の主語は few species で，動詞は become である。that are already common は few species を先行詞とする関係詞節である。

II　解答

A．(X)－4　(Y)－3　(Z)－4

B．(a)－1　(b)－4　(c)－3　(d)－4　(e)－3　(f)－3　(g)－4　(h)－4　(i)－2　(j)－1

C．(ア)－3　(イ)－4

D．(あ)－4　(い)－2　(お)－6

E．2・3・5

◆全　訳◆

≪カササギフエガラスの利他的行動≫

カササギフエガラス5羽にリュックサックのような小さな追跡装置を取り付けて予備調査を行ったとき，鳥類ではほとんど見られないまったく新しい社会行動が発見できるとは思ってもみなかった。私たちの目的は，この非常に賢い鳥の動きと社会力学について学ぶことと，丈夫で再利用可能なこの新しい装置を検証することだったのだ。それどころか，鳥たちは私たちの上手をいったのだ。私たちの新しい研究論文が示しているように，カササギフエガラスはお互いに助け合いながら追跡装置を取り外す「救助」行動を見せ始めたのだ。カササギフエガラスが知的で社会的な生き物であることはよく知られているが，このような一見利他的な行動（すぐに目に見える報酬を得ずにグループの他のメンバーを助ける行動）を示した例は，私たちが知る限り初めてであった。

教育機関所属の科学者である私たちは，実験がどんな方法を使ってもうまくいかない場合があることに慣れている。有効期限の過ぎた物質，機器の故障，汚染されたサンプル，予定外の停電など，これらはすべて，数カ月（あるいは数年）かけて慎重に計画された研究を後退させる可能性があるのだ。動物，特に行動学を研究する私たちにとって，予測ができないことはこの仕事を表す一部分なのだ。このような理由から，私たちはしばしば予備調査をする必要がある。私たちの予備調査はその種の調査では初となるもので，ほとんどの追跡装置は中型から小型の鳥に装着するには大きすぎるし，装着できたとしてもデータの保存容量やバッテリーの寿命が非常に限られていることが多い。また，1回限りの使用になりがちである。私たちの研究の新しい側面は，追跡装置を装着するベルトのデザインだ。貴重なデータをダウンロードしたり，その小さな装置を再利用するために，鳥を再び捕獲する必要がない方法を考案したのである。

私たちは地元のカササギフエガラスの群れを訓練し，屋外の地上給餌「拠点」に来させ，無線で追跡装置のバッテリーを充電したり，データをダウンロードしたり，磁石を使って追跡装置とベルトを外すことができるようにした。ベルトは丈夫で，磁石が反応して外せるのは1カ所だけだった。ベルトを外すには，その磁石か，よく切れるハサミが必要だった。このデザインは，効率化への可能性を広げ，多くのデータを収集することができるため，私たちはとても期待をしていた。

私たちは，この新しい設計が計画通りに機能するかどうか，そしてどのようなデータを収集できるかを確認したいと考えた。カササギフエガラスはどこまで遠くに飛ぶのか？　カササギフエガラスは移動や他の鳥と交わる観点から，1日のパターンやスケジュールがあるのだろうか？　年齢や性別，支配ランクは彼らの活動にどう影響しているのか？　5羽のカササギフエガラスに装着した1グラムにも満たない小さな追跡装置を使えば，こうしたことがすべてわかるのだ。あとはその貴重なデータを収集するために，待ち続け，見守り，そしてその鳥を拠点に呼び戻すだけなのだ。

群集で生活する多くの動物は，集団の健康や安全，生存を確保するために互いに協力し合っている。実際，認知能力と社会的協調性には相関関係があることがわかっている。大きな集団で生活する動物は，問題解決能力が高まる傾向にある（中略)。オーストラリアのカササギフエガラスも例外ではない。問題解決に優れた，広い範囲に対応できる種として，カササギフエガラスは人間が引き起こす生息地の極端な変化にもうまく適応してきたのだ。

オーストラリアのカササギフエガラスは通常 2 羽から 12 羽の社会集団で生活し，合唱したり，攻撃的な行動を行うことによって協力しながら縄張りを占拠し守っている。この鳥はまた，年上の兄弟姉妹が子育てを手伝うなど，協力しながら繁殖する。今回の予備調査では，カササギフエガラスが集団の問題を解決するために，いかに素早くチームを組むのかがわかった。最後の追跡装置を装着して 10 分も経たないうちに，追跡装置を装着していない雌の成鳥がくちばしを使って幼鳥のベルトを外そうとするのを目撃した。数時間のうちに，他の追跡装置はほとんど取り外された。3 日目には，群れの支配者である雄の追跡装置も見事に取り外されたのだ。

同じ個体が他の個体に協力しているのか，それとも任務を分担しているのかはわからないが，他の鳥がこのように協力して追跡装置を取り外すという話は読んだことがなかった。鳥たちは，ベルトの様々な部分をくちばしで引っ張ったり，ちょきんと切ったりすることを試しながら，問題を解決する必要があった。また，他の個体を進んで助け，そして助けを受け入れる必要があった。この種の行動で文献上見られる唯一の類似した例は，セイシェルウグイスが粘着性のあるウドノキの種子群から，自分たちが属する社会的集団内にいる他の仲間を逃がすのを手伝ったことだ。これは「救助」と呼ばれる非常に珍しい行動である。

これまで，追跡調査を行ったほとんどの鳥類は，必ずしも社会性が高いわけではなく，認知的問題解決能力があると考えられてきたわけでもない(中略)。私たちは，カササギフエガラスが追跡装置を，駆除が必要な寄生虫の一種として認識するかもしれない可能性についてはまったく考えていなかった。カササギフエガラスの追跡は，これらの鳥が気候変動下で頻度と強度が増す熱波に脆弱な鳥であることから，保護活動においてきわめて重要である。今週発表されたパース市の研究者によると，熱波の中でのカササギフエガラスの雛の生存率は 10％にまで下がる可能性があるということだ。重要なのは，カササギフエガラスは採餌などの作業において，気温が高いほど認知能力が低くなることもわかったのである。このことは，温暖化が進む気候下において，協力的な行動がさらに重要になることを意味しているのかもしれない。

カササギフエガラスのように，私たち科学者も常に問題解決のために学んでいる。今，私たちは初心に返って，変化する世界でカササギフエガラスが生き残るのに役立つ不可欠な行動データをもっと集める方法を考えなければならない。

◀解　説▶

A. (X)空所の直後に「磁石が機能してベルトを外せるのは1カ所だけ」という内容の関係副詞節があることから，これは The harness の説明だと判断できるので，正解は4である。ここでの with は「～を持っている」という意味。つまり「磁石が機能してベルトを外せる箇所を1カ所しか持っていないベルト」ということ。

(Y)空所の直前に only があることから，3が正解となる。the only other ～は「唯一の～」という意味で，他にはないことを強調する言い方である。

(Z)空所の前後の「気温が高いこと」と「認知能力が低くなること」は，前者が原因で後者が結果と考えると文意が通るので，正解は4になる。*A* result in *B* は「*A* が原因で *B* という結果になる」，*A* result from *B* は「*B* が原因で *A* という結果になる」という意味。

B. (a)seemingly は「見た所では，一見」という意味なので，1が正解。2は「効果的に」，3は「著しく」，4は「一時的に」という意味。

(b)直後に有効期限の過ぎた物質，機器の故障，汚染されたサンプル，予定外の停電などが具体例として挙げられているので，going awry は否定的な意味だと推測できる。よって正解は4になる。go awry は「予定通りにいかない」という意味。1は「～し続ける」，2は「実行する」，3は「うまくいく」という意味。

(c)pilot は形容詞で「予備的な，試験的な」という意味なので，最も近いのは3である。pilot study で「予備調査」という意味。1は「生物学の」，2は「比較による」，4は「維持された」という意味。

(d)precious は「貴重な」という意味なので，4が正解。1は「利用できる」，2は「基本的な」，3は「正確な」という意味。

(e)uncovered は「明らかにされた，暴露された」という意味なので，3

が正解。1は「取り除かれた」，2は「保持された」，4は「報酬を与えられた」という意味。

(f) ensure は直後に「集団の健康や安全，生存」と書かれているので，ここでは「確保する」という意味。正解は3となる。1は「危険にさらす」，2は「改善する」，4は「歓迎する」という意味。

(g) correlate は「相関関係がある」という意味なので，4.「合致する，釣り合う」が最も近い。1は「競争する」，2は「混乱させる」，3は「矛盾する」という意味。

(h) habitat は「生息地」という意味なので，4が最も近い。1は「行動」，2は「困難」，3は「数字」という意味。

(i) dominant は「支配的な，有力な」という意味なので，2が正解。1は「～に敵意を持っている」，3は「最年長の」，4は「不快なにおいがする」という意味。

(j) vital は「不可欠な」という意味なので，1が正解。2は「粗い」，3は「残酷な」，4は「船旅」という意味。

C. (ア)波線部は「予測できないことはこの仕事を表す一部分である」という意味。つまり動物の行動を研究する人にとって，その行動を読めないことが多く，それに備えておかなければならないということ。よって正解は3.「私たちは予期できないことに準備しておかなければならない」である。1は「行動の読めない研究者だけが雇われている」，2は「異常な動物だけが研究対象である」，4は「私たちは仮説を立てずにプロジェクトを始動させなければならない」という意味。

(イ)波線部は「例外ではない」という意味。直前の文の「大きな集団で生活する動物は，問題解決能力が高まる傾向にある」という内容を受けているので，オーストラリアのカササギフエガラスも問題解決能力が高い，すなわち同じ傾向にあると考えることができる。よって4.「他の動物と同じ傾向にある」が正解。1は「他の動物を排除することができる」，2は「他の動物とは異なる」，3は「他の動物より優れた能力をもっている」という意味。

D. ポイントは以下の通り。

①文全体の主語は We，空所（　あ　）が動詞になる。直後に to があることから wanted を入れる。

②空所（　い　）の直前に see があるので，if を入れる。この if は see の目的語になっていることから，名詞節を導くので「〜かどうか」という意味。see if 〜「〜かどうか確かめる」

③空所（　う　）の直前に形容詞 new があることから，名詞 design を入れると文意が通る。

④if 節の中の主語が the new design，空所（　え　）（　お　）に動詞が入ると考えて，would work を入れると文意が通る。

E．それぞれの選択肢の意味と正誤の根拠は以下の通り。

1．「科学者は，カササギフエガラスが社会力学を身につけることで，追跡装置を賢く利用できることを発見しようと思っていた」

→第1段第1・2文（When we attached … and reusable devices.）より，科学者がカササギフエガラスに小さな追跡装置を取り付けて予備調査を行った目的は，この鳥の動きと社会力学（状況に応じて，社会と個人とのつりあいを求めて働く力）について学ぶこと，丈夫で再利用可能なこの新しい装置を検証することだとわかるので，誤りである。

2．「研究者が行った予備調査により，カササギフエガラス同士が協力してベルトを外すという予想外の結果が得られた」

→第1段第4・5文（As our new … immediate, tangible reward.）に，お互いに助け合いながら追跡装置を取り外すというカササギフエガラスの行動を観察し，このような利他的行動を示した例は初めてだと書かれているので，正解である。

3．「科学者は様々な問題にしばしば直面し，慎重に準備した研究プロジェクトも遅れてしまうことがある」

→第2段第1・2文（As academic scientists, … carefully planned research.）に有効期限の過ぎた物質，機器の故障，汚染されたサンプル，予定外の停電などによって，慎重に計画された研究を遅らせる可能性があると書かれているので，正解である。

4．「調査のために，研究者は使い捨てで，以前には中・小型の鳥類で実験されていた普通の追跡装置を使用した」

→第2段第5・6文（Our pilot study … be single-use only.）において使い捨ての追跡装置について言及されているが，これらは中・小型の鳥には大きすぎるものであるうえに今回の調査でそのような装置を研究者が用いたとは書かれていないので，誤りである。

5.「科学者は追跡装置用のベルトを新たに設計し，充電とデータ収集が可能な給餌拠点を設置したので，彼らの研究は革新的である」

→第2段第7・8文（A novel aspect … the small devices.），第3段に合致するので正解である。A novel aspect of our research が Their study is innovative に言い換えられている。

6.「科学者たちは，支配的な雄のカササギフエガラスが最初にベルトを取り外されたことに注目した」

→第6段第4文（Within ten minutes …）より，最初にベルトを外されたのは支配的な雄ではなく幼鳥だとわかるので，誤りである。

7.「研究者は，カササギフエガラスが互いに助け合って追跡装置を取り外したことは特有のものだと考え，その『救助』行動の最初の記録例となった」

→選択肢の found は find O C という形をとっており，O が the case of the magpies helping each other to remove the tracking devices で，C が unique である。第7段第4文（The only（　Y　）…）に救助行動に類似した例が先行研究にあることが書かれており，「最初の記録例」ではないことがわかるので誤りである。

8.「オーストラリアのカササギフエガラスは熱波に対応できるように進化しているため，協力行動の必要性はおそらく減少していくだろう」

→第8段第4文（In a study …）・同段第6文（This might mean …）より，熱波によるカササギフエガラスの雛の生存率は10%にまで下がる可能性があることが指摘されていることから，熱波に対応できるように進化しているとはいえない。さらに温暖化が進む気候下において，協力的な行動がさらに重要になると述べられていることから，誤りである。

III　解答

A.(a)－7　(b)－5　(c)－3　(d)－9　(e)－8　(f)－2　(g)－10　(h)－4

B.〈解答例1〉I've been cooking since yesterday, but I'm afraid I won't be able to make it in time for the party.

〈解答例2〉I've been preparing dishes for the party since yesterday, but I'm worried that I won't be able to finish everything before the guests arrive.

◆全　訳◆

≪誕生日パーティーの準備≫

(カナメがスティービーを訪ね，大事なパーティーの手伝いをしている。)

スティービー：カナメ！　会えてうれしいよ，どうぞ入って。パーティーの飾り付けを手伝いに来てくれてありがとう。

カナメ　　　：こんにちは，スティービー！　いえいえ，どういたしまして。

スティービー：僕の母が今日 50 歳になるから，誕生日をきちんと祝ってもらえていると，母には確実に感じてほしいんだ。

カナメ　　　：あなたのお母さんは素敵だよね！　私も 50 歳になったら，彼女の半分くらいはかっこよくなりたいなあ。

スティービー：時間が経てばわかるよね。

カナメ　　　：それがわかるにはまだ何十年もあるよ。

スティービー：でも，今日のパーティーが始まるまではあまり時間がないよ。

カナメ　　　：そうだね。何時から始まるのかをもう一度教えてくれる？

スティービー：夜の 7 時で，今は昼の 3 時。だから，全部準備をするのにあと 4 時間しかないんだ。

カナメ　　　：確かに時間はあまりないけど，なんとかなるよ。

スティービー：君は飾り付けの天才だから，安心して任せられるよ。今一番の問題は料理なんだよ。昨日から料理をしているけど，パーティーに間に合わないのではないかと心配してるんだ。

カナメ　　　：すごくいい匂いだね！　何を作ったの？

スティービー：ええっと，ちょっと待ってね。今のところできているのは，ミニピザ，カレーパン，数種類のお寿司，タコス，蒸し野菜，グリーンサラダ，パスタサラダ，フルーツサラダだよ。

カナメ　　　：すごいご馳走だね！　小さな町ひとつ分くらいの人が食べられそうなぐらいあるね。あと何を作ればいいというんだい？

スティービー：そうなんだよ，母の好きなものを全部作ろうとしたんだ。でもまだ一番大事なケーキを作らないといけないんだ。でも，キャロットケーキかチーズケーキかどちらにしようか決められないんだ。彼女はどちらも好きなんだよ。

カナメ　　：それは決めるのが難しいね。でもね，まだ4時間あるでしょ。ケーキを2つ作るには十分な時間だと思うんだけど。

スティービー：そうかもしれないね！　僕の母はいつも「やってみて損はない」と言っているよ。

カナメ　　：食べ物の話ばかりしていると，お腹が空いてくるよ。

スティービー：あ，何でも食べてみて。他のお客さんに出す前に，君の感想を知りたいよ。

カナメ　　：いいの？　カレーパンを食べてもいい？　見ているだけでよだれが出てきそうだよ。

スティービー：もちろんだよ。

(カナメはカレーパンを手に取り，一口食べる。)

スティービー：で，どうかな？

カナメ　　：やっぱり，おいしいよ。レシピを教えて。

スティービー：実はレシピは使ってないんだ。

カナメ　　：全然？

スティービー：実は，レシピ本をたくさん読んで，アイディアをもらったんだ。でも，必要な材料が全部そろうことがないから，レシピ通りに作るのは難しいよね。だから，いつも即興で作っているんだ。

カナメ　　：即興で？

スティービー：そうだよ，作りながら考えているんだ。だから，自分なりのレシピがあると言ってもいいんだけど，書き留めてなかったから，おそらく二度と作れないと思うよ。

カナメ　　：すごいね！　とても勇気がいることだね。私はレシピ通りに作ろうとしても，うまくいかないことが多いんだ。

スティービー：僕も時々失敗するよ。でも，創造力から生まれるやりがいがあるからこそ，失敗する価値はあると思うんだ。

カナメ　　：創造力という話になると，私たち2人ともやることが多くて時間が足りないから，そろそろ準備に戻ろうか。

◀解　説▶

A．(a)直前でスティービーが「パーティーの飾り付けを手伝いに来てくれてありがとう」と言っているので，これに対する適切な返答は，7．「いえいえ，どういたしまして」である。No problem, はここでは「とんでもない」という意味を表し，You're welcome. とほぼ同義である。

(b)空所の直前でスティービーが「時間が経てばわかるよね」と言っており，自分の母親の半分くらいかっこよくなったかどうかは時間が経たないとわからないという意味である。それに対する発言としてふさわしいのは，5．「それがわかるにはまだ何十年もあるよ」である。

(c)空所の直後でスティービーが「君は飾り付けの天才だから，安心して任せられるよ」と言っていることから，カナメはあまり時間がないが準備を間に合わせることができるということを言ったと考える。よって，3．「でもなんとかなるよ」が正解である。manage は「なんとかできる」という意味の自動詞。

(d)空所の直後でスティービーが料理をいくつか挙げているので，「何を作ったの」とカナメが尋ねると文意が通る。正解は 9 である。

(e)空所の直後でカナメが「それは決めるのが難しいね」と言っていることから，スティービーが母のためにどんなケーキを作るのかを決めかねている理由が入ると考えられるので，8．「彼女はどちらも好きなんだよ」が正解となる。

(f)空所の直後でスティービーが「あ，何でも食べてみて」と言っていることから，2．「食べ物の話ばかりしていると，お腹が空いてくるよ」が入る。

(g)空所の直後の「実はレシピは使ってないんだ」というスティービーの発言は，レシピを教えてほしいと言われたことに対するものだと考えることができるので，10．「レシピを教えてよ」が正解となる。

(h)空所の直前で，カナメが「私はレシピ通りに作ろうとしても，うまくいかないことが多いんだ」と言っており，これに同調する選択肢としてふさわしいのは 4．「僕も時々失敗するよ」であり，直後の But 以下の内容とうまくつながる。

B．「昨日から料理をしている」は since を用いて現在完了の継続用法で表す。完了ではなく継続の意味をはっきりと表すために，現在完了進行形を用いるのが望ましい。また「パーティーの準備のために」を補って have been cooking for the party とすると意味が明確になる。「～に間に合う」は make it in time for ～ や，「客が到着する前にすべて（の準備）が終わらない」と読みかえて，won't be able to finish everything before the guests arrive と書くこともできる。

❖講　評

2023 年度も 2022 年度と同様に，長文読解総合問題 2 題，会話文読解問題 1 題の構成で，試験時間は 100 分。下線部和訳と和文英訳以外はすべて記号選択式であった。**Ⅰ**と**Ⅱ**は英文が長く，問題量も多いので，解答するにはかなり時間がかかる。正確さに加え，日ごろから色々な英文を読み，多くの問題を制限時間内で解き，即断即決する習慣を身につける必要がある。

Ⅰは「気候変動が昆虫や生態系に与える影響」について論じた英文である。第 2・3 段では，一般論として気候変動が昆虫の繁殖時期や越冬などに影響を与えるのかが論じられており，第 4 段からはヨーロッパに生息するトンボやチョウ，カブトムシの分布に気候変動がもたらす影響について述べられている。やや難解な箇所があるものの，研究者の実験結果を丁寧に読み，論旨を見失わないようにしたい。設問は例年通り，すべて標準的なもので，文章の大意を見失うことなく，文構造が複雑な箇所で立ち止まらずに 1 問 1 問に丁寧に解答していけば，十分に対応可能なものであった。

Ⅱは「カササギフエガラスの利他的行動」について論じた英文である。カササギフエガラスに取り付けるための追跡装置とそれを装着するベルトについて書かれている第 1 ～ 3 段を踏まえた上で，第 6 段でカササギフエガラスが見せた利他的行動を慎重に読み解きたい。設問はほぼ標準レベルであった。同意表現問題や空所補充問題において，一部難解なもの，ややこしいものがあったが，文脈から推測すれば選択肢を絞ることができるので落ち着いて解答したい。

Ⅲは，「誕生日パーティーの準備」について友達同士が会話をしている。前半はパーティーの準備が間に合うかどうかで不安になっているスティービーを友達のカナメが励まし，後半はカナメがスティービーから料理のアドバイスをもらっている内容となっている。聞き慣れないイディオムや会話表現はほとんど使われておらず，また，空所補充問題は比較的平易でぜひ満点を目指して欲しいところである。和文英訳問題については現在完了進行形を用いて「昨日から料理をしている」を表し，「間に合う」をイディオムで表現するか，言い換えて簡単な英語で表現するかが問われている。いずれも難しい要求ではないので，確実に得点したい。

2023 年度の読解問題の英文は，原文をほぼそのまま用いているために[注]が多いが，その[注]を利用しながら読み進めていけば，決して難しいものではなかったと考えられる。抽象度もそれほど高くない。

形式・分量・難易度を考慮すると，100 分という試験時間ではやや足りないと思われる。過去問演習をする中で，例えば**Ⅰ**・**Ⅱ**は各 35 分，**Ⅲ**は 25 分，見直し 5 分といった時間配分を決めて解いていく必要があり，同時に正確かつ迅速に読み解けるように語彙力・文構造解析力・内容理解力をバランスよく磨いていこう。

数学

I 解答

(1)ア．$\dfrac{13}{18}$　イ．$\dfrac{5}{36}$　ウ．$\dfrac{13}{18}$　エ．$\dfrac{7}{12}$

オ．$\dfrac{7}{18}\left(\dfrac{7}{12}\right)^{m-1}+\dfrac{1}{3}$

(2)カ．$1+i$　キ．$-2+i$　ク．$-i$　ケ．$6i$　コ．$1+\dfrac{\sqrt{3}}{2}$

◀解　説▶

≪小問 2 問≫

(1)
$$\begin{cases} a_1=\dfrac{1}{6} \\ b_1=\dfrac{5}{6} \\ c_1=0 \end{cases}$$

1（確率 $\frac{1}{6}$）

A　B　C

a_n　b_n　c_n

1 以外（確率 $\frac{5}{6}$）

$$\begin{cases} a_2=\dfrac{5}{6}a_1+\dfrac{1}{6}c_1 \\ b_2=\dfrac{1}{6}b_1+\dfrac{5}{6}c_1 \\ c_2=\dfrac{1}{6}a_1+\dfrac{5}{6}b_1=\dfrac{1}{6}\cdot\dfrac{1}{6}+\dfrac{5}{6}\cdot\dfrac{5}{6}=\dfrac{13}{18} \quad \to ア \end{cases}$$

同様に

$$\begin{cases} a_{n+1}=\dfrac{5}{6}a_n+\dfrac{1}{6}c_n \\ b_{n+1}=\dfrac{1}{6}b_n+\dfrac{5}{6}c_n \\ c_{n+1}=\dfrac{1}{6}a_n+\dfrac{5}{6}b_n \end{cases}$$

$$\begin{cases} a_{n+2}=\dfrac{5}{6}a_{n+1}+\dfrac{1}{6}c_{n+1} \\ b_{n+2}=\dfrac{1}{6}b_{n+1}+\dfrac{5}{6}c_{n+1} \\ c_{n+2}=\dfrac{1}{6}a_{n+1}+\dfrac{5}{6}b_{n+1} \end{cases}$$

よって

$$c_{n+2}=\frac{1}{6}a_{n+1}+\frac{5}{6}b_{n+1}$$
$$=\frac{1}{6}\left(\frac{5}{6}a_n+\frac{1}{6}c_n\right)+\frac{5}{6}\left(\frac{1}{6}b_n+\frac{5}{6}c_n\right)$$
$$=\frac{5}{36}(a_n+b_n)+\frac{13}{18}c_n$$

したがって，$n=1,\ 2,\ 3,\ \cdots$ に対して，等式 $c_{n+2}=p(a_n+b_n)+qc_n$ が成り立つような定数 p，q の値は

$$p=\frac{5}{36}\quad \to イ\qquad q=\frac{13}{18}\quad \to ウ$$

さらに変形すると

$$c_{n+2}=\frac{5}{36}(a_n+b_n)+\frac{13}{18}c_n$$
$$=\frac{5}{36}(1-c_n)+\frac{13}{18}c_n\quad (\because\quad a_n+b_n+c_n=1)$$
$$=\frac{7}{12}c_n+\frac{5}{36}$$

$c_{n+2}-\frac{1}{3}=\frac{7}{12}\left(c_n-\frac{1}{3}\right)$ と変形できるので　　$r=\frac{7}{12}$　→エ

$n=2m$ とおくと　　$c_{2(m+1)}-\frac{1}{3}=\frac{7}{12}\left(c_{2m}-\frac{1}{3}\right)$

さらに，$d_{2m}=c_{2m}-\frac{1}{3}$ とおくと　　$d_{2(m+1)}=\frac{7}{12}d_{2m}$

数列 $\{d_{2m}\}$ は初項 $d_2=c_2-\frac{1}{3}=\frac{13}{18}-\frac{1}{3}=\frac{7}{18}$，公比 $\frac{7}{12}$ の等比数列なので

$$d_{2m}=\frac{7}{18}\left(\frac{7}{12}\right)^{m-1}$$

元に戻して

$$c_{2m}-\frac{1}{3}=\frac{7}{18}\left(\frac{7}{12}\right)^{m-1}$$
$$c_{2m}=\frac{7}{18}\left(\frac{7}{12}\right)^{m-1}+\frac{1}{3}\quad \to オ$$

(2)　$z^3-3(1+i)z^2+cz+2-i=0$　……① が異なる 3 つの複素数解 α，β，

γ をもつので，解と係数の関係より

$$\begin{cases} \alpha+\beta+\gamma=3(1+i) & \cdots\cdots② \\ \alpha\beta+\beta\gamma+\gamma\alpha=c & \cdots\cdots③ \\ \alpha\beta\gamma=-2+i & \cdots\cdots④ \end{cases}$$

②より　$\dfrac{1}{3}(\alpha+\beta+\gamma)=1+i$

$u=1+i$　→ カ

④より　$v=-2+i$　→ キ

三角形 ABC が正三角形となるための条件は，

点 A を中心に $\pm\dfrac{\pi}{3}$ だけ点 B を回転した点が

点 C であることである。

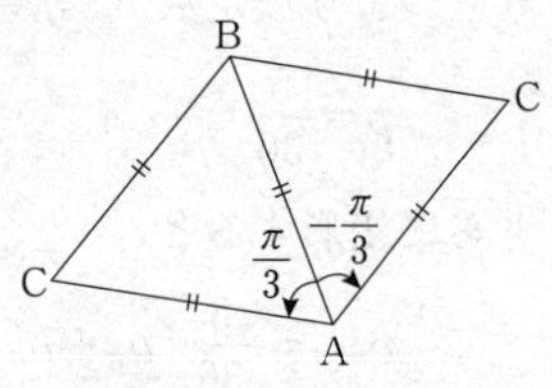

$$\frac{\gamma-\alpha}{\beta-\alpha}=\cos\left(\pm\frac{\pi}{3}\right)+i\sin\left(\pm\frac{\pi}{3}\right)$$

が成り立つので

$$\frac{\gamma-\alpha}{\beta-\alpha}=\frac{1}{2}\pm\frac{\sqrt{3}}{2}i \qquad \frac{\gamma-\alpha}{\beta-\alpha}-\frac{1}{2}=\pm\frac{\sqrt{3}}{2}i$$

両辺を 2 乗すると

$$\left(\frac{\gamma-\alpha}{\beta-\alpha}-\frac{1}{2}\right)^2=\left(\pm\frac{\sqrt{3}}{2}i\right)^2$$

$$\left(\frac{\gamma-\alpha}{\beta-\alpha}\right)^2-\frac{\gamma-\alpha}{\beta-\alpha}+\frac{1}{4}=-\frac{3}{4}$$

$$\left(\frac{\gamma-\alpha}{\beta-\alpha}\right)^2-\frac{\gamma-\alpha}{\beta-\alpha}+1=0$$

両辺に $(\beta-\alpha)^2$ をかけると

$$(\gamma-\alpha)^2-(\gamma-\alpha)(\beta-\alpha)+(\beta-\alpha)^2=0$$

$$\alpha^2+\beta^2+\gamma^2-\alpha\beta-\beta\gamma-\gamma\alpha=0$$

$$(\alpha+\beta+\gamma)^2-3(\alpha\beta+\beta\gamma+\gamma\alpha)=0$$

$$(3u)^2-3c=0 \quad (\because\ ②,\ ③)$$

$$3(3u^2-c)=0 \qquad c=3u^2$$

$$c=3(1+i)^2=3(1+2i+i^2)=6i \quad \to ケ$$

$$w^3=(\alpha-u)^3=\alpha^3-3\alpha^2u+3\alpha u^2-u^3$$

ここで，α は①の解なので，①に $z=\alpha$ を代入した

$$\alpha^3-3(1+i)\alpha^2+c\alpha+2-i=0 \quad \text{つまり} \quad \alpha^3=3u\alpha^2-c\alpha-2+i$$

が成り立ち

$$\begin{aligned} w^3&=(3u\alpha^2-c\alpha-2+i)-3\alpha^2u+3\alpha u^2-u^3 \\ &=-c\alpha-2+i+3\alpha u^2-u^3 \\ &=-6\alpha i-2+i+3\alpha(1+i)^2-(1+i)^3 \\ &=-6\alpha i-2+i+3\alpha\cdot 2i-(1+3i+3i^2+i^3) \\ &=-i \quad \to ク \end{aligned}$$

$w=r(\cos\theta+i\sin\theta)$　$(r>0,\ 0\leqq\theta<2\pi)$ とおく。ド・モアブルの定理より

$$w^3=r^3(\cos 3\theta+i\sin 3\theta) \quad (0\leqq 3\theta<6\pi)$$

と表すことができ，$w^3=-i$ より

$$\begin{cases} r^3=1 \\ 3\theta=\dfrac{3}{2}\pi,\ \dfrac{7}{2}\pi,\ \dfrac{11}{2}\pi \end{cases}$$

r は正の実数なので

$$\begin{cases} r=1 \\ \theta=\dfrac{1}{2}\pi,\ \dfrac{7}{6}\pi,\ \dfrac{11}{6}\pi \end{cases}$$

$w=\alpha-u$ だから

$$\begin{aligned} \alpha&=w+u \\ &=\begin{cases} \left(\cos\dfrac{1}{2}\pi+i\sin\dfrac{1}{2}\pi\right)+(1+i) \\ \left(\cos\dfrac{7}{6}\pi+i\sin\dfrac{7}{6}\pi\right)+(1+i) \\ \left(\cos\dfrac{11}{6}\pi+i\sin\dfrac{11}{6}\pi\right)+(1+i) \end{cases} \\ &=\begin{cases} 1+2i \\ \left(1-\dfrac{\sqrt{3}}{2}\right)+\dfrac{1}{2}i \\ \left(1+\dfrac{\sqrt{3}}{2}\right)+\dfrac{1}{2}i \end{cases} \end{aligned}$$

同様にして，①の他の解 β，γ も得られるので，この 3 つのそれぞれの数

が α, β, γ のいずれかに1対1に対応している。

この3つの数 α, β, γ のそれぞれの実部の値 1, $1-\dfrac{\sqrt{3}}{2}$, $1+\dfrac{\sqrt{3}}{2}$ のうち，最大の値は　$1+\dfrac{\sqrt{3}}{2}$　→コ

参考1　$\dfrac{\gamma-\alpha}{\beta-\alpha}=\cos\left(\pm\dfrac{\pi}{3}\right)+i\sin\left(\pm\dfrac{\pi}{3}\right)$ が成り立つので

$$\frac{\gamma-\alpha}{\beta-\alpha}=\frac{1}{2}\pm\frac{\sqrt{3}}{2}i \qquad \frac{\gamma-\alpha}{\beta-\alpha}-\frac{1}{2}=\pm\frac{\sqrt{3}}{2}i$$

この両辺を2乗するところがポイント。そうすることでうまく整理できる。

参考2　$w=\alpha-u$ だから

$$\alpha=\begin{cases}1+2i\\ \left(1-\dfrac{\sqrt{3}}{2}\right)+\dfrac{1}{2}i\\ \left(1+\dfrac{\sqrt{3}}{2}\right)+\dfrac{1}{2}i\end{cases}$$

同様にして，①の他の解 β, γ も得られることの根拠は，得られた式 $\alpha^2+\beta^2+\gamma^2-\alpha\beta-\beta\gamma-\gamma\alpha=0$ の左辺が α, β, γ に関して対称であることである。よって，この3つのそれぞれの数が α, β, γ のいずれかに対応することになる。

参考3　$u=\dfrac{1}{3}(\alpha+\beta+\gamma)$ から，u が表す点は三角形ABCの重心である。

II

解答　(1)　点Eは直線AC上の点なので，
$\overrightarrow{AE}=k\overrightarrow{AC}$　（k は実数）と表すことができて

$$\overrightarrow{OE}=\overrightarrow{OA}+\overrightarrow{AE}=\overrightarrow{OA}+k\overrightarrow{AC}$$

ここで，$\overrightarrow{OA}=(2,\ 0,\ 2)$, $\overrightarrow{AC}=(-2,\ -2,\ -4)$ であるから

$$\overrightarrow{OE}=(2,\ 0,\ 2)+k(-2,\ -2,\ -4)$$
$$=(-2k+2,\ -2k,\ -4k+2)$$

点Eの座標は $(-2k+2,\ -2k,\ -4k+2)$ であり，この点は xy 平面上の点なので，z 座標について

$$-4k+2=0 \qquad k=\frac{1}{2}$$

したがって，点Eの座標は　$(1,\ -1,\ 0)$　……(答)

点Gは直線BC上の点なので，$\overrightarrow{BG}=l\overrightarrow{BC}$　(l は実数) と表すことができて

$$\overrightarrow{OG}=\overrightarrow{OB}+\overrightarrow{BG}=\overrightarrow{OB}+l\overrightarrow{BC}$$

ここで，$\overrightarrow{OB}=(-2,\ 0,\ 2)$，$\overrightarrow{BC}=(2,\ -2,\ -4)$ であるから

$$\begin{aligned}\overrightarrow{OG}&=(-2,\ 0,\ 2)+l(2,\ -2,\ -4)\\&=(2l-2,\ -2l,\ -4l+2)\end{aligned}$$

点Gの座標は $(2l-2,\ -2l,\ -4l+2)$ であり，この点は xy 平面上の点なので，z 座標について

$$-4l+2=0 \qquad l=\frac{1}{2}$$

したがって，点Gの座標は　$(-1,\ -1,\ 0)$　……(答)

(2)　点Fは直線AD上の点なので，$\overrightarrow{AF}=p\overrightarrow{AD}$　(p は実数) と表すことができて

$$\overrightarrow{OF}=\overrightarrow{OA}+\overrightarrow{AF}=\overrightarrow{OA}+p\overrightarrow{AD}$$

ここで，$\overrightarrow{OA}=(2,\ 0,\ 2)$，$\overrightarrow{AD}=(-2,\ 2,\ -t-2)$ であるから

$$\begin{aligned}\overrightarrow{OF}&=(2,\ 0,\ 2)+p(-2,\ 2,\ -t-2)\\&=(-2p+2,\ 2p,\ -(t+2)p+2)\end{aligned}$$

点Fの座標は $(-2p+2,\ 2p,\ -(t+2)p+2)$ であり，この点は xy 平面上の点なので，z 座標について

$$-(t+2)p+2=0$$

$t>0$ より　　$t+2>0$

よって　　$p=\dfrac{2}{t+2}$

したがって，点Fの座標は　$\left(\dfrac{2t}{t+2},\ \dfrac{4}{t+2},\ 0\right)$　……(答)

点Hは直線BD上の点なので，$\overrightarrow{BH}=q\overrightarrow{BD}$　(q は実数) と表すことができて

$$\overrightarrow{OH}-\overrightarrow{OB}+\overrightarrow{BH}-\overrightarrow{OB}+q\overrightarrow{BD}$$

ここで，$\overrightarrow{OB}=(-2,\ 0,\ 2)$，$\overrightarrow{BD}=(2,\ 2,\ -t-2)$ であるから

$$\overrightarrow{\mathrm{OH}}=(-2,\ 0,\ 2)+q(2,\ 2,\ -t-2)$$
$$=(2q-2,\ 2q,\ -(t+2)q+2)$$

点Hの座標は $(2q-2,\ 2q,\ -(t+2)q+2)$ であり，この点は xy 平面上の点なので，z 座標について

$$-(t+2)q+2=0$$

$t>0$ より　　$t+2>0$

よって　　$q=\dfrac{2}{t+2}$

したがって，点Hの座標は　　$\left(-\dfrac{2t}{t+2},\ \dfrac{4}{t+2},\ 0\right)$　……(答)

(3)　xy 平面上にある4点 $\mathrm{E}(1,\ -1,\ 0)$，$\mathrm{F}\left(\dfrac{2t}{t+2},\ \dfrac{4}{t+2},\ 0\right)$，$\mathrm{G}(-1,\ -1,\ 0)$，$\mathrm{H}\left(-\dfrac{2t}{t+2},\ \dfrac{4}{t+2},\ 0\right)$ は右の図のように配置されるので，四角形EFHGは辺EGとFHが平行である等脚台形を表す。

$$\mathrm{FH}=\frac{4t}{t+2},\ \mathrm{EG}=2,$$

$$(\text{高さ})=\frac{4}{t+2}-(-1)=\frac{t+6}{t+2}$$

よって

$$(t+2)^2S=(t+2)^2\cdot\frac{1}{2}\left(\frac{4t}{t+2}+2\right)\frac{t+6}{t+2}$$
$$=(3t+2)(t+6)\quad\cdots\cdots(\text{答})$$

(4)　　$S=\dfrac{3t^2+20t+12}{(t+2)^2}$

$$S'=\frac{(6t+20)(t+2)^2-(3t^2+20t+12)\cdot 2(t+2)}{(t+2)^4}$$
$$=\frac{-8(t-2)}{(t+2)^3}$$

$t>0$ において，$S'=0$ のとき　　$t=2$

$t>0$ における S の増減は右のようになる。

t	(0)	…	2	…
S'		+	0	−
S		↗	4	↘

S は $t=2$ のときに最大となり，最大値は 4　……(答)

別解　$S=\dfrac{3t^2+20t+12}{t^2+4t+4}=3+\dfrac{8t}{t^2+4t+4}=3+\dfrac{8}{t+4+\dfrac{4}{t}}$　$(\because\ \ t>0)$

$t>0$ かつ $\dfrac{4}{t}>0$ なので，相加平均・相乗平均の関係より

$$\frac{t+\dfrac{4}{t}}{2}\geqq\sqrt{t\cdot\frac{4}{t}}$$

$$t+\frac{4}{t}\geqq 4 \qquad t+4+\frac{4}{t}\geqq 8$$

$$0<\frac{1}{t+4+\dfrac{4}{t}}\leqq\frac{1}{8} \qquad 0<\frac{8}{t+4+\dfrac{4}{t}}\leqq 1$$

$$3<3+\frac{8}{t+4+\dfrac{4}{t}}\leqq 4 \qquad 3<S\leqq 4$$

等号が成り立つのは，$t=\dfrac{4}{t}$ すなわち $t=2$（$t>0$ より）のときである。

よって，S は $t=2$ のときに最大となり，最大値は 4

◀解　説▶

≪四角形の面積の最大値≫

(1)　点の座標を求めるときには，ベクトルをワンポイントで用いるとよい。点 E，G はそれぞれ直線 AC，BC 上の点であることより，点の座標を媒介変数で表した後，さらに xy 平面上の点なので，z 座標が 0 であることから，媒介変数の値を求めることができる。

(2)　(1)と同様である。これに点 D を表す t が関わる。

(3)　4 点を図にとってみよう。四角形 EFHG は台形である。台形 EFHG の面積を求めよう。

(4)　〔解答〕では「数学Ⅲ」での分数関数の微分法で S の増減を調べた。〔別解〕では分数の分母に t を集めて，t，$\dfrac{4}{t}$ が正であることから相加平均・相乗平均の関係より最大値を求める解法をとっている。これもよく用いられる手法なのでマスターしておこう。

III **解答**　$C_1:(x+2)^2+y^2=1$,
$C_2:(x-3)^2+y^2=4$ より

C_1 は中心の座標が $(-2,\ 0)$（点Aとおく），半径1の円

C_2 は中心の座標が $(3,\ 0)$（点Bとおく），半径2の円

(1)　点 $\mathrm{B}(3,\ 0)$ と直線 $x-2\sqrt{6}\,y+7=0$ の距離は，点と直線の距離の公式より

$$\frac{|3-2\sqrt{6}\cdot 0+7|}{\sqrt{1^2+(-2\sqrt{6})^2}}=\frac{10}{5}=2 \quad \cdots\cdots(答)$$

(2)　(1)より

［円 C_2 の中心Bと直線 $x-2\sqrt{6}\,y+7=0$ の距離］＝［円 C_2 の半径］

が成り立つので，直線 $x-2\sqrt{6}\,y+7=0$ は円 C_2 に接する。また，円 C_1 の半径は1で，円 C_1 の中心Aと直線 $x-2\sqrt{6}\,y+7=0$ の距離は，点と直線の距離の公式より

$$\frac{|-2-2\sqrt{6}\cdot 0+7|}{\sqrt{1^2+(-2\sqrt{6})^2}}=\frac{5}{5}=1$$

であるから

［円 C_1 の中心Aと直線 $x-2\sqrt{6}\,y+7=0$ の距離］＝［円 C_1 の半径］

が成り立つので，直線 $x-2\sqrt{6}\,y+7=0$ は円 C_1 にも接する。

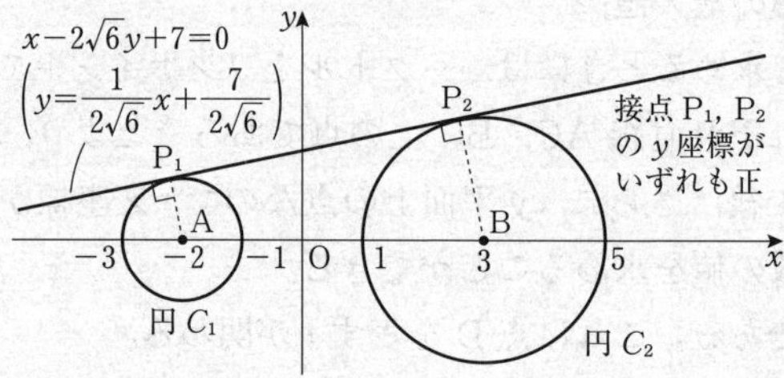

よって，求める接線 l が直線 $x-2\sqrt{6}\,y+7=0$ であることがわかる。

点 $\mathrm{A}(-2,\ 0)$ を通り，直線 $y=\dfrac{1}{2\sqrt{6}}x+\dfrac{7}{2\sqrt{6}}$ と垂直な直線の方程式を求める。その直線の傾きは $-2\sqrt{6}$ であるから，方程式は

$$y=-2\sqrt{6}\,(x+2) \qquad y=-2\sqrt{6}\,x-4\sqrt{6}$$

連立方程式

$$\begin{cases} y=\dfrac{1}{2\sqrt{6}}x+\dfrac{7}{2\sqrt{6}} \\ y=-2\sqrt{6}\,x-4\sqrt{6} \end{cases}$$

の解が点 P_1 の座標である。y を消去して

$$\left(\frac{1}{2\sqrt{6}}+2\sqrt{6}\right)x=-\left(\frac{7}{2\sqrt{6}}+4\sqrt{6}\right)$$

$$\frac{25}{2\sqrt{6}}x=-\frac{55}{2\sqrt{6}} \qquad x=-\frac{11}{5}$$

このときの y 座標は

$$y=-2\sqrt{6}\left(-\frac{11}{5}\right)-4\sqrt{6}=\frac{2\sqrt{6}}{5}$$

したがって，点 P_1 の座標は　$\left(-\dfrac{11}{5},\ \dfrac{2\sqrt{6}}{5}\right)$　……(答)

参考　連立方程式

$$\begin{cases} (x+2)^2+y^2=1 \\ y=\dfrac{1}{2\sqrt{6}}x+\dfrac{7}{2\sqrt{6}} \end{cases}$$

の解が点 P_1 の座標である。y を消去して

$$(x+2)^2+\left(\frac{1}{2\sqrt{6}}x+\frac{7}{2\sqrt{6}}\right)^2=1 \qquad 25x^2+110x+121=0$$

$$(5x+11)^2=0 \qquad x=-\frac{11}{5}$$

このとき

$$y=\frac{1}{2\sqrt{6}}\left(-\frac{11}{5}\right)+\frac{7}{2\sqrt{6}}=\frac{2\sqrt{6}}{5}$$

よって，点 P_1 の座標は　$\left(-\dfrac{11}{5},\ \dfrac{2\sqrt{6}}{5}\right)$

(3)　円 D の中心を $C\left(-\dfrac{1}{5},\ \dfrac{12}{5}\right)$，半径を r とおく。

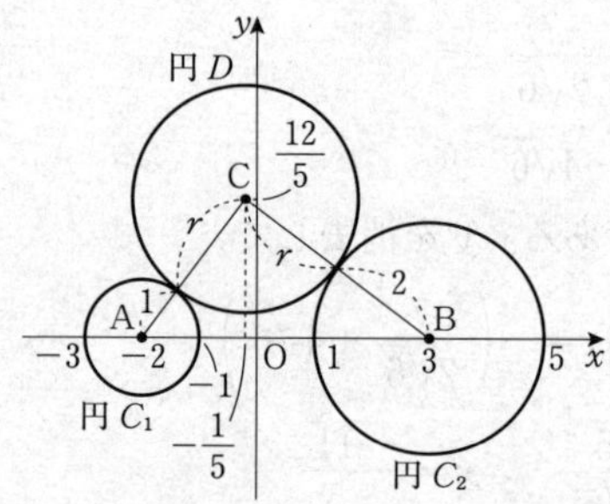

円 D が円 C_1 に外接するための条件は

[円 D の半径]+[円 C_1 の半径]=[円 D の中心 C と円 C_1 の中心 A の距離]

が成り立つことなので

$$r+1=\sqrt{\left\{\left(-\frac{1}{5}\right)-(-2)\right\}^2+\left(\frac{12}{5}-0\right)^2}$$

$$=\sqrt{\frac{81}{25}+\frac{144}{25}}=3 \quad \cdots\cdots①$$

円 D が円 C_2 に外接するための条件は

[円 D の半径]+[円 C_2 の半径]=[円 D の中心 C と円 C_2 の中心 B の距離]

が成り立つことなので

$$r+2=\sqrt{\left\{3-\left(-\frac{1}{5}\right)\right\}^2+\left(0-\frac{12}{5}\right)^2}$$

$$=\sqrt{\frac{256}{25}+\frac{144}{25}}=4 \quad \cdots\cdots②$$

①, ②より　　$r=2$

円 D の半径は　　2　……(答)

円 D と円 C_1 の接点は，円 C_1 の中心 A と円 D の中心 C を結ぶ線分 AC を 1：2 に内分する点なので，接点の座標は

$$\left(\frac{2\cdot(-2)+1\cdot\left(-\frac{1}{5}\right)}{1+2},\ \frac{2\cdot 0+1\cdot\frac{12}{5}}{1+2}\right)$$

$$\therefore \quad \left(-\frac{7}{5},\ \frac{4}{5}\right) \quad \cdots\cdots(答)$$

(4)　円 E_q の中心を $\mathrm{E}(p,\ q)$ $(q>0)$，半径を R とおく。

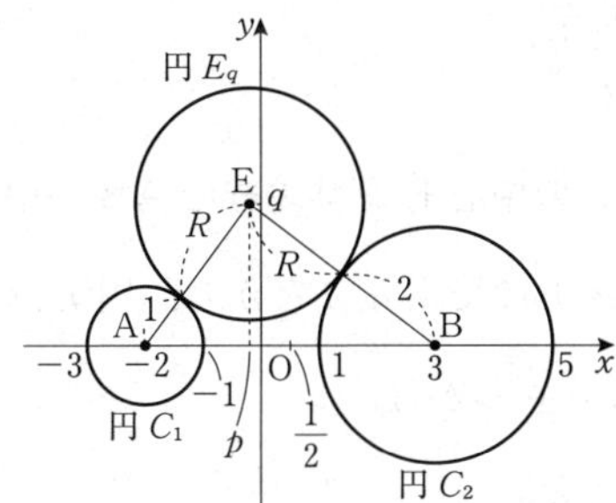

円 E_q が円 C_1 に外接するための条件は

[円 E_q の半径]+[円 C_1 の半径]=[円 E_q の中心Eと円 C_1 の中心Aの距離]

が成り立つことなので

$$R+1=\sqrt{(p+2)^2+q^2} \quad \cdots\cdots ③$$

円 E_q が円 C_2 に外接するための条件は

[円 E_q の半径]+[円 C_2 の半径]=[円 E_q の中心Eと円 C_2 の中心Bの距離]

が成り立つことなので

$$R+2=\sqrt{(p-3)^2+q^2} \quad \cdots\cdots ④$$

④−③ より　　$1=\sqrt{(p-3)^2+q^2}-\sqrt{(p+2)^2-q^2}$

$$\sqrt{(p-3)^2+q^2}=\sqrt{(p+2)^2+q^2}+1$$

両辺を 2 乗すると

$$(p-3)^2+q^2=(p+2)^2+q^2+2\sqrt{(p+2)^2+q^2}+1$$

$$2\sqrt{(p+2)^2+q^2}=-10p+4$$

両辺を 2 乗すると

$$4(p^2+4p+4)+4q^2=100p^2-80p+16$$

$$24p^2-24p-q^2=0$$

$$24(p^2-p)-q^2=0 \quad \cdots\cdots ⑤$$

$$24\left\{\left(p-\frac{1}{2}\right)^2-\frac{1}{4}\right\}-q^2=0$$

$$24\left(p-\frac{1}{2}\right)^2=q^2+6 \qquad \left(p-\frac{1}{2}\right)^2=\frac{q^2+6}{24}$$

$$p-\frac{1}{2}=\pm\frac{\sqrt{q^2+6}}{2\sqrt{6}}=\pm\frac{\sqrt{6(q^2+6)}}{12}$$

$$p=\frac{1}{2}\pm\frac{\sqrt{6(q^2+6)}}{12}$$

円 C_1 の中心Aと円 C_2 の中心Bを結ぶ線分ABの中点の座標が $\left(\frac{1}{2},\ 0\right)$ であり，さらに，AE<BE であることから，円 E_q の中心Eの x 座標 p について，$p<\frac{1}{2}$ が成り立つから

$$p=\frac{1}{2}-\frac{\sqrt{6(q^2+6)}}{12} \quad \cdots\cdots(答)$$

これを用いて

$$\lim_{q\to\infty}\frac{p}{q}=\lim_{q\to\infty}\frac{1}{q}\left\{\frac{1}{2}-\frac{\sqrt{6(q^2+6)}}{12}\right\}$$

$$=\lim_{q\to\infty}\left\{\frac{1}{2q}-\frac{1}{12}\sqrt{6\left(1+\frac{6}{q^2}\right)}\right\}$$

$$=-\frac{\sqrt{6}}{12} \quad \cdots\cdots(答)$$

参考　$\begin{cases}\mathrm{AE}=1+R\\ \mathrm{BE}=2+R\end{cases}$

より，BE−AE=1である。点Eは焦点からの距離の差が1で，A，Bが焦点の双曲線を描く。この双曲線を x 軸方向に $-\frac{1}{2}$ だけ平行移動した双曲線の焦点の座標は $\mathrm{A}'\left(-\frac{5}{2},\ 0\right)$，$\mathrm{B}'\left(\frac{5}{2},\ 0\right)$ であり，方程式を

$\frac{x^2}{a^2}-\frac{y^2}{b^2}=1$ $(a>0,\ b>0)$ とおくと

$$\begin{cases}a^2+b^2=\frac{25}{4}\\ 2a=1\end{cases} \qquad \begin{cases}a=\frac{1}{2}\\ b=\sqrt{6}\end{cases}$$

よって　$\frac{x^2}{\left(\frac{1}{2}\right)^2}-\frac{y^2}{(\sqrt{6})^2}=1$

これを元に戻すために，x 軸方向に $\frac{1}{2}$ だけ平行移動することで

$$\frac{\left(x-\frac{1}{2}\right)^2}{\left(\frac{1}{2}\right)^2}-\frac{y^2}{(\sqrt{6})^2}=1$$

点 E$(p,\ q)$ については

$$\frac{\left(p-\frac{1}{2}\right)^2}{\left(\frac{1}{2}\right)^2}-\frac{q^2}{(\sqrt{6})^2}=1$$

が成り立つ。

(5)　(4)の円 E_q と円 C_2 の接点の座標を F$(s,\ t)$ とおく。⑤より，$q^2=24(p^2-p)$ であるから

$$\mathrm{BE}=\sqrt{(p-3)^2+q^2}=\sqrt{(p-3)^2+24(p^2-p)}$$
$$=\sqrt{25p^2-30p+9}=\sqrt{(5p-3)^2}$$

ここで，$p=\frac{1}{2}-\frac{\sqrt{6(q^2+6)}}{12}$ において，$q>0$ なので，$p<0$ より $5p-3<0$ となるから

$$\mathrm{BE}=-(5p-3)$$

よって

$$\overrightarrow{\mathrm{OF}}=\overrightarrow{\mathrm{OB}}+\overrightarrow{\mathrm{BF}}$$
$$=\overrightarrow{\mathrm{OB}}+\frac{|\overrightarrow{\mathrm{BF}}|}{|\overrightarrow{\mathrm{BE}}|}\overrightarrow{\mathrm{BE}}$$
$$=(3,\ 0)+\frac{2}{-(5p-3)}(p-3,\ q)$$
$$=\left(3-\frac{2(p-3)}{5p-3},\ -\frac{2q}{5p-3}\right)$$

よって，点 F の座標は　$\left(3-\frac{2(p-3)}{5p-3},\ -\frac{2q}{5p-3}\right)$

ここで，$\lim_{q\to\infty}p=\lim_{q\to\infty}\left\{\frac{1}{2}-\frac{\sqrt{6(q^2+6)}}{12}\right\}=-\infty$ であるから

$$\lim_{q\to\infty}s=\lim_{p\to-\infty}\left\{3-\frac{2(p-3)}{5p-3}\right\}=\lim_{p\to-\infty}\left\{3-\frac{2\left(1-\frac{3}{p}\right)}{5-\frac{3}{p}}\right\}$$

$$=3-\frac{2}{5}=\frac{13}{5}\quad\cdots\cdots(\text{答})$$

$$\lim_{q\to\infty}t=\lim_{q\to\infty}\left(-\frac{2q}{5p-3}\right)=\lim_{q\to\infty}\left(-\frac{2}{5\cdot\frac{p}{q}-\frac{3}{q}}\right)$$

$$=-\frac{2}{5\cdot\left(-\frac{\sqrt{6}}{12}\right)}=\frac{24}{5\sqrt{6}}=\frac{4\sqrt{6}}{5}\quad\cdots\cdots(\text{答})$$

◀解　説▶

≪円に関わる極限値≫

⑴　円 C_1，C_2 の中心と半径について確認しておこう。点には名前がついていないので，名前をつけていくことにした。点と直線の距離の公式を利用できるように確認しておこう。

⑵　⑴の点 (3，0) は円 C_2 の中心である。また，求めた距離と円 C_2 の半径とが等しい。よって，直線 $x-2\sqrt{6}y+7=0$ は円 C_2 に接することがわかる。次に円 C_1 の中心 A とこの直線の距離を求めて，それが円 C_1 の半径と等しいことから，直線が円 C_1 と接することもわかる。そして，接点 $\mathrm{P_1}$，$\mathrm{P_2}$ の y 座標がいずれも正であるという条件も満たしているので，この曲線が直線 l であることがわかった。円と直線の接点の座標なので，〔参考〕のように点 $\mathrm{P_1}$ の座標を求めるために，連立方程式

$$\begin{cases}(x+2)^2+y^2=1\\ y=\dfrac{1}{2\sqrt{6}}x+\dfrac{7}{2\sqrt{6}}\end{cases}$$

を解けばよいと思いがちだが，〔解答〕のように，連立方程式

$$\begin{cases}y=\dfrac{1}{2\sqrt{6}}x+\dfrac{7}{2\sqrt{6}}\\ y=-2\sqrt{6}x-4\sqrt{6}\end{cases}$$

を解いて求めることもできる。

⑶　2つの円が外接するための条件は，[2円の半径の和]＝[2円の中心間の距離] が成り立つことである。接点の座標は，内分点の座標を求める公式を利用すること。

⑷　⑶と同じく，2つの円が外接するための条件は，[2円の半径の和]＝[2円の中心間の距離] が成り立つことである。

$p=\frac{1}{2}-\frac{\sqrt{6(q^2+6)}}{12}$ を求める方法として，〔解答〕のように計算主体で求める方法と，図形的な意味から考えて，〔参考〕のように，双曲線の性質を利用して求める方法とがある。前者は双曲線の方程式の導出も含めて計算しているイメージである。

(5) q だけで表されている関数の $q\to\infty$ のときの極限を求める場合はそれでよいが，p だけで表されている関数や p，q で表された関数の $q\to\infty$ のときの極限を求めようとすれば，$q\to\infty$ のときの p の極限を求める必要がある。

IV **解答**

(1) $\int e^{-2px}\cos(nx)dx$

$$=\int\left(-\frac{1}{2p}e^{-2px}\right)'\cos(nx)dx$$

$$=-\frac{1}{2p}e^{-2px}\cos(nx)+\frac{1}{2p}\int e^{-2px}\{\cos(nx)\}'dx$$

$$=-\frac{1}{2p}e^{-2px}\cos(nx)-\frac{n}{2p}\int e^{-2px}\sin(nx)dx$$

$$=-\frac{1}{2p}e^{-2px}\cos(nx)-\frac{n}{2p}\int\left(-\frac{1}{2p}e^{-2px}\right)'\sin(nx)dx$$

$$=-\frac{1}{2p}e^{-2px}\cos(nx)+\frac{n}{4p^2}\left\{e^{-2px}\sin(nx)-\int e^{-2px}\{\sin(nx)\}'dx\right\}$$

$$=-\frac{1}{2p}e^{-2px}\cos(nx)+\frac{n}{4p^2}e^{-2px}\sin(nx)-\frac{n^2}{4p^2}\int e^{-2px}\cos(nx)dx$$

$$\frac{4p^2+n^2}{4p^2}\int e^{-2px}\cos(nx)dx$$

$$=-\frac{1}{2p}e^{-2px}\cos(nx)+\frac{n}{4p^2}e^{-2px}\sin(nx)+C\quad(C\text{ は積分定数})$$

$$\int e^{-2px}\cos(nx)dx$$

$$=\frac{\{n\sin(nx)-2p\cos(nx)\}e^{-2px}}{4p^2+n^2}+C_1$$ （C_1 は積分定数）

$n=1$ のとき

$$\int e^{-2px}\cos x dx=\frac{(\sin x-2p\cos x)e^{-2px}}{4p^2+1}+C_1$$ （C_1 は積分定数）

……(答)

また

$$\int e^{-2px}\sin(nx)dx$$

$$=\int\left(-\frac{1}{2p}e^{-2px}\right)'\sin(nx)dx$$

$$=-\frac{1}{2p}e^{-2px}\sin(nx)+\frac{1}{2p}\int e^{-2px}\{\sin(nx)\}'dx$$

$$=-\frac{1}{2p}e^{-2px}\sin(nx)+\frac{n}{2p}\int e^{-2px}\cos(nx)dx$$

$$=-\frac{1}{2p}e^{-2px}\sin(nx)+\frac{n}{2p}\int\left(-\frac{1}{2p}e^{-2px}\right)'\cos(nx)dx$$

$$=-\frac{1}{2p}e^{-2px}\sin(nx)-\frac{n}{4p^2}\left\{e^{-2px}\cos(nx)-\int e^{-2px}\{\cos(nx)\}'dx\right\}$$

$$=-\frac{1}{2p}e^{-2px}\sin(nx)-\frac{n}{4p^2}e^{-2px}\cos(nx)-\frac{n^2}{4p^2}\int e^{-2px}\sin(nx)dx$$

$$\frac{4p^2+n^2}{4p^2}\int e^{-2px}\sin(nx)dx$$

$$=-\frac{1}{2p}e^{-2px}\sin(nx)-\frac{n}{4p^2}e^{-2px}\cos(nx)+C$$ （C は積分定数）

$$\int e^{-2px}\sin(nx)dx$$

$$=-\frac{\{n\cos(nx)+2p\sin(nx)\}e^{-2px}}{4p^2+n^2}+C_2$$ （C_2 は積分定数）

$n=1$ のとき

$$\int e^{-2px}\sin x dx$$

$$=-\frac{(\cos x+2p\sin x)e^{-2px}}{4p^2+1}+C_2$$ （C_2 は積分定数） ……(答)

参考　$\cos(nx)$ を $\left\{\frac{1}{n}\sin(nx)\right\}'$，$\sin(nx)$ を $\left\{-\frac{1}{n}\cos(nx)\right\}'$ とみて部分積分法で計算しても同じ結果を得ることができるが，n が 0 以上の整数なので，以下のように 0 の場合を別に扱う必要がある。

$n=1,\ 2,\ 3,\ \cdots$ とする。

$$\int e^{-2px}\cos(nx)dx$$
$$=\int e^{-2px}\left\{\frac{1}{n}\sin(nx)\right\}'dx$$
$$=\frac{1}{n}e^{-2px}\sin(nx)-\frac{1}{n}\int(e^{-2px})'\sin(nx)dx$$
$$=\frac{1}{n}e^{-2px}\sin(nx)+\frac{2p}{n}\int e^{-2px}\sin(nx)dx$$
$$=\frac{1}{n}e^{-2px}\sin(nx)+\frac{2p}{n}\int e^{-2px}\left\{-\frac{1}{n}\cos(nx)\right\}'dx$$
$$=\frac{1}{n}e^{-2px}\sin(nx)$$
$$+\frac{2p}{n}\left[e^{-2px}\left\{-\frac{1}{n}\cos(nx)\right\}-\int(e^{-2px})'\left\{-\frac{1}{n}\cos(nx)\right\}dx\right]$$
$$=\frac{1}{n}e^{-2px}\sin(nx)-\frac{2p}{n^2}e^{-2px}\cos(nx)-\frac{4p^2}{n^2}\int e^{-2px}\cos(nx)dx$$

$$\frac{4p^2+n^2}{n^2}\int e^{-2px}\cos(nx)dx$$
$$=\frac{1}{n}e^{-2px}\sin(nx)-\frac{2p}{n^2}e^{-2px}\cos(nx)+C \quad (C\text{ は積分定数})$$

$$\int e^{-2px}\cos(nx)dx$$
$$=\frac{\{n\sin(nx)-2p\cos(nx)\}e^{-2px}}{4p^2+n^2}+C_1 \quad (C_1\text{ は積分定数}) \quad \cdots\cdots①$$

$n=0$ のとき

$$\int e^{-2px}\cos 0dx=\int e^{-2px}dx$$
$$=-\frac{1}{2p}e^{-2px}+C_1 \quad (C_1\text{ は積分定数})$$

①に $n=0$ を代入すると

$$\frac{-2pe^{-2px}}{4p^2}+C_1=-\frac{1}{2p}e^{-2px}+C_1$$

となり，①は $n=0$ でも成り立つ。

よって，①は $n=0,\ 1,\ 2,\ \cdots$ で成り立つ。

$n=1$ とすると

$$\int e^{-2px}\cos x dx=\frac{(\sin x-2p\cos x)e^{-2px}}{4p^2+1}+C_1 \quad (C_1 \text{ は積分定数})$$

$n=1,\ 2,\ 3,\ \cdots$ とする。

$$\int e^{-2px}\sin(nx)dx$$

$$=\int e^{-2px}\left\{-\frac{1}{n}\cos(nx)\right\}'dx$$

$$=-\frac{1}{n}e^{-2px}\cos(nx)+\frac{1}{n}\int(e^{-2px})'\cos(nx)dx$$

$$=-\frac{1}{n}e^{-2px}\cos(nx)-\frac{2p}{n}\int e^{-2px}\cos(nx)dx$$

$$=-\frac{1}{n}e^{-2px}\cos(nx)-\frac{2p}{n}\int e^{-2px}\left\{\frac{1}{n}\sin(nx)\right\}'dx$$

$$=-\frac{1}{n}e^{-2px}\cos(nx)$$

$$-\frac{2p}{n}\left[e^{-2px}\left\{\frac{1}{n}\sin(nx)\right\}-\int(e^{-2px})'\left\{\frac{1}{n}\sin(nx)\right\}dx\right]$$

$$=-\frac{1}{n}e^{-2px}\cos(nx)-\frac{2p}{n^2}e^{-2px}\sin(nx)-\frac{4p^2}{n^2}\int e^{-2px}\sin(nx)dx$$

$$\frac{4p^2+n^2}{n^2}\int e^{-2px}\sin(nx)dx$$

$$=-\frac{1}{n}e^{-2px}\cos(nx)-\frac{2p}{n^2}e^{-2px}\sin(nx)+C \quad (C \text{ は積分定数})$$

$$\int e^{-2px}\sin(nx)dx$$

$$=\frac{-\{n\cos(nx)+2p\sin(nx)\}e^{-2px}}{4p^2+n^2}+C_2 \quad (C_2 \text{ は積分定数}) \quad \cdots\cdots②$$

$n=0$ のとき

$$\int e^{-2px}\sin 0 dx=\int 0dx=C_2 \quad (C_2 \text{ は積分定数})$$

②に $n=0$ を代入すると

$$\int e^{-2px}\sin 0dx=\int 0dx=C_2$$

となり，②は $n=0$ でも成り立つ。

よって，②は $n=0$, 1, 2, … で成り立つ。

$n=1$ とすると

$$\int e^{-2px}\sin x dx$$

$$=-\frac{(\cos x+2p\sin x)e^{-2px}}{4p^2+1}+C_2 \quad (C_2 \text{は積分定数})$$

(2)　(1)より

$$I_n=\int_0^{\frac{\pi}{2}}e^{-2px}\cos(nx)dx$$

$$=\left[\frac{\{n\sin(nx)-2p\cos(nx)\}e^{-2px}}{4p^2+n^2}\right]_0^{\frac{\pi}{2}}$$

$$=\frac{\left\{n\sin\left(\frac{n\pi}{2}\right)-2p\cos\left(\frac{n\pi}{2}\right)\right\}e^{-\pi p}+2p}{4p^2+n^2}$$

$$I_0=\frac{1-e^{-\pi p}}{2p} \quad \cdots\cdots(\text{答})$$

$$I_2=\frac{p(1+e^{-\pi p})}{2p^2+2} \quad \cdots\cdots(\text{答})$$

(3)

$$\left|I_n-\frac{2p}{4p^2+n^2}\right|$$

$$=\left|\frac{\left\{n\sin\left(\frac{n\pi}{2}\right)-2p\cos\left(\frac{n\pi}{2}\right)\right\}e^{-\pi p}}{4p^2+n^2}\right|$$

$$=\frac{e^{-\pi p}}{4p^2+n^2}\left|n\sin\left(\frac{n\pi}{2}\right)-2p\cos\left(\frac{n\pi}{2}\right)\right|$$

$$=\frac{e^{-\pi p}}{4p^2+n^2}\cdot$$

$$\sqrt{4p^2+n^2}\left|\sin\left(\frac{n\pi}{2}\right)\cdot\frac{n}{\sqrt{4p^2+n^2}}-\cos\left(\frac{n\pi}{2}\right)\cdot\frac{2p}{\sqrt{4p^2+n^2}}\right|$$

$$=\frac{e^{-\pi p}}{\sqrt{4p^2+n^2}}\left|\sin\left(\frac{n\pi}{2}-\alpha_n\right)\right|$$

$$\left(\cos\alpha_n=\frac{n}{\sqrt{4p^2+n^2}},\ \sin\alpha_n=\frac{2p}{\sqrt{4p^2+n^2}}\text{ とおいた}\right)$$

$$\leqq\frac{e^{-\pi p}}{\sqrt{4p^2+n^2}}\quad\left(\because\quad -1\leqq\sin\left(\frac{n\pi}{2}-\alpha_n\right)\leqq 1\right)$$

$$<e^{-\pi p}\quad\left(\because\quad \sqrt{4p^2+n^2}>1\right)$$

したがって，1以上の整数 n に対して，不等式 $\left|I_n-\dfrac{2p}{4p^2+n^2}\right|\leqq e^{-\pi p}$ が成り立つ。　(証明終)

(4)
$$I_4=\int_0^{\frac{\pi}{2}}e^{-2px}\cos(4x)\,dx$$

$$=\frac{\{4\sin(2\pi)-2p\cos(2\pi)\}e^{-\pi p}+2p}{4p^2+4^2}$$

$$=\frac{p(1-e^{-\pi p})}{2p^2+8}$$

よって，この I_4 と(2)で求めた I_0，I_2 より

$$\lim_{p\to\infty}p^c(I_0I_4-I_2{}^2)$$

$$=\lim_{p\to\infty}p^c\left[\frac{1-e^{-\pi p}}{2p}\cdot\frac{p(1-e^{-\pi p})}{2p^2+8}-\left\{\frac{p(1+e^{-\pi p})}{2p^2+2}\right\}^2\right]$$

$$=\lim_{p\to\infty}p^c\left\{\frac{(1-e^{-\pi p})^2}{4p^2+16}-\frac{p^2(1+e^{-\pi p})^2}{4(p^2+1)^2}\right\}$$

$$=\lim_{p\to\infty}p^c\cdot\frac{(1-e^{-\pi p})^2(p^2+1)^2-p^2(1+e^{-\pi p})^2(p^2+4)}{4(p^2+4)(p^2+1)^2}$$

$$=\lim_{p\to\infty}p^c\cdot\frac{(1-2e^{-\pi p}+e^{-2\pi p})(p^4+2p^2+1)-(1+2e^{-\pi p}+e^{-2\pi p})(p^4+4p^2)}{4(p^2+4)(p^2+1)^2}$$

$$=\lim_{p\to\infty}p^c\cdot\frac{(-2p^2+1)e^{-2\pi p}-2(2p^4+6p^2+1)e^{-\pi p}+(-2p^2+1)}{4(p^2+4)(p^2+1)^2}$$

$$=\lim_{p\to\infty}\frac{(-2p^{c-4}+p^{c-6})e^{-2\pi p}-2(2p^{c-2}+6p^{c-4}+p^{c-6})e^{-\pi p}+(-2p^{c-4}+p^{c-6})}{4\left(1+\dfrac{4}{p^2}\right)\left(1+\dfrac{1}{p^2}\right)^2}$$

ここで，$\displaystyle\lim_{p\to\infty}p^re^{-\pi p}=0$ を用いてよいので，上の極限のうち

$$\lim_{p\to\infty}(2p^{c-2}+6p^{c-4}+p^{c-6})e^{-\pi p}$$

$$=\lim_{p\to\infty}(2p^{c-2}e^{-\pi p}+6p^{c-4}e^{-\pi p}+p^{c-6}e^{-\pi p})$$

$$=2\cdot 0+6\cdot 0+0=0$$

である。また

$$\begin{aligned}&\lim_{p\to\infty}(-2p^{c-4}+p^{c-6})e^{-2\pi p}\\&=\lim_{p\to\infty}(-2p^{c-4}+p^{c-6})e^{-\pi p}\cdot e^{-\pi p}\\&=\lim_{p\to\infty}(-2p^{c-4}e^{-\pi p}+p^{c-6}e^{-\pi p})e^{-\pi p}\\&=(-2\cdot 0+0)\cdot 0=0\end{aligned}$$

分子の残りの項 $-2p^{c-4}+p^{c-6}$ については

$$\begin{aligned}&\lim_{p\to\infty}(-2p^{c-4}+p^{c-6})\\&=\lim_{p\to\infty}p^{c-4}(-2+p^{-2})=\begin{cases}-\infty & (c>4\text{ のとき})\\-2 & (c=4\text{ のとき})\\0 & (c<4\text{ のとき})\end{cases}\end{aligned}$$

分母について

$$\lim_{p\to\infty}4\left(1+\frac{4}{p^2}\right)\left(1+\frac{1}{p^2}\right)^2=4$$

であるから，まとめると

$$\lim_{p\to\infty}p^c(I_0I_4-I_2{}^2)=\begin{cases}-\infty & (c>4\text{ のとき})\\-\dfrac{1}{2} & (c=4\text{ のとき})\\0 & (c<4\text{ のとき})\end{cases}$$

実数 c に対して，$p\to\infty$ のとき $p^c(I_0I_4-I_2{}^2)$ が 0 でないある定数 α に収束するとき，このときの c の値は 4 であり，α の値は $-\dfrac{1}{2}$ である。

……(答)

◀解　説▶

≪定積分に関わる不等式の証明と 0 以外の有限の値に収束する極限値≫

(1)　〔解答〕のように部分積分法を繰り返す。〔参考〕のようにすると $\dfrac{1}{n}$ が出てくるので，0 以上の整数 n に対して成り立つことを示そうと思えば，$n=0$ のときは別扱いで証明しなければならない。(1)では $n=1$ のときの不定積分，(2)では $n=0$ と $n=2$ のときの積分区間 $0\leqq x\leqq\dfrac{\pi}{2}$ における定積分を計算することになるので，最初に(1)で一般的な n に対して計算してから，具体に落とし込んで計算した方が要領がよい。

$\int e^{-2px}\sin(nx)dx$ についても一般的に求めたものを〔解答〕としたが，

$\int e^{-2px}\cos(nx)dx$ の場合と異なり，この問題だけで問われているので，

直接 $\int e^{-2px}\sin x dx$ を求めてもよい。

(3)　(2)で I_n も求めているので，それを代入して証明しよう。

(4)　I_0，I_2，I_4 のうち，I_4 だけまだ求めていないので，求めてから，極限値を丁寧に計算しよう。方針が立たないわけではないが，計算が煩雑である。確認しながら進めるとよい。

❖講　評

2023年度も例年通り，試験時間100分で大問4題を解答するものであった。Ⅰは小問集合で結果だけを空欄に記入する形式，Ⅱ～Ⅳは記述式の解答形式の問題であり，これも例年通りの形式である。

Ⅰ　小問集合の問題数は2問で，近年はこの形式が定着してきている。(1)は確率と数列の融合問題である。(2)は複素数平面の問題で前半は3次方程式に絡めて，3次方程式の解と係数の関係がテーマとなっている。覚えていなくても因数分解した形から展開して係数を比較しても解答できる。ともに標準レベルの問題である。

Ⅱ　空間で図形を考える問題であるが，平面と直線の交点を求めることが問われているだけで，xy 平面上の点が求まれば，後は xy 平面で考えるので，平面図形の問題と変わらない。標準レベルの問題であるが，面積を求める図形も単純であり，4題の中では最も取り組みやすい問題といえる。

Ⅲ　複数の円をテーマにした問題である。2円が外接するための条件を適用できるようにしておこう。標準レベルの問題である。

Ⅳ　不定積分，定積分，極限がテーマの問題である。最初に一般的な式を求めて，そこから具体に落とし込んで計算すると要領よく解き進めることができる。標準レベルであるが，計算が面倒なので完解することは難しいかもしれない。

全体的に標準レベルの問題中心に出題されている。どの問題もとても丁寧で巧妙な小問の誘導がついている。最終的に問われていることは高度なことであっても，無理なく上っていくことができるようにはしごを立てかけてくれている。それをうまく利用しながら解答していくことがポイントになる。各小問には何らかの意味があり，必ず以降の問題につながることを意識しよう。

物理

I 解答

(ア) $\dfrac{Mg}{k}$　(イ) $2\pi\sqrt{\dfrac{M}{k}}$　(ウ) $-l\sqrt{\dfrac{k}{M}}\sin\sqrt{\dfrac{k}{M}}t$

(エ) $\dfrac{m}{M}k$　(オ) $\dfrac{m}{M}kl$　(カ) $mg-\dfrac{m}{M}kl\sin\theta$　(キ) $l\sqrt{\dfrac{k}{2M}}$

(ク) $\dfrac{2\pi^2n^2mg}{k}$

〔解答図（I－A)〕

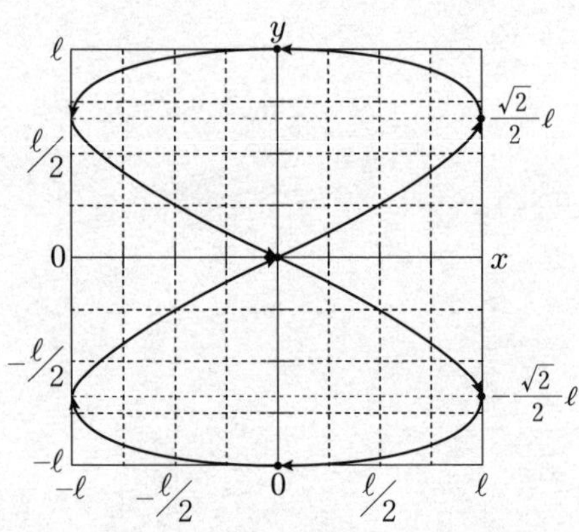

◀解　説▶

≪垂直な2つのばねによる振動の合成≫

(ア)　求める伸びを a とすると，小球を含む箱のつりあいより

$$ka=Mg \qquad \therefore \quad a=\frac{Mg}{k}$$

(イ)　箱の単振動の周期を T とする。周期の公式より

$$T=2\pi\sqrt{\frac{M}{k}}$$

(ウ)　箱の単振動の角振動数を ω とすると

$$\omega=\frac{2\pi}{T}=\sqrt{\frac{k}{M}}$$

箱の速度を v とする。$t=0$ で $v=0$ から y 軸負方向に動きだすこと，また振幅 l より，最大速度は $l\omega$ なので

$$v=-l\omega\sin\omega t=-l\sqrt{\frac{k}{M}}\sin\sqrt{\frac{k}{M}}t$$

(エ)　ばね B のばね定数を k_B とすると，小球が円軌道を運動するので，x 方向の角振動数も ω である。

$$\sqrt{\frac{k_B}{m}}=\sqrt{\frac{k}{M}}\qquad \therefore\quad k_B=\frac{m}{M}k$$

(オ)　小球に働く合力の大きさは，半径 l，角速度 ω の等速円運動の向心力の大きさに等しい。

$$ml\omega^2=\frac{m}{M}kl$$

(カ)　y 方向の抗力を N とする。小球に働く力の鉛直方向の合力が向心力の y 方向の成分に等しい。

$$N-mg=-\frac{m}{M}kl\sin\theta$$

$$\therefore\quad N=mg-\frac{m}{M}kl\sin\theta$$

（Ⅰ－A）　C のばね定数が $4k$ となるので，x 方向の小球の角振動数が 2ω となる。箱をはなしてから時間 t 後の小球の位置を（X，Y）とすると

$$X=-l\sin 2\sqrt{\frac{k}{M}}t,\quad Y=l\cos\sqrt{\frac{k}{M}}t$$

$t=\frac{T}{8}\left(=\frac{\pi}{4}\sqrt{\frac{M}{k}}\right)$ のとき　　$X=-l$，$Y=\frac{\sqrt{2}}{2}l$

$t=\frac{T}{4}$ のとき　　$X=0$，$Y=0$

$t=\frac{T}{2}$ のとき　　$X=l$，$Y=-\frac{\sqrt{2}}{2}l$

$t=\frac{3T}{8}$ のとき　　$X=0$，$Y=-l$

⋮

(キ)　小球が最も左に位置するときの速度の x 方向成分は 0 である。初めて小球が最も左に位置するときの y 方向の振動の位相は $\frac{\pi}{4}$ で，(ウ)の v の式より求める速さは

$$\left|-l\sqrt{\frac{k}{M}}\sin\frac{\pi}{4}\right|=l\sqrt{\frac{k}{2M}}$$

(ク)　小球の振動の周期は $2\pi\sqrt{\dfrac{m}{k}}$ で，箱は自由落下運動をするので，求める高さを H とすると

$$H=\frac{1}{2}g\left(n\cdot 2\pi\sqrt{\frac{m}{k}}\right)^2=\frac{2\pi^2n^2mg}{k}$$

II

解答　(ア) IBa　(イ) $IBb\sin\theta$　(ウ) $IBab\cos\theta$

(エ) $\omega Bab\cos\omega t$　(オ) $\dfrac{(\omega Bab\cos\omega t)^2}{r}$　(カ) $\dfrac{\pi\omega(Bab)^2}{r}$

(キ) $\omega^2 CBab\sin\omega t$　(ク) $\dfrac{1}{2}C(\omega Bab)^2$

◀解　説▶

≪直流モーターと交流発電≫

(ア)　電流の向きが磁場に垂直なので，電流が磁場から受ける力の式より

IBa〔N〕

(イ)　P_2 と P_3 の間の導線の磁場と垂直方向の長さは $b\sin\theta$ より

$IBb\sin\theta$〔N〕

(ウ)　導線 P_1P_2 と P_3P_4 が磁場から受ける力が偶力となるので，偶力のモーメントは

$IBa\times b\cos\theta=IBab\cos\theta$〔N·m〕

(エ)　時刻 t〔s〕のときコイルを貫く磁束を Φ〔Wb〕とすると

$\Phi=Bab\sin\omega t$

誘導起電力の大きさを V〔V〕とする。$0\leqq\omega t<\dfrac{\pi}{2}$ なので

$$V=\left|-\frac{d\Phi}{dt}\right|=|-\omega Bab\cos\omega t|$$

$$=\omega Bab\cos\omega t\text{〔V〕}$$

(オ)　求める仕事率は抵抗での消費電力に等しいので

$$\frac{V^2}{r}=\frac{(\omega Bab\cos\omega t)^2}{r}\text{〔W〕}$$

(カ)　一回転の $\cos^2\omega t$ の時間平均は $\frac{1}{2}$，一回転の時間 $\frac{2\pi}{\omega}$ より

$$\frac{(\omega Bab)^2}{r}\times\frac{1}{2}\times\frac{2\pi}{\omega}=\frac{\pi\omega(Bab)^2}{r}\text{〔J〕}$$

(キ)　コンデンサーの容量リアクタンスは $\frac{1}{\omega C}$〔Ω〕で，電流の位相は $\frac{\pi}{2}$ 進むので，電流の大きさは(エ)の結果より

$$\left|\omega Bab\cos\left(\omega t+\frac{\pi}{2}\right)\right|\div\frac{1}{\omega C}$$

$$=\omega^2 CBab\sin\omega t\text{〔A〕}$$

(ク)　電圧の最大値は ωBab〔V〕より，蓄えるエネルギーの最大値は

$$\frac{1}{2}C(\omega Bab)^2\text{〔J〕}$$

III　解答

(ア) 1200　(イ) $\frac{3}{2}(a^{\frac{2}{3}}-1)nRT$　(ウ) $ca^{\frac{2}{3}}T$

(エ) $\frac{5}{2}(c-1)a^{\frac{2}{3}}nRT$　(オ) $c^{\frac{5}{3}}T$　(カ) $\frac{3}{2}(c^{\frac{5}{3}}-1)nRT$

(キ) $1-\frac{3(c^{\frac{5}{3}}-1)a^{-\frac{2}{3}}}{5(c-1)}$

◀解　説▶

≪断熱変化と熱効率≫

(ア)　理想気体の状態方程式より，圧力は絶対温度に比例，体積に反比例するので，断熱変化の絶対温度と体積の関係は（絶対温度）×（体積）$^{\frac{2}{3}}$＝一定の関係がある。求める温度を T_0〔K〕，もとの体積を V_0〔m^3〕とすると

$$T_0\times\left(\frac{V_0}{8}\right)^{\frac{2}{3}}=300\times(V_0)^{\frac{2}{3}}$$

$$\therefore\quad T_0=300\times 8^{\frac{2}{3}}=300\times 4=1200\text{〔K〕}$$

(イ)　状態 B の温度を T_B〔K〕，状態 A の体積を V_A〔m^3〕とする。B の体積は A の $\frac{1}{a}$ 倍なので，A→B の断熱圧縮について

$$T_B\times\left(\frac{V_A}{a}\right)^{\frac{2}{3}}=T\times(V_A)^{\frac{2}{3}}\qquad\therefore\quad T_B=a^{\frac{2}{3}}T$$

断熱変化なので，気体がされた仕事は内部エネルギーの増加に等しい。

$$\frac{3}{2}nR(T_{\mathrm{B}}-T)=\frac{3}{2}(a^{\frac{2}{3}}-1)nRT〔\mathrm{J}〕$$

(ウ)　状態 C の温度を T_{C}〔K〕とする。C の体積は B の体積の c 倍であり，B→C は定圧変化なので，温度は体積に比例する。

$$T_{\mathrm{C}}=cT_{\mathrm{B}}=ca^{\frac{2}{3}}T〔\mathrm{K}〕$$

(エ)　求める熱量を Q〔J〕とする。定圧モル比熱 $\frac{5}{2}R$〔J/mol・K〕より

$$Q=\frac{5}{2}Rn(T_{\mathrm{C}}-T_{\mathrm{B}})$$
$$=\frac{5}{2}(c-1)a^{\frac{2}{3}}nRT〔\mathrm{J}〕$$

(オ)　状態 D の温度を T_{D}〔K〕とする。C の体積は A の体積の $\frac{c}{a}$ 倍より

C→D の断熱膨張について

$$T_{\mathrm{D}}\times V^{\frac{2}{3}}=T_{\mathrm{C}}\times\left(\frac{c}{a}V\right)^{\frac{2}{3}}$$

$$\therefore\quad T_{\mathrm{D}}=T_{\mathrm{C}}\times\left(\frac{c}{a}\right)^{\frac{2}{3}}=c^{\frac{5}{3}}T〔\mathrm{K}〕$$

(カ)　放出した熱量を Q'〔J〕とする。定積モル比熱 $\frac{3}{2}R$〔J/mol・K〕より

$$Q'=-\frac{3}{2}Rn(T_{\mathrm{A}}-T_{\mathrm{D}})$$
$$=\frac{3}{2}(c^{\frac{5}{3}}-1)nRT〔\mathrm{J}〕$$

(キ)　熱効率 e とすると，(エ)と(カ)の結果より

$$e=\frac{Q-Q'}{Q}=1-\frac{3(c^{\frac{5}{3}}-1)a^{-\frac{2}{3}}}{5(c-1)}$$

❖講　評

2023 年度の出題は，従来通りの大問 3 題，試験時間 75 分であった。Ⅲは，2021 年度は電磁気＋熱力学，2022・2023 年度は熱力学の出題となった。2021・2022 年度は出題されなかった描図問題が 1 問出題された。

Ⅰ　問題文の箱の条件より，箱（小球を含む）は上下方向に単振動し，内部の小球は箱に対して水平方向に単振動することがわかる。よって，地面からみると，小球は垂直な 2 方向の単振動の合成となる。等速円運動の場合は角振動数が等しいが，描図問題の場合は角振動数が 1 対 2 になっており，少し難しい。描図にも時間を要する。

Ⅱ　直流モーターと交流発電についての典型問題なので，確実に解答したい。コンデンサーの交流回路は少し難しいが，インピーダンスや位相について理解しておきたい。

Ⅲ　断熱変化を含む熱サイクルの問題である。〔解答〕では，与えられた断熱変化の式を圧力の代わりに温度に変えた式を用いた。内部エネルギーの変化量などを求めやすく，解答しやすい。指数のついた文字式の計算に注意したい。

■化学■

I　解答

(1)　あ―(a)　い―(b)　う―(d)　え―(f)　お―(e)　か―(e)

(2)　ア．12　イ．8　ウ．18

(3)　① $CaCO_3 + H_2O + CO_2 \longrightarrow Ca(HCO_3)_2$

② $CaCO_3 + 2HCl \longrightarrow CaCl_2 + H_2O + CO_2$

③ $Zn + 2NaOH + 2H_2O \longrightarrow Na_2[Zn(OH)_4] + H_2$

④ $Zn(OH)_2 + 4NH_3 \longrightarrow [Zn(NH_3)_4]^{2+} + 2OH^-$

(4)　0.75 K

(5)　(i)反応式：$CaF_2 + H_2SO_4 \longrightarrow CaSO_4 + 2HF$

体積：66.4 mL

(ii)―(b)・(c)・(d)

(6)　S の配位数：4　密度：4.1 g/cm³

(7)　**A**．H_2O　**B**．CO　**C**．CO_2

◀解　説▶

≪Ca と Zn の単体および化合物の構造と反応，凝固点降下，HF の性質≫

(1)　あ．たとえば Ca は常温の水と反応するが，Mg は熱水と反応する。

い．18 族を除く同周期の典型元素では，原子番号が大きいほど陽子の数が増えるので，原子半径が小さくなる。

う・お．金属元素の酸化物は多くが塩基性酸化物である。しかし，Al, Zn，Sn，Pb のような両性金属の酸化物は両性酸化物となる。

(4)　凝固点降下度を Δt〔K〕とすると，$CaCl_2 = 110.0$ より

$$\Delta t = 1.85 \times \frac{5.50}{110.0} \times \frac{1000}{370} \times 3 = 0.75\text{〔K〕}$$

(5)(i)　発生する HF の物質量は CaF_2 の物質量の 2 倍で，$CaF_2 = 78.0$ より

$$\frac{0.130 \times \frac{0.600}{1.00}}{78.0} \times 2 = 2.00 \times 10^{-3}\text{〔mol〕}$$

よって，求める体積を v〔L〕とすると

$1.00\times10^{5}\times v=2.00\times10^{-3}\times8.30\times10^{3}\times400$

$v=0.0664\,\mathrm{L}=66.4\,\mathrm{mL}$

(ii)　(a)誤文。(c)正文。HF は極性の大きな分子で，分子どうしが水素結合するため電離度が小さく，フッ化水素酸は弱酸である。

(b)正文。フッ化水素酸はガラスの成分であるケイ酸塩や SiO_2 を溶かす。

$SiO_2+6HF \longrightarrow H_2SiF_6+2H_2O$

(d)正文。F_2 は冷暗所でも H_2 と爆発的に反応し HF が生成する。

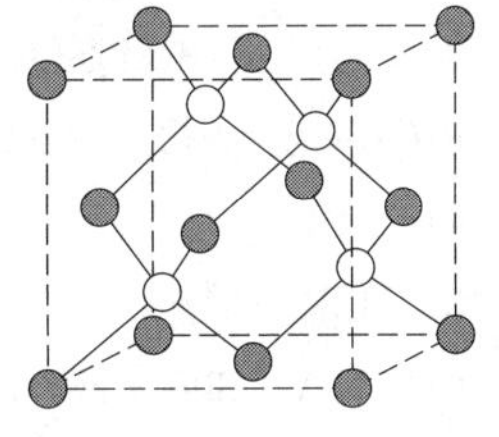

(6)　ZnS の単位格子では，右図のように 1 つのイオンが 4 つの異なるイオンと結合していることがわかる。このことは，組成式 ZnS からもわかるように，Zn^{2+}：S^{2-}＝1：1 であるから，●と○を入れ替えても成り立つ。したがって，S^{2-} は 4 個の Zn^{2+} と結合している。

また，図 1 の単位格子 1 つの中に Zn^{2+} および S^{2-} はそれぞれ 4 個ずつ含まれているので，ZnS＝97.0 より

$$\frac{\dfrac{97.0}{6.00\times10^{23}}\times4}{(5.40\times10^{-8})^{3}}=4.10\fallingdotseq4.1\,[\mathrm{g/cm^{3}}]$$

(7)　$CaC_2O_4\cdot H_2O$＝146.0 より，73 mg の物質量は

$5.00\times10^{-4}\,\mathrm{mol}$

図 2 より，190°C 近傍で試料は約 64 mg となっているので，この温度における化合物の式量は

$$\frac{64\times10^{-3}}{5.00\times10^{-4}}=128$$

つまり，式量の減少は 146−128＝18 だから，試料は CaC_2O_4 に変化しており，発生した気体は H_2O とわかる。

同様に，500°C 近傍における化合物の式量は

$$\frac{50\times10^{-3}}{5.00\times10^{-4}}=100$$

つまり，式量の減少は 128−100＝28 だから，試料は $CaCO_3$ に変化しており，発生した気体は CO とわかる。

さらに，780°C 付近では CO_2 が発生し，最終的に試料は CaO になってい

る。すなわち，全体を通した変化は次のとおりである。

$$CaC_2O_4\cdot H_2O \xrightarrow[-H_2O]{} CaC_2O_4 \xrightarrow[-CO]{} CaCO_3 \xrightarrow[-CO_2]{} CaO$$

Ⅱ 解答

(1)　あ．青　い．白　う．6　え．吸熱
お．再結晶

(2)　(i)硫酸銅(Ⅱ)：正塩　塩化ナトリウム：正塩

(ii)硫酸銅(Ⅱ)水溶液：酸性　塩化ナトリウム水溶液：中性

(3)　(i)$NaCl+H_2SO_4 \longrightarrow NaHSO_4+HCl$

(ii)$Cu+2H_2SO_4 \longrightarrow CuSO_4+2H_2O+SO_2$

(4)　24°C

(5)　3.3×10^2 g

(6)　(i)A．306　B．312　C．293　D．313　E．6.5　F．0.5

(ii)　傾き：0.3/min

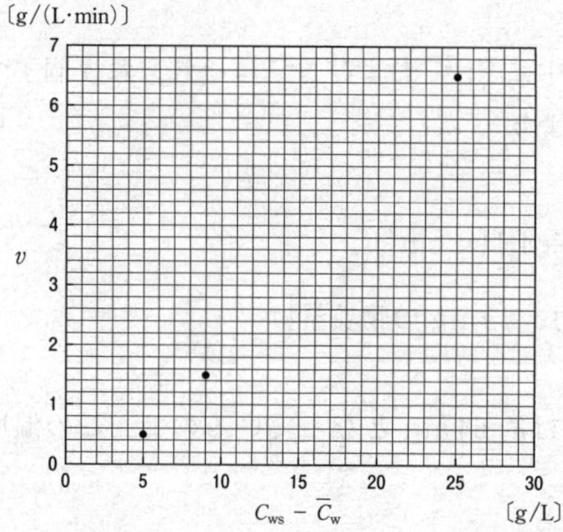

(iii)—(う)

◀解　説▶

≪$CuSO_4$とNaClの溶解度・濃度・析出量・性質・反応・溶解速度≫

(1)　あ・い．$CuSO_4\cdot5H_2O$は青色の結晶だが，加熱により水和水が減少すると次第に青色が薄くなり，無水物は白色となる。

う．NaClの結晶では，Na^+に接するCl^-はNa^+を中心とする正八面体の頂点に存在する。

え．溶解平衡において，高温ほど溶解量が増加（溶解の方向へ平衡が移動）するのは，溶解が吸熱反応だからである。

(2)(i)　$CuSO_4$ および NaCl はともに，酸の H^+ も塩基の OH^- も残っておらず正塩である。

(ii)　$CuSO_4$ は弱塩基の $Cu(OH)_2$ と強酸の H_2SO_4 の中和によってできる塩なので，加水分解により酸性を示す。

NaCl は強塩基の NaOH と強酸の HCl の中和によってできる塩なので，中性を示す。

(3)(i)　濃硫酸の不揮発性により，揮発性の HCl が発生する。

(ii)　濃硫酸によって Cu が酸化され，SO_2 が発生する。

(注)　問題文中の濃硫酸は熱濃硫酸と解釈して解いた。

(4)　溶解度曲線より，80°C の水 100g に $CuSO_4$ は 56g 溶解することがわかる。この 70% を回収するので

$$56\times0.70=39.2\,[\mathrm{g}]$$

の $CuSO_4$ が結晶となる。

これに水和する H_2O の質量は，$CuSO_4=160.0$ より

$$\frac{39.2}{160.0}\times5\times18.0=22.05\,[\mathrm{g}]$$

つまり残った飽和水溶液では，$100-22.05=77.95\,[\mathrm{g}]$ の水に $CuSO_4$ が $56-39.2=16.8\,[\mathrm{g}]$ 溶解していることになる。

水 100g あたりの溶解量にすると

$$16.8\times\frac{100}{77.95}=21.55\fallingdotseq21.6\,[\mathrm{g}]$$

したがって，溶解度曲線より 24°C とわかる。

(5)　$$1000\times1.20\times\frac{37.8}{100+37.8}=329\fallingdotseq3.3\times10^2\,[\mathrm{g}]$$

(6)(i)　A，B はグラフから読み取れる。

C．$\dfrac{280+306}{2}=293\,[\mathrm{g/L}]$　D．$\dfrac{312+314}{2}=313\,[\mathrm{g/L}]$

E．$\dfrac{306-280}{4.00-0.00}=6.5\,[\mathrm{g/(L\cdot min)}]$

F．$\dfrac{314-312}{12.00-8.00}=0.5\,[\mathrm{g/(L\cdot min)}]$

(ii)　図3より $C_{\mathrm{WS}}=318\,\mathrm{g/L}$ とわかる。したがって

0.00～4.00 min の間において

$C_{WS}-\overline{C}_W=318-293=25$〔g/L〕, $v=6.5$ g/(L·min)

4.00～8.00 min の間において

$C_{WS}-\overline{C}_W=318-309=9$〔g/L〕, $v=1.5$ g/(L·min)

8.00～12.00 min の間において

$C_{WS}-\overline{C}_W=318-313=5$〔g/L〕, $v=0.5$ g/(L·min)

これらの座標をグラフにプロットする。グラフの傾きは

$$\frac{6.5-0.5}{25-5}=0.3\,[\text{/min}]$$

(iii)　塩化ナトリウムを 30 g 含むということは，図 3 において 3 分の状態（時間 0 とする）から溶解し始めることになり，0～4 min 間の溶解速度は遅くなる。

III　解答

(1)　あ―(a)　い―(c)　う―(e)　え―(g)　お―(k)　か―(l)　き―(m)　く―(o)　け―(q)　こ―(s)

(2)　A．H−C(=O)−H　B．H−O−H

(3)　C．浸透圧　D．アミラーゼ　E．マルトース　F．グルコース　G．3　H．アルデヒド（ホルミル）

I．HO−CH₂−C(環：C−O−C，C=C−C=C，H，H)−CHO

（フラン環：HO−CH_2−C⟨O⟩C−CHO，環の C=C−C=C の各 C に H）

(4)　$H_3C-C_6H_4-CH_3+3O_2 \longrightarrow HO-CO-C_6H_4-CO-OH+2H_2O$

(5)　(i) 90　(ii) 9.0 g

(iii) $CH_2(OH)-CH(OH)-CH_2-CH_3$　　$CH_2(OH)-CH_2-CH(OH)-CH_3$

(6)　(i) 4.7×10^4　(ii) 0.55 kg

◀解　説▶

≪合成および天然高分子化合物の合成・性質・反応，平均分子量≫

(1)　お～き．高分子化合物の結晶は，次図のように結晶部分と非結晶部分が入り交じっており，非結晶部分は分子間力が弱いため，結晶部分と比べ

て低い温度で融解する。

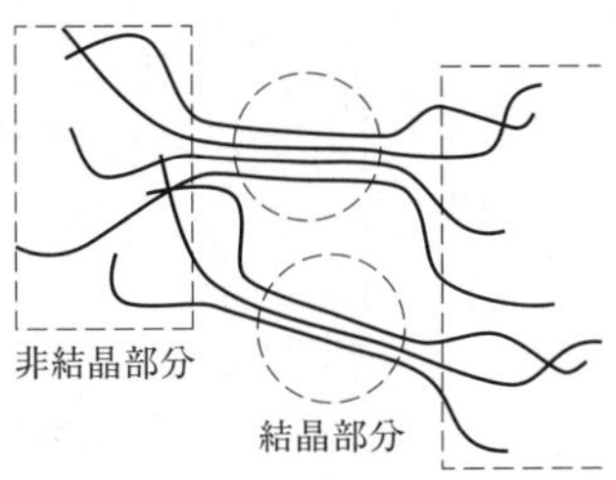

(2)　フェノールとホルムアルデヒドを酸または塩基触媒と加熱すると，下図のように酸触媒ではノボラック，塩基触媒ではレゾールという低重合度の化合物が得られ，これらを加熱するとフェノール樹脂となる。

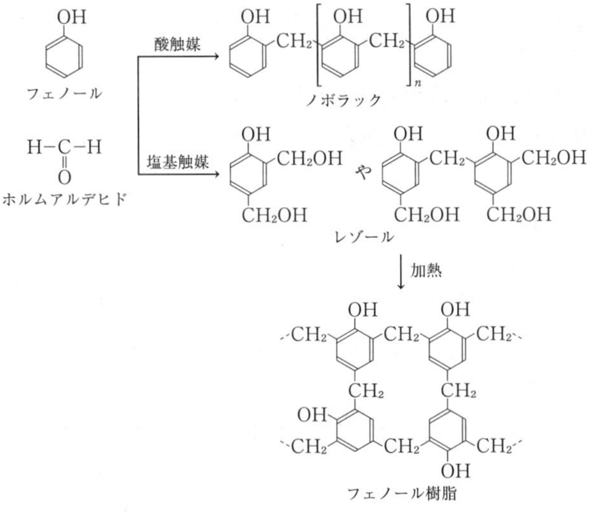

フェノール　ホルムアルデヒド　酸触媒　ノボラック　塩基触媒　レゾール　加熱　フェノール樹脂

(3)　C．高分子化合物の平均分子量は，試料を適当な溶媒に溶解させて浸透圧を測定することで求められる。また高分子化合物の溶液は濃度で粘度に大きな違いが出るため，粘度（流出速度）を調べることで，分子量が計算できる。

F・G・I．グルコースは水溶液中では次図のような２つの環状構造と，１つの鎖状構造の平衡状態となっている。また，グルコースから３分子の H_2O を脱離させると，アルデヒド基とヒドロキシ基をもつフランの誘導体Iが，酸化させるとジカルボン酸が生成する。いずれからも最終的に2,5-フランジカルボン酸が得られる。

α-グルコース　⇄　鎖状構造（アルデヒド基）　⇄　β-グルコース

鎖状構造 →($-3H_2O$)→ I → フラン

鎖状構造 →(酸化反応)→ $HOOC-CH(OH)-CH(OH)-CH(OH)-CH(OH)-COOH$

(4)　題意より化合物Jはテレフタル酸である。

(5)(i)　ポリカーボネートLの繰り返し構造の式量は $14n+60$ で，両末端を無視すると

$$(14n+60)\times 1000 = 1.16\times 10^5$$

が成り立ち　　$n=4$

したがって，Kの分子式は $C_4H_8(OH)_2$ で，分子量は90となる。

(ii)　Lの生成に伴って，次式のようにKについて1分子あたり，H_2O が1分子生じるので

$$H-O-C_4H_8-O-\boxed{H\ \ O\ \ H}-O-C_4H_8-O-\boxed{H\ \ O\ \ H}-O-$$

（各 O は $C=O$ の C に結合）

$$\frac{45}{90}\times 18.0 = 9.0\,[\mathrm{g}]$$

(iii)　考えられる2価アルコールは次の通りである。

$CH_2(OH)-{}^*CH(OH)-CH_2-CH_3$　　$CH_2(OH)-CH_2-{}^*CH(OH)-CH_3$

$CH_2(OH)-CH_2-CH_2-CH_2(OH)$　　$CH_3-{}^*CH(OH)-{}^*CH(OH)-CH_3$

$CH_2(OH)-CH(CH_3)-CH_2(OH)$　　$CH_2(OH)-C(OH)(CH_3)-CH_3$

(6)(i)　ビニロン M の合成の流れは次のようになる。

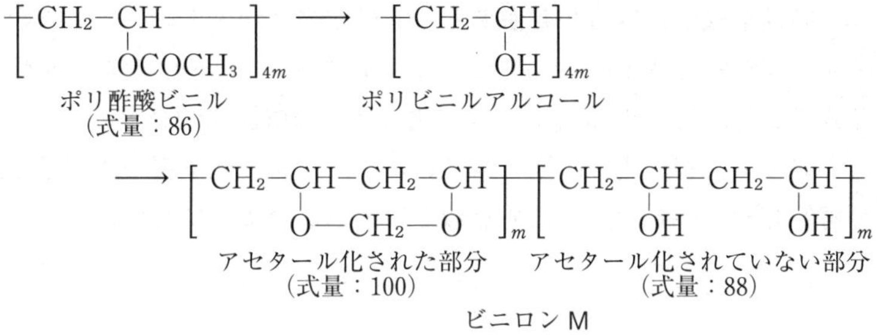

$$\left[\begin{matrix}CH_2-CH \\ | \\ OCOCH_3\end{matrix}\right]_{4m} \longrightarrow \left[\begin{matrix}CH_2-CH \\ | \\ OH\end{matrix}\right]_{4m}$$

ポリ酢酸ビニル（式量：86）　ポリビニルアルコール

$$\longrightarrow \left[\begin{matrix}CH_2-CH-CH_2-CH \\ || \\ O-CH_2-O\end{matrix}\right]_{m}\left[\begin{matrix}CH_2-CH-CH_2-CH \\ || \\ OHOH\end{matrix}\right]_{m}$$

アセタール化された部分（式量：100）　アセタール化されていない部分（式量：88）

ビニロン M

ポリ酢酸ビニルの重合度は $4m$ と表せるので

$$4m=\frac{8.6\times10^4}{86}=1.0\times10^3$$

したがって，M の平均分子量は

$$(100+88)m=188\times\frac{1.0\times10^3}{4}=4.7\times10^4$$

(ii)　$$\frac{1.0}{8.6\times10^4}\times4.7\times10^4=0.546\fallingdotseq0.55\text{[kg]}$$

❖講　評

試験時間，大問数，解答形式などは例年通りである。また，難易度も例年並みで，基本～やや難しい内容まで幅広く出題されている。

Ⅰ　2 族および 12 族元素の物質を素材として，理論分野の多彩な問題が集まっている。(1)～(3)，(5)の空所補充や反応式の問題は確実に解答したい。(6)はイオン結晶の中でも ZnS 型の単位格子は見過ごされがちだが，学習しておこう。(7)の化学式から発生する 3 種類の気体は，H_2O，CO，CO_2 と見当がつくのではないか。

Ⅱ　溶解度と溶解速度に関する問題で，後半にやや難しい出題がある。(1)～(3)はやはり空所補充と反応式の問題が中心で確実に解答したい。(4)の水和物の析出に関する問題はよく出題されており，残った飽和水溶液に着目するのがポイントである。(6)は反応速度に類する問題で，速度定数を求める学習をしていれば理解しやすい。データ処理は難しくない。

Ⅲ　例年，有機分野が出題される。高分子化合物も十分に学習しておこう。(1)，(2)の空所補充は確実に解答したい。(3)の 2,5-フランジカルボン酸は見慣れない化合物なので，図 1 の工程を理解するにはグルコースの構造式が書ける必要がある。(5)は重合度が大きいので，末端を無視すれば計算しやすい。(6)はポリビニルアルコールのアセタール化を反応式で表し，M に至るまでを可視化できれば解法につながる。

幅広い解答形式で出題されているが，空所補充や択一式問題は比較的解答しやすいので，ここで点数を落とさないようにしたい。

生物

I

解答 (1) (ア)細胞膜 (イ)真核生物 (ウ)5μm (エ)原核生物 (オ)3μm (カ)単細胞生物 (キ)多細胞生物 (ク)代謝 (ケ)DNA (コ)進化

(2) 厚み：5〜10nm　物質名称：リン脂質，タンパク質

(3) 反応の名称：光合成　色素の名称：クロロフィル

反応式：$6CO_2 + 12H_2O \longrightarrow C_6H_{12}O_6 + 6H_2O + 6O_2$

(4) アデノシン三リン酸（ATP）

(5) (い)・(か)・(け)

(6) 減数分裂時に，相同染色体間の乗換えにより親とは異なる遺伝子構成の相同染色体が生じ，また各相同染色体の一方がランダムに選ばれて配偶子に分配されることで，両親ともに多様な遺伝子構成の配偶子を形成するから。（100 字以内）

(7) (A)恒常性（ホメオスタシス） (B)静止電位

(C)(a)Na^+ (b)K^+ (c)K^+

(サ)ナトリウムポンプ (シ)ナトリウムチャネル (ス)カリウムチャネル

(セ)陽イオン濃度 (ソ)マイナス（負）

(D)能動輸送

◀解　説▶

≪光合成，モータータンパク質，減数分裂，膜電位≫

(1) 教科書にはしばしば，小さい真核細胞として赤血球（7.5μm）が，原核細胞として大腸菌（3μm）が代表例として記載されているので，(ウ)は 5μm〜10μm，(オ)は 1μm〜5μm の範囲であればよいと思われる。

(2) 細胞膜の厚さは教科書によって記載が異なるが，5〜10nm の範囲であればよい。

(5) 繊毛運動は，チューブリンが集まってできた微小管上をモータータンパク質であるダイニンが移動することで起こる。なお，キネシンは繊毛内の物質を輸送するはたらきをもつことが知られている。

(6) 減数分裂において各相同染色体が分かれる際，相同染色体ごとに独立

に配偶子に分配されるため，配偶子に含まれる染色体の組合せが多様になる。また，相同染色体間で乗換えが起こると，遺伝子の組換えが起こるので，配偶子の遺伝子の組合せはさらに多様になる。こうして生じた配偶子どうしが受精するため，両親が同じであってもその複数の子の遺伝子の組合せはきわめて多様になる。

⑺　静止電位は細胞内外のイオンの濃度差によって生じる。まず，ナトリウムポンプのはたらきによって Na^+ 濃度は細胞外の方が，K^+ 濃度は細胞内の方が高い状態にあるが，常に開いているカリウムチャネルを通って K^+ が細胞外に流出するため，細胞外では陰イオン濃度に比べて陽イオン濃度が高くなり，細胞内では陰イオン濃度に比べて陽イオン濃度が低くなる。その結果，細胞の内側が細胞の外側に対してマイナスとなる。

Ⅱ 解答

⑴　甘味，塩味，酸味，苦味，うま味

感覚野の領域：(い)

⑵　視床

⑶　受容体の位置：(C)　識別できる理由：③

⑷　化学反応の名称：加水分解

1）Glu-Tyr，Gln-Arg-Pro-Trp

Gln-Met-Lys-Ala-Gly-Gly-Phe，Asp-Ala

2）食後のウォーキングを15分間行うと，終了直後から血糖値の上昇が抑制され，食後30分以降は血糖値が100 mg/100 mL以下の正常値に近い数値まで下降し安定する。(75字以内)

⑸　1）視細胞が光を吸収する→(D)→(A)→(C)→(B)

2）

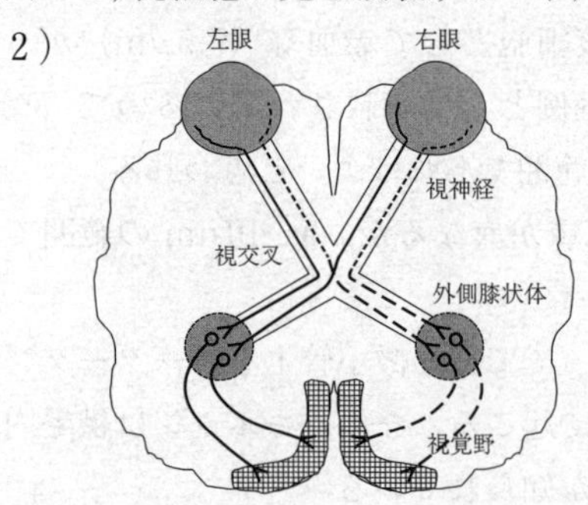

⑹　(A)慣れ　(B)鋭敏化　(C)カリウム　(D)カルシウム　(E)増加

⑺　軸索の直径，温度

◀解　説▶

≪味覚と視覚，血糖値の調節，アメフラシの学習≫

⑴　味覚には，甘味，塩味，酸味，苦味，うま味がある。なお，辛味は味細胞が反応することで起こる感覚ではなく，痛みや熱を受容する細胞が反応することで起こる感覚である。また，歯応えや舌触りは大脳の頭頂葉にある皮膚感覚の中枢に伝えられる。ちなみに，大脳の㋐前頭葉には，随意運動の中枢（運動野）や高度な精神活動を行う領域が存在する。

⑵　間脳は視床と視床下部からなり，視床は，大脳に入る感覚神経の中継点となっている。

⑶　味蕾（味覚芽）は，味細胞，支持細胞，基底細胞が集まったもので，味細胞の受容体は図１の(C)の部分にある。(A)の部分は支持細胞の一部なので，受容体は存在しない。⑴でみたように，味覚は５種類に分けることができ，異なる味覚をもたらす化学物質は異なる受容体に結合する。また，味細胞ごとに発現する受容体も異なっており，１つの味細胞は特定の類似した複数の化学物質にだけ反応する。化学物質の濃度が高いほど，味細胞に発生する電位変化（受容器電位という）も大きくなり，その結果，味神経（図１の(B)）に発生する興奮の頻度も多くなる。このように，味の濃さは味神経の興奮の頻度に変換される。

⑷　１）次図に示すように，ポリペプチド鎖にはＮ末端（アミノ基側）とＣ末端（カルボキシ基側）があり，一般に，Ｎ末端を左側に，Ｃ末端を右側に書く。キモトリプシンは，Tyr，Phe，Trp のカルボキシ基側を切断する（Tyr，Phe，Trp のすぐ右側を切断する）とあるので，〔解答〕のような断片が得られる。

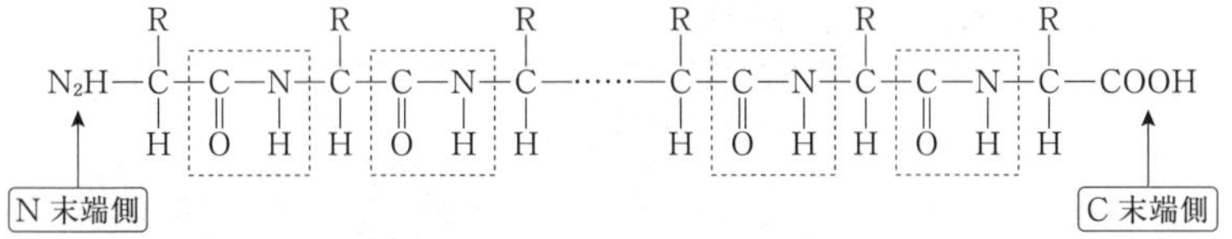

⑸　１）視細胞が光を吸収して生じた受容器電位の信号は，介在ニューロン（連絡神経細胞）を経由して視神経細胞へ伝わる。視神経細胞で生じた興奮は視神経繊維を伝わり，大脳の視覚野に至る。

２）ヒトの場合，両眼の内側（鼻側）の網膜から出た視神経だけが視交叉で交叉して，それぞれ反対側に伸びる。一方，両目の外側（耳側）の網膜から出た視神経は交叉しない。そのため，両眼の網膜の右半分に写った像は大脳の右視覚野へ，両眼の網膜の左半分に写った像は大脳の左視覚野へと伝えられる。なお，外側膝状体は視神経の中継点になっている。

(6)　(B)慣れを起こした状態にあるアメフラシの尾部に電気ショックを与えると，えらの引っ込め反射が回復する（これを脱慣れという）。さらに，強い電気ショックを与えると，次に弱い刺激を与えてもえらを引っ込めるようになる。この変化を鋭敏化という。

(C)・(D)尾部感覚ニューロンからの情報を受け取る介在ニューロンは，水管感覚ニューロンの神経終末とシナプスを形成している。尾部に電気ショックを与えると，介在ニューロンから神経伝達物質（セロトニン）が放出される。これが水管感覚ニューロンの神経終末の受容体に結合すると，電位依存性カリウムチャネルが不活性化されて K^+ の流出が減少し，活動電位の持続時間が延長する。これによって電位依存性カルシウムチャネルが開口している時間が長くなり，Ca^{2+} の流入が増加することで多くのシナプス小胞が膜融合をおこし，神経伝達物質の放出量が増加する。

(E)尾部への電気ショックを繰り返すと，水管感覚ニューロンの軸索が分岐してシナプスの数が増加する。これにより鋭敏化が長続きする。

III　解答

(1)　(あ)生存曲線　(い)S　(う)環境収容力
(え)最終収量一定　(お)競争的排除　(か)春植物

(2)　種 a：(ウ)・(カ)　種 b：(イ)・(エ)　種 c：(ア)・(オ)

(3)　(ウ)・(エ)

(4)　個体群密度の増大に伴い，食物や生活空間が不足したり，排出物が蓄積したりするため。(40 字以内)

(5)　(ウ)・(オ)

(6)　(イ)

(7)　(イ)・(ウ)

(8)　樹木に葉がなく林床に強い日光が届く時期に光合成を行って生育し，林床が暗くなると休眠する。(45 字以内)

別解　樹木が葉を広げて林床に日光が届かなくなるまでの間に光合成を行って生育することができる。

◀解　説▶

≪個体群の成長，生存曲線，種内競争と種間競争≫

(1)・(8)　夏緑樹林などの落葉広葉樹林は，季節によって林床に届く光量が大きく変化する。カタクリやエンゴサクなどの草本は，森林の上層に葉がなく強い光が林床に差し込む早春に芽を出す。その後，樹木が葉を広げて林冠が閉じるまでの約 2 カ月の間に，急速に葉を広げて盛んに光合成を行って地下部に栄養を蓄える。その後，林床に光が届かなくなる頃には，地上部が枯れて休眠することで不利な時期をやり過ごす。このような特徴をもつ草本を春植物という。なお，(8)の〔解答〕では休眠にまで触れたが，〔別解〕のような解答でもよいと思われる。

(2)・(3)　種 b は発育初期の死亡率が低いので晩死型，種 c は発育初期の死亡率が高いので早死型とわかる。種 a は死亡率がおおむね一定なので平均型と考えられる。それぞれのタイプにあてはまる生物の例を以下に示しておく。

- 晩死型：大型哺乳類，ミツバチなどの社会性昆虫
- 平均型：小型哺乳類，鳥類，は虫類
- 早死型：水中で浮遊生活する幼生期をもつ生物（アサリなどの水生無脊椎動物やイワシなどの魚類）

(4)　ショウジョウバエをビンの中で飼育すると，その成長曲線は S 字状になる。これは，個体群密度の増大に伴い，食物や生活空間が不足したり，排出物が蓄積したりすることで生活環境が悪化し，個体群の成長が妨げられるためである。

(5)　密度が小さいときには個体群が成長し，密度が大きいときには個体群の成長が抑制されるような調節と矛盾するものを選ぶ。つまり，個体群が大きくなるにつれて，出生率が上昇したり，死亡率が低下したりするものを選ぶ。

(6)　図 2 をみると，30 日目の個体の平均重量は，個体群密度が大きいほど小さくなっている。これは，個体群密度が大きいほど種内競争が激しくなり，個体の成長が抑制されるためである。30 日目以降は，ダイズの成長に伴って個体の平均重量は大きくなるが，いっそう種内競争が激しくなり，85 日目ではグラフの傾きがより顕著になる。また，個体群密度が非常に高い場合はすべての個体が枯死する場合もある。よって，(イ)が正しい。

(7)　(b)のように地下部のみで競争が起こると乾燥重量は 100％から 57％に低下し，(c)のように地上部のみで競争が起こると乾燥重量は 100％から 90％に低下している。また，(d)のように地上部と地下部の両方で競争が起こると乾燥重量は 100％から 53％に低下している。よって，光をめぐる競争よりも，土壌の資源（養分や水分など）をめぐる競争のほうが，エンドウの成長をより強く制限するといえる。

❖講　評

2023 年度も大問 3 題の出題で，基礎～標準的な問題が中心であった。2022 年度は難易度の高い問題が多く出題されていたが，2023 年度は平年並みの難易度に戻った。ただ，やや細かい知識を要求する問題も一部みられた。

Ⅰ　(1)，(2)は基本的であるが，細胞の大きさや細胞膜の厚さを問う問題は解答しづらい。(3)，(4)は完答すべき問題である。(5)は繊毛運動にキネシンが関わるか悩んだ受験生も多かったと思われる。(6)は 100 字以内でまとめるには時間を要する。(7)は静止電位に関する基本的な問題ではあるが，(セ)はどのように解答すべきか悩ましい。

Ⅱ　(1)は前頭葉，頭頂葉などの区分けを記載していない教科書もあり，正解しづらい。(2)は視床が感覚神経の中継点であることを覚えておくべきである。(3)は味覚に関する正確な知識がなくても，各細胞の形状や位置から推理することで正解にたどり着くことはできる。(4)は 1)， 2)ともに基本的であり，正解したい。(5)は外側膝状体でシナプスを描くのはなかなか難しい。(6)のアメフラシの学習は頻出問題であり，ぜひとも完答したい。(7)は基本的であり，これについても完答したい。

Ⅲ　(1)の(カ)は多くの受験生が悩んだと思われる。(2)，(3)は完答すべき問題である。(4)の理由はぜひとも知っておくべき内容である。(5)は設問文の内容に矛盾する選択肢を探せばよいので，さほど難しくない。(6)は教科書にも記載されているグラフであり，正解したい。(7)も基本的であり，完答すべき問題である。(8)は類題を解いたことがない受験生はやや苦戦すると思われる。

■学部個別日程（生命医科学部・文化情報学部〈理系型〉・スポーツ健康科学部〈理系型〉）

問題編

▶試験科目・配点

●生命医科学部（数・理重視型）

教　科	科　　目	配　点
外国語	コミュニケーション英語Ⅰ・Ⅱ・Ⅲ，英語表現Ⅰ・Ⅱ	100点*1
数　学	数学Ⅰ・Ⅱ・Ⅲ・A・B	200点
理　科	「物理基礎・物理」，「化学基礎・化学」，「生物基礎・生物」から1科目選択	200点*2

●文化情報学部（理系型）

教　科	科　　目	配　点
外国語	コミュニケーション英語Ⅰ・Ⅱ・Ⅲ，英語表現Ⅰ・Ⅱ	200点
数　学	数学Ⅰ・Ⅱ・Ⅲ・A・B	200点
理　科	「物理基礎・物理」，「化学基礎・化学」，「生物基礎・生物」から1科目選択	150点

●スポーツ健康科学部（理系型）

教　科	科　　目	配　点
外国語	コミュニケーション英語Ⅰ・Ⅱ・Ⅲ，英語表現Ⅰ・Ⅱ	200点
数　学	数学Ⅰ・Ⅱ・Ⅲ・A・B	150点*3
理　科	「物理基礎・物理」，「化学基礎・化学」，「生物基礎・生物」から1科目選択	200点*2

▶備　考

- 「数学B」は「数列」および「ベクトル」から出題する。

＊1　同日実施の共通問題（100 分，200 点満点）を使用し，配点を 100 点満点に換算する。

＊2　同日実施の共通問題（75 分，150 点満点）を使用し，配点を 200 点満点に換算する。

＊3　同日実施の共通問題（100 分，200 点満点）を使用し，配点を 150 点満点に換算する。

英語

(100 分)

〔 I 〕 次の文章を読んで設問に答えなさい。[＊印のついた語句は注を参照しなさい。](70点)

Humans speak many languages, but we may be united in our confusion. A new study examined languages from around the world and discovered what they say could be a universal word: "Huh?"

Researchers traveled to cities and remote(a) villages on five continents, visiting native speakers of 10 very different languages. Their nearly 200 recordings of casual conversations revealed that there are versions of "Huh?" in every language they studied — and they sound remarkably(b) similar.

While it may seem like a throwaway word*, "Huh?" is the glue that holds a broken conversation together, the globe-trotting* team reported Friday in the journal *PLOS ONE**. The fact that it appears over and over reveals a remarkable case of "convergent evolution" in language, they added.

"Huh?" is a much-maligned* utterance in English. It's seen as a filler* word, little more than what's called a "conversational grunt," like mm-hmm. But it plays a crucial role in conversations, said Herbert Clark, a psychologist at Stanford University who studies language.

When one person misses a bit of information and the line of communication breaks, there needs to be a quick, easy and effective way to fix it, he said. "You can't have a conversation without the ability to make repairs," said Clark, who wasn't involved in the study. "It is a universal need, no matter what kind of conversation you have."

Without something like "Huh?" a conversation could be quickly and irreversibly derailed (c) at the slightest misunderstanding. That would be bad news for a highly social species that relies (X) good communication to survive. For this study, scientists from the Max Planck Institute for Psycholinguistics* in the Netherlands set out (d) to show that "Huh?" had earned the status of a full-fledged* word, though an admittedly odd one. They also wanted to see whether other languages had a similar word with a similar function.

The problem is that "Huh?" often seems like such an unimportant feature of language that it's not well documented, said Nick Enfield, a linguistic anthropologist* who worked on the study. The word doesn't crop up (e) much in linguistic literature because researchers who record speakers of remote languages often ignore such forgettable filler.

The scientists knew that to find out whether "Huh?" had counterparts (f) in other languages, they'd have to go looking themselves. So they headed to remote villages in Ecuador, Laos, Ghana and Australia and spent weeks getting acquainted with the locals (ア). They felt they had to gain people's trust before they could record natural, casual conversations — and perhaps catch a few instances (g) of "Huh?" in its natural environment.

"The kind of conversations we collected were just the kind of conversations you and I would have at the breakfast table or in the evening when we're doing our handicrafts," Enfield said. The "Huh?" hunters also visited family homes in Italy, Russia and Taiwan as well as laboratories in Spain and the Netherlands. The languages studied were Cha'palaa, Dutch, Icelandic, Italian, Lao, Mandarin Chinese, Murriny Patha, Russian, Siwu and Spanish.（中略）

Across these languages, they found a remarkable similarity among the "Huhs?" All the words had a single syllable*, and they were typically limited to a low-front vowel*, something akin (Y) an "ah" or an "eh."

Sometimes this simple word started with a consonant*, as does the English "Huh?" or the Dutch "Heh?" (中略) Across all 10 languages, there were at least 64 simple consonants to choose from, but the word always started with an H or a glottal stop — the sound in the middle of the English "uh-oh."

Every version of "Huh?" was clearly a word because it passed two key(h) tests, the scientists said: Each "Huh?" had to be learned by speakers, and each version always followed the rules of its language. For example, English speakers ask questions with rising tones, so when they say "Huh?" their voices rise. Icelandic speakers' voices fall when they ask a question, and sure enough, the tone goes down as they ask, "Ha?" (中略)

"It's amazing," said Tanya Stivers, a sociologist at UCLA* who was not involved in the study. "You do see that it's slightly(i) different and that it seems to adapt to the specific language. I think that's fascinating." After all, Stivers pointed out, words with the same meaning sound very different in different languages: "Apple" in English is "manzana" in Spanish, "ringo" in Japanese and "saib" in Urdu. Why wouldn't "Huh?" also sound completely different across unrelated languages, they wrote — say, "bi" or "rororo"?

The Dutch researchers think it's because the word developed in a specific environment for a specific need — quickly trying to fix a broken conversation by getting the speaker (イ)to fill in the listener's blank. A low-front vowel in the "ah" or "eh" families involves minimal effort, compared (Z) a high vowel like "ee" or a lip-rounder like "oo." The same can be said for a glottal stop or a "h" — hardly any mouth movement is needed to make those sounds. This (あ)(い) to very quickly signal (う) they missed a bit of information, and (え) it again. (中略)

The linguists borrowed a term from biology to describe this phenomenon: "convergent evolution." Just as sharks and dolphins developed the same body plan to thrive(j) in the water even though they're from very different lineages*, all languages have developed a "Huh?" because it's so useful for solving a particular problem, researchers said.

"'Huh?' has almost certainly been independently invented many, many, times," said Mark Pagel, who studies language evolution at the University of Reading in England and was not involved in the *PLOS ONE* study. "And that is why it appears universal."

(By Amina Khan, writing for *Los Angeles Times*, November 9, 2013)

［注］ throwaway word なにげなく発される言葉
globe-trotting 世界中をまわった
PLOS ONE 『プロス・ワン』(科学分野の学術雑誌)
much-maligned 悪評ばかりの
filler 会話の隙間を埋める「あー」「ええと」などのつなぎの言葉
Max Planck Institute for Psycholinguistics マックス・プランク心理言語学研究所
full-fledged 成熟した
linguistic anthropologist 言語人類学者
syllable 音節（言語における音のかたまり）
low-front vowel 前舌低母音（母音の一種）
consonant 子音
UCLA カリフォルニア大学ロサンゼルス校
lineages 系統

I－A 空所(X)～(Z)に入るもっとも適切なものを次の１～４の中からそれぞれ一つ選び、その番号を解答欄に記入しなさい。

(X) 1 as 2 in 3 on 4 up
(Y) 1 at 2 by 3 on 4 to
(Z) 1 for 2 in 3 upon 4 with

I－B 下線部 (a)～(j) の意味・内容にもっとも近いものを次の１～４の中からそれぞ

れ一つ選び、その番号を解答欄に記入しなさい。

(a) remote

1 agricultural　　2 distant

3 empty　　4 small

(b) remarkably

1 notably　　2 occasionally

3 partially　　4 tentatively

(c) derailed

1 broken　　2 deepening　　3 encouraged　　4 proceeding

(d) set out

1 declined　　2 determined　　3 established　　4 stood

(e) crop up

1 appear　　2 climb　　3 disappear　　4 lift

(f) counterparts

1 accents　　2 corrections

3 equivalents　　4 voices

(g) instances

1 cases　　2 instructions

3 mispronunciations　　4 replacements

(h) key

1 easy　　2 entrance　　3 essential　　4 exact

(i) slightly

1 a little　　2 a lot　　3 completely　　4 regularly

(j) thrive

1 dive　　2 flourish　　3 shrink　　4 swim

I－C　波線部 (ア) と (イ) の意味・内容をもっとも的確に示すものを次の1～4の中からそれぞれ一つ選び、その番号を解答欄に記入しなさい。

(ア) getting acquainted with the locals

1 acquiring the local languages

2 becoming familiar with the local people

3 exploring the local areas

4 studying the local cultures

(イ) to fill in the listener's blank

1 to explain things more clearly to the listener

2 to introduce the listener to a new topic

3 to recognize that the listener is not paying attention

4 to show that the listener is involved in the conversation

I－D 二重下線部の空所(あ)～(え)に次の１～７の中から選んだ語を入れて文を完成させたとき、(あ)と(い)と(え)に入る語の番号を解答欄に記入しなさい。同じ語を二度使ってはいけません。選択肢の中には使われないものが三つ含まれています。

This (あ)(い) to very quickly signal (う) they missed a bit of information, and (え) it again.

1 allows	2 listener	3 lost	4 request
5 speakers	6 that	7 which	

I－E 本文の意味・内容に合致するものを次の１～８の中から三つ選び、その番号を解答欄に記入しなさい。

1 Although humans speak many languages, they may all use a version of "Huh?" in a similar way.

2 According to Herbert Clark, a psychologist at Stanford University, the word "Huh?" is less important than "mm-hmm" in English.

3 The scientists from the Max Planck Institute for Psycholinguistics wanted to know whether other languages had similar words to "Huh?" to fix communication breakdowns.

4 Nick Enfield was impressed by the way conversations the researchers collected were so different from the researchers' own daily conversations.

5 The researchers found that from the 64 simple consonants in the 10

languages they studied, every word with a similar sound to "Huh?" had a remarkable difference in meaning.

6 "Huh?" had to be learned in every culture, but the researchers found that it did not always follow the rules of the local language.

7 Tanya Stivers observed that words with the same meaning often sound surprisingly similar across different languages.

8 In this article, the term "convergent evolution" refers to the process in which a word like "Huh?" emerges independently in different languages to solve a similar problem.

〔Ⅱ〕 次の文章を読んで設問に答えなさい。[＊印のついた語句は注を参照しなさい。](80点)

Many studies have shown that when people read on-screen, they don't understand what they've read as well as when they read in print. Even worse, many don't realize they're not getting it. For example, researchers in Spain and Israel took a close look at(a) 54 studies comparing digital and print reading. Their 2018 study involved more than 171,000 readers. Comprehension, they found, was better overall when people read print rather than digital texts. The researchers shared the results in *Educational Research Review**.

Patricia Alexander is a psychologist at the University of Maryland in College Park. She studies how we learn. Much of her research has delved into(b) the differences between reading in print and on-screen. Alexander says students often think they learn more from reading online. When tested, though, it turns out that they actually learned less than when reading in print.

Reading is reading, right? Not exactly. Maryanne Wolf works at the University of California, Los Angeles. This neuroscientist* specializes

(W) how the brain reads. Reading is not natural, she explains. We learn to talk by listening to those around us. It's pretty automatic. But learning to read takes real work. Wolf notes(c) it's because the brain has no special network of cells just for reading.

To understand text, the brain borrows networks that evolved to do other things. For example, the part that evolved to recognize faces is called into action(d) to recognize letters. This is similar to how you might adapt a tool for some new use. For example, a coat hanger is great for putting your clothes in the closet. But if a blueberry rolls under the refrigerator, you might straighten out the coat hanger and use it to reach under the fridge* and pull out the fruit. You've taken a tool made for one thing and adapted it for something new. That's what the brain does when you read.

It's great that the brain is so flexible. It's one reason we can learn to do so many new things. But that flexibility can be a problem (X) it comes to reading different types of texts. When we read online, the brain creates a different set of connections between cells from the ones it uses for reading in print. It basically adapts the same tool again for the new task. This is like if you took a coat hanger and instead of straightening it out to fetch(e) a blueberry, you twisted it into a hook to unclog a drain*. Same original tool, two very different forms.

As a result, the brain might slip into skim mode(ア) when you're reading on a screen. It may switch to deep-reading mode when you turn (Y) print. That doesn't just depend on the device, however. It also depends on what you assume about the text. Naomi Baron calls this your mindset*. Baron is a scientist who studies language and reading. She works at American University in Washington, D.C. Baron is the author of *How We Read Now*, a new book about digital reading and learning. She says one way mindset (あ) is (い) anticipating (う) easy or hard we (え) the reading to be. If we think it will be easy, we might not put in much effort.

Much of what we read on-screen tends to be text messages and social-media posts. They're usually easy to understand. So, "when people read on-screen, they read faster," says Alexander at the University of Maryland. "Their eyes scan the pages and the words faster than if they're reading on a piece of paper."

But when reading fast, we may not absorb(f) all the ideas as well. That fast skimming, she says, can become a habit associated with reading on-screen. Imagine that you turn on your phone to read an assignment for school. Your brain might fire up(g) the networks it uses for skimming quickly through TikTok* posts. That's not helpful if you're trying to understand the themes(h) in that classic book, *To Kill a Mockingbird*. (イ)It also won't get you far if you're preparing for a test on the periodic table*.

Speed isn't the only problem with reading on screens. There's scrolling, too. When reading a printed page or even a whole book, you tend to know where you are. Not just where you are on some particular page, but which page — (ウ)potentially out of many. You might, for instance, remember that the part in the story where the dog died was near the top of the page on the left side. You don't have that sense of place when some enormously(i) long page just scrolls past you.（中略）

Mary Helen Immordino-Yang is a neuroscientist at the University of Southern California in Los Angeles. She studies how we read. When your mind has to keep up (Z) scrolling down a page, she says, it doesn't have a lot of resources left for understanding what you're reading. This can be especially true if the passage you're reading is long or complicated. While scrolling down a page, your brain has to continually account for the placement of words in your view. And this can make it harder for you to simultaneously understand the ideas those words should convey.

(By Avery Elizabeth Hurt, writing for *Science News Explores*, October 18, 2021)

［注］ *Educational Research Review* 『教育研究レビュー』(教育学分野の学術雑誌)
neuroscientist 脳神経科学者
fridge (refrigeratorの略)
unclog a drain 排水管の詰まりを取り除く
mindset 思考態度
TikTok (動画に特化したソーシャルネットワーキングサービス)
the periodic table 化学元素の周期表

Ⅱ－A 空所(W)～(Z)に入るもっとも適切なものを次の1～4の中からそれぞれ一つ選び、その番号を解答欄に記入しなさい。

(W) 1 for 2 in 3 on 4 up
(X) 1 what 2 when 3 which 4 why
(Y) 1 above 2 to 3 under 4 up
(Z) 1 as 2 at 3 of 4 with

Ⅱ－B 下線部(a)～(i)の意味・内容にもっとも近いものを次の1～4の中からそれぞれ一つ選び、その番号を解答欄に記入しなさい。

(a) took a close look at
1 conducted 2 dismissed 3 examined 4 summarized
(b) delved into
1 claimed 2 expanded 3 invested 4 investigated
(c) notes
1 complains 2 denies 3 points out 4 questions if
(d) called into action
1 deleted 2 employed 3 held 4 seen
(e) fetch
1 buy 2 eat 3 retrieve 4 roll
(f) absorb
1 agree with 2 take in 3 use up 4 write down
(g) fire up

1　activate　　2　repair　　3　take away　　4　turn off

(h)　themes

1　characters　　2　ideas　　3　schemes　　4　worlds

(i)　enormously

1　expectedly　　2　immensely　　3　relatively　　4　surprisingly

Ⅱ－C　波線部 (ア)～(ウ) の意味・内容をもっとも的確に示すものを次の1～4の中からそれぞれ一つ選び、その番号を解答欄に記入しなさい。

(ア)　slip into skim mode

1　be distracted by the glare from the screen

2　be relaxed and simply glance through the text

3　find it impossible to read at a consistent speed

4　lose its place and need to start again

(イ)　It also won't get you far

1　It prevents you from missing important points

2　It prevents you from taking any shortcut

3　It will help you very much

4　It will only give you limited assistance

(ウ)　potentially out of many

1　maybe both the page and the book

2　possibly one page in a thick book

3　probably popular with other readers

4　very likely a page with many words

Ⅱ－D　二重下線部の空所(あ)～(え)に次の1～7の中から選んだ語を入れて文を完成させたとき、(あ)と(い)と(え)に入る語の番号を解答欄に記入しなさい。同じ語を二度使ってはいけません。選択肢の中には使われないものが三つ含まれています。

She says one way mindset (　あ　) is (　い　) anticipating (　う　) easy or hard we (　え　) the reading to be.

1　expect　　2　how　　3　in　　4　that

5 to　　6 what　　7 works

Ⅱ－E　本文の意味・内容に合致するものを次の1～6の中から二つ選び、その番号を解答欄に記入しなさい。

1 Based on the study of more than 171,000 readers, researchers in Spain and Israel found that people comprehend the texts better when reading in print rather than on-screen.

2 The psychologist Patricia Alexander stated that students often think they learn less from reading texts on screen but that they actually learn more than when reading them in print.

3 The neuroscientist Maryanne Wolf explains that we naturally learn to read by listening to people around us talking.

4 Online reading and reading printed texts use the same set of connections between brain cells.

5 According to Patricia Alexander, people who read on-screen usually read faster because they have to deal with longer texts.

6 According to Mary Helen Immordino-Yang, we have few resources available to comprehend a text when we are scrolling down a screen to read.

Ⅱ－F　本文中の太い下線部を日本語に訳しなさい。(this の内容を明らかにせずに「これ」と訳しなさい。)

And this can make it harder for you to simultaneously understand the ideas those words should convey.

〔Ⅲ〕 次の会話を読んで設問に答えなさい。(50点)

(*Alan is running round the park; he meets his old sports teacher from high school, Mr. Baxter.*)

Mr. Baxter: Good morning, Alan! I'm pleased to see you're still keeping fit. It's a nice sunny day for it, too.

Alan: Hello Mr. Baxter! Wow, seeing you here reminds me of all the school runs we used to do.

Mr. Baxter: Yes, goodness me, I must have led thousands of school kids round this park. I believe you were one of the few who actually enjoyed it. ＿＿(a)＿＿

Alan: Well, I always loved it when the weather was nice. ＿＿(b)＿＿ And do you remember that time we did it when it was all icy? Jenkins fell over and broke his nose.

Mr. Baxter: Oh yes! Who could forget poor Jenkins and his unfortunate accidents? ＿＿(c)＿＿ How is university life? Are you still doing your judo?

Alan: University is great! ＿＿(d)＿＿ But I'm not doing judo any more. There isn't a judo club at university.

Mr. Baxter: Oh, that's a shame. Are you doing anything else instead? Any other sport?

Alan: Yes, I am. A friend persuaded me to start boxing, so I'm now a member of the university boxing club. ＿＿(e)＿＿ And each time it's a two- or three-hour session. Honestly, it takes up more of my time than studying does!

Mr. Baxter: Ah, good old boxing, hey! I used to do some boxing when I was a teenager. It was the only combat sport that anyone was teaching in my little town. I always loved it.

Alan: Yes, I love it too, though the training is really tough. It's actually the reason why I'm running here today. The coach wants us to run at least 30 km a week during the summer break.

Mr. Baxter: 30 km a week? That's not much for an athletic person like you, is it?

Alan: Well yes, but that's just the running. We're also supposed to do weight-lifting three times a week. ＿＿(f)＿＿ I feel sore all the time!

Mr. Baxter: Well, I'd enjoy all that if I was younger. [年をとればとるほど動機を見つけるのが難しくなるから、若いうちに頑張らないといけません。] And of course when you're young, and you get injured, you usually recover so fast. I miss that at my advanced age! Anyway, Alan, don't let me keep you here any longer. ＿＿(g)＿＿

Alan: Yes, I suppose I better. I've promised myself that I'll go round another three times. ＿＿(h)＿＿ It's been really good to see you again, Mr. Baxter.

Mr. Baxter: It's lovely to see you too, Alan. I do hope university keeps going well — and of course the boxing!

Ⅲ－A　空所 (a)～(h) に入るもっとも適切なものを次の１～10の中からそれぞれ一つ選び、その番号を解答欄に記入しなさい。同じ選択肢を二度使ってはいけません。選択肢の中には使われないものが二つ含まれています。

1　And we do that in pairs.

2　At least it always looked that way.

3　But tell me about you.

4　I can't say it was so great in the rain.

5　I've just finished the second year, would you believe.

6 I won my first fight.

7 It sounds like really hard work.

8 Maybe one or two extra laps if I've got any energy left.

9 We train three or four times a week, including Sundays.

10 You need to get on with your run.

Ⅲ－B 本文中の［　　］内の日本語を英語で表現しなさい。

年をとればとるほど動機を見つけるのが難しくなるから、若いうちに頑張らないといけません。

数学

（100 分）

〔Ⅰ〕次の □ に適する数または式を，解答用紙の同じ記号のついた □ の中に記入せよ．

(1) n を 2 以上の整数とする．1 から 3 までの異なる番号を 1 つずつ書いた 3 枚のカードが 1 つの袋に入っている．この袋からカードを 1 枚取り出し，カードに書かれている番号を記録して袋に戻すという試行を考える．この試行を n 回繰り返したときに記録した番号を順に $X_1, X_2, \cdots, X_n$ とし，$1 \leqq k \leqq n-1$ を満たす整数 k のうち $X_k < X_{k+1}$ が成り立つような k の値の個数を Y_n とする．$n=3$ のとき，$X_1 = X_2 < X_3$ となる確率は [ア]，$X_1 \leqq X_2 \leqq X_3$ となる確率は [イ] であり，$Y_3 = 0$ である確率は [ウ]，$Y_3 = 1$ である確率は [エ] である．$Y_n = 0$ である確率を n の式で表すと，[オ] となる．

(2) i を虚数単位とし，$w = \cos\left(\dfrac{\pi}{12}\right) + i\sin\left(\dfrac{\pi}{12}\right)$ とする．2 つの条件 $0 \leqq k \leqq 23$，$w^k = -1$ を同時に満たす整数 k は [カ] である．条件 $0 \leqq k_1 < k_2 \leqq 23$ を満たす整数 k_1, k_2 のうち，w^{k_1}, w^{k_2} の実部がともに $\dfrac{1}{2}$ となるものは $k_1 =$ [キ]，$k_2 =$ [ク] である．2 つの条件 $0 \leqq m \leqq 23$，$w^m + (\overline{w})^m < 1$ を同時に満たす整数 m は [ケ] 個あり，2 つの条件 $0 \leqq n \leqq 23$，$|w^n - 2| \leqq \sqrt{3}$ を同時に満たす整数 n は [コ] 個ある．ただし，w と共役な複素数を $\overline{w}$ で表す．

〔 II 〕座標平面上に3点 $\mathrm{O}(0, 0)$, $\mathrm{A}(3, 6)$, $\mathrm{B}(-5, 0)$ がある．点 P_1, P_2, P_3, $\cdots$ を $\mathrm{P}_1 = \mathrm{A}$, $\overrightarrow{\mathrm{OP}}_{n+1} = \overrightarrow{\mathrm{OP}}_n - \dfrac{\overrightarrow{\mathrm{OP}}_n \cdot \overrightarrow{\mathrm{AB}}}{120}\overrightarrow{\mathrm{AB}}$ $(n = 1, 2, 3, \cdots)$ で定めるとき，次の問いに答えよ．

(1) $|\overrightarrow{\mathrm{AB}}|^2$, $\overrightarrow{\mathrm{OA}} \cdot \overrightarrow{\mathrm{AB}}$ の値をそれぞれ求めよ．

(2) 自然数 n に対して，$u_n = \overrightarrow{\mathrm{OP}}_n \cdot \overrightarrow{\mathrm{AB}}$ とおく．u_{n+1} を u_n を用いて表せ．また，u_n を n の式で表せ．

(3) 自然数 n に対して，実数 t_n は $\overrightarrow{\mathrm{OP}}_n = \overrightarrow{\mathrm{OA}} + t_n\overrightarrow{\mathrm{AB}}$ を満たすとする．t_n を n の式で表せ．

(4) 2以上の自然数 n に対して，$\triangle \mathrm{OBP}_n$ の面積を S_n とする．極限 $\lim_{n\to\infty} S_n$ を求めよ．

〔 III 〕実数 θ が $\cos(2\pi\theta) = \dfrac{\sqrt{3}-1}{4}$ を満たすとする．数列 $\{a_n\}$ を $a_n = 2(\sqrt{3}+1)^n\cos(2\pi n\theta)$ $(n = 1, 2, 3, \cdots)$ で定める．次の問いに答えよ．ただし，必要ならば，整数 p, q, r, s が等式 $p + q\sqrt{3} = r + s\sqrt{3}$ を満たすとき，$p = r$，$q = s$ が成り立つことを証明なしに用いてよい．

(1) a_1，a_2 の値を求めよ．

(2) m を整数とし，t を実数とする．$\cos t \cdot \cos(mt)$ を $\cos((m+1)t)$, $\cos((m-1)t)$ を用いて表せ．

(3) すべての自然数 n に対して，$a_{n+2} = ca_{n+1} + da_n$ を満たす定数 c, d を求めよ．

(4) すべての自然数 n に対して，$a_n = p_n + q_n\sqrt{3}$ となる整数 p_n，q_n が存在する．このことは証明なしに用いてよい．このとき，p_{n+2}, q_{n+2} を p_n，q_n，p_{n+1}，q_{n+1} の式で表せ．また，p_n が奇数であることを数学的帰納法を用いて示せ．

(5) $\cos(2\pi N\theta) = 1$ を満たす自然数 N は存在しないことを示せ．ただし，必要ならば，すべての自然数 n に対して，$(\sqrt{3}+1)^n = r_n + s_n\sqrt{3}$ を満たす整数 r_n, s_n が存在することを証明なしに用いてよい．

〔Ⅳ〕 $f(x) = e^x + 3e^{-x}$ とし，曲線 $C : y = f(x)$ を考える．曲線 C 上の点 $(t,\ f(t))$ における接線を ℓ_t とする．次の問いに答えよ．ただし，必要ならば，$1 < \log 3 < 2$ であることを証明なしに用いてよい．

(1) 不等式 $|f'(t)| \leqq 2$ を満たす実数 t のとりうる値の範囲 I を求めよ．

(2) ℓ_t の y 切片を v とする．実数 t が (1) で求めた範囲 I 全体を動くとき，v の最大値と最小値を求めよ．

(3) $|f'(t)| \leqq 2$，かつ，ℓ_t が点 $(1,\ w)$ を通るような実数 t が存在するとする．このとき，実数 w のとりうる値の範囲を求めよ．

(4) 次の条件 (i), (ii) を満たす点 $(p,\ q)$ 全体からなる領域を D とする．D の面積を求めよ．

(i) $0 \leqq p \leqq 1$

(ii) $|f'(t)| \leqq 2$，かつ，ℓ_t が点 $(p,\ q)$ を通るような実数 t が存在する．

物理

（75 分）

〔Ｉ〕　次の文中の空欄（ア）～（キ）にあてはまる式または数値を解答用紙（一）の該当する欄に記入せよ。また，解答用紙（一）の解答図（Ｉ－Ａ）に適切なグラフの概形を描け。ただし，重力加速度の大きさを g とする。

図１のように，段差のあるなめらかな床があり，上段を水平面１，下段を水平面２とする。水平面２の上に長さ ℓ，質量 M の台 S_1 が置かれている。S_1 の上面と，水平面１とは同じ高さである。水平面１の上を速さ v で右方向に運動する質量 m の小物体Ｐが水平面１から S_1 の上面になめらかに乗り移った。S_1 の上面とＰとの間の動摩擦係数は μ であり，Ｐが S_1 の上面に乗り移るのと同時に，S_1 も水平方向に運動し始めた。Ｐが S_1 上をしばらくすべった後に，S_1 とＰは一体となって運動した。一体となって運動しているときの，S_1 とＰの速さは［（ア）］であり，Ｐが S_1 に乗り移ってから一体となって運動し始めるまでの時間は［（イ）］である。Ｐが S_1 の右端まで到達しなかったことから，ℓ は［（ウ）］以上であることが分かる。

以下では，小物体Ｐが台 S_1 に乗り移った時刻を０とし，S_1 とＰが一体となって運動し始める時刻を T とする。また，Ｐが S_1 にのり移ってから，S_1 と一体となって運動し始めるまでの間に，Ｐが S_1 上をすべった距離を L とする。M が m の３倍であるとして，時間を横軸，水平面１の右端からＰまでの水平距離を縦軸とするグラフの概形を，解答用紙（一）の解答図（Ｉ－Ａ）に描け。

次に，図２のように，台 S_1 を同じ質量 M の台 S_2 と交換した。S_2 の上面はＡで水平面１と同じ高さであり，水平面ABは点Ｏを中心とする半径 r の円筒断面BCに，なめらかに接続している。点Ｏは点Ｂの真上に位置し，∠BOCは直角である。水平面１を速さ v で右方向に運動する質量 m' の小球Ｑが，水平面１から水平面ABになめらかに乗り移った。S_2 の上面とＱとの間には摩擦はなく，Ｑは S_2 上のAB間を等速で運動し，点Ｂを通過した瞬間に S_2 も運動し始める。その後，S_2 は傾くことなく水平方向にのみ運動し，Ｑは面BCを通過して点Ｃに到達した。BCを通過する間に，Ｑが S_2 に与えた力積の水平成分の大きさは［（エ）］である。点Ｃを通過する瞬間のＱの速度の鉛直上向き成分は［（オ）］である。

点 C から台 S_2 を離れた小球 Q は，再び S_2 に戻った。Q が CB を通過して B に到達するまでの間に，S_2 に与えた力積の水平成分の大きさは［　（カ）　］である。B を通過した後に，Q は BA 間を等速度で運動した。Q が BA 間を通過する間の，S_2 に対する Q の相対速度の大きさは［　（キ）　］である。

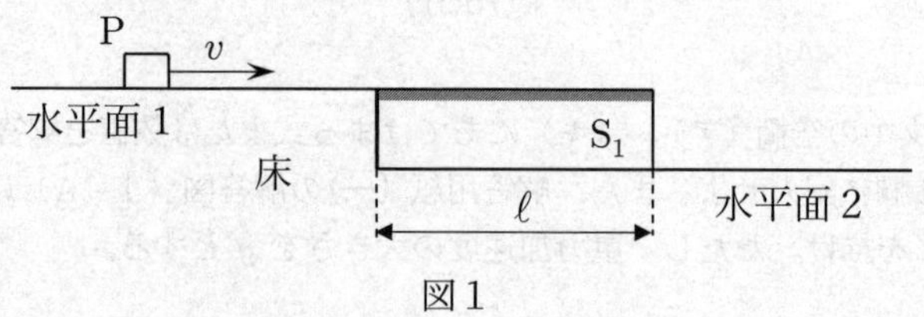

図 1

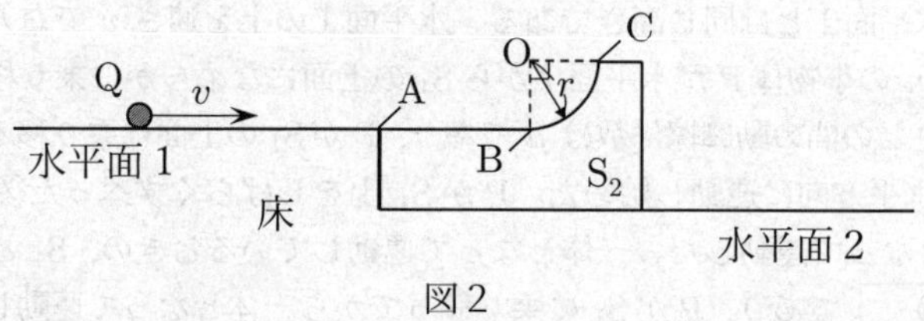

図 2

〔解答欄〕　解答図（Ⅰ-A）

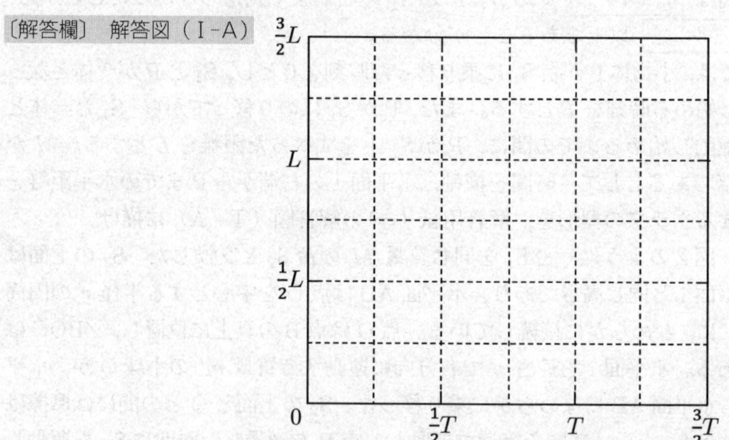

〔Ⅱ〕　次の文中の空欄（ア）～（ケ）にあてはまる式または数値を解答用紙（二）の該当する欄に記入せよ。ただし，静電気に関するクーロンの法則の比例定数を k [N·m^2/C^2] とし，重力の影響は無視する。

半径 a [m] の円の円周を 8 等分する点に，電気量 Q [C]（$Q > 0$）の点電荷を各 1 個ずつ固定する。図 1 のように，円の中心を原点 O とし，それぞれ 2 個の点電荷が x 軸上，および y 軸上に位置するように xy 平面を定める。xy 平面と垂直に z 軸をとり，z 軸上の $z = \sqrt{3}a$ の位置に質量 m [kg]，電気量 q [C]（$q > 0$）の小球 P_1 を固定した。このとき，円周上の点電荷 1 個が P_1 に及ぼす静電気力の大きさは［（ア）］[N] である。8 個の点電荷からの静電気力を全て合計すると，P_1 が受ける力の x 成分は［（イ）］[N]，z 成分は（ア）の［（ウ）］倍となる。静電気力による位置エネルギーの基準を無限遠とすると，8 個の点電荷からの静電気力による P_1 の位置エネルギーは［（エ）］[J] となる。

ここで，小球の固定を静かに外すと小球 P_1 は z 軸上を運動した。$z = 2\sqrt{2}a$ の位置 A を通過する瞬間の P_1 の速さは［（オ）］[m/s] である。P_1 を再び $z = \sqrt{3}a$ の位置に戻して固定し，さらに x 軸上の $x = a$ と $x = -a$ にある点電荷 2 個を取り外して，$-Q$ [C] の電気量を持つ点電荷とそれぞれ交換した。この状態で P_1 の固定を静かに外すと，P_1 は z 軸上を運動した。P_1 が位置 A を通過する瞬間の速さは（オ）の［（カ）］倍となる。

次に，図 2 のように，半径 a の円周を 8 等分する点に固定した電気量 Q の 8 個の点電荷 2 組を，$z = d$ [m] と $z = -d$ [m]（$d > 0$）の面上に置く。$z = d$ の面の電荷には座標 $(x, y, z) = (a, 0, d)$ と $(0, a, d)$ にあるもの，$z = -d$ の面の電荷には座標 $(x, y, z) = (a, 0, -d)$ と $(0, a, -d)$ にあるものが含まれる。この状態で，質量 m [kg]，電気量 q [C]（$q > 0$）の小球 P_2 を，原点 O から s [m]（$0 < s < d$）だけ離れた z 軸上の点に固定した後に，固定を静かに外したところ，P_2 は z 軸上を運動した。P_2 が $z = s$ で運動し始めた瞬間の，加速度の z 成分は［（キ）］[m/s^2] で与えられる。

8 個の電荷が作る 2 つの面を xy 平面に平行に保ち，円の中心を z 軸上に置いたまま，$d = a$ となるよう移動させた。小球 P_2 を，原点 O から a に比べて十分小さい距離 s（$s > 0$）だけ離れた z 軸上の点に固定した後に，固定を静かに外したところ，P_2 は z 軸上で単振動を行った。$(a^2 + (a-s)^2)^{-\frac{3}{2}} \fallingdotseq \dfrac{1}{2\sqrt{2}a^3}(1 + \dfrac{3s}{2a})$，および $(a^2 + (a+s)^2)^{-\frac{3}{2}} \fallingdotseq \dfrac{1}{2\sqrt{2}a^3}(1 - \dfrac{3s}{2a})$ と近似できるとき，この振動の周期は［（ク）］[s] となる。P_2 が原点を通過するときの速さは［（ケ）］[m/s] である。

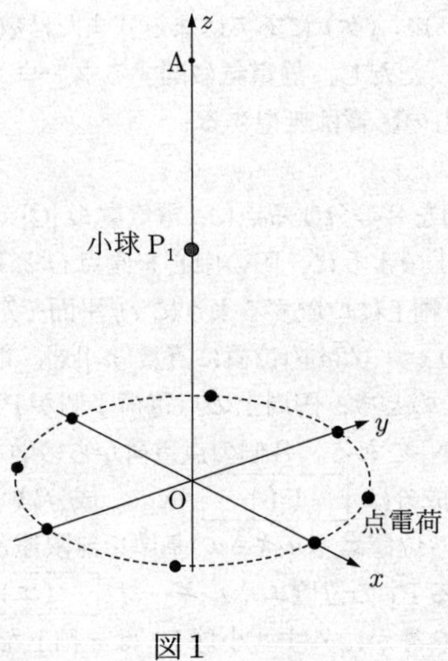

図 1

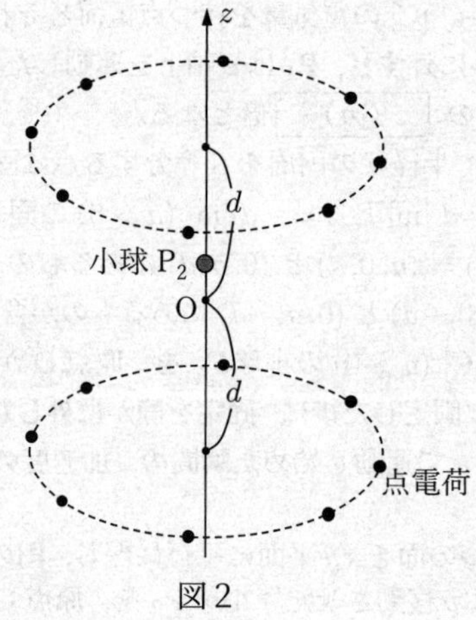

図 2

〔Ⅲ〕 次の文中の空欄（ア）～（キ）にあてはまる式または数値を解答用紙（二）の該当する欄に記入せよ。ただし，静電気に関するクーロンの法則の比例定数を k [N·m^2/C^2]，プランク定数を h [J·s]，電気素量を e [C]，電子の質量を m [kg]，真空中の光の速さを c [m/s] とする。

粒子線がん治療では，陽子や炭素の原子核のような，電子に比べて質量が十分大きい荷電粒子に，加速器を用いてエネルギーを与え，高エネルギーの粒子の流れとして利用する。高エネルギー粒子の流れであるこの人工放射線は，体内に入射直後，直進する。高エネルギー荷電粒子は，細胞内の分子から電子をはじき出し，イオンを作る。この現象を考えてみよう。

図 1 に示すように，電気量 q [C] $(q > 0)$ の荷電粒子 A が，x 軸上を正方向に一定の速さ v [m/s] で，このはじき出される電子の近くを通過する。電子は図 1 の，y 軸上 $y = b$ [m] の位置で静止しているとみなす。v は十分大きいので，A が通過する間の電子の移動は無視できる。A が無限遠から近づき，無限遠に飛び去るまでに電子に与える力積の x 成分は [（ア）] [N·s] で，y 成分は $-\dfrac{2kqe}{bv}$ [N·s] で与えられる。これより A が通過することによって電子が得たエネルギーは [（イ）] [J] となる。このエネルギーが，原子の電離エネルギーより大きければ，原子から電子がはじき出されて自由電子とイオンが生成される。

質量の大きな高エネルギー荷電粒子は，軽い電子に力積を与えても，大きな運動量の変化を受けないので，エネルギーが高い間は体内を直進する。しかし，体内を進む間，周囲にエネルギーを与えて減速し，最後には停止する。これに対して X 線診断に用いられる X 線は，人体を通過しやすい性質を持っている。運動量が p [N·s] の X 線光子のエネルギーは [（ウ）] [J] と表される。これと同じ運動エネルギーをもつ電子の物質波の波長は [（エ）] [m] である。物質を通過しやすい光子も，そのエネルギーが原子の電離エネルギーより大きいとき，電子をはじき出すことがあり，自由電子とイオンが生成される。

電離エネルギーは，構造が簡単な水素原子の場合には，ボーアの原子模型から計算することができる。陽子の質量は電子に比べて十分に大きいので，電子が静止している陽子のまわりを半径 a [m] の等速円運動を行うと考えてよく，その運動エネルギーは [（オ）] [J] と表される。ボーアの量子条件に従うとして，電子の円軌道の円周の長さが電子の物質波の波長の整数倍となるとき，最も小さい円軌道の半径を求めると $a =$ [（カ）] [m] と計算される。電離エネルギーは，基底状態の水素原子をイオン化するのに必要なエネルギーとして定義されるので，これを a を用いずに表すと， [（キ）] [J] となる。

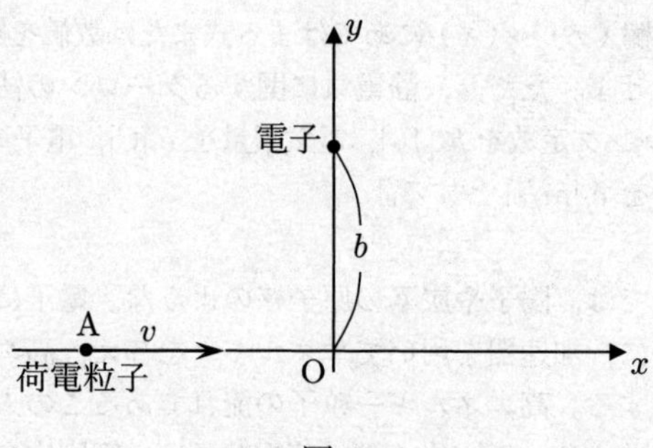

図 1

化学

(75 分)

[注意]

原子量は，H = 1.00，C = 12.0，N = 14.0，O = 16.0，Zn = 65.0 とする。
アボガドロ定数は 6.00×10^{23}/mol，ファラデー定数は 9.70×10^{4} C/mol，気体定数は 8.30×10^{3} Pa・L/(K・mol) とする。

〔Ⅰ〕 次の文を読み，問い（1）～（7）の答えを解答用紙（一）の〔Ⅰ〕の該当する欄に記入せよ。

窒素は周期表の（　**あ**　）族に属し，原子は（　**い**　）個の価電子をもち，他の原子と共有結合をつくる。アンモニアは刺激臭のある無色の気体である。実験室で ①アンモニアは塩化アンモニウムと水酸化カルシウムの混合物の加熱により合成される。アンモニアは非共有電子対をもち，多くの遷移元素と配位結合する。例えば水酸化銅(Ⅱ)はアンモニア水に溶けて ②$[Cu(NH_3)_4]^{2+}$ を生じる。このような中心となる金属イオンに非共有電子対をもつ分子や陰イオンが配位結合してできたイオンを（　**う**　）といい，配位結合する分子や陰イオンを（　**え**　）という。アンモニア水は塩基性の水溶液である。アンモニアと塩化アンモニウムとの混合水溶液は緩衝液として利用される。近年，水素を燃料に利用した燃料電池による発電が注目されており，水素を安全に輸送・保管する方法が検討されている。水素を水素ガスの状態ではなく，窒素と反応させてアンモニアにし，それを凝縮して液化アンモニアとして輸送・保管する方法や，水素を金属に吸蔵させて輸送・保管する方法が検討されている。

窒素は様々な酸化物を形成する。③一酸化窒素を実験室で生成するには，銅に希硝酸を反応させる。硝酸はアンモニアを原料としてつくる。白金を触媒としてアンモニアを酸素により酸化して一酸化窒素をつくり，つづいて一酸化窒素を酸素で酸化して二酸化窒素とする。④二酸化窒素を温水に吸収させて，硝酸とする。このような硝酸の工業的製法を（　**お**　）法という。

（1）　文中の空欄（　**あ**　）～（　**お**　）にあてはまる最も適切な語句あるいは数字を記せ。

（2）　文中の下線部①，③，および④の反応の化学反応式をそれぞれ記せ。

（3）　文中の下線部②のイオンの名称を記せ。またこのイオンの構造を次の語群から選び，記号で答えよ。

語群：（ア）　直線形　　（イ）　正四面体形

（ウ）　正方形　　（エ）　正八面体形

（4）　窒素原子はさまざまな酸化状態をとることができる。文中にあらわれる窒素，アンモニア，一酸化窒素，硝酸，および二酸化窒素のうち窒素原子の酸化数が最大になる化合物と，酸化数が最小になる化合物の化学式と酸化数をそれぞれ記せ。

（5）　濃度 0.10 mol/L のアンモニア水溶液 100 mL と濃度 0.10 mol/L の塩化アンモニウム水溶液 100 mL を混合し，緩衝液 200 mL を得た。水溶液の温度は常に 25 ℃であったとする。次の問い（ i ）および（ ii ）に答えよ。

（ i ）　得られた緩衝液の水素イオン濃度〔mol/L〕を有効数字 2 桁で求めよ。ただし 25 ℃においてアンモニアの電離定数 $K_b = 2.3 \times 10^{-5}$ mol/L，水のイオン積 $K_w = 1.0 \times 10^{-14} (\mathrm{mol/L})^2$ とし，塩化アンモニウムは水溶液中で完全に電離したとする。

（ ii ）　得られた緩衝液 200 mL に 0.050 mol/L の塩酸 40 mL を混合した。塩酸混合後の水溶液の水素イオン濃度〔mol/L〕を有効数字 2 桁で求めよ。ただし塩酸混合後の水溶液の体積は 240 mL であったとする。

（6）水素を金属に接触させると，水素分子の結合が切れて水素原子として金属の結晶内に取り込まれることがある。結晶構造が面心立方格子である金属 M に水素を接触させたところ，単位格子のすべての辺の中点と単位格子の中心にそれぞれ水素原子が取り込まれたとする。次の問い（ i ）および（ ii ）に答えよ。

（ i ）金属 M の単位格子中に取り込まれる水素原子の個数を求めよ。ただし原子はすべて球形とみなしてよい。

（ ii ）10 mol の水素を取り込むために少なくとも必要な金属 M の体積〔cm^3〕を有効数字 2 桁で求めよ。ただし単位格子一辺の長さを 4.0×10^{-8} cm とし，水素原子が取り込まれても金属 M の単位格子一辺の長さは変化しないとする。

（7）電解質にリン酸水溶液を用いた燃料電池に関する次の問い（ i ）～（iii）に答えよ。

（ i ）水素と酸素を外部から供給し，水のみを生成する燃料電池の正極および負極で起こる反応を，電子を含むイオン反応式で記せ。

（ ii ）液化アンモニアを気化させ，触媒を用いたアンモニアの窒素と水素への分解反応を行ったところ，10 mol の水素が生成した。この反応に用いた液化アンモニアの体積〔cm^3〕を有効数字 2 桁で答えよ。ただし，液化アンモニアのすべてが気化し，窒素と水素に分解され，その他の反応は進行しなかったとする。液化アンモニアの密度は 0.68 g/cm^3 とせよ。

（iii）燃料電池を用いて 100 A の一定電流で発電したところ，発電により 10 mol の水素が消費された。何時間発電できたかを整数値で答えよ。

（50点）

〔Ⅱ〕 次の文を読み，問い（1）～（6）の答えを解答用紙（一）の〔Ⅱ〕の該当する欄に記入せよ。気体はすべて理想気体であるとみなしてよい。

純物質の状態は，温度と圧力によって決まる。温度と圧力によって，物質がどのような状態にあるかを示した図を状態図という。図1には，ある化合物**M**の状態図を示してある。状態図は物質によって異なるが，一般的には高温低圧では気体状態をとり，低温高圧では固体状態をとる。固体・液体・気体が平衡状態で存在する点を（　**あ**　）点という。固体と液体の境界線を（　**い**　）曲線とよび，気体と液体の境界線を（　**う**　）曲線とよぶ。（　**う**　）曲線にそって温度と圧力を高くしていくと，あるところで気体と液体の区別がつかない状態となり，（　**う**　）曲線が途切れる。この途切れた点を（　**え**　）点とよぶ。

物質がどのような状態図を示すかは，物質を構成する粒子間にはたらく引力に依存する。一般に構成粒子間にはたらく引力が大きいほど，物質の融点や沸点は高くなる。したがって共有結合の結晶やイオン結晶の融点は，分子結晶の融点と比較して高い。分子結晶では分子間力として（　**お**　）力と水素結合が存在するが，分子量がほぼ同じであれば水素結合が存在する分子のほうが一般に融点は高くなる。

（1） 文中の空欄（　**あ**　）～（　**お**　）にあてはまる最も適切な語句を記せ。ただし，図1に示してある（**あ**）～（**え**）の点もしくは曲線が，本文中の（　**あ**　）～（　**え**　）に対応する。

（2） 次の物質で共有結合の結晶を作るものをすべて選び化学式で答えよ。共有結合の結晶を作るものが存在しないときは「なし」と答えよ。
Si，Fe，H_2O，NaCl，CaO，CO_2，SiO_2

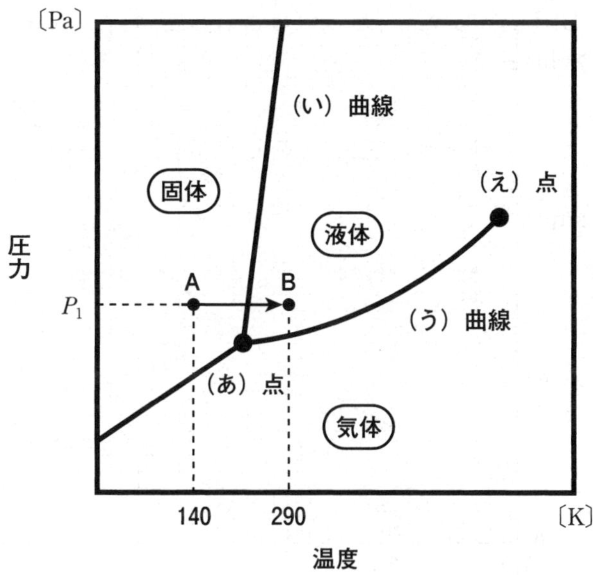

図 1　化合物 M の状態図

（3） 図 2 は図 1 の化合物 **M** の状態図における（ **う** ）曲線の一部分を拡大したものである。容積が 300 mL の容器を真空にし，3.0×10^{-3} mol の化合物 **M** を入れた。次の問い（ i ）および（ ii ）に答えよ。ただし，容器の容積は温度・圧力によって変化しないものとし，液体の体積は無視せよ。

（ i ） この容器を 300 K で平衡状態にしたところ，液体と気体が共存した。このとき，気相に存在する化合物 **M** の物質量〔mol〕を有効数字 2 桁で求めよ。

（ ii ） この容器を 330 K で平衡状態にした時の気体の圧力〔Pa〕を有効数字 2 桁で求めよ。

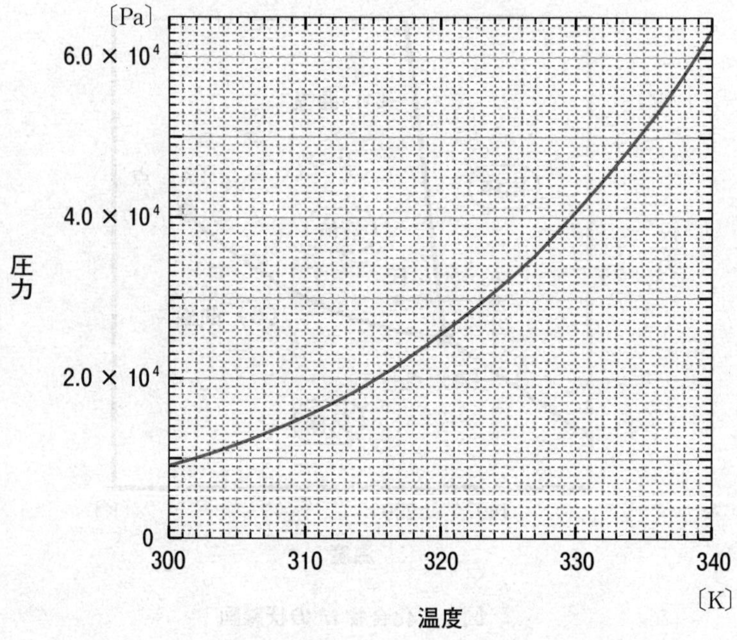

図 2　化合物 M の（　う　）曲線の拡大図

（4）　亜鉛を塩酸と反応させて生じる水素を捕集することを考えた。次の問い（i）および（ii）に答えよ。

（i）　亜鉛と塩酸から水素が発生する化学反応式を記せ。

（ii）　亜鉛と塩酸との反応で発生した水素を図 3 に示す方法で捕集することを考えた。片側が閉じたガラス容器を液体の化合物 **M** で満たして，液体の化合物 **M** で満たされた別の容器に反転させて入れ，発生した水素を大気圧下，300 K でガラス容器にすべて捕集したところ，ガラス容器内の液面の高さはガラス容器外の液面の高さと一致していた。このときガラス容器内の気体の体積は 100 mL であり，大気圧は 101.3 kPa であった。塩酸と反応した亜鉛の質量〔g〕を有効数字 2 桁で求めよ。ただし，水素は液体の化合物 **M** には溶解しないものとしてよい。

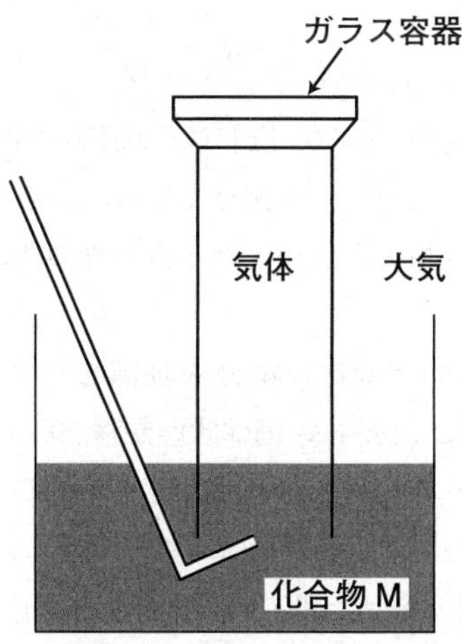

図 3　水素の捕集をおこなう実験装置図
(図は水素を捕集した後の状態を示す)

（5） 化合物 **M** の液体 500 g にグルコース（$C_6H_{12}O_6$）36 g を完全に溶解させ，グルコースの溶液を得た。このとき，大気圧下での溶液の沸点が純粋の化合物 **M** の沸点と比較して，0.80 K 上昇した。次の問い（i）および（ii）に答えよ。

（i） 化合物 **M** のモル沸点上昇〔K·kg/mol〕を有効数字 2 桁で求めよ。

（ii） 化合物 **X** は液体の化合物 **M** に溶解させると，化合物 **Y** との間で次のような化学平衡を生じる。

$$\mathbf{X} \rightleftarrows 2\,\mathbf{Y} \qquad ①$$

0.50 mol の化合物 **X** を 500 g の液体の化合物 **M** に溶解させた溶液を加熱し，大気圧下で温度を上昇させていくと，純粋な化合物 **M** の沸点より 2.8 K 高いところで沸騰がおこりはじめた。この時，①の反応が平衡状態にあるとして，溶液中の反応式①の平衡定数 K の値〔mol/L〕を有効数字 2 桁で求めよ。ただし，反応式①の平衡定数は次式で定義される。

$$K = \frac{[\mathbf{Y}]^2}{[\mathbf{X}]}$$

ここで［**X**］および［**Y**］はそれぞれの物質のモル濃度〔mol/L〕を表す。ただし，沸騰をはじめたときの溶液の体積は 625 mL で，化合物 **X** および **Y** は不揮発性の非電解質であるとせよ。

（6）一定の圧力 P_1 の下で化合物 **M** を加熱し，図 1 の点 A から点 B に示す矢印のように，140 K の固体状態から 290 K の液体状態まで状態変化させることを考えた。加熱に必要な熱量はグルコースの燃焼熱を利用することにした。次の問い（ i ）〜（ v ）に答えよ。ただし，圧力 P_1 で化合物 **M** の融点は 220 K であり，1.00 g の化合物 **M** を融解させるのに必要な熱量は 120 J である。また化合物 **M** の固体の比熱は 2.0 J/(g·K)，液体の比熱は 4.0 J/(g·K) で，温度によらず一定であるとする。

（ i ）10.0 g の化合物 **M** を点 A から点 B まで状態変化させるのに少なくとも必要な熱量〔J〕を整数値で求めよ。

（ ii ）時間あたり一定量の熱を化合物 **M** に加え続け，点 A から点 B まで状態変化させた時の化合物 **M** の温度変化の様子を表すグラフとして最も適切なものを，次の図（ a ）〜（ h ）から選び記号で答えよ。

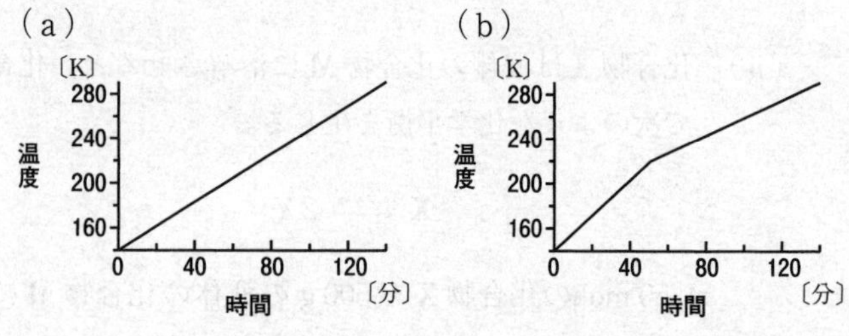

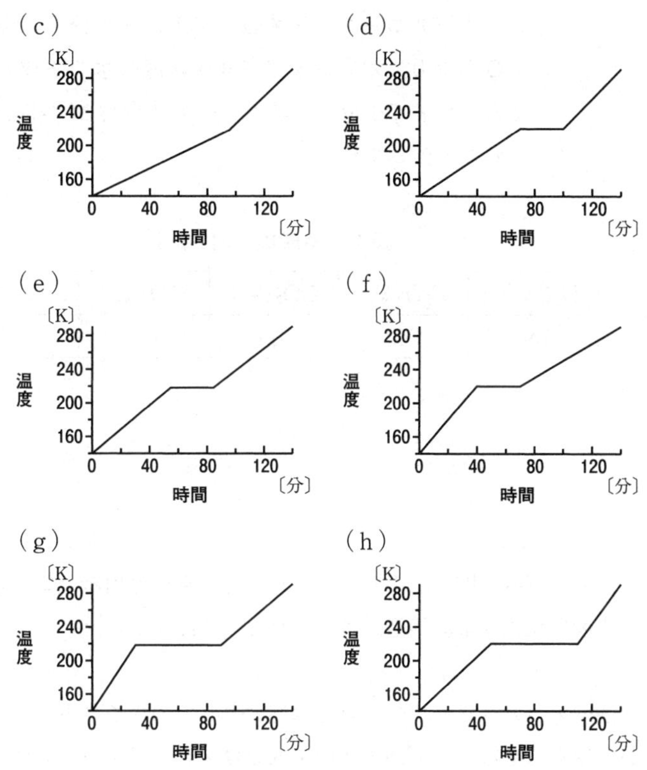

(iii) グルコースの燃焼を表す熱化学方程式を記せ。燃焼によって生成する水は液体状態であるとする。必要であれば表1に示す生成熱の値を用いよ。

(iv) グルコースの燃焼熱がすべて，10.0 g の化合物 **M** の点Aから点Bまでの状態変化に利用されるとして，少なくとも必要なグルコースの量〔g〕を有効数字2桁で答えよ。

(v) (iv) の計算で得られた量のグルコースを実際に燃焼させて状態変化の実験を行ったところ，すべての固体が液体に変わったが，温度は240 Kまでしか上昇しなかった。これは一部のグルコース分子が完全燃焼せず，不完全燃焼を起こしたためである。不完全燃焼を起こしたグルコースは全体の何％か整数値で答えよ。ただし，未反応のグルコースは存在せず，不完全燃焼をおこしたグルコース分子では，グルコース分子の炭素がすべて CO となり，水素はすべて液体状態の水を生成したとする。また，燃焼で生成した熱はすべて化合物 **M** の状態変化に用いられたものとする。

表1　生成熱〔kJ/mol〕

H_2O(液)	H_2O(気)	CO_2(気)	CO(気)	グルコース(固)
286	242	394	111	1274

(50点)

〔**Ⅲ**〕 次の文を読み，問い（1）～（8）の答えを解答用紙（二）の〔**Ⅲ**〕の該当する欄に記入せよ。構造式は例にならって記すこと。

石油や天然ガスなどの化石資源は燃料として利用されるとともに，様々な製品の原料にもなる。天然ガスの主成分はメタンである。天然ガスは液化天然ガスとして耐圧容器につめて輸送され，発電用の燃料などとして利用される。近年，水分子によってつくられたカゴ状構造の中にメタン分子が閉じ込められた（　**ア**　）が海底で見つかっており，採掘可能なエネルギー資源として注目されている。

油田からくみ上げられた石油（原油）は，炭化水素の種類による沸点の違いを利用し，分留などによって灯油，軽油，ナフサなどの成分に分けられる。ナフサに含まれる飽和炭化水素は，（　**イ**　）されることによって不飽和炭化水素へと変換される。不飽和炭化水素は（　**ウ**　）反応や重合反応が可能であり，飽和炭化水素と比べて反応性に富むため，様々な製品の原料に利用される。例えば炭素数2のアルキンを重合させて得られる（　**エ**　）は，世界で初めての導電性高分子として注目され，様々な電気製品に利用されてきた。

石油から得られる成分には脂肪族炭化水素だけでなく芳香族炭化水素も含

まれており，医薬品，合成染料，合成洗剤の製造などに幅広く利用される。このように化石資源は我々の生活には欠かせない有限の資源である。太陽光や風力などの再生可能エネルギーを併用することにより，持続可能な社会を構築していくことが現代および次世代に与えられた課題である。

（1）　文中の（　**ア**　）～（　**エ**　）にあてはまる最も適切な語句を次の語群より選べ。

【語群】メタノール，メタンハイドレート，シェールガス，光分解，電気分解，熱分解，置換，付加，脱水，ポリエチレン，ポリアセチレン，ポリスチレン，ポリプロピレン

（2）　気体のメタンが燃焼して二酸化炭素と液体の水が生成することを示す熱化学方程式を記せ。燃焼熱は 891 kJ/mol とする。

（3）　メタンに関する次の（あ）～（お）の記述について，正しいものに○，誤っているものに×を記せ。

（あ）　光照射下において塩素や臭素との置換反応が進行する。

（い）　酢酸ナトリウムを水酸化ナトリウムとともに熱すると生成する。

（う）　特有の臭いをもつ気体である。

（え）　炭素の酸化数は 0 である。

（お）　炭素に結合する原子はすべて同一平面上に存在している。

（4）　文中の下線部に関して，直鎖状アルカンの炭素数と沸点の関係を正しく描いたグラフを次の **A**～**D** の中からひとつ選んで記号で答えよ。

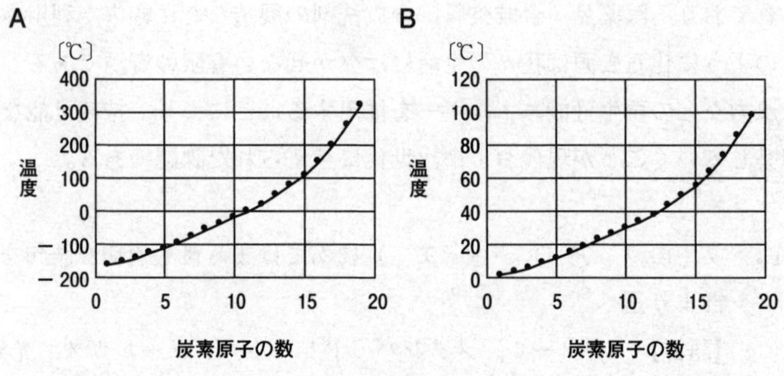

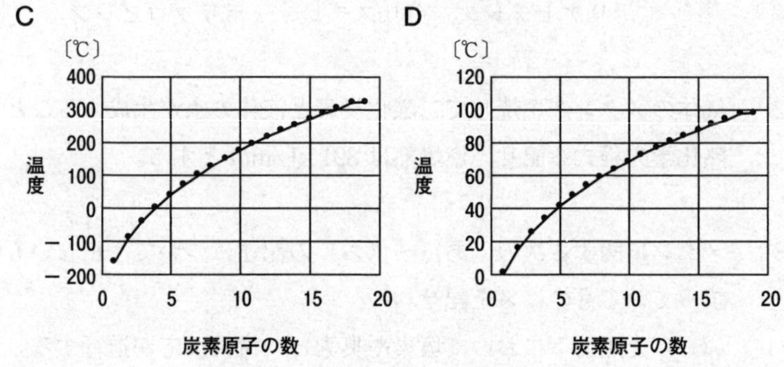

（5）　炭素－炭素間に不飽和結合をもつ化合物に関する次の（あ）～（お）の記述について，正しいものをすべて選び記号で答えよ。該当するものが無い場合には「なし」と記せ。

（あ）　炭素－炭素間の結合距離はエチレンよりもベンゼンのほうが短い。

（い）　アルケンの不飽和結合は過マンガン酸カリウムとの反応によって検出できる。

（う）　シクロアルケンの一般式は C_nH_{2n-2}（$n \geqq 3$）で表される。

（え）　フマル酸は極性分子でありマレイン酸は無極性分子である。

（お）　ポリビニルアルコールは酢酸ビニルから生産される。

（6）　ある濃度に調整した臭素の四塩化炭素溶液 **X** をスチレンに加えたところ，臭素由来の褐色がすみやかに脱色した。次の問い（i）～

(iii) に答えよ。ただし臭素はベンゼン環とは反応しないものとする。

(i) この反応で生成する芳香族化合物の構造式を記せ。

(ii) スチレン2.60gに対して溶液**X**を徐々に滴下したところ，20.0mLの溶液**X**が脱色し，それ以上は加えても脱色が起こらなかった。溶液**X**における臭素のモル濃度〔mol/L〕を有効数字3桁で求めよ。

(iii) スチレンとブタジエンを共重合させると次の高分子化合物が得られた。この高分子化合物の溶液もスチレンと同様に溶液**X**を脱色することがわかった。この高分子化合物2.00gが溶解した溶液によって脱色できる溶液**X**が20.0mLであったとき，$x:y$を最も簡単な整数比で求めよ。ただし高分子化合物の両末端については考慮に入れず，高分子化合物を溶解させた溶媒は溶液**X**を脱色することはできないものとする。

$$\left[\left(CH_2-CH(C_6H_5) \right)_x \left(CH_2-CH=CH-CH_2 \right)_y \right]_n$$

(7) 芳香族化合物の合成について，次の問い (i) および (ii) に答えよ。

(i) アセチルサリチル酸は解熱鎮痛剤として用いられる医薬品である。次のベンゼンを出発物質とするアセチルサリチル酸の合成経路について，芳香族化合物**A**～**C**の構造式をそれぞれ記せ。さらに各段階の矢印の上に示した**a**～**c**にあてはまる試薬の組み合わせとして，最も適切なものを次の (**ア**) ～ (**エ**) の中からひとつ選び記号で答えよ。

ベンゼン $\xrightarrow{\text{クメン法}}$ **A** $\xrightarrow{\textbf{a}}$ C_6H_5ONa $\xrightarrow{\textbf{b}}$ **B** $\xrightarrow{\textbf{c}}$ **C** $\xrightarrow{\text{無水酢酸}}$ $C_6H_4(OCOCH_3)COOH$

アセチルサリチル酸

（ア）　a ＝ CO_2（高温高圧）　b ＝ NaOH
　　c ＝ 希 H_2SO_4

（イ）　a ＝ NaOH　b ＝ 希 H_2SO_4
　　c ＝ CO_2（高温高圧）

（ウ）　a ＝ 希 H_2SO_4　b ＝ CO_2（高温高圧）
　　c ＝ NaOH

（エ）　a ＝ NaOH　b ＝ CO_2（高温高圧）
　　c ＝ 希 H_2SO_4

（ii）　塩化ベンゼンジアゾニウムは合成染料の原料として用いられる芳香族化合物である。次のベンゼンを出発物質とする塩化ベンゼンジアゾニウムの合成経路について，芳香族化合物 **D** ～ **F** の構造式をそれぞれ記せ。さらに各段階の矢印の上に示した **d** ～ **f** にあてはまる試薬の組み合わせとして，最も適切なものを次の（カ）～（ケ）の中からひとつ選び記号で答えよ。

ベンゼン $\xrightarrow{\text{混酸}}$ **D** $\xrightarrow{\text{d}}$ **E** $\xrightarrow{\text{e}}$ **F** $\xrightarrow{\text{f}}$ $C_6H_5N_2Cl$

塩化ベンゼンジアゾニウム

（カ）　d ＝ $NaNO_2$，HCl　e ＝ Sn，HCl
　　f ＝ NaOH

（キ）　d ＝ Sn，HCl　e ＝ NaOH
　　f ＝ $NaNO_2$，HCl

（ク）　d ＝ NaOH　e ＝ Sn，HCl
　　f ＝ $NaNO_2$，HCl

（ケ）　d ＝ Sn，HCl　e ＝ $NaNO_2$，HCl
　　f ＝ NaOH

（8）　次の（あ）～（え）の記述について，油脂からつくられるセッケンのみにあてはまるものに **N**，石油からつくられる合成洗剤のみにあてはまるものに **S**，両方にあてはまるものに○，どちらにもあてはまらないものには×を記せ。

（あ）　疎水部と親水部をもっており水溶液中でミセルを形成する。

（い）　水の表面張力を低下させる働きがある。

（う）　不溶性の塩をつくるために硬水中では洗浄力が低下する。

（え）　多くは強酸と強塩基からなる塩であり水溶液は中性を示す。

構造式の例

CH_2COOH

$CH—CH_3$

OH

（50点）

■生物■

(75分)

〔Ⅰ〕次の文章を読み，問い（1）～（3）の答えを解答用紙の㈠の〔Ⅰ〕の該当する欄に記入せよ。

神経系はさまざまな効果器の活動を支配している。神経終末とよばれる軸索の末端と効果器との接続部分や，神経と神経の接続部分を（　ア　）とよび，両者の間には（　ア　）間隙とよばれる隙間が存在している。（　ア　）前細胞の興奮が神経終末まで伝導されると，神経終末内の（　イ　）イオン濃度が高まる。その結果，神経伝達物質を含んでいる（　ウ　）の（　エ　）が誘発され，（　ウ　）の中にあった神経伝達物質が（　ア　）間隙に放出される。

運動神経末端と骨格筋の接続部分は，とくに（　オ　）とよばれ，運動神経軸索の興奮が神経末端まで伝わると，神経末端からアセチルコリンが放出される。アセチルコリンが筋細胞膜上のアセチルコリン$_{(\mathbf{a})}$<u>受容体</u>に結合すると，骨格筋細胞の膜電位が変化し細胞が興奮する。（　ア　）間隙に存在する遊離のアセチルコリンはアセチルコリンエステラーゼという$_{(\mathbf{b})}$<u>酵素</u>によって速やかにコリンと酢酸に分解される。

（1）文章中の空欄（ア）～（オ）にあてはまるもっとも適切な語句を解答欄に記入せよ。

（2）下線部（**a**）について次の文章を読み，以下の問い①と②に答えよ。

ホルモンは血中や細胞間液に放出された後，標的細胞の特異的受容体で認識され，細胞内にシグナルを伝達する。$_{(\text{あ})}$<u>ホルモンの化学的性</u>

質から，ペプチドホルモンは細胞膜にある受容体と結合し，ステロイドホルモンは細胞内にある受容体と結合して核内に移動する。また，細胞膜にある受容体の種類は，その機能や作用によって(い)大きく三つのタイプに分類される。

① 下線部（**あ**）のように，ペプチドホルモンとステロイドホルモンが結合する受容体の局在が異なっている理由を，句読点を含めて 100 字以内で説明せよ。

② 下線部（**い**）について，三つのタイプの一般的な名称をすべて解答欄に記入せよ。

（3） 下線部（**b**）に関する次の文章を読み，以下の問い①～⑤に答えよ。

酵素と基質の反応速度はそれぞれの濃度で決まる。酵素の濃度を一定にしたとき，基質の濃度の増加に伴う酵素反応の速度は曲線を描き，やがて反応速度の増加が見られなくなる（図 1 ）。このとき，反応速度を v，最大反応速度を $Vmax$，基質濃度を［S］とした下記の式（A）が得られる。

$$v = \frac{Vmax \times [S]}{[S] + Km} \quad \cdots \text{(A)}$$

Km は酵素と基質の親和性を示し，反応速度が最大反応速度 $Vmax$ の $\frac{1}{2}$ のときの基質濃度［S］に等しくなる。すなわち，Km 値が小さいと，酵素と基質の親和性は高いということになる。さらに，式（A）の基質濃度［S］と反応速度 v を，それぞれ逆数にして変形すると式（B）が得られる。式（B）の $\frac{1}{v}$ を縦軸，$\frac{1}{[S]}$ を横軸で表すと，図 2 の実線部分で示した直線が得られる。

$$\frac{1}{v} = \frac{1}{Vmax} + \frac{Km}{Vmax} \times \frac{1}{[S]} \quad \cdots \text{(B)}$$

そこで，ある酵素反応において，この酵素反応を阻害する２種類の阻害剤 α と阻害剤 β の影響を検討した。式（B）を用いて得られた結果をグラフにしたところ，図３のようになった。

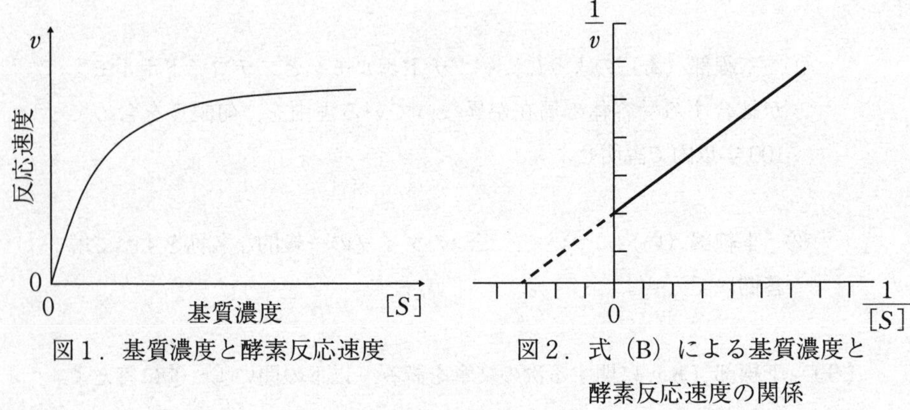

図１．基質濃度と酵素反応速度

図２．式（B）による基質濃度と酵素反応速度の関係

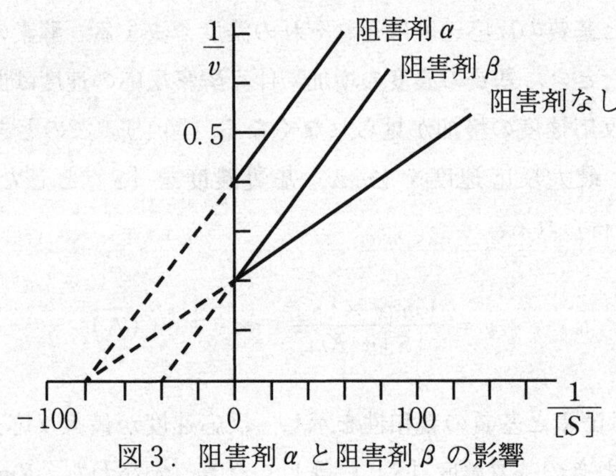

図３．阻害剤 α と阻害剤 β の影響

①　図３の「阻害剤なし」，「阻害剤 α」，「阻害剤 β」の *Vmax* は，このグラフから読み取ることができる。以下の問い（ⅰ）と（ⅱ）に答えよ。

（ⅰ）　*Vmax* はグラフのどの部分から読み取ることができるか。

（ii）　阻害剤 α と阻害剤 β 処理時の酵素反応の $Vmax$ の数値を，解答欄に記せ。数値は四捨五入して小数点第１位まで答えよ。

②　図３から阻害剤 α と阻害剤 β 処理時の Km の数値をそれぞれ求めよ。数値は小数点第４位を四捨五入して小数点第３位まで答えよ。

③　阻害剤 α および阻害剤 β はどのような作用をもっていると考えられるか。それぞれの阻害剤の特徴を第Ⅰ欄に記す。阻害剤 α と阻害剤 β の特徴について，組み合わせとして正しいものを第Ⅱ欄の１～６から一つずつ選び，数字で答えよ。

第Ⅰ欄

ａ．酵素の活性部位とは異なる部位に結合する。
ｂ．酵素の活性部位に結合するため基質が結合できない。
ｃ．反応液中の基質濃度を高めることにより阻害作用が強まる。
ｄ．反応液中の基質濃度を高めることにより阻害作用が弱まる。
ｅ．反応液中の基質濃度を高めても阻害作用は影響を受けない。

第Ⅱ欄

１．（ａ，ｃ）　２．（ｂ，ｃ）　３．（ａ，ｄ）　４．（ｂ，ｄ）
５．（ａ，ｅ）　６．（ｂ，ｅ）

④　ある種の酵素では，基質濃度と反応速度の関係が図１の曲線と異なりＳ字型になる。この酵素の一般的な名称を何と呼ぶか答えよ。また，次の文章（ア）～（オ）のうち，この酵素について誤っている文章をすべて選び，記号で答えよ。

（ア）　酵素の活性部位以外の部位に調節物質が結合する。
（イ）　調節物質がない時は，基質濃度がある濃度以上になると急激に反応速度が増していく。

（ウ）　正の調節物質が存在していると，酵素の基質に対する親和性が低下する。

（エ）　基質の濃度が低い時の酵素活性は，負の調節物質によって阻害される。

（オ）　フィードバック阻害による調節は，この酵素によるものが多い。

⑤　次の文章を読み，下記の問いに答えよ。

ある薬剤Xを運動神経末端と骨格筋の接続部分に注入した。薬剤Xは，阻害剤 β と類似の方法でアセチルコリン受容体とアセチルコリンの結合を遮断する。

［実験１］一定濃度の薬剤Xの存在下で運動神経を刺激したところ，骨格筋細胞の膜電位が観察されず，筋肉は収縮しなかった。しかし，このとき筋を直接電気刺激すると筋は収縮した。

［実験２］一定濃度の薬剤Xの存在下，運動神経末端と骨格筋の接続部分に充分量のアセチルコリンエステラーゼ阻害剤を注入し，運動神経を刺激したところ，筋肉は収縮した。

（問い）［実験２］の条件下で，筋肉が収縮した理由を，句読点を含めて100字以内で説明せよ。

（50点）

〔Ⅱ〕 次の文章を読み，問い（1）～（8）の答えを解答用紙の（一）の〔Ⅱ〕の該当する欄に記入せよ。

私たちの体は，精巧に組み立てられた細胞の集まりである。体は三次元に広がり，器官はその中で適切に配置されてはたらいている。このような体制（ボディープラン）がどのように形成されるかの問いは，古くから人々を惹きつけてきた。19世紀に活躍したカール・エルンスト・フォン・ベーアは哺乳類の(A)卵子の発見者で，数々の業績から発生学の父と称される。彼は，脊椎動物のすべての器官が発生中の(B)胚の三層の細胞群のいずれかに由来することを突き止め，その後のボディープラン形成の理解に道筋を立てた。

20世紀になり，生物学者達は，より根源的な問い，すなわち「胚のどこにボディープランの指令が潜んでいるのか？その指令の実態は何か？」の難問に取り組んだ。ハンス・シュペーマンもその一人で，自身の幼い娘の毛髪で一つのイモリの受精卵をしばり半分にくびれさせると，(C)二体の完全なイモリが生じることを観察した。シュペーマンの指導学生のヒルデ・マンゴルドは，直径2ミリメートルにも満たないイモリの胚からさまざまな小さな組織片を取り出し，別の胚に移植できる器用さをもっていた。彼女は移植された組織片のひとつが，(D)移植先となる胚の細胞をさまざまな細胞へと分化誘導し二次胚を形成することに気づいた。ボディープランを担う胚領域が発見された瞬間だった。この研究成果は非常に高く評価されたが，彼女は不運にも火災事故で他界し，ノーベル賞はシュペーマンに贈られることとなった。

シュペーマンがノーベル賞を受賞した1930年代以降，科学者たちはボディープランを誘導する物質の特定に取りかかっていた。しかし，その実現には60年近い歳月が必要だった。その間，ショウジョウバエのみならず両生類でも(E)ホックス遺伝子群が見つかるなどの進展を示した。そして，両生類のボディープラン形成には，(F)BMP（骨形成タンパク質），コーディン，ノギンの3つのタンパク質が関与することが明らかになった。

（1）　下線部（**A**）に関する次の文章の（あ）～（く）にあてはまるもっとも適切な語句を答えよ。

卵巣にある（　あ　）細胞は（　い　）分裂により増殖し，その一部は卵黄を備える（　う　）細胞となる。（　う　）細胞の核相は（　え　）であるが，減数分裂第一分裂を経て（　お　）細胞となるとその核相は（　か　）になり，（　お　）細胞ひとつあたりの染色体数はヒトの場合（　き　）本となる。減数分裂を終えると一つの大きな卵が形成され，これの極体が生じた側を（　く　）極という。

（2）　下線部（**B**）は今では胚葉として知られる。以下に示す組織の由来について，3つの胚葉に分けて記号で答えよ。

（ア）心臓　（イ）脳　（ウ）すい臓　（エ）角膜
（オ）つめ　（カ）真皮　（キ）肺　（ク）血球

（3）　カエルの背腹軸は受精時の精子の進入位置によって決定される。カエルの背腹軸決定に関する次の文章を読み，以下の問い①と②に答えよ。

βカテニンは卵全体に分布しており，一方ディシェベルドは植物極側に局在する。卵は受精すると，表層の細胞質がおよそ30°回転し（　i　）が形成される。この時，ディシェベルドも（　i　）側に移動する。βカテニンは特定のタンパク質分解酵素存在下で分解されるが，ディシェベルドはその酵素活性を抑えるはたらきがある。こうしてディシェベルドが存在する側で，βカテニン濃度が（　ii　）。βカテニンは調節タンパク質としてはたらき，βカテニン濃度に応じてさまざまな遺伝子の転写が調節される。βカテニン濃度が高いと（　iii　）に関するさまざまな調節遺伝子の発現を引き起こす。このようにして，βカテニン濃度勾配が両生類の背腹軸決定に重要な役割を担っている。

① （i），（ii），（iii）にあてはまるもっとも適切な語句を次の選択肢（ケ）～（ト）からそれぞれ一つ選び，記号で答えよ。

（ケ）卵割腔　　（コ）胞胚腔　　（サ）灰色三日月環
（シ）原腸胚　　（ス）高くなる　　（セ）低くなる
（ソ）等しくなる　　（タ）前側形成　　（チ）後側形成
（ツ）背側形成　　（テ）腹側形成　　（ト）右側形成

② 胞胚におけるβカテニン濃度勾配を図1に従い，黒色の濃淡で示し作図せよ。

図1　濃度勾配の表現方法
高濃度を黒で，低濃度を白で濃度勾配を示す。

（4） サンショウウオの胚葉培養実験に関する次の文章を読み，以下の問い①と②に答えよ。

胞胚からアニマルキャップと呼ばれる予定外胚葉と予定内胚葉を取り出し別々に培養すると，それぞれが外胚葉と内胚葉に分化することが知られている。一方，アニマルキャップと予定内胚葉を密着させて培養すると，予定外胚葉側から中胚葉が生じる。これを中胚葉誘導と呼ぶ。

①　中胚葉誘導は，予定内胚葉の植物極側で分泌される特定のタンパク質が担っている。このタンパク質の名称を答えよ。

②　実際の胚では，上記の特定のタンパク質は胞胚期にβカテニンによっても発現が誘導される。胞胚におけるその特定のタンパク質の濃度勾配を図1に従い，黒色の濃淡で示し作図せよ。また，この特定のタンパク質濃度がもっとも高い領域に接する中胚葉は，神経胚の時期に何に分化しているか答えよ。

〔解答欄〕

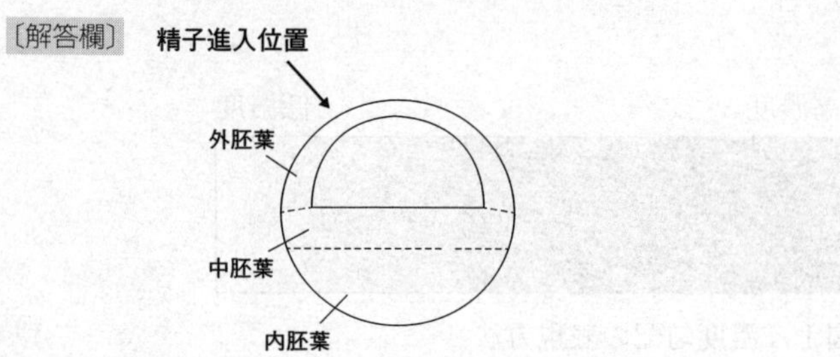

（5）　下線部（C）の観察結果を得るには一定の条件が必要である。髪の毛で受精卵をどの位置でしばると下線部（C）の結果が得られるか，次の選択肢（ナ）～（ネ）の中でもっとも適切なもの一つを選び，記号で答えよ。

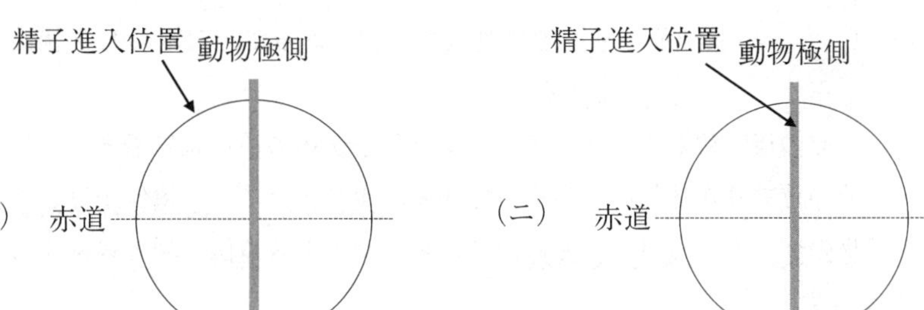

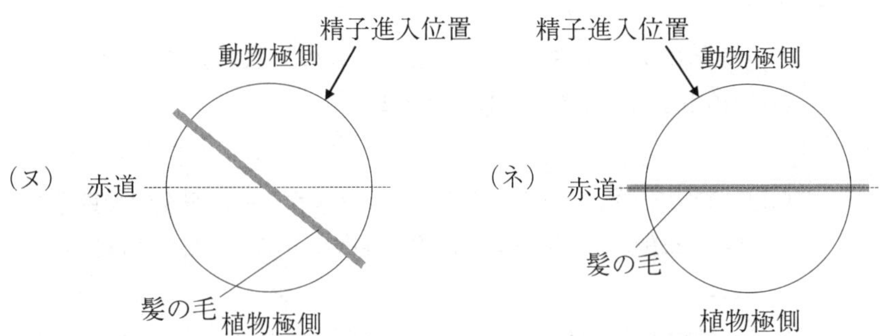

(6) 下線部(**D**)のような性質を示す胚の領域を一般に何と呼ぶか,またカエルやイモリなどの初期原腸胚におけるこの領域は具体的に何と呼ばれるか答えよ。

(7) 下線部(**E**)に関する次の文章を読み,以下の問い①と②に答えよ。

ショウジョウバエでは,ホメオティック遺伝子が発現するまでの過程で分節遺伝子がはたらいている。分節遺伝子は発現様式などによって,次のように3つに分類されている。

(け)遺伝子:特定の位置で 14 本のしま状に発現し,体節内の前後を決める。

(こ)遺伝子:いくつかの母性効果遺伝子により,前後軸に沿って特定の領域で発現する。

（　さ　）遺伝子：母性効果遺伝子などによって，7本のしま状に発現する。

その後，複数のホメオティック遺伝子が体の前後軸に沿って発現し，その重なりが体節の性質を決定する。ホメオティック遺伝子はどの動物のゲノムにも見いだされ，これらをホックス遺伝子群と総称する。

① 文中の（け）～（さ）にあてはまるもっとも適切な語句を答え，これら分節遺伝子の発現順序を記号で答えよ。

② 波線部に関する内容として正しいものを次の選択肢（a）～（d）の中から一つ選び記号で答えよ。

（a） 動物の形や発生のしかたはさまざまなため，種々の動物のホックス遺伝子の塩基配列に類似性はないが，はたらきは似ている。
（b） 動物の形や発生のしかたはさまざまなため，種々の動物のホックス遺伝子の塩基配列に類似性もなく，はたらきも異なる。
（c） 動物の形や発生のしかたはさまざまであるが，種々の動物のホックス遺伝子塩基配列に類似性はあり，はたらきも似ている。
（d） 動物の形や発生のしかたはさまざまであるが，種々の動物のホックス遺伝子塩基配列に類似性があり，はたらきは異なる。

（8） 下線部（**F**）がどのようにボディープラン形成にはたらくか100字以内で答えよ。

（50点）

〔Ⅲ〕 次の文章を読み，問い（1）～（8）の答えを解答用紙の（二）の〔Ⅲ〕の該当する欄に記入せよ。

地球上に生物が誕生してから現在にいたるまで，生物は進化と絶滅を繰り返してきた。生物がどのように進化してきたのかは，地層に埋まっている化石の研究や，現代の生物の形態や発生，行動，遺伝子，生態等の研究を通して推測することができる。

地球上の古い岩石を調べた研究から，最初に生命が誕生したのは今から35億年以上前であり，最初の生物は海中で生活する原核生物であったと考えられている。初期の生物は火山活動によって放出されたメタンや水素などを用いて有機物を合成する$_{(A)}$独立栄養生物か，周囲の有機物を分解してエネルギーを得る従属栄養生物であったと推測されている。その後，$_{(B)}$光合成細菌の出現によって大気中に酸素が産生されるようになり，約20億年前には$_{(C)}$真核生物が誕生した。この頃，真核生物は酸素を利用する呼吸によってエネルギーを獲得するようになったと考えられている。

地球の地層を調べると，出現する生物化石の種類が大きく変化する境界がある。約5.4億年前の地層では，それ以前と比べて発見される生物化石の種類，数が急増する。この時代を古生代カンブリア紀といい，この生物の多様化，急激な増加を$_{(D)}$カンブリア大爆発という。その後古生代オルドビス紀までに大気中の酸素濃度が増加することで生物が陸上に進出するようになり，シダ植物や裸子植物が出現した。また，動物の陸上進出も見られ，古生代に繁栄した魚類の中から陸上生活ができる両生類が出現し，は虫類も誕生した。原始的な哺乳類が出現したのは中生代三畳紀の頃とされている。中生代ジュラ紀，白亜紀には恐竜を含む大形は虫類などが繁栄したが，約6,600万年前の白亜紀末にそのほとんどが絶滅した。この絶滅によって，哺乳類や鳥類の$_{(E)}$適応放散が起こったと考えられる。$_{(F)}$人類が出現するのはさらに後の新生代に入ってからである。

（1） 下線部（A）について，無機物の酸化によって得られた化学エネルギーを利用して有機物を合成する生物として，硝化細菌などがいる。

次の文章を読み，空欄（あ）～（う）にあてはまるもっとも適切な語句を答えよ。

現在，硝化細菌は土壌中に豊富に存在し，陸上生態系の窒素循環において重要な役割を果たしている。亜硝酸菌は（　あ　）を酸化して（　い　）とエネルギーを産生し，硝酸菌は（　い　）を酸化して（　う　）とエネルギーを産生する。

（2） 下線部（**B**）について，光合成を最初に行った生物は，硫化水素などを利用した光合成細菌と考えられており，酸素を発生しない。このようなはたらきをもつ光合成細菌を以下の（あ）～（し）からすべて選び，記号で答えよ。

（あ） 大腸菌　　（い） アメーバ
（う） アゾトバクター　　（え） 紅色硫黄細菌
（お） キイロタマホコリカビ　　（か） 乳酸菌
（き） ネンジュモ　　（く） ミズカビ
（け） コロナウイルス　　（こ） ミドリムシ
（さ） クロストリジウム　　（し） 緑色硫黄細菌

（3） 下線部（**C**）に関して，真核生物に分類されるものを問い（2）の選択肢（あ）～（し）からすべて選び，記号で答えよ。

（4） 下線部（**D**）に関して，カナダのロッキー山脈に分布する頁岩（けつがん）から動物の化石が多数見つかっている。この動物群の名称を答えよ。

（5） 下線部（**E**）について述べた文章として，もっとも適切なものを以下の（ア）～（オ）の中から一つ選び，記号で答えよ。

（ア） 生存や繁殖に有利な形質をもつ個体が増えていく。

（イ） さまざまな変異をもつ個体からなる集団が，自然選択によって環境に適応した形質をもつ集団になる。

（ウ） 共通の祖先をもつ生物群が，さまざまな環境に適応した形態や機能をもつようになり多くの種に分かれる。

（エ） 異なる系統の生物が，同じような環境に適応してよく似た特徴をもつ。

（オ） 種間競争で一方の種が他方の種を駆逐する。

（6） 下線部（**F**）に関して，次の文章を読み，以下の問い①，②に答えよ。

初期の人類は猿人と呼ばれる。最古の猿人の化石は（　a　）のもので，約700万年前の地層から見つかった。その後，約400万年前にアルディピテクス・ラミダスが現れ，その後（　b　）類が出現した。これら猿人類は$_{(\mathbf{G})}$直立二足歩行していたと考えられている。約200万年前に現れた（　c　）などの原人は，猿人よりも大きな脳をもち，火や石器を使用していたとされる。その後，（　d　）などの旧人が現れ，約20万年前に現生の人類である（　e　）が出現した。（　d　）は現生人類とは別系統の人類であり，現生人類と共存している時期があったと考えられているが，約3万年前に絶滅したとされる。現在，地球上に生息する人類は（　e　）の1種のみである。

① 文章中の空欄（a）～（e）にあてはまるもっとも適切な語句を，次の（ア）～（オ）からそれぞれ一つ選び，記号で答えよ。

（ア） ホモ・ネアンデルターレンシス
（イ） ホモ・エレクトス
（ウ） ホモ・サピエンス
（エ） サヘラントロプス・チャデンシス
（オ） アウストラロピテクス

② 下線部（G）に適している骨格の特徴としてあてはまるものを，次の（ア）～（ク）の中からすべて選び，記号で答えよ。

（ア） 縦長の骨盤
（イ） 横広の骨盤
（ウ） 大後頭孔が頭骨の真下に開口
（エ） 大後頭孔が頭骨の斜め下に開口
（オ） 大後頭孔が頭骨のほぼ真横に開口
（カ） S字状に湾曲した脊柱
（キ） L字状に屈曲した脊柱
（ク） 発達した土踏まず

（7） 現代の生物の生態から，進化のようすを類推することもできる。イチジクとイチジクコバチは相互に依存して進化した「共進化」の好例である。イチジクとイチジクコバチの共生関係に関する次の文章を読み，以下の問い①と②に答えよ。

イチジクは「無花果」と書かれるように，花がないのに実をつけるように思われるが，実際は実の中に雄花や雌花を作る。この実のことを花のうと呼ぶ。イチジク属植物には，花柱の長さが異なる2種類の雌花を作る種があり，このようなイチジクに対し，ある種のイチジクコバチと呼ばれる昆虫が専属の花粉の運び屋となっている。花粉をつけたイチジクコバチのメスが花のうに入ると，受粉が完了する。一方，イチジクコバチのメスの目的は，花のうの中で産卵することにある。イチジクコバチのメスは，産卵管を花柱先端から差し込んで産卵する。この時，花柱の短いめしべに対しては産卵管が子房まで届くため産卵できるが，花柱の長いめしべでは，産卵管が子房に届かないため産卵されない。その結果，花柱の短い雌花はふ化した幼虫に食べられるため種子が作られない一方，花柱の長い雌花では受粉のみが行われ，種子が作られる。産卵を終えたイチジクコバチのメスは花のうの中で一生を終える。

花のうの中で次世代のイチジクコバチが生まれると，そのまま花のうの中で羽化し，交尾も花のうの中で行われる。その後メスは花粉を体につけたまま花のうの外へ飛び立ち，次の花のうへと花粉を運ぶが，オスは翅（はね）をもっておらず，花のうから出ることができないため，オスは花のうの中で一生を終える。イチジクとイチジクコバチはお互いの生存，繁殖に影響をおよぼし合いながら進化した結果，このような共生関係が成立した。

① イチジク属植物の中には，雌雄異株が存在する。この場合，雄株の花のうには花柱の短いめしべとおしべが，雌株の花のうには花柱の長いめしべのみがある。交尾後に花粉をつけたイチジクコバチのメスが各株に入るとどうなるか，次の文章（ア）～（カ）から適切なものを二つ選び，記号で答えよ。

（ア） 雌株の花のうでは，産卵できるが，種子はできない。
（イ） 雌株の花のうでは，産卵できないが，種子はできる。
（ウ） 雌株の花のうでは，産卵できず，種子もできない。
（エ） 雄株の花のうでは，産卵できるが，種子はできない。
（オ） 雄株の花のうでは，産卵できないが，種子はできる。
（カ） 雄株の花のうでは，産卵できず，種子もできない。

② 花のうの外側から産卵管を差し込んで産卵するコバチも存在することが知られている。この場合，イチジクはコバチに寄生された状態といえる。これと同じ関係にある生物の組み合わせとしてもっとも適切なものを次の（ア）～（オ）から一つ選び，記号で答えよ。

（ア） ハダニとカブリダニ
（イ） クロオオアリとアブラムシ
（ウ） ナマコとカクレウオ

(エ) モンシロチョウの幼虫とアオムシコマユバチ

(オ) モンシロチョウとスジグロシロチョウ

(8) 生物が世代を経るに従い，DNAの塩基配列やタンパク質のアミノ酸配列は変化する。このような変化を分子進化と呼ぶ。分子進化に関する次の問い①と②に答えよ。

① 分子進化におけるDNAの塩基配列の変化や，タンパク質のアミノ酸配列の変化について説明した以下の文章のうち，内容が正しいものを（ア）～（オ）から一つ選び，記号で答えよ。

(ア) DNAの塩基置換では，非同義置換が頻繁に起こる。

(イ) DNAの塩基配列中のイントロンで生じた塩基配列の変化速度は，エキソンの場合と比べて大きい。

(ウ) タンパク質の機能に不利な影響を及ぼすアミノ酸の変化速度は，影響の少ないアミノ酸の場合と比較して大きい。

(エ) タンパク質の機能に影響を与えないアミノ酸に変化が生じた場合，自然選択によって取り除かれやすい。

(オ) 共通の祖先をもつ二つの種の遺伝子の塩基配列を比較した場合，配列の違いは種が分かれてからの期間が長いほど小さい。

② DNAの塩基配列情報をもとに分子系統樹を作成する方法の一つに最節約法がある。最節約法では，塩基配列を比較して，塩基配列の変化の総数がもっとも少ない系統樹を選択する。ある生物群（種1，2，3）の特定の塩基配列を種0の塩基配列と比較したところ表1のようであった。なお，種0は種1～3と系統的にもっとも遠く離れているとする。

表１　ある生物群の特定の塩基配列

	1	2	3	4	5
種１	G	T	G	T	G
種２	G	A	G	A	G
種３	G	A	T	A	G
種０	A	A	G	T	G

＊１～５は，DNA の５か所の塩基を示す。

この表から考えられる系統樹は次の（あ）～（う）である。これら系統樹のうち，塩基の置換回数がもっとも少ないものを一つ選び，記号で答えよ。またその置換回数は何回か答えよ。

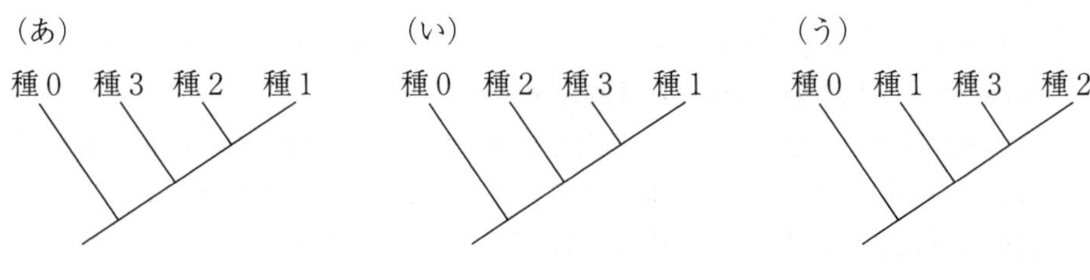

（50点）

解答編

英語

I

解答　A. (X)―3　(Y)―4　(Z)―4

B. (a)―2　(b)―1　(c)―1　(d)―2　(e)―1　(f)―3　(g)―1　(h)―3　(i)―1　(j)―2

C. (ア)―2　(イ)―1

D. あ―1　い―5　え―4

E. 1・3・8

◆全　訳◆

≪Huh? という言葉の重要性と普遍性≫

人類は様々な言語を話すが，私たちは困ったときは一つになるかもしれない。新しい研究によって，世界中の言語が調査され，人間が口に出す普遍的な言葉が発見された。それは「Huh?（え？）」である。

研究者たちは，5つの大陸にある都市や僻地にある村を訪れ，10種類のまったく異なる言語の母語話者のもとを訪問した。何気ない会話を約200回にわたって録音した結果，どの言語にも「Huh?」にあたる言葉があることがわかり，しかもその音が驚くほど似ていることがわかった。

一見すると，「Huh?」はなにげなく発される言葉に思われるが，かみ合わない会話をつなぎとめる接着剤であることが，世界中をまわった研究チームによって，金曜日に『プロス・ワン』誌において発表された。この言葉が何度も出てくるということは，言語における「収斂進化」の驚くべき事例を明らかにするものであると研究チームは付け加えた。

英語では，「Huh?」は非常に評判の悪い発言である。この単語は，いわゆる「会話における相槌」と呼ばれるものと同じで，会話の隙間を埋める「あー」「ええと」などのつなぎ言葉と見なされている。しかし，この言葉は会話の中で重要な役割を果たしている，とスタンフォード大学の心理学者で言語を研究しているハーバート＝クラークは言う。

ある人がちょっとした情報を聞き逃し，意思疎通が途切れたとき，それを素早く，簡単に，かつ効果的に修正する方法が必要なのだ，と彼は言う。この研究に参加していないクラークは「修復する能力がなければ，会話は成立しない」と語った。「それはどんな会話であっても，皆が必要としているものだ」

「Huh?」のようなものがなければ，会話はわずかな誤解であっという間に元に戻せないほど狂ってしまうかもしれない。これは，生き残るために円滑な意思疎通することに依存している高度な社会性を有する種にとって，悪い知らせとなる。この研究のために，オランダのマックス・プランク心理言語学研究所の科学者たちは，「Huh?」が，確かに奇妙ではあるが，十分に発達した言葉としての機能を持つ地位を獲得していることを示そうとした。さらに，他の言語にも同じような機能を持つ類似の単語があるかどうかも調べようとした。

問題は，「Huh?」が言語の特徴のなかでも重要ではないもののように思われるので，記録されないことが多いと，この研究に携わった言語人類学者のニック＝エンフィールドは言っている。この言葉が言語学の文献にあまり出てこないのは，遠隔地の言語を話す人々を記録する研究者は，このような記憶に残らないつなぎ言葉を無視しがちだからなのだ。

研究者たちは，他の言語でも「Huh?」に相当するものがあるかどうかを調べるには，自分たちで行ってみなければならないと思っていた。そこで彼らはエクアドル，ラオス，ガーナ，オーストラリアにある僻地の村に向かい，何週間もかけて現地の人々と知り合いになった。彼らは，自然でくだけた会話を録音する前に，人々の信頼を得て，おそらく自然な環境下で普通に「Huh?」が使われる事例を聞き取らなければならないと感じていた。

「私たちが収集した会話の種類は，朝食のテーブルで，あるいは夕方に手芸をしているときに，あなたと私が交わすような会話です」とエンフィールドは言っている。この「Huh?」収集家たちは，スペイン，オランダの研究所だけでなく，イタリア，ロシア，台湾の家庭も訪れた。調査した言語はチャパラ語，オランダ語，アイスランド語，イタリア語，ラオス語，標準中国語，ムリンパタ語，ロシア語，シウ語，スペイン語である。（中略）

解答編

これらの言語間で，彼らは「Huh?」の顕著な類似性を発見した。すべての語が 1 音節で，それらは前舌低母音に限定されることが多く，「ah」や「eh」のようなものであった。英語の Huh? やオランダ語の Heh? のように，この単純な単語が子音で始まることもある。(中略) 10 の言語すべてにわたって，少なくとも 64 もの単純子音があったが，その単語は常に H または声門閉鎖音（英語の uh-oh の真ん中の音）で始まっていたのである。

どの言語の「Huh?」も，2 つの重要なテストに合格しており，明らかに単語であると科学者たちは述べた。それぞれの言語の「Huh?」は話者が身につけなければならないもので，常にその言語のルールに則っている。例えば，英語圏の人たちは，声を高くして質問するので，「Huh?」と言うとき，声は高くなる。アイスランド語話者は，質問をするときに声を下げるので，案の定，「Ha?」と尋ねるとトーンが下がるのだ。(中略)

カリフォルニア大学ロサンゼルス校の社会学者であるターニャ＝スティーバーズは，この研究には参加していないが，「これは驚くべきことです」と述べている。「確かに微妙に違うことがわかりますし，特定の言語に合わせて適応しているようです。それはおもしろいと思います」 何しろ，同じ意味の言葉でも，言語が違えば響きもまったく違うからだ，とスティーバーズは指摘している。例えば，英語の「Apple」はスペイン語では「manzana」，日本語では「ringo」，ウルドゥー語では「saib」である。では，なぜ「Huh?」は，たとえば「bi」とか「rororo」のように，無関係な言語間でまったく異なる音にならないのだろうか？

オランダの研究者たちは，この言葉は特定の環境下で明らかに必要とされること，すなわち聞き手との空白を話し手に埋めさせることで，かみ合わない会話をすぐに修復しようとするために生じたからだと考えている。「ee」のような高母音や，唇を丸くして発音する「oo」のような音と比べて，「ah」，「eh」のような前舌低母音を出すのは最小限の労力で済む。声門閉鎖音や「h」も同様で，音を出すのにほとんど口を動かす必要がない。これによって，話し手はちょっとした情報を聞き逃したことをすぐに伝え，その情報を再度要求することができる。(中略)

言語学者たちは，この現象を説明するために生物学から「収斂進化」という言葉を借用した。ちょうどサメとイルカが，まったく異なる系統の生き物であるにもかかわらず，水中で成長するために同じ体型に進化したように，すべての言語は，特定の問題を解決するために非常に便利であることから，「Huh?」を発達させた，と研究者は述べている。

イギリスのレディング大学で言語進化を研究しているマーク＝ペーゲルは，『プロス・ワン』の研究には参加していないが，「『Huh?』はほぼ間違いなく自由に何回も何回も作られた」と述べた。「そしてそれが普遍的に見える理由なのです」

◀解　説▶

A．(X)直前に relies があることから 3 が正解。rely on *A*「*A* に頼る」

(Y)直前に akin があることから 4 が正解。akin to *A*「*A* と類似して，*A* と同種の」

(Z)直前に compared があることから 4 が正解。compared *A* with *B* は「*A* と *B* を比較する」という意味で，ここでは受動態の分詞構文になっている。

B．(a)remote は「遠く離れた，へんぴな」という意味なので，2 が正解。1 は「農業の」，3 は「空っぽの，何もない」，4 は「小さい」という意味。

(b)remarkably は「著しく，目立って」という意味なので，1 が正解。2 は「時折」，3 は「不完全に，部分的に」，4 は「仮に，試験的に」という意味。

(c)空所 X を含む文より，「Huh?」のようなものがなければ，会話はどうなるのかと考え，下線部は否定的な意味になると推測できるので，1 が最も近い。derail は「狂わせる，脱線させる」という意味。2 は「深める」，3 は「勇気づける」，4 は「続ける」という意味。

(d)set out は「～しようと決心する，出発する」という意味なので，2 が正解。1 は「減少した」，3 は「確立した」，4 は「立った」という意味。

(e)crop up は「(不意に) 生じる，起こる」という意味なので，1 が正解。2 は「登る」，3 は「消える」，4 は「持ち上げる」という意味。

(f)counterparts は「対応〔相当〕する物〔人〕」という意味なので，3 が正解。1 は「特徴的な発音，なまり」，2 は「訂正 (箇所)」，4 は複数形になっているので「意見，希望」という意味。

(g)instances は「場合」という意味なので，1 が正解。2 は「指示，命令」，3 は「誤った発音」，4 は「代わり，代用品」という意味。

(h)key はここでは test という名詞の前に置かれているので，形容詞として働く。「重要な」という意味なので，3．「不可欠な」が正解。1は「簡単な」，2は「入口」，4は「正確な」という意味。

(i)slightly は「わずかに，かすかに」という意味なので，1が正解。2は「たくさん」，3は「完全に」，4は「定期的に」という意味。

(j)thrive は「よく育つ，繁栄する」という意味なので，2が正解。1は「飛び込む」，3は「縮む」，4は「泳ぐ」という意味。

C．(ア)波線部は「現地の人と知り合いになること」という意味。get acquainted with *A*「*A* と知り合いになる」 locals は複数形になっていることから名詞として使われていることがわかり，「現地の人，地元の人」という意味。becoming familiar with と言い換えている2が正解。1は「現地で使われている言語を習得すること」，3は「現地を探検すること」，4は「現地の文化を研究すること」という意味。

(イ)波線部は直訳すると「聞き手の空白を埋める」という意味。具体的には，「(話し手が) 聞き手とわかり合えてない部分を埋める」ということなので，1．「聞き手に物事をわかりやすく説明する」が正解となる。2は「聞き手に新たな話題を紹介する」，3は「聞き手が注意を払っていないということを認識する」，4は「聞き手が会話に参加していることを示す」という意味。

D．解答へのプロセスは以下の通り。

①空所（　あ　）の直前の This を主語と考えると，次に動詞がくるので三人称単数形になっている allows が入る。

②空所（　い　）は allow の目的語になり，目的語は名詞でなければならないので，speakers が入る。listener も名詞だが，冠詞がなく，さらに複数形になっていないことから，文法的に空所には入らない。allow *A* to *do* で「*A* に～させる」という意味で，ここでは signal が *do* に当たる。

③空所（　う　）の後ろに they missed という文が続いていることから，接続詞 that を入れる。signal that ～ は「～ということを合図する」という意味。

④空所（　え　）の直前にある接続詞 and が動詞を結ぶ働きをしていると考える。ここでは signal が原形になっていることから，同じ原形の request を入れると文意が通る。

E．それぞれの選択肢の意味と正誤の根拠は以下の通り。

1．「人間は多くの言語を話すが，彼らは皆，同じような方法で，『Huh?』を使うことがある」

→第1段第2文（A new study …）で，世界中の言語を調査した結果，人間が口に出す普遍的な言葉「Huh?」が発見されたと書かれているので，合致する。「普遍的な言葉」とはここではいろいろな場所に広く浸透している言葉という意味である。

2．「スタンフォード大学の心理学者，ハーバート＝クラークによると，英語では，『Huh?』は『mm-hmm』よりも重要ではないということだ」

→第4段最終文（But it plays …）において，ハーバート＝クラークは「Huh?」は会話の中では重要な役割を果たしていると述べているが，「Huh?」は「mm-hmm」よりも重要ではないとは書かれていないので，誤りである。

3．「マックス・プランク心理言語学研究所の科学者たちは，他の言語にも意思疎通の失敗を解決するために，『Huh?』に似た言葉があるかどうかを知りたかった」

→第6段最終文（They also wanted …）において，他の言語にも「Huh?」に似た機能を持つ単語があるかどうかも調べようとしたとあるので，これに一致する。

4．「ニック＝エンフィールドは，研究者が収集した会話が，研究者自身の日常会話と大きく異なっていることに感銘を受けた」

→第9段第1文（“The kind of …）において，ニック＝エンフィールドは「収集した会話は，私たちが日常的に行っているようなものだった」と述べているので，誤りである。

5．「研究者たちは，調査した10言語に含まれる64個の簡単な子音から，『Huh?』と似た音の単語はすべて意味が著しく異なることを発見した」

→第10段第1文（Across these languages …）において，異なる言語間での「Huh?」の類似性を発見したと述べられている。これを受けて第10段最終文（Across all 10 …）で，10言語に含まれる64個の簡単な子音を調べた結果，「Huh?」と似た音の単語は常にHまたは声門閉鎖音で始まっていることがわかったと報告しているが，意味が著しく異なるとは述べられていないので，誤りである。

6.「『Huh?』はどの文化圏でも学ぶ必要があるが，必ずしもその地域の言語のルールに則っていないことがわかった」
→第 11 段第 1 文（Every version of…）において，「Huh?」はその地域で話されている言語のルールに従うと書かれているので，誤りである。
7.「ターニャ＝スティーバーズは，同じ意味を持つ単語が異なる言語間では驚くほど音がよく似ていることに気づいた」
→第 12 段第 4 文（After all, Stivers…）において，同じ意味の言葉でも，言語が違えば響きもまったく違うと指摘しているので，誤りである。
8.「この記事において『収斂進化』という用語は，『Huh?』のような言葉が同じような問題を解決するために，様々な言語で自由に出現する過程を指す」
→第 14 段および第 15 段第 1 文（"'Huh?' has almost…）より，それぞれの言語が問題解決のために，自由に「Huh?」のような言葉を発達させ，その過程を「収斂進化」と呼んでいることがわかるので，合致する。

Ⅱ 解答

A．(W)－2 (X)－2 (Y)－2 (Z)－4
B．(a)－3 (b)－4 (c)－3 (d)－2 (e)－3 (f)－2 (g)－1 (h)－2 (i)－2
C．(ア)－2 (イ)－4 (ウ)－2
D．あ－7 い－3 え－1
E．1・6
F．全訳下線部参照。

◆全　訳◆

≪画面上で文章を読むときの問題点≫

多くの研究により，画面上で読むと，印刷物で読むときほどには内容を理解できないことがわかっている。さらに悪いことに，多くの人は自分が理解できていないことに気づいていないのだ。例えば，スペインとイスラエルの研究者たちは，デジタルと印刷物での読書を比較した 54 の研究を詳しく調べた。2018 年の研究では，171,000 人以上の読者を対象とした。理解力はデジタル文章よりも印刷物を読んだ方が全体的に優れていることがわかったのだ。研究者たちはその結果を『教育研究レビュー』に発表した。

パトリシア＝アレクサンダーは，メリーランド大学カレッジパーク校の心理学者だ。彼女は私たちがどのように学ぶかを研究している。彼女の研究の多くにおいて，印刷物で文章を読む場合と，画面上で読む場合の違いについて精査されている。アレクサンダーによると，学生はしばしばネット上で読んだ方が勉強になると思っているそうだ。しかし，調べてみると，実は印刷物で読んだときよりも学習効果が低いことがわかっているのだ。

読書は読書ではないのか？（読むことに変わりはないでしょ？） いや，そういうわけではない。マリアンヌ＝ウルフはカリフォルニア大学ロサンゼルス校に勤めている。この脳神経科学者は，脳がどのように読むかを専門としている。読書は自然なことではない，と彼女は説明している。私たちは周りの人の話を聞いて，話すことを学ぶ。それはかなり無意識にしていることである。しかし，読めるようになるには，本当に努力が必要なのだ。ウルフは，脳には読むためだけの特別な細胞ネットワークがないからだと指摘している。

文章を理解するために，脳は他のことをするために進化したネットワークを借りている。例えば，顔を認識するために進化した部分が，文字を認識するために呼び出されるのだ。これはある道具を新しい用途に適応させるのと似ている。例えば，コートを掛けるハンガーは服をクローゼットに片づけるのに最適だ。しかし，もし冷蔵庫の下にブルーベリーが転がっていたら，コートハンガーをまっすぐに伸ばして，冷蔵庫の下に手を入れ，フルーツを取り出すのにそれを使うかもしれない。あるもののために作られた道具を，新しいもののために応用するのだ。それが読書をするとき，脳がしていることである。

脳がこれほど柔軟なのは素晴らしいことだ。その柔軟性が，私たちが多くの新しいことを学べる理由のひとつである。しかし，その柔軟性が，様々な種類の文章を読むときには問題になることがある。ネット上で読むとき，脳は印刷物を読むときに使うものとは異なる細胞間の結合を作る。脳は基本的には同じ道具を新しいタスクに再び応用させているのだ。これは例えばコートハンガーを，ブルーベリーを取るためにまっすぐに伸ばすのではなく，排水管の詰まりを取るために，それを曲げてフックにしてしまうようなものである。同じ道具でありながら，まったく異なる形をしているのだ。

その結果，画面で読んでいるときは，脳が拾い読みモードに陥るかもしれない。印刷物を読むとなると，それは深読みモードに切り替わるかもしれない。しかし，これは文章を読む媒体にだけ原因があるわけではない。これは文章をどう想定しているかにもよる。ナオミ＝バロンはこれをマインドセット（心構え）と呼んでいる。バロンは言語と読書を研究する科学者だ。彼女はワシントン D.C. にあるアメリカン大学で教鞭をとっている。バロンはデジタル読書と学習に関する新刊『今，いかに読むべきか』の著者である。彼女によると，マインドセットが働く方法のひとつは，読書がどれだけ簡単か，あるいは難しいかを予測することだそうだ。簡単だと思えば，私たちはあまり努力をしないかもしれない。

私たちが画面上で読むものの多くは，メールの文章やソーシャルメディアへの投稿だ。それらはたいてい理解しやすいものだ。なのでメリーランド大学のアレクサンダーは「画面上で読むと，人は速く読める」と言っている。「彼らの目は紙で読むよりも速くページや言葉をざっと読みます」

しかし，速く読むと，すべてのアイディアを印刷物で読むときほどうまく吸収できないことがある。その高速拾い読みは，画面上での読書に関連した習慣になる可能性があると彼女は言っている。学校の課題を読むために，携帯電話の電源を入れたと想像してみよう。脳は TikTok の投稿をすばやく拾い読みするために使用するネットワークを起動させるかもしれない。これはあの古典的名著『アラバマ物語』のテーマを理解しようとする場合，役に立たない。また化学元素の周期表のテスト勉強をする場合にも役に立たないだろう。

画面上での読書で問題になるのはスピードだけではない。スクロールもそうだ。印刷されたページ，あるいは本全部を読む場合，自分がどこを読んでいるのかを把握する傾向がある。ある特定のページのどこを読んでいるのかということだけでなく，どのページ（おそらくは多くのページのうちのどこかのページだろうが）を読んでいるのかも把握しようとする。例えば，犬が死んだところは左側のページの一番上にあったと記憶しているかもしれない。だが，膨大な長さのページをスクロールしていくだけでは，そのような感覚は得られない。(中略)

メアリー＝ヘレン＝イモルディノ-ヤンは，ロサンゼルスの南カリフォルニア大学の脳神経科学者である。彼女は私たちがどのように読書をしているかを研究している。ページをスクロールすることに頭がついていかなければならない場合，読んだものを理解するための容量はあまり残されていない，と彼女は言っている。これは読んでいる文章が長かったり複雑だったりすると，特にそうなる可能性がある。ページをスクロールしている間，脳は常に目に見える言葉の配置を考慮しなければならない。そしてこれが原因で，その言葉が伝えるはずの考えを，スクロールしながら同時に理解することが難しくなるのだ。

◀解　説▶

A．(W)直前に specializes があることから，2 の in を入れる。specialize in *A* は「*A* を専門にする」という意味。

(X)直後に it comes to があることから，2 の when を入れる。when it comes to *A* は「*A* ということとなると，*A* に関して」という意味。

(Y)直前に turn があることから，2 の to を入れる。turn to *A* は「*A* に取り掛かる」という意味。print はここでは「紙に印刷された文字」という意味。

(Z)直前に keep up があることから，4 の with を入れる。keep up with *A* は「*A* に遅れずについて行く」という意味。

B．(a)took a close look at～「～をよく見た」という意味。よって，3．「調べた」が一番近い。1 は「行った，実施した」，2 は「～を退けた，却下した」，4 は「要約した」という意味。

(b)delved into～は「～を深く掘り下げた，～を徹底的に調べた，～を精査した」という意味なので，4．「調査した」が一番近い。1 は「主張した」，2 は「拡大させた」，3 は「投資した」という意味。

(c)notes はここでは主語 Wolf に対応して「言及する」という意味の動詞になっている。よって，3．「指摘する」が最も近い。1 は「不満を言う」，2 は「否定する」，4 は「～かどうか疑問に思う」という意味。

(d)called into action は「実行された」という意味なので，2．「利用された」が最も近い。1 は「削除された」，3 は「開催された」，4 は「見られた」という意味。

(e)fetch は動詞で「行って取ってくる」という意味なので，最も近いのは 3．「取り戻す，回収する」である。1 は「買う」，2 は「食べる」，4 は「転がる」という意味。

(f)absorbは「吸収する」という意味なので，2．「取り込む，吸収する」が最も近い。1は「～に同意する」，3は「使い果たす」，4は「書き留める」という意味。

(g)fire up～は「～を始動させる」という意味なので，1．「起動させる」が正解。2は「修理する」，3は「～を片付ける，～を連れ去る」，4は「（電源を）切る」という意味。

(h)themesは「主題，テーマ」という意味なので，2が正解。1は「登場人物」，3は「計画，案」，4は「世界」という意味。

(i)enormouslyは「非常に，途方もなく」という意味なので，2が正解。1は「予測されたように」，3は「比較的」，4は「驚くべきことに」という意味。

C．(ア)波線部は「脳が拾い読みモードに陥る，脳がスキムモードになってしまう」という意味。よって，skim modeをsimply glance through the textに言い換えた2の「力が抜け，文章に目を通すだけになる」が正解。1は「画面から出る光によって気が散る」，3は「一定の速度で読むことが不可能だとわかる」，4は「その場所を失い，再始動する必要がある」という意味。slip into～は「（無意識のうちに）～（の状態）になってしまう」という意味。

(イ)波線部のalsoは前文のThat's not helpfulを受けた表現だと考え，「それは役に立たないだろう」という意味。よって，4の「それは限られた援助しか与えてくれないだろう」が正解。1は「それによって，重要なポイントを逃さなくなるだろう」，2は「それによって近道をしなくなるだろう」，3は「それは大いに役立つだろう」という意味。

(ウ)波線部を含む文全体の意味を考える。「ある特定のページのどこを読んでいるのかということだけでなく，どのページ（おそらくは多くのページのうちのどこかのページだろうが）を読んでいるのかも把握しようとする」という意味。manyの後にはpagesが省略されていることから，many pagesはページ数がたくさんある本，すなわち分厚い本だと考えることができる。単数形（particular page）の前に置かれたsomeは「ある，何らかの」という意味。よって，2の「ひょっとしたら分厚い本のあるページ」が正解。1は「おそらくはそのページと本の両方」，3は「ひょっとすると他の読者の間で人気がある」，4は「多分，多くの言葉を含むページ」という意味。

D．ポイントは以下の通り。

①空所（　あ　）の前にある way と mindset の間に関係副詞が省略されていると考え，mindset から空所（　あ　）までの部分で関係副詞節を作る必要がある。よって，mindset を主語，これに対応する三人称単数形になっている動詞 works を入れる。

②空所（　い　）の直後に anticipating があり，これを動名詞と考えて前置詞 in を入れる。文語調においては，時に way is in ～ *ing* という形がとられる場合があるが，in の存在の有無にかかわらず，「～な方法は…であること」と考えればよい。

③空所（　う　）の直後に形容詞句 easy or hard がきていることから，how を入れる。how は「how＋形容詞または副詞＋SV」という形で用いると，「どれだけ～か」という意味になる。

④空所（　え　）の直前に we があることから，これに対応する動詞 expect を入れる。expect *A* to *do* は「*A* が～すると考える」という意味。

E．それぞれの選択肢の意味と正誤の根拠は以下の通り。

1．「171,000 人以上の読者を対象にした調査から，スペインとイスラエルの研究者は，画面上よりも印刷されたものを読む方が文章をよく理解することがわかった」

→第 1 段第 4・5 文（Their 2018 study … than digital texts.）に合致する。read print が reading in print に，（read）digital texts が（reading）on-screen に言い換えられている。

2．「心理学者のパトリシア＝アレクサンダーは，学生はしばしば画面上で文章を読むと学習効果が低いと思っているが，実は印刷された文章を読むときよりも学習効果が上がると述べた」

→第 2 段第 4 文・5 文（Alexander says students … reading in print.）に書かれている内容と逆なので，誤りである。

3．「脳神経科学者のマリアンヌ＝ウルフは，私たちは周りの人が話しているのを聞くことで自然に読むことを学ぶと説明している」

→第 3 段第 5・6 文（Reading is not … those around us.）および同段第 8 文（But learning to …）より，読むことは自然に学べず，人の話を聞いて習得できるのは読むことではなく，話すことなので誤りである。

4.「ネット上で文章を読む場合と印刷された文章を読む場合には，脳細胞間で同じ接続が起こる」
→第5段第4文（When we read…）より，ネット上で読むとき，脳は印刷物を読むときに使うものとは異なる細胞間の結合を作ることがわかるので誤りである。

5.「パトリシア＝アレクサンダーによると，画面上で読む人は長い文章を扱わなければならないため，通常速く読むことができるという」
→第7段第3文（So, "when people…）と同段最終文（"Their eyes scan…）において，画面上で読む人は読むのが速いと書かれているが，その理由は，紙で読むよりも画面上ではページや言葉をざっと読むからだと書かれているので，誤りである。

6.「メアリー＝ヘレン＝イモルディノ-ヤンによると，画面をスクロールして読んでいるとき，私たちは文章を理解するために利用できる容量がほとんどないという」
→最終段第3文（When your mind…）に合致するので，正解となる。doesn't have a lot of resources left が few resources available に，understanding what you're reading が comprehend a text に言い換えられている。

F．文全体の主語は this，動詞は make である。また make it harder という第5文型になっているので，make は「O を C にさせる」という意味だと判断できる。it は形式目的語で to 以下を指しており，さらに ideas と those の間には，目的格の関係代名詞 that（which）が省略されている。simultaneously は「同時に」という意味だが，ここでは「スクロールしながら同時に」ということを表している。the ideas those words should convey を「それらの言葉が伝えるべき考え」では文意が通らないので，この should は「～のはずだ」という意味だと考えて訳す。

III　解答

A．(a)―2　(b)―4　(c)―3　(d)―5　(e)―9　(f)―1　(g)―10　(h)―8

B．〈解答例1〉As you get older, it can be increasingly challenging to find motivation, so it's important to work hard on training while you're young.

〈解答例 2〉 The older you get, the more difficult it can be to find motivation. That's why you have to train hard when you're still young.

◆全　訳◆

≪高校時代の体育の先生との会話≫

（公園を走っていたアランは，高校時代の体育の先生であるバクスター先生に出会う。）

バクスター先生：おはよう，アラン！　君が今も健康を維持しているのを見られてうれしいよ。今日は天気もいいね。

アラン　　　　：バクスター先生，こんにちは！　あっ，先生に会ったことで昔よく学校で走っていたことを思い出しました。

バクスター先生：そうだ，この公園に間違いなく何千人もの生徒を引率してきたよ。君はそれを楽しむ数少ない一人だったと思うよ。少なくとも，いつもそう見えていたよ。

アラン　　　　：ええ，天気がいいときはいつも楽しんでいましたね。雨の日はそうだったとは言えませんね。氷が張っていたときに起こったことを覚えていますか？　ジェンキンスが転んで鼻を骨折したことを。

バクスター先生：そうだ！　かわいそうなジェンキンスと彼に起こった不運な事故を誰が忘れられるって言うんだい？　ところで，君について教えてくれるかな。大学生活はどう？　まだ柔道をやっているの？

アラン　　　　：大学は楽しいです！　なんと，私は 2 年生を終えたところなんです。でも柔道はもうやっていません。大学には柔道部がないんです。

バクスター先生：そうかあ，それは残念だね。代わりに何か他のことをやっているの？　他のスポーツは？

アラン　　　　：はい。友人に説得されてボクシングを始めたので，今は大学のボクシング部に所属しています。日曜日も含めて週に 3，4 回練習しています。毎回 2 時間から 3 時間の練習です。勉強よりも時間を費やしているというのが正直なところです。

バクスター先生：ああ，なつかしのボクシングかぁ！　僕は 10 代の頃，ボクシングをやっていたんだよ。小さな町で誰でも教えることができた唯一の格闘技，それがボクシングだったんだ。ずっと好きだったなあ。

アラン　　　　：そうですね。トレーニングはとても厳しいですが，僕も大好きです。実は今日ここで走っているのもそのためなんです。コーチには夏休みの間，週に最低 30 km は走れって言われてるんです。

バクスター先生：週に 30 km かい？　君のような運動が得意な人にとってはたいしたことではないよね？

アラン　　　　：まあ大変ですけど，走っているだけですから。僕たちは週 3 回，ウェイトリフティングもすることになっています。それも 2 人 1 組でやっています。毎回あちこち痛いんです！

バクスター先生：私も若かったら，そういうのも楽しめるんだろうけどね。年をとればとるほど動機を見つけるのが難しくなるから，若いうちに頑張らないといけないよ。もちろん若いうちは怪我をしてもすぐ治るんだけどね。年をとると，それが恋しくなるよ！　とにかく，アラン，これ以上君をここに引き留めておくことはできないな。ランニングを続けないといけないね。

アラン　　　　：ええ，そうした方がよさそうです。あと 3 周は走ると決めています。もし元気が残っていたら，もう 1 周か 2 周走るかもしれません。先生に再会できて本当によかったです。

バクスター先生：こちらこそ，アラン，君に会えてうれしかったよ。大学生活がこれからも順調にいくことを願っているね。そしてもちろん，ボクシングも！

◀解　説▶

A．(a)空所の直前で，バクスター先生が「君は走るのを楽しむ数少ない一人だったと思うよ」と言っており，これに続く文として適切なのは，2．「少なくとも，いつもそう見えていたよ」である。that way は走るのを楽しむことを指している。

(b)空所の直前でアランが，走るのを楽しんでいた条件として天候を挙げている。よって，空所にはこの条件に関連した発言が入るので，４．「雨の日はそうだったとは言えませんね」が正解となる。

(c)空所の直前でジェンキンスに関する昔話をしており，直後では「大学生活はどう？」とたずねていることから，空所には話題を転換させる発言が入る。よって，正解は３．「ところで，君について教えてください」となる。

(d)空所の直前でアランは「大学は楽しいです」と言っていることから，その具体的な内容が入ると考えられるので，５．「なんと，私は２年生を終えたところなんです」が正解となる。

(e)空所の直後でアランは大学で入ったボクシング部の練習内容について話しているので，これの前に置く発言として適切なのは９．「日曜日も含めて週に３，４回練習しています」である。

(f)空所の直前でアランが行っているウェイトリフティングについて話しているので，その具体的内容が空所に入る。よって，正解は１．「それも２人１組でやっています」である。do that は，ウェイトリフティングをすることを指している。

(g)空所の直前でバクスター先生が「これ以上君をここに引き留めておくことはできないな」と言っていることから，アランにランニングに戻るよう促す発言が空所に入るので，10.「ランニングを続けないといけないね」が正解となる。get on with ～は「～（中断していたこと）を続ける」という意味。

(h)直前でアランが「あと３周は走ると決めています」と言っていることから，ランニングに関連する発言が続くと考える。正解は８．「もし元気が残っていたら，もう１周か２周走るかもしれません」である。

B．「年をとればとるほど動機を見つけるのが難しくなる」は，〈the＋比較級＋S’＋V’～, the＋比較級＋S＋V …〉，あるいは「～するにつれて」という意味を表す接続詞 as で表す。「動機を見つけるのが難しくなる」は形式主語を用いて，the more difficult [harder] it can be〔is〕to find motivation や it can be〔is〕increasingly challenging to find motivation などと表現する。「若いうちに頑張らないといけない」は「若い間にトレーニングをしておかなければならない」と考えて，形式主語を用いて it's important to work hard on training while you're young や，you を主語にして you have to train hard when you're still young などと書く。上記２つの文をつなぐ言葉として，so や that's why などを用いる。会話文なので短縮形を用いるのが通常である。

❖講　評

2023年度も2022年度と同様に，長文読解総合問題が２題，会話文読解問題が１題の構成で，試験時間100分，下線部和訳と和文英訳以外はすべて記号選択式であった。**Ⅰ**と**Ⅱ**は英文が長く，問題量も多いので，解答するにはかなり時間がかかる。正確さに加え，日頃から色々な英文を読み，多くの問題を制限時間内で解き，即断即決する習慣を身につける必要がある。

Ⅰは，Huh? という言葉が果たす重要性と普遍性について書かれた英文である。Huh? に当たる言葉が様々な言語に存在することが証明され，その理由について音声面から考察を加え，それぞれの言語で Huh? が果たす役割についても言及している。難度の高い専門的な表現が散見され，内容を把握しづらい箇所もあったが，具体例を手掛かりに筆者の主張を見失わないように読み進めたい。ただし，設問に関しては標準的で，紛らわしいものはなかった。

Ⅱは，紙に印刷された文章を読むときと比べて，画面上で文章を読む際に起こる問題点について論じた英文であった。内容面では**Ⅰ**より易しかったのではないだろうか。デバイスで文章を読むことの功罪は大学入試では頻出トピックであり，読むスピード，理解度，読解後の記憶などに関連する内容が述べられることが多く，一度は読んでおきたい長文のひとつである。**Ⅰ**と**Ⅱ**に共通して出題されている内容真偽問題については，選択肢にある固有名詞（人名，地名，施設名など）などを手掛かりに，本文中の該当箇所をすばやく見つけて解答していきたい。

Ⅲは，公園を走っているアランが高校時代の体育の先生に出会い，学生時代の思い出話，近況報告，スポーツの大切さなどについて話し合っている。聞き慣れないイディオムや会話表現はほとんど使われておらず，また空所補充問題は標準的でぜひ満点を目指してほしいところである。和文英訳問題も難しい表現を問われているわけではない。例えば「～すればするほど」は〈the＋比較級＋S'＋V'～，the＋比較級＋S＋V…〉を用いてもよいが，難度が高いので接続詞 as を使う方がミスは少ないだろう。このように自信のある英語で英訳していけば確実に得点することができる。

読解問題の英文は例年，様々な学問分野の入門書やニュースサイトの記事からの出題で，具体的なテーマを扱ったものである。ただ，原文がほぼそのまま用いられているために［注］が多く，［注］を参照しながら読むのがやや大変かもしれない。

形式・分量・難易度を考慮すると，100分という試験時間ではやや足りないと思われる。過去問演習をする中で，例えばⅠは35分，Ⅱは35分，Ⅲは25分，見直し5分など時間配分を決めて解いていく必要があり，同時に正確かつ迅速に読み解けるように語彙力・文構造解析力・内容理解力をバランスよく磨いていこう。

数学

I　解答

(1)ア．$\frac{1}{9}$　イ．$\frac{10}{27}$　ウ．$\frac{10}{27}$　エ．$\frac{16}{27}$

オ．$\frac{(n+2)(n+1)}{2\cdot 3^n}$

(2)カ．12　キ．4　ク．20　ケ．15　コ．9

◀解　説▶

≪小問 2 問≫

(1)　$n=3$ のとき，カードの取り出し方は 3^3 通りあり，このうち，$X_1=X_2<X_3$ となるカードの取り出し方は，1，2，3 から異なる 2 つの数を選び，小さい方を X_1 もしくは X_2 に，大きい方を X_3 に割り当てればよいので，${}_3C_2=3$ 通りある。

よって，$X_1=X_2<X_3$ となる確率は　$\frac{3}{3^3}=\frac{1}{9}$　→ア

$X_1 \leqq X_2 \leqq X_3$ となるカードの取り出し方は，○，○，○，|，|の並べ方に対応するので

$${}_5C_2=\frac{5\cdot 4}{2\cdot 1}=10 \text{ 通り}$$

よって，$X_1 \leqq X_2 \leqq X_3$ となる確率は　$\frac{10}{3^3}=\frac{10}{27}$　→イ

$Y_3=0$ となるカードの取り出し方は $X_1 \geqq X_2$ かつ $X_2 \geqq X_3$ つまり $X_1 \geqq X_2 \geqq X_3$ となる取り出し方である。○，○，○，|，|の並べ方に対応するので

$${}_5C_2=\frac{5\cdot 4}{2\cdot 1}=10 \text{ 通り}$$

よって，$Y_3=0$ となる確率は　$\frac{10}{3^3}=\frac{10}{27}$　→ウ

Y_3 のとり得る値には 0，1，2 がある。

$Y_3=0$ である確率は $\frac{10}{27}$ である。続いて，$Y_3=2$ である確率を求める。

$Y_3=2$ となるカードの取り出し方は $X_1<X_2$ かつ $X_2<X_3$ つまり $X_1<X_2<X_3$ となる取り出し方なので，$(X_1,\ X_2,\ X_3)=(1,\ 2,\ 3)$ の 1 通りあるから，$Y_3=2$ となる確率は　$\frac{1}{3^3}=\frac{1}{27}$

よって，$Y_3=1$ である確率は

$$1-\frac{10}{27}-\frac{1}{27}=\frac{16}{27}\quad\to エ$$

次に，$Y_n=0$ である確率を求める。

カードの取り出し方は 3^n 通りあり，$Y_n=0$ となるカードの取り出し方は $X_1\geqq X_2$ かつ $X_2\geqq X_3\cdots$ かつ $X_{n-1}\geqq X_n$ つまり $X_1\geqq X_2\geqq\cdots\geqq X_{n-1}\geqq X_n$ となる取り出し方である。○ n 個，｜2 本の並べ方に対応するので，その並べ方は

$${}_{n+2}C_2=\frac{(n+2)(n+1)}{2\cdot1}=\frac{(n+2)(n+1)}{2}\ 通り$$

よって，$Y_n=0$ となる確率は

$$\frac{\frac{(n+2)(n+1)}{2}}{3^n}=\frac{(n+2)(n+1)}{2\cdot3^n}\quad\to オ$$

参考　ア．$(X_1,\ X_2,\ X_3)=(1,\ 1,\ 2)$，$(1,\ 1,\ 3)$，$(2,\ 2,\ 3)$ の 3 通りある。

イ．2 本の区切り棒｜｜で 3 区画に分割できるので，左の｜より左にある○を 1，2 本の｜｜で挟まれている○を 2，右の｜より右にある○を 3 に対応させると，次の例のようになる。

○｜○｜○　…1，2，3 のカードを取り出したとみなし，左から X_1，X_2，X_3 と対応させて $(X_1,\ X_2,\ X_3)=(1,\ 2,\ 3)$ とする。

｜○○｜○　…2，2，3 のカードを取り出したとみなし，左から X_1，X_2，X_3 と対応させて $(X_1,\ X_2,\ X_3)=(2,\ 2,\ 3)$ とする。

$X_1\leqq X_2\leqq X_3$ となるカードの取り出し方を書き上げると

$(X_1,\ X_2,\ X_3)=(1,\ 1,\ 1)$，$(2,\ 2,\ 2)$，$(3,\ 3,\ 3)$，$(1,\ 1,\ 2)$，$(1,\ 2,\ 2)$，$(1,\ 1,\ 3)$，$(1,\ 3,\ 3)$，$(2,\ 2,\ 3)$，$(2,\ 3,\ 3)$，$(1,\ 2,\ 3)$

の 10 通りである。

エ．$Y_3=1$ であるカードの取り出し方には次の2つの場合がある。

(i)「$X_1<X_2$ かつ $X_2\geqq X_3$」のとき

$X_2=2$ のとき　$X_1=1$，$X_3=1$，2より　　2通り

$X_2=3$ のとき　$X_1=1$，2，$X_3=1$，2，3より　　$2\cdot 3=6$ 通り

(ii)「$X_1\geqq X_2$ かつ $X_2<X_3$」のとき

$X_2=1$ のとき　$X_1=1$，2，3，$X_3=2$，3より　　6通り

$X_2=2$ のとき　$X_1=2$，3，$X_3=3$ より　　2通り

(i)，(ii)より，$Y_3=1$ である取り出し方は16通りある。

よって，求める確率は　$\dfrac{16}{27}$

オ．2本の区切り棒 | | で3区画に分割できるので，n 個ある○のうち，左の | より左にある○を3，2本の | | で挟まれている○を2，右の | より右にある○を1に対応させる。左から1つ1つを X_1，X_2，…，X_n に対応させていく。

(2)　$w=\cos\left(\dfrac{\pi}{12}\right)+i\sin\left(\dfrac{\pi}{12}\right)$ とする。ド・モアブルの定理より

$$w^k=\left\{\cos\left(\frac{\pi}{12}\right)+i\sin\left(\frac{\pi}{12}\right)\right\}^k=\cos\left(\frac{k}{12}\pi\right)+i\sin\left(\frac{k}{12}\pi\right)$$

k が $0\leqq k\leqq 23$ を満たす整数のとき，$0\leqq\dfrac{k}{12}\pi\leqq\dfrac{23}{12}\pi$ であり，$w^k=-1$ であるための条件は，$\dfrac{k}{12}\pi=\pi$ であることより　　$k=12$　→カ

w^k の実部が $\dfrac{1}{2}$ となるとき　　$\cos\left(\dfrac{k}{12}\pi\right)=\dfrac{1}{2}$

$0\leqq\dfrac{k}{12}\pi\leqq\dfrac{23}{12}\pi$ であり，$\dfrac{k}{12}\pi=\dfrac{1}{3}\pi$，$\dfrac{5}{3}\pi$

よって　　$k=4$，20

$0\leqq k_1<k_2\leqq 23$ を満たす k_1，k_2 は　　$k_1=4$　→キ，$k_2=20$　→ク

ド・モアブルの定理より

$$\begin{aligned}w^m&=\left\{\cos\left(\frac{\pi}{12}\right)+i\sin\left(\frac{\pi}{12}\right)\right\}^m\\&=\cos\left(\frac{m}{12}\pi\right)+i\sin\left(\frac{m}{12}\pi\right)\quad\cdots\cdots①\end{aligned}$$

また

$$\overline{w}=\cos\left(\frac{\pi}{12}\right)-i\sin\left(\frac{\pi}{12}\right)=\cos\left(-\frac{\pi}{12}\right)+i\sin\left(-\frac{\pi}{12}\right)$$

ド・モアブルの定理より

$$(\overline{w})^m=\left\{\cos\left(-\frac{\pi}{12}\right)+i\sin\left(-\frac{\pi}{12}\right)\right\}^m$$

$$=\cos\left(-\frac{m}{12}\pi\right)+i\sin\left(-\frac{m}{12}\pi\right)$$

$$=\cos\left(\frac{m}{12}\pi\right)-i\sin\left(\frac{m}{12}\pi\right)\quad\cdots\cdots②$$

①，②の辺々を加えて　　$w^m+(\overline{w})^m=2\cos\left(\frac{m}{12}\pi\right)$

$0\leqq m\leqq 23$ である整数 m が $w^m+(\overline{w})^m<1$ を満たすとき

$$2\cos\left(\frac{m}{12}\pi\right)<1\qquad\cos\left(\frac{m}{12}\pi\right)<\frac{1}{2}$$

$0\leqq\frac{m}{12}\pi\leqq\frac{23}{12}\pi$ より　　$\frac{1}{3}\pi<\frac{m}{12}\pi<\frac{5}{3}\pi$　　$4<m<20$

これを満たす整数 m は，5，6，7，…，19 の　　$19-5+1=15$ 個　→ケ

$$|w^n-2|\leqq\sqrt{3}$$

ド・モアブルの定理より

$$\left|\cos\left(\frac{n}{12}\pi\right)+i\sin\left(\frac{n}{12}\pi\right)-2\right|\leqq\sqrt{3}$$

$$\left|\left\{\cos\left(\frac{n}{12}\pi\right)-2\right\}+i\sin\left(\frac{n}{12}\pi\right)\right|\leqq\sqrt{3}$$

$$\left\{\cos\left(\frac{n}{12}\pi\right)-2\right\}^2+\sin^2\left(\frac{n}{12}\pi\right)\leqq 3$$

$$\left\{\cos^2\left(\frac{n}{12}\pi\right)+\sin^2\left(\frac{n}{12}\pi\right)\right\}-4\cos\left(\frac{n}{12}\pi\right)+4\leqq 3$$

$$5-4\cos\left(\frac{n}{12}\pi\right)\leqq 3\qquad\cos\left(\frac{n}{12}\pi\right)\geqq\frac{1}{2}$$

これを満たす $0\leqq n\leqq 23$ を満たす整数 n は，$\cos\left(\frac{m}{12}\pi\right)<\frac{1}{2}$ を満たす m 以外の整数なので

$24-15=9$ 個　→コ

II

解答　(1)　$\overrightarrow{OA}=(3,\ 6)$，$\overrightarrow{OB}=(-5,\ 0)$ であるから

$$\overrightarrow{AB}=\overrightarrow{OB}-\overrightarrow{OA}=(-5,\ 0)-(3,\ 6)=(-8,\ -6)$$

よって　$|\overrightarrow{AB}|^2=(-8)^2+(-6)^2=100$　……(答)

$$\overrightarrow{OA}\cdot\overrightarrow{AB}=3(-8)+6(-6)=-24-36=-60 \quad \cdots\cdots(答)$$

(2)

$$\begin{aligned} u_{n+1}&=\overrightarrow{OP_{n+1}}\cdot\overrightarrow{AB}\\ &=\left\{\left(\overrightarrow{OP_n}-\frac{\overrightarrow{OP_n}\cdot\overrightarrow{AB}}{120}\right)\overrightarrow{AB}\right\}\cdot\overrightarrow{AB}\\ &=\overrightarrow{OP_n}\cdot\overrightarrow{AB}-\frac{\overrightarrow{OP_n}\cdot\overrightarrow{AB}}{120}\overrightarrow{AB}\cdot\overrightarrow{AB}\\ &=\overrightarrow{OP_n}\cdot\overrightarrow{AB}-\frac{|\overrightarrow{AB}|^2}{120}(\overrightarrow{OP_n}\cdot\overrightarrow{AB})\\ &=\left(1-\frac{|\overrightarrow{AB}|^2}{120}\right)(\overrightarrow{OP_n}\cdot\overrightarrow{AB})\\ &=\left(1-\frac{100}{120}\right)u_n\\ &=\frac{1}{6}u_n \end{aligned}$$

よって　$u_{n+1}=\dfrac{1}{6}u_n$　……(答)

$n=1$ のとき，$\overrightarrow{OP_1}=\overrightarrow{OA}=(3,\ 6)$ であるから　$u_1=\overrightarrow{OP_1}\cdot\overrightarrow{AB}=-60$

数列 $\{u_n\}$ は初項 $u_1=-60$，公比 $\dfrac{1}{6}$ の等比数列なので，u_n を n の式で表すと

$$u_n=-60\left(\frac{1}{6}\right)^{n-1} \quad \cdots\cdots(答)$$

(3)

$$u_n=-60\left(\frac{1}{6}\right)^{n-1}$$

$$\overrightarrow{OP_n}\cdot\overrightarrow{AB}=-60\left(\frac{1}{6}\right)^{n-1}$$

$$(\overrightarrow{OA}+t_n\overrightarrow{AB})\cdot\overrightarrow{AB}=-60\left(\frac{1}{6}\right)^{n-1}$$

$$\overrightarrow{OA}\cdot\overrightarrow{AB}+t_n\overrightarrow{AB}\cdot\overrightarrow{AB}=-60\left(\frac{1}{6}\right)^{n-1}$$

$$\overrightarrow{OA}\cdot\overrightarrow{AB}+t_n|\overrightarrow{AB}|^2=-60\left(\frac{1}{6}\right)^{n-1}$$

$$-60+100t_n=-60\left(\frac{1}{6}\right)^{n-1}$$

$$t_n=\frac{3}{5}\left\{1-\left(\frac{1}{6}\right)^{n-1}\right\}\quad\cdots\cdots(\text{答})$$

(4)　(3)より

$$\overrightarrow{OP_n}=\overrightarrow{OA}+\frac{3}{5}\left\{1-\left(\frac{1}{6}\right)^{n-1}\right\}\overrightarrow{AB}$$

と表せて

$$\lim_{n\to\infty}\overrightarrow{OP_n}=\overrightarrow{OA}+\frac{3}{5}\overrightarrow{AB}=(3,\ 6)+\frac{3}{5}(-8,\ -6)=\left(-\frac{9}{5},\ \frac{12}{5}\right)$$

よって

$$\begin{cases}\left|\overrightarrow{OA}+\dfrac{3}{5}\overrightarrow{AB}\right|^2=\dfrac{1}{5^2}\{(-9)^2+12^2\}=9\\ |\overrightarrow{OB}|^2=25\\ \left(\overrightarrow{OA}+\dfrac{3}{5}\overrightarrow{AB}\right)\cdot\overrightarrow{OB}=-\dfrac{9}{5}\cdot(-5)+\dfrac{12}{5}\cdot 0=9\end{cases}$$

であるから

$$\begin{aligned}\lim_{n\to\infty}S_n&=\frac{1}{2}\sqrt{\left|\overrightarrow{OA}+\frac{3}{5}\overrightarrow{AB}\right|^2|\overrightarrow{OB}|^2-\left\{\left(\overrightarrow{OA}+\frac{3}{5}\overrightarrow{AB}\right)\cdot\overrightarrow{OB}\right\}^2}\\&=\frac{1}{2}\sqrt{9\cdot 25-9^2}\\&=6\quad\cdots\cdots(\text{答})\end{aligned}$$

◀解　説▶

≪三角形の面積の極限≫

(1)　(2)以降の解答で必要になってくるものを事前に求める設問である。これ以降の小問の結果に関わってくるので，正しく求めよう。

(2)　$u_{n+1}=\overrightarrow{OP_{n+1}}\cdot\overrightarrow{AB}$ から始める。$\overrightarrow{OP_{n+1}}=\overrightarrow{OP_n}-\dfrac{\overrightarrow{OP_n}\cdot\overrightarrow{AB}}{120}\overrightarrow{AB}$ を代入して，(1)の結果を利用する。

(3)　(2)で u_n を表すことができたので，$u_n=-60\left(\frac{1}{6}\right)^{n-1}$ の左辺を

$$u_n=\overrightarrow{\mathrm{OP}_n}\cdot\overrightarrow{\mathrm{AB}}=(\overrightarrow{\mathrm{OA}}+t_n\overrightarrow{\mathrm{AB}})\cdot\overrightarrow{\mathrm{AB}}=\cdots$$

と変形していく。

(4)　三角形 OBP の 3 つの頂点のうち，点 P だけが n に対して動くので，$\lim_{n\to\infty}\overrightarrow{\mathrm{OP}_n}$ を求めると点 P の座標を求めることができる。これより $n\to\infty$ のときの三角形 OBP の形を確定しよう。$\lim_{n\to\infty}S_n$ とは，そのときの三角形 OBP の面積のことである。

$$\frac{1}{2}\sqrt{\left|\overrightarrow{\mathrm{OA}}+\frac{3}{5}\overrightarrow{\mathrm{AB}}\right|^2|\overrightarrow{\mathrm{OB}}|^2-\left\{\left(\overrightarrow{\mathrm{OA}}+\frac{3}{5}\overrightarrow{\mathrm{AB}}\right)\cdot\overrightarrow{\mathrm{OB}}\right\}^2}$$

を求めよう。

III　解答

(1)
$$\begin{aligned}a_1&=2(\sqrt{3}+1)^1\cos(2\pi\cdot1\cdot\theta)\\&=2(\sqrt{3}+1)\cos(2\pi\theta)\\&=2(\sqrt{3}+1)\frac{\sqrt{3}-1}{4}\\&=\frac{2\{(\sqrt{3})^2-1^2\}}{4}\\&=1\quad\cdots\cdots(\text{答})\end{aligned}$$

$$\begin{aligned}a_2&=2(\sqrt{3}+1)^2\cos(2\pi\cdot2\cdot\theta)=2(4+2\sqrt{3})\cos(4\pi\theta)\\&=4(2+\sqrt{3})\{2\cos^2(2\pi\theta)-1\}\\&=4(2+\sqrt{3})\left\{2\left(\frac{\sqrt{3}-1}{4}\right)^2-1\right\}\\&=4(2+\sqrt{3})\left(-\frac{1}{2}-\frac{1}{4}\sqrt{3}\right)\\&=4(2+\sqrt{3})\left(-\frac{1}{4}\right)(2+\sqrt{3})\\&=-(7+4\sqrt{3})\quad\cdots\cdots(\text{答})\end{aligned}$$

(2)
$$\begin{cases}\cos((m+1)t)=\cos(mt+t)\\\qquad\qquad=\cos(mt)\cos t-\sin(mt)\sin t\quad\cdots\cdots①\\\cos((m-1)t)=\cos(mt-t)\\\qquad\qquad=\cos(mt)\cos t+\sin(mt)\sin t\quad\cdots\cdots②\end{cases}$$

①＋② より

$$\cos((m+1)t)+\cos((m-1)t)=2\cos(mt)\cos t$$

$$\cos(mt)\cos t$$
$$=\frac{1}{2}\{\cos((m+1)t)+\cos((m-1)t)\}\quad\cdots\cdots(\text{答})\quad\cdots\cdots③$$

(3)　③において，角度に $(m-1)t$，mt，$(m+1)t$ と連続する 3 つが揃っていることに注目し，$t=2\pi\theta$，$m=n+1$ とすると

$$\cos(2\pi(n+1)\theta)\cos(2\pi\theta)=\frac{1}{2}\{\cos(2\pi(n+2)\theta)+\cos(2\pi n\theta)\}$$

両辺に，$4(\sqrt{3}+1)^{n+2}$ をかけると

$$4(\sqrt{3}+1)^{n+2}\cos(2\pi(n+1)\theta)\cos(2\pi\theta)$$
$$=\frac{1}{2}\cdot4(\sqrt{3}+1)^{n+2}\{\cos(2\pi(n+2)\theta)+\cos(2\pi n\theta)\}$$

$$4(\sqrt{3}+1)^{n+2}\cos(2\pi(n+1)\theta)\cdot\frac{\sqrt{3}-1}{4}$$
$$=2(\sqrt{3}+1)^{n+2}\{\cos(2\pi(n+2)\theta)+\cos(2\pi n\theta)\}$$

$$4(\sqrt{3}+1)\cdot\frac{\sqrt{3}-1}{4}(\sqrt{3}+1)^{n+1}\cos(2\pi(n+1)\theta)$$
$$=2(\sqrt{3}+1)^{n+2}\cos(2\pi(n+2)\theta)+2(\sqrt{3}+1)^{n+2}\cos(2\pi n\theta)$$

$$2(\sqrt{3}+1)^{n+1}\cos(2\pi(n+1)\theta)$$
$$=2(\sqrt{3}+1)^{n+2}\cos(2\pi(n+2)\theta)+(\sqrt{3}+1)^2\cdot2(\sqrt{3}+1)^n\cos(2\pi n\theta)$$

$$2(\sqrt{3}+1)^{n+1}\cos(2\pi(n+1)\theta)$$
$$=2(\sqrt{3}+1)^{n+2}\cos(2\pi(n+2)\theta)+(4+2\sqrt{3})\cdot2(\sqrt{3}+1)^n\cos(2\pi n\theta)$$

$$a_{n+1}=a_{n+2}+(4+2\sqrt{3})a_n$$

$$a_{n+2}=a_{n+1}-(4+2\sqrt{3})a_n$$

よって，すべての自然数 n に対して，$a_{n+2}=ca_{n+1}+da_n$ を満たす定数 c，d は

$$\begin{cases}c=1\\d=-(4+2\sqrt{3})\end{cases}\quad\cdots\cdots(\text{答})$$

(4)　すべての自然数 n に対して，$a_n=p_n+q_n\sqrt{3}$ となる整数 p_n，q_n が存在するので

$$a_{n+2}=a_{n+1}-(4+2\sqrt{3})a_n$$

より

$$p_{n+2}+q_{n+2}\sqrt{3}=(p_{n+1}+q_{n+1}\sqrt{3})-(4+2\sqrt{3})(p_n+q_n\sqrt{3})$$

が成り立ち，整理すると

$$p_{n+2}+q_{n+2}\sqrt{3}=(p_{n+1}-4p_n-6q_n)+(q_{n+1}-2p_n-4q_n)\sqrt{3}$$

p_{n+2}，p_{n+1}，p_n，q_{n+2}，q_{n+1}，q_n はすべて整数なので，$p_{n+1}-4p_n-6q_n$，$q_{n+1}-2p_n-4q_n$ も整数である。よって

$$\begin{cases} p_{n+2}=p_{n+1}-4p_n-6q_n \\ q_{n+2}=q_{n+1}-2p_n-4q_n \end{cases} \cdots\cdots(答)$$

次に，すべての自然数 n に対して

「p_n が奇数である」　……④

ことを数学的帰納法で証明する。

(i)　$n=1$ のとき，(1)より $a_1=1=1+0i$ となるので　　$p_1=1$

1は奇数なので，④は成り立つ。

$n=2$ のとき，(1)より $a_2=-7-4\sqrt{3}$ で　　$p_2=-7$

-7 は奇数なので，④は成り立つ。

(ii)　$n=k$，$k+1$ のとき，④が成り立つ，つまり，p_k，p_{k+1} が奇数であると仮定する。

このとき，$p_{k+2}=p_{k+1}-4p_k-6q_k=$(奇数)$-$(偶数)$-$(偶数)$=$(奇数) となり，④は成り立つ。

(i)，(ii)より，すべての自然数 n に対して，p_n は奇数である。

（証明終）

(5)　$\cos(2\pi N\theta)=1$ を満たす自然数 N は存在しないことを背理法で証明する。

$\cos(2\pi N\theta)=1$ を満たす自然数 N が存在すると仮定する。

数列 $\{a_n\}$ の定義より

$$a_N=2(\sqrt{3}+1)^N\cos(2\pi N\theta)$$

$$a_N=2(\sqrt{3}+1)^N$$

$$a_N=2(r_N+s_N\sqrt{3})$$

$$a_N=2r_N+2s_N\sqrt{3}$$

$2r_N$，$2s_N$ は整数なので，$p_N=2r_N$ となり，p_N は偶数である。これは(4)で示したすべての自然数 n に対して，p_n が奇数であることに矛盾する。

よって，$\cos(2\pi N\theta)=1$ を満たす自然数 N は存在しない。　（証明終）

◀解　説▶

≪数列の漸化式≫

(1)　2 つの条件 $a_n=2(\sqrt{3}+1)^n\cos(2\pi n\theta)$，$\cos(2\pi\theta)=\dfrac{\sqrt{3}-1}{4}$ から a_1，a_2 を求める。

(2)　積を和に直す公式より結果を記してもよいだろうが，それ自体が問われていることを考えると，〔解答〕のように，導出される過程も記しておくとよいだろう。加法定理より求めることになる。

(3)　(2)で示した等式から a_{n+2}，a_{n+1}，a_n を導き出すための工夫をしよう。$a_{n+2}=ca_{n+1}+da_n$ をスタートに変形することもできるが，〔解答〕の方が自然に示すことができる。

(4)　すべての自然数 n に対して，$a_n=p_n+q_n\sqrt{3}$ となる整数 p_n，q_n が存在するので，これを(3)で求めた $a_{n+2}=a_{n+1}-(4+2\sqrt{3})a_n$ に代入すると

$$p_{n+2}+q_{n+2}\sqrt{3}=(p_{n+1}+q_{n+1}\sqrt{3})-(4+2\sqrt{3})(p_n+q_n\sqrt{3})$$

が得られるので，整理して両辺を比較しよう。

(5)　背理法で証明する方針を立てて，$\cos(2\pi N\theta)=1$ を満たす自然数 N が存在すると仮定して証明しよう。$a_n=p_n+q_n\sqrt{3}$ となる整数 p_n，q_n が存在し，そのとき(4)で証明したように p_n は奇数であるということと矛盾することを証明する。

Ⅳ　解答

(1)　$f(x)=e^x+3e^{-x}$

$f'(x)=e^x-3e^{-x}$

よって　$f'(t)=e^t-3e^{-t}$

$|f'(t)|\leqq 2$ より

$$|e^t-3e^{-t}|\leqq 2 \qquad -2\leqq e^t-3e^{-t}\leqq 2$$

$$\begin{cases} e^t-3e^{-t}-2\leqq 0 \\ e^t-3e^{-t}+2\geqq 0 \end{cases} \qquad \begin{cases} (e^t)^2-2e^t-3\leqq 0 \\ (e^t)^2+2e^t-3\geqq 0 \end{cases}$$

$$\begin{cases} (e^t-3)(e^t+1)\leqq 0 \quad \cdots\cdots① \\ (e^t+3)(e^t-1)\geqq 0 \quad \cdots\cdots② \end{cases}$$

①において，$e^t+1>0$ なので，$e^t-3\leqq 0$ より　$0<e^t\leqq 3$

②において，$e^t+3>0$ なので，$e^t-1\geqq 0$ より　$e^t\geqq 1$

したがって　$1\leqq e^t\leqq 3$

各辺の自然対数をとり，範囲 I は　$0\leqq t\leqq \log 3$　……(答)

(2)　接線 l_t の傾きは，$f'(t)=e^t-3e^{-t}$ であるから，l_t の方程式は

$$y-(e^t+3e^{-t})=(e^t-3e^{-t})(x-t)$$

$$y=(e^t-3e^{-t})x-(t-1)e^t+3(t+1)e^{-t}$$

よって，y 切片について　$v=-(t-1)e^t+3(t+1)e^{-t}$

$$\begin{aligned}v'&=-(t-1)'e^t-(t-1)(e^t)'+3(t+1)'e^{-t}+3(t+1)(e^{-t})'\\&=-e^t-(t-1)e^t+3e^{-t}-3(t+1)e^{-t}\\&=-t(e^t+3e^{-t})\end{aligned}$$

範囲 I：$0\leqq t\leqq \log 3$ における v の増減は右のようになる。

t	0	$\cdots$	$\log 3$
v'		$-$	
v	4	↘	$4-2\log 3$

v の最大値は 4，最小値は $4-2\log 3$　……(答)

(3)　接線 l_t が点 $(1,\ w)$ を通るための条件は

$$w=(e^t-3e^{-t})\cdot 1+(1-t)e^t+3(t+1)e^{-t}$$

を満たす実数 t が存在することである。整理すると

$$w=3te^{-t}+(2-t)e^t$$

$g(t)=3te^{-t}+(2-t)e^t$ とすると

$$\begin{aligned}g'(t)&=3t'e^{-t}+3t(e^{-t})'+(2-t)'e^t+(2-t)(e^t)'\\&=3(1-t)e^{-t}+(1-t)e^t\\&=(1-t)(3e^{-t}+e^t)\end{aligned}$$

$0<t<\log 3$ において $g'(t)=0$ とするとき　$t=1$

よって，$0\leqq t\leqq \log 3$ における $g(t)$ の増減は次のようになる。

t	0	$\cdots$	1	$\cdots$	$\log 3$
$g'(t)$		$+$	0	$-$	
$g(t)$	2	↗	$e+\dfrac{3}{e}$	↘	$6-2\log 3$

$6-2\log 3$ と 2 との比較

$$(6-2\log 3)-2=4-2\log 3$$

ここで，$1<\log 3<2$ なので

$$-2>-2\log 3>-4 \qquad 2>4-2\log 3>0$$

であるから，$4-2\log 3>0$ より　　$6-2\log 3>2$

したがって，実数 w のとり得る値の範囲は

$$2 \leqq w \leqq e+\frac{3}{e} \quad \cdots\cdots(\text{答})$$

(4)　$y=e^x+3e^{-x}$ より　　$y'=e^x-3e^{-x}$

$y'=0$ のとき，$e^x-3e^{-x}=0$ より　　$e^{2x}=3$

$e^x>0$ なので　　$e^x=\sqrt{3}$

$$x=\log\sqrt{3}=\frac{1}{2}\log 3$$

また，$y''=e^x+3e^{-x}>0$ なので，y' つまり接線の傾きは単調に増加する。

$y=e^x+3e^{-x}$ の増減は次のようになる。

x	0	$\cdots$	$\frac{1}{2}\log 3$	$\cdots$	1
y'		$-$	0	$+$	
y''		$+$	$+$	$+$	
y	4	↘	$2\sqrt{3}$	↗	$e+\frac{3}{e}$

ここまでの(1)〜(3)で，$y=f(x)$ の点 $(0,\ 4)$ における接線の傾きは -2 でこれが傾きの最小値。傾きは単調に増加して，点 $(\log 3,\ 4)$ における接線の傾きは 2 でこれが傾きの最大値ということ。また，y 軸とどの範囲で共有点をもつか，接線 l_t が直線 $x=1$ と共有点をもつときの y 座標のとり得る値の範囲がわかっている。領域 D とは接線 l_t が条件を満たし通過する領域のことであり，右上図の網かけ部分のようになる。

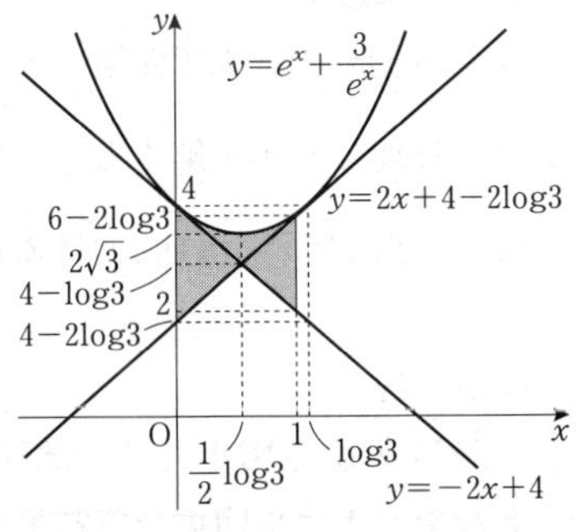

求めるものは図の網かけ部分の面積である。

面積は

$$\int_0^{\frac{1}{2}\log 3}\{(e^x+3e^{-x})-(2x+4-2\log 3)\}dx$$

$$+\int_{\frac{1}{2}\log 3}^{1}\{(e^x+3e^{-x})-(-2x+4)\}dx$$

$$=\left[e^x-3e^{-x}-x^2-4x+(2\log 3)x\right]_0^{\frac{1}{2}\log 3}+\left[e^x-3e^{-x}+x^2-4x\right]_{\frac{1}{2}\log 3}^{1}$$

$$=-\left(\frac{1}{2}\log 3\right)^2-2\log 3+(\log 3)^2+2+\left(e-\frac{3}{e}-3\right)-\left(\frac{1}{2}\log 3\right)^2+2\log 3$$

$$=\frac{1}{2}(\log 3)^2+e-\frac{3}{e}-1 \quad \cdots\cdots(答)$$

◀解　説▶

≪条件を満たす領域の面積≫

⑴　$-2\leqq$(接線の傾き)$\leqq 2$ となる接点の x 座標 t の値の範囲 I を求める問題である。

⑵　⑴で求めた実数 t のとり得る値の範囲 I 全体を動くときの接線 l_t の y 切片 v の値の範囲を求める問題である。⑷でグラフを描く際の y 軸との共有点の y 座標のとり得る値の範囲を求めていることになる。

⑶　接線 l_t と直線 $x=1$ との共有点の y 座標がとり得る値の範囲を求めていることになる。

これらの⑴〜⑶は⑷で面積を求める図形を描く際に参考になる。わかったことを整理して⑷を解くときに役立てよう。点 $\left(1,\ e+\frac{3}{e}\right)$ における接線でなく，点 $(\log 3,\ 4)$ における接線が境界線になることに注意すること。

❖講　評

2023 年度も例年通り，試験時間 100 分で大問 4 題を解答するものであった。Ⅰは小問集合で結果だけを空欄に記入する形式，Ⅱ〜Ⅳは記述式の解答形式の問題であり，これも例年通りの形式である。

Ⅰ　小問集合の問題数は 2 問で，近年はこの形式が定着してきている。⑴はカードの取り出し方に関する確率の問題である。⑵は複素数平面の問題でド・モアブルの定理をうまく用いて手際よく計算しよう。

Ⅱ　ベクトルを用いて三角形の面積の極限を求める問題である。内積の計算をきちんとこなせるようにしておくこと。標準レベルの問題であるが，内容，分量両面から考えると，４題の中では最も取り組みやすい問題といえる。

Ⅲ　数列の漸化式，数学的帰納法の証明方法を問う問題である。背理法を使った証明もできるようにしておこう。

Ⅳ　曲線の接線に関する微分法・積分法がテーマの問題である。⑴〜⑶で求めたことを⑷で直線の通過領域を求める際に参考にしよう。

４題とも標準レベルの問題である。どの問題もとても丁寧で巧妙な小問の誘導がついている。最終的に問われていることが高度なことであっても，無理なく上っていくことができるようにはしごを立てかけてくれている。それをうまく利用しながら解答していくことがポイントになる。各小問には何らかの意味があり，必ず以降の問題につながることを意識しよう。

物理

I

解答　(ア) $\dfrac{mv}{m+M}$　(イ) $\dfrac{Mv}{\mu(m+M)g}$　(ウ) $\dfrac{Mv^2}{2\mu(m+M)g}$

(エ) $\dfrac{m'Mv}{m'+M}$　(オ) $\sqrt{\dfrac{Mv^2}{m'+M}-2gr}$　(カ) $\dfrac{m'Mv}{m'+M}$　(キ) v

〔解答図（I－A)〕

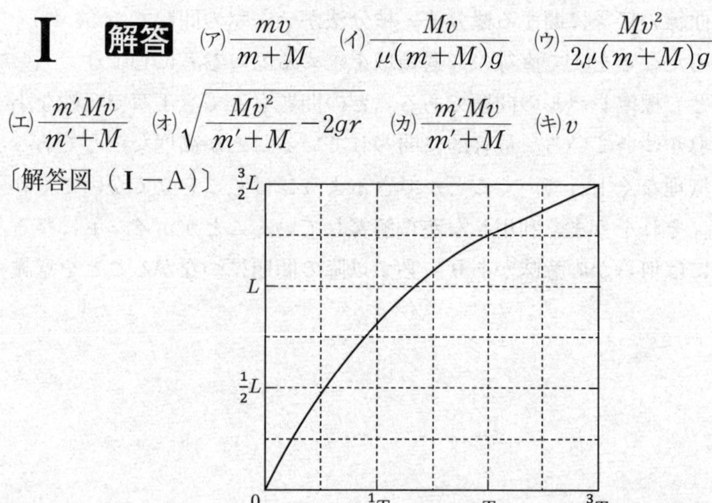

◀解　説▶

≪2 物体の相対運動≫

(ア)　一体となって運動しているときの S_1 と P の速さを V とすると，運動量保存則より

$$mv=(m+M)V \qquad \therefore \quad V=\frac{mv}{m+M}$$

(イ)　求める時間を T，S_1 の上をすべっているときの P の水平右向きの加速度を a とすると，P の運動方程式より

$$ma=-\mu mg \qquad a=-\mu g$$

P についての等加速度運動の式より

$$V=v-\mu gT$$

$$\therefore \quad T=\frac{v-V}{\mu g}=\frac{Mv}{\mu(m+M)g}$$

(ウ)　P がすべっているときの S_1 の水平右向きの加速度を a' とすると，S_1 の運動方程式より

$$Ma'=\mu mg \qquad a'=\frac{\mu mg}{M}$$

時間 T の間に P が S_1 上をすべった距離を L とすると，$l \geqq L$ である。

$$L=\left(vT+\frac{1}{2}aT^2\right)-\frac{1}{2}a'T^2$$

$$=\frac{Mv^2}{2\mu(m+M)g}$$

（Ⅰ－A）　$M=3m$ とすると

$$L=\frac{3v^2}{8\mu g},\ T=\frac{3v}{4\mu g},\ V=\frac{v}{4}$$

時刻 t（$\leqq T$）の水平面 1 の右端から P までの距離を x とすると

$$x=vt-\frac{1}{2}\mu g t^2$$

$$\left(t=0 \text{ で } x=0,\ t=\frac{1}{2}T \text{ で } x=\frac{13}{16}L,\ t=T \text{ で } x=\frac{5}{4}L\right)$$

時刻 t（$\geqq T$）の水平面 1 の右端から P までの距離を x とすると

$$x=\frac{v}{4}(t-T)+\frac{5}{4}L$$

$$\left(t=\frac{3}{2}T \text{ で } x=\frac{3}{2}L\right)$$

(エ)　Q が点 C に到達した瞬間の Q と S_2 の速度の水平右向き成分を V' とする。水平方向の運動量保存則より

$$m'v=(m'+M)V' \qquad V'=\frac{m'v}{m'+M}$$

力積の水平成分の大きさは，S_2 の水平方向の運動量の変化に等しい。

$$\therefore\quad MV'=\frac{m'Mv}{m'+M}$$

(オ)　Q の速度の鉛直上向き成分を u とすると，Q と S_2 についての力学的エネルギー保存則より

$$\frac{1}{2}m'v^2=\frac{1}{2}m'(V'^2+u^2)+m'gr+\frac{1}{2}MV'^2$$

$$\therefore\quad u=\sqrt{\frac{Mv^2}{m'+M}-2gr}$$

(カ)　B を通過した後の Q の水平右向きの速度を v_B，S_2 の水平右向きの速

度を V_B とする。水平方向の運動量保存則と力学的エネルギー保存則より

$$m'v = m'v_B + MV_B$$

$$\frac{1}{2}m'v^2 = \frac{1}{2}m'{v_B}^2 + \frac{1}{2}M{V_B}^2$$

2式より v_B，V_B を求めると（$v_B = v$，$V_B = 0$ は不適）

$$v_B = \frac{(m'-M)v}{m'+M},\quad V_B = \frac{2m'v}{m'+M}$$

求める力積の大きさは，S_2 の水平方向の運動量の変化に等しい。

$$MV_B - MV' = \frac{m'Mv}{m'+M}$$

(キ)　(カ)の v_B，V_B の結果より

$$|v_B - V_B| = |-v| = v$$

II　解答

(ア) $\dfrac{kqQ}{4a^2}$　(イ) 0　(ウ) $4\sqrt{3}$

(エ) $\dfrac{4kqQ}{a}$　(オ) $\sqrt{\dfrac{8kqQ}{3ma}}$　(カ) $\dfrac{\sqrt{2}}{2}$

(キ) $\dfrac{8kqQ}{m}\left[(d+s)\{a^2+(d+s)^2\}^{-\frac{3}{2}} - (d-s)\{a^2+(d-s)^2\}^{-\frac{3}{2}}\right]$

(ク) $\pi\sqrt{\dfrac{\sqrt{2}\,ma^3}{kqQ}}$　(ケ) $s\sqrt{\dfrac{2\sqrt{2}\,kqQ}{ma^3}}$

◀解　説▶

≪8個の点電荷の電場内での運動≫

(ア)　点電荷と P_1 の距離は $\sqrt{a^2+3a^2} = 2a$ より

$$k\frac{qQ}{(2a)^2} = \frac{kqQ}{4a^2}\,[\mathrm{N}]$$

(イ)　原点Oについて対称な2つの点電荷から受ける力の x 成分どうしは打ち消し合うので　　0N

(ウ)　8個の各点電荷から受ける力の z 成分は等しく，その大きさは(ア)の $\dfrac{\sqrt{3}}{2}$ 倍なので

$$\frac{kqQ}{4a^2} \times \frac{\sqrt{3}}{2} \times 8 \qquad \therefore\ 4\sqrt{3}\ 倍$$

(エ)　8個の各点電荷の静電気力による位置エネルギーの和であるので

$$\frac{kqQ}{2a}\times 8=\frac{4kqQ}{a}\text{〔J〕}$$

(オ)　P_1の速さをv〔m/s〕とする。位置Aと各点電荷の距離は

$$\sqrt{(2\sqrt{2}a)^2+a^2}=3a\text{〔m〕}$$

なので，力学的エネルギー保存則より

$$\frac{1}{2}mv^2+\frac{kqQ}{3a}\times 8=\frac{4kqQ}{a}$$

$$\therefore\quad v=\sqrt{\frac{8kqQ}{3ma}}\text{〔m/s〕}$$

(カ)　$z=\sqrt{3}a$での8個の点電荷の静電気力による位置エネルギーの和は

$$\frac{kqQ}{2a}\times 6+\left(-\frac{kqQ}{2a}\times 2\right)=\frac{2kqQ}{a}$$

位置Aでの8個の点電荷の静電気力による位置エネルギーの和は

$$\frac{kqQ}{3a}\times 6+\left(-\frac{kqQ}{3a}\times 2\right)=\frac{4kqQ}{3a}$$

P_1が位置Aを通過する瞬間の速さをv'〔m/s〕とすると，力学的エネルギー保存則より

$$\frac{1}{2}mv'^2+\frac{4kqQ}{3a}=\frac{2kqQ}{a}$$

$$\therefore\quad v'=\sqrt{\frac{4kqQ}{3ma}}$$

よって　$\dfrac{v'}{v}=\dfrac{\sqrt{2}}{2}$倍

(キ)　P_2と$z=d$の各点電荷の距離をL_1〔m〕，$z=-d$の各点電荷の距離をL_2〔m〕とすると

$$L_1=\{a^2+(d-s)^2\}^{\frac{1}{2}}$$

$$L_2=\{a^2+(d+s)^2\}^{\frac{1}{2}}$$

求める加速度のz成分をα〔m/s^2〕とすると，運動方程式は

$$m\alpha=-\frac{kqQ}{L_1{}^2}\times\frac{d-s}{L_1}\times 8+\frac{kqQ}{L_2{}^2}\times\frac{d+s}{L_2}\times 8$$

$$\therefore\quad \alpha=\frac{8kqQ}{m}\left(\frac{d+s}{L_2{}^3}-\frac{d-s}{L_1{}^3}\right)$$

$$=\frac{8kqQ}{m}[(d+s)\{a^2+(d+s)^2\}^{-\frac{3}{2}}-(d-s)\{a^2+(d-s)^2\}^{-\frac{3}{2}}]\,[\mathrm{m/s^2}]$$

(ク)　(キ)の α の式で $d=a$ として，与えられた近似式を用いると

$$\alpha \fallingdotseq \frac{8kqQ}{m}\times\frac{1}{2\sqrt{2}\,a^3}\left\{(a+s)\left(1-\frac{3s}{2a}\right)-(a-s)\left(1+\frac{3s}{2a}\right)\right\}$$

$$=-\frac{4kqQ}{\sqrt{2}\,ma^3}s$$

求める単振動の周期を T〔s〕，角振動数を ω〔rad/s〕とすると

$$\omega^2=\frac{4kqQ}{\sqrt{2}\,ma^3}$$

より　$T=\frac{2\pi}{\omega}=\pi\sqrt{\frac{\sqrt{2}\,ma^3}{kqQ}}$〔s〕

(ケ)　求める速さは単振動の最大速度で，振幅 s より

$$s\omega=s\sqrt{\frac{4kqQ}{\sqrt{2}\,ma^3}}=s\sqrt{\frac{2\sqrt{2}\,kqQ}{ma^3}}\,[\mathrm{m/s}]$$

III　解答

(ア) 0　(イ) $\frac{2k^2q^2e^2}{mb^2v^2}$　(ウ) pc　(エ) $\frac{h}{\sqrt{2mpc}}$

(オ) $\frac{ke^2}{2a}$　(カ) $\frac{h^2}{4\pi^2mke^2}$　(キ) $\frac{2\pi^2mk^2e^4}{h^2}$

◀解　説▶

≪粒子線・X線による電離作用≫

(ア)　Aが $x<0$ を通過するときに電子に与える力積の x 成分と，$x>0$ を通過するときに電子に与える力積の x 成分が打ち消し合うので　　0N・s

(イ)　y 成分の力積で電子の速度の y 成分が v_y〔m/s〕となったとする。運動量の変化が力積に等しいので

$$mv_y=-\frac{2kqe}{bv}\qquad\therefore\quad v_y=-\frac{2kqe}{mbv}$$

よって，電子が得たエネルギーは

$$\frac{1}{2}mv_y{}^2=\frac{2k^2q^2e^2}{mb^2v^2}\,[\mathrm{J}]$$

(ウ)　X線光子の振動数を ν〔Hz〕，波長を λ〔m〕とすると，光子のエネルギー E は $E=h\nu$〔J〕であり，その運動量 p は $p=\frac{h}{\lambda}$〔N・s〕なので

$$h\nu = h\frac{c}{\lambda} = pc \text{〔J〕}$$

(エ)　同じ運動エネルギーをもつ電子の速さを u〔m/s〕とすると

$$\frac{1}{2}mu^2 = pc \qquad \therefore \quad u = \sqrt{\frac{2pc}{m}}$$

求める物質波の波長は

$$\frac{h}{mu} = \frac{h}{\sqrt{2mpc}} \text{〔m〕}$$

(オ)　等速円運動をする電子の速さを v_0〔m/s〕とすると

$$m\frac{{v_0}^2}{a} = k\frac{e^2}{a^2}$$

より　$$\frac{1}{2}m{v_0}^2 = \frac{ke^2}{2a} \text{〔J〕}$$

(カ)　最も小さい円軌道のとき，円周の長さは電子の波長の１倍であること，また(オ)の結果より

$$2\pi a = \frac{h}{mv_0}, \quad v_0 = \sqrt{\frac{ke^2}{ma}}$$

２式より v_0 を消去して a を求めると

$$a = \frac{h^2}{4\pi^2 mke^2} \text{〔m〕}$$

(キ)　最も小さい円軌道のときが基底状態の電子のエネルギーであり，また，(オ)の結果より

$$\frac{1}{2}m{v_0}^2 - \frac{ke^2}{a} = -\frac{ke^2}{2a}$$

求める電離エネルギーは，(カ)の結果より

$$\frac{ke^2}{2a} = \frac{2\pi^2 mk^2e^4}{h^2} \text{〔J〕}$$

❖講　評

2023年度の出題は，従来通りの大問3題，試験時間75分であった。Ⅲは原子分野からの出題であった。2022年度に引き続いて出題された描図問題は1問であった。

Ⅰ　前半は水平面上での2物体の相対運動で，運動量保存則や運動方程式を用いればよい。この結果から，距離－時間グラフを描くのであるが，文字計算に時間を要するので注意したい。後半はなめらかな円筒面もあり，少し難しい。運動量保存則と力学的エネルギー保存則を用いる。(エ)と(カ)の解答が同じなのは，Qが円筒面をすべり上がるときとすべり下りるときにS_2に与える力積が等しいことを示している。

Ⅱ　8個の点電荷の電場の問題で，対称性からz軸上での電場の向きはz軸正またはz軸負方向となり，重力の影響はないので，P_1，P_2はz軸上を運動する。前半は静電気力による位置エネルギーの式を用いた力学的エネルギー保存則，後半は与えられた近似式を用いて単振動の運動方程式を導くが，文字計算に時間を要する。

Ⅲ　2021・2022年度の波動分野から原子分野の出題となった。荷電粒子の電離作用は学習していないであろうが，問題文をしっかり読んで解答すればよい。X線光子のエネルギーや物質波の波長の式は与えられていないので，覚えておくこと。最後のボーアの原子模型からの出題も教科書で学習しているが，文字の指数などを注意して計算したい。

化学

I **解答** (1) あ．15　い．5　う．錯イオン　え．配位子
お．オストワルト

(2) ① $2NH_4Cl + Ca(OH)_2 \longrightarrow CaCl_2 + 2H_2O + 2NH_3$

③ $3Cu + 8HNO_3 \longrightarrow 3Cu(NO_3)_2 + 4H_2O + 2NO$

④ $3NO_2 + H_2O \longrightarrow 2HNO_3 + NO$

(3) 名称：テトラアンミン銅(Ⅱ)イオン　構造：(ウ)

(4) 酸化数が最大になる化合物　化学式：HNO_3　酸化数：+5

酸化数が最小になる化合物　化学式：NH_3　酸化数：−3

(5) (i) 4.3×10^{-10} mol/L　(ii) 6.5×10^{-10} mol/L

(6) (i) 4 個　(ii) 1.9×10^2 cm^3

(7) (i) 正極：$O_2 + 4H^+ + 4e^- \longrightarrow 2H_2O$

負極：$H_2 \longrightarrow 2H^+ + 2e^-$

(ii) 1.7×10^2 cm^3　(iii) 5 時間

◀解　説▶

≪NH_3 の性質とその利用，緩衝液，単位格子と水素吸蔵，燃料電池≫

(1) お．オストワルト法は，次の反応による硝酸の製法である。

$$4NH_3 + 5O_2 \longrightarrow 6H_2O + 4NO$$

$$2NO + O_2 \longrightarrow 2NO_2$$

$$3NO_2 + H_2O \longrightarrow 2HNO_3 + NO$$

(4) N は 15 族元素なので最大酸化数は +5（HNO_3），最小酸化数は，+5−8=−3（NH_3）となる。

(5)(i) NH_3 水溶液中で NH_3 は次式①の平衡状態にあるが，NH_4Cl 水溶液を加えると，次式②の電離によって①の平衡が大きく左に移動した状態（緩衝液）となっている。

$$NH_3 + H_2O \rightleftarrows NH_4^+ + OH^- \quad \cdots\cdots ①$$

$$NH_4Cl \longrightarrow NH_4^+ + Cl^- \quad \cdots\cdots ②$$

そのため，緩衝液中の NH_3 の物質量は混合前の NH_3 水溶液中の NH_3 の物質量，NH_4^+ の物質量は混合前の NH_4Cl 水溶液中の NH_4^+ の物質量に

それぞれ等しいと考えてよい。

題意より，$[NH_3]=[NH_4^+]$ となるので

$$K_b=\frac{[NH_4^+][OH^-]}{[NH_3]}=[OH^-]=2.3\times10^{-5}$$

$$[H^+]=\frac{1.0\times10^{-14}}{2.3\times10^{-5}}=0.434\times10^{-9}\fallingdotseq4.3\times10^{-10}\,[\text{mol/L}]$$

(ii)　塩酸を加えると $NH_3+HCl \longrightarrow NH_4Cl$ の反応が進行し，加えた HCl の分だけ NH_3 は減少し，NH_4^+ は増加する。それぞれの物質量は

$$NH_3：0.10\times\frac{100}{1000}-0.050\times\frac{40}{1000}=0.0080\,[\text{mol}]$$

$$NH_4^+：0.10\times\frac{100}{1000}+0.050\times\frac{40}{1000}=0.012\,[\text{mol}]$$

となるので

$$K_b=\frac{0.012\times\frac{1000}{240}\cdot[OH^-]}{0.0080\times\frac{1000}{240}}=2.3\times10^{-5}$$

より

$$[OH^-]=\frac{2.3}{1.5}\times10^{-5}\,[\text{mol/L}]$$

$$[H^+]=\frac{1.5\times10^{-14}}{2.3\times10^{-5}}=0.652\times10^{-9}\fallingdotseq6.5\times10^{-10}\,[\text{mol/L}]$$

(6)(i)　単位格子の辺の中点の位置にはそれぞれ $\frac{1}{4}$ 個の原子が含まれ，辺は 12 辺あるので，$\frac{1}{4}\times12=3$ 個分。中心に 1 個分含まれるので合計 4 個となる。

(ii)　20 mol の H 原子を取り込む必要があるので

$$(4.0\times10^{-8})^3\times\frac{20\times6.00\times10^{23}}{4}=192\fallingdotseq1.9\times10^2\,[\text{cm}^3]$$

(7)(ii)　分解反応式は $2NH_3 \longrightarrow N_2+3H_2$ で $10\times\frac{2}{3}$ [mol] の NH_3 が必要である。よって，$NH_3=17.0$ より

$$\frac{10\times\frac{2}{3}\times 17.0}{0.68}=166\fallingdotseq 1.7\times 10^{2}\,[\mathrm{cm^3}]$$

(iii)　10 mol の水素が消費されたとき，負極の反応式より 20 mol の電子が流れたことになり，求める時間を t 時間とすると

$$20\times 9.70\times 10^{4}=100\times 3600t$$

$$\therefore\quad t=5.38\fallingdotseq 5\text{ 時間}$$

II

解答　(1)　あ．三重　い．融解　う．蒸気圧　え．臨界
お．ファンデルワールス

(2)　Si，SiO_2

(3)　(i) 1.1×10^{-3} mol　(ii) 2.7×10^{4} Pa

(4)　(i) $Zn+2HCl \longrightarrow ZnCl_2+H_2$　(ii) 0.24 g

(5)　(i) 2.0 K・kg/mol　(ii) 8.5×10^{-1} mol/L

(6)　(i) 5600 J　(ii)—(f)

(iii) $C_6H_{12}O_6$(固)$+6O_2$(気)$=6CO_2$(気)$+6H_2O$(液)$+2806$ kJ

(iv) 3.6×10^{-1} g　(v) 59％

◀解　説▶

≪結合力と状態変化，加熱と温度変化，飽和蒸気圧，反応熱，平衡定数≫

(1)　え．臨界点における温度（臨界温度）に達すると，圧力をいくら大きくしても，蒸気圧曲線と交わらないため液化が起こらない。

(2)　共有結合の結晶は，炭素の単体であるダイヤモンドと黒鉛，ケイ素の単体，水晶や石英の成分である二酸化ケイ素，さらには，炭化ケイ素などである。

(3)(i)　300 K で液体と気体が共存しているので，気相の M は飽和蒸気圧を示し，図 2 より 0.90×10^{4} Pa とわかる。求める物質量を x[mol] とすると

$$0.90\times 10^{4}\times 0.300=x\times 8.30\times 10^{3}\times 300$$

$$x=1.08\times 10^{-3}\fallingdotseq 1.1\times 10^{-3}\,[\mathrm{mol}]$$

(ii)　330 K で M がすべて気体であると仮定すると，その圧力 p[Pa] は

$$p\times 0.300=3.0\times 10^{-3}\times 8.30\times 10^{3}\times 330$$

$$p=2.739\times 10^{4}\fallingdotseq 2.7\times 10^{4}\,[\mathrm{Pa}]$$

図2より，この値は330Kにおける飽和蒸気圧を超えないため，Mはすべて気体であり圧力はこの値となる。

(4)(ii) 300KにおけるMの飽和蒸気圧は0.90×10^4Paより，ガラス容器内のH_2の分圧は

$$10.13\times10^4-0.90\times10^4=9.23\times10^4\text{[Pa]}$$

(i)の反応式より，反応した亜鉛と発生した水素の物質量は等しい。

そこで，求める亜鉛の質量をy[g]とすると，Zn＝65.0より

$$9.23\times10^4\times0.100=\frac{y}{65.0}\times8.30\times10^3\times300$$

$$\therefore\quad y=0.240\fallingdotseq0.24\text{[g]}$$

(5)(i) 求めるモル沸点上昇をK_b[K・kg/mol]とすると，$C_6H_{12}O_6$＝180.0より

$$0.80=K_b\times\frac{36}{180.0}\times\frac{1000}{500}$$

$$\therefore\quad K_b=2.0\text{[K・kg/mol]}$$

(ii) 平衡状態におけるYの物質量を$2z$[mol]とするとXの物質量は$0.50-z$[mol]，全物質量は$0.50+z$[mol]となるので

$$2.8=2.0\times(0.50+z)\times\frac{1000}{500}$$

$$\therefore\quad z=0.20\text{[mol]}$$

よって，平衡状態におけるXおよびYの物質量はそれぞれ0.30molおよび0.40molとなり

$$K=\frac{[\mathrm{Y}]^2}{[\mathrm{X}]}=\frac{\left(0.40\times\frac{1000}{625}\right)^2}{0.30\times\frac{1000}{625}}=0.853\fallingdotseq8.5\times10^{-1}\text{[mol/L]}$$

(6)(i) 140Kの固体を220Kの固体にするのに必要な熱量は

$$2.0\times10.0\times(220-140)=1600\text{[J]}$$

220Kで融解するのに必要な熱量は

$$120\times10.0=1200\text{[J]}$$

220Kの液体を290Kの液体にするのに必要な熱量は

$$4.0\times10.0\times(290-220)=2800\text{[J]}$$

よって　$1600+1200+2800=5600$[J]

(ii)　一定量の熱を加えているので，1600 J，1200 J，2800 J の熱量は，熱を加えた時間に比例しており，その比は 4：3：7 である。

なお，融点は 220 K であり，融解が生じている間は温度は変化しない。

(iii)　グルコースの燃焼熱を Q〔kJ/mol〕とすると，熱化学方程式は

$$C_6H_{12}O_6(固)+6O_2(気)=6CO_2(気)+6H_2O(液)+Q\,kJ$$

と表され

$$Q=6\times CO_2(気)\text{ の生成熱 }+6\times H_2O(液)\text{ の生成熱 }-C_6H_{12}O_6(固)\text{ の生成熱}$$

より

$$Q=(6\times394+6\times286)-1274=2806〔kJ〕$$

が得られる。

(iv)　M の状態変化には，5.6 kJ の熱が必要なので

$$\frac{5.6}{2806}\times180.0=0.359\fallingdotseq3.6\times10^{-1}〔g〕$$

(v)　240 K まで上昇したときに，10.0 g の M が受け取った熱は

$$1600+1200+4.0\times10.0\times(240-220)=3600〔J〕=3.6〔kJ〕$$

また，$C_6H_{12}O_6$（固）が不完全燃焼して CO が発生するときの反応熱を Q'〔kJ/mol〕とすると

$$Q'=(6\times111+6\times286)-1274=1108〔kJ/mol〕$$

そこで，0.359 g のうち n〔%〕が不完全燃焼したとすると

$$2806\times\frac{0.359\times\frac{100-n}{100}}{180.0}+1108\times\frac{0.359\times\frac{n}{100}}{180.0}=3.6$$

$$n=58.9\fallingdotseq59\%$$

III　解答

(1)　ア．メタンハイドレート　イ．熱分解　ウ．付加　エ．ポリアセチレン

(2)　$CH_4(気)+2O_2(気)=CO_2(気)+2H_2O(液)+891\,kJ$

(3)　(あ)－○　(い)－○　(う)－×　(え)－×　(お)－×

(4)　C

(5)　(い)・(う)・(お)

(6)　(i) 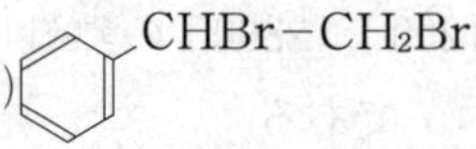 (benzene ring)$-CHBr-CH_2Br$

(ii) 1.25 mol/L　(iii) $x:y=1:4$

(7)　(i) **A**. (benzene ring)$-OH$　**B**. (benzene ring with OH and $COONa$)　**C**. (benzene ring with OH and $COOH$)

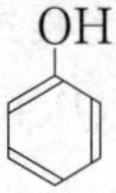

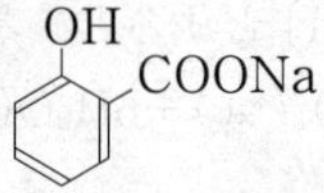

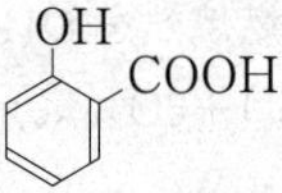

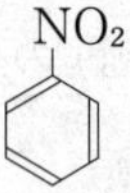

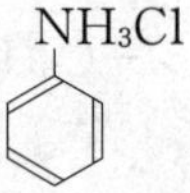

記号：(エ)

(ii) **D**. (benzene ring)$-NO_2$　**E**. (benzene ring)$-NH_3Cl$　**F**. (benzene ring)$-NH_2$

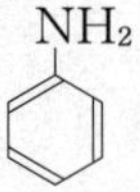

記号：(キ)

(8)　(あ)―○　(い)―○　(う)N　(え)S

◀解　説▶

≪脂肪族および芳香族化合物の性質と反応，高分子化合物，界面活性剤≫

(1)　ア．メタンハイドレートは，複数の水分子が水素結合によってカゴ状になった構造の中にメタン分子が入っている状態で，日本列島の近海にも存在することがわかっており，将来のエネルギー資源として期待されている。シェールガスはシェール層と呼ばれる一種の堆積岩の層から採取される天然ガスのことである。

イ．ナフサを熱分解すると不飽和炭化水素が得られる。この分解をクラッキングともいう。

エ．アセチレンが付加重合してできるポリアセチレンは，下図のように炭素原子が単結合と二重結合で交互に結合しており（共役高分子），導電性高分子の１つである。

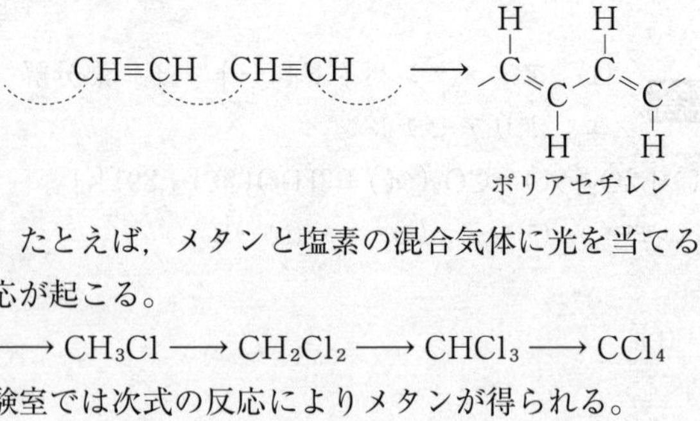

$$\cdots CH\equiv CH \quad CH\equiv CH \cdots \longrightarrow -CH=CH-CH=CH-$$

ポリアセチレン

(3)　(あ)正文。たとえば，メタンと塩素の混合気体に光を当てると次式のように置換反応が起こる。

$$CH_4 \longrightarrow CH_3Cl \longrightarrow CH_2Cl_2 \longrightarrow CHCl_3 \longrightarrow CCl_4$$

(い)正文。実験室では次式の反応によりメタンが得られる。

$CH_3COONa + NaOH \longrightarrow Na_2CO_3 + CH_4$

(う)誤文。メタンは無色・無臭である。

(え)誤文。CH_4 中の炭素の酸化数は -4 である。

(お)誤文。C 原子に結合する H 原子は正四面体の各頂点に位置する。

(4)　アルカンは，常温では炭素数 4 のブタンまでが気体である。炭素数が多いほど分子間力が強くなり沸点は高くなるが，多くなるほど沸点の差への影響は小さくなる。

(5)　(あ)誤文。ベンゼンの炭素原子間の結合距離は単結合より短く，二重結合より長い。

(い)正文。アルケンを過マンガン酸カリウムで酸化すると，C 原子間の二重結合が開裂，アルデヒドやカルボン酸が生成する。

(え)誤文。2 つのカルボキシ基の立体的な位置の違いで極性は打ち消されないので，フマル酸もマレイン酸も極性分子である。

(お)正文。ポリビニルアルコールは以下の工程で，酢酸ビニルから得られる。

$$n\,CH_2{=}CH(OCOCH_3) \xrightarrow{\text{付加重合}} \left[CH_2{-}CH(OCOCH_3) \right]_n$$

酢酸ビニル　　　　ポリ酢酸ビニル

$$\xrightarrow{\text{加水分解}} \left[CH_2{-}CH(OH) \right]_n$$

ポリビニルアルコール

(6)(ii)　スチレンの分子量は 104.0 より，物質量は

$$\frac{2.60}{104.0} = 0.025\,[\text{mol}]$$

付加した Br_2 の物質量も 0.025 mol で

$$0.025 \times \frac{1000}{20.0} = 1.25\,[\text{mol/L}]$$

(iii)　高分子化合物のブタジエン由来部分に 0.025 mol の Br_2 が付加するので，重合したブタジエンは 0.025 mol となる。また，スチレンおよびブタジエンの分子量は 104.0 および 54.0 より，重合したスチレンの物質量は

$$\frac{2.00 - 0.025 \times 54.0}{104.0} = 0.00625\,[\text{mol}]$$

よって　　$x : y = 0.00625 : 0.025 = 1 : 4$

(7)(i)　クメン法によりフェノール **A** が得られ，**a** の NaOH で中和するとナトリウムフェノキシドとなる。ナトリウムフェノキシドに高温高圧下で **b** の CO_2 を通じるとサリチル酸ナトリウム **B** が得られ，**c** の強酸を加えるとサリチル酸 **C** が遊離する。

(ii)　ベンゼンに濃硫酸と濃硝酸の混合物である混酸を作用させるとニトロベンゼン **D** が得られる（ニトロ化）。ニトロベンゼンを **d** のスズと塩酸で還元するとアニリン塩酸塩 **E** が得られ，**e** の強塩基を加えるとアニリン **F** が遊離する。アニリンに **f** の亜硝酸ナトリウムと塩酸を加えてジアゾ化すると，塩化ベンゼンジアゾニウムが得られる。

(8)　(あ)・(い)セッケンは高級脂肪酸のナトリウム塩，合成洗剤はいずれも強酸であるスルホン酸やアルキル硫酸のナトリウム塩である。ともに疎水部と親水部をもつため表面張力を低下させる界面活性剤として働き，水溶液中では右図のようなミセルを形成している。

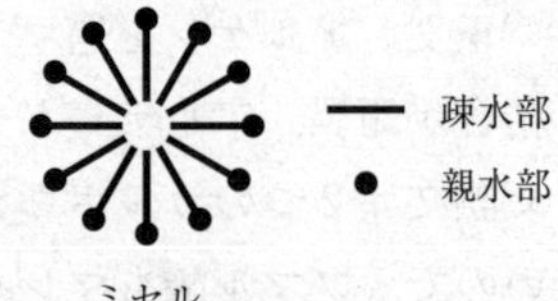

(う)Ca^{2+} や Mg^{2+} を多く含む硬水中では，脂肪酸は水に不溶のカルシウム塩やマグネシウム塩を形成するため，セッケンの洗浄力は低下する。

(え)セッケンは弱酸と強塩基からなる塩で水溶液中で塩基性，合成洗剤は強酸と強塩基からなる塩で中性を示す。

❖講　評

2023 年度も大問 3 題の出題である。難易度は例年並みで，基本〜やや難しい内容まで幅広く出題されている。

I　N 原子を含む物質を素材として，理論分野の多彩な問題が集まっている。(1)〜(4)は確実に解答したい。化学反応式を書かせる問題がよく出題されており，代表的な反応式は書けるようにしておく必要がある。(5)は標準的な緩衝液の問題で，(i)は計算も複雑ではないので確実に解答したい。(6)は取り込まれるのは水素原子であることに注意しよう。(7)は燃料電池に限らず，代表的な電池の反応式は書けるようにしておこう。

II　**I** に比べてやや思考力が必要で計算も多く，時間がかかるであろう。(1)，(2)は確実に解答したいが，（　え　）の臨界点は知っていたであろうか。(3)，(4)は理論的な難しさはなく，計算ミスをしないかどうかである。(5)，(6)はどの分野の内容か整理し，問題文中の数値を正しく使えなければならない。

Ⅲ　例年，有機分野が出題される。天然・合成を問わず高分子化合物も十分に学習しておこう。(1)，(2)は確実に解答したい。(4)は記憶になければ，ＡとＣで迷うかもしれない。(6)の(ii)は付加した Br_2 とブタジエンの物質量が等しい点に着目しよう。(7)，(8)は基本的な知識で解けるので，確実に得点したい問題である。

幅広い解答形式で出題されているが，空所補充や択一式問題は比較的解答しやすいので，ここで点数を落とさないようにしたい。

生物

I 解答

(1) ㈠シナプス ㈡カルシウム ㈢シナプス小胞 ㈣エキソサイトーシス ㈤神経筋接合部

(2) ①ペプチドホルモンは水溶性であり細胞膜を通過できないため，その受容体は細胞膜上に存在する。一方，ステロイドホルモンは脂溶性であり細胞膜を通過できるため，その受容体は細胞内に存在する。(100字以内)

②イオンチャネル型受容体，酵素型受容体，Gタンパク質共役型受容体

(3) ①(i)縦軸とグラフとの交点の逆数

(ii)阻害剤α：2.5 阻害剤β：5.0

②阻害剤α：0.013 阻害剤β：0.025

③阻害剤α：5 阻害剤β：4

④酵素の名称：アロステリック酵素 記号：㈢

⑤アセチルコリンの分解を抑制するアセチルコリンエステラーゼ阻害剤により，シナプス間隙のアセチルコリンの濃度が高まり，薬剤Xがアセチルコリン受容体に結合する確率が低下し，薬剤Xの阻害作用が低下したから。(100字以内)

◀解 説▶

≪受容体のはたらき，興奮の伝達，酵素反応と阻害剤≫

(1) シナプス前細胞の神経終末まで興奮が伝導されると，電位依存性カルシウムチャネルが開き，神経終末内にCa^{2+}が流入する。Ca^{2+}濃度の上昇はシナプス小胞のエキソサイトーシスを誘導し，神経伝達物質がシナプス間隙に放出される。

(2)② 細胞膜にある受容体は，イオンチャネル型，酵素型，Gタンパク質共役型に大別される。イオンチャネル型受容体は，シグナル分子が結合することにより，細胞内に特定のイオンが流入することで細胞内に情報を伝える。酵素型受容体は，シグナル分子が結合することで，受容体の細胞内部に突き出た部分が活性化し，特定の酵素反応を促進することで細胞内に情報を伝える。Gタンパク質共役型受容体は，受容体にシグナル分子が結合することで，細胞内でGタンパク質と呼ばれるタンパク質が活性

化し，活性化したGタンパク質が特定の酵素の活性を調節することで細胞内に情報を伝える。

(3)　一般に酵素の反応速度 v は以下の(A)式で表され，グラフの形状は右図のようになる。

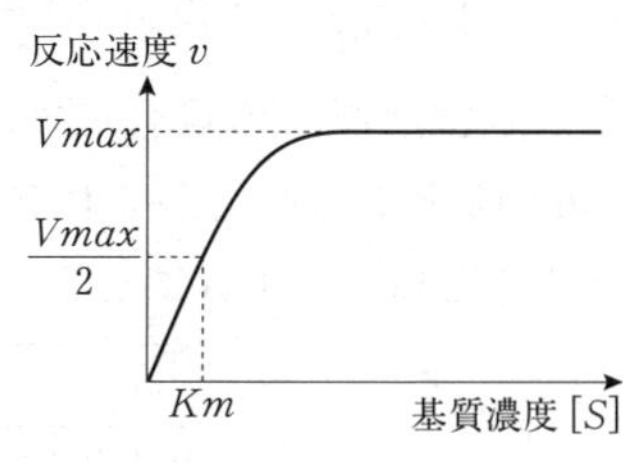

$Vmax$：最大反応速度

$[S]$：基質濃度

Km：$\frac{Vmax}{2}$ となる基質濃度

$$v=\frac{Vmax\times[S]}{[S]+Km}\quad\cdots\cdots(A)$$

この式の逆数をとり，変形すると式(B)のようになる。

$$\frac{1}{v}=\frac{1}{Vmax}+\frac{Km}{Vmax}\times\frac{1}{[S]}\quad\cdots\cdots(B)$$

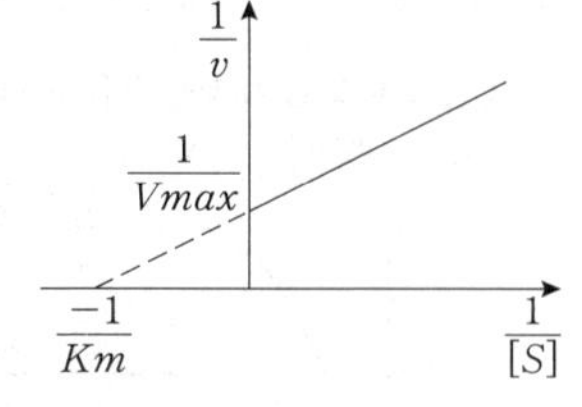

この式で，$\frac{1}{[S]}$ を横軸に，$\frac{1}{v}$ を縦軸にとると右図のようになり，縦軸との切片が $\frac{1}{Vmax}$，横軸との切片が $\frac{-1}{Km}$，傾きが $\frac{Km}{Vmax}$ のグラフとなる。

①(i)　上述したように，図3の縦軸とグラフの交点が $\frac{1}{Vmax}$ となるので，$Vmax$ は図3の縦軸とグラフとの交点の逆数といえる。

(ii)　図3の縦軸とグラフの交点を読み取ると，阻害剤 α を加えた場合では $\frac{1}{Vmax}=0.4$ より $Vmax=2.5$ となる。阻害剤 β を加えた場合では $\frac{1}{Vmax}=0.2$ より $Vmax=5.0$ となる。

②　図3の横軸とグラフとの交点が $-\frac{1}{Km}$ となる。阻害剤 α を加えた場合では

$$-\frac{1}{Km}=-80\qquad Km=0.0125\fallingdotseq0.013$$

阻害剤 β を加えた場合では

$$-\frac{1}{Km}=-40 \qquad Km=0.025$$

③　阻害剤なしの場合で同様に計算すると，$Vmax=5.0$，$Km=0.0125$ $\fallingdotseq 0.013$ となるので，それぞれの場合について $Vmax$ と Km の数値をまとめると以下のようになる。

	$Vmax$	Km
阻害剤なしの場合	5.0	0.0125
阻害剤 α の場合	2.5	0.0125
阻害剤 β の場合	5.0	0.025

これをもとに，図1のようなグラフを作成すると以下のようになる。

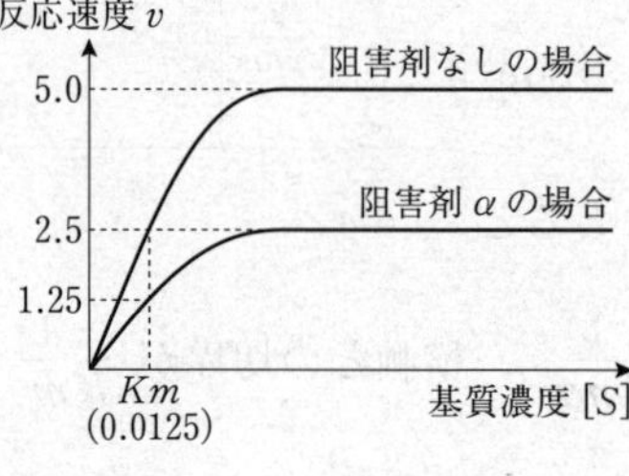

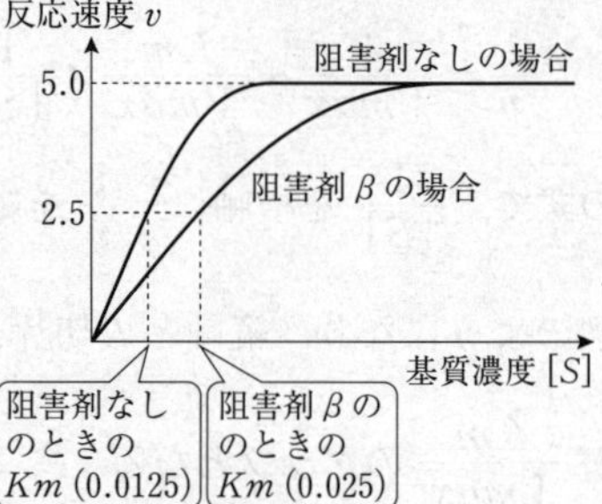

阻害剤 α を加えた場合のグラフをみると，基質濃度にかかわらず一定の割合で阻害の影響が表れている。よって，阻害剤 α は酵素の活性部位とは異なる部位に結合することで酵素反応を阻害している（非競争的阻害）とわかる。

一方，阻害剤 β を加えた場合のグラフをみると，基質濃度を高めることにより阻害作用が弱まっている。よって，阻害剤 β は基質との間で酵素の活性部位を奪い合うことで酵素反応を阻害している（競争的阻害）とわかる。

④　(ア)正文。アロステリック酵素は，基質が結合する活性部位とは別に，アロステリック部位と呼ばれる部分をもち，この部位に調節物質が結合すると活性部位の立体構造が変化して，活性が阻害されたり促進されたりする。また，多くのアロステリック酵素の場合，基質濃度に対する反応速度

の変化を表す曲線が右図のようにＳ字型になる。

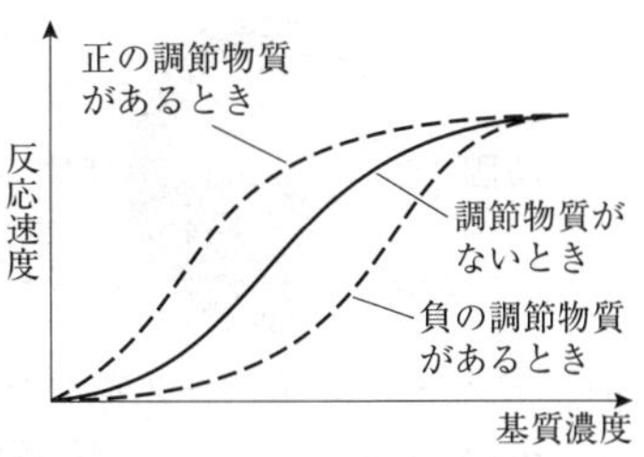

(イ)正文。右図のように，調節物質がないときに基質濃度を上げていくと，ある濃度以上になると急激に反応速度が増していく。

(ウ)誤文。(3)のリード文中に，「Km 値が小さいと，酵素と基質の親和性は高い」とある。そこで，上図をもとに，Km の大小関係をみると，正の調節物質があるときの Km が最も小さい。つまり，基質との親和性が上昇している。

(エ)正文。上図のように，基質濃度が低いとき，負の調節物質によって酵素活性は強く阻害される。ただし，基質濃度がある濃度以上になると阻害効果は低下していく。

(オ)正文。一連の酵素反応の最終産物が阻害物質としてはたらき，最初の段階で作用する酵素のはたらきを抑制するしくみをフィードバック阻害といい，アロステリック酵素が関与することが多い。

⑤　薬剤Ｘはアセチルコリンとの間でアセチルコリン受容体を奪い合うことで，アセチルコリンのはたらきを阻害する。［実験１］では，薬剤Ｘの方が受容体に結合する確率が高かったので筋肉は収縮しなかった。冒頭のリード文にもあるように，シナプス間隙に存在するアセチルコリンは，アセチルコリンエステラーゼ（アセチルコリン分解酵素）によって速やかに分解される。［実験２］で，アセチルコリンエステラーゼ阻害剤を加えると，シナプス間隙でのアセチルコリンの分解が抑制されることでアセチルコリンの濃度が高まり，薬剤Ｘが受容体に結合する確率が低下し，薬剤Ｘによる阻害効果が低下したので筋肉は収縮した。

Ⅱ　解答

(1)　(あ)卵原　(い)体細胞　(う)一次卵母　(え)$2n$（複相）
(お)二次卵母　(か)n（単相）　(き)23　(く)動物

(2)　外胚葉：(イ)・(エ)・(オ)　中胚葉：(ア)・(カ)・(ク)　内胚葉：(ウ)・(キ)

(3)　①(i)—(サ)　(ii)—(ス)　(iii)—(ツ)

②

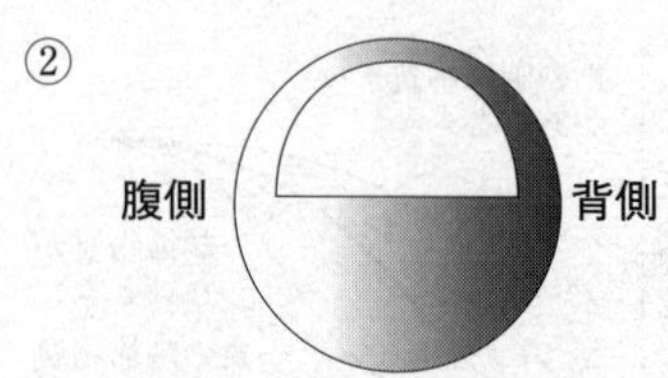

(4)　①ノーダル（ノーダルタンパク質）

②　精子進入位置　　神経胚での分化：脊索

外胚葉

中胚葉

内胚葉

(5)　(ニ)

(6)　胚の領域：形成体（オーガナイザー）

初期原腸胚での具体名：原口背唇部（原口背唇）

(7)　①(け)セグメントポラリティー　(こ)ギャップ　(さ)ペアルール

発現順序：(こ)→(さ)→(け)

②―(c)

(8)　胞胚期の胚全体に存在するBMPは，外胚葉を表皮へと分化させるはたらきがある。原口背唇部から分泌されるコーディンとノギンは，BMPのはたらきを阻害することで，外胚葉を神経へと分化させる。(100字以内)

◀解　説▶

≪配偶子形成，カエルの発生，ショウジョウバエの発生，Hox遺伝子≫

(1)　減数分裂第一分裂によって生じた二次卵母細胞は，相同染色体の一方しかもたないので核相は n である。ヒトの場合，二次卵母細胞に含まれる染色体数は23本である。

(3)・(4)　カエルの未受精卵は，動物極側の表面の細胞質に黒い色素を含み，受精がおこると卵表面の細胞質が約30°回転する。精子進入点の反対側は，動物極側の黒い色素が少し残り，灰色三日月環となる。また，植物極側に局在していたディシェベルドタンパク質は灰色三日月環の場所に移動し，このはたらきによって背腹軸が決定される。

このしくみを詳しく解説する。まず，卵全体に分布していた β カテニンタンパク質は特定の分解酵素によって分解されるが，ディシェベルドタンパク質はこの分解酵素のはたらきを抑制する。そのためディシェベルドタンパク質が存在する側では β カテニン濃度が高くなる。胞胚期になると，植物極側に存在する VegT タンパク質や Vg-1 タンパク質と β カテニンが重なる部分でノーダル遺伝子など背側形成に関するさまざまな調節遺伝子の発現が引き起こされる。特に，ノーダルタンパク質の濃度が高い側では脊索などの背側中胚葉が，濃度が低い側では側板などの腹側中胚葉が誘導される。

(4)の問題文にもあるように，アニマルキャップ（予定外胚葉）と予定内胚葉を密着させて培養すると，予定内胚葉から分泌されるノーダルタンパク質のはたらきにより，予定外胚葉側から中胚葉が生じる。この現象を中胚葉誘導と呼ぶ。

(5)　精子進入点の反対側に現れる灰色三日月環の場所にディシェベルドタンパク質が移動し，背腹軸が決定される。灰色三日月環を二分するように（左右を分けるように）髪の毛で受精卵をしばると，どちら側にもディシェベルドタンパク質が含まれるため，二体の完全なイモリが生じる。よって，(ニ)が正しい。

(7)①　分節遺伝子には，ギャップ遺伝子，ペアルール遺伝子，セグメントポラリティー遺伝子があり，この順番で発現する。ギャップ遺伝子は胚のおおまかな領域の区画化に，ペアルール遺伝子は 7 つの帯状パターンの形成に，セグメントポラリティー遺伝子は 14 の体節の区分の決定にそれぞれはたらく。

②　ショウジョウバエのホメオティック遺伝子群と塩基配列が類似し，同じようなはたらきをもつ遺伝子群はショウジョウバエ以外の動物にも存在することがわかっており，これらを総称してホックス（Hox）遺伝子群という。Hox 遺伝子群は，ショウジョウバエのホメオティック遺伝子群と同様に，ボディープランに関する遺伝子群で，前後軸に沿った形態形成において中心的な役割を果たしている。

(8)　形成体としてのはたらきをもつ原口背唇部は，原腸形成とともに胚の内部に移動して予定外胚葉の内側を裏打ちし，予定外胚葉にはたらきかけてその領域を神経に分化させる（このような現象を神経誘導と呼ぶ）。このしくみを次に述べておく。外胚葉の細胞は，外部から何も影響を受けないと神経に分化する性質がある。胞胚期の胚全体に存在するBMPは，外胚葉の細胞膜上にある受容体に結合することで，神経への分化を抑制し，表皮への分化を促進する。原口背唇部から分泌されるコーディンとノギンはBMPに結合することで，BMPが受容体に結合するのを阻害し，外胚葉を神経に分化させる。

III　解答

(1)　(あ)アンモニウムイオン　(い)亜硝酸イオン　(う)硝酸イオン

(2)　(え)・(し)

(3)　(い)・(お)・(く)・(こ)

(4)　バージェス動物群

(5)　(ウ)

(6)　①(a)—(エ)　(b)—(オ)　(c)—(イ)　(d)—(ア)　(e)—(ウ)
②—(イ)・(ウ)・(カ)・(ク)

(7)　①—(イ)・(エ)　②—(エ)

(8)　①—(イ)　②系統樹：(う)　4回

◀解　説▶

≪生命の起源と生物の変遷，人類の進化，進化のしくみ，分子系統樹≫

(2)　緑色植物やシアノバクテリアはCO_2とH_2Oを用いて光合成を行うが，光合成細菌はCO_2とH_2Sを用いて光合成を行う。光合成細菌の例としては紅色硫黄細菌や緑色硫黄細菌などがある。

(3)　アメーバ，キイロタマホコリカビ（変形菌類），ミズカビ（卵菌類），ミドリムシは，すべて五界説の原生生物界に分類されるので，真核生物である。その他の生物のうち，(け)のコロナウイルス以外は原核生物である。

(4)　カナダのロッキー山脈に分布する頁岩からは，古生代カンブリア紀に生息していた多様な動物の化石が発見されており，この動物群をバージェス動物群と呼ぶ。なお，オーストラリアのエディアカラ丘陵からは，先カンブリア時代末期に生息していた動物の化石が発見されており，この動物群をエディアカラ生物群と呼ぶ。

(5)　共通の祖先をもつ生物が，さまざまな環境に適応した形態や機能をもつようになって多くの種に分かれる現象を適応放散という。これに対し，異なる系統の生物が，同じような環境に適応してよく似た特徴をもつようになる現象を収れん（収束進化）という。

(6)①　最古の人類の化石は，アフリカのチャドにある約 700 万年前の地層から発見されたサヘラントロプス・チャデンシスのものであるとされている。また，アフリカの 440 万年前の地層から発見されたアルディピテクス・ラミダスや 400 万年前頃に出現したアウストラロピテクス類は猿人とも呼ばれ，直立二足歩行をしていたと考えられている。さらに，約 200 万年前にはホモ・エレクトス（原人）が現れ，その後，ホモ・ネアンデルターレンシス（旧人）が現れ，約 20 万年前になると現生人類であるホモ・サピエンスが現れたと考えられている。

②　直立二足歩行を示す骨格の特徴を以下にまとめておく。

- 上体の重みを支えられるように骨盤が横に広がっている。
- 重い脳を支えられるように大後頭孔が頭部のほぼ真下に開口している。
- 歩行に伴う衝撃をやわらげられるように，脊柱がＳ字状に湾曲したり，発達した土踏まずがクッションの役割をしたりしている。

(7)①　このイチジクの場合，雌株の花のうには花柱の長いめしべしかないのでメスは産卵できないが，メスが持ち込んだ花粉が受粉するため種子はできる。一方，雄株の花のうには花柱の短いめしべがしかないので，メスは産卵できるが，種子はできない。

②　花のうの外側から産卵管を差し込んで産卵した場合，受粉が行われず，ふ化した幼虫に雌花を食べられてしまうため，イチジクにとって不利益となる。このように，一方の生物が他方の生物から栄養分などを一方的に奪って不利益を与える関係を寄生という。たとえば，コマユバチはチョウやガの幼虫などのからだに卵を産みつけてこれを宿主とし，ふ化したコマユバチの幼虫は宿主のからだを食べるなどして不利益を与える。

(8)①　(ア)誤文。アミノ酸配列の変化をもたらさない塩基の置換を同義置換，もたらす置換を非同義置換といい，生物の形質への影響がない前者の方が変化速度が大きく，頻繁に起こる。

(イ)正文。イントロンの塩基配列が変化しても生物の形質への影響がほとんどないので，エキソンに比べて変化速度が大きい。

(ウ)・(エ)誤文。DNA の塩基配列やタンパク質のアミノ酸配列のうち，重要な機能を担う領域で変化が生じた場合，生存に不利なものは自然選択によって排除されるため，この領域の変化速度は小さい。逆に，重要でない領域で変化が生じた場合，自然選択の影響を受けないので，この領域の変化速度は大きい。

(オ)誤文。塩基配列の違いは，種が分かれてからの期間が長いほど大きい。

②　種0は種1～3との共通祖先の塩基配列を保持したまま現在にいたったと仮定する。種0との違いを探すと，種1～3は共通して塩基1がAからGに変化している。種1～3のうち，種2と種3は共通して塩基4がTからAに変化している。さらに，種3は独自に塩基3がGからTに変化し，種1も独自に塩基2がAからTに変化している。よって，系統樹は(う)となり，置換の回数は合計4回である。また，系統樹が(あ)と(い)の場合，置換の回数はどちらも最少5回である。

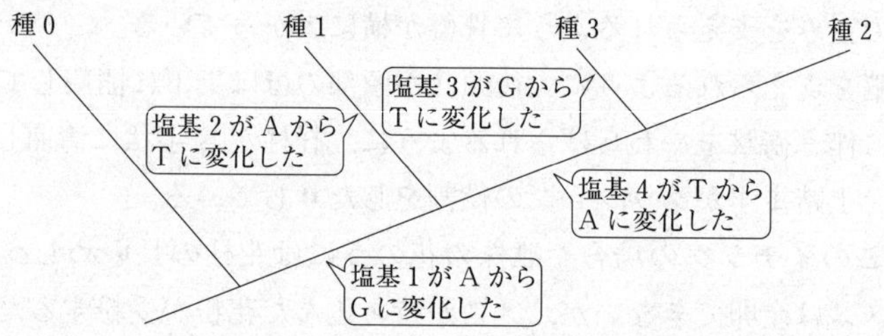

❖講　評

2023年度も大問3題の出題で，2022年度と同様に基礎～標準的な問題が主であったが，受験生にとっては見慣れない考察問題や細かい知識を要求する問題が含まれていたため，やや難化した。

Ⅰ　(1)は基本的な問題でありほぼ完答したい。(2)の①は典型問題であり正解したい。②を正確に答えられた受験生は少なかったと思われる。(3)の①～④は丁寧に問題文を読めば正解にたどり着くことができるが，類題を解いたことがあるかどうかで解答時間に大きく差が生じたと思われる。⑤は冒頭のリード文の内容を利用しつつ，競争的阻害の知識をもとに論述するが，冒頭のリード文の内容を見逃すと苦戦する。

Ⅱ　(1)，(2)ともに基本的な問題でありほぼ完答したい。(3)と(4)は近年よく出題されているテーマであり，完答したい問題である。ただ，教科書や資料集を丁寧に見ておかないと描図問題は手間取ると思われる。(5)は初期胚の割球分離を扱った問題を解いたことがある受験生にとっては取り組みやすい問題であった。(6)は完答したい。(7)も近年よく出題されている問題であり，ぜひとも完答したい。(8)はリード文中にボディープラン形成は体軸の決定だけでなく誘導現象も含まれるように書かれているので，神経誘導のしくみについて述べればよい。

Ⅲ　(1)〜(5)は基本的な知識問題であり，ほぼ完答したい。(6)の人類の進化については，正確に覚えている受験生は少ないと思われるが，②は頻出典型問題であり，正解したい。(7)は丁寧に問題文を読めば正解できる。(8)の①も典型問題であり正解したい問題であるが，②の最節約説（法）は，解き慣れていない受験生はやや苦戦したかもしれない。

//////////////////// · memo · ////////////////////

2022年度

問題と解答

■学部個別日程（理工学部）

問題編

▶試験科目・配点

●理工学部（数・理重視型）

教科	科目	配点
外国語	コミュニケーション英語Ⅰ・Ⅱ・Ⅲ，英語表現Ⅰ・Ⅱ	100点*
数学	数学Ⅰ・Ⅱ・Ⅲ・A・B	200点
理科	機械システム工学科：「物理基礎・物理」 電気工，電子工，機械理工学科：「物理基礎・物理」，「化学基礎・化学」から１科目選択 インテリジェント情報工，情報システムデザイン，機能分子・生命化，化学システム創成工，環境システム，数理システム学科：「物理基礎・物理」，「化学基礎・化学」，「生物基礎・生物」から１科目選択	150点

▶備　考

- 「数学B」は「数列」および「ベクトル」から出題する。

＊「外国語」は同日実施の共通問題（100分，200点満点）を使用し，配点を100点満点に換算する。

英語

(100分)

〔Ⅰ〕 次の文章を読んで設問に答えなさい。[＊印のついた語句は注を参照しなさい。](75点)

One of the most famous stories about smell is that told by Marcel Proust in the opening pages of his sprawling series of novels, *À la recherche du temps perdu**. The narrator describes how, as a grown man, his mother makes him some tea; child-like, he takes a small piece of madeleine cake* and soaks it in a teaspoon of the hot beverage. As he places the soggy* cake in his mouth he is suddenly overwhelmed(a) by a sense of the extraordinary, an exquisite feeling of happiness, the source of (W) he cannot immediately identify. Then he remembers — when he was a boy, his Aunt Léonie would give him madeleine dunked* in tea; this in turn unlocks a whole series of complex and precise memories of his childhood. (中略)

The evidence that odors truly hold the key to complete recall(ア) is quite flimsy* — the smell scientist Avery Gilbert has called it "a literary conceit." But, as many authors before Proust had noticed, and as scientific research has shown, smells can indeed release memories in a very powerful way. For example, there (あ) good evidence (い) richer memories (う) evoked when adults are presented with childhood-related odors (え)(お) childhood-related images. The key aspect of memory that seems to be unlocked by smell — including in Proust's fictional example — is not simply a memory of a particular fact or a particular event, but of things or emotions that were experienced in a particular place and at a particular time.（中略）

The underlying basis of these kinds of effects is (X) in most animals, smells are used to immediately label experiences, so smell memories are often linked to places — to where a particular event occurred. In the mammalian* hippocampus* there are "place cells" that are active when the animal is in a particular location and these provide a key to memory retrieval(b) (the discovery of these cells was rewarded by the Nobel Prize in 2014). These cells are not simply a kind of GPS — they also integrate other sensory modalities*, such as smell. Researchers have even created an olfactory* virtual reality system for mice, revealing that place cells respond to an odor-guided virtual exploration of the world much as they do to a visual representation.

The way mouse odor memories are encoded* depends on whether they are associated with(c) a particular place, or with a particular moment in time. These separate "when" and "where" aspects of our smell-associated memories project to a brain structure called the anterior olfactory nucleus*, which also receives input from the olfactory bulb* and contains the "what" aspect of sensory memory. This may explain why memories that are activated by smells can seem so vivid — in our minds we travel back to a particular place, often at a particular moment.（中略）

There is growing interest in the significance(d) of the link between spatial memory and olfaction*. A recent study of humans found that greater ability to identify odors was associated with better spatial memory, with frontal areas of the brain, which are involved in both olfactory processing and spatial learning, playing a particularly significant role. Patients with damage to these regions were less effective in identifying odors and in a spatial learning task, supporting the idea that olfactory identification and spatial memory may have common neural* bases. Proust may have exaggerated the power of smell to evoke memories, (Y) his suggestion that odors, time, and place are somehow connected in our memory was correct.

These complex links between place, memory, and smell may be explained by an idea first put forward(e) in 2012, by Lucia Jacobs of the University of California. She suggested that in all animals a primary function of olfaction is navigation. Jacob's starting point was our difficulty in understanding why the size of the olfactory bulb in vertebrates* does not always scale with the rest of the brain; associated structures, such as the hippocampus, also show this effect. The explanation may lie in ecology: a study of 146 species of terrestrial* carnivorous* mammals revealed that the relative size of the olfactory bulb is positively correlated with the species' home range size — the larger the area the animal normally covers (Z) searching for food, the larger its olfactory bulb compared to the rest of its brain. Jacobs argued that the brain anatomy of different species with different foraging(f) strategies also supported her hypothesis, and other researchers have adopted her framework in an attempt to understand the evolution of the vertebrate brain. The underlying explanation may be that the size of the olfactory bulb is directly related to the number of olfactory neurons*, which in turn will relate to the ecology of the animal and the distance at which it detects(g) odors.

(イ)Whatever the truth of Jacobs's hypothesis, olfaction is involved in animal navigation on both local and global scales. Pigeons can return to their loft even if they were released hundreds of kilometers away, and although the stars, visual landmarks, and even the earth's magnetic field have been implicated* in this ability, the sense of smell plays a fundamental(h) role, in particular when the bird is only a few dozen kilometers from home. Scientists in Italy showed that pigeons with a damaged olfactory system were much less likely to return to the loft than those that were intact(i), while researchers in Germany mapped out the distribution of various odors around their laboratory in Würzburg, showing that what they called the olfactory landscape contained sufficient variation to account for (j) the birds' homing ability.（中略）

Humans clearly use other sensory modalities for most navigation, but when we return somewhere — home, or a place we have not visited for some time (ウ) — the smell is both evocative* and comforting. For many animals, smells and the memories they are entangled with are a key part of their ability to identify particular locations.

(From *Smell*, by Matthew Cobb, 2020)

［注］ *À la recherche du temps perdu*　［フランス語］『失われた時を求めて』（マルセル・プルーストの小説）

madeleine cake　マドレーヌ

soggy　ふやけた

dunked　（dunk　浸す）

flimsy　論拠が薄い

mammalian　哺乳動物の

hippocampus　海馬（記憶に関わる脳の部位）

sensory modalities　感覚様相、感覚の種類

olfactory　嗅覚の

encoded　（encode　脳が受容可能な形にする）

anterior olfactory nucleus　前嗅核

olfactory bulb　嗅球（嗅覚に関わる脳の部位）

olfaction　嗅覚

neural　神経の

vertebrates　脊椎動物

terrestrial　陸上の

carnivorous　肉食性の

neurons　ニューロン、神経単位

implicated　（implicate　～が原因であることを示す）

evocative　記憶などを呼び起こす

Ⅰ－A 空所(W)～(Z)に入るもっとも適切なものを次の1～4の中からそれぞれ一つ選び、その番号を解答欄に記入しなさい。

(W) 1 that 2 when 3 which 4 whom

(X) 1 that 2 when 3 which 4 whom

(Y) 1 and 2 but 3 so 4 then

(Z) 1 at 2 for 3 in 4 to

Ⅰ－B 下線部 (a)～(j) の意味・内容にもっとも近いものを次の1～4の中からそれぞれ一つ選び、その番号を解答欄に記入しなさい。

(a) overwhelmed

1 compromised 2 distracted

3 starved 4 stunned

(b) retrieval

1 recall 2 relief 3 reversal 4 revision

(c) associated with

1 connected to 2 deceived by

3 separated from 4 socialized among

(d) significance

1 difference 2 importance 3 similarity 4 singularity

(e) put forward

1 drawn 2 exaggerated

3 extended 4 proposed

(f) foraging

1 breeding 2 flying 3 hunting 4 nesting

(g) detects

1 affects 2 collects 3 issues 4 perceives

(h) fundamental

1 crucial 2 monetary

3 pleasurable 4 psychological

(i) intact

1 assembled　　2 blinded　　3 contacted　　4 unharmed

(j) account for

1 explain　　2 express　　3 research　　4 update

I－C　波線部 (ア)〜(ウ) の意味・内容をもっとも的確に示すものを次の1〜4の中からそれぞれ一つ選び、その番号を解答欄に記入しなさい。

(ア) hold the key to complete recall

1 allow people to remember events perfectly
2 are required for memories to be stored
3 cause memories to be locked away
4 unlock people's hidden creativity

(イ) Whatever the truth of Jacobs's hypothesis

1 Given that Jacobs's assumption is correct
2 Putting in doubt the truth of Jacobs's theory
3 The validity of Jacobs's idea aside
4 Though Jacobs's theory is incomprehensible

(ウ) a place we have not visited for some time

1 a place to which we've never been
2 a place we hope someday to visit
3 a place we've not been to for years
4 a place we've not visited at length

I－D　二重下線部の空所(あ)〜(お)に次の1〜8の中から選んだ語を入れて文を完成させたとき、(い)と(う)と(え)に入る語の番号を解答欄に記入しなさい。同じ語を二度使ってはいけません。選択肢の中には使われないものが三つ含まれています。

For example, there (あ) good evidence (い) richer memories (う) evoked when adults are presented with childhood-related odors (え)(お) childhood-related images.

1 are	2 have	3 in	4 is
5 than	6 that	7 what	8 with

Ⅰ－E 本文の意味・内容に合致するものを次の１～８の中から三つ選び、その番号を解答欄に記入しなさい。

1 In *À la recherche du temps perdu*, the narrator is overjoyed when he dips his cake in his tea, but neglects to say so because it's considered childish.

2 In an academic paper, Marcel Proust offered scientific proof that smell can evoke even irrelevant memories.

3 "Place cells" are not only associated with a particular location, but are also involved with multiple senses.

4 According to a recent study, people with highly sensitive olfactory perception also exhibit better spatial memory.

5 After studying species of terrestrial carnivorous mammals, Lucia Jacobs argued that the size of the olfactory bulb was always proportional to the size of the brain.

6 Scientists who study evolution disagree with Jacobs because examining the anatomy of certain other vertebrates yields contradictory data.

7 Pigeons' navigating skills are fundamentally based on olfactory systems, especially when the birds are close to home.

8 Researchers in Germany mapped out odorless locations in an attempt to examine the homing abilities of wounded birds.

〔Ⅱ〕　次の文章を読んで設問に答えなさい。[＊印のついた語句は注を参照しなさい。](75点)

When I traveled in Europe, specifically England, Germany, France and the Netherlands, I noticed an intense difference in the way dogs were treated and integrated into society compared to the United States. Quite simply, dogs were everywhere: restaurants and buses and performance venues(a) and countless other places.

This is obviously not the case in the United States, and it got me wondering why European dogs and American dogs behave so differently. In Europe dogs tend to be welcome in most public spaces and they are calm, relaxed and quiet there. In the United States, however, pet dogs aren't welcome in most public spaces, and often struggle in the public places where they are allowed. Dogs are dogs no matter where they are (あ), and the differences (い) behavior often come down (う) an individual dog's temperament as (え) as socialization and training received (お) a puppy.

But dog behavior isn't all about the dogs. A lot of it has to do with us. (ア)As big as the differences might be between the behavior of American dogs and European dogs, there are even bigger differences in how Americans relate to dogs we encounter in public. Our behavior has a lot to do with why our dogs might have more behavioral challenges(b), and the good news is there's something we can do about it.

One small thing that we can do that will have a big impact on our dogs is to admire them from a distance instead of getting in their face(c).
(中略)

Your dog might like you and your family, might even like your friends, but that doesn't mean he or she wants every stranger to run up and give a hug.

It's easy to see why people are drawn to cute dogs, but one of the most important things American dog guardians can do is be advocates(d) for their dogs, telling strangers "no" when they ask to pet their dog and being thoughtful about busy public places.

(　Y　) people think about boundaries and dog training, they generally assume we're talking about the dog—but most of the time, the main problem is people.

To set up our dogs to succeed, we need to not put them in uncomfortable situations, whether out in the world or at home with guests and family. Zazie Todd, a professional dog trainer and author of the forthcoming(e) book "Wag: The Science of Making Your Dog Happy," said that "people tend to assume that dogs are sociable and friendly, and don't necessarily consider if a dog wants affection from them at a particular moment in time. This is especially an issue with children."

Children are particularly susceptible to being bitten by dogs, but not just by strange dogs. Many children are bitten by dogs that they know and that are in the home. This has less to do with the dog and more to do with the child.(イ) Educating family and friends of all ages about when it is and isn't OK to engage your dog makes sure everyone stays and feels safe, including your dog.

Dr. Todd said, "It's important to know that if a dog is resting (sitting or lying down), a child should not approach them as this is a common scenario(f) for young children to be bitten; instead we should teach them to call the dog to them, and supervise(g) carefully while they pat the dog."

The way we teach our dogs has a substantial impact on their quality of life and adaptability to new situations. Unfortunately, dog training in the United States is not a regulated industry. Anyone can call themselves dog trainers and start charging people without any qualifications or breadth of experience, using any methodology they choose, regardless of if it's based in science or not.

Dog training takes time, and dogs learn best when we use positive reward-based training methods that gently help and encourage dogs by rewarding good behavior. "Studies have found that using aversive* methods — like leash jerks* or electronic collars — has risks for dogs, including the risk of fear, anxiety, and aggression," Dr. Todd said. "Positive reinforcement avoids those risks and it works really well."

(h) (ウ)

People desperate for a quick fix to behavioral issues with their dogs are particularly susceptible to empty promises from unqualified trainers, or trainers who use pain and coercion-based* methods.

(i)

"Unfortunately, we know that many dog owners use a mix of methods, and dog training is not regulated, so it's important for dog owners to learn more about how to train dogs," Dr. Todd said.

For example, shock collars, sometimes called e-collars or electronic collars, are banned in the United Kingdom, but they are legal in the United States. If you are hiring a dog trainer, be sure to ask questions not only about the trainer's experience but also his or her qualifications and approach to training.

Do not be afraid to ask (Z) trainers use only positive reinforcement-based training methods. You want to find a trainer who rewards dogs with treats and toys as they learn and avoids punishing behaviors or using pain-based techniques (such as prong collars*, shock collars or physical intimidation).

(j)

Similarly, you want to avoid any trainer who talks about "dominance," "alpha" or "pack" training because we now know that dogs are not actually small wolves. This kind of aggressive training will only exacerbate* any behavioral challenges you see.

No matter where we live, we can all be a little more thoughtful about how we engage with the pups* we encounter. Ask before greeting and just generally give them space instead of assuming that all dogs want to or will be comfortable interacting with strangers.

If you have a dog, you can help your pup out by being its advocate and reminding people you encounter that your dog isn't a walking stuffed animal.(エ)

(By Sassafras Lowrey, writing for *The New York Times*, March 20, 2020)

［注］ aversive　嫌悪感を催させる
leash jerks　（犬などをつなぐ）ひもを強く引くこと
coercion-based　強制することを原則とした
prong collars　尖ったものが付いた訓練用の首輪
exacerbate　悪化させる
pups　子犬

Ⅱ－A　空所（Y）と（Z）に入るもっとも適切なものを次の1～4の中からそれぞれ一つ選び、その番号を解答欄に記入しなさい。

（Y）　1　Although　2　Because　3　Unless　4　When
（Z）　1　for　2　if　3　of　4　with

Ⅱ－B　下線部 (a)～(j) の意味・内容にもっとも近いものを次の1～4の中からそれぞれ一つ選び、その番号を解答欄に記入しなさい。

(a) venues
1　locations　2　parks　3　streets　4　vehicles
(b) challenges
1　contests　2　fights　3　problems　4　victories
(c) getting in their face
1　ignoring them　2　invading their space
3　patting them down　4　talking to them arrogantly
(d) advocates
1　counsellors　2　instructors
3　spokespersons　4　trainers

(e) forthcoming

1 best-selling　　2 honest

3 readily available　　4 soon-to-be-published

(f) scenario

1 accident　　2 sense　　3 situation　　4 view

(g) supervise

1 protect　　2 record　　3 shine　　4 watch

(h) takes time

1 depends on chance　　2 is based on a schedule

3 is often delayed　　4 requires patience

(i) susceptible to

1 doubtful about　　2 encouraged by

3 scared of　　4 vulnerable to

(j) intimidation

1 exercises　　2 interruptions

3 services　　4 threats

II－C　波線部 (ア)〜(エ) の意味・内容をもっとも的確に示すものを次の 1 〜 4 の中からそれぞれ一つ選び、その番号を解答欄に記入しなさい。

(ア) As big as the differences might be

1 As no one might know how big the differences are

2 Because the difference might be big

3 Despite there being no differences

4 However big the difference might be

(イ) This has less to do with the dog and more to do with the child.

1 The dog is less excusable than the child.

2 The dog is less than kind to the child.

3 The dog is more friendly than the child.

4 The problem is usually the child, not the dog.

(ウ)　works really well

1　generates considerable income

2　involves many workers

3　is very effective

4　requires much effort

(エ)　isn't a walking stuffed animal

1　can be purchased in any pet shop

2　is playful enough to be treated as a toy

3　isn't always as predictable as they might expect

4　prefers to sit when around children

II－D　二重下線部の空所(あ)～(お)に次の１～７の中から選んだ語を入れて文を完成させたとき、(い)と(え)と(お)に入る語の番号を解答欄に記入しなさい。同じ語を二度使ってはいけません。選択肢の中には使われないものが二つ含まれています。

Dogs are dogs no matter where they are (あ), and the differences (い) behavior often come down (う) an individual dog's temperament as (え) as socialization and training received (お) a puppy.

1 as	2 born	3 in	4 longer
5 soon	6 to	7 well	

II－E　本文の意味・内容に合致するものを次の１～８の中から三つ選び、その番号を解答欄に記入しなさい。

1 If we want to change dogs' behavior, we have to begin with changing our own behavior toward them.

2 People tend not to like seeing dogs in public spaces in many European countries.

3 Children are often bitten by dogs familiar to them, if they recklessly approach the animals.

4 In order to show that you love humans more than animals, punish dogs severely when they bite children.

5 Punishment-based training methods should usually be avoided but can be recommended in specific circumstances.

6 You should not trust a dog trainer's advice until you ensure he or she is well-qualified, experienced, and uses proper methods.

7 It is pointless to train human children how to interact with dogs because each dog behaves differently depending on its upbringing.

8 Dogs are so sociable and friendly that they crave affection, even from strangers.

II－F 本文中の太い下線部を日本語に訳しなさい。(This は「このようなこと」と訳しなさい。)

This is obviously not the case in the United States, and it got me wondering why European dogs and American dogs behave so differently.

〔Ⅲ〕 次の会話を読んで設問に答えなさい。(50点)

(*Naomi sees her friend Ted in a café and sits down with him.*)

Naomi: What's wrong, Ted? ＿＿(a)＿＿

Ted: Oh… hey. No, nothing like that. I was just lost in thought.

Naomi: What are you thinking about?

Ted: Did you see on the news? Some guy won 200 million dollars in the lottery.

Naomi: Oh, yeah, I think I saw that. That's a lot of money.

Ted: Can you imagine winning that much money suddenly? I've just been dreaming about it.

Naomi: ＿＿(b)＿＿ Have you been thinking about what you would buy? Or maybe you were just thinking about what you would eat every day….

Ted: Oh no… I hadn't gotten that far yet. I was just thinking about my life. I enjoy university, but if I had that much money, I would never need to work. So, should I drop out of university too?

Naomi: Well, what would you do instead?

Ted: I guess I would travel. ＿＿(c)＿＿ I could eat pizza in Italy, and then go to Japan for a nice sushi dinner.

Naomi: See, you were thinking about food!

Ted: I just mean life would be like a dream! You could do anything and not have to worry about when you'll get paid next. I'd quit my part-time job immediately.

Naomi: Okay, so… Italy for lunch, then Japan for dinner… you've made it through one day. Then what are you going to do? How long do you think you could keep traveling like that?

Ted: What? ＿＿(d)＿＿

Naomi: Well, sure, I'd have some fun. But eventually you would get tired of it. How old are you now, 20? So, you travel for a few months, and then what would you do for the rest of your life?

Ted: Yeah, I know you're right... but I was just fantasizing and not thinking about it realistically. Let me dream a little. These days I've been so busy with my classes. ＿＿＿(e)＿＿＿

Naomi: Isn't that what you want to do?

Ted: Yeah, but it's because I need to earn money. I feel like most decisions in my life now are based on money. So, if I win 200 million dollars, all I want to do is escape from that.

Naomi: I understand that feeling, but I think you would still need something to do. ＿＿＿(f)＿＿＿ Traveling and eating isn't enough unless you somehow turn it into a career.

Ted: Of course, we need a purpose, but honestly the word "career" gives me anxiety. People also ask, "what do you do for a living?" That means how you earn money to live. It's all about money.

Naomi: ＿＿＿(g)＿＿＿ What do you do to occupy your time?

Ted: See, that sounds so much better. That makes me think about a hobby or the pursuit of knowledge or something like that. That doesn't make me think about money.

Naomi: Right, so if you win 200 million dollars, you won't need a career. But I guarantee that you will need an occupation. [お金を稼ぐことを考え始める前に、何を夢見ていたか覚えている？]

Ted: You mean when I was a kid? I wanted to be a professional baseball player.

Naomi: So maybe you could try that.

Ted: I'm not good enough, but it would be so much fun to just play every day and try to get better.

Naomi: So that could be your occupation.

Ted: Now, all I need to do is win the lottery.

Naomi: ＿＿＿(h)＿＿＿ I think you can still find a satisfying

"occupation" without winning the lottery.

Ⅲ－A 空所 (a)～(h) に入るもっとも適切なものを次の1～10の中からそれぞれ一つ選び、その番号を解答欄に記入しなさい。同じ選択肢を二度使ってはいけません。選択肢の中には使われないものが二つ含まれています。

1 He must have worked hard to save that much money.

2 How did you choose your career?

3 I could go anywhere in the world for as long as I like.

4 I have to finish my computer science degree so that I can get a job somewhere.

5 In the meantime, you should finish your studies.

6 Okay, so how about the word "occupation"?

7 People need a purpose in life.

8 Yeah, that much money would completely change your life.

9 You look like you've seen a ghost.

10 You wouldn't do the same thing?

Ⅲ－B 本文中の［　　］内の日本語を英語で表現しなさい。

お金を稼ぐことを考え始める前に、何を夢見ていたか覚えている？

数学

(100 分)

〔I〕次の $\boxed{}$ に適する数または式を，解答用紙の同じ記号のついた $\boxed{}$ の中に記入せよ．

(1) 最初，袋 A，袋 B のどちらの袋にも，赤玉 1 個と白玉 4 個が入っている．「袋 A と袋 B からそれぞれ玉を 1 個無作為に取り出して，袋 A から取り出した玉は袋 B に入れ，袋 B から取り出した玉は袋 A に入れる」という試行を続けて行う．n を自然数とし，n 回目の試行が終わったとき，袋 A に赤玉 2 個と白玉 3 個が入っている確率を p_n とおく．$p_1 = \boxed{\text{ア}}$，$p_2 = \boxed{\text{イ}}$ である．p_{n+1} を p_n で表すと，$p_{n+1} = \boxed{\text{ウ}}\, p_n + \boxed{\text{エ}}$ となる．これより，$\lim_{n\to\infty} p_n = \boxed{\text{オ}}$ である．

(2) 複素数平面上で，方程式 $|z-(-2+2i)| = 2\,|z-(1-i)|$ を満たす点 z 全体が描く図形を C とする．ただし，i は虚数単位である．C は点 $\boxed{\text{カ}}$ を中心とする半径 $\boxed{\text{キ}}$ の円となる．r を $r > 2$ を満たす実数とし，複素数平面上で，点 r を中心とする半径 r の円を D とする．円 C と円 D の原点 O 以外の交点を A とし，A を表す複素数を α とする．三角形 OAB が正三角形となる点 B が円 D 上にあるのは，$r = \boxed{\text{ク}}$，$\alpha = \boxed{\text{ケ}}$ のときである．このとき，円 C の短い方の弧 OA と線分 OA で囲まれる図形の面積は $\boxed{\text{コ}}$ である．

〔II〕 $0 \leqq t \leqq 1$ を満たす実数 t に対して，xyz 空間内の点 $\mathrm{P}\left(2t,\, 4t,\, 0\right)$，$\mathrm{Q}\left(2t-2,\, 4-4t,\, 0\right)$，$\mathrm{R}\left(t,\, t,\, 1\right)$ を考える．点 U を，点 R が線分 UP の中点になるようにとる．また，点 V を，点 R が線分 VQ の中点になるようにとる．t が $0 \leqq t \leqq 1$ の範囲を動くとき，次の問いに答えよ．

(1) h を定数とする．2 点 U, V がともに平面 $z = h$ 上にあるとき，h を求めよ．

(2) 直線 UV は，t の値によらず，定点を通る．この定点の座標を求めよ．

(3) (1) の平面上で，線分 UV が通過する領域の面積を求めよ．

(4) a, b を実数の定数として，xy 平面上の放物線 $y = ax^2 + b$ を考える．xy 平面上で，t の値によらずに直線 PQ がこの放物線に接するとき，a, b の値をそれぞれ求めよ．

(5) xy 平面上で，線分 PQ が通過する領域の面積を求めよ．

〔III〕 n を自然数とする．x の整式 $F_n(x)$ を，

$$F_1(x) = x$$

$$(*) \quad F_{n+1}(x) = (F_n(x))^2 - 2 \qquad (n = 1, 2, 3, \cdots)$$

で定める．次の問いに答えよ．

(1) $F_n(2)$ の値を求めよ．また，$F_n(x)$ の次数を求めよ．さらに，$(*)$ の等式の両辺を x で微分することにより，$F_n'(2)$ を求めよ．

(2) θ を実数とする．$F_n(2\cos\theta)$ を $\cos\left(2^{n-1}\theta\right)$ を用いて表せ．

(3) 2^{n-1} 以下の自然数 k に対して，$F_n\left(2\cos\left(\dfrac{2k-1}{2^n}\pi\right)\right)$ の値を求めよ．

(4) 2^{n-1} 以下の自然数 k に対して，$a_k = 2 - 2\cos\left(\dfrac{2k-1}{2^n}\pi\right)$ とおき，積 $a_1 a_2 a_3 \cdots a_{2^{n-1}}$ を I_n とおく．このとき，I_n の値を求めよ．ただし，$I_1 = a_1$ とし，$I_2 = a_1 a_2$ とする．

(5) (4) の a_k に対して，$\displaystyle\sum_{k=1}^{2^{n-1}} \frac{1}{a_k}$ を求めよ．

〔Ⅳ〕 n を 3 以上の自然数とする．関数 $f(x)=\dfrac{\log x}{x}$ $(x>0)$ を考える．$a_n=f(n)$，$b_n=\dfrac{1}{2}(\log n)^2-\displaystyle\sum_{k=3}^{n}a_k$ $(n=3,4,5,\cdots)$ とする．次の問いに答えよ．ただし，$\log 2=0.69$，$\log 3=1.10$，$\log 5=1.61$ とする．また，必要ならば，$\displaystyle\lim_{x\to\infty}f(x)=0$ であることを証明なしに用いてよい．

(1) $x>0$ における関数 $y=f(x)$ の増減およびグラフの凹凸を調べよ．

(2) 不定積分 $\displaystyle\int f(x)\,dx$ を求めよ．

(3) $\displaystyle\int_n^{n+1} f(x)\,dx = p\,a_{n+1}+q\,b_n+r\,b_{n+1}$ $(n=3,4,5,\cdots)$ が成り立つような定数 p,q,r の値をそれぞれ求めよ．

(4) $\displaystyle\int_n^{n+1} f(x)\,dx$ と $f(n+1)$ の大小を調べ，不等式 $b_{n+1}>b_n$ が成り立つことを示せ．また，不等式 $b_n>0$ が成り立つことを示せ．

(5) $n\geqq 5$ のとき，2 つの不等式 $b_{n+1}-b_n<\dfrac{1}{2}(a_n-a_{n+1})$ および $b_n<\dfrac{1}{2}$ が成り立つことを示せ．

物理

（75分）

〔Ⅰ〕　次の文中の空欄（ア）～（ケ）にあてはまる式を解答用紙（一）の該当する欄に記入せよ。ただし，重力加速度の大きさを g とする。

図1のように，鉛直方向に置かれたばね定数 k の軽いばねの上に，質量 M の薄い剛体の板が水平に取り付けられている。板にはたらく重力と，ばねの弾性力がつり合う位置を原点として，鉛直上向きに z 軸をとる。ばね，板の重心，質量 m $(m < M)$ の小球を同一の鉛直線上に配置し，板は水平を保ったまま鉛直方向にのみ運動するものとする。

板の重心の鉛直上方 $z = h_1$ の位置から小球を静かに落とした。$z = 0$ の位置で静止していた板に衝突する直前の小球の速さは［（ア）］である。小球は板と弾性衝突して鉛直上向きにはね返り，板は運動を始めた。衝突後，板は位置 z $(z < 0)$ において加速度［（イ）］で運動し，ばねが最も縮んだときの板の位置は $z =$［（ウ）］である。板が再び $z = 0$ の位置に戻った瞬間に，小球と板は2回目の衝突をした。したがって，h_1 は［（エ）］と表せる。2回目の衝突直後の板に対する小球の相対速度は，h_1 を用いて［（オ）］と表される。

つぎに，板を材質の異なる質量 M の薄い剛体の板に取り替え，ばねの上に水平に取り付けた。板の重心の鉛直上方 $z = h_2$ の位置から質量 m の別の小球を静かに落としたところ，小球は $z = 0$ に静止していた板と完全非弾性衝突し，板と一体となって運動した。衝突直後の小球と板の速さは［（カ）］である。小球は板とともに運動し，小球と板の位置が $z =$［（キ）］でばねが最も縮み，その後 $z =$［（ク）］で小球は板から離れた。小球が板から離れたことより，h_2 は［（ケ）］より大きいことがわかる。

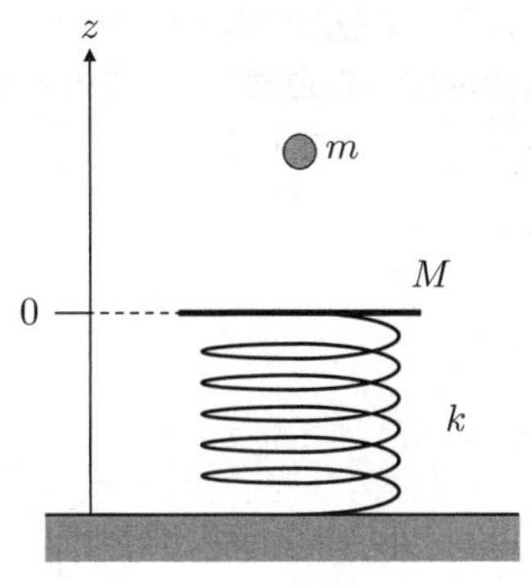

図 1

〔 II 〕 次の文中の空欄 (ア) ～ (ク) にあてはまる式を解答用紙 (一) の該当する欄に記入せよ。ただし，静電気力に関するクーロンの法則の比例定数を k [N·m^2/C^2] とし，小球にはたらく重力は無視できるとする。

図 1 のように，電気量 q [C] ($q>0$) の点電荷 A を xy 平面上の原点 O に固定し，点電荷 B を $(x, y)=(0, d)$ [m] ($d>0$) の位置に固定した。x 軸上に置いた質量 m [kg]，電気量 e [C] ($e>0$) の小球は，y 方向には動けず x 軸上を運動する。点 P の位置を $(x, y)=(2d, 0)$ とする。

小球を点 P に置いて静かに固定を外したところ，小球は静止したままであった。点電荷 B の電気量は [(ア)] [C] である。点電荷 A と B が P につくる電位は無限遠を基準として [(イ)] [V] であり，A と B が P につくる合成された電場の強さは [(ウ)] [N/C] である。

つぎに，点電荷 B の電気量を変化させた後，再び点 P に小球を置いて静かに固定を外したところ，小球は x 軸負の向きに動き始め，x 軸上を往復運動した。このときの B の電気量を $-Q$ [C] ($Q>0$) とする。小球の x 座標が X [m] ($0<X\leqq 2d$) であるとき，小球にはたらく静電気力の合力の x 成分は [(エ)] [N] と表せ，小球の静電気力による位置エネルギーは無限遠を基準とすると Q を用いて [(オ)] [J] と表せる。往復運動の途中，小球の x 座標が $\frac{d}{2}$ のとき小球の速さは最大となった。したがって，$Q=$ [(カ)] [C] であり，小球の速さの最大値は Q を用いずに表すと [(キ)] [m/s] となる。

最後に，点電荷 A の電気量を変化させ，点電荷 B の電気量をはじめの電気量に戻した。小球を点 P に置いて静かに固定を外したところ，小球は B の電気量を変化させた後と同じ区間を往復運動した。このときの A の電気量は，q のみを用いて表すと [(ク)] [C] である。

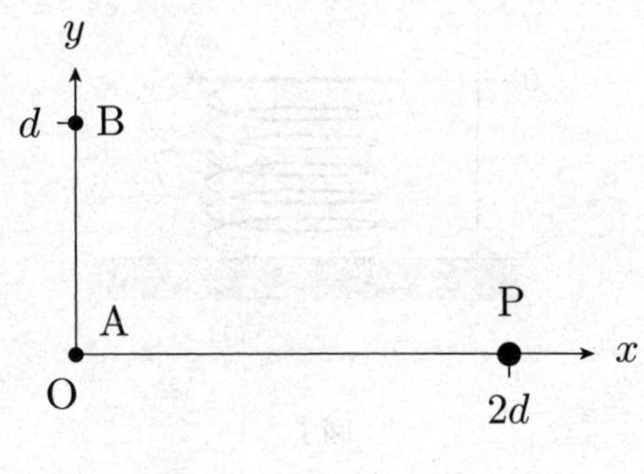

図 1

〔 Ⅲ 〕　次の文中の空欄（ア）～（ク）にあてはまる式を解答用紙（二）の該当する欄に記入せよ。ただし，重力加速度の大きさを g [m/s^2] とする。

図 1 のように，大気中に質量と熱容量の無視できる薄いゴムでできた球形の風船がある。大気圧は P_0 [Pa] で一定であり，風船内の気体の圧力は P [Pa] ($P > P_0$)，風船の半径は r [m] である。風船には弾性があり，風船の表面積を単位面積だけ増加させるために必要な仕事 K [J/m^2] は，風船の大きさによらず一定である。風船は球形を保ちながら，半径が r から $r + \Delta r$ [m] にわずかに増加して膨張した。この膨張の間，ゴムを通しての熱のやり取りはなく，風船内の気体の圧力変化は無視できるとする。また，$(\Delta r)^2$ と $(\Delta r)^3$ を含む項は Δr を含む項に比べて十分に小さいので無視すると，この膨張の間に，風船が大気にした仕事は [(ア)] [J] であり，風船の表面積を増加させるために必要な仕事は [(イ)] [J] である。風船内の気体がした仕事も含めて考えると，風船内の気体と大気の圧力差 $(P - P_0)$ は，K と r を用いて [(ウ)] [Pa] と表せる。

この風船を，図 2 のように球形を保った状態で水中に沈める。水面での圧力は大気圧 P_0 である。水の密度 ρ [kg/m^3] は深さによらず一定であり，風船内の気体は単原子分子理想気体で，その密度は ρ に比べて十分に小さいとする。風船の半径が r_1 [m] であるとき，風船にはたらく浮力は [(エ)] [N] である。r_1 が水面から風船の中心までの深さ d_1 [m] に比べて十分に小さいとき，風船のまわりの水圧は一定で [(オ)] [Pa] であり，風船内の気体の内部エネ

ルギーは （カ） [J] である。

風船が水面から風船の中心までの深さ d_2 [m] $(d_2 < d_1)$ まで上昇し，風船の半径が r_2 [m] になった。r_2 は d_2 に比べて十分に小さい。風船が上昇する間に風船内の気体が断熱変化したとすると，風船内の気体がした仕事は （キ） [J] である。単原子分子理想気体の断熱変化では，(圧力) × (体積)$^{5/3}$ = 一定 である。この式を用いれば，上昇後の深さ d_2 は （ク） [m] と求められる。

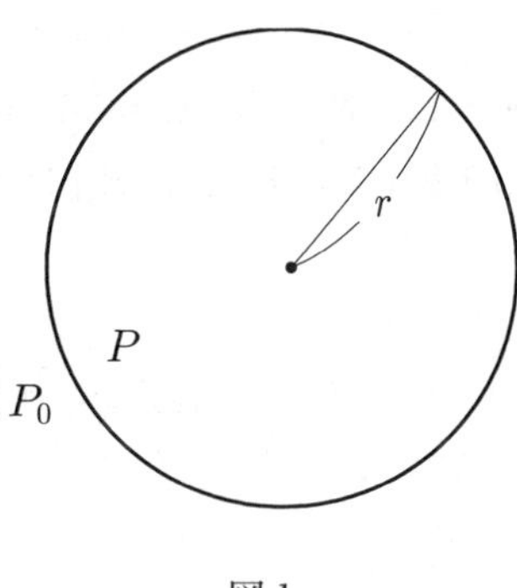

図1

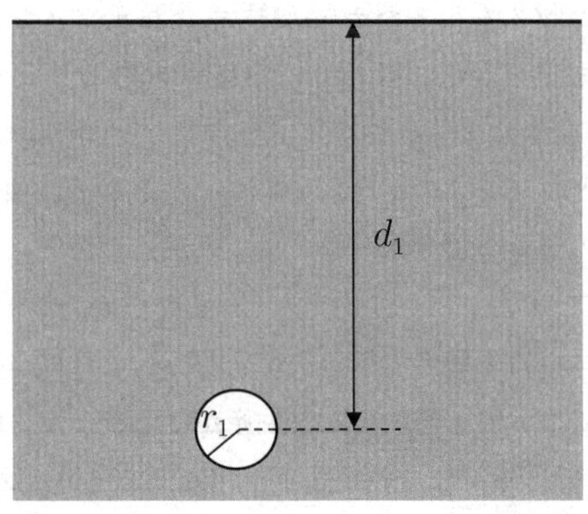

図2

化学

(75 分)

[注意]

原子量は，C = 12，H = 1.0，N = 14，O = 16，Al = 27 とし，ファラデー定数は 9.65×10^4 C/mol とする。また，円周率は 3.14，$\sqrt{2} = 1.4$，$\sqrt{3} = 1.7$ とする。

〔Ⅰ〕 次の文を読み，問い（1）～（10）の答えを，解答用紙（一）の〔Ⅰ〕の該当する欄に記入せよ。

電解質の水溶液あるいは融解塩などに 2 本の電極を入れ，外部電源を用いて直流電流を流して酸化還元反応を起こさせることを電気分解という。外部電源の（　あ　）につないだ電極を陽極，（　い　）につないだ電極を陰極とよぶ。アルミニウムを得るために Al^{3+} を含む水溶液を電気分解してもアルミニウムは生成せず，その代わりに陰極で H_2O が（　う　）分解されて（　ア　）ガスが発生する。そこで，1886 年にアメリカのチャールズ・マーティン・ホールとフランスのポール・エルーがそれぞれ独自に融解塩を用いるアルミニウムの製造方法（ホール・エルー法）を開発した。その後，1888 年にオーストリアのカール・ヨーゼフ・バイヤーが，鉱石である（　イ　）から酸化アルミニウムを製造する方法を発明し，これによりホール・エルー法によるアルミニウムの本格的な工業生産がはじまった。酸化アルミニウムは 2000 ℃の高温でも融解しないが，フッ化物である（　え　）を約 1000 ℃に加熱してできる融解塩に溶かすことができる。この酸化アルミニウムを溶かした融解塩を電解質として，陽極と陰極に炭素を用いて電気分解すると，①陽極で炭素が酸化物イオンと反応して一酸化炭素が発生し，陰極では融解状態のアルミニウム単体が生成する。このとき陽極では二酸化炭素も発生する。

アルミニウムは，ホウ素やガリウムと同じ（　**ウ**　）族に属する元素であり，原子は 3 個の（　**エ**　）をもつ。アルミニウムは酸とも強塩基とも反応する金属であり，このような金属を（　**オ**　）金属と呼ぶ。空気中では表面に酸化アルミニウムの緻密な被膜を生じ，内部を保護する。この性質を利用し，アルミニウムの表面に人工的に厚い酸化被膜をつけた製品を（　**お**　）という。

（1）文中の空欄（　**あ**　）～（　**お**　）に最も適する語句または物質名を，次の語群から選んで答えよ。

語群：正極，負極，酸化，還元，氷晶石，岩塩，方解石，
　　　アルマイト，セルロイド，ジュラルミン

（2）文中の空欄（　**ア**　）～（　**オ**　）に最も適する語句，数字または物質名を記入せよ。

（3）下線部①のうち陽極で起こる反応を電子 e^- を含むイオン反応式で記せ。

（4）下線部①の反応を一つの化学反応式で記せ。

（5）実際のホール・エルー法では下線部①以外の酸化還元反応も同時に起こるため，電流の一部が有効に利用されない。外部電源から 1.93×10^{10} C の電気量を与えて 1.71×10^{3} kg のアルミニウムが得られた場合，外部電源から与えた全電気量の何パーセントがアルミニウムの製造に有効利用されたことになるか，有効数字 2 桁で答えよ。

（6）アルミニウムの溶融塩電解を示した図 1 の（Ⅰ）～（Ⅳ）に最も適する語句および物質名の組み合わせを次の（a）～（d）から選び，記号で答えよ。

（a）（Ⅰ）陽極，（Ⅱ）陰極，（Ⅲ）融解塩，（Ⅳ）アルミニウム

（b）（Ⅰ）陽極，（Ⅱ）陰極，（Ⅲ）アルミニウム，（Ⅳ）融解塩

（c）（Ⅰ）陰極，（Ⅱ）陽極，（Ⅲ）融解塩，（Ⅳ）アルミニウム

（d）（Ⅰ）陰極，（Ⅱ）陽極，（Ⅲ）アルミニウム，（Ⅳ）融解塩

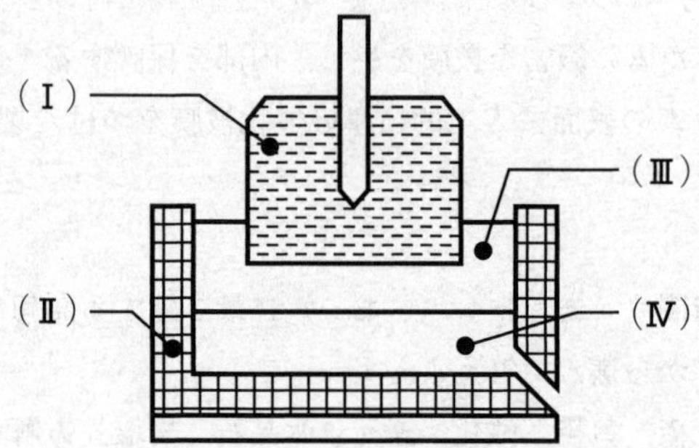

図1　ホール・エルー法によるアルミニウムの溶融塩電解の模式図

（7）次の（A）～（D）の中から，アルミニウムの性質として誤った内容の文をすべて選び，記号で答えよ。誤った内容の文がない場合は「なし」と記せ。

（A）高温の水蒸気と反応する。

（B）塩酸と反応して水素を発生する。

（C）水酸化ナトリウム水溶液と反応して酸素を発生する。

（D）Fe_2O_3 と混ぜて点火すると，融解した鉄が生成する。

（8）図2に示すアルミニウムの結晶構造について，次の問い（i）および（ii）に，それぞれ答えよ。

（i）図2（**a**）に示す単位格子の構造の名称を答えよ。

（ii）アルミニウムの単位格子を任意の平面で切り取り，その切り口に占めるアルミニウム原子の割合を次の式により求める。

切り口に占めるアルミニウム原子の割合％

$$= \frac{\text{アルミニウム原子が占める面積}}{\text{切り口の面積}} \times 100$$

例えば，図2（**b**）の面**ABCD**による切り口は，灰色で示すアルミニウム原子が 78.5 ％の面積を占める。一方，面**AEC**

は，切り口に占めるアルミニウム原子の割合が最も高い面の一つであり，アルミニウム原子が最も密に並ぶ面である。面AEC による切り口に占めるアルミニウム原子の割合％を有効数字2桁で答えよ。

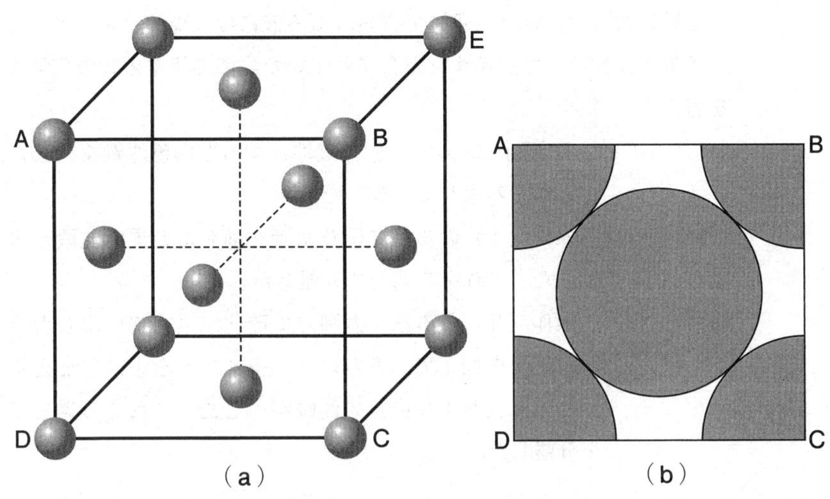

図2　(a) アルミニウムの単位格子の模式図および (b) 面ABCDによる切り口

(9)　硫酸カリウムアルミニウム十二水和物はミョウバンと呼ばれ，その水溶液の pH はおよそ 4 である。6.0×10^{-2} mol/L のミョウバン水溶液 20 mL に，8.0×10^{-2} mol/L の水酸化ナトリウム水溶液を滴下していくと，次の順に状態が変化した。次の問い (i) および (ii) に，それぞれ答えよ。

白色沈殿が生じた。
→ pH が急に上昇して ②<u>中和点に到達した</u>。
→ pH がさらに上昇して ③<u>白色沈殿が溶解し，無色透明の溶液になった</u>。

（i）下線部②の状態に至るまでに滴下した水酸化ナトリウム水溶液の体積〔mL〕を有効数字2桁で答えよ。

（ii）下線部③の反応の化学反応式を記せ。

(10)　Al^{3+}，Fe^{3+}，Cu^{2+}，Zn^{2+}，Ag^{+}，Pb^{2+} を含む混合水溶液に次の操作を順に行った。操作（Ⅲ）で得られるろ液には，陽イオンにアンモニア分子が配位した錯イオンが含まれていた。この錯イオンの化学式を答えよ。

[操作（Ⅰ）]　希塩酸を加えて十分に酸性にすると白色沈殿を生じた。これをろ過して分離した。

[操作（Ⅱ）]　操作（Ⅰ）のろ液に硫化水素を通じると黒色沈殿が生じた。これをろ過して分離した。

[操作（Ⅲ）]　操作（Ⅱ）のろ液を煮沸して硫化水素を追い出した後，希硝酸を加えて，さらにアンモニア水を十分に加えると赤褐色および白色の沈殿が生じた。これをろ過して分離した。

(50点)

〔Ⅱ〕 次の文を読み，問い（1）～（5）の答えを，解答用紙（一）の〔Ⅱ〕の該当する欄に記入せよ。

イオン結晶には，硝酸カリウムのように，水に溶けやすいものが多いが，硫酸バリウムのように水に溶けにくいものもある。温度による溶解度の差を利用して物質を精製する操作を（ **あ** ）という。分子結晶にも水に溶けやすいものと溶けにくいものとがある。固体のナフタレン（$C_{10}H_8$）とスクロース（$C_{12}H_{22}O_{11}$）は，ともに非電解質の分子結晶であるが，ナフタレンが水に溶けにくいのに対し，スクロースは水によく溶ける。スクロースの分子結晶が水に溶けやすいのは，極性のあるヒドロキシ基が1分子中に（ **い** ）個あり，水分子との間に（ **う** ）結合を形成して水和されるためである。

気体，液体，固体の中で分散している直径 10^{-9} ～ 10^{-7} m 程度の大きさの粒子をコロイド粒子という。コロイド粒子が分散している溶液をコロイド溶液またはゾルという。ゾルが流動性を失った状態をゲルという。ゲルを乾燥させたものをキセロゲルという。キセロゲルの1つである（ **え** ）は，ゲル状のケイ酸を乾燥させたものであり，吸着剤，乾燥剤として利用される。

セッケン水では，セッケン水中の界面活性剤がある濃度以上になると，界面活性剤どうしが多数集まって（ **お** ）とよばれる集合体をつくる。この集合体がコロイド粒子に相当し，このようなコロイドは，会合コロイドとよばれる。

(a)<u>黄褐色の塩化鉄(Ⅲ）の濃い水溶液を沸騰水中に加えると，赤褐色のコロイド溶液が得られる</u>。このコロイド溶液（以下，**コロイド溶液A**とする）に，横から光束を当てると，光の通路が輝いて見える。このような現象を（ **か** ）という。**コロイド溶液A**をU字管に入れ，直流電圧をかけると，コロイド粒子は陰極側に移動する。このように，コロイド溶液に電圧をかけたとき，コロイド粒子が電極へ向かって移動する現象を（ **き** ）という。

（1） 本文中の空欄（ **あ** ）～（ **き** ）にあてはまる最も適切な語句または数字を記せ。

（2）次の（ア）～（エ）の文のうち，正しい内容の文をすべて選び，記号で答えよ。正しい内容の文がない場合には，「なし」と答えよ。ただし，（ア）～（エ）の文において，コロイド粒子の分散媒はすべて水とする。

（ア）　疎水コロイドに親水コロイドを加えると，凝析しやすくなる。

（イ）　親水コロイドは，多量の電解質を加えても沈殿しない。

（ウ）　タンパク質やデンプンなどの分子1個が，コロイド粒子の大きさとなり分散したものを分散コロイドという。

（エ）　多量のスクロースを水にとかしてもコロイド溶液にはならない。

（3）　本文中の**コロイド溶液A**に関して，次の問い（i）～（iii）に答えよ。

（i）本文中の下線部(a)では，次の反応式で表されるような変化が起きている。空欄（　J　）～（　L　）に最も適する化学式を係数も含めて示せ。

（　J　）＋（　K　）$\longrightarrow$ $Fe(OH)_3$ ＋（　L　）

（ii）**コロイド溶液A**中に分散したコロイド粒子を最も少ない物質量で沈殿させるのは，次の（ア）～（オ）のうちのどのイオンか，記号で答えよ。

（ア）　Na^+　　（イ）　Ca^{2+}　　（ウ）　Al^{3+}

（エ）　Cl^-　　（オ）　SO_4^{2-}

（iii）コロイド粒子だけが透過することのできない半透膜αの袋に**コロイド溶液A**を入れ，この袋を水に浸して長時間放置した。袋の外側の水を試験管に入れ，硝酸銀水溶液を加えると白色沈殿が生じた。この白色沈殿を化学式で示せ。

（4）　溶解度は水 100 g に溶ける無水塩を溶質として，その質量〔g〕で表す。したがって，硫酸銅(Ⅱ)の溶解度は $CuSO_4$ の質量で表す。硫酸銅(Ⅱ)の 60 ℃と 20 ℃における溶解度は，それぞれ 40 g，20 g とし，次の問い（i），（ii）に答えよ。ただし，$CuSO_4$ の式量は 160,

水の分子量は18とせよ。

（i）$CuSO_4\cdot5H_2O$ 50gをすべて水に溶かして60℃の飽和水溶液をつくるために必要な水は何gか。有効数字2桁で答えよ。

（ii）$CuSO_4\cdot5H_2O$ 50gを，60℃の水100gに溶かした水溶液を，20℃まで冷却すると，何gの$CuSO_4\cdot5H_2O$が析出するか。有効数字2桁で答えよ。ただし，析出するものは，すべて$CuSO_4\cdot5H_2O$として考えよ。

（5）非電解質**X**（モル質量：M_X〔g/mol〕），非電解質**Y**（モル質量：M_Y〔g/mol〕），塩**Z**（モル質量：M_Z〔g/mol〕）を，いずれもa〔g〕はかりとり，b〔g〕の水にそれぞれ溶かして**X**，**Y**，**Z**の希薄水溶液（**希薄溶液X**，**希薄溶液Y**，**希薄溶液Z**）をつくった。なお，組成式が記号**Q**と**R**を用いてQ_2Rで表される塩**Z**は，水に溶けやすく，次に示すように完全に電離する。

$$Q_2R \longrightarrow 2Q^+ + R^{2-}$$

希薄溶液Xと**希薄溶液Y**の沸点上昇度Δt〔K〕は，それぞれ0.039K，0.052Kである。また，M_XとM_Zには$M_X = M_Z$の関係がある。**希薄溶液X**，**Y**，**Z**中の溶質は，すべて揮発しないものとし，次の問い（i）～（v）に答えよ。

（i）次の文中の空欄①および②にあてはまる式をそれぞれ答えよ。
「**希薄溶液X**の質量モル濃度をm_X〔mol/kg〕とすると，m_XはM_X，a，bを使ってm_X = ［　①　］と表すことができる。また，**希薄溶液Z**の溶質イオン全体の質量モル濃度をm_Z'〔mol/kg〕とすると，m_Z'はM_Z，a，bを使ってm_Z' = ［　②　］と表すことができる。」

（ii）**希薄溶液X**と**希薄溶液Y**の沸点上昇度Δt〔K〕からM_Y/M_Xを計算し，有効数字2桁で答えよ。

（iii）**希薄溶液Z**の沸点上昇度Δt〔K〕を有効数字2桁で答えよ。

（iv）**希薄溶液X**，**Y**，**Z**の同一圧力における凝固点を，それぞれT_X，T_Y，T_Zとする。T_X，T_Y，T_Zを低いものから順に並べよ。

（v）　次の文中の空欄③にあてはまる数値を有効数字 1 桁で答えよ。水分子だけを透過させる半透膜 β を用いて浸透圧をはかる場合を考える。25 ℃で，0.06 mol/L の非電解質 **X** の水溶液と同じ大きさの浸透圧を示す塩 **Z** の水溶液を 1.0 L つくるのに必要な塩 **Z** の質量 w_Z〔g〕は，M_Z を使って w_Z = ［　③　］M_Z と表すことができる。

（50点）

〔Ⅲ〕 次の文を読み，問い（1）～（11）の答えを，解答用紙（二）の〔Ⅲ〕の該当する欄に記入せよ。構造式および化学反応式は例にならって記すこと。

塗料は，建築材料や自動車などの工業製品の表面の保護や，外観をよくするなどの目的で利用される。古くから使用されてきた天然の塗料の漆の主成分は，ベンゼン環に 2 つのヒドロキシ基と炭素数が 15 の直鎖状の炭化水素基 R が 1 つ結合した構造のウルシオールである。ウルシオールは，混合物であり，R が飽和炭化水素基のもの以外に，炭素原子間の二重結合を 1 ～ 3 個もつ不飽和炭化水素基が含まれている。酵素により触媒されるウルシオールと酸素の反応は，ベンゼン環の部位でおこり，式①のように進む。

4 (OH, OH, R) + O_2 —酵素→ 2 HO– (R, OH, OH, HO, R) –OH + (あ)　①

この反応で，ウルシオールは，（ い ）され，酸素は，（ う ）されている。さらに，炭化水素基の部位が酸素と反応し硬い膜を形成する。

半合成の塗料として，ニトロセルロースを主成分とするものが知られている。ニトロセルロースは，セルロースを濃硝酸，濃硫酸と反応させることによって合成される。セルロースのグルコース単位当たり 2 つの硝酸エステルをもつジニトロセルロースは，（ え ）の原料として，3 つの硝酸エステルをもつトリニトロセルロースは（ お ）の原料として用いられる。ジニトロセルロースを主成分とするニトロセルロース塗料は，有機溶媒に溶解して塗布され，溶媒が蒸発することで塗膜ができる。

合成樹脂からなる塗料としてはアルキド樹脂などがある。アルキド樹脂は，無水フタル酸とグリセリンを重合させることで得られる。（　**か**　）を酸化するとフタル酸が得られ，これを加熱すると無水フタル酸になる。また，最近は環境にやさしい水性塗料が注目されている。水性塗料は界面活性剤を用いて合成樹脂を水中に（　**き**　）させたもので，有害な有機溶媒を使用しない。漆も有機溶媒を用いない塗料である。ウルシオールは水にはほとんど溶けない。漆は，(a)ウルシオールの液体に水が分散した乳濁液である。

（1） 式①の（　**あ**　）にあてはまる分子式を答えよ。分子式の前に係数が必要な場合は，係数も含めて答えよ。

（2） 文中の空欄（　**い**　）～（　**き**　）にあてはまる最も適切な語句，または化合物名を次の語群の中から選び答えよ。

語群

火薬　還元　*o*-キシレン　*m*-キシレン　*p*-キシレン　*o*-クレゾール　*m*-クレゾール　*p*-クレゾール　けん化　酸化　セルロイド　乳化　マレイン酸　無水酢酸　レーヨン

（3） 本文の下線部(a)の乳濁液と同じく，分散質，分散媒がともに液体状態であるコロイドを次の中からすべて選び，記号で答えよ。

（ア） 牛乳　（イ） クッキー　（ウ） 雲
（エ） ゼリー　（オ） 墨汁　（カ） マヨネーズ

（4） ウルシオールの1つの成分Aについて，ベンゼン環に結合している直鎖状の炭化水素基に含まれる二重結合の数を n とし，分子式を n を用いて表せ。

（5） ウルシオールの1つの成分B 1.0 g と水素とを白金触媒を用いて反応させると，炭素数15の直鎖状の炭化水素基に付加反応が起こり，飽和結合のみをもつ炭化水素基に変化した。このとき，標準状態で0.14 Lの水素が消費された。ウルシオール成分Bの分子式を答えよ。水素の標準状態でのモル体積を22.4 L/molとする。

（6）　不飽和脂肪酸を含む脂肪油は，空気中に放置すると酸化されて固化する。このような脂肪油は何と呼ばれるか答えよ。

（7）　ウルシオールに関して正しいものをすべて選び記号で答えよ。

（ア）　強塩基と中和反応を起こす

（イ）　ヨードホルム反応を示す

（ウ）　ナトリウムと反応して水素を発生する

（エ）　ニンヒドリン反応を示す

（8）　1.00 gのセルロース（$[C_6H_7O_2(OH)_3]_m$）を硝酸と反応させると1.70 gのニトロセルロースが生成した。生成したニトロセルロースは，グルコース単位あたり平均いくつの硝酸エステルをもつか。有効数字2桁で答えよ。

（9）　ニトロセルロースの窒素の酸化数を答えよ。

（10）　フタル酸を加熱して無水フタル酸が生じる反応の反応式を示せ。

（11）　無水フタル酸とグリセリンとの反応により，分子式$C_{11}H_{12}O_6$の化合物が生成した。この化合物の構造式を示せ。複数の生成物が考えられる場合はすべて答えよ。分子が不斉炭素原子をもつ場合には，その不斉炭素原子に＊を付けて示せ。また，この分子に含まれる官能基の名称をすべて答えよ。

化学反応式，構造式の例

$$C(=O)-O-CH_3 \quad + H_2O \longrightarrow C(=O)-OH \quad + CH_3OH$$

（50点）

生物

(75分)

〔Ⅰ〕 次の文章を読み，問い（1）～（7）の答えを解答用紙の（一）の〔Ⅰ〕の該当する欄に記入せよ。

地球上には多くの生物が生息しており，人類はそれらを記載し続けている。生物の基本的な分類単位は種であり，種より高次の分類には(A)階層的分類法が用いられている。これらの生物の特徴や生活様式は種によって多様である。生物多様性を考える場合，種のみがその対象ではない。すなわち，同じ種内での遺伝子の多様性，種の多様性，生態系の多様性の三つの視点が存在する。

遺伝子の多様性が重要な場合について例を挙げてみよう。ある生物種が生息している地域が，土地開発によって複数の小さな生息地に小さなグループで分断されると，その個体群は生息地毎に孤立しやすくなる。孤立した個体群では，遺伝子の多様性が低下して，(B)近交弱勢が起こりやすくなり個体数が減少する。また，遺伝子の多様性が減少すると環境の変動に対する抵抗性の幅が減少し，絶滅が起こりやすくなる。さらに，個体数が減少すると(C)アリー効果の影響で，個体群の成長速度が低下する。

次に種の多様性の視点からみてみよう。生物多様性国家戦略では，日本の生物多様性を脅かし，種の絶滅をもたらしている原因として，四つの危機を挙げている。それは，先に示した開発行為などによる生息地の破壊に加えて，伝統的管理の放棄，外来生物の侵入，気候変動である。

上記四つのうち，外来生物の侵入について以下に詳しく述べる。本来その生態系にいなかった生物が，人間が意図して，あるいは意図せず偶然持ち込まれることがある。そうした生態系の新たな構成種となった生物を外来生物という。交通機関や輸送の手段が発達するにつれて，外来生物の移動速度や距離は大きくなり，運ばれる個体数も多くなっている。この外来生物が在来生物の生存や繁殖に悪影響を及ぼし，生物多様性の存続を脅かす理由の一つとなることがある。例えば陸上の植物では，光や栄養分を巡る競争で外来生物が在来生物を圧倒しているものが多い。その中には（　あ　）のように，他の植物の成長を阻害する化学物質を土壌中に放出し，非生物的環境を変えることで（　い　）などの在来生物を排除すると考えられているものもいる。一方，日本から海外の国や地域へ侵出して外来生物となった生物もある。例えば，マメの仲間のつる植物（　う　）は，緑化や飼料などの用途で北米に導入された。しかし，現在では他の植物の成長を妨げるようになっている。また，（　あ　）の原産地である北米では（　い　）が外来生物として侵入している。さらに，在来生物の種の集団と他の地域から人為的に持ち込まれた外来生物の種の集団が交雑する事例も報告されている。(i)例えば，下北半島で飼育されていたタイワンザルが野生化し，在来のニホンザルと交雑し，繁殖可能な雑種が生じた，などが知られている。

こうした，外来生物の影響は，特に島の生態系で強く発揮されることが多い。例えば，奄美大島や沖縄本島に導入された（　え　）による捕食は，希少種であるアマミノクロウサギ等の固有種の生存を脅かしていることが知られている。また，小笠原諸島では，（　お　）が樹上の固有種の昆虫類を激減させる要因となることや，ヤギが植物を摂食することで生態系の構造に大きな変化が生じていることが報告されている。

生態系にも多様性があり，異なる生態系には異なる生物群集が成立している。さらに，異なる生態系は，それぞれの間で物質や生物の移動を行うことで互いに影響を及ぼしあっている。人類はこうした生態系から直接的，間接的に様々な恩恵を受けている。これを(ii)生態系サービスと呼ぶ。しかし，人類は様々な影響を生態系に与え続けており，生態系サービスを持続的に得るためには，生物多様性の保全に留意する必要があるだろう。

（1）　下線部（**A**）では，最上層に細菌，古細菌，真核生物の３つの「ドメイン」が配置されている。それ以下の「界」から「種」の間にある次の（ア）～（オ）の階層を正しい順に並べて，解答欄に記号で答えよ。

(ア) 属　(イ) 綱　(ウ) 目　(エ) 門　(オ) 科

(2) 次の文章(ア)～(オ)のうち，下線部(**B**)の影響としてあてはまらない文章を一つ選び，記号で答えよ。

(ア) 動物園で飼育されている哺乳類では，近親交配によって子の死亡率が高まることがある。

(イ) 伝染病で個体数が著しく減少した動物の個体群では，奇形の精子の割合が増加することがある。

(ウ) 樹木の種子が，親木の近くで発芽すると，親個体に光を遮られることで生存率が低くなることがある。

(エ) 伝染病で個体数が著しく減少した動物の個体群では，産子数が減少することがある。

(オ) 近親交配の確率が上がると，生存に不利な遺伝子をホモ接合でもつ個体の割合が増加することがある。

(3) 次の文章(ア)～(オ)のうち，下線部(**C**)の効果にあてはまる文章を二つ選び，記号で答えよ。

(ア) ある地域で絶滅した生物を自然界に復帰させるとき，個体数が少なすぎると天敵によって捕食される影響を受けやすくなって死亡率が高まる。

(イ) 生物の個体数が増加すると，一個体あたりに利用できる資源が少なくなり，個体の成長が制限される。

(ウ) 魚が群れをつくると，天敵に見つかりやすくなり，各個体の適応度が減少する。

(エ) 個体群密度が減少すると，競争相手が減って交配相手を見つけることが容易になる。

(オ) 個体数の多い鳥の群れでは，捕食者を見つけやすく，逃げやすくなる。

（4）　波線部（ⅰ）のような例において，在来生物の種の保全の観点から懸念される事項とはどのようなことか。句読点を含めて 50 字以内で答えよ。

（5）　本文中の空欄（あ）～（お）にあてはまるもっとも適切な生物種を，次の生物種（ア）～（シ）から一つずつ選び，記号で答えよ。

生物種：（ア）　オオクチバス　（イ）　オオハンゴンソウ
（ウ）　セイタカアワダチソウ　（エ）　フイリマングース
（オ）　グリーンアノール　（カ）　ニホンカモシカ
（キ）　アメリカザリガニ　（ク）　ヒシ
（ケ）　ヨシノボリの一種　（コ）　カンサイタンポポ
（サ）　クズ　（シ）　ススキ

（6）　複数の外来生物が同じ生態系に侵入していることは近年では珍しくない。この場合，特定の外来生物のみを駆除すると，別の外来生物の影響を拡大させる可能性がある。このような状況が，図 1 に示す生物種 A，B，C，D が生息するため池の外来種駆除において生じた。次の問い①と②に答えよ。

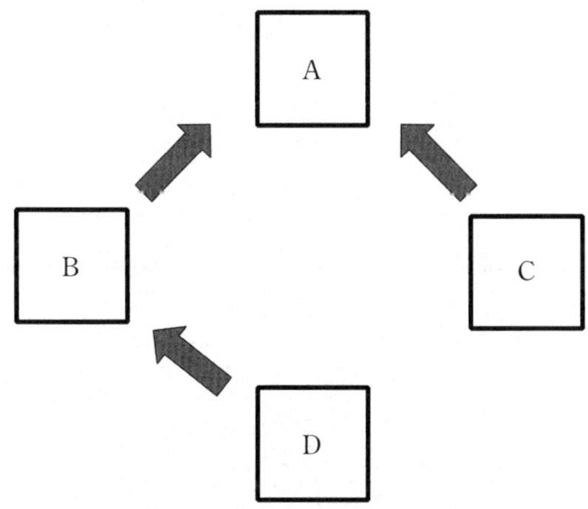

図 1　あるため池における特定の外来生物を駆除する前の各種の関係を示す食物網（矢印の先が捕食者）

① 図1のA，B，C，Dにあてはまるもっとも適切な生物種を，問い（5）の生物種（ア）～（シ）からそれぞれ一つずつ選び，記号で答えよ。

② このため池でAを駆除するとDが減少することになった。その理由を，A，B，C，Dの記号と「間接効果」という語句をすべて使って，句読点を含め40字以内で答えよ。

（7） 波線部（ii）は次の①～④の4種類に大別される。それぞれの内容を示すサービスの名称を答えよ。

① 生命の生存の基礎となる場の提供
② 水や材料，燃料などの物質の提供
③ 病気や害虫の制御，洪水の緩和
④ レクリエーションの場などの提供

（50点）

〔Ⅱ〕次の文章を読み，問い（1）～（5）の答えを解答用紙の(一)の〔Ⅱ〕の該当する欄に記入せよ。

細胞は生命の最小単位である。1つの細胞が2つに分かれて2個の細胞になることを細胞分裂という。細胞分裂には，多細胞生物の組織が大きくなる際に起こる（　ア　）の他に，精子や卵など生殖に関係した細胞を作る（　イ　）がある。動物の組織では，組織によって分裂を行う細胞の分布の仕方が異なる。成体の神経細胞や筋肉にある筋細胞はまったく分裂を行わない。その代わり脳内や筋肉中にわずかに存在する（　ウ　）が外部からの刺激に応答し細胞分裂を行う。一方，皮膚，消化管，血球，骨等では多くの（　ウ　）が恒常的に細胞分裂を行い，新たな細胞を供給している。なぜならこれらの組織で機能している細胞には一定期間の（　エ　）があり，機能を終えた細胞は死滅して消失していくからである。

真核生物の（　ア　）では終期の初めまでに（　オ　）が起こり，続いて（　カ　）が起こる。（　オ　）の開始から（　カ　）の終了までの分裂が起こる期間を（　キ　）といい，それ以外の期間を間期という。細胞内の核には，細胞の形や性質を決める物質である（　ク　）がタンパク質である（　ケ　）と（　コ　）と呼ばれる複合体を形成し存在しているが，光学顕微鏡では観察できない。間期は，（　ク　）の複製や，細胞が2つに分かれる際に必要な膜や細胞小器官の合成が起こる準備期間である。（　キ　）になると（　コ　）は染色体として凝集し光学顕微鏡で観察できるようになる。図1では動物の（　ア　）における間期から終期までの変化を，海水中で発生するウニ胚の受精後最初に起こる細胞分裂（第一細胞分裂）を例に模式的に示している。

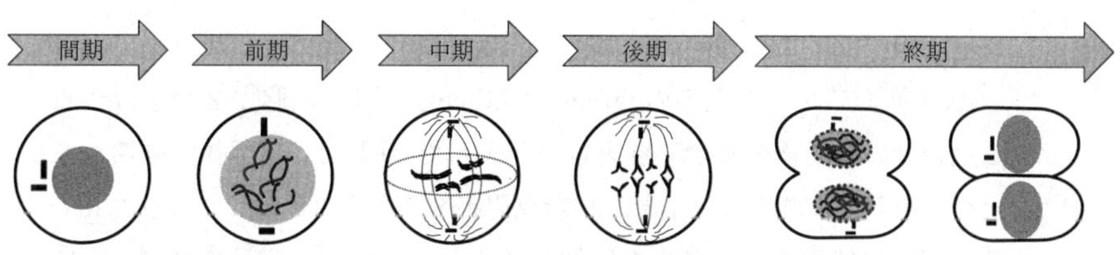

図1　ウニ胚第一細胞分裂の間期から終期

細胞分裂の前期では複製された（　サ　）が2つに分かれ細胞の（　シ　）に移動し，そこからタンパク質である（　ス　）の重合が始まり放射状に多数の細い（　セ　）が形成される。形成された（　セ　）のいくつかは染色体の（　ソ　）と呼ばれる部分と結合する。細胞の（　シ　）から伸びる放射状に分布した多数の（　セ　）を紡錘糸といい，その束を紡錘体という。細胞分裂中期に，染色体は紡錘糸によって運ばれ，細胞の中央である赤道面に並ぶ。細胞分裂後期に染色体は（　ソ　）の部分で紡錘糸の先端に付着したまま引っ張られ，2つに分かれる。分かれたそれぞれの染色体は，そのまま細胞の（　シ　）に向かって移動する。その後，細胞分裂の終期に細胞がくびれ2つに分かれる。

紡錘体の役割が未だ不明であった頃，多くの研究者らが重要な発見をした。図2は紡錘体が，細胞分裂の過程に必須であるかどうかをウニ胚を用いて調べた実験である。

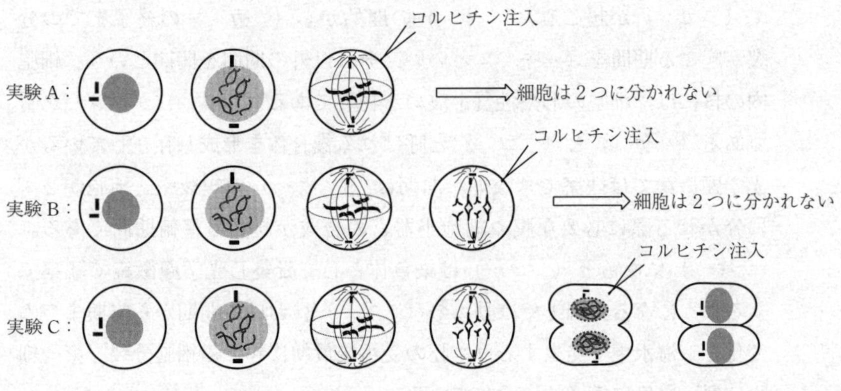

図2　実験A，B，C（Swann と Mitchison の実験）

1953年エジンバラ大学のSwann と Mitchison は，細胞が2つに分かれる過程での紡錘体の破壊実験を行い発表した（図2）。紡錘体を破壊するために彼らは高濃度の（　セ　）形成阻害剤であるコルヒチンをウニ胚の第一細胞分裂中のさまざまな時期に注入した。実験Aでは中期に，実験

Bでは後期に，実験Cでは細胞がくびれ始めた終期にそれぞれコルヒチンを胚に注入した。実験AとBではコルヒチンの注入後，紡錘体は数分で消失した。その後，細胞は2つに分かれることはなかったことから紡錘体は$_{(あ)}$実験A，Bのコルヒチン注入の時期までは細胞分裂の現象のうち（　Ｉ　）に必要であることがわかった。一方，実験Cでは細胞が2つに分かれたことから紡錘体は，$_{(い)}$実験Cのコルヒチン注入の時期では既に（　カ　）には必要ではないことがわかった。

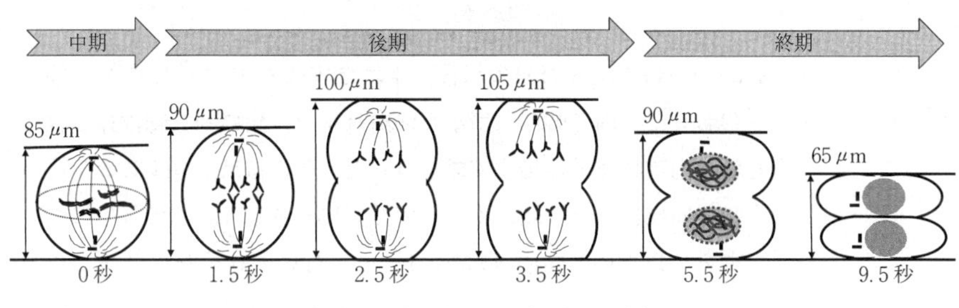

図3　実験D（米田と団の実験）

さらに1972年に米田と団によって興味深い研究が発表された（図3）。彼らは紡錘体の役割が（　Ｉ　）だけではなく細胞分裂そのものに重要であると考えた。図3の実験Dでは，まず固定されたガラスの台と，台に平行に設置された薄いガラス板の間に第一細胞分裂直前のウニ胚を赤道面がガラス台と平行になるようにはさみ，観察中は常に上の薄いガラス板にウニ胚が潰れない程度の一定の微弱な力をかけた（中期：実験開始後0秒の時点）。するとウニ胚は上からガラスで押され少し扁平になる。その状態で分裂が進行すると，$_{(う)}$興味深いことに観察開始後3.5秒までの間に，上から力をかけているにもかかわらず，ウニ胚の高さが速やかに増してくることが観察された。しかし，その後ウニ胚は再び扁平になり始め，観察開始後9.5秒に細胞が2つになる頃には観察開始直後の0秒時点よりもウニ胚の高さは低くなった。これらの結果から，紡錘体の役割が（　Ｉ　）だけでなく（　Ⅱ　）であることがわかった。さらに終期では紡錘体は速やかに（　Ⅲ　）することで細胞の高さが低くなることを示した。

（1）本文中の空欄（ア）～（ソ）にあてはまるもっとも適切な語句を答えよ。

（2）下線部（あ）と（い）の時期ではコルヒチン注入による効果が異なっていた。その現象を記述した本文中の空欄（　Ⅰ　）にあてはまる，細胞分裂過程における重要な現象を 10 字以内で答えよ。

（3）Swann と Mitchison の報告の後，平本は実験 C でコルヒチンを注入する代わりに，同じ時期に微小な注射針をウニ胚に刺し紡錘体と核を含む細胞内容物を吸い出す実験を行った。その結果，コルヒチン注入の実験と同様に，ウニ胚はくびれて 2 つに分裂した。この現象について，さらに以下の 3 つの実験 E，F，G を行いそれぞれの結果を得た。

実験 E，F，G の結果をもとに，紡錘体と核を含む細胞内容物除去後のウニ胚の分裂に関わる 2 種類のタンパク質の名称と，それらのタンパク質によって形成される構造物の名称を答えよ。さらにこの実験で観察されたウニ胚の分裂における ATP の役割を句読点を含め 40 字以内で，カルシウムイオンの役割を句読点を含め 20 字以内で，それぞれ，解答欄にある「に必要」につながるように答えよ。

〔解答欄〕

A	T	P	は												
												に	必	要	

カ	ル	シ	ウ	ム	イ	オ	ン	は							
													に	必	要

（実験 E）紡錘体と核を含む細胞内容物を吸い出したウニ胚のふるまいを，ATP を細胞中に微量注入した場合と，ATP を注入しない場合とで比較したところ，ATP を注入した場合の方が極めて短時間で

くびれて分裂した。

（実験 F）紡錘体と核を含む細胞内容物を吸い出したウニ胚のふるまいを，カルシウムイオンを除去する薬剤を微量注入した場合と，注入しない場合とで比較したところ，カルシウムイオンを細胞内で除去した場合ではウニ胚ではくびれは進行せず分裂もしなかった。

（実験 G）紡錘体と核を含む細胞内容物を吸い出したウニ胚は，カルシウムイオンを細胞内で除去した場合では，ATP を添加してもくびれは進行せず分裂もしなかった。

（4） 本文中の空欄（　Ⅱ　）と（　Ⅲ　）について，下線部（う）の内容に着目して実験 D から導かれる結果として考えられる適切な内容を，それぞれ句読点を含め，（　Ⅱ　）は 40 字以内，（　Ⅲ　）は 20 字以内で答えよ。

（5） 以下の問い①，②に答えよ。

① 細胞分裂が盛んに起こっている培養細胞を準備し，固定して染色後に顕微鏡で観察した。すると観察した細胞 300 個のうち，核が明瞭に観察できる細胞と，染色体が観察できる細胞を見分けることができた。それぞれを数えると，核が明瞭に観察できる細胞が 240 個，染色体が観察できる細胞が 60 個あった。この細胞集団は性質が均一であり，分裂した細胞が再度分裂するまでにかかる時間（細胞周期に要する時間）を 20 時間とした場合，細胞が分裂する過程（分裂の開始から終わりまで）に要する時間の長さを答えよ。

② 上記の培養細胞集団から 10,000 個の細胞を採取して細胞 1 個あたりの相対的 DNA 量を全ての細胞について測定し，縦軸を細胞数，横軸を細胞 1 個あたりの相対的 DNA 量として表すと，図 4 のグラフのようになった。このグラフから細胞 1 個あたりの相対的 DNA

量が 2n の細胞は 5,000 個であると読み取れた。このとき細胞周期の G_1 期，S 期，G_2 期それぞれの時間を整数で答えよ。なお，採取した 10,000 個の細胞中には染色体が観察できる細胞が 2,000 個存在し，細胞周期に要する時間は 20 時間とする。

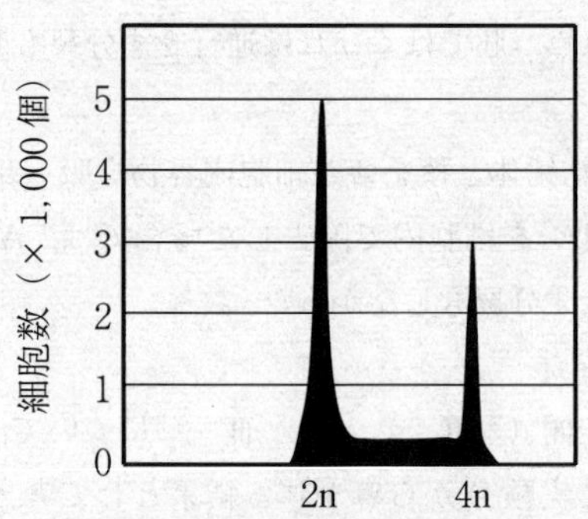

図 4　培養中の細胞内 DNA 量と細胞数

（50点）

〔Ⅲ〕 次の［A］・［B］・［C］の文章を読み，問い（1）～（8）の答えを解答用紙の（二）の〔Ⅲ〕の該当する欄に記入せよ。

［A］ ヒトの細胞呼吸に利用される酸素は，吸気として肺胞に取り込まれた空気中の酸素が血液を介して細胞に運ばれて利用される。血液中の酸素の多くは赤血球に含まれるヘモグロビンと結合して組織に運搬される。酸素が結合したヘモグロビン（酸素ヘモグロビン）の割合は，組織の酸素濃度の影響を受ける。図1は酸素濃度と酸素ヘモグロビンの割合の関係を示した酸素解離曲線である。

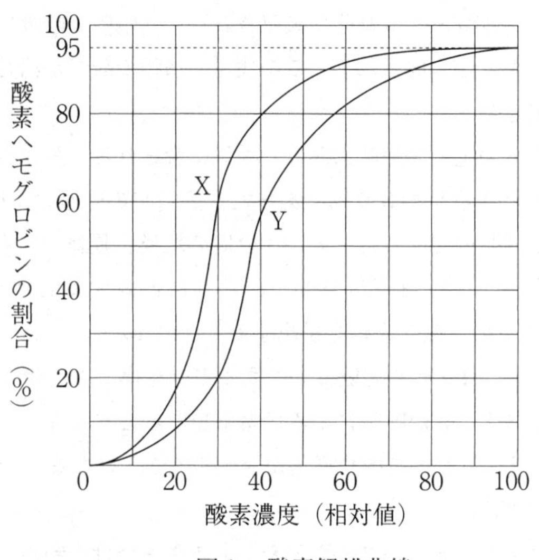

図1　酸素解離曲線

（1） 酸素解離曲線は，組織の二酸化炭素濃度の影響も受ける。図1の二本の曲線は，肺胞における酸素解離曲線と末梢組織における酸素解離曲線である。末梢組織における酸素解離曲線は，X，Yのどちらであるか，記号で答えよ。また，このように組織の二酸化炭素濃度によって酸素解離曲線が異なることは生体にはどのような利点があるか，句読点を含めて30字以内で答えよ。

(2)　図1の生体において，肺胞の酸素濃度（相対値）が100，末梢組織の酸素濃度（相対値）が30であったとき，その末梢組織で利用できる酸素は，血液1,000 mLあたり何mLになるか，四捨五入して小数点以下第2位まで答えよ。ただし，血液中のヘモグロビン濃度は15.0 g/dL，ヘモグロビン1.0 gあたり1.39 mLの酸素が結合するものとする。(※ dL = 100 mL) また，血しょうに溶解している酸素は考慮しないこととする。

[B]　ヒトの主食である炭水化物は，加水分解を受けてグルコースに代表される単糖類となって消化管から吸収され，血液によって生体組織に提供される。グルコースは細胞に吸収されて，細胞内で呼吸による代謝を受けてエネルギーが生成される。この代謝の過程で酸素が消費されて二酸化炭素が排出される。

あるヒトの座位安静時における呼気に含まれる二酸化炭素濃度を5分間測定したところ平均3.0％であった。測定時の呼吸は1回換気量500 mL，呼吸数12回/分であったため，1分間の総換気量は（　あ　）Lとなる。測定結果から，1日（24時間）あたりに換算すると座位での安静では（　い　）Lの二酸化炭素を排出することになる。

グルコース1 gから4 kcalのエネルギーを得ることができるとすると，グルコース1 molが呼吸による代謝を受けると（　う　）kcalのエネルギーと（　え　）Lの二酸化炭素が発生することになる。（補注：calはエネルギーの単位）

そのヒトがグルコースから得たエネルギーだけを利用して活動していると仮定すると，今回の測定から座位での安静を持続した場合の1日のエネルギー代謝量は（　お　）kcalと推定できる。

(3)　文章［B］中の空欄（あ）～（お）にあてはまる数字を答えよ。ただし，質量数はそれぞれC：12，H：1，O：16とし，気体1 molの容積は22.4 L，吸気（空気）の酸素濃度は21.0％，二酸化炭素濃度は0.0％とする。また，解答は四捨五入して小数点以下第1位まで答えよ。

［C］ グルコースは，膵臓のB細胞から分泌される（　か　）のはたらきによって血液内から細胞に取り込まれ，細胞質基質においてピルビン酸にまで分解される。この経路を解糖系といい，脱水素酵素のはたらきによって脱水素反応が生じ，グルコース1分子あたり2分子のピルビン酸と2分子の NADH と H^+ が生じ，2分子の ATP（エネルギー）が合成される。

この反応の反応式は

$$C_6H_{12}O_6 + 2\,NAD^+ \rightarrow 2\,C_3H_4O_3 + 2\,NADH + 2\,H^+ + \text{エネルギー} \quad \cdots①$$

と表すことができる。

また，ヒトは$_{(a)}$糖質（グルコース）以外の有機物であるタンパク質や脂質も呼吸基質として利用してエネルギー源とすることができる。

筋肉等を構成するタンパク質は必要時にはアミノ酸にまで分解されて，そのアミノ酸が肝臓で脱アミノ反応を受けて（　き　）が遊離し，残りの有機酸がエネルギー産生に利用される。

脂質は主に中性脂肪（トリグリセリド）として，皮下脂肪や内臓脂肪に蓄えられているが，必要時にリパーゼで加水分解され，グリセリンは解糖系に，（　く　）はミトコンドリアのマトリックスにおいて端から炭素2個を含む部分がコエンザイムAと結合して切り取られる（　け　）を受けて（　こ　）としてクエン酸回路に入って，呼吸基質として利用される。

クエン酸回路では（　こ　）がオキサロ酢酸と結合してクエン酸となる。クエン酸は何段階もの反応を経て再びオキサロ酢酸に戻る過程で NADH と H^+ や $FADH_2$ を生じ，この回路では（　さ　）分子の ATP（エネルギー）が合成される。

このクエン酸回路の反応式は

$$2\,C_3H_4O_3 + 6\,H_2O + 8\,NAD^+ + 2\,FAD \rightarrow \boxed{} \quad \cdots②$$

と表すことができ，解糖系とクエン酸回路では酸素を利用せずにエネルギーが産生される。

解糖系とクエン酸回路で生じた NADH，$FADH_2$ から電子がミトコンドリアの内膜にある$_{(b)}$電子伝達系に受け渡され，これらの電子は内膜の複数のタンパク質複合体の間を受け渡されることによってマトリックスと膜間腔にH^+の濃度勾配ができ，最終的にATP合成酵素によってATPが合成される。このとき，グルコース1分子あたり最大（　し　）分子のATPがADPから合成される。このようにNADHなどが酸化される過程で放出されるエネルギーを用いてATPを合成する反応を（　す　）という。この過程では酸素を必要とする。

この電子伝達系の反応式は

$$10\,NADH + 10\,H^+ + 2\,FADH_2 + 6\,O_2 \rightarrow \boxed{}$$

・・・③

と表すことができ，(c)電子伝達系では酸素を利用してATP（エネルギー）が合成される。

（4）　文章［C］の空欄（か）～（す）にあてはまるもっとも適切な語句または数字を解答欄に記入せよ。

（5）　文章［C］中の反応式②および③の［　　　　］の中に入る反応式を①の反応式にならって完成させよ。

（6）　下線部（a）について，ある一定状態におけるヒトの基質代謝が，呼吸基質である炭水化物，脂質，タンパク質のエネルギー産生に利用する酸素量の比が6：3：1で行われているとき，その状態における呼吸商はいくつになるか。解答は四捨五入して小数点以下第2位まで答えよ。ただし，ここで呼吸基質に利用する炭水化物，脂質，タンパク質は，それぞれグルコース，パルミチン酸（$C_{16}H_{32}O_2$），ロイシン（$C_6H_{13}NO_2$）のみで構成されているものとする。また，質量数はそれぞれC：12，H：1，N：14，O：16とする。

（7）　下線部（b）について，図2はミトコンドリアの内膜の拡大図に水素イオンと電子の流れを表記した電子伝達系によるATP（エネルギー）合成の模式図である。水素イオンの分布と流れ，エネルギー産生がもっとも適切に表記されているものを，図2中の選択肢（ア）～（エ）の中から一つ選び，記号で答えよ。ただし，図中に水素イオンは［H^+］，電子は（e^-），水素イオンと電子の流れは→で表記されている。

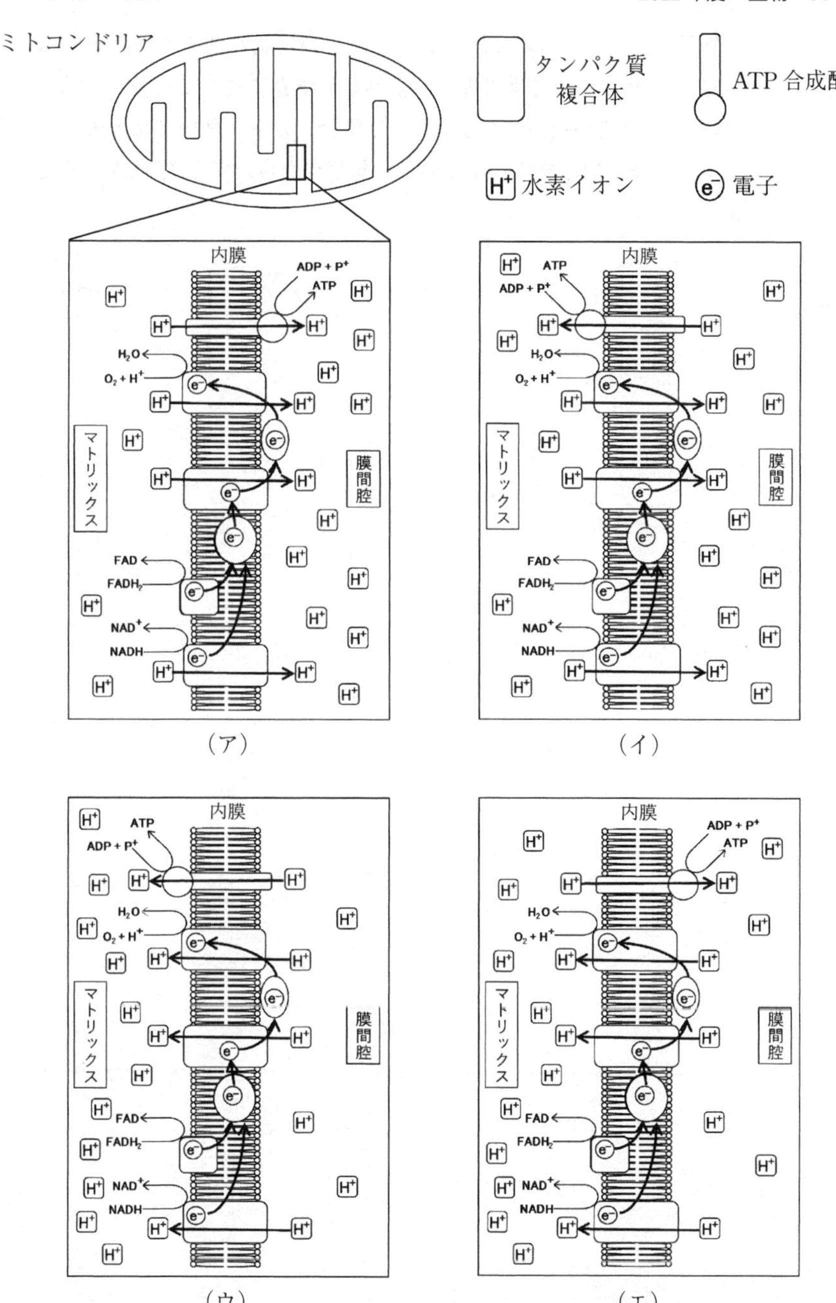

図 2　ミトコンドリア内膜における電子伝達系

（8） 下線部（**c**）について，ヒトがはげしい運動を継続して消費するATP 量が増加し，呼吸による酸素供給が限界に達して電子伝達系によるATP 供給が追いつかなくなった場合，ヒトの体内ではどのようにエネルギー供給を維持するのか，句読点を含めて 45 字以内で答えよ。

（50点）

解答編

英語

I **解答** A．(W)―3　(X)―1　(Y)―2　(Z)―3

B．(a)―4　(b)―1　(c)―1　(d)―2　(e)―4　(f)―3
(g)―4　(h)―1　(i)―4　(j)―1

C．(ア)―1　(イ)―3　(ウ)―3

D．(い)―6　(う)―1　(え)―5

E．3・4・7

◆全　訳◆

≪嗅覚と記憶の関連性≫

匂いに関する最も有名な話のひとつに，長編小説シリーズ『失われた時を求めて』の冒頭において，マルセル＝プルーストが語ったものがある。その本の語り手は成人していて，彼の母親が紅茶を入れてくれる様を叙述している。その際に彼は子供のようにマドレーヌの小さな一片を手に取り，ティースプーン一杯分の熱い飲み物にそれを浸す。そしてこのふやけたケーキを口に含むと，彼は突然，どこから来たのかすぐにはわからないが非日常感，極上の幸福感に圧倒されたのだ。そして彼は思い出した。子供の頃，レオニーおばさんがマドレーヌを紅茶に浸してくれたことを。これがきっかけで，彼の少年時代の複雑かつ精密な記憶の連鎖がいっぺんに解き放たれたのだ。(中略)

匂いが真の意味で，記憶を完全に呼び起こす鍵を握っているというには論拠が薄い。匂いを専門にする科学者アヴェリィ＝ギルバートは，これを「文学的発想」と呼んでいる。しかし，プルースト以前の多くの作家が気づき，さらに科学調査が示してきたように，匂いは確かに非常に強力な方法で記憶を呼び覚ますことができる。たとえば，大人になってから子供時代に関連する匂いを嗅ぐと，子供時代に関連する映像よりも豊かな記憶が呼び起こされるという十分な証拠がある。匂いによって解き放たれるように感じる記憶の重要な側面は，プルーストの作り話の例も含めて，単にある特定の事実や，ある特定の出来事についての記憶ではなく，ある特定の場所や特定の時に経験した物事や感情を思い出すということなのだ。(中略)

このような効果の根底にあるのは，ほとんどの動物の場合，匂いは即座に経験を分類するのに使われるので，場所つまり特定の出来事が起こった所と匂いの記憶が結びついていることが多いということである。哺乳動物の海馬には，「場所細胞」と呼ばれる細胞があり，動物が特定の場所にいるとき，この細胞が活発に働き，記憶を呼び覚ます鍵になる（この細胞の発見に対し，2014年ノーベル賞が授与された)。これらの細胞は，単なるGPSの一種ではなく，嗅覚など他の感覚様相も結びつける。研究者たちはさらに，マウス用の嗅覚バーチャルリアリティシステムを作り，場所細胞が視覚表象に対してと同じくらい嗅覚誘導による仮想世界探検に対して反応することを明らかにした。

マウスが持つ匂いの記憶が，どのように脳にとって受容可能な形にされるかは，特定の場所，あるいは特定の時点に関連しているかどうかによる。「いつ」嗅いだ匂いなのか，「どこで」嗅いだ匂いなのかというこのような別々の匂いに関連する記憶の側面は，前嗅核と呼ばれる脳構造のひとつに投影されるが，そこは嗅球からの入力も受けて「何の」という感覚記憶の側面をも内包する。このことは，なぜ匂いによって活性化された記憶がとても鮮明に思えることがあるのかということを説明している——我々は心の中でしばしば（特定の瞬間の）特定の場所に戻るのである。(中略)

空間記憶と嗅覚の関連の重要性に関心が高まっている。最近のヒトを対象とした研究では，匂いを識別する能力が高いほど，空間記憶が優れており，嗅覚処理と空間学習の両方に関与する脳の前頭領域が特に重要な役割を担っていることが明らかになった。これらの部位に損傷を受けた患者では，匂いの識別や空間学習課題の効率が低下したことから，嗅覚的識別と空間記憶には共通の神経基盤がある可能性が示唆された。プルーストは，匂いが記憶を呼び起こす力を誇張したのかもしれないが，匂い，時間，場所が私たちの記憶の中で何らかの形でつながっているという彼の示唆は正しかったのである。

このような場所と記憶と匂いの複雑な関係はもしかしたらカリフォルニ

ア大学のルシア＝ジェイコブスによって2012年に初めて提唱された概念を使って説明できる可能性がある。彼女は，あらゆる動物において，主要な嗅覚の機能は，目的地への誘導であると示唆した。ジェイコブスの出発点は，脊椎動物の嗅球の大きさが，なぜ脳の他の部分と必ずしも釣り合わないのかがわからなかったことだった。関連する海馬のような部位も同様である。その理由は，生態系にあるのかもしれない。陸上で暮らす肉食哺乳類146種を対象にした研究で，以下のことが明らかになった。嗅球の相対的な大きさは，その種の生息域と正の相関があり，餌を探す際その動物が普段カバーする範囲が広いほど，脳の他の部位と比べて嗅球が大きくなるのだ。ジェイコブスは，採餌戦略が異なる種が持つ脳の解剖学的特徴も自分の仮説を支持していると主張し，他の研究者は，脊椎動物の脳の進化を理解する取り組みの中で，彼女の枠組みを採用した。その根底にある説明は，嗅球の大きさは嗅神経の数に直接関係しており，それは動物の生態と，その動物の匂いを検知する距離に関連があるということだ。

ジェイコブスの仮説の真偽はともかく，嗅覚は局所的，地球的なスケールで動物の目的地誘導に関与している。ハトは何百キロも離れた場所に放たれたとしても，小屋に戻ってくる。星や目印となるもの，さらには地球の磁場もこの能力に関与してきたが，嗅覚は特に，小屋からわずか数十キロメートル以内にいる場合，重要な役割を果たすのだ。イタリアの科学者たちは，ハトの嗅覚系が損傷している場合は，傷ついていない場合より小屋に戻る可能性が非常に低くなることを示した一方で，ドイツの研究者たちは，ヴュルツブルクにある研究所の周辺に様々な匂いが分布していることを図示し，鳥の帰巣性を説明するために，彼らが嗅覚景観と呼ぶものには十分な種類があることを示した。(中略)

人間が目的地へのルートを考えるときはたいてい，他の感覚様相を用いることは明らかだが，私たちがどこかへ帰るとき，つまり故郷やしばらく訪れていない場所へ帰るとき，匂いはその場所を想起させ，安らぎを与えてくれる。多くの動物にとって，匂いとそれにまつわる記憶は，特定の場所を認識する能力の重要な要素である。

◀解　説▶

A．(W)空所の直後にある identify は他動詞。目的語がなく，空所以下が不完全文なので，関係代名詞 which を入れる。前置詞＋関係代名詞 that は不可。

(X)空所の直後に smells are used to ～ という完全文がきているので，is の補語を導く接続詞 that を入れる。

(Y)空所の直前で，「匂いが記憶を呼び起こす力を誇張したのかもしれない」と書かれており，直後で「匂い，時間，場所が私たちの記憶の中で何らかの形でつながっている」とあるので，これらが逆接の関係と考えて，接続詞 but を入れる。

(Z)空所の直前で，「その範囲が広いほど」とあり，何をする際にその範囲が広いのかを考えて，in を入れる。in *doing* は「～する際に」という意味。

B．(a)overwhelmed は「圧倒された」という意味なので，4が正解。1は「汚す，傷つける」，2は「(注意などを) そらす」，3は「餓死する」という意味。

(b)retrieval は「復旧，回復」という意味なので，1が正解。2は「安心，安堵」，3は「逆転，反転」，4は「修正，改正」という意味。

(c)associated with ～ は「～と関連がある」という意味なので，1が正解。2は「～によって騙される」，3は「～から分けられる」，4は「～の間で打ち解ける」という意味。

(d)significance は「重要性」という意味なので，2が正解。1は「違い」，3は「類似性」，4は「特異点」という意味。

(e)put forward は「(案・意見などを) 出す」という意味なので，4が正解。1は「引きつける，導き出す」，2は「誇張する」，3は「拡大する」という意味。

(f)forage は「(食べ物・餌を) あさる，探し回る」という意味なので，3が正解。1は「子を産む，繁殖する」，2は「飛ぶ」，4は「巣を作る」という意味。

(g)detect は「検知する」という意味なので，正解は4。1は「影響を及ぼす」，2は「集める」，3は「発行する」という意味。

(h)fundamental は「重要な，基本的な」という意味なので，1が正解。2は「貨幣の，通貨の」，3は「愉快な」，4は「心理的な」という意味。

(i)intact は「無傷で，そのままの」という意味なので，4が正解。1は「集められた」，2は「視力を失わされた」，3は「接触させられた」という意味。

(j)account for ～ は「～を説明する」という意味なので，1が正解。2は「表現する」，3は「調査する」，4は「最新のものにする」という意味。

C．(ア)波線部は直訳で「匂いが本当に完全な想起の鍵を握っている」という意味。complete recall は「記憶を完全に呼び起こす」ということを表しているので，正解は1の「人々に出来事を完全に思い出させる」。2は「記憶を溜めておくことが必要である」，3は「記憶を閉じ込められる原因となる」，4は「人の隠れた創造性を解放する」という意味。

(イ)波線部は「ジェイコブスの仮説の真偽はともかく」という意味。正解は3の「ジェイコブスの考えの妥当性は置いておいて」。whatever は副詞節を導いて「何が（を）～しようとも」という意味。1は「ジェイコブスの想定が正しいということを考慮に入れると」，2は「ジェイコブスの理論の正しさを疑って」，4は「ジェイコブスの理論は理解できないが」という意味。

(ウ)波線部は「しばらく訪れていない場所」という意味。正解は3の「何年もの間，行っていない場所」。for some time は「かなりの間」という意味。1は「行ったことがない場所」，2は「いつか訪れたいと思っている場所」，4の at length は「長時間にわたり，長々と，詳細に」という意味で，for some time とは意味が異なる。

D．解答へのプロセスは以下の通り。

①空所(あ)の直後にある good evidence は単数なので，is を入れる。

②空所(い)の後ろから始まる文は完全文なので，同格の that を入れる。

③空所(う)の直後に過去分詞形 evoked があるので，受動態と考え，are を入れる。

④空所(え)には，主語 memories を修飾している比較級 richer に対応して，than を入れる。さらに，比較対象を考えると，記憶が呼び覚まされる手段である「子供時代に関連する匂い」と「子供時代に関連する映像」が比べられていると考えられる。したがって，空所(お)には直前の with childhood-related odors と形を合わせて，手段を表す with を入れる。

E．それぞれの選択肢の意味と正誤の根拠は以下の通り。

1．「『失われた時を求めて』において，語り手は紅茶にケーキを浸したとき，大喜びしたが，子供っぽく受け取られるので，それについて言及しないでいる」

→第 1 段第 2 文（The narrator describes …）で，マドレーヌの小さな一片を紅茶に浸す様子が描かれているので，誤り。

2.「学術論文において，マルセル＝プルーストは匂いが無関係な記憶でさえも呼び起こすという科学的証拠を提示した」

→第 2 段第 2 文（But, as many …）より，匂いに関する科学的研究を発表したのはプルーストではないことがわかり，また匂いが無関係な記憶でさえも呼び起こすという研究結果は書かれていないので，誤りである。

3.「『場所細胞』は特定の場所が想起されるだけでなく，多くの感覚と関わりがある」

→第 3 段第 2・3 文（In the mammalian … such as smell.）に，場所細胞は特定の場所にいるときに活発になるだけでなく，他の感覚様相をも結びつけると書かれており，これに合致するので正解となる。

4.「最近の研究によると，とても敏感な嗅覚を持つ人は，高い空間記憶能力も示している」

→第 5 段第 2 文（A recent study of …）に「匂いを識別する能力が高いほど，空間記憶が優れている」と書かれているので，正解となる。

5.「陸上の肉食動物の種を研究した後に，ルシア＝ジェイコブスは，嗅球の大きさはいつも脳の大きさに比例すると主張した」

→第 6 段第 4 文（The explanation may …）に嗅球の相対的な大きさは，その種の生息域と正の相関があると書かれており，脳の大きさと比例するとは述べられていないので，誤り。

6.「進化を研究している科学者は，他の特定の脊椎動物の構造を研究しても，矛盾したデータが出るので，ジェイコブスの考えと合わない」

→第 6 段第 5 文（Jacobs argued that …）の後半に，「他の研究者は，脊椎動物の脳の進化を理解する取り組みの中で，彼女（ジェイコブス）の枠組みを採用した」と書かれているので，誤りである。

7.「ハトの目的地誘導は基本的に嗅覚系に基づいて発揮される。とりわけ，ハトが小屋に近い場所にいるときは」

→第 7 段第 2 文（Pigeons can return …）の後半に，「嗅覚は特に，小屋からわずか数十キロメートル以内にいる場合，重要な役割を果たす」と書かれているので，正解である。

8．「ドイツの研究者は，怪我をした鳥の帰巣性を検証するために，匂いのない場所を地図に細かく示した」
→第7段第3文（Scientists in Italy …）の後半に，帰巣性を説明するために，「ドイツの研究者たちは，ヴュルツブルクにある研究所の周辺に様々な匂いが分布していることを図示した」と書かれているので，誤りである。

II　解答

A．(Y)―4　(Z)―2
B．(a)―1　(b)―3　(c)―2　(d)―3　(e)―4　(f)―3　(g)―4　(h)―4　(i)―4　(j)―4
C．(ア)―4　(イ)―4　(ウ)―3　(エ)―3
D．(い)―3　(え)―7　(お)―1
E．1・3・6
F．全訳下線部参照。

◆全　訳◆

≪犬のしつけの仕方とは≫

ヨーロッパ，特にイギリス，ドイツ，フランス，オランダを旅したとき，犬の扱いや社会への溶け込み方がアメリカとは強烈に違うことに気づいた。レストランやバス，パフォーマンス会場など数え始めるときりがないのだが，端的に言うと，いたるところに犬がいるということだ。

このようなことはアメリカには当てはまらないことが明らかであり，なぜヨーロッパの犬とアメリカの犬はこんなにも行動が違うのだろうと不思議に思うきっかけとなった。ヨーロッパでは，犬はほとんどの公共スペースで歓迎され，そこで落ち着いて，リラックスして静かに過ごしている。しかし，アメリカでは，ペットの犬はほとんどの公共の場で歓迎されず，許可されている公共の場でも，動き回りにくいことが多い。犬はどこで生まれても犬であり，その行動の違いは，子犬のころに受けた周囲との関わりや，しつけだけでなく，個々の気質によることが多い。

しかし，犬の行動は，犬だけの問題ではない。その多くは，私たちに関係している。アメリカの犬とヨーロッパの犬の行動には大きな違いがあるかもしれないが，アメリカ人が公共の場で出会う犬たちとどう関わるかには，さらに大きな違いがある。私たちの行動は，なぜ私たちが飼っている犬が行動面での課題をたくさん持っているのかということと大いに関係があり，幸いなことに，私たちがそれについてできることがあるということなのだ。

私たちができることで，自分の犬に大きな影響を与えることができる小さなことは，その眼前にしゃしゃり出るのではなく，遠くから愛でることだ。(中略)

あなたが飼っている犬はあなたとあなたの家族が好きかもしれないし，あなたの友人が好きかもしれないが，見知らぬ人全員に駆け寄ってきてもらって，ハグをして欲しいということを意味するわけではない。

かわいい犬に惹かれる気持ちは容易にわかるが，アメリカの愛犬家ができる最も大切なことのひとつは，見知らぬ人が愛犬をなでようとしたら「やめて」と言い，人通りの多い公共の場では気を配るなど，愛犬を守る擁護者になることなのだ。

人間との境界線と犬のしつけについて考えるとき，一般的には犬に焦点が当たると思われがちだが，ほとんどの場合，問題となるのは，主に人間なのだ。

自分の犬を成功に導くには，外の世界でも，家で訪問客や家族と一緒にいるときでも，犬を不快な状況に置かないことが必要なのである。プロのドッグトレーナーであり，近日発売予定の「尻尾を振って：犬を幸せにする科学」の著者でもあるザジー＝トッド氏は，次のように述べている。「人は，犬は社交的で人懐っこいと思いがちで，犬がある瞬間に人の愛情を求めているかどうかを必ずしも考えるわけではない。これは特に子供との間で問題となる」と述べている。

子供は特に犬に咬まれやすいのだが，見知らぬ犬にだけ咬まれるわけではない。多くの子供たちは，顔見知りで家の中にいる犬に咬まれる。これは犬というより，子供に関することである。どのような場合に犬と関わっていいのか，悪いのかということを，あらゆる年齢の家族や友人を教育することで，犬も含めて全員が安全でいられるのだ。

トッド博士は，「犬が休んでいる（座っているか横になっている）場合，子供が近づいてはいけないということを知っておくことが重要です。これは小さな子供が咬まれるよくある状況だからです。代わりに，犬を自分のところに呼ぶことを教え，犬を撫でている間も慎重に監督しなければなりません」と述べている。

犬に対する教え方は，犬の生活の質や，新しい状況への適応性に大きな影響を与える。しかし，残念ながらアメリカでは，ドッグトレーニングは規制の対象となる産業ではない。誰でもドッグトレーナーを名乗ることができ，資格や経験の幅がなくても，科学的根拠があろうがなかろうが，好きな方法を使って商売を始めることができるのだ。

ドッグトレーニングには時間がかかるのだが，よい行動には報酬を与えることで，犬を優しく助け，励ます前向きな報酬を原則としたトレーニング方法を用いるとき，犬は最もよく学ぶのだ。「リードを強くひいたり，電子首輪を使ったりするような嫌悪感をもよおさせる方法は，犬にとって恐怖や不安，攻撃性などのリスクがあることが研究によりわかっています」とトッド博士は述べた。「正の強化は，それらのリスクを回避し，本当によく機能します」

愛犬の問題行動を早く解決しようと躍起になっている人たちは，とりわけ，無資格のトレーナーからの空約束や，苦痛や強制を原則とした方法を用いるトレーナーに影響を受けやすいと言われている。

「残念ながら，多くの犬の飼い主が，様々な方法を組み合わせて使っていることがわかっており，そして犬の訓練は規制されていないので，犬の飼い主は，犬の訓練方法についてもっと学ぶことが重要です」とトッド博士は述べている。

たとえば，電子首輪と呼ばれることもある電気ショックを与える首輪は，英国では禁止されているが，米国では合法である。ドッグトレーナーを雇う場合は，そのトレーナーの経験だけでなく，資格やしつけに対する考え方についても必ず確認を取るようにしよう。

トレーナーが正の強化に基づいたしつけの方法のみを使用しているかどうかを遠慮せずに尋ねるべきだ。犬が学習したら，おやつやおもちゃなどのご褒美を与えるような，そして罰則を与えたり，痛みに基づく方法（プロングカラー，電気ショックを与える首輪，痛い目にあわせるぞという脅しなど）を使用しないようなトレーナーを見つけたいものだ。

同様に，「支配トレーニング」，「アルファトレーニング」，「詰め込みトレーニング」について話すトレーナーも避けたいものだ。なぜなら，犬は実際には小さなオオカミではないことがわかっているからである。このような攻撃的なトレーニングは，目にすることがある行動の課題を悪化させるだけなのだ。

どこに住んでいようと，私たちは皆，出会う子犬との関わり方について，もう少し考えることができる。すべての犬が見知らぬ人と接して心地よくなりたい，あるいは心地よくなるだろうと思い込むのではなく，触れてもいいか尋ねたり，たいていは単に犬に空間を与えるようにしよう。

犬を飼っている人は，犬の代弁者となり，飼っている犬が歩くぬいぐるみではないことを出会った人々に気づかせることで，自分の犬を助けることができるのだ。

◀解　説▶

A．(Y)空所の直後の「境界線と犬のしつけについて考える」と「一般的には犬のことを話しているのだと思われがちだが，ほとんどの場合，問題となるのは，主に人間なのだ」の２つの内容の関係を考える。「境界線」とはそれを踏み越えると，たとえば犬が咬みついたりするようなラインのこと。これと犬のしつけについて考える「とき」，一般的には犬に原因があると思われがちだが，実は理解が足りていない人間の方にあると考えると文意が通る。したがって空所には４の When が入る。譲歩を表す Although，理由を表す Because，条件を表す Unless では文意が通らない。

(Z)空所の後ろに文が続いていることから，for，of，with のような前置詞を入れることはできない。したがって接続詞の２の if を入れる。この if は名詞節を導いて「～かどうか」という意味を表す。

B．(a)venue は「会場」という意味なので，１が正解。２は「公園」，３は「通り」，４は「乗り物」という意味。

(b)challenge は「課題，難問」という意味なので，３が正解。１は「競争」，２は「喧嘩」，４は「勝利」という意味。

(c)get in *one's* face は「～の眼前にしゃしゃり出る」という意味なので，最も近いのは２の「彼らの空間（縄張り）に侵入する」。１は「彼らを無視する」，３は「彼らを軽く撫でる」，４は「彼らに横柄に話しかける」という意味。

(d)advocate は名詞で「擁護者，代弁者」という意味なので，３が正解。１は「助言者，相談員」，２は「指導者」，４は「訓練士」という意味。

(e)forthcoming は「近々来る」という意味で，「本が近々来る」とは「本がもうすぐ出版される」と考え，4が正解。1は「ベストセラーの」，2は「正直な」，3は「すでに手に入る」という意味。

(f)scenario は「筋書，シナリオ」という意味なので，最も近いのは3。1は「事故」，2は「感覚」，4は「光，輝き」という意味。

(g)supervise は「監督する」という意味なので，4が正解。

(h)take time は「時間がかかる」という意味なので，最も近いのは4「忍耐を必要とする」。1は「機会次第である」，2は「スケジュールに基づいている」，3は「よく遅れる」という意味。

(i)susceptible to ～ は「～の影響を受けやすい」という意味なので，4が正解。1は「～に疑いを持っている」，2は「～に励まされる」，3は「～を怖がる」という意味。

(j)intimidation は「脅し，威嚇」という意味なので，4が正解。1は「運動」，2は「妨害」，3は「公益事業，サービス業」という意味。

C．(ア)波線部は「違いは大きいかもしれないが」という意味。よって4の「その違いがどんなに大きくても」が正解。As＋形容詞／副詞＋as S V という形は譲歩を表し，「Sが…ではあるが」という意味を表す。1は「誰もその違いがどれだけ大きいのかわからないので」，2は「その違いは大きいかもしれないので」，3は「違いがまったくないにもかかわらず」という意味。

(イ)波線部は「これは犬というより，子供に関することである」という意味。よって4の「その問題は普通，犬ではなく子供にある」が正解。have ～ to do with … は「…と～な関係がある」という意味を表す。1は「子供は犬ほど，言い訳が許されない」，2は「犬は子供に対してまったく優しくない」，3は「犬は子供より，人懐っこい」という意味。

(ウ)波線部は「本当によく機能する」という意味。したがって3「とてもよく機能する」が正解。1は「かなり多くの収入を生み出す」，2は「多くの労働者を巻き込む」，4は「多くの努力を要する」という意味。

(エ)波線部は「歩くぬいぐるみではない」という意味。つまり，ぬいぐるみのように動かず，何もしないというわけではないということ。よって3の「思っているほどいつも行動を予想できない」が正解。1は「どのペットショップでも購入できる」，2は「おもちゃとして扱われるほど元気いっぱいである」，4は「子供たちのそばにいるときは，座りたがる」という意味。

D．ポイントは以下の通り。

①空所(あ)の直前に are があるので，born を入れると，「犬がどこで生まれても」という意味になり，文意が通る。

②空所(い)の直前に differences があるので，in を入れる。difference in ～ は「～における違い」という意味。

③空所(う)の直前に come down があるので，to を入れる。come down to ～「～に及ぶ，～に依る」という意味。

④空所(え)の前後に as があることから，形容詞か副詞を入れる。soon では文意が通らないので，well を入れる。*A* as well as *B* は「*B* だけでなく *A* も」という意味。

⑤空所(お)の直前の received は過去分詞の形容詞的用法で前の名詞を修飾しており，「子犬のころに受けたしつけ」とすれば文意が通る。よって as を入れる。

E．それぞれの選択肢の意味と正誤の根拠は以下の通り。

1.「もし犬の行動を変えたいと思うなら，犬に対する我々自身の行動を変えるところから始めなければならない」

→第3段第4文（Our behavior has …）に，「私たちの行動は，なぜ私たちの犬が行動面での課題をたくさん持っているのかということと大いに関係があるのだが，幸いなことに，私たちがそれについてできることがある」と書かれているので，正解である。

2.「ヨーロッパの多くの国では，公共の場で犬を見かけるのを好まない傾向にある人が多い」

→第2段第2文（In Europe dogs …）に「ヨーロッパでは，犬はほとんどの公共スペースで歓迎される」と書かれているので，誤りとなる。

3.「子供は何も考えずに犬に近づけば，なじみのある犬でも咬まれることが多い」

→第9段第1・2文（Children are particularly … in the home.）に「子供は特に犬に咬まれやすいのだが，見知らぬ犬にだけ咬まれるわけではない。多くの子供たちは，顔見知りで家の中にいる犬に咬まれる」とあるので，正解である。

4.「動物より人間の方が大事であるということを示すためには，子供たちが咬まれたら厳しく犬をしつけるべきだ」
→このような内容は本文に書かれていないので，誤りである。
5.「罰を基本とした訓練方法は，普通は避けられるべきだが，特定の状況下では勧められる場合がある」
→第12段第1・2文（Dog training takes … Dr. Todd said.）に，嫌悪感を催させるようなしつけを犬に行うのは避け，報酬に基づいたトレーニング方法を行うべきだと書かれているので，誤りである。
6.「資格と経験があり，適切な方法を使うドッグトレーナーだと確信するまで，その人のアドバイスを信用すべきではない」
→第15段第2文（If you are …）に，「ドッグトレーナーを雇う場合は，そのトレーナーの経験だけでなく，資格やしつけに対する考え方についても必ず確認を取るようにしよう」と書かれているので，正解である。
7.「犬は一匹一匹育ちによって振る舞いが異なるので，人間の子供に犬との接し方を教えることは無駄である」
→第10段（Dr. Todd said, …）で，子供がすべき犬への接し方をトッド博士が説いていることから，誤りである。
8.「犬は社交的で人懐っこいので，見知らぬ人からも愛情を欲しがる」
→第5段（Your dog might …）より，犬は，家族や友達が好きだからと言って，見知らぬ人に駆け寄ってきてもらってハグをして欲しいというわけではないことがわかるので，誤りである。
F. This is not the case は「これは本当（事実）ではない」という意味の表現。get *A* *doing* は「*A* に～（始め）させる」という意味。直訳は「これはアメリカ合衆国では明らかに事実ではなく，それはなぜヨーロッパの犬とアメリカの犬がこんなに異なる振る舞いをするのか私に考えさせ始めた」。無生物主語 it を副詞的に訳し，目的語 me を主語のように訳すと，わかりやすい日本語訳ができる。

III 解答

A. (a)―9　(b)―8　(c)―3　(d)―10　(e)―4　(f)―7　(g)―6　(h)―5

B.〈解答例1〉Do you remember what you dreamed of before you started thinking about making money?
〈解答例2〉Do you remember what you were dreaming about before

starting to think about earning money?

◆全　訳◆

≪人生の目的とは≫

（ナオミはカフェで友人のテッドを見かけて，一緒に座る）

ナオミ：どうしたの，テッド？　幽霊を見たような顔をしているわね。

テッド：ああ…やあ。いや，そんなことはないんだ。ちょっと考え事をしていたんだ。

ナオミ：何を考えているの？

テッド：ニュースは見た？　ある男性が宝くじで 2 億ドル当たったんだって。

ナオミ：ああ，そうだったわね。見たような気がするわ。大金よね。

テッド：いきなりそんな大金が当たるなんて想像できる？　僕はちょうどそのことを想像していたんだ。

ナオミ：そうね，そんな大金はあなたの人生を 180 度変えてしまうことになるわね。何を買おうか考えているの？　それとも毎日食べる物について考えていたのかな…

テッド：いやあ…まだそこまでは考えてなかったよ。僕はただ自分の人生について考えていただけなんだ。大学生活は楽しいけれど，もしそんな大金があったら，働く必要がなくなるよね。それなら，大学も辞めていいのかな？

ナオミ：じゃあ，代わりに何をするの？

テッド：旅行かな。好きなだけ世界のいろんな場所に行けるだろうし。イタリアで昼食にピザを食べて，それから日本へ行って夕食に美味しい寿司を食べたりできるよね。

ナオミ：ほら，食べ物のこと考えてたでしょ！

テッド：人生が夢のようになるってことを言いたかっただけだよ！　何でもできるし，次の給料がいつに払われるのかを心配する必要がなくなるしね。バイトはすぐに辞めるよ。

ナオミ：なるほどね，ところで…　昼食はイタリア，夕食は日本…　1 日でやり遂げたと。その後は何をするつもりなの？　どれぐらいの間，そんなふうに旅行し続けられると思っているの？

テッド：え？　君なら同じことはしないの？

ナオミ：まあ，確かに楽しいんだろうけれどね。でも，最終的には飽きるわよ。今あなたは何歳？　20歳？　それで，数カ月間旅行するのよね。残りの人生をどうするの？

テッド：確かにそうだけど…　ちょっと想像していただけで，現実になると考えていたわけではないよ。少し夢を見させてよ。この頃，授業が忙しくてね。どこかで働くために，コンピュータサイエンスの学位を取らないといけないんだ。

ナオミ：それがやりたいことなんじゃないの？

テッド：まあね。でもお金を稼がないといけないからやっているだけなのさ。今の僕の人生の決断は，ほとんどお金を基準にしている気がするよ。だから，もし僕が2億ドルを当てたら，絶対にそこから逃げ出したいよ。

ナオミ：その気持ちもわかるけれど，でもやっぱりあなたには何かやることが必要だと思うわ。人生には目的が必要よ。旅行や食べることだけでは，それを何かの形で仕事にしない限り，十分ではないわ。

テッド：もちろん，目的は必要だけど，正直なところ，「仕事」という言葉を聞くと不安なんだよ。「何で生計をたてていますか？」と聞かれることもあるよね。生きるためのお金をどうやって稼ぐかということを言っているんだよね。全部，お金に関わることなんだよ。

ナオミ：その通りよね。じゃあ「従事」という言葉はどうかしら？　あなたは何に従事していますか？

テッド：なるほど，ずっと聞こえがいい言葉だね。その言葉なら，趣味とか知識の追求とか，そういうことを考えるね。お金のことは考えないなあ。

ナオミ：そうでしょ。確かに2億ドルが当たったら，仕事は必要なくなるわ。でも，従事することが必要なのは間違いないことよ。お金を稼ぐことを考え始める前に，何を夢見ていたか覚えている？

テッド：子供の頃の話のことかな？　プロ野球選手になりたかったんだ。

ナオミ：だったら，挑戦してみてもいいかもね。

テッド：僕は上手くはないけれど，毎日野球だけをして腕を磨けば，とても楽しいだろうね。

ナオミ：そうなら，それがあなたが従事することになるかもね。
テッド：あとは宝くじが当たればいいんだけどね。
ナオミ：とりあえず，勉強を終わらせた方がいいわね。宝くじが当たらなくても，納得のいく「従事」がまだ見つけられると思うわ。

◀解　説▶

A．(a)ナオミが空所の直前で「どうしたの？」と言ったのは，テッドの普段とは違う様子を見たからだと考えて，9の「幽霊を見たような顔をしているわね」を入れると文意が通る。

(b)空所の直前のテッドの発言「いきなりそんな大金が当たるなんて想像できる？　僕はちょうどそのことを想像していたんだ」に対するナオミの意見として適切なのは，8の「そうね，そんな大金はあなたの人生を 180 度変えてしまうことになるわね」である。

(c)空所の直前で，宝くじで2億ドルが当たった場合，テッドは旅行をしたいと述べ，さらに直後で，その旅行の具体的内容を述べているので，その間に入る発言として適切なのは，3の「好きなだけ世界のいろんな場所に行けるだろうし」である。

(d)空所の直後で，ナオミが「まあ，確かに楽しいんだろうけれどね」と答えていることから，テッドが何かを提案したと考えると，10 の「君なら同じことはしないの？」が正解となる。「同じこと」とはテッドが大金を使ってしたいと思っている世界旅行のことである。

(e)空所の直前で，テッドが「この頃，授業が忙しくてね」と言っていることから，これに続く空所には勉学に関する発言が入ると考える。したがって正解は4の「どこかで働くために，コンピュータサイエンスの学位を取らないといけないんだ」となる。

(f)空所の直前で，宝くじで大金が当たったら現実逃避したいと言っているテッドに対して「でもやっぱりあなたには何かやることが必要だと思うわ」とナオミが言っている。この発言に近い内容のものが入ると考え，さらに直後の発言で，テッドが「もちろん，目的は必要だけど…」と述べていることから，7の「人生には目的が必要よ」が正解となる。

(g)空所の直前の発言で，テッドが career という言葉を聞くと不安になる理由を述べ，これを受けてナオミが代替案を出したと考える。正解は6の「じゃあ『occupation（従事)』という言葉はどうかしら？」となる。

(h)空所の直後で，ナオミが「宝くじが当たらなくても，納得のいく『occupation（従事)』がまだ見つかると思うわ」と述べていることから，満足できる仕事を見つけるためにすべきことは何かと考える。したがって正解は5の「とりあえず，勉強を終わらせた方がいいわね」となる。

B.「あなたは～を覚えていますか」は現在形の疑問文 Do you remember ～? で表す。「夢見ていた」は「考え始める」よりも前のことなので，過去完了形を用いるのが原則だが，before などの前後関係がはっきりする場合は，過去形で代用してもよい。「夢見る」は dream of (about) で表す。「夢見ていたこと」は関係代名詞 what を用いて書き，名詞節を作って remember の目的語にする。「お金を稼ぐ」は make money，または earn money で表す。before が導く節（従属節）の主語と，主節の主語が一致している場合は，before 以下（従属節）の主語を省略し，動詞を ing 形にする。

❖講　評

2022年度も2021年度と同様に，長文読解総合問題が2題，会話文読解問題が1題の構成で，試験時間100分，下線部和訳と和文英訳以外はすべて記号選択式であった。ⅠとⅡは英文が長く，問題量が多いのも例年と同様である。普段の学習から様々な英文を読み，正確な読解力と，速読即解の力をつけておきたい。

Ⅰ「嗅覚と記憶の関連性」について論じた英文である。第1段でマルセル＝プルーストの長編小説『失われた時を求めて』の中の，記憶と匂いの関係を示唆する作り話が引用され，第2段以降で，匂いと記憶の関係を，専門家たちの実験で証明していくという文章構造になっている。「場所細胞と記憶の関連性」や「空間記憶と嗅覚との関連性」など，やや専門的な議論や表現が含まれており，中略も多く，難解な箇所もいくつかあった。だが，設問は例年通り，すべて標準的なもので，文章の大意を見失うことなく，文構造が複雑な箇所で立ち止まらずに1問1問丁寧に解答していけば，十分対応可能なものであった。

Ⅱ「犬のしつけ」について論じた英文である。馴染みのあるトピックであり，比較的取り組みやすかったと思われる。犬のしつけと聞けば，犬をどう教育していくかということを考えがちだが，本文では我々人間が犬に対する態度を変える必要があると述べられており，考えさせられる内容であった。設問はほぼ標準レベルであったが，選択問題に譲歩を表す as ～ as … や，和訳問題に get *A* *doing* が出題され，細かい知識が試される箇所が見受けられた。

Ⅲ 友達同士がカフェで会話をしている場面である。前半は宝くじで２億ドルが当たったらどうするかという内容で，後半は現実的な内容について言及されている。この会話文を読み，空所補充問題と和文英訳問題に答えるものである。例年同様，聞き慣れないイディオムや会話表現はほとんど使われていない。空所補充問題は比較的平易なので，ぜひ完答を目指したい。和文英訳問題も難しい表現を問われているわけではないので，確実に得点したい。

2022年度の読解問題の英文は上記で述べたように，一部を除いてそこまで抽象度が高くなく，受験生にとっては理解しやすいものであったと思われる。

英文・設問の分量や難易度を考慮すると，100分という試験時間では時間不足になる恐れがある。過去問演習の際には，**Ⅰ**は35分，**Ⅱ**は35分，**Ⅲ**は25分，見直し５分というような時間配分を決めて実戦的な演習を積み，感覚をつかんでおこう。

数学

I

解答 (1)ア．$\frac{4}{25}$　イ．$\frac{128}{625}$　ウ．$\frac{7}{25}$　エ．$\frac{4}{25}$　オ．$\frac{2}{9}$

(2)カ．$2-2i$　キ．$2\sqrt{2}$　ク．$2+\frac{2\sqrt{3}}{3}$　ケ．$3+\sqrt{3}-(1+\sqrt{3})i$

コ．$\frac{10}{3}\pi-2$

◀解　説▶

≪小問 2 問≫

(1)　p_1 は 1 回目の試行が終わったとき，袋 A に赤玉 2 個と白玉 3 個が入っている確率であり，それは，袋 A から白玉を取り出し，袋 B から赤玉を取り出す確率であるから

$$p_1=\frac{4}{5}\cdot\frac{1}{5}=\frac{4}{25}\quad\rightarrow ア$$

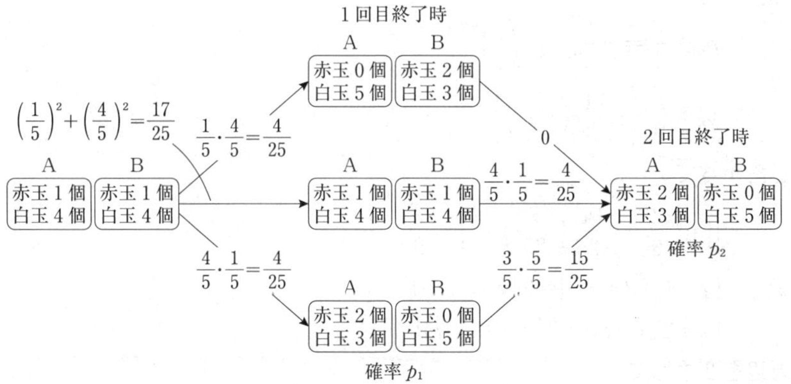

推移の図より　$p_2=\frac{17}{25}\cdot\frac{4}{25}+\frac{4}{25}\cdot\frac{15}{25}=\frac{128}{625}\quad\rightarrow イ$

対称性より，n 回目の試行終了時に袋 A に赤玉 0 個と白玉 5 個，袋 B に赤玉 2 個と白玉 3 個が入っている確率は，袋 A に赤玉 2 個と白玉 3 個，袋 B に赤玉 0 個と白玉 5 個が入っている確率 p_n と等しい。

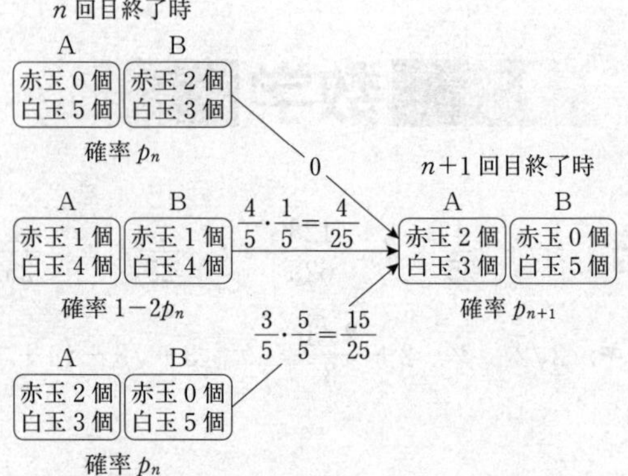

推移の図より

$$p_{n+1}=(1-2p_n)\cdot\frac{4}{25}+p_n\cdot\frac{15}{25}=\frac{7}{25}p_n+\frac{4}{25}\quad\rightarrow\text{ウ，エ}$$

$$p_{n+1}-\frac{2}{9}=\frac{7}{25}\left(p_n-\frac{2}{9}\right)$$

と変形でき，数列 $\left\{p_n-\frac{2}{9}\right\}$ は初項 $p_1-\frac{2}{9}=\frac{4}{25}-\frac{2}{9}=-\frac{14}{225}$，公比 $\frac{7}{25}$ の等比数列なので

$$p_n-\frac{2}{9}=-\frac{14}{225}\left(\frac{7}{25}\right)^{n-1}$$

$$p_n=\frac{2}{9}-\frac{14}{225}\left(\frac{7}{25}\right)^{n-1}$$

したがって

$$\lim_{n\to\infty}\left\{\frac{2}{9}-\frac{14}{225}\left(\frac{7}{25}\right)^{n-1}\right\}=\frac{2}{9}\quad\rightarrow\text{オ}$$

(2)　$$|z-(-2+2i)|=2|z-(1-i)|$$

$$|z+2(1-i)|=2|z-(1-i)|$$

両辺を 2 乗して

$$|z+2(1-i)|^2=4|z-(1-i)|^2$$

$$\{z+2(1-i)\}\{\overline{z}+2(\overline{1-i})\}=4\{z-(1-i)\}\{\overline{z}-(\overline{1-i})\}$$

$$|z|^2+2z(\overline{1-i})+2\overline{z}(1-i)+4|1-i|^2$$
$$=4\{|z|^2-z(\overline{1-i})-\overline{z}(1-i)+|1-i|^2\}$$

$$|z|^2-2z(\overline{1-i})-2\overline{z}(1-i)=0$$

$$\{z-2(1-i)\}\{\bar{z}-2(\overline{1-i})\}=4(1-i)(\overline{1-i})$$

$$\{z-2(1-i)\}\{\overline{z-2(1-i)}\}=4(1-i)(\overline{1-i})$$

$$|z-2(1-i)|^2=4|1-i|^2$$

$$|z-2(1-i)|=2|1-i|$$

$$|z-2(1-i)|=2\sqrt{2}$$

C は点 $2(1-i)$ を中心とする半径 $2\sqrt{2}$ の円となる。 →カ，キ

条件を満たすように各点をとると，右図のようになる。

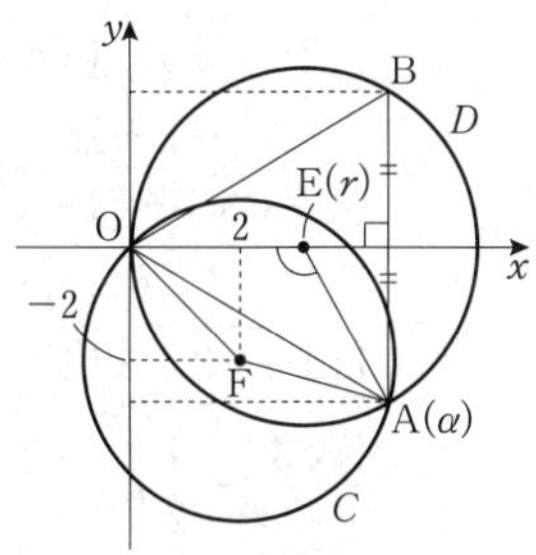

ここで，点 O と円 D の中心はともに実軸上にあるので，OA＝OB を満たす円 D 上の点 A，B は実軸に関して対称である。

r が表す点（E とする）を中心として点 O を $\frac{2}{3}\pi$ 回転させたものが点 A(α) であるから

$$\alpha-r=(0-r)\left(\cos\frac{2}{3}\pi+i\sin\frac{2}{3}\pi\right)$$

$$\alpha=-r\left(\cos\frac{2}{3}\pi+i\sin\frac{2}{3}\pi\right)+r=\frac{3}{2}r-\frac{\sqrt{3}}{2}ri \quad \cdots\cdots①$$

点 A が円 C 上にあるということは，$2-2i$ が表す点（F とする）からの距離が $2\sqrt{2}$ であるから

$$\left|\left(\frac{3}{2}r-\frac{\sqrt{3}}{2}ri\right)-(2-2i)\right|=2\sqrt{2}$$

$$\left|\left(\frac{3}{2}r-2\right)+\left(2-\frac{\sqrt{3}}{2}r\right)i\right|=2\sqrt{2}$$

$$\left(\frac{3}{2}r-2\right)^2+\left(2-\frac{\sqrt{3}}{2}r\right)^2=(2\sqrt{2})^2$$

$$r\{3r-2(3+\sqrt{3})\}=0$$

$r>2$ より　　$r=2+\frac{2\sqrt{3}}{3}$　→ク

$r=2+\frac{2\sqrt{3}}{3}$ を①に代入して

$$\alpha=\frac{3}{2}\left(2+\frac{2\sqrt{3}}{3}\right)-\frac{\sqrt{3}}{2}\left(2+\frac{2\sqrt{3}}{3}\right)i$$
$$=(3+\sqrt{3})-(1+\sqrt{3})i \quad \to ケ$$

点 F を中心として点 A を回転移動させた点が点 O であることより $\angle$OFA を求める。

$$\frac{0-(2-2i)}{\{(3+\sqrt{3})-(1+\sqrt{3}i)\}-(2-2i)}$$
$$=\frac{-2+2i}{(1+\sqrt{3})+(1-\sqrt{3})i}$$
$$=\frac{(-2+2i)\{(1+\sqrt{3})-(1-\sqrt{3})i\}}{\{(1+\sqrt{3})+(1-\sqrt{3})i\}\{(1+\sqrt{3})-(1-\sqrt{3})i\}}$$
$$=-\frac{\sqrt{3}}{2}+\frac{1}{2}i$$
$$=\cos\frac{5}{6}\pi+i\sin\frac{5}{6}\pi$$

よって，$\angle\mathrm{OFA}=\frac{5}{6}\pi$ なので，求める面積は

[扇形 FAO の面積]$-\triangle$FAO

$$=\frac{1}{2}\cdot(2\sqrt{2})^2\cdot\frac{5}{6}\pi-\frac{1}{2}\cdot(2\sqrt{2})^2\sin\frac{5}{6}\pi$$
$$=\frac{10}{3}\pi-2 \quad \to コ$$

参考　r を求めるところでは，xy 平面での円の方程式を考えることで，$(x-2)^2+(y+2)^2=8$ に $(x,\ y)=\left(\frac{3}{2}r,\ -\frac{\sqrt{3}}{2}r\right)$ を代入して

$$\left(\frac{3}{2}r-2\right)^2+\left(-\frac{\sqrt{3}}{2}r+2\right)^2=8$$

を解いてもよい。

複素数平面の問題と決めつけずに，複素数平面と xy 平面とを上手く行き来しながら，要領よく解き進めていくのもこの分野独特の手法である。

II　解答

(1)　点 U を，点 R が線分 UP の中点となるようにとるので，点 U の座標を $(X,\ Y,\ Z)$ とおくと

$$\begin{cases} t=\dfrac{X+2t}{2} \\ t=\dfrac{Y+4t}{2} \\ 1=\dfrac{Z+0}{2} \end{cases} \qquad \begin{cases} X=0 \\ Y=-2t \\ Z=2 \end{cases}$$

よって，点 U の座標は $(0,\ -2t,\ 2)$ である。

点 V を，点 R が線分 VQ の中点となるようにとるので，点 V の座標を $(p,\ q,\ r)$ とおくと

$$\begin{cases} t=\dfrac{p+(2t-2)}{2} \\ t=\dfrac{q+(4-4t)}{2} \\ 1=\dfrac{r+0}{2} \end{cases} \qquad \begin{cases} p=2 \\ q=6t-4 \\ r=2 \end{cases}$$

よって，点 V の座標は $(2,\ 6t-4,\ 2)$ である。

点 U と V の z 座標はともに 2 なので，ともに平面 $z=2$ 上にあることがわかる。

よって，2 点 U，V がともに平面 $z=h$ 上にあるときの h の値は

$h=2$　……(答)

(2)　平面 $z=2$ 上において，直線 UV の方程式は

$$y-(-2t)=\frac{(6t-4)-(-2t)}{2-0}(x-0)$$

$$y=(4t-2)x-2t \quad \cdots\cdots ①$$

t について整理すると

$$(4x-2)t+(-2x-y)=0$$

これが t についての恒等式となる条件を求めると

$$\begin{cases} 4x-2=0 \\ -2x-y=0 \end{cases}$$

これを解いて，$(x,\ y)=\left(\dfrac{1}{2},\ -1\right)$ となることから，t の値によらず，定点を通るときの定点の座標は

$\left(\dfrac{1}{2},\ -1,\ 2\right)$　……(答)

(3)　$t=0$ のとき

①より，直線 UV：$y=-2x$ において，点 U は $(0,\ 0,\ 2)$，点 V は $(2,\ -4,\ 2)$ にある。

$t=1$ のとき

①より，直線 UV：$y=2x-2$ において，点 U は $(0,\ -2,\ 2)$，点 V は $(2,\ 2,\ 2)$ にある。

よって，t が $0\to1$ で変化しているときに，点 U は $(0,\ 0,\ 2)\to(0,\ -2,\ 2)$ へと，点 V は $(2,\ -4,\ 2)\to(2,\ 2,\ 2)$ へと直線的に，しかも線分 UV が常に点 $\left(\frac{1}{2},\ -1,\ 2\right)$ を通るように移動することになり，線分 UV が通過する領域は右図の網かけ部分である。

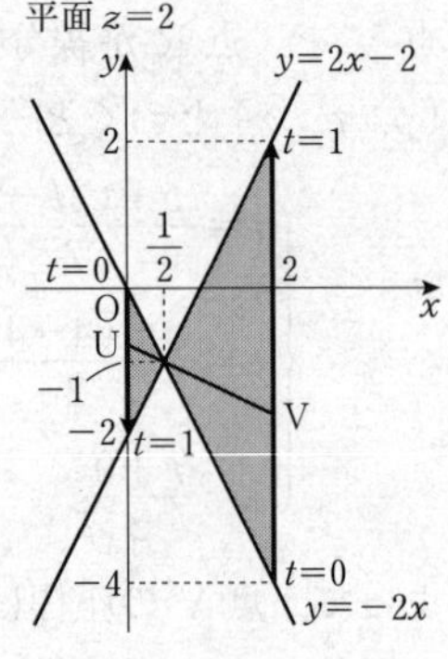

網かけ部分の面積は

$$\frac{1}{2}\cdot\frac{1}{2}\cdot2+\frac{1}{2}\cdot\frac{3}{2}\cdot6=5 \quad \cdots\cdots(答)$$

(4)　xy 平面上において，直線 PQ の方程式は

$$y-4t=\frac{4t-(4-4t)}{2t-(2t-2)}(x-2t)$$

$$y=(4t-2)x-8t^2+8t \quad \cdots\cdots②$$

この直線 PQ が放物線 $y=ax^2+b$ に接するための条件は

$$\begin{cases} y=(4t-2)x-8t^2+8t \\ y=ax^2+b \end{cases}$$

より，y を消去して得られる

$$ax^2+b=(4t-2)x-8t^2+8t$$

つまり

$$ax^2-2(2t-1)x+8t^2-8t+b=0$$

が重解をもつことであり，それは判別式の値が 0 になることであるから

$$(2t-1)^2-a(8t^2-8t+b)=0$$

となり，t について整理すると

$$4(-2a+1)t^2+4(2a-1)t+1-ab=0$$

これが t の値によらず成り立つための条件は，これが t についての恒等式

となることであり

$$\begin{cases} 2a-1=0 \\ 1-ab=0 \end{cases}$$

よって　　$a=\frac{1}{2}$, $b=2$　……(答)

(5)　(4)より，直線 PQ は t の値によらず放物線 $y=\frac{1}{2}x^2+2$ に接する。

$t=0$ のとき

②より，直線 PQ：$y=-2x$ において，点 P は $(0,\ 0,\ 0)$，点 Q は $(-2,\ 4,\ 0)$ にある。

$t=1$ のとき

②より，直線 PQ：$y=2x$ において，点 P は $(2,\ 4,\ 0)$，点 Q は $(0,\ 0,\ 0)$ にある。

よって，t が $0\to1$ で変化しているときに，点 P は $(0,\ 0,\ 0)\to(2,\ 4,\ 0)$ へと，点 Q は $(-2,\ 4,\ 0)\to(0,\ 0,\ 0)$ へと直線的に，しかも直線 PQ が放物線 $y=\frac{1}{2}x^2+2$ に接しながら移動することになり，線分 PQ が通過する領域は右図の網かけ部分である。

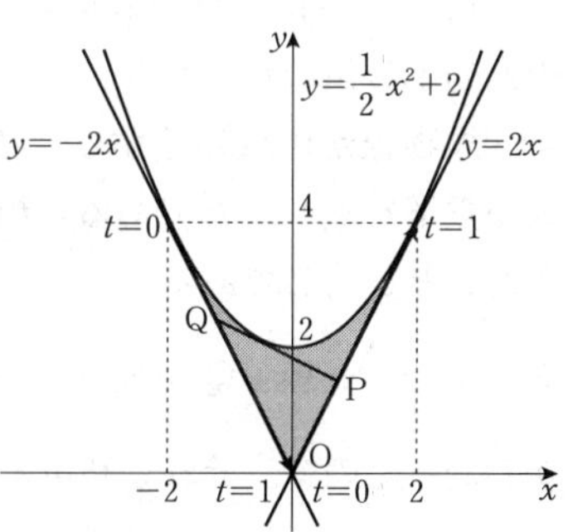

y 軸に関する対称性を利用して，網かけ部分の面積は

$$2\int_0^2\left\{\left(\frac{1}{2}x^2+2\right)-2x\right\}dx$$

$$=\int_0^2(x^2-4x+4)dx$$

$$=\int_0^2(x-2)^2dx$$

$$=\left[\frac{1}{3}(x-2)^3\right]_0^2$$

$$=-\frac{1}{3}(-2)^3=\frac{8}{3}\quad\text{……(答)}$$

◀解　説▶

≪線分が通過する領域の面積≫

(1)　点 P，Q の z 座標はともに 0，点 R の z 座標は 1 であるから，点 R が線分 UP，VQ の中点になるように点 U，V をとるとき，点 U，V の z 座標がともに 2 であることはすぐにわかる。

(2)　平面 $z=2$ における直線 UV の様子を調べたいので，z 座標はそのままで，y を x で表した方程式をもとに考えればよい。t の値によらずに等式が成り立つとは，t に関する恒等式であるということなので，そこから x，y の値を求めよう。

(3)　(2)で求めたように直線 UV は定点を通るので，線分 UV が通過する際に定点を通るように移動することに注意しよう。また，点 U，V の x 座標と z 座標が変化しないことから，$0 \leqq t \leqq 1$ の範囲を t が変化するときに，点 U，V はそれぞれ直線上を動くことになる。これらより線分 UV の通過する領域がわかる。

(4)　放物線が直線に接するための条件は y を消去して得られる 2 次方程式が重解をもつことである。t の値によらず成り立つための条件は(2)で考えたことと同じである。

(5)　(4)で，直線 PQ が放物線 $y=\frac{1}{2}x^2+2$ に，t の値によらず接することがわかったので，それを利用する。面積を求める定積分では要領よく計算しよう。

設問は丁寧な誘導になっており，流れに従って解くなかで次の設問へのヒントに気づくこともあるので，その誘導に上手く乗って解き進めていこう。

III　解答

(1)　すべての自然数 n に対して

「$F_n(2)=2$ である」　……①

ことを推定し，それが正しいことを数学的帰納法で証明する。

[Ⅰ]　$n=1$ のとき $F_1(2)=2$ であるから，①は成り立つ。

[Ⅱ]　$n=k$ のとき①が成り立つ，つまり，$F_k(2)=2$ が成り立つと仮定する。

　このとき

$$F_{k+1}(2)=\{F_k(2)\}^2-2=2^2-2=2$$

となるので，$n=k+1$ のときにも，①は成り立つ。

[Ⅰ][Ⅱ]より，すべての自然数 n に対して，$F_n(2)=2$ が成り立つ。

よって　$F_n(2)=2$　……(答)

すべての自然数 n に対して

「$F_n(x)$ は 2^{n-1} 次である」……②

ことを推定し，それが正しいことを数学的帰納法で証明する。

[Ⅰ]　$n=1$ のとき $F_1(x)=x$ であり，1 次なので，②は成り立つ。

[Ⅱ]　$n=k$ のとき②が成り立つ，つまり，$F_k(x)$ が 2^{k-1} 次式と仮定する。

このとき，$F_k(x)=ax^{2^{k-1}}+f_k(x)$ （$f_k(x)$ は 2^{k-2} 次以下の次数の整式）とおくと

$$\begin{aligned}F_{k+1}(x)&=\{ax^{2^{k-1}}+f_k(x)\}^2-2\\&=a^2(x^{2^{k-1}})^2+2ax^{2^{k-1}}f_k(x)+\{f_k(x)\}^2-2\\&=a^2x^{2^k}+[3\cdot2^{k-2}\text{ 次以下の次数の整式}]\end{aligned}$$

よって，$F_{k+1}(x)$ は $2^{(k+1)-1}$ 次となるので，$n=k+1$ のときにも，②は成り立つ。

[Ⅰ][Ⅱ]より，すべての自然数 n に対して，$F_n(x)$ の次数は 2^{n-1} である。

よって，$F_n(x)$ の次数は 2^{n-1} である。……(答)

次に

$$F_{n+1}(x)=\{F_n(x)\}^2-2$$

の両辺を x で微分すると

$$F_{n+1}'(x)=2F_n(x)F_n'(x)$$

これに，$x=2$ を代入すると

$$F_{n+1}'(2)=2F_n(2)F_n'(2)=2\cdot2\cdot F_n'(2)=4F_n'(2)$$

ここで，$F_1(x)=x$ の両辺を x で微分すると，$F_1'(x)=1$ より $F_1'(2)=1$ なので，数列 $\{F_n'(2)\}$ は初項 1，公比 4 の等比数列であるから

$F_n'(2)=1\cdot4^{n-1}=4^{n-1}$　……(答)

(2)　すべての自然数 n に対して

「$F_n(2\cos\theta)=2\cos(2^{n-1}\theta)$ である」……③

ことを推定し，それが正しいことを数学的帰納法で証明する。

[Ⅰ]　$n=1$ のとき $F_1(2\cos\theta)=2\cos\theta$ であるから，③は成り立つ。

［Ⅱ］　$n=k$ のとき③が成り立つ，つまり，$F_k(2\cos\theta)=2\cos 2^{k-1}\theta$ が成り立つと仮定する。

　このとき

$$\begin{aligned}F_{k+1}(2\cos\theta)&=\{F_k(2\cos\theta)\}^2-2\\&=\{2\cos(2^{k-1}\theta)\}^2-2\\&=2^2\cos^2(2^{k-1}\theta)-2\\&=2\{2\cos^2(2^{k-1}\theta)-1\}\\&=2\cos(2\cdot 2^{k-1}\theta)\quad(2\text{ 倍角の公式})\\&=2\cos(2^k\theta)\end{aligned}$$

　となるので，$n=k+1$ のときにも，③は成り立つ。

［Ⅰ］［Ⅱ］より，すべての自然数 n に対して，$F_n(2\cos\theta)=2\cos(2^{n-1}\theta)$ が成り立つ。

よって　　$F_n(2\cos\theta)=2\cos(2^{n-1}\theta)$　……(答)

(3)　(2)の θ を $\theta=\dfrac{2k-1}{2^n}\pi$ とすることで

$$F_n\left(2\cos\left(\frac{2k-1}{2^n}\pi\right)\right)=2\cos\left(2^{n-1}\frac{2k-1}{2^n}\pi\right)=2\cos\left(\frac{2k-1}{2}\pi\right)$$

ここで，k は 2^{n-1} 以下の自然数なので　　$\cos\left(\dfrac{2k-1}{2}\pi\right)=0$

よって　　$F_n\left(2\cos\left(\dfrac{2k-1}{2^n}\pi\right)\right)=0$　……(答)

(4)　$k=1,\ 2,\ 3,\ \cdots,\ 2^{n-1}$ に対して，$0<\dfrac{\pi}{2^n}<\dfrac{3}{2^n}\pi<\dfrac{5}{2^n}\pi<\cdots<\dfrac{2^n-1}{2^n}\pi$ $<\pi$ となり

$$1=\cos 0>\cos\frac{\pi}{2^n}>\cos\frac{3}{2^n}\pi>\cos\frac{5}{2^n}\pi>\cdots>\cos\left(\frac{2^n-1}{2^n}\pi\right)>\cos\pi$$
$$=-1$$

$$2>2\cos\frac{\pi}{2^n}>2\cos\frac{3}{2^n}\pi>2\cos\frac{5}{2^n}\pi>\cdots>2\cos\left(\frac{2^n-1}{2^n}\pi\right)>-2$$

であり，2^{n-1} 個の $2\cos\dfrac{\pi}{2^n}$，$2\cos\dfrac{3}{2^n}\pi$，$2\cos\dfrac{5}{2^n}\pi$，…，$2\cos\left(\dfrac{2^n-1}{2^n}\pi\right)$ の値はすべて異なる。

このような $2\cos\left(\dfrac{2k-1}{2^n}\pi\right)$ $(k=1,\ 2,\ 3,\ \cdots,\ 2^{n-1})$ に対して，(3)より $F_n\left(2\cos\left(\dfrac{2k-1}{2^n}\pi\right)\right)=0$ となるので，因数定理より $2\cos\left(\dfrac{2k-1}{2^n}\pi\right)$ $(k=1,\ 2,\ 3,\ \cdots,\ 2^{n-1})$ は $F_n(x)=0$ の解となり，$F_n(x)$ の最高次の係数が 1 であることから

$$F_n(x)=\left(x-2\cos\frac{\pi}{2^n}\right)\left(x-2\cos\frac{3}{2^n}\pi\right)\left(x-2\cos\frac{5}{2^n}\pi\right)\cdots\left\{x-2\cos\left(\frac{2^n-1}{2^n}\pi\right)\right\}$$

と因数分解でき，これに，$x=2$ を代入すると

$$F_n(2)=\left(2-2\cos\frac{\pi}{2^n}\right)\left(2-2\cos\frac{3}{2^n}\pi\right)\left(2-2\cos\frac{5}{2^n}\pi\right)\cdots\left\{2-2\cos\left(\frac{2^n-1}{2^n}\pi\right)\right\}$$

$$=a_1a_2a_3\cdots a_{2^{n-1}}=I_n$$

一方で，(1)より，$F_n(2)=2$ であるから

$I_n=2$ ……(答)

(5) $$\sum_{k=1}^{2^{n-1}}\frac{1}{a_k}=\frac{1}{2-2\cos\frac{\pi}{2^n}}+\frac{1}{2-2\cos\frac{3}{2^n}\pi}+\frac{1}{2-2\cos\frac{5}{2^n}\pi}+\cdots+\frac{1}{2-2\cos\left(\frac{2^n-1}{2^n}\pi\right)}$$

を求める。これは次の式から得られる。

$$\log|F_n(x)|=\log\left|\left(x-2\cos\frac{\pi}{2^n}\right)\left(x-2\cos\frac{3}{2^n}\pi\right)\left(x-2\cos\frac{5}{2^n}\pi\right)\cdots\left\{x-2\cos\left(\frac{2^n-1}{2^n}\pi\right)\right\}\right|$$

$$\log|F_n(x)|=\log\left|x-2\cos\frac{\pi}{2^n}\right|+\log\left|x-2\cos\frac{3}{2^n}\pi\right|+\cdots+\log\left|x-2\cos\left(\frac{2^n-1}{2^n}\pi\right)\right|$$

この両辺を x で微分すると

$$\frac{F_n'(x)}{F_n(x)}=\frac{1}{x-2\cos\frac{\pi}{2^n}}+\frac{1}{x-2\cos\frac{3}{2^n}\pi}+\frac{1}{x-2\cos\frac{5}{2^n}\pi}+\cdots+\frac{1}{x-2\cos\left(\frac{2^n-1}{2^n}\pi\right)}$$

これに $x=2$ を代入して

$$\frac{1}{2-2\cos\frac{\pi}{2^n}}+\frac{1}{2-2\cos\frac{3}{2^n}\pi}+\frac{1}{2-2\cos\frac{5}{2^n}\pi}+\cdots+\frac{1}{2-2\cos\left(\frac{2^n-1}{2^n}\pi\right)}$$

$$=\frac{F_n'(2)}{F_n(2)}=\frac{4^{n-1}}{2}=2^{2n-3}\quad\cdots\cdots(答)$$

◀解　説▶

≪漸化式で定義される整式≫

(1)　$F_n(2)$ の値，$F_n(x)$ の次数ともに実験してみれば，推定は可能である。数学的帰納法で証明しておこう。

(2)　$F_n(2\cos\theta)$ も実験で推定はできるので，数学的帰納法で証明する。2 倍角の公式を挟むことで証明は完結する。

(3)　(2)で表した等式の θ に，$\theta=\frac{2k-1}{2^n}\pi$ を代入する。$2\cos\frac{2k-1}{2}\pi$ において k は自然数なので，0 となる。

(4)　小問による誘導も大詰めに来ているので，(3)で求値した $F_n\left(2\cos\left(\frac{2k-1}{2^n}\pi\right)\right)=0$ を因数定理に結びつけると，因数分解ができ，$x=2$ を代入することで，求める積を表すことができることに気づくこと。$F_n(2)$ の値は(1)で求めて既知であるので，それらを繋げる。

(5)　ここまでの小問でいろいろなことを求めてきたが，それを $\sum_{k=1}^{2^{n-1}}\frac{1}{a_k}$ の値を求めることにどのように利用するかを考える。(4)と同様に，途中までは x のままで扱う。$\log|F_n(x)|$ を x で微分してから $x=2$ を代入すると，欲しい式を得ることができ，(1)での誘導と直結する。

IV **解答** (1)　$f(x)=\dfrac{\log x}{x}$ より

$$f'(x)=\frac{(\log x)'x-(\log x)x'}{x^2}$$

$$=\frac{\frac{1}{x}\cdot x-\log x}{x^2}$$

$$=\frac{1-\log x}{x^2}$$

$x>0$ において，$f'(x)=0$ のとき　　$x=e$

$$f''(x)=\frac{(1-\log x)'x^2-(1-\log x)(x^2)'}{x^4}$$

$$=\frac{-\frac{1}{x}\cdot x^2-(1-\log x)\cdot 2x}{x^4}$$

$$=\frac{-x-(2x-2x\log x)}{x^4}$$

$$=\frac{2\log x-3}{x^3}$$

$x>0$ において，$f''(x)=0$ のとき $2\log x-3=0$ より　　$\log x=\dfrac{3}{2}$

よって　　$x=e^{\frac{3}{2}}$

したがって，$x>0$ における関数 $y=f(x)$ の増減とグラフの凹凸は次のようになる。

x	(0)	$\cdots$	e	$\cdots$	$e^{\frac{3}{2}}$	$\cdots$
$f'(x)$		$+$	0	$-$	$-$	$-$
$f''(x)$		$-$	$-$	$-$	0	$+$
$f(x)$		↗(上に凸)	$\dfrac{1}{e}$	↘(上に凸)	$\dfrac{3}{2e^{\frac{3}{2}}}$	↘(下に凸)

関数 $y=f(x)$ の増減：

　$0<x\leqq e$ で増加し，$e\leqq x$ で減少する。 ……(答)

$y=f(x)$ のグラフの凹凸：

　$0<x\leqq e^{\frac{3}{2}}$ で上に凸で，$e^{\frac{3}{2}}\leqq x$ で下に凸である。 ……(答)

(2)
$$\int f(x)dx=\int\frac{\log x}{x}dx$$
$$=\int(\log x)\frac{1}{x}dx$$
$$=\int(\log x)(\log x)'dx$$
$$=\frac{1}{2}(\log x)^2+C\quad(C\text{ は積分定数})\quad\cdots\cdots(\text{答})$$

(3)　(2)の不定積分の計算より

$$\int_n^{n+1}f(x)dx=\left[\frac{1}{2}(\log x)^2\right]_n^{n+1}$$
$$=\frac{1}{2}\{\log(n+1)\}^2-\frac{1}{2}(\log n)^2$$
$$=(b_{n+1}+\sum_{k=3}^{n+1}a_k)-(b_n+\sum_{k=3}^{n}a_k)$$
$$=(\sum_{k=3}^{n+1}a_k-\sum_{k=3}^{n}a_k)+(b_{n+1}-b_n)$$
$$=a_{n+1}-b_n+b_{n+1}$$

これと，$\int_n^{n+1}f(x)dx=pa_{n+1}+qb_n+rb_{n+1}$ の係数を比較して

$p=1$，$q=-1$，$r=1$　……(答)

(4)　(1)の情報に加えて，$\lim_{x\to\infty}f(x)=0$ であることを証明なしに用いてよいので，$y=f(x)$ のグラフは次のようになる。

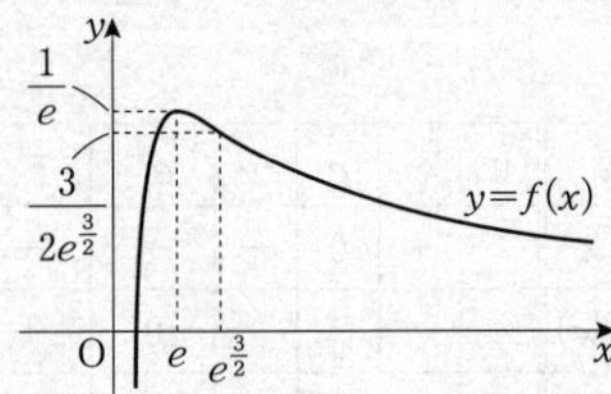

極大点の x 座標 e と 3 とを比較する。

$\log e=1<1.10=\log 3$

底の e は 1 よりも大きいので，$e<3$ であるから，$x\geqq 3$ において，$f(x)$ が単調に減少する。

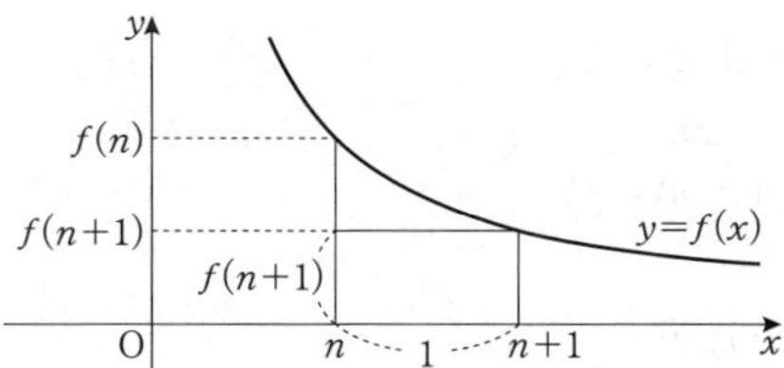

$n=3,\ 4,\ 5,\ \cdots$ である n について，$f(n)>f(n+1)$ が成り立ち，曲線 $y=f(x)$，直線 $x=n$，直線 $x=n+1$，x 軸で囲まれた図形の面積と横の大きさが 1，縦の大きさが $f(n+1)$ である長方形の面積の比較から

$$\int_n^{n+1} f(x)dx>1\cdot f(n+1)$$

となり，右辺は

$$1\cdot f(n+1)=f(n+1)=a_{n+1}$$

となるから

$$\int_n^{n+1} f(x)dx>a_{n+1}$$

一方で，(3)より

$$\int_n^{n+1} f(x)dx=a_{n+1}-b_n+b_{n+1}$$

であるから

$$a_{n+1}-b_n+b_{n+1}>a_{n+1}$$

したがって　　$b_{n+1}>b_n$　　（証明終）

繰り返し用いると，$n=4,\ 5,\ 6,\ \cdots$ である n について

$$b_n>b_{n-1}>\cdots>b_4>b_3$$

この中で最小である b_3 について

$$\begin{aligned} b_3&=\frac{1}{2}(\log 3)^2-\sum_{k=3}^{3}a_k \\ &=\frac{1}{2}(\log 3)^2-a_3 \\ &=\frac{1}{2}(\log 3)^2-f(3) \\ &=\frac{1}{2}(\log 3)^2-\frac{\log 3}{3} \\ &=\frac{1}{6}\{3(\log 3)^2-2\log 3\} \end{aligned}$$

$=\frac{1}{6}\log 3(3\log 3-2)$

$=\frac{1}{6}\cdot 1.10(3.30-2)$

$=\frac{1}{6}\cdot 1.10\cdot 1.30$

>0

よって，$n=3,\ 4,\ 5,\ \cdots$ である n について，$b_n>0$ が成り立つ。

（証明終）

(5)　変曲点の x 座標 $e^{\frac{3}{2}}$ と 5 とを比較する。

$$\log e^{\frac{3}{2}}=1.5<1.61=\log 5$$

底の e は 1 よりも大きいので，$e^{\frac{3}{2}}<5$ であるから，$x\geqq 5$ において，$f(x)$ が単調に減少し，下に凸である。

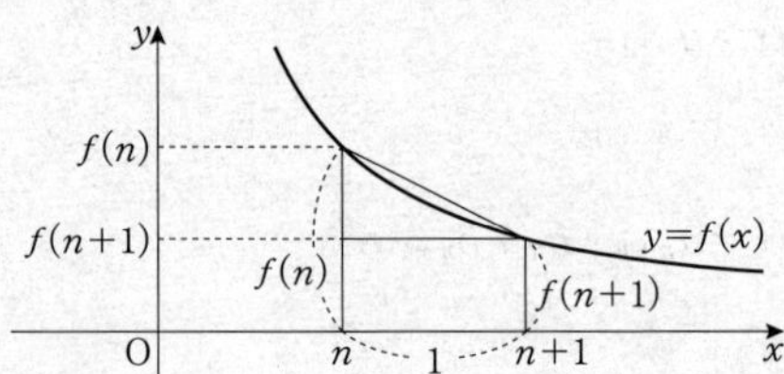

$n=5,\ 6,\ 7,\ \cdots$ である n について，$f(n)>f(n+1)$ が成り立ち，曲線 $y=f(x)$，直線 $x=n$，直線 $x=n+1$，x 軸で囲まれた図形の面積と点 $(n,\ 0)$，$(n+1,\ 0)$，$(n+1,\ f(n+1))$，$(n,\ f(n))$ を結んだ台形の面積の比較から

$$\int_n^{n+1} f(x)dx<\frac{1}{2}\{f(n)+f(n+1)\}\cdot 1$$

$$\int_n^{n+1} f(x)dx<\frac{1}{2}\{f(n)+f(n+1)\}$$

$$\int_n^{n+1} f(x)dx<\frac{1}{2}(a_n+a_{n+1})$$

これと(3)の

$$\int_n^{n+1} f(x)dx=a_{n+1}-b_n+b_{n+1}$$

より

$$b_{n+1}-b_n=\int_n^{n+1}f(x)dx-a_{n+1}$$

$$<\frac{1}{2}(a_{n+1}+a_n)-a_{n+1}$$

$$=\frac{1}{2}(a_n-a_{n+1})$$

よって，$n=5,\ 6,\ 7,\ \cdots$ のとき

$$b_{n+1}-b_n<\frac{1}{2}(a_n-a_{n+1})$$

が成り立つ。　　（証明終）

したがって，$n=6,\ 7,\ 8,\ \cdots$ のとき

$$b_n-b_{n-1}<\frac{1}{2}(a_{n-1}-a_n)$$

が成り立つので，辺々の和をとると

$$\sum_{k=6}^{n}(b_k-b_{k-1})<\sum_{k=6}^{n}\frac{1}{2}(a_{k-1}-a_k)$$

$$(b_6-b_5)+(b_7-b_6)+\cdots+(b_{n-1}-b_{n-2})+(b_n-b_{n-1})$$

$$<\frac{1}{2}\{(a_5-a_6)+(a_6-a_7)+\cdots+(a_{n-2}-a_{n-1})+(a_{n-1}-a_n)\}$$

$$b_n-b_5<\frac{1}{2}(a_5-a_n)$$

これより

$$b_n<\frac{1}{2}(a_5-a_n)+b_5$$

$$<\frac{1}{2}a_5+b_5\quad(\because\quad a_n>0)$$

$$=\frac{1}{2}f(5)+\frac{1}{2}(\log 5)^2-\sum_{k=3}^{5}a_k$$

$$=\frac{1}{2}\cdot\frac{\log 5}{5}+\frac{1}{2}(\log 5)^2-a_3-a_4-a_5$$

$$=\frac{1}{2}\cdot\frac{\log 5}{5}+\frac{1}{2}(\log 5)^2-f(3)-f(4)-f(5)$$

$$=\frac{1}{2}\cdot\frac{\log 5}{5}+\frac{1}{2}(\log 5)^2-\frac{\log 3}{3}-\frac{\log 4}{4}-\frac{\log 5}{5}$$

$$=\frac{1}{2}(\log 5)^2-\frac{\log 3}{3}-\frac{\log 4}{4}-\frac{1}{2}\cdot\frac{\log 5}{5}$$

$$=\frac{1.61^2}{2}-\frac{1.10}{3}-\frac{0.69}{2}-\frac{1.61}{10}$$

$$=0.4233<\frac{1}{2}$$

よって，$n=6,\ 7,\ 8,\ \cdots$ について，$b_n<\frac{1}{2}$ が成り立つ。

(4)より $b_6>b_5$ であるから，$n=5$ のときにも成り立つ。

以上より，$n=5,\ 6,\ 7,\ \cdots$ について，$b_n<\frac{1}{2}$ が成り立つ。

（証明終）

◀解　説▶

≪微・積分法を利用する関数に関わる不等式の証明≫

(1)　第1次導関数を求めることで増減を，第2次導関数を求めることで凹凸を調べる。よくある「増減と凹凸を調べてグラフを描け」という問題ではグラフを描くことがメインであると判断し，凹凸も含めた増減表でそれらを表し，特に増減と凹凸については記述をしない場合もあるが，本問では，これ自体を問われているので，丁寧にこれらについての記述をしておくこと。

(2)　(3)での定積分の準備である。

(3)　$\int_n^{n+1}f(x)dx$ を計算して得られた $(\log n)^2$ と $\{\log(n+1)\}^2$ を，$\frac{1}{2}(\log n)^2=b_n+\sum_{k=3}^{n}a_k$ を用いて，表したい形に変形していく。

(4)　図形の面積の比較で不等式を証明する。曲線 $y=f(x)$ で囲まれた図形の面積と長方形の面積との比較なので，単調に減少していることさえ示しておけば，凹凸は問わない。

(5)　曲線 $y=f(x)$ で囲まれた図形の面積と台形の面積との比較であるので，(4)とは違い，凹凸を調べる必要があることに注意しよう。

❖講　評

2022年度も例年通り，試験時間100分で大問4題を解答させるものであった。**I**は小問集合で結果だけを空欄に記入させる形式，**II**～**IV**は記述式の解答形式の問題であり，これも例年通りの形式である。

Ⅰ　小問集合の問題数が2問で，この形式が定着してきている。⑴は2つの袋から玉を取り出して入れ換えることに関する確率の問題で，最後に数列の極限を求める。⑵は複素数平面上での図形に関する問題である。計算だけでなく必ず図を描くこと。そこから得られる情報を上手く解答に活かしていこう。

Ⅱ　空間での図形の把握の問題である。空間ベクトルの処理は不要である。空間内で線分の通過領域の面積を求める問題であり，その際に必要な情報は小問の誘導によって示されているので，誘導に乗り，上手く解決していこう。空間の点の移動に関してのややレベルの高い問題である。

Ⅲ　漸化式で定義される整式を扱う5つの小問で構成される問題である。解き終えた小問を頭に入れながら解答していかないと，どのように解答すればよいのか筋道が見えてこない可能性もある。小問のつながりを特に意識しながら解答したい，レベルの高い問題である。

Ⅳ　関数のグラフを不等式の証明に利用する問題である。関数の増減，グラフの凹凸を見極めて利用する。本問も5つの小問からなり，小問の誘導を上手く利用することを強く意識していこう。これもハイレベルの問題である。

客観形式の**Ⅰ**は標準レベルの問題であり，記述式の**Ⅱ**～**Ⅳ**はいずれもやや難～難レベルで，きちんと解き切るには高い学力と演習経験が必要である。多くの大学の理系学部の入試問題の例に漏れず数学Ⅲからの出題の割合が高い。各問にとても丁寧な小問の誘導がついているので，それに上手く乗ることが解答していく際のポイントになる。問題文を正確に読んで理解し，読み違えることなく正確に解釈し解答していこう。

物理

I 解答

(ア) $\sqrt{2gh_1}$　(イ) $-\dfrac{k}{M}z$　(ウ) $-\dfrac{2m}{M+m}\sqrt{\dfrac{2Mgh_1}{k}}$

(エ) $\dfrac{\pi^2 Mg}{8k}\left(\dfrac{M+m}{M-m}\right)^2$　(オ) $\sqrt{2gh_1}$　(カ) $\dfrac{m}{M+m}\sqrt{2gh_2}$

(キ) $-\dfrac{mg}{k}\left\{1+\sqrt{1+\dfrac{2kh_2}{(M+m)g}}\right\}$　(ク) $\dfrac{Mg}{k}$　(ケ) $\dfrac{(M+m)(M+2m)Mg}{2m^2k}$

◀解　説▶

≪落下運動，衝突，鉛直ばねの振動≫

(ア)　求める小球の速さを v とする。自由落下の式より

$$v^2-0^2=2gh_1 \qquad \therefore \quad v=\sqrt{2gh_1}$$

(イ)　$z=0$ でのばねの縮みを b とすると，板のつりあいより

$$kb=Mg$$

板の位置 z の加速度を a とすると，ばねの縮みは $(b-z)$ なので，運動方程式より（上向き正）

$$Ma=k(b-z)-Mg \qquad \therefore \quad a=-\frac{k}{M}z$$

(ウ)　衝突直後の小球と板の速度を v_1，V_1（上向き正）とする。
運動量保存則と弾性衝突の反発係数の式は

$$m(-v)=mv_1+MV_1$$

$$-\frac{v_1-V_1}{-v}=1$$

2式より

$$v_1=\frac{M-m}{M+m}v \quad (>0),\ V_1=-\frac{2m}{M+m}v \quad (<0)$$

(イ)より衝突直後から，板は $z=0$ を中心とした単振動を始める。
振幅を A とすると，単振動のエネルギーの式より

$$\frac{1}{2}kA^2=\frac{1}{2}MV_1{}^2 \qquad \therefore \quad A=|V_1|\sqrt{\frac{M}{k}}$$

求める位置は，V_1 を h_1 で表して

$$z=-A=-\frac{2m}{M+m}v\sqrt{\frac{M}{k}}=-\frac{2m}{M+m}\sqrt{\frac{2Mgh_1}{k}}$$

(エ)　板の単振動の半周期と小球が $z=0$ まで戻る時間が等しいので

$$2\pi\sqrt{\frac{M}{k}}\times\frac{1}{2}=\frac{2v_1}{g}$$

v_1 を h_1 で表して，h_1 を求めると

$$h_1=\frac{\pi^2 Mg}{8k}\left(\frac{M+m}{M-m}\right)^2$$

(オ)　2 回目の衝突直前の小球と板の速度は $-v_1$，$-V_1$ であり，弾性衝突なので，衝突直後の相対速度は $-\{(-v_1)-(-V_1)\}=v_1-V_1$ である。(ウ)の弾性衝突の反発係数の式より

$$v_1-V_1=v=\sqrt{2gh_1}$$

(カ)　衝突直前の小球の速さを v_2，直後の小球と板の速さを V_2 とする。
自由落下の式 $v_2{}^2-0^2=2gh_2$ より　　$v_2=\sqrt{2gh_2}$
運動量保存則の式 $mv_2=(M+m)V_2$ より

$$V_2=\frac{m}{M+m}v_2=\frac{m}{M+m}\sqrt{2gh_2}$$

(キ)　衝突後のばねの最大の縮みを $(b+B)$ とすると $(B>0)$，衝突直後と最も縮んだときについての力学的エネルギー保存則の式より

$$\frac{1}{2}(M+m)V_2{}^2+\frac{1}{2}kb^2+(M+m)gB$$

$$=\frac{1}{2}k(b+B)^2$$

b と V_2 の値を代入して，式を B について整理すると

$$kB^2-2mgB-\frac{2m^2gh_3}{M+m}=0$$

求める位置 z_1 は 2 次方程式の $B>0$ の解に負号をつけた値である。

$$z_1=-\frac{mg}{k}\left\{1+\sqrt{1+\frac{2kh_2}{(M+m)g}}\right\}$$

(ク)　求める位置を z_2，離れるときの小球と板の加速度を a とする。小球が板から受ける力は 0 なので，小球と板の運動方程式（上向き正）は

$$ma=-mg$$
$$Ma=k(z_2-b)-Mg$$

2式と(イ)より　$a=-g,\ z_2=b=\dfrac{Mg}{k}$

(ケ) 位置 z_2（＝ばねの自然長の位置）の小球と板の速度を v_3 とする。衝突直後と離れるときについての力学的エネルギー保存則の式より

$$\frac{1}{2}(M+m)V_2{}^2+\frac{1}{2}kb^2$$

$$=\frac{1}{2}(M+m)v_3{}^2+(M+m)gz_2$$

小球が離れる条件は，v_3 が存在することなので

$$\frac{1}{2}(M+m)V_2{}^2+\frac{1}{2}kb^2>(M+m)gz_2$$

$V_2,\ b,\ z_2$ の値を代入すると

$$\frac{m^2g}{M+m}h_2+\frac{M^2g^2}{2k}>\frac{(M+m)Mg^2}{k}$$

$$\therefore\ \ h_2>\frac{(M+m)(M+2m)Mg}{2m^2k}$$

II 解答

(ア) $-\dfrac{5\sqrt{5}}{8}q$　(イ) $-\dfrac{kq}{8d}$　(ウ) $\dfrac{kq}{8d^2}$

(エ) $ke\left\{\dfrac{q}{X^2}-\dfrac{QX}{(X^2+d^2)^{\frac{3}{2}}}\right\}$　(オ) $ke\left(\dfrac{q}{X}-\dfrac{Q}{\sqrt{X^2+d^2}}\right)$　(カ) $5\sqrt{5}\,q$

(キ) $\sqrt{\dfrac{7kqe}{md}}$　(ク) $\dfrac{1}{8}q$

◀解　説▶

≪2つの点電荷の電場内の運動≫

(ア) Bの電気量を b〔C〕とする。

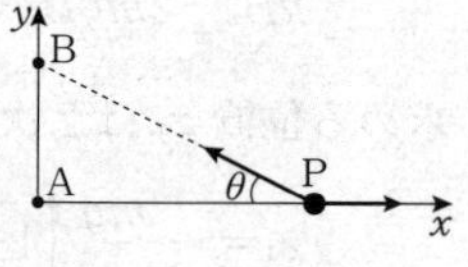

右図のように θ を定めると，小球に作用する電気力の x 軸方向のつりあいの式は，クーロンの法則より

$$k\frac{qe}{(2d)^2}+k\frac{be}{(2d)^2+d^2}\times\cos\theta=0$$

$\cos\theta=\dfrac{2d}{\sqrt{(2d)^2+d^2}}=\dfrac{2}{\sqrt{5}}$ を代入して

$$b=-\frac{5\sqrt{5}}{8}q\,[\mathrm{C}]$$

(イ)　点電荷の電位の式と(ア)の結果より

$$k\frac{q}{2d}+k\frac{b}{\sqrt{(2d)^2+d^2}}=-\frac{kq}{8d}\,[\mathrm{V}]$$

(ウ)　(ア)より，求める電場の強さの x 軸方向の成分は 0 であるので，y 軸方向の成分の強さを求めればよい。$\sin\theta=\dfrac{d}{\sqrt{(2d)^2+d^2}}=\dfrac{1}{\sqrt{5}}$ だから

$$k\frac{|b|}{(2d)^2+d^2}\times\sin\theta=\frac{kq}{8d^2}\,[\mathrm{N/C}]$$

(エ)　右図のように ϕ を定めると静電気力の合力の x 成分は $\cos\phi=\dfrac{X}{\sqrt{X^2+d^2}}$ を用いて

$$k\frac{qe}{X^2}-k\frac{Qe}{X^2+d^2}\times\cos\phi$$

$$=ke\left\{\frac{q}{X^2}-\frac{QX}{(X^2+d^2)^{\frac{3}{2}}}\right\}[\mathrm{N}]$$

(オ)　静電気力の位置エネルギーの式より

$$k\frac{qe}{X}+k\frac{-Qe}{\sqrt{X^2+d^2}}=ke\left(\frac{q}{X}-\frac{Q}{\sqrt{X^2+d^2}}\right)[\mathrm{J}]$$

(カ)　$x=\dfrac{d}{2}$ で，静電気力の合力の x 成分が 0 となるので，(エ)より

$$ke\left[\frac{q}{\left(\frac{d}{2}\right)^2}-\frac{Q\cdot\frac{d}{2}}{\left\{\left(\frac{d}{2}\right)^2+d^2\right\}^{\frac{3}{2}}}\right]=0$$

$$\therefore\quad Q=5\sqrt{5}\,q\,[\mathrm{C}]$$

(キ)　速さの最大値を $V\,[\mathrm{m/s}]$ とする。$x=2d$ と $x=\dfrac{d}{2}$ についての小球についての力学的エネルギー保存則の式は

$$ke\left(\frac{q}{2d}+\frac{-Q}{\sqrt{(2d)^2+d^2}}\right)$$

$$=\frac{1}{2}mV^2+ke\left(\frac{q}{\frac{d}{2}}+\frac{-Q}{\sqrt{\left(\frac{d}{2}\right)^2+d^2}}\right)$$

Q の値を代入して V を求めると

$$V=\sqrt{\frac{7kqe}{md}}\ \text{〔m/s〕}$$

(ク)　A の電気量を q'〔C〕とする。点 P を右端として同じ区間を往復運動したということは，A，B の電気量がそれぞれ q，$-Q$〔C〕だったときの左端の位置と，点電荷 A，B の電気量をそれぞれ q'，b〔C〕に変更したときの左端の位置とが一致したということである。
もし電場全体が定数倍であれば，小球が往復運動中に電場から受ける力の大きさもすべて同様に定数倍となり，左端の位置も，静電気力の合力の x 成分が 0 となる位置も，電気量変更前と一致することになる。このとき，定数倍の係数を γ とおくと

$$q'=\gamma q,\ \ b=\gamma(-Q)$$

(ア)で求めた b と(カ)で求めた Q の値を代入して q' を求めると

$$q'=\frac{b}{-Q}q=\frac{-5\sqrt{5}\,q}{8\cdot(-5\sqrt{5}\,q)}q=\frac{1}{8}q\ \text{〔C〕}$$

III　解答

(ア) $4\pi P_0r^2\Delta r$　(イ) $8\pi Kr\Delta r$　(ウ) $\dfrac{2K}{r}$　(エ) $\dfrac{4}{3}\pi r_1{}^3\rho g$

(オ) $P_0+\rho gd_1$　(カ) $2\pi r_1{}^2\{(P_0+\rho gd_1)r_1+2K\}$

(キ) $2\pi P_0(r_1{}^3-r_2{}^3)+2\pi\rho g(d_1r_1{}^3-d_2r_2{}^3)+4\pi K(r_1{}^2-r_2{}^2)$

(ク) $\left(d_1+\dfrac{P_0r_1+2K}{\rho gr_1}\right)\left(\dfrac{r_1}{r_2}\right)^5-\dfrac{P_0r_2+2K}{\rho gr_2}$

◀解　説▶

≪風船内の気体の仕事，水圧，断熱変化≫

(ア)　風船が大気にした仕事＝大気圧×体積の増加より

$$P_0\times\frac{4}{3}\pi\{(r+\Delta r)^3-r^3\}$$
$$\fallingdotseq 4\pi P_0r^2\Delta r\ \text{〔J〕}$$

(イ)　必要な仕事＝K×風船の表面積の増加より

$$K\times4\pi\{(r+\Delta r)^2-r^2\}\fallingdotseq 8\pi Kr\Delta r\ \text{〔J〕}$$

(ウ)　風船内の気体がした仕事＝(ア)と(イ)の仕事の和なので

$$4\pi Pr^2\Delta r=4\pi P_0r^2\Delta r+8\pi Kr\Delta r$$

$\therefore\quad P-P_0=\dfrac{2K}{r}$〔Pa〕

(エ)　浮力＝同体積の水の重力より

$$\rho\times\frac{4}{3}\pi r_1{}^3\times g=\frac{4}{3}\pi r_1{}^3\rho g\text{〔N〕}$$

(オ)　水中の圧力＝大気圧＋水柱による圧力より

$P_0+\rho g d_1$〔Pa〕

(カ)　水中の風船内の気体の圧力を P'〔Pa〕とすると，(ウ)と同様に

$$P'-(P_0+\rho g d_1)=\frac{2K}{r_1}$$

単原子分子理想気体の内部エネルギーの式より

$$\frac{3}{2}P'\cdot\frac{4}{3}\pi r_1{}^3=\frac{3}{2}\left(P_0+\rho g d_1+\frac{2K}{r_1}\right)\frac{4}{3}\pi r_1{}^3$$

$$=2\pi r_1{}^2\{(P_0+\rho g d_1)r_1+2K\}\text{〔J〕}$$

(キ)　断熱変化なので求める仕事は内部エネルギーの減少分に等しい。

$$2\pi r_1{}^2\{(P_0+\rho g d_1)r_1+2K\}-2\pi r_2{}^2\{(P_0+\rho g d_2)r_2+2K\}$$

$$=2\pi P_0(r_1{}^3-r_2{}^3)+2\pi\rho g(d_1r_1{}^3-d_2r_2{}^3)+4\pi K(r_1{}^2-r_2{}^2)\text{〔J〕}$$

(ク)　断熱変化の式より

$$\left(P_0+\rho g d_1+\frac{2K}{r_1}\right)\left(\frac{4}{3}\pi r_1{}^3\right)^{\frac{5}{3}}$$

$$=\left(P_0+\rho g d_2+\frac{2K}{r_2}\right)\left(\frac{4}{3}\pi r_2{}^3\right)^{\frac{5}{3}}$$

$$\therefore\quad d_2=\left(d_1+\frac{P_0r_1+2K}{\rho g r_1}\right)\left(\frac{r_1}{r_2}\right)^5-\frac{P_0r_2+2K}{\rho g r_2}\text{〔m〕}$$

❖講　評

2022 年度は，大問 3 題，試験時間は 75 分の従来通りの出題であった。例年Ⅰは力学，Ⅱは電磁気の出題である。Ⅲは，2020 年度は波動，2021 年度は電磁気＋熱力学，2022 年度は熱力学の出題であった。2021 年度に続き，描図問題は出題されなかった。各問題の後半の文字式の計算に時間を要するので，全体の時間配分に注意したい。

Ⅰ　弾性衝突，鉛直ばね振り子の単振動を扱った出題である。前半は確実に解答したい。後半のばね振り子では単振動の中心が変化する点に

注意したい。

Ⅱ　2つの点電荷の電場の出題で，電場の強さや電位の式を適用していけばよい。後半の往復運動は，単振動ではないので力学的エネルギー保存則を適用し，速さが最大となる位置での合力が0となることに注意したい。

Ⅲ　風船のゴムによる圧力も考慮する出題で，問題文の説明にそって解答していけばよい。水中の浮力や圧力は確実に解答したい。後半の内部エネルギーや断熱変化を扱う熱力学の出題の文字計算は難しい。

化学

I 解答

(1) あ．正極 い．負極 う．還元 え．氷晶石 お．アルマイト

(2) ア．水素 イ．ボーキサイト ウ．13 エ．価電子 オ．両性

(3) $C+O^{2-} \longrightarrow CO+2e^-$

(4) $3C+Al_2O_3 \longrightarrow 3CO+2Al$

(5) 95％

(6) (a)

(7) (C)

(8) (i)面心立方格子 (ii)92％

(9) (i)45 mL (ii)$Al(OH)_3+NaOH \longrightarrow Na[Al(OH)_4]$

(10) $[Zn(NH_3)_4]^{2+}$

◀解 説▶

≪Al の精錬，Al の単体と化合物の性質・反応，金属イオンの分離≫

(1) う．Al はイオン化傾向が大きいため，Al^{3+} を含む水溶液を電気分解しても

$$2H_2O+2e^- \longrightarrow H_2+2OH^-$$

の反応により，H_2O が還元されて H_2 が発生する。

え．Al の鉱石はボーキサイトと呼ばれ，これから得られる Al_2O_3（アルミナ）を融解塩電解して Al を得る。Al_2O_3 の融点は高いが，融点の低いアルミニウム塩である $Na_3[AlF_6]$（氷晶石）の融解液に Al_2O_3 を加えると，凝固点降下により融解させることができる。方解石の主成分は $CaCO_3$ である。

お．Al の表面に人工的に酸化被膜をつけた製品はアルマイトと呼ばれ，セルロイドはジニトロセルロースからなるセルロース誘導体，ジュラルミンは Al に Cu・Mg・Mn を混ぜた合金である。

(3)・(4) 陽極での反応は $C+O^{2-} \longrightarrow CO+2e^-$ ……①

陰極での反応は $Al^{3+}+3e^- \longrightarrow Al$ ……②

①×3＋②×2 より

$$3C+3O^{2-}+2Al^{3+} \longrightarrow 3CO+2Al$$

$$3C+Al_2O_3 \longrightarrow 3CO+2Al$$

(5) 1.71×10^3 kg の Al を得るために必要な電気量は，②式より

$$\frac{1.71\times10^3\times10^3}{27}\times3\times9.65\times10^4=0.19\times9.65\times10^{10}\,[\mathrm{C}]$$

よって $\dfrac{0.19\times9.65\times10^{10}}{1.93\times10^{10}}\times100=95\,[\%]$

(7)(A) イオン化傾向が大きく，Zn，Fe と同じように高温の水蒸気と反応して H_2 を発生させる。

$$2Al+3H_2O \longrightarrow Al_2O_3+3H_2$$

(B)・(C) 両性金属であり，希酸や強塩基に溶解して水素を発生させる。

$$2Al+6HCl \longrightarrow 2AlCl_3+3H_2$$

$$2Al+2NaOH+6H_2O \longrightarrow 2Na[Al(OH)_4]+3H_2$$

(D) 還元力の強い金属であり，Fe_2O_3 と混ぜて点火すると Fe を還元し，Al は Al_2O_3 となる（テルミット反応）。

$$Fe_2O_3+2Al \longrightarrow 2Fe+Al_2O_3$$

(8)(ii) 面 AEC の切り口は右図のようになる。Al の原子半径を r とすると，面 AEC の面積は

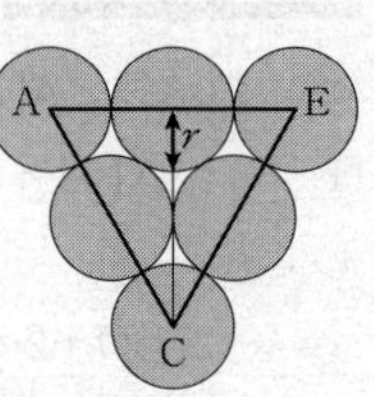

$$\frac{1}{2}\times4r\times2\sqrt{3}\,r=4\sqrt{3}\,r^2$$

面 AEC に含まれる原子断面の面積は，原子 2 個分なので，求める割合％は

$$\frac{2\pi r^2}{4\sqrt{3}\,r^2}\times100=92.3\fallingdotseq92\,[\%]$$

(9)(i) ミョウバン水溶液中で Al^{3+} は次式のように加水分解して，水溶液は弱酸性を示す。

$$Al^{3+}+3H_2O \rightleftarrows Al(OH)_3+3H^+$$

ここに NaOHaq を加えたときの中和点は，すべての Al^{3+} が $Al(OH)_3$ に変化したときであり，Al^{3+} の 3 倍の物質量の OH^- が必要となる。よって，求める体積を x[mL] とすると

$$6.0\times10^{-2}\times\frac{20}{1000}\times3=8.0\times10^{-2}\times\frac{x}{1000} \qquad \therefore \quad x=45\,[\mathrm{mL}]$$

(ii)　$Al(OH)_3$ は両性水酸化物より，過剰の NaOHaq に錯イオンとなって溶解する。

(10)　操作(I)では，AgCl，$PbCl_2$ が沈殿する。（ともに白色）
操作(II)では CuS，PbS が沈殿する。（ともに黒色）
操作(III)では，$Al(OH)_3$（白色），$Fe(OH)_3$（赤褐色），$Zn(OH)_2$（白色）が沈殿するが，アンモニア水を十分に加えると，$Zn(OH)_2$ は錯イオンとなって溶解し，ろ液に含まれる。

II 解答

(1)　あ．再結晶　い．8　う．水素　え．シリカゲル
お．ミセル　か．チンダル現象　き．電気泳動

(2)　(エ)

(3)　(i) **J**．$FeCl_3$　**K**．$3H_2O$（**J**・**K**は順不同）　**L**．3HCl
(ii)―(オ)　(iii) AgCl

(4)　(i) 62 g　(ii) 15 g

(5)　(i) ① $\frac{1000a}{bM_X}$　② $\frac{3000a}{bM_Z}$
(ii) 7.5×10^{-1}　(iii) 0.12 K　(iv) $T_Z < T_Y < T_X$　(v) 2×10^{-2}

◀解　説▶

≪コロイドの性質，$CuSO_4\cdot5H_2O$ の溶解量と析出量，希薄溶液の性質≫

(1)　い・う．スクロースは下図のような二糖で，1 分子中に 8 個の $-OH$ をもつため水和されやすく，水に溶解する。

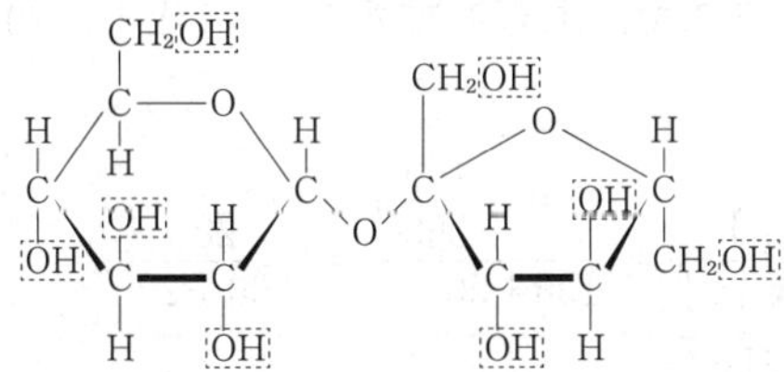

スクロース

ナフタレンはこのような親水基をもたず，無極性分子であるため水に溶解しない。

え．ケイ酸を乾燥させたものはシリカゲルと呼ばれ，多数の細孔が存在するため，気体や色素分子を吸着させやすい。

お．油脂を NaOHaq でけん化して得られる脂肪酸のナトリウム塩がセッ

ケンで，疎水基と親水基をもつ。水溶液中では疎水基を内側に向けて球状に集合し，ミセルと呼ばれるコロイドとなっている。

(2)(ア)　親水コロイドが保護コロイドとなるので凝析しにくくなる。

(イ)　親水コロイドに多量の電解質を加えると，コロイド粒子は沈殿する（塩析）。

(ウ)　タンパク質やデンプンは高分子化合物のため，1 分子がコロイド粒子となる。このようなコロイドは分子コロイドと呼ばれる。

(エ)　スクロースは一般的には砂糖と呼ばれ，砂糖水はコロイド溶液ではない。

(3)(ii)　コロイド粒子が陰極に移動しているので $Fe(OH)_3$ は正に帯電した疎水コロイドであり，価数の大きな陰イオンが凝析に最も有効に働く。

(iii)　反応式からもわかるとおり，コロイド溶液 A には Cl^- も含まれる。Cl^- は半透膜を通って外側の水に浸透するため，題意の操作で AgCl の白色沈殿が生じる。

(4)(i)　求める質量を x〔g〕とすると

$$\frac{CuSO_4\text{〔g〕}}{\text{飽和水溶液〔g〕}}=\frac{50\times\frac{160}{160+5\times18}}{50+x}=\frac{40}{100+40}$$

$x=62$〔g〕

(ii)　(i)より，50 g の $CuSO_4\cdot5H_2O$ は 100 g の水に 60°C で完全に溶解することがわかり，この中の $CuSO_4$ の質量は，(i)の計算過程にもあるとおり 32.0 g である。そこで，求める質量を y〔g〕とし，20°C における飽和水溶液に着目すると

$$\frac{CuSO_4\text{〔g〕}}{\text{飽和水溶液〔g〕}}=\frac{32.0-\frac{160}{250}y}{100+50-y}=\frac{20}{100+20}$$

$y=14.7\fallingdotseq15$〔g〕

(5)(i)　①質量モル濃度は，溶媒 1 kg あたりに溶解している溶質の物質量で表されるので

$$m_X=\frac{a}{M_X}\times\frac{1000}{b}=\frac{1000a}{bM_X}$$

②電離して生成するイオン全体の物質量は塩の物質量の 3 倍となるので

$$m_Z{}'=\frac{a}{M_Z}\times\frac{1000}{b}\times3=\frac{3000a}{bM_Z}$$

(ii)　希薄溶液 **X** と **Y** において，溶質と溶媒の質量は等しいので，それぞれの沸点上昇度の比は，**X** と **Y** それぞれのモル質量の逆数の比となる。つまり

$$\frac{M_Y}{M_X}=\frac{0.039}{0.052}=7.5\times10^{-1}$$

(iii)　希薄溶液 **Z** のイオン全体の質量モル濃度は **X** の 3 倍なので，沸点上昇度も **X** の 3 倍となり

$$0.039\times3=0.117\fallingdotseq0.12\,[\mathrm{K}]$$

(iv)　それぞれの希薄溶液の質量モル濃度を大きい順に並べると

希薄溶液 **Z**＞希薄溶液 **Y**＞希薄溶液 **X**

となるので，凝固点降下度もこの水溶液の順になる。つまり凝固点の低い順に，$T_Z<T_Y<T_X$ となる。

(v)　水溶液 **Z** 中のイオン全体のモル濃度が 0.06 mol/L になれば同じ浸透圧となるので，0.02 mol の **Z** を水に溶かして 1.0 L にすればよい。したがって

$$w_Z=0.02\times M_Z$$

となる。

III　解答

(1)　$2H_2O$

(2)　い．酸化　う．還元　え．セルロイド　お．火薬　か．*o*-キシレン　き．乳化

(3)　(ア)・(カ)

(4)　$C_{21}H_{36-2n}O_2$

(5)　$C_{21}H_{32}O_2$

(6)　乾性油

(7)　(ア)・(ウ)

(8)　2.5

(9)　＋5

(10)

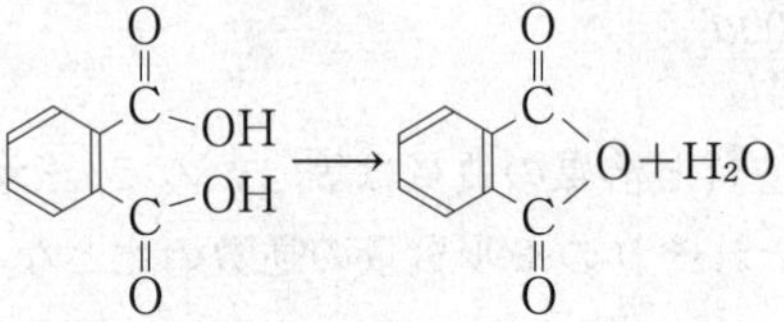

```
    O                    O
    ‖                    ‖
    C-OH                 C
 ⬡         ⟶     ⬡         O + H2O
    C-OH                 C
    ‖                    ‖
    O                    O
```

(11)

```
    O                  OH   OH
    ‖                  |    |
    C-O-CH2-*CH-CH2
 ⬡
    C-OH
    ‖
    O

    O      CH2-OH
    ‖      |
    C-O-CH-CH2-OH
 ⬡
    C-OH
    ‖
    O
```

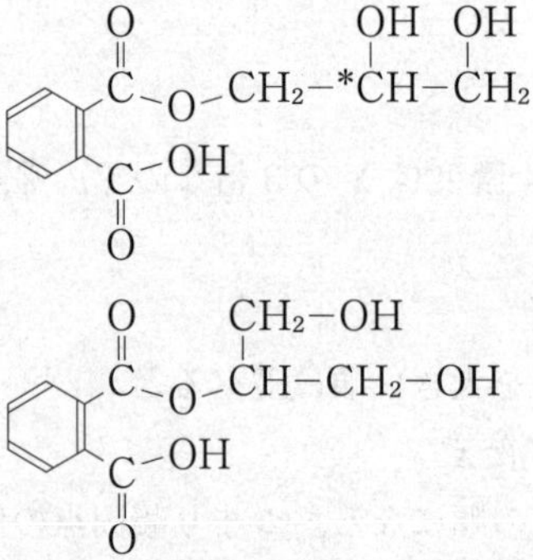

官能基：カルボキシ基，ヒドロキシ基，エステル結合

◀解　説▶

≪ウルシオールおよびセルロースの構造と反応，アルキド樹脂≫

(2)　い．式①ではウルシオールは H を失っており，酸化されている。

え・お．グルコース 1 単位あたり 2 つの −OH が硝酸エステル化された $[C_3H_7O_2(OH)(ONO_2)_2]_n$ がジニトロセルロース，3 つすべてがエステル化された $[C_3H_7O_2(ONO_2)_3]_n$ がトリニトロセルロースである。前者はセルロイドとして合成樹脂の代わりに，後者は火薬の原料として利用されてきた。

か．下図のように，アルキド樹脂はフタル酸のような多価カルボン酸と，グリセリンのような多価アルコールの縮合重合で得られるポリエステル系樹脂である。

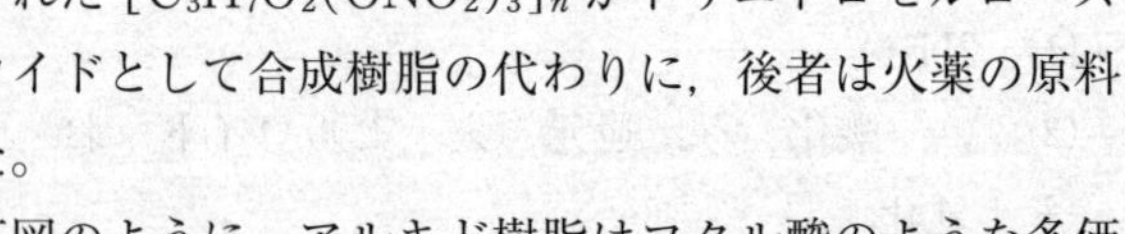

```
      O     O
      ‖     ‖
[HO]-C     C-[OH   H]-O-CH2-CH-CH2-O-[H]
                                |
       ⬡                        OH
```

フタル酸　　　　グリセリン

き．界面活性剤が合成樹脂を包み，合成樹脂を水に分散させることができる。このような現象を乳化という。

(3)　(イ)クッキーの分散媒は固体，分散質は気体。(ウ)雲の分散媒は気体，分散質は液体。(エ)ゼリーの分散媒は固体，分散質は液体。(オ)墨汁の分散媒は液体，分散質は固体。

(4)　ウルシオールのRを除いた部分の分子式は$C_6H_5O_2$，Rに二重結合がn個含まれると，$R=C_{15}H_{31-2n}$と表せるので分子式は

$$C_6H_5O_2+C_{15}H_{31-2n}=C_{21}H_{36-2n}O_2$$

(5)　ウルシオール成分**B**の分子式を$C_{21}H_{36-2n}O_2$とすると，分子量は$320-2n$となり，ウルシオール1molあたりn〔mol〕のH_2が付加するので

$$\frac{1.0}{320-2n}\times n=\frac{0.14}{22.4} \qquad \therefore \quad n=1.97\fallingdotseq 2$$

よって，分子式は　$C_{21}H_{32}O_2$

(6)　不飽和結合を含む脂肪油は，隣り合う分子の二重結合部分で酸素が架橋構造をつくりながら高分子化して固化する。

(7)　フェノール性ヒドロキシ基をもつため，強塩基や金属ナトリウムと反応する。よって(ア)・(ウ)が正しい。

(イ)　ヨードホルム反応を示すには，右図の構造が必要である。

$$CH_3-\overset{\overset{\displaystyle O}{\|}}{C}- \qquad CH_3-\overset{\overset{\displaystyle OH}{|}}{CH}-$$

(エ)　ニンヒドリン反応を示すのはアミノ酸である。

(8)　平均n個$(0<n\leqq 3)$の硝酸エステルをもつと考えると，ニトロセルロースの化学式は$[C_6H_7O_2(OH)_{3-n}(ONO_2)]_m$，分子量は$(162+45n)m$となる。また，セルロースの分子量は$162m$より

$$\frac{(162+45n)m}{162m}=\frac{1.70}{1.00} \qquad \therefore \quad n=2.52\fallingdotseq 2.5$$

(9)　右図のようにニトロエステルにおいて，Nの5つの価電子はすべてOに引き寄せられているので酸化数は+5となる。

$$-O\leftarrow-{}^{+}N\begin{matrix}\nearrow\!\!=O\\ \searrow\!\!-O^-\end{matrix}$$

(11)　分子式の炭素数から考えて，生成物は無水フタル酸1分子とグリセリン1分子が縮合した分子とわかる。また，酸素数から考えてエステル結合は1つで環状エステルではない。この場合，グリセリンの1位および2位の炭素原子位置でのエステル異性体が考えられる。

❖講 評

試験時間，大問数，解答形式等例年通りである。また，難易度も例年並みで，基本～やや難しい内容まで幅広く出題されている。

Ⅰ (1)～(5)はAlの精錬を題材とした基本的問題である。代表的な金属の精錬法に関してはまとめて覚えておこう。(6)は図を覚えていなくても，しくみを考えれば正解はできる。(8)(ii)はあまり馴染みのない断面を取り上げていて難しい。(9)塩の加水分解と中和の量的関係が理解できているかに加え，Al^{3+} の沈殿反応も関わっていてやや難しい。

Ⅱ (1)～(3)はコロイドの基本的性質がわかっていれば難しくない。(4)水和水を含む結晶の溶解量と析出量に関する問題で，解き方が決まっているのでよく練習しておきたい。(5)はやや難しい。希薄溶液の性質に関する理論や公式にあてはめる前に，まずは設定条件の整理をしっかりしよう。

Ⅲ 例年，有機分野が出題される。有機分野全体の知識を確実に得ておけば，ウルシオールといった馴染みのない化合物が出されても対応はできる内容である。ただ(8)の計算問題はやや難しく，(9)はニトロエステルの構造から電子の割り当てられ方が重要になる。(10)・(11)に見られる反応式や構造式を書く問題もよく出題されるので，書くことに慣れておく必要がある。

幅広い解答形式で出題されているが，空所補充や択一式問題は比較的解答しやすいので，ここで点数を落とさないようにしたい。

生物

I 解答

(1)　(界→)(エ)→(イ)→(ウ)→(オ)→(ア)(→種)

(2)　(ウ)

(3)　(ア)・(オ)

(4)　交雑によってニホンザルに本来見られない形質が現れるなど，ニホンザル固有の遺伝的純系が失われる。(50字以内)

(5)　(あ)―(ウ)　(い)―(シ)　(う)―(サ)　(え)―(エ)　(お)―(オ)

(6)　①A―(ア)　B―(キ)　C―(ケ)　D―(ク)

②AはBやCを捕食してDの食害を減らすが，Aの駆除はこの間接効果を消失させる。(40字以内)

(7)　①基盤サービス　②供給サービス　③調節（調整）サービス
④文化的サービス

◀解　説▶

≪生態系の保全，間接効果≫

(2)　個体群内に存在する，生存に不利な遺伝子が劣性であれば，その遺伝子によって支配される形質はホモ接合の場合のみに現れ，ヘテロ接合の場合には現れない。生息地の分断化などによって個体群が小さくなると近親交配の確率が高まり，こうした遺伝子をホモにもつ確率が上昇する。その結果，産子数が減少したり，病原体などに対する抵抗性が低下したりする。このような現象を近交弱勢という。(ウ)の生存率の低下は林床での照度の低下が原因で，近親交配によるものではない。

(3)　たとえば，植物が1カ所に集中して生息していると，花に訪れる昆虫が増え，単独で生息している場合よりも受粉の機会が増加する。また，集団生活をする生物には，個体群密度が高いほど捕食者を発見しやすくなり，個体の生存率が上がるものもある。逆にこの生物の個体群密度が低下すると，繁殖しにくくなったり捕食されやすくなったりする。このように，個体群密度の上昇が個体群の成長に促進的にはたらく現象をアリー効果という。(イ)・(ウ)は個体数の増加が不利にはたらき，(エ)は個体数の減少が有利にはたらいているので誤りである。

⑷　ある地域に生息する集団と，本来交雑しえない地域に生息する集団間で交雑が起こり，もとの生物集団固有の遺伝的純系が失われる現象を遺伝的撹乱（遺伝子汚染）という。下北半島のニホンザルの場合も，タイワンザルとの交雑によって，ニホンザルには本来見られない形質が現れるなど，ニホンザル固有の遺伝的純系が失われつつあった（その後，下北半島のタイワンザルと交雑個体は捕獲・駆除された）。同じような事例は和歌山県でもみられ，ニホンザルの尾は10cm程度，タイワンザルの尾は40cm程度であるのに対し，和歌山県でみられた交雑種の尾は29cmで，ニホンザル本来の形質とは異なっていた。

⑸　選択肢のうち，㋐〜㋔と㋖が外来生物である。なお，㋑のオオハンゴンソウはキク科の外来植物で，特定外来生物に指定され駆除が実施されている。

㋐　セイタカアワダチソウは北米原産の外来種で，根や地下茎から他の植物の成長を阻害する物質を放出するため，セイタカアワダチソウが繁茂する場所では新たな植物の侵入は困難になる。

㋑・㋒　イネ科のススキやマメ科のクズは，北米では外来生物として猛威をふるっている。

㋔　小笠原諸島では，ペットとして持ち込まれたグリーンアノール（トカゲの一種）が野生化し，小笠原諸島にしかいないチョウやトンボを捕食し，一部の島では絶滅にまで至らせている。

⑹①　選択肢の中でため池に生息するのは，㋐オオクチバス（外来生物），㋖アメリカザリガニ（外来生物），㋗ヒシ（一年生の浮葉植物で在来生物），㋘ヨシノボリの一種（ハゼの仲間の在来生物）である。このうちオオクチバスがAであると考えられる。オオクチバスは肉食性なので，BとCはアメリカザリガニとヨシノボリの一種のどちらかになり，残ったDがヒシである。なお，設問文に「特定の外来生物のみを駆除すると，別の外来生物の影響を拡大させる」とある。そこで，Bをアメリカザリガニと考えると，Aを駆除するとアメリカザリガニが増え，その結果，Dのヒシが減少することになり，設問文の条件に合う。ちなみに，ヨシノボリは肉食性であるのに対し，アメリカザリガニは雑食性で，水草，小魚，水生昆虫など何でも食べる。

②　捕食・共生・競争などの2種の生物間で生じる直接的な相互作用が，

他の生物の影響によって変化する場合，この他の生物による影響を間接効果という。ここでは，A（オオクチバス）がB（アメリカザリガニ）を捕食することで，間接的にD（ヒシ）が受ける食害を減少させていたと考えられる。

Ⅱ 解答

⑴ ㈠体細胞分裂　㈡減数分裂　㈢幹細胞　㈣寿命
㈤核分裂　㈥細胞質分裂　㈦分裂期　㈧DNA
㈨ヒストン　㈩クロマチン　(サ)中心体　(シ)両極　(ス)チューブリン
(セ)微小管　(ソ)動原体

⑵　染色体の両極への移動（10字以内）

⑶　2種類のタンパク質の名称：アクチン，ミオシン
構造物の名称：収縮環
ATPの役割：
（ATPは）アクチンとミオシンの滑り込みのエネルギーとなり，収縮環の収縮を促進するため（に必要）（40字以内）
（カルシウムイオンは）ミオシンがATP分解酵素としてはたらく際（に必要）（20字以内）

⑷　Ⅱ．中心体が離れる方向に体積を増加させ，染色体が両極に移動できる空間をつくり出すこと（40字以内）
Ⅲ．チューブリンが脱重合して微小管が消失（20字以内）

⑸　①4時間
②G_1期：10時間　S期：4時間　G_2期：2時間

◀解　説▶

≪体細胞分裂のしくみ，細胞周期≫

⑴㈢・㈣　幹細胞はほぼ永久的に自己と同じ細胞をつくる能力（自己複製能）と，さまざまな，または特定の細胞に分化できる能力（多分化能）を持つ。

発生が完了した個体は，すべて分化した細胞からなるのではなく，特定の細胞に分化する幹細胞も持っている。たとえば，常に新しい細胞に入れ替わっている皮膚，消化管，血球などでは，表皮幹細胞，腸幹細胞，造血幹細胞が恒常的に分裂して新たな細胞を供給し続けている。これに対し，脳内にある神経幹細胞や筋肉にある筋幹細胞は，通常は分裂することはない

が，外部からの刺激に応答して分裂を開始する。

(ク)〜(コ)　ヒストンに DNA が巻き付いた構造をヌクレオソームといい，ヌクレオソームが数珠状につながった構造が折りたたまれたものをクロマチン繊維という。クロマチン繊維はさらに折りたたまれて高次構造をとっている。また，DNA とヒストンの複合体を単にクロマチンと呼ぶこともあるので，(コ)はクロマチンがあてはまる。

(サ)〜(セ)　中心体は，DNA 複製と同時に倍化し，前期になると両極に移動して，チューブリンからなる微小管が中心体から放射状に伸びていく。

(2)　リード文の第 3 段落に，「細胞分裂後期に染色体は…紡錘糸の先端に付着したまま引っ張られ…に向かって移動する」とある。よって，コルヒチンの注入によって紡錘体が消失すると染色体の両極への移動が起こらない。

(3)　動物細胞の場合，終期になると紡錘体の赤道面に収縮環と呼ばれるリング状の構造が形成される。収縮環はアクチンとミオシンからなり，それらの滑り込みによって細胞質を二分する。次に実験Ｅ〜Ｇを確認する。実験Ｅから，アクチンとミオシンの滑り込みには ATP のエネルギーが利用されることがわかり，実験Ｆから，カルシウムイオンは細胞質分裂に必要であることがわかる。さらに実験Ｇのように，カルシウムイオンを除去すると，ATP を添加してもくびれが進行しないことから，カルシウムイオンは滑り込みの際に起こる ATP の分解に必要といえる。さらに，ミオシンはモータータンパク質の一つで，ATP 分解活性をもつことを考慮すると，カルシウムイオンはミオシンが ATP 分解酵素としてはたらくために必要といえる。ちなみに，収縮環が収縮するしくみはまだ十分に解明されていない。そこで，「カルシウムイオンの役割」については，筋収縮のしくみを参考にして，「カルシウムイオンはミオシンがアクチンフィラメントに結合するのに必要」と解答してもよいと思われる。

(4)　細胞に上から圧力をかけているにもかかわらず，後期にかけて細胞の高さが増加し，紡錘体が消失した終期では高さが低くなっている。よって，後期では，紡錘体のはたらきによって中心体が離れる方向に細胞の体積を増加させ，染色体が両極に移動できる空間をつくり出していると考えられる。一方，終期では紡錘体が消失するが，これを 20 字以内で述べるためには，「チューブリンの脱重合」という表現を使うとよい。

⑸① 核が明瞭に観察できる間期の細胞が240個，染色体が観察できる分裂期（M期）の細胞が60個であるので，M期に要する時間は

$$20\times\frac{60}{240+60}=4\text{時間}$$

② 細胞1個あたりのDNA量が2の細胞がG_1期，2～4の細胞がS期，4の細胞がG_2期とM期の細胞である。各時期の細胞数はG_1期の細胞が5,000個，G_2期とM期の細胞が3,000個，そして残りがS期の細胞で10,000−(5,000＋3,000)＝2,000個となる。なお，10,000個の細胞のうち，染色体が観察できるM期の細胞が2,000個とあるので，G_2期の細胞は1,000個とわかる。これをもとに，各時期の所要時間は以下のようになる。

G_1期：$20\times\frac{5{,}000}{10{,}000}=10$時間

S期：$20\times\frac{2{,}000}{10{,}000}=4$時間

G_2期：$20\times\frac{1{,}000}{10{,}000}=2$時間

M期：$20\times\frac{2{,}000}{10{,}000}=4$時間

III 解答

⑴ Y

利点：二酸化炭素濃度の高い組織に，効率よく酸素を供給できる。(30字以内)

⑵ 156.38 mL

⑶ (あ)6.0 (い)259.2 (う)720.0 (え)134.4 (お)1388.6

⑷ (か)インスリン (き)アンモニア (く)脂肪酸 (け)β酸化 (こ)アセチルCoA (さ)2 (し)34 (す)酸化的リン酸化

⑸ ②$6CO_2+8NADH+8H^++2FADH_2+$エネルギー

③$12H_2O+10NAD^++2FAD+$エネルギー

⑹ 0.89

⑺ (イ)

⑻ グルコースから乳酸を生成する解糖を行うことにより，酸素を使うことなくATPを合成する。(45字以内)

◀解　説▶

≪酸素の運搬，呼吸のしくみ≫

(2)　血液100mLあたり15.0gのヘモグロビンが含まれるので，1,000mLあたりでは150gのヘモグロビンが含まれる。また，ヘモグロビン1.0gあたり1.39mLの酸素と結合できるので，150gのヘモグロビンは150×1.39〔mL〕の酸素と結合できる。

一方，図1より，酸素ヘモグロビンの割合は肺胞で95%，末梢組織で20%なので，全ヘモグロビンのうち95−20=75〔%〕のヘモグロビンが末梢組織で酸素を放出する。

したがって末梢組織で放出される酸素量は

$$150\times1.39\times0.75=156.375\fallingdotseq156.38\text{〔mL〕}$$

(3)(あ)　1回の換気量が0.5Lで，呼吸数が12回/分なので，1分間の総換気量は　$0.5\times12=6.0$〔L〕

(い)　24時間あたりの総換気量は6.0×60×24〔L〕であり，そのうちの3.0%が二酸化炭素である。

よって，その体積は　$6.0\times60\times24\times0.03=259.2$〔L〕

(う)　グルコース1gあたり4kcalのエネルギーが得られるので，グルコース1mol（180g）あたりでは

$$4\times180=720.0\text{〔kcal〕}$$

(え)　グルコースを呼吸基質とした場合の反応式は以下のようになる。

$$C_6H_{12}O_6+6H_2O+6O_2\longrightarrow6CO_2+12H_2O$$

グルコース1molあたり6molの二酸化炭素が生成するので，その体積は

$$6\times22.4=134.4\text{〔L〕}$$

(お)　グルコース1molが呼吸によって代謝されると，134.4Lの二酸化炭素が生じ，720.0kcalのエネルギーが得られる。(い)でみたように1日に259.2Lの二酸化炭素が排出されるが，問題の条件に「吸気（空気）の…二酸化炭素濃度は0.0%」とあるので，この259.2Lの二酸化炭素はすべてグルコースの代謝によるものである。

よって，得られるエネルギーは　$720.0\times\dfrac{259.2}{134.4}=1388.57\fallingdotseq1388.6$〔L〕

(5)　反応式②（クエン酸回路の反応式）では，左辺の炭素はすべてCO_2となる。また，左辺のNAD^+は$NADH+H^+$に，FADは$FADH_2$にな

るので，以下のようにまとめられる。

$$2C_3H_4O_3+6H_2O+8NAD^++2FAD \longrightarrow 6CO_2+8NADH+8H^++2FADH_2+\text{エネルギー}$$

次に，反応式③（電子伝達系の反応式）では，左辺の水素はすべて H_2O となる。また，左辺の NADH は NAD^+ に，$FADH_2$ は FAD になるので，以下のようにまとめられる。

$$10NADH+10H^++2FADH_2+6O_2 \longrightarrow 12H_2O+10NAD^++2FAD+\text{エネルギー}$$

(6)　グルコース，パルミチン酸（$C_{16}H_{32}O_2$），ロイシン（$C_6H_{13}NO_2$）を呼吸基質とした場合の反応式と，それぞれの呼吸商を以下にまとめる。

反応式	呼吸商$\left(\frac{CO_2\text{の体積}}{O_2\text{の体積}}\right)$
$C_6H_{12}O_6+6H_2O+6O_2 \longrightarrow 6CO_2+12H_2O$	$\frac{6}{6}$
$C_{16}H_{32}O_2+23O_2 \longrightarrow 16CO_2+16H_2O$	$\frac{16}{23}$
$2C_6H_{13}NO_2+15O_2 \longrightarrow 12CO_2+10H_2O+2NH_3$	$\frac{12}{15}$

グルコース，パルミチン酸，ロイシンの呼吸に利用された酸素量の比が 6：3：1 とあるので，利用された酸素量の合計を 1.0 L としてみると，それぞれの呼吸に利用された酸素量は下表のようになる。また，呼吸商の式から，（CO_2 の体積）＝（O_2 の体積）×（呼吸商）となるので，生成する二酸化炭素量も下表のように求められる。

呼吸基質	呼吸商	利用された酸素量（合計を 1 L とする）	生成する二酸化炭素量
グルコース	$\frac{6}{6}$	0.6 L	$0.6\times\frac{6}{6}=0.600$〔L〕
パルミチン酸	$\frac{16}{23}$	0.3 L	$0.3\times\frac{16}{23}\fallingdotseq 0.209$〔L〕
ロイシン	$\frac{12}{15}$	0.1 L	$0.1\times\frac{12}{15}=0.080$〔L〕

よって，呼吸商は　$\dfrac{0.600+0.209+0.080}{0.6+0.3+0.1}=0.889\fallingdotseq 0.89$

(7)　NADH や $FADH_2$ から放出された電子は内膜にある電子伝達系に渡

される。電子が内膜に埋め込まれた複数のタンパク質を移動していく際に放出されるエネルギーによって，H^+ がマトリックス側から膜間腔に輸送される。これより選択肢(ア)と(イ)に絞られる。さらに，膜間腔に輸送された H^+ が濃度勾配にしたがって ATP 合成酵素を通ってマトリックス側へと拡散する際に，ATP 合成酵素が ADP とリン酸から ATP を合成する。これより，(イ)が正解とわかる。

(8)　筋肉などの動物の組織において，酸素が不足して電子伝達系が十分にはたらかない場合は解糖によって ATP を合成する。ここで，筋細胞がクレアチンリン酸から ATP を合成する反応を解答した人もいたかもしれない。しかしこの問題は「ヒトの体内」とあり，「筋細胞」に限定しないほうがよい。

❖講　評

2022 年度も大問 3 題の出題で，基礎～標準的な問題が中心ではあるが，2022 年度は細かい知識を問う問題のほか，考察問題，計算問題が増加したため難化した。

Ⅰ　(1)，(2)は基本的であり正解したい。(3)はアリー効果を正確に理解していないと正解は難しい。(4)は適切な語句を用いて遺伝的撹乱を表現するのはなかなか難しい。(5)は聞き慣れない生物名も含まれており，解答に迷った受験生も多かったと思われる。(6)の①はBとCを決めるのが難しいが，②の論述は標準的である。(7)が完答できた受験生は少ないと思われる。

Ⅱ　(1)は一部悩ましい空欄もあり完答は難しい。(2)は標準的である。(3)は収縮環という語句がやや難しく，20 字の論述問題もなかなか難しい。(4)はⅡの論述問題はどのように表現すべきか悩んだ受験生も多かったと思われる。(5)は基本的な計算問題であり，完答を目指したい。

Ⅲ　(1)は基本的である。(2)は典型頻出問題であり正解したい。(3)は問題文にしたがって読み進めていけば，ほぼ正解できる。(4)はどれも基本的であり完答したい。(5)は左辺が与えられているので，さほど難しくはない。(6)は計算方法を誤るとかなり煩雑な計算になってしまう。やや難である。(7)は基本的であり正解したい。(8)は解糖について述べるのだが，制限字数内にまとめるのはやや難しい。

■学部個別日程（生命医科学部・文化情報学部〈理系型〉・スポーツ健康科学部〈理系型〉）

問題編

▶試験科目・配点

●生命医科学部（数・理重視型）

教　科	科　　目	配　点
外 国 語	コミュニケーション英語Ⅰ・Ⅱ・Ⅲ，英語表現Ⅰ・Ⅱ	100 点*1
数　　学	数学Ⅰ・Ⅱ・Ⅲ・A・B	200 点
理　　科	「物理基礎・物理」，「化学基礎・化学」，「生物基礎・生物」から１科目選択	200 点*2

●文化情報学部（理系型）

教　科	科　　目	配　点
外 国 語	コミュニケーション英語Ⅰ・Ⅱ・Ⅲ，英語表現Ⅰ・Ⅱ	200 点
数　　学	数学Ⅰ・Ⅱ・Ⅲ・A・B	200 点
理　　科	「物理基礎・物理」，「化学基礎・化学」，「生物基礎・生物」から１科目選択	150 点

●スポーツ健康科学部（理系型）

教　科	科　　目	配　点
外 国 語	コミュニケーション英語Ⅰ・Ⅱ・Ⅲ，英語表現Ⅰ・Ⅱ	200 点
数　　学	数学Ⅰ・Ⅱ・Ⅲ・A・B	150 点*3
理　　科	「物理基礎・物理」，「化学基礎・化学」，「生物基礎・生物」から１科目選択	200 点*2

▶備　考

- 「数学Ｂ」は「数列」および「ベクトル」から出題する。

＊1　同日実施の共通問題（100分，200点満点）を使用し，配点を100点満点に換算する。

＊2　同日実施の共通問題（75分，150点満点）を使用し，配点を200点満点に換算する。

＊3　同日実施の共通問題（100分，200点満点）を使用し，配点を150点満点に換算する。

英語

(100分)

〔Ⅰ〕 次の文章を読んで設問に答えなさい。[＊印のついた語句は注を参照しなさい。](73点)

Has our species been hiding its real age? Fossils found in Morocco suggest the Homo sapiens lineage* became distinct as early as 350,000 years ago — adding as much as 150,000 years (W) our species' history. "It was indeed a big wow [moment]," says Jean-Jacques Hublin at the Max Planck Institute for Evolutionary Anthropology in Leipzig, Germany, who led the analysis with Abdelouahed Ben-Ncer at the National Institute of Archaeology and Heritage in Rabat, Morocco.

On a literal reading of the fossil record, H. sapiens* was thought to have emerged in East Africa roughly 200,000 years ago. But some researchers have long suspected that the roots of our species are deeper, given that H. sapiens-like fossils in South Africa have been tentatively(a) dated at 260,000 years old. The new evidence provides solid(b) support to those suspicions. It comes from a Moroccan site called Jebel Irhoud, which has been puzzling human evolution researchers for more than 50 years.

Hominin* remains were found at the site in the 1960s. They have (あ) an odd mix of ancient (い) modern features (う) they were initially (え)(お) an African version of Neanderthals*. Later reassessments put them closer to our species, and about a decade ago a dating technique suggested they were about 160,000 years old. But by that point in prehistory, (ア)it is conventionally assumed that our fully modern species were already living in Africa, which made the Jebel Irhoud hominins' mix of ancient and modern features confusing. So Hublin and Ben-Ncer's team returned to Jebel Irhoud to try to solve the puzzle. In fresh excavations, they found stone tools and more fragmentary (c) hominin remains, including pieces from an adult skull.

An analysis of the new fossils, and of those found at the site in the 1960s, confirms that the hominins had a primitive, elongated braincase*. But the new adult skull shows that the hominins combined this ancient feature (X) a small, lightly built "modern" face — one that the researchers say is virtually indistinguishable from (イ) H. sapiens.

But what about the confusing date? In a complementary (d) study, Shannon McPherron, also at the Max Planck Institute for Evolutionary Anthropology, and his team took a closer look at the stone tools. Many of them had been baked, he says — probably because they were discarded after use and then heated when the hominins set fires on the ground nearby. This heating "resets" the tools' response to natural radiation in the environment. By assessing the levels of radiation at the site and measuring the radiation response in the tools, McPherron and his colleagues (e) established that the tools were heated between 280,000 and 350,000 years ago. McPherron's team also re-dated one of the hominin fossils found in the 1960s using their insight into the radiation levels at Jebel Irhoud and concluded it is 250,000 to 320,000 years old. Armed with these dates, the Moroccan hominins become easier to understand, says Hublin. The researchers suggest that H. sapiens had begun to emerge — literally face-first — between about 250,000 and 350,000 years ago. Although other features of their anatomy still looked primitive, the Jebel Irhoud hominins should be considered the earliest known members of our species, say Hublin and his colleagues.

Not everyone is convinced (ウ), however. "There is a bit of a redefinition of what a modern human is here," says Lee Berger at the University of the Witwatersrand in Johannesburg, South Africa. "The face is modern looking," says Juan Luis Arsuaga at the Complutense University of Madrid, Spain. "But the mandible [jawbone] is not clearly modern. I would say that Jebel Irhoud is not yet H. sapiens, but I would bet that H. sapiens evolved from something very similar to Jebel Irhoud."

However, Chris Stringer at the Natural History Museum in London is willing to loosen the definition of H. sapiens. He says he would once have <u>restricted</u>(f) the name to "anatomically modern humans" — those with the full set of features we see in living people. "Now, I think that anatomically modern humans are only a sub-group within the species H. sapiens," he says. We should consider including the Moroccan hominins in our species even though some of their features look ancient, he says. Stringer thinks we shouldn't be surprised to discover that our species is (Y) more ancient than once thought. We know that our lineage split from the Neanderthal lineage at some point in prehistory, with Neanderthals then evolving in Europe while H. sapiens evolved in Africa. Recently, fossil and genetic evidence has suggested that this split occurred at least 500,000 years ago. "In my view, the date of this divergence should (g)<u>mark</u> the origin of these two groups," says Stringer. This would imply that, roughly 500,000 years ago, Neanderthal-like hominins began appearing in Europe and H. sapiens-like hominins began appearing in Africa. In keeping with this idea, 430,000-year-old hominins found at a site called Sima de los Huesos in Spain do seem to be Neanderthal-like. Jebel Irhoud could be seen as the African, H. sapiens equivalent of Sima de los Huesos, says Stringer. Aida Gómez-Robles at University College London agrees with this way of thinking. "I would predict that we will find in the future even older transitional forms for both Neanderthals and modern humans," she says. But although the Jebel Irhoud fossils suggest H. sapiens had evolved a modern face 350,000 years ago, <u>working out</u>(h) how, where and when our species evolved its other modern features will be challenging. "We have so few well-dated fossils," says McPherron.

Adding to the challenge, says Berger, is that we know H. sapiens wasn't the only hominin in Africa at the time. Earlier this year, he and his colleagues confirmed that an unusually small-brained human — Homo naledi — found in the Dinaledi chamber of South Africa's Rising Star cave was alive between 236,000 and 335,000 years ago. "It's amazing that Jebel Irhoud and Dinaledi exactly overlap. That's fantastic," he says, adding that the two are essentially the only securely dated African hominins known from this time period. As such, Berger thinks any conversation about the spread and rise to dominance in Africa of H. sapiens has to <u>make reference to</u>(i) H. naledi*. "I'm disappointed that they didn't include H. naledi in their discussions," he says. "We just don't know the relationship between these two hominins — they might even have interbred. H. naledi has to be relevant (Z) the debate."

(By Colin Barras, writing for *New Scientist*, June 10, 2017)

［注］ lineage 系統

H. sapiens （Homo sapiens ホモ・サピエンス）

Hominin ヒト族（類人猿を除く現生種と絶滅種の人類）

Neanderthals ネアンデルタール人

elongated braincase 細長い頭蓋骨

H. naledi （Homo naledi ホモ・ナレディ ヒト族の絶滅種の一つ）

Ⅰ－A 空所(W)～(Z)に入るもっとも適切なものを次の1～4の中からそれぞれ一つ選び、その番号を解答欄に記入しなさい。

(W)	1 at	2 in	3 to	4 upon
(X)	1 by	2 on	3 to	4 with
(Y)	1 far	2 high	3 low	4 near
(Z)	1 about	2 to	3 under	4 with

Ⅰ－B　下線部 (a)～(i) の意味・内容にもっとも近いものを次の1～4の中からそれぞれ一つ選び、その番号を解答欄に記入しなさい。

(a) tentatively

1 adequately　2 effectively　3 hesitantly　4 provisionally

(b) solid

1 comprehensive　2 firm

3 heavy　4 inconsistent

(c) fragmentary

1 complete　2 neutral

3 partial　4 sophisticated

(d) complementary

1 pilot　2 recent

3 representative　4 supplementary

(e) colleagues

1 collaborators　2 instruments

3 subordinates　4 universities

(f) restricted

1 accommodated　2 confined

3 prompted　4 released

(g) mark

1 cover　2 disguise　3 indicate　4 prove

(h) working out

1 carrying out　2 figuring out

3 singling out　4 turning out

(i) make reference to

1 exclude　2 interpret　3 mention　4 observe

Ⅰ－C　波線部 (ア)～(ウ) の意味・内容をもっとも的確に示すものを1～4の中からそれぞれ一つ選び、その番号を解答欄に記入しなさい。

(ア) it is conventionally assumed that our fully modern species were already living in Africa

1　it is commonly understood that early human species were already extinct in Africa

2　it is generally presumed that Homo sapiens had by then emerged in Africa

3　it is now understood that all hominins living in Africa were modern

4　it is officially accepted that early humans evolved partly in Africa

(イ)　virtually indistinguishable from

1　actually indifferent to

2　almost identical with

3　essentially different from

4　nearly unequal to

(ウ)　Not everyone is convinced

1　Everyone is satisfied

2　Everyone is skeptical

3　No one is suspicious

4　Some people are unpersuaded

I－D　二重下線部の空所(あ)～(お)に次の1～7から選んだ語を入れて文を完成させたとき、(う)と(お)に入る語の番号を解答欄に記入しなさい。同じ語を二度使ってはいけません。選択肢の中には使われないものが二つ含まれています。

They have (あ) an odd mix of ancient (い) modern features (う) they were initially (え)(お) an African version of Neanderthals.

1　and　　2　for　　3　from　　4　mistaken

5　so　　6　such　　7　that

I－E　本文の意味・内容に合致するものを次の1～8から三つ選び、その記号を解答欄に記入しなさい。

1 Based on new evidence concerning the Moroccan fossils, most researchers now agree that Homo sapiens originated about 260,000 years ago.

2 Analysis of fossils from Jebel Irhoud showed that the adult skulls found there have no ancient features.

3 In their study, McPherron and his colleagues found evidence that the stone tools had been incidentally heated at least 280,000 years ago.

4 Researchers disagree as to whether the Moroccan hominins emerged within the Homo sapiens lineage.

5 Berger favors the idea that the Moroccan hominins should be brought within the lineage of Homo sapiens since they are, on the whole, anatomically modern.

6 Stringer believes that Homo sapiens and Neanderthals split about 500,000 years ago and then developed in different places.

7 We will soon know how Homo sapiens developed modern features unassociated with the face.

8 Researchers frequently discuss Homo naledi in relation to the emergence of Homo sapiens.

〔Ⅱ〕 次の文章を読んで設問に答えなさい。[＊印のついた語句は注を参照しなさい。](77点)

People waste almost a billion tons of food a year, a UN report has revealed. It is the most comprehensive assessment to date (ア) and found waste was about double the previous best estimate. The food discarded in homes alone was 74 kg per person each year (X) average around the world, the UN found. In the UK, which has some of the best data, the edible waste represents (a) about eight meals per household each week.

The UN report also includes data on food waste in restaurants and shops, with 17% of all food dumped. Some food is lost on farms and in supply chains as well, meaning that overall a third of food is never eaten. The waste damages efforts to help the billions of people who are either hungry or cannot afford a healthy diet (イ), but also harms the environment. Food waste and loss causes about 10% of the emissions driving (b) the climate emergency, and intensive farming is a key cause of the biodiversity crisis* and global pollution. If food waste was a country, it would have the third highest emissions after only the US and China. But the researchers said cutting food waste was one of the easiest ways for people to reduce their environmental impact. "Yet this potential has been woefully underexploited (ウ)," said the report.

Food waste had been thought of as a problem mostly affecting rich countries. But the UN report found levels of waste were surprisingly similar in all nations, though data is scarce (c) in the poorest countries. The researchers said nobody bought food with the intention of throwing it away and that small amounts discarded each day might seem insignificant (d). Therefore increasing people's awareness of waste was key, they said, such as via separate food waste collections by local authorities.

Government and corporate action was needed, but individual action was important, the experts said, such as measuring (e) portions of rice and pasta, checking the fridge before shopping and increasing cooking skills to use what was available. The greater time available for planning and cooking in homes during coronavirus lockdowns* in the UK appears to have reduced waste by 20%. "Reducing food waste would cut greenhouse gas emissions, slow the destruction of nature through land conversion and pollution, enhance (f) the availability of food and thus reduce hunger and save money at a time of global recession," said Inger Andersen, the head of the UN Environment Programme* (UNEP), which published the report. "Businesses, governments and citizens around the world have to do their part."

Marcus Gover, the head of WRAP*, an NGO* that helped write the report, said: "We are so used to wasting food that we've forgotten its value, and the cost that feeding our growing global population has on the natural world. Like it or not, we in our homes are the most significant part of the problem." The report was (あ) to support global efforts to (い) the UN's sustainable development goal (う)(え) food waste (お) 2030. It found 11% of all the food sold to consumers was wasted in homes in 2019, with restaurants discarding 5% and food shops dumping 2%.

Good data on household waste was available for countries representing 75% of the world's population. Food waste includes edible and inedible parts, such as rinds* and bones. The mix is about 50:50 in some high-income countries but unknown elsewhere. "However, even if some of that waste can't be consumed by humans, there are environmentally preferable ways in which it can be managed, [for example] by diverting it to animal feed or composting," said Clementine O'Connor at UNEP. "What we want to drive home* is we need to get food waste out of landfills." "The UK has really taken a leading role (Y) food waste reduction and is one of very few countries that has achieved a great reduction," she added. Between 2007 and 2018, edible household food waste was cut by almost a third, according to WRAP, though overall food waste was still 19% in November 2020.

Carina Millstone, of the food campaign group Feedback, said the UN report was seminal* and showed food waste action must be a <u>high priority</u>(g) for governments ahead of the COP26 climate summit* in November: "As hosts, the UK must lead the way — it can do so by measuring and tackling food waste on farms, and by introducing <u>mandatory</u>(h) food waste measurements and reduction targets for businesses."

WRAP started a food waste action week in the UK on Monday to raise awareness of the issue and drive change. Nadiya Hussain, the chef and TV presenter, is a supporter. She said: "From avoiding buying or preparing too much to storing food correctly, the week is about helping people make the most of their food and helping protect our planet." Martina Otto, of UNEP, said: "If you don't take action on food waste, it's a triple lose. It's not only the food that we're chucking out, (Z) also all the natural and financial resources that went into producing that food. So let's make it a triple win."

(By Damian Carrington, writing for *The Guardian*, March 4, 2021)

［注］ biodiversity crisis 生物多様性の危機

coronavirus lockdowns コロナウィルスによる都市封鎖

UN Environment Programme 国連環境計画

WRAP (Waste and Resources Action Programme 廃棄物・資源アクションプログラム)

NGO (nongovernmental organization 非政府組織)

rinds 外皮

drive home 十分に理解させる

seminal 影響力のある

COP26 climate summit 国連気候変動枠組条約第26回締約国会議

Ⅱ－A　空所(X)～(Z)に入るもっとも適切なものを次の1～4の中からそれぞれ一つ選び、その番号を解答欄に記入しなさい。

(X)	1 at	2 for	3 in	4 on
(Y)	1 for	2 from	3 in	4 on
(Z)	1 and	2 as	3 but	4 or

Ⅱ－B　下線部(a)～(h)の意味・内容にもっとも近いものを次の1～4の中からそれぞれ一つ選び、その番号を解答欄に記入しなさい。

(a) represents
1 constitutes　2 specifies
3 subordinates　4 symbolizes

(b) driving
1 assisting　2 operating　3 piloting　4 propelling

(c) scarce
1 incorrect　2 insufficient
3 superficial　4 troubling

(d) insignificant
1 inadequate　2 inconsistent
3 unimportant　4 uninteresting

(e) measuring
1 adjusting　2 extracting　3 providing　4 spending

(f) enhance
1 engage　2 increase　3 observe　4 sharpen

(g) high priority
1 big decision　2 great proportion
3 major focus　4 strong motivation

(h) mandatory
1 compulsory　2 confidential
3 conventional　4 critical

Ⅱ－C 波線部 (ア)〜(ウ) の意味・内容をもっとも的確に示すものを1〜4の中からそれぞれ一つ選び、その番号を解答欄に記入しなさい。

(ア) It is the most comprehensive assessment to date

1 It is now likely the most reasonable explanation

2 It is the friendliest study yet undertaken

3 It is the most complete evaluation so far

4 It is the most efficient method this year

(イ) cannot afford a healthy diet

1 are forbidden from exercising

2 fail to lose weight no matter how hard they try

3 lack the capacity to store their food

4 lack the money to buy nutritious food

(ウ) has been woefully underexploited

1 has been painstakingly considered

2 has been widely advertised

3 has not been fully examined

4 has not been properly utilized

Ⅱ－D 二重下線部の空所(あ)〜(お)に次の1〜7から選んだ語を入れて文を完成させたとき、(う)と(お)に入る語の番号を解答欄に記入しなさい。同じ語を二度使ってはいけません。選択肢の中には使われないものが二つ含まれています。

The report was (あ) to support global efforts to (い) the UN's sustainable development goal (う)(え) food waste (お) 2030.

1 by　　2 halving　　3 meet　　4 of

5 produced　　6 publishing　　7 until

Ⅱ－E 本文の意味・内容に合致するものを次の1〜8から三つ選び、その記号を解答欄に記入しなさい。

1 The UN report determined that the amount of food that people waste had previously been underestimated.

2 The report shows that the levels of food waste differ little from country to country.

3 People are aware of food waste and yet they continue to buy more food than they need.

4 The coronavirus lockdowns worsened the problem of food waste in the UK.

5 A report indicates that 18% of household food and 5% of food served at restaurants was wasted in 2019.

6 Data on food waste in homes was not available for all countries.

7 An expert at UNEP said that most food waste was recycled for animal feed and compost in 2020.

8 The UK has already successfully reduced both household waste and waste on farms.

Ⅱ－F　本文中の太い下線部を日本語に訳しなさい。(supply chains は「サプライチェーン」と表記しなさい。)

Some food is lost on farms and in supply chains as well, meaning that overall a third of food is never eaten.

〔Ⅲ〕　次の会話を読んで設問に答えなさい。(50点)

(*Felix and Yuko chat over lunch.*)

Yuko: Are you a cat or a dog, Felix?

Felix: I'm of the species Homo sapiens. And I'm a great ape.

Yuko: ＿＿＿(a)＿＿＿ You know how much I like you.

Felix: I also know what you mean. Am I a cat person or a dog person, right?

Yuko: Of course.

Felix: Yuko, if you liked me as much as you say, wouldn't you know the answer?

Yuko: ＿＿＿(b)＿＿＿ A dog person would obviously be, well, dog-like. Outgoing, always ready to play around with friends, to join parties, excited, easy to understand.

Felix: I'm a little shy and hard to figure out. Is that what you're saying?

Yuko: Yes. We've been friends for two years and there's a lot I don't know about you.

Felix: I seriously doubt that. You figured out I'm a cat person, though I don't live with one now.

Yuko: I know. How often have I visited your apartment?

Felix: Plenty of times. I'd love to have a cat. ＿＿＿(c)＿＿＿ I always lived with cats growing up. I hope to live with one or two again. Two, actually. That's the best arrangement.

Yuko: Why? Aren't cats solitary creatures?

Felix: They're certainly independent. Have you ever tried to train a cat to stand up and beg for food?

Yuko: Ridiculous. Of course I haven't.

Felix: I'd say cats train the people they live with. The people they live with don't train them.

Yuko: Give me an example.

Felix: When I was in high school, my family and I lived with two cats.

Yuko: You mean you *had* two cats.

Felix: No, you *have* a dog, or maybe *own* one. But you live with a cat.

Yuko: ＿＿＿(d)＿＿＿ Let's be fair.

Felix: Fair to dogs? You're asking a lot of a cat person. Anyhow, we lived with two cats, as I said. And one always came into my room precisely at 11:00 and made an announcement. *Me-e-e-o-w.*

Yuko: And what did he mean?

Felix: He meant it was time for me to follow as he hopped over to a very particular rug in the kitchen, and then pet him. Give him a thorough rubdown and a scratch behind the ears.

Yuko: And next?

Felix: I served him lunch, of course.

Yuko: ＿＿＿(e)＿＿＿

Felix: Correct. He also decided when I got up. He'd hop on my bed at 6:00, sort of plant himself on my chest, and stare at me till I awoke. And it didn't take long.

Yuko: You let him get away with that? ＿＿＿(f)＿＿＿

Felix: Then maybe you shouldn't live with cats.

Yuko: That reminds me. ＿＿＿(g)＿＿＿

Felix: Ah, that's easy. First, always adopt two at the same time, preferably when they're kittens. [既に猫が住んでいる家庭に新しい猫を入れると、絶対にもめごとが起こるでしょう。] For a while anyway.

Yuko: You mean they're territorial?

Felix: Yes. ＿＿＿(h)＿＿＿ But adopt two cats, and you watch them develop a sort of secret society, talking to one another, pretending to fight, then licking each other clean. I think they actually conspire.

Yuko: Look at the clock! I'd better go to class. My teacher hates it when I'm late.

Felix: She's a cat. She's got you trained.

Yuko: You know that's not how it works, Felix. And tomorrow I'll tell you a thing or two about dogs. There's a reason we call them "man's best friend."

Ⅲ－A 空所 (a)～(h) に入るもっとも適切なものを次の 1 ～10 の中からそれぞれ一つ選び、その番号を解答欄に記入しなさい。同じ選択肢を二度使ってはいけません。選択肢の中には使われないものが二つ含まれています。

1 Are you studying the great apes this semester?

2 But my landlord says: No pets in the building.

3 He decided when to eat, not you.

4 I'd make sure I slept late if I wanted to.

5 The fact that I don't know tells me you're a cat person.

6 They're as attached to places as they are to people.

7 Why haven't you invited me to your apartment?

8 You do dogs an injustice.

9 You never explained why it's best to live with *two* cats, not one.

10 You're a *very* great ape, my friend.

Ⅲ－B 本文中の［　　］内の日本語を英語で表現しなさい。

既に猫が住んでいる家庭に新しい猫を入れると、絶対にもめごとが起こるでしょう。

数学

（100 分）

〔Ⅰ〕 次の [　　] に適する数または式を，解答用紙の同じ記号のついた [　　] の中に記入せよ．

(1) 最初，3 個のさいころを同時に投げる．このとき，出る目の数の差の絶対値がすべて 2 以下である確率は [ア] である．3 個の目がすべて異なるという事象 A の起こる確率 $P(A)$ は [イ] である．3 個のさいころのうち少なくとも 1 個は 1 の目が出るという事象を B とするとき，条件付き確率 $P_B(A)$ は [ウ] である．次に，n を 2 以上の自然数として，n 個のさいころを同時に投げる．このとき，出る目の最大値が 4 であるという事象 C の起こる確率 $P(C)$ は [エ] である．n 個のさいころのうち少なくとも 1 個は 1 の目が出るという事象を D とするとき，条件付き確率 $P_D(C)$ は [オ] である．

(2) α が無理数のとき，整数 p，q が $p\alpha + q = 0$ を満たせば，$p = q = 0$ である．よって，正の整数 a，b が $a + \sqrt{2} = \sqrt{b + 2 + b\sqrt{2}}$ を満たせば，$a =$ [カ]，$b =$ [キ] である．次に，$c^2 > d$ を満たす正の整数 c，d に対して，$x = \sqrt{c + \sqrt{d}}$，$y = \sqrt{c - \sqrt{d}}$ とおく．$x + y = \sqrt{14 + 2\sqrt{5}}$ のとき，$c =$ [ク]，$d =$ [ケ] である．このとき，$(y + 2xy)^2$ を計算すると，

$$27 - 2\sqrt{11} + 4\sqrt{35 - 10\sqrt{11}} = \left(\sqrt{n} + \sqrt{14 + 2\sqrt{5}} - \sqrt{7 + 2\sqrt{11}}\right)^2$$

を満たす正の整数 n は $n =$ [コ] であることがわかる．

〔 II 〕 $0 \leqq a \leqq \dfrac{1}{2}$ を満たす実数 a と，関数 $f(x) = \dfrac{x}{1+x^2}$ に対して，定積分 $I = \displaystyle\int_0^1 |f(x) - a|\,dx$ を考える．次の問いに答えよ．

(1) 不定積分 $\displaystyle\int f(x)\,dx$ を求めよ．

(2) $0 \leqq x \leqq 1$ における関数 $y = f(x)$ の増減を調べて，$f(b) = a$ となる b $(0 \leqq b \leqq 1)$ がただ1つ存在することを示せ．

(3) 定積分 I を a を含まない b の式で表せ．

(4) a が $0 \leqq a \leqq \dfrac{1}{2}$ の範囲を動くとき，定積分 I の最大値と最小値を求めよ．ただし，必要ならば，$0.6 < \log 2 < 0.7$ であることを証明なしに用いてよい．

〔 III 〕 n を自然数とする．座標空間内に，ベクトル $\vec{u} = (1, 1, 1)$ に平行で原点Oを通る直線 ℓ と，ベクトル $\vec{v} = (2, 3, -1)$ に平行で点 $(0, 1, -3)$ を通る直線 m がある．$n = 1, 2, 3, \cdots$ に対して，直線 ℓ 上の点 P_n と，直線 m 上の点 Q_n を次のようにそれぞれ定める．

点 P_1 の座標は $(5, 5, 5)$ である．点 P_n が定まったとき，直線 m 上の点 Q_n を条件 $\overrightarrow{\mathrm{P}_n\mathrm{Q}_n} \cdot \vec{v} = 0$ により定める．点 Q_n が定まったとき，直線 ℓ 上の点 P_{n+1} を条件 $\overrightarrow{\mathrm{Q}_n\mathrm{P}_{n+1}} \cdot \vec{u} = 0$ により定める．

点 P_n の x 座標を a_n，点 Q_n の x 座標を b_n とおく．次の問いに答えよ．

(1) 条件 $\overrightarrow{\mathrm{P}_n\mathrm{Q}_n} \cdot \vec{v} = 0$ を使って，b_n を a_n を用いて表せ．

(2) 条件 $\overrightarrow{\mathrm{Q}_n\mathrm{P}_{n+1}} \cdot \vec{u} = 0$ を使って，a_{n+1} を b_n を用いて表せ．

(3) a_n を n の式で表せ．また，$\alpha = \displaystyle\lim_{n\to\infty} a_n$，$\beta = \displaystyle\lim_{n\to\infty} b_n$ とおくとき，α，β の値を求めよ．さらに，直線 ℓ 上の点Pと直線 m 上の点Qの x 座標がそれぞれ α と β のとき，点Pと点Qの座標を求めよ．

(4) $\triangle \mathrm{P}_n\mathrm{Q}_n\mathrm{P}_{n+1}$ の面積を S_n とし，$\triangle \mathrm{Q}_n\mathrm{P}_{n+1}\mathrm{Q}_{n+1}$ の面積を T_n とする．$\displaystyle\lim_{n\to\infty}\sum_{k=1}^{n}(S_k + T_k)$ の値を求めよ．

〔Ⅳ〕 座標平面上に曲線 $C\colon y=e^{\frac{1}{x}}$ $(x>0)$ と曲線 $D\colon y=1+\log x$ $(x>0)$ がある．次の問いに答えよ．

(1) C 上の点 $\mathrm{P}\left(s,\, e^{\frac{1}{s}}\right)$ における C の接線を ℓ とする．接線 ℓ の方程式を s を用いて表せ．

(2) D 上の点 $\mathrm{Q}\left(t,\, 1+\log t\right)$ における D の接線 m は，(1) の接線 ℓ と垂直に交わるとする．このとき，t を s を用いて表せ．

(3) (1) の接線 ℓ の y 切片を u とし，u を s の関数と考える．このとき，$s>0$ において u は単調に減少することを示せ．さらに，s が $s>0$ の範囲を動くとき，u の値域は $u>1$ であることを示せ．

(4) (3) の s と u $(u>1)$ に対して，s を u の関数と考える．このとき，$\dfrac{ds}{du}$ を s を用いて表せ．さらに，s で表された (2) の t に対して，$\dfrac{dt}{du}=1$ となる u の値を求めよ．ただし，s が u の関数として微分可能であることを証明なしに用いてよい．

物理

（75 分）

〔Ｉ〕　次の文中の空欄（ア）～（ク）にあてはまる式を解答用紙（一）の該当する欄に記入せよ。ただし，すべての面はなめらかで摩擦は生じないものとし，重力加速度の大きさを g とする。

図１のように，斜面 AB と，点 O を中心とする半径 r の円筒断面 BCD をなめらかに接続した台が，水平な床の上に固定されている。BCD 上の点 C は曲面の最下点であり，∠COD は 60° である。C に質量 M の小球 Q を置いた後，斜面上のある位置に質量 m の小球 P を置いて静かに手を離すと，P は斜面に沿ってすべり下り，静止していた Q に速さ v で衝突した。P と Q との間の反発係数を e とすると，衝突直後の Q の速さは［（ア）］であり，衝突後も P が運動の向きを変えずに進むためには，$e <$［（イ）］でなければならない。衝突により失われる力学的エネルギーは［（ウ）］である。

小球 P を斜面 AB 上の別のある位置に置いて静かに手を離し，点 C に静止していた小球 Q に衝突させたところ，衝突後に Q が点 D に到達したとき Q の速さが 0 になった。Q が D に到達したとき，C の位置を基準とした Q の位置エネルギーは，m, M, e のみを用いて，P の衝突直前の運動エネルギーの［（エ）］倍と表される。また，衝突後 P が到達する最大の高さは，r, m, M, e のみを用いて，C の高さを基準として［（オ）］と表される。

小球 P を斜面 AB 上のさらに別の位置に置いて静かに手を離し，点 C に静止していた小球 Q に衝突させたところ，図２のように，Q は点 D を超えて台から飛び出し，P は円筒断面 CD 上の C から水平方向に距離 x だけ離れた点 E に到達したときその速さが 0 となり，その後 CD 上を C に向かって戻ってきた。P が E にあるとき，P に作用する合力の鉛直成分の大きさは［（カ）］，水平成分の大きさは［（キ）］である。P が円筒断面 BCD 上を C を中心として，r に比べて十分に小さな距離の区間を往復運動するとき，$\sqrt{r^2 - x^2} \fallingdotseq r$ の近似を用いると，この運動の角振動数は［（ク）］となる。

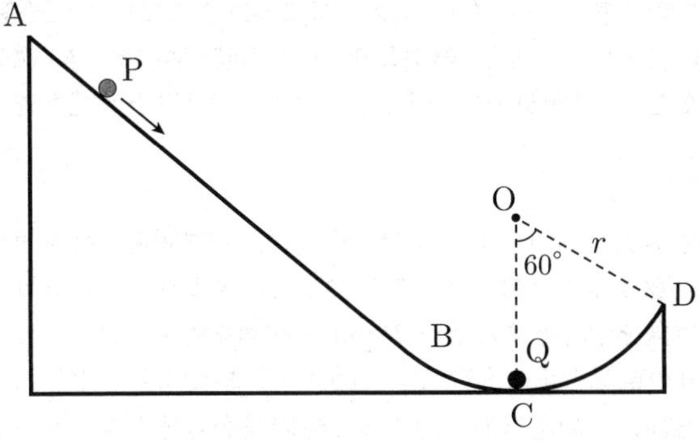

図 1

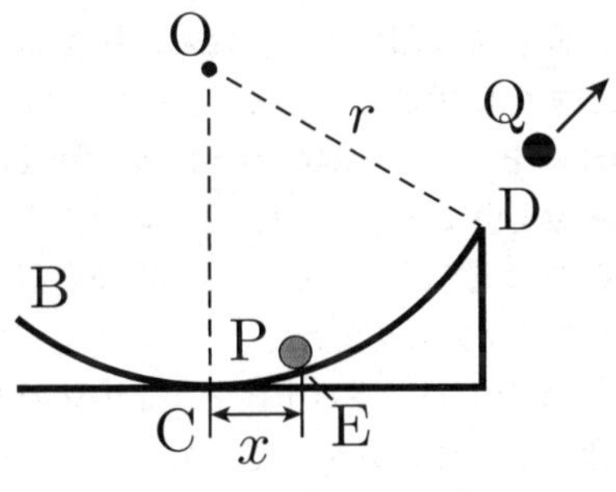

図 2

〔 II 〕　次の文中の空欄（ア）～（ク）にあてはまる式または数値を解答用紙（一）の該当する欄に記入せよ。また，解答用紙（一）の解答図（II－A）に適切な図の概形を描け。ただし，静電気力に関するクーロンの法則の比例定数を k [N·m^2/C^2] とする。

電場の強さが E [N/C] の位置では，電場に対して垂直な面を単位面積あたり E 本の電気力線が垂直に貫いている。図 1 に示すように，電気量 q [C] ($q > 0$) の点電荷の位置を中心とする半径 R [m] の球面を考えれば，この球面を貫く単位面積あたりの電気力線の本数は［（ア）］本である。電気量 +1 C の試験電荷に外力を加え，静電気力に逆らって無限遠から球面までゆっくりと移動するのに必要な仕事は［（イ）］[J] である。

図 2 のように，電気量 q の点電荷 1 つと $-q$ の点電荷 2 つが直線上に間隔 d [m] で固定されている。3 つの点電荷を含む平面内での電気力線の概形を，解答図（II－A）に描け。ただし，点電荷に出入りする電気力線を点電荷 1 つあたり 6 本の実線で描き，その向きを矢印で示せ。なお，解答図では，q の点電荷から出る 2 本の電気力線がすでに示されている。q の点電荷の位置を中心とする半径 R [m] ($R > d$) の球面を貫いて，球面内部に入る電気力線の本数から球面の外に出る電気力線の本数を引くと［（ウ）］本である。2 つの $-q$ の点電荷から距離 $2d$ にある点 P に電気量 +1 C の試験電荷を置くと，試験電荷は大きさ［（エ）］[N] のクーロン力を受ける。

図 3 のように，原点 O を中心とする半径 a [m] の球の内部に単位体積あたり ρ [C/m^3] ($\rho > 0$) の電荷が一様に分布している。このとき，電場の向きは放射状で球対称となる。電場の強さを求めるには，O を中心とし，電場を求める点を通る球面の内部にある電荷の寄与のみを考えれば良い。O からの距離を r [m] とすると，球の外部 ($r > a$) での電場の強さは［（オ）］[N/C] であり，球の内部 ($r < a$) では電場の強さは r の［（カ）］乗に比例する。

半径 a の薄い球面上に単位面積あたり σ [C/m^2] ($\sigma > 0$) の電荷が一様に分布している。このとき，球面のすぐ外側での電場の強さは［（キ）］[N/C] である。電気量 +1 C の試験電荷を，球の中心から球面のすぐ内側までゆっくりと移動させた。この間，球面上の電荷分布は一様なまま，変わらなかった。試験電荷を移動するのに必要な仕事は［（ク）］[J] である。

〔解答欄〕　解答図（II－A）

⊖ ←── ⊕ ──→ ⊖

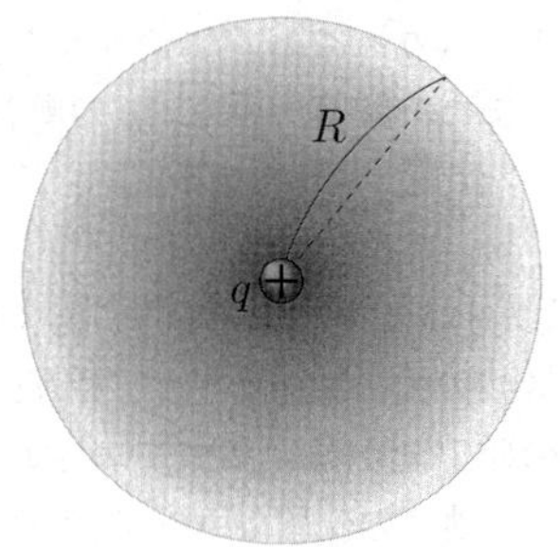

図1

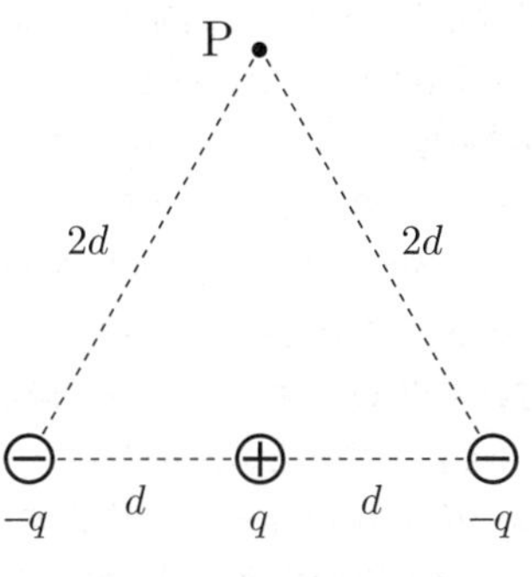

図2

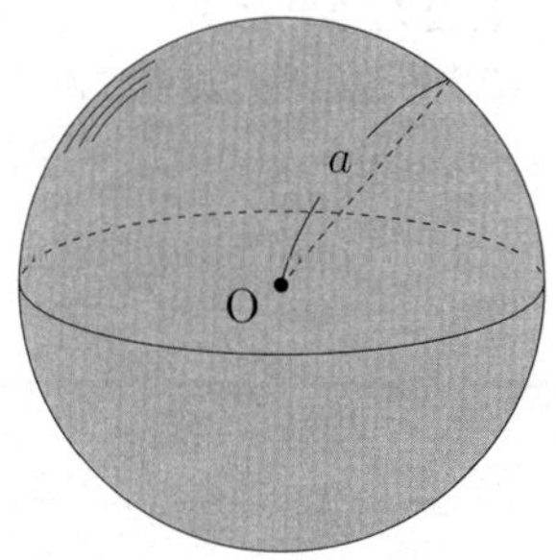

図3

〔Ⅲ〕　次の文中の空欄（ア）～（カ）にあてはまる式または数値を解答用紙（二）の該当する欄に記入せよ。また，解答用紙（二）の解答図（Ⅲ－A），（Ⅲ－B）に適切な図の概形を描け。ただし，空気中の音速を V [m/s] とする。

xy 平面上の原点 O に置かれた音源 S が周期 T [s] の球面波の音波を発している。図1は S から広がる音波の山の波面を示す。音波の波長は［（ア）］[m] である。S が発する音波の圧力変化は正弦波で表され，時刻 $t=0$ s のとき圧力は最大であった。また，x 軸上の位置 x [m] の点 P で音波の圧力を測定したところ，その振幅は A [Pa] であった。点 P での音波の圧力変化を式で表すと［（イ）］[Pa] である。

つぎに，音源 S が x 軸上を x 軸正の向きに一定の速さ $\frac{1}{2}V$ で移動した。S は時刻 $t=0$ で原点 O を通過したときから，周期 T の球面波の音波を発し始めた。S が発する音波の圧力は $t=0$ で最大であった。このとき，S の前方の x 軸上の点で観測される音波の波長は［（ウ）］[m] であり，周期は［（エ）］[s] である。$t=4T$ における，$t=0,\ T,\ 2T,\ 3T$ に S が発した音波の山の波面の概形を解答図（Ⅲ－A）に描け。ただし，解答図（Ⅲ－A）中に "S" と記した点は，$t=4T$ における S の位置を示している。図2に示すように，x 軸から波長に比べて十分に離れた点 Q に置いて音波を測定した。線分 SQ と x 軸正の向きとのなす角を θ [rad] とすると，S から Q の向きへの S の速度成分は［（オ）］[m/s] である。θ が 0 から π まで変化するとき，Q で観測される音波の周期の θ に対する変化の概形を解答図（Ⅲ－B）に描け。

最後に，音源 S が x 軸上を x 軸正の向きに一定の速さ $2V$ で移動した。S は $t=0$ で原点 O を通過し，S が発する音波の圧力は $t=0$ で最大であった。図3は $t=4T$ での，$t=0,\ T,\ 2T,\ 3T$ に S が発した音波の山の波面を表している。これらの波が共通に接する包絡線は直線であり，包絡線が x 軸となす角を α [rad] $(\alpha<\frac{\pi}{2})$ とすると $\sin\alpha=$［（カ）］である。

〔解答欄〕

解答図（Ⅲ－A）

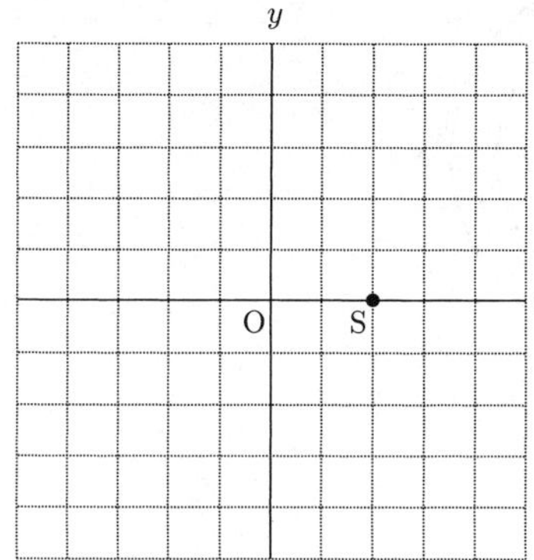

解答図（Ⅲ－B）

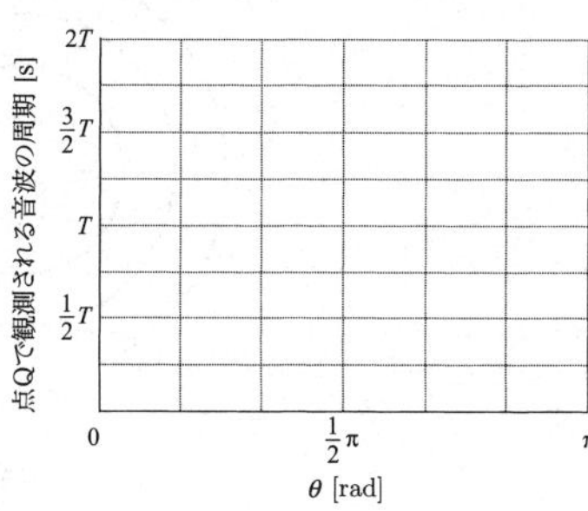

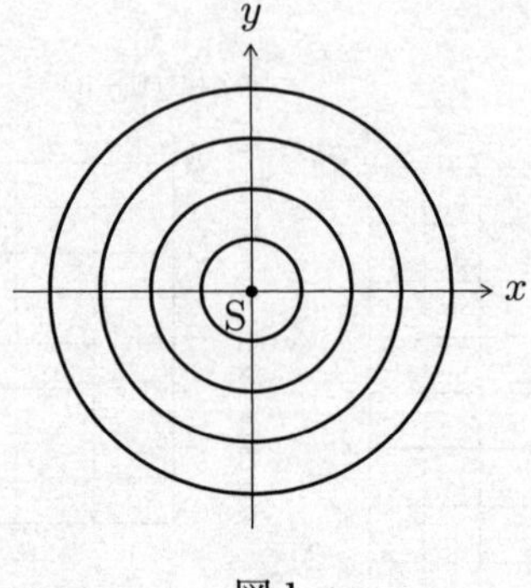

図 1

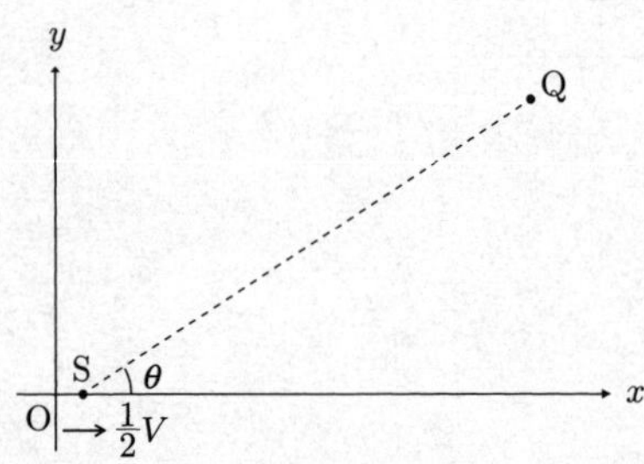

図 2

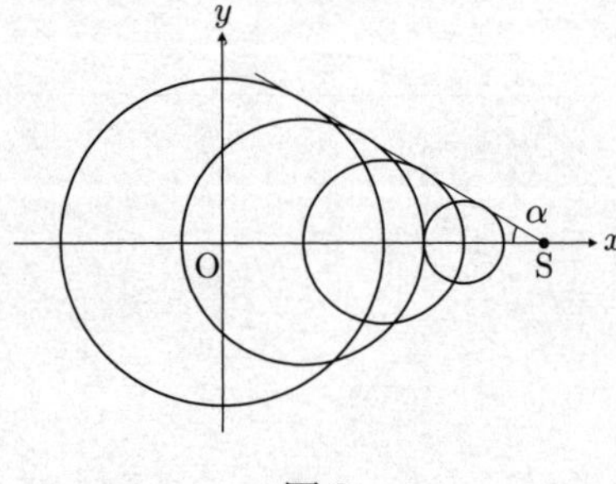

図 3

化学

(75分)

[注意]
原子量は，C = 12.0，N = 14.0，H = 1.00，O = 16.0，Cl = 35.5，Cu = 63.5とし，アボガドロ定数は 6.0×10^{23}/molとする。
気体定数は 8.3×10^3 Pa・L/(K・mol) とせよ。

〔Ⅰ〕 次の文を読み，問い（1）～（6）の答えを，解答用紙（一）の〔Ⅰ〕の該当する欄に記入せよ。

硫黄は，16族の非金属元素であり，単斜硫黄，斜方硫黄，ゴム状硫黄など多数の同素体を持つ。単斜硫黄，斜方硫黄，ゴム状硫黄は，いずれも水に溶けない。同じ分子式で表せる単斜硫黄と斜方硫黄は，ともに二硫化炭素には溶ける。一方，ゴム状硫黄は二硫化炭素にも溶けない。

硫黄は最低（　ア　）から最高（　イ　）までの酸化数をとることができる。そのため，硫黄は，非金属元素，金属元素のいずれとも化合物を形成することができる。硫黄を含む化合物は，一般に反応性に富むことが知られている。例えば，(a)濃硫酸とフッ化カルシウムを高温で反応させることで気体Aが発生する。また，希硫酸に亜硫酸ナトリウムを加えると気体Bを得ることができる。(b)気体Bは硫化鉄(Ⅱ)と酸素を高温で反応させて得ることもできる。気体Bの存在は(c)過マンガン酸カリウム水溶液（硫酸酸性）に気体Bを通じると，水溶液の色が変化することで確認できる。希硫酸に硫化鉄(Ⅱ)を加えて，加熱することで気体Cを得ることができる。さらに，気体Bと気体Cを室温で反応させることで硫黄の単体である固体Dが生じる。

天然に存在する硫化物として，例えば，黄鉄鉱（FeS_2）や黄銅鉱（$CuFeS_2$）がある。黄鉄鉱は，形式的には鉄(Ⅱ)イオン（Fe^{2+}）と二硫化物イオン（S_2^{2-}）から構成されていると考えることができ，鉄の原料であることはもちろんのこと，以前は硫黄の原料としても用いられていた。自然界において(d)黄鉄鉱は，水中で酸素と反応して硫酸鉄(Ⅱ)と硫酸となり，土壌の酸性化の要因となることが知られている。一方，黄銅鉱は，形式的には鉄(Ⅱ)イオン（Fe^{2+}），銅(Ⅱ)イオン（Cu^{2+}）と硫化物イオン（S^{2-}）から構成されていると考えることができ，銅の原料となる。黄銅鉱から銅を得る方法の一つとして，湿式採取法がある。具体的には，(e)酸素の存在下で硫酸鉄(Ⅲ)水溶液と黄銅鉱と反応させることで，硫酸銅(Ⅱ)水溶液と硫酸鉄(Ⅱ)水溶液が生じる。この操作で生じた Fe^{2+} イオンを取り除き，Cu^{2+} イオンのみを含む水溶液にする。この水溶液を電気分解することにより銅を得る。

（1）　文中の空欄（　ア　），（　イ　）に最も適する酸化数を記せ。

（2）　文中のA～Dに最も適する分子式を記せ。

（3）　文中の下線部(a)～(d)の反応について，それぞれの化学反応式を記せ。ただし，下線部(c)については，イオン反応式を記せ。

（4）　次の（ⅰ）～（ⅲ）の反応により発生する主な気体を化学式で記せ。また，（ⅰ）～（ⅲ）の反応は，濃硫酸のもつどの性質によるものかを次の語群（あ）～（え）から最も適するものを選び，記号を記せ。

（ⅰ）　濃硫酸に硝酸ナトリウムを加えて加熱する。

（ⅱ）　濃硫酸に塩化バリウムを加えて加熱する。

（ⅲ）　濃硫酸に銀を加えて加熱する。

語群

（あ）　不揮発性　（い）　吸湿性　（う）　脱水作用　（え）　酸化作用

（5）　次の問い（ⅰ）および（ⅱ）について答えよ。なお，二硫化炭素のモル沸点上昇は 2.40 K･kg/mol とする。

（ⅰ）　斜方硫黄 2.56 g を 100 g の二硫化炭素に溶解させ，加熱して沸点を測ったところ，溶解前と比較して沸点が 0.240 K 上昇した。

斜方硫黄の分子量を有効数字3桁で求めよ。

（ii）斜方硫黄，単斜硫黄，ゴム状硫黄の混合物4.5gを100gの二硫化炭素に溶解させたところ，ゴム状硫黄以外は完全に溶解した。このとき，沸点を測ったところ，沸点が0.30K上昇した。混合物に含まれていたゴム状硫黄の質量〔g〕を有効数字2桁で求めよ。

（6）次の問い（i）および（ii）について答えよ。

（i）下線部(e)の反応について，化学反応式を記せ。

（ii）湿式採取法により，黄銅鉱のみを含む鉱石100gに含まれるすべての銅を，陰極と陽極ともに白金を用いて，完全に電解採取した。このとき必要とした電気量は，9.65×10^3 C であった。陽極および陰極での反応について，電子（e^-）を含むイオン反応式でそれぞれ記せ。また，この鉱石に含まれる銅の質量%を有効数字3桁で記せ。ただし，ファラデー定数は，9.65×10^4 C/mol とする。

（50点）

〔Ⅱ〕 次の文を読み，問い（1）～（5）の答えを，解答用紙（一）の〔Ⅱ〕の該当する欄に記入せよ。

砂糖は甘味料で，その主成分である（ **ア** ）はα-グルコースの1位の$-$OHと五員環構造のβ-フルクトースの2位の$-$OHが（ **イ** ）した構造をもち，希硫酸と加熱すると加水分解される。得られたグルコースとフルクトースの等量混合物を（ **ウ** ）糖といい，（ **ア** ）よりも甘味が強い。

日本では，古くからデンプンを原料として甘味料を製造する技術が発展してきた。デンプンに薄い酸を加えて加熱すると，分子量がデンプンよりも少し小さい（ **エ** ），二糖である（ **オ** ）を経て，最終的にグルコースまで加水分解される。またデンプンの酵素糖化法が開発され，グルコースが大量に生産されるようになった。さらにグルコースを，糖類の中で最も甘味が強く，グルコースの（ **カ** ）異性体であるフルクトースへ変換する（以下，異性化反応という）研究が行われるようになり，触媒として酵素を用いた異性化反応が工業化された。

水溶液中でのグルコース（Glc）からフルクトース（Fru）への異性化反応は，①式で表せる。

$$\mathrm{Glc} \rightleftarrows \mathrm{Fru} \qquad ①$$

①式の平衡定数Kは平衡に達したときのグルコース濃度$[\mathrm{Glc}]_e$とフルクトース濃度$[\mathrm{Fru}]_e$を用いると，②式で表される。

$$K = (\quad \mathrm{A} \quad) \qquad ②$$

平衡定数Kと反応温度との関係を次表に示す。

温度（℃）	25	40	60	70
平衡定数K	0.74	0.92	1.15	1.30

表から高温での反応ほど①式の（ **キ** ）側へ平衡が移動し，水溶液中でグルコースからフルクトースが生成する反応が（ **ク** ）反応であることがわかる。

正味のフルクトースの生成速度vは，ある時間のグルコース濃度［Glc］

とフルクトース濃度［Fru］を用いると，③式で表すことができる。

$$v = k_1[\mathrm{Glc}] - k_2[\mathrm{Fru}] \qquad ③$$

ここで k_1，k_2 はそれぞれ①式の正反応速度定数および逆反応速度定数である。また平衡状態では $v = 0$ であることから，①式の平衡定数 K は k_1，k_2 を用いると④式のようにも表される。

$$K = (\quad \mathrm{B} \quad) \qquad ④$$

反応開始時に水溶液中にグルコースのみが存在し，その濃度を $[\mathrm{Glc}]_0$ とすると，物質収支から次の関係が成り立つ。

$$[\mathrm{Glc}]_0 = [\mathrm{Glc}] + [\mathrm{Fru}] = [\mathrm{Glc}]_\mathrm{e} + [\mathrm{Fru}]_\mathrm{e} \qquad ⑤$$

②，④，⑤式から［Fru］を［Glc］，$[\mathrm{Glc}]_\mathrm{e}$，$k_1$，$k_2$ を用いて表すと⑥式となる。

$$[\mathrm{Fru}] = (\quad \mathrm{C} \quad) \qquad ⑥$$

⑥式を③式に代入することにより，⑦式が得られる。

$$v = (k_1 + k_2)([\mathrm{Glc}] - [\mathrm{Glc}]_\mathrm{e}) \qquad ⑦$$

（1）文中の空欄（　**ア**　）～（　**ク**　）に最も当てはまる語句を下記の語群から選んで答えよ。ただし（　**キ**　）には右あるいは左のいずれかを記せ。

スクロース，セロビオース，デキストリン，マルトース，還元，吸熱，構造，重合，脱水縮合，置換，転化，発熱，付加，立体

（2）文中の空欄（　A　）～（　C　）に当てはまる式を答えよ。

（3）グルコースの初濃度 $[\mathrm{Glc}]_0$ が 2.00×10^{-3} mol/L の水溶液を用いて，グルコースからフルクトースへの異性化反応を，ある触媒を用いて60℃で行った。次の問い（i）および（ii）に答えよ。

（i）　平衡に達したときのグルコース濃度 $[Glc]_e$〔mol/L〕を有効数字2桁で求めよ。

（ii）　生成したフルクトース濃度の経時変化を測定し，図1に示すような結果を得た。時間0から20分までに生成したフルクトースの物質量から反応初期におけるフルクトース生成速度 v_0〔mol/(L·min)〕を有効数字2桁で求めよ。またフルクトース生成速度 v_0 は，⑦式から次の式で与えられる。

$$v_0 = (k_1 + k_2)([Glc]_0 - [Glc]_e)$$

①式の正反応速度定数 k_1〔min^{-1}〕および，逆反応速度定数 k_2〔min^{-1}〕の値を有効数字2桁で求めよ。

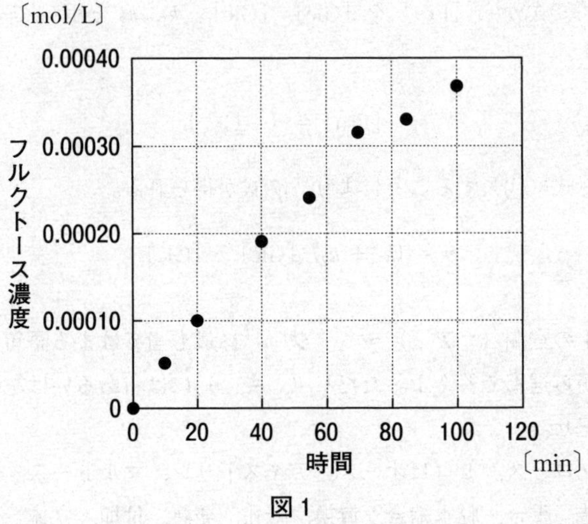

図1

（4）　グルコースおよびフルクトースの燃焼に関して，次の問い（i）～（iii）に答えよ。

（i）　グルコースの燃焼熱〔kJ/mol〕を整数で求めよ。ただし $C_6H_{12}O_6$（グルコース，固体），CO_2（気体）および H_2O（液体）の生成熱はそれぞれ，1280 kJ/mol，394 kJ/mol および

286 kJ/mol である。

（ii）グルコース 4.50 g を完全燃焼したときに発生する熱の一部を 20 ℃の水 1.00 kg に与えたところ，熱は水の温度上昇のみに使われ，水の温度は 30 ℃になった。このとき完全燃焼で発生した熱の何％が，水の温度上昇に与えられたか。有効数字 2 桁で答えよ。ただし，1.00 g の水の温度を 1.00 ℃上昇させるのに必要な熱量は 4.20 J とする。

（iii）フルクトース（$C_6H_{12}O_6$）の生成熱および燃焼熱はそれぞれグルコースの場合と比べてどうなるか。次の（あ）～（う）から選び，記号で答えよ。ただしグルコースとフルクトースの溶解熱は等しいものとする。

（あ）グルコースの場合の値と同じ

（い）グルコースの場合の値よりも大きい

（う）グルコースの場合の値よりも小さい

（5）水にグルコースを X〔g〕溶かし，1.00 L とした。このグルコース希薄水溶液から 100 mL をとり，図 2 のような水だけを通す半透膜で仕切った断面積 1.00 cm^2 の U 字管の A 側に入れた。B 側には純水を同じ高さになるように 100 mL 入れ，U 字管を 300 K に保った。その後十分に放置した後，液面差は 10.0 cm で一定となった。次の問い（ i ）～（iii）に答えよ。ただし U 字管は大気に開放され，水の蒸発は無視できる。またグルコースの異性化反応はおこっていない。

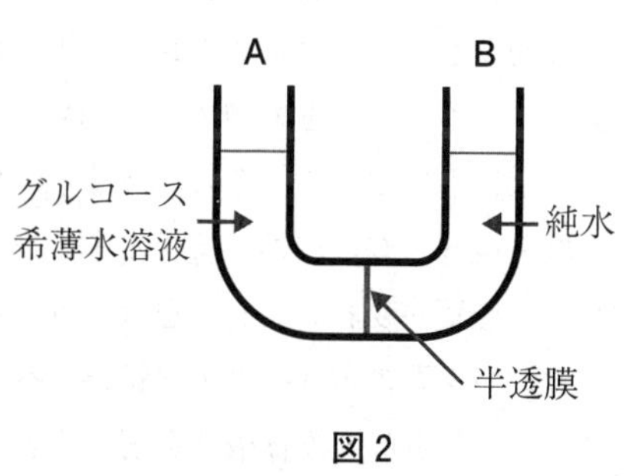

図 2

（ i ）液面が高くなるのはどちらか。A あるいは B で答えよ。

（ii）グルコース希薄水溶液の浸透圧〔Pa〕を有効数字 2 桁で求めよ。ただしグルコース希薄水溶液の密度は 1.00 g/cm^3，重力加速度は 9.80 m/s^2 である。

（iii）最初に溶かしたグルコースの質量X〔g〕を有効数字2桁で求めよ。

（50点）

〔Ⅲ〕次の文を読み，問い（1）～（6）の答えを，解答用紙（二）の〔Ⅲ〕の該当する欄に記入せよ。構造式は例にならって記すこと。

タンパク質は，(a)<u>α−アミノ酸（一般式 $R-CH(NH_2)-COOH$）</u>が連なったポリペプチドの構造を基本とする天然高分子化合物であり，生命活動を支える重要な働きをしている。その形状から，繊維状タンパク質と球状タンパク質に分類できる。繊維状タンパク質は，一般に水に溶けにくく，ケラチンやフィブロインのように，生命体の構造形成に主要な役割を果たしている。一方，球状タンパク質は，繊維状タンパク質に比べて水に溶けるものが多い。代表的なものに，アルブミンやミオグロビンなどがある。これらのタンパク質は（　あ　）基を外側に，（　い　）基を内側に向けて折りたたまれた状態で水に溶けており，その溶液は(b)<u>コロイド溶液</u>となる。タンパク質は，熱・酸・塩基・有機溶媒・重金属イオンなどの作用で，本来の立体構造が変化して，性質が変わる。これを（　う　）という。

タンパク質のポリペプチド鎖は，ペプチド結合の部分で水素結合することにより，部分的な立体構造を形成する。このような構造を二次構造という。例えば，ペプチド結合をしている1つのアミノ酸の $>C=O$ と，そのアミノ酸から4番目のアミノ酸の $>NH$ との水素結合によってポリペプチド鎖がらせん状になった（　え　）構造があり，酸素貯蔵に働くミオグロビンはこの二次構造を多く含んでいる。また，平行に並んだポリペプチド鎖の間に水素結合が形成され，ひだ状に折れ曲がった構造は（　お　）構造といい，絹のフィブロインのような繊維状タンパク質などに見られる。絹はしなやかで光沢に富み，古くから繊維材料として用いられている。

（1）　文中の空欄（　**あ**　）～（　**お**　）に最も適する語句を記せ。ただし，（　**あ**　），（　**い**　）には「疎水」あるいは「親水」のいずれかを記せ。

（2）　下線部(a)のタンパク質を構成する α-アミノ酸に関する次の記述のうち，誤っているものをすべて選び，記号で答えよ。

（ア）　動物の体内で合成されないか，合成されにくいものは食物から摂取する必要があり，必須アミノ酸という。

（イ）　結晶の融点は分子量が同程度のカルボン酸あるいはアミンに比べて低い。

（ウ）　無水酢酸と反応させるとエステルが生じるため，塩基としての性質を失う。

（エ）　水溶液にニンヒドリン溶液を加えて温めると赤紫～青紫色になる。

（3）　下線部(b)に関して，次の問い（ⅰ）および（ⅱ）に答えよ。

（ⅰ）　ゼラチン水溶液に横から強い光線をあてると，その光線の通路が明るく輝いて見えた。このような現象は何と呼ばれるか。

（ⅱ）　水酸化鉄(Ⅲ)コロイド溶液にゼラチン水溶液のような親水コロイドを加えると，少量の電解質を加えても凝析しにくくなる。このような働きをする親水コロイドは何と呼ばれるか。

（4）　フィブロインを加水分解したところ，4つのアミノ酸からなる鎖状のテトラペプチドXが生じた。このテトラペプチドXは表1に示したアミノ酸のいずれかから構成されている。このテトラペプチドXに，ある酵素を作用させると，トリペプチドYと不斉炭素原子をもたないアミノ酸Aに分解した。トリペプチドYはキサントプロテイン反応を示した。次の問い（ⅰ）～（ⅲ）に答えよ。

表1　α-アミノ酸（R-CH(NH_2)-COOH）

名称	R の構造
グリシン	H−
アラニン	CH_3−
セリン	HO−CH_2−
グルタミン酸	HOOC−CH_2−CH_2−
チロシン	HO−(ベンゼン環)−CH_2−

（i）　テトラペプチドXの成分元素の質量百分率は，炭素 52.5 %，水素 6.0 %，酸素 26.2 %，窒素 15.3 %だった。テトラペプチドXの分子式を記せ。

（ii）　アミノ酸Aの水溶液が pH 1 および pH 13 のとき，アミノ酸Aの最も多いイオンの構造式をそれぞれ記せ。

（iii）　テトラペプチドXのアミノ酸の結合順として正しいと考えられるものを，次の（a）～（f）の中から選び，記号で答えよ。

（a）　グリシン－アラニン－グリシン－セリン
（b）　チロシン－グリシン－アラニン－セリン
（c）　チロシン－チロシン－セリン－グリシン
（d）　グリシン－アラニン－グリシン－チロシン
（e）　グリシン－グルタミン酸－アラニン－セリン
（f）　グルタミン酸－グリシン－チロシン－セリン

（5）　鎖状のポリペプチドZは，アラニンとグリシンのみから構成されており，その物質量の比は 1 : 2 である。9.40 g のポリペプチドZを完全に加水分解すると，7.50 g のグリシンが生成した。ポリペプチドZの分子量を，有効数字 2 桁で答えよ。

（6）　ナイロン 66 は，カロザースによって開発された合成繊維であり，分子構造が似た絹に近い感触がある。次の①～④の操作で，ナイロン 66

の合成を行った。次の問い（i）～（iii）に答えよ。

① ビーカーにアジピン酸ジクロリドを0.5 mLとり，ヘキサン15 mLを加えて溶かした。

② ヘキサメチレンジアミン1 gを別のビーカーにとり，水15 mLを加えて溶かし，これに水酸化ナトリウム0.7 gを加えて溶かした。

③ 操作①で得られた溶液Pを，ガラス棒を伝わらせて操作②で得られた水溶液Qに静かに加えた。

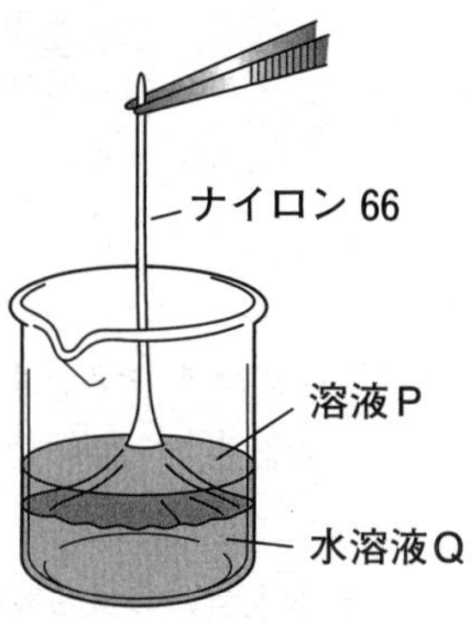

図1　ナイロン66の合成

④ (c)2層の境界面に膜ができるので，これをピンセットでつまんで糸状に引き上げ（図1），水とアセトンで交互に洗った後，乾燥させた。

（i） 下線部(c)で起こる反応を化学反応式で記せ。

（ii） この反応で水酸化ナトリウムを加えたのはなぜか説明せよ。

（iii） 平均分子量 3.39×10^4 のナイロン66が得られた。このナイロン66には1分子中に平均何個のアミド結合が存在するか。有効数字2桁で答えよ。

構造式の例

$$C_6H_5-CH((CH_2)_3CH_3)-C(=O)-O-\!\left(CH_2CH_2O\right)_n\!-H$$

（50点）

生物

(75分)

〔Ⅰ〕次の文章を読み，問い（1）～（7）の答えを解答用紙の（一）の〔Ⅰ〕の該当する欄に記入せよ。

［とある大学における教授と学生の会話］

学生：先生，インタビューさせてもらえませんか？実は講義の一環として，大学で行われている研究内容を高校生にわかりやすく説明する案内誌を作ろうとしていて，ぜひ先生の研究を紹介したいのです。

教授：それはまさに科学的なトピックを，専門家でない人にわかりやすく伝えるサイエンスコミュニケーションの練習だね。

学生：はい。そうなんです。

教授：良いでしょう。私は真核生物の細胞の死について研究しているよ。細胞の死に方には大きく分けて2種類あるのは知っているよね。ひとつは壊死，もうひとつはプログラム細胞死と呼ばれているんだ。(A)壊死が起こると細胞に穴があいて細胞内部の物質が放出され，ひどい炎症を引き起こしてしまうことになるんだ。一方，プログラム細胞死のうち，(B)細胞のDNAが断片化し，ついで細胞全体が断片化して死に至る細胞死が(C)アポトーシスと呼ばれるよ。断片化した細胞は(D)マクロファージなどによって分解されるため，壊死に比べ炎症反応が起こりにくいんだ。

学生：体の中ではいつアポトーシスが起こっているのですか？

教授：そうだね。例えば君の手足は最初，扇のような形をした細胞の塊でできていたんだよ。でも今は指の形がはっきりとしているでしょう？これはアポトーシスによって，指と指の間の細胞が死んで失われることによってできたんだよ。これが壊死によって起こると君の指はひどい炎症になってしまうんだ。

学生：なるほど。必要な細胞死だから私たちの体にプログラムされているんですね。

教授：そう。我々の体を形作る過程では，発生に加えて，(E)細胞の移動や選別，そしてプログラム細胞死など様々なしくみが存在するんだ。でも最近の研究で，体の中にはアポトーシスのほかにも様々な細胞死誘導のしくみが備わっていることが明らかになってきているんだ。これらの細胞死は総称して Regulated cell death，すなわち制御された細胞死と呼ばれているよ。これらの細胞死は病気の発症や進行にも関わっていることから，私はどういうきっかけでこれらの細胞死が起こるか調べているんだ。

［インタビューは続く。］

（1） 下線部（A）に関して，炎症について述べた次の文章のうち，空欄（あ）～（お）にあてはまるもっとも適切な語句を解答欄に記入せよ。

自然免疫ではマクロファージなどの（　あ　）細胞が行う（　い　）によって細菌などの異物が排除される。一方，壊死による自己由来物質の細胞外への流出も自然免疫受容体を活性化し，炎症応答を誘導することが知られている。生体は異物を（　う　）に代表される自然免疫受容体によって認識し，活性化した（　あ　）細胞は（　え　）と総称されるタンパク質を分泌し，適切な炎症と免疫応答を誘導している。（　え　）の一種である（　お　）は，炎症時に発熱を促し免疫反応を活性化させる。

（2） 下線部（B）に関して述べた次の文章のうち，空欄（あ）～（う）にあてはまるもっとも適切な語句を解答欄に記入せよ。

通常，ゲノム DNA はタンパク質とともに（　あ　）という構造を形成して染色体として核内に分散している。アポトーシスを起こした細胞では，ゲノム DNA が DNA 切断酵素によって切断され，約 200 塩基対に断片化される。これはゲノム DNA が（　い　）に巻き付いて形成される（　う　）が，約200塩基対のDNAが単位になって構成されており，単位ごとに切断が起こるためと考えられている。

（3）下線部（**B**）に関する次の文章を読み，以下の問いに答えよ。

アポトーシス経路の活性化にミトコンドリアがどのように関わっているか調べるために，培養細胞Pを用いて，無処理の細胞（PA）と，アポトーシスを誘導する化合物で処理を行いアポトーシス経路を活性化させた細胞（PB），アポトーシス経路ではたらくタンパク質切断酵素Xの阻害剤を加えた上でPBと同様の処理を行った細胞（PC）を用意した。各細胞から細胞分画法により，核（以下，「核画分」），ミトコンドリア（以下，「ミトコンドリア画分」），それら以外の細胞小器官を含む細胞質画分（以下，「細胞質画分」）を調製した。各画分を用いて，次の反応（Ⅰ）～（Ⅲ）を1時間行い，ゲノムDNAの断片化を確認し，図1の結果を得た。なお細胞質画分にはアポトーシス経路の活性化に必要なヌクレオチドなどの低分子物質が含まれている。また，分画中にミトコンドリアの破砕は起こっていない。

（Ⅰ）細胞PA，細胞PB，細胞PCの細胞質画分それぞれに，細胞PAの核画分を加えて反応させた。

（Ⅱ）細胞PAと細胞PBの細胞質画分それぞれに，細胞PAの核画分と細胞PAのミトコンドリア画分を加えて反応させた。

（Ⅲ）細胞PAと細胞PBの細胞質画分それぞれに，細胞PAの核画分を加え，細胞PAのミトコンドリア画分を破砕したものを添加して反応させた。

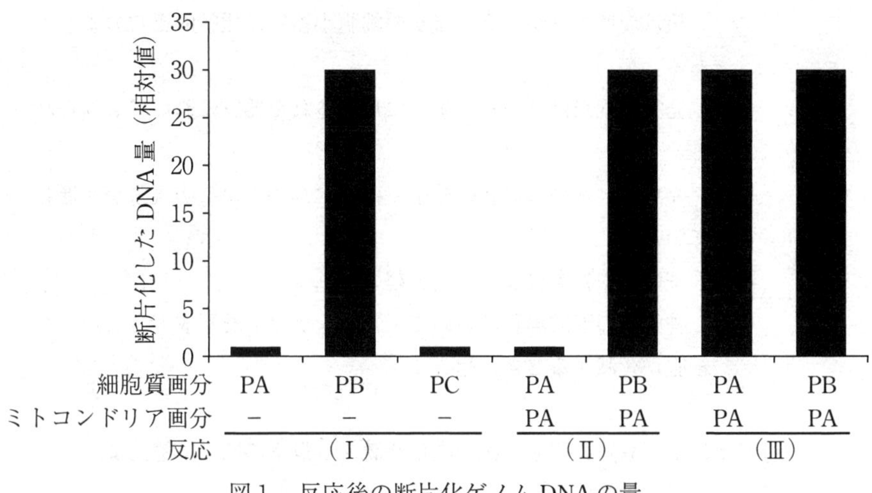

図 1　反応後の断片化ゲノム DNA の量

次の文章（ア）～（オ）のうち，この実験結果のみから導くことができる考察として適切なものを全て選び，記号で答えよ。

（ア）細胞 PB の細胞質画分を加えるだけで，核画分中の DNA の断片化を促すことができる。

（イ）細胞 PA の細胞質画分と，破砕したミトコンドリアを混ぜても，核 DNA の断片化を促すことができない。

（ウ）ミトコンドリアの内部にアポトーシス経路を活性化させる物質が含まれている。

（エ）アポトーシス時に活性化される核 DNA 切断酵素は通常細胞質に存在している。

（オ）核 DNA 切断酵素のアポトーシス時における活性化には，タンパク質切断酵素 X の活性は必要ない。

（4）下線部（C）について述べた次の文章（ア）～（オ）のうち，内容が誤っている文章を二つ選び，記号で答えよ。

（ア）　核は崩壊するが，そのほかの細胞小器官は比較的正常のままである。

（イ）　発生過程だけでなく，すでに形成された器官においてもみられる。

（ウ）　マウスと水鳥の後肢の発生では，水鳥の方がこの現象が亢進している。

（エ）　やけどや外傷によって引き起こされる。

（オ）　神経系の形成過程において正常なシナプスを形成できなかった細胞が死滅するときに起こる。

（5）　下線部（**D**）に関する次の文章を読み，以下の問いに答えよ。

真核生物にはリン酸を含む親水性部分が異なる複数のリン脂質が存在するが，細胞膜の脂質二重層においてこれらのリン脂質は非対称に分布している。この膜の非対称性は，スクランブラーゼと呼ばれる両層のリン脂質を非特異的に両方向に輸送する酵素と，フリッパーゼと呼ばれる特定のリン脂質を細胞質側に輸送する酵素がそれぞれ複数存在し，協調的にはたらくことにより維持されている。ところがアポトーシスを起こす刺激を受けた細胞は，通常は細胞質側に存在するリン脂質であるホスファチジルセリンを細胞膜の外側に露出し，自分は死んでいるという目印をつけることにより，マクロファージによって認識される。このホスファチジルセリンの露出には，タンパク質切断酵素Xの活性化によって引き起こされる，ホスファチジルセリンを輸送するフリッパーゼYの不活性化と，スクランブラーゼZの活性化が重要な役割を果たす。

そこで遺伝子に変異がない野生型の培養細胞または遺伝子 *X*，*Y*，*Z* のいずれかが欠損した培養細胞（Q，R，S，T）を用いて，アポトーシスを誘導する刺激を加えた場合と加えていない場合，さらに遺伝子導入によりタンパク質Xを発現させた各細胞について同様にアポトーシスを誘導する刺激を加えた場合におけるホスファチジルセリンの細胞表面への露出を評価し，表1に示す結果を得たとする。この結果から野生型と遺伝子 Y が欠損した細胞をそれぞれ選び，記号で答えよ。また，培養細胞 T にタンパク質 X の特異的阻害剤を十分量添加したうえでアポトーシスを誘導する刺激を加えた場合に，ホスファチジルセリンの細胞表面への露出が起こるかどうか答えよ。ただし X, Y, Z 遺伝子の欠損は，他の遺伝子の発現量に影響は与えないこと，タンパク質 X の過剰発現のみではアポトーシスは起こらないこととし，Y と Z が両方はたらかない場合はホスファチジルセリンが両層に存在するとする。

表 1　各細胞におけるホスファチジルセリンの細胞表面への露出

露出が見られた場合を○，見られなかった場合を×で示す。

	細胞 Q	細胞 R	細胞 S	細胞 T
アポトーシス刺激なし	×	×	×	○
アポトーシス刺激あり	×	×	○	○
タンパク質 X 発現後に アポトーシス刺激あり	×	○	○	○

（6） 下線部（**E**）に関して脊椎動物の神経管などの形成にはカドヘリンが重要な役割を果たす。カドヘリンに関する以下の問い①～③に答えよ。

① カドヘリンが関与する現象としてもっとも適切なものを次の（ア）～（オ）から一つ選び，記号で答えよ。

（ア） 紡錘体の形成
（イ） がん細胞の転移
（ウ） 赤血球の凝集
（エ） コロナウイルスの細胞への感染
（オ） B 細胞からのインスリン分泌

② カドヘリンどうしの結合に必要なイオンの名称を答えよ。

③ 外胚葉から形成された神経管の細胞と神経堤細胞について，E–カドヘリンとN–カドヘリンの発現量は神経管形成前の外胚葉と比べてどのように異なるか，次の（ア）～（エ）からそれぞれ適切なものを選び，記号で答えよ。

（ア） 高い　（イ） 同程度　（ウ） 低い
（エ） 発現していない

（7） 以下の文章は，インタビューを終えた学生が生物に興味をもつ高校生向けに教授の研究内容を紹介するために書いた文章の一節である。波線部（ア）～（ウ）のうち，内容が誤っている部分を二つ選び，記号で答えよ。また，その誤っている語句にあてはまる正しい語句を答えよ。

先生が研究されているFerroptosisという細胞死は，鉄依存的な細胞死であり，アポトーシスとは異なるタイプの制御された細胞死です。鉄は(ア)赤血球中に存在するヘモグロビンの成分として，体の恒常性に重要な役割を果たしています。ところが細胞が酸化的ダメージを受けたときには，(イ)リン脂質の疎水性部分を構成する3本の脂肪酸の一部が鉄依存的に酸化され脂質二重層が破壊されることで細胞膜が壊れ，Ferroptosisを起こすと考えられています。細胞内には抗酸化剤としてはたらくトリペプチドであるグルタチオンがあり，(ウ)メチオニンがもつSH基を用いて抗酸化作用を示しますが，Ferroptosisが起こるためには，このグルタチオンの存在量も重要です。がん細胞は鉄を多く含むことから，Ferroptosisの誘導剤は抗がん剤として利用できると期待されています。

（50点）

〔Ⅱ〕 次の文章を読み，問い（1）～（5）の答えを解答用紙の（一）の〔Ⅱ〕の該当する欄に記入せよ。

地球には多くの昆虫が生息している。日本人は，古くから昆虫と深く関わってきた。例えば，蝶や蜻蛉（とんぼ）の絵柄は草花とともに着物や調度品に使われ，また和歌や俳句にも昆虫が詠み込まれてきた。その一つに次の松尾芭蕉の俳句がある。

閑（しずか）さや岩にしみ入る蟬（せみ）の声

この名句のように，(A)ヒトは昆虫の鳴き声を感情深く聴いているが，多くの昆虫にとって鳴くことは，生存や種の維持に不可欠な行動である。セミが鳴く特徴について，(B)雌セミは鳴かずに雄セミのみが鳴くことが知られている。雄セミの鳴き声の周波数と強さの関係を図 1 に示した。

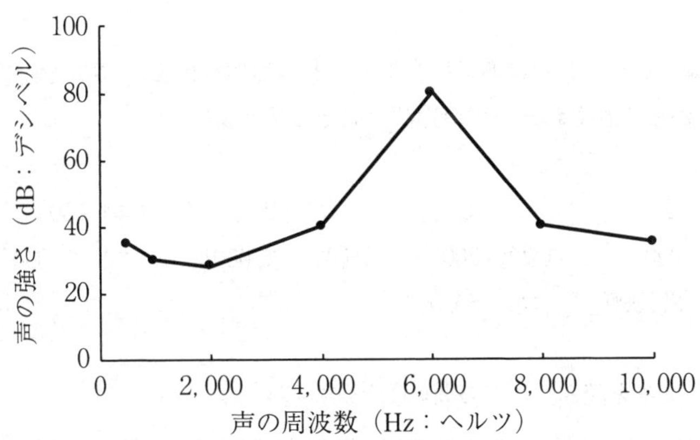

図 1　雄セミの鳴き声の周波数と強さ

（1） 下線部（A）について，次の文章の空欄（あ）～（お）にあてはまるもっとも適切な語句を解答欄に記入せよ。

昆虫の鳴き声は，空気の振動で生じる音波である。音波は，ヒトの感覚器の一つである聴覚器で受容される。まず外耳から入ってきた音波は，（　あ　）を振動させる。その振動は，中耳の（　い　）骨によって卵円窓(らんえんそう)を直接揺さぶり，（　う　）管内のリンパ液へ音波を効率よく伝えるはたらきをする。音波の刺激を受容する聴細胞は，（　う　）管内の基底膜の上にある（　え　）器にある。この聴細胞は，感覚毛をもっているため，（　お　）とも呼ばれる。

（2） 次の文章を読み，以下の問いに答えよ。

多くの生物は，高音と低音が複雑に混じった音でも周波数が違うために，音の違いを聞きわけられる。受容できる周波数の範囲は，生物種や個体によって異なる。正常な聴覚をもつヒトの場合，知覚できる周波数の範囲は（　C　）～（　D　）Hz であることが知られている。

空欄（C），（D）にあてはまるもっとも適切な値を，次の（ア）～（コ）からそれぞれ一つずつ選び，記号で答えよ。

（ア） 2　　（イ） 5　　（ウ） 20　　（エ） 50
（オ） 200　　（カ） 500　　（キ） 2,000　　（ク） 5,000
（ケ） 20,000　　（コ） 50,000

（3） 次の文章を読み，以下の問い①と②に答えよ。

聴覚器が受容した音波は，基底膜を振動させて，感覚毛をもつ聴細胞とおおい膜（蓋膜）が触れ合う。この一連の作用が聴神経に電気的信号を発生させる。これらの機能のいずれか一つでも破綻すると，難聴となる。この機能を担うタンパク質の一つに，カドヘリン 23 がある。正常な聴覚をもつヒトの場合，カドヘリン 23 は，感覚毛と，もう一方の感覚毛に発現するイオンチャネルをつないでいる（図2）。

感覚毛がおおい膜に触れると，$_{(E)}$ あるメカニズムによりカドヘリン 23 につながったイオンチャネルが開く。これにより，聴細胞へイオン流入が起こり，聴細胞は神経伝達物質を聴神経に分泌する。$_{(F)}$ 神経伝達物質を受容した聴神経は興奮し，電気的信号に変換された音波の情報は聴覚野に伝えられる。

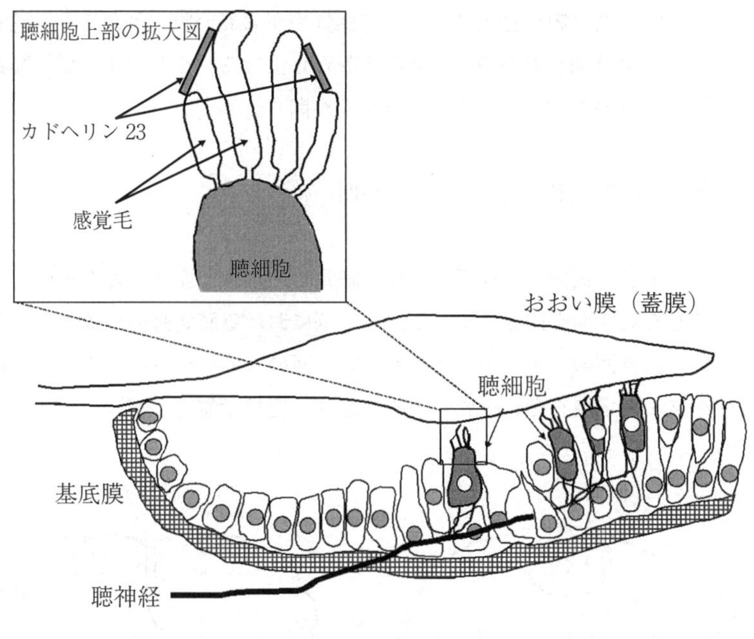

図 2　聴細胞の振動を受容する組織構造

① 波線部（**E**）の説明として，もっとも適切なものを次の選択肢（ア）～（オ）から一つ選び，記号で答えよ。

（ア）基底膜の振動に合わせて感覚毛がおおい膜に触れると，感覚毛からカドヘリン 23 が離れ，イオンチャネルが開く。

（イ）基底膜の振動に合わせて感覚毛がおおい膜に触れると，その力によってカドヘリン 23 が切断される。その結果，自由な動きができるようになったイオンチャネルが開く。

（ウ）　基底膜の振動に合わせて感覚毛がおおい膜に触れると，おおい膜から分泌された神経伝達物質とカドヘリン 23 が結合する。この結合によってイオンチャネルが開く。

（エ）　基底膜の振動に合わせて感覚毛がおおい膜に触れると，カドヘリン 23 でつながった隣接する感覚毛も変形して機械的にイオンチャネルが開く。

（オ）　基底膜の振動に合わせて感覚毛がおおい膜に触れると，感覚毛は物理的刺激により聴細胞から抜ける。これによって，膜電位が変化してイオンチャネルが開く。

②　波線部（**F**）について，次の問いに答えよ。

ヒト脳の側面と，前面から見て聴覚野を含んだ領域を左右方向に切断した冠状面を図 3 に示した。ヒト脳における聴覚野の位置はどの部位か。側面の（ア）～（オ）と，冠状面の（カ）～（コ）から聴覚野を含んだ領域をそれぞれ一つずつ選び，記号で答えよ。

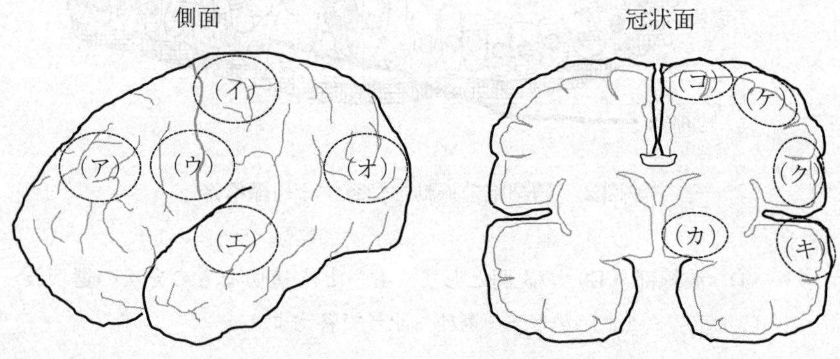

図 3　ヒト脳の側面と冠状面

（4）　私たちは，音を遮断した環境に佇(たたず)むと「キーン」という高い周波数の音を感じることがあるが，普段の生活では気にならない。ところが，日中でも絶えず特定の周波数の音を感じる症状が，耳鳴りである。難聴の人は，自分が聞こえづらくなった周波数付近の耳鳴りを感じる。ある難聴の人は，日常会話の聴覚に支障はないが，頭の中でセミが鳴いているような感じがすると表現した。この人が聞こえづらい周波数はどれか。次の選択肢（ア）～（オ）からもっとも適切なものを一つ選び，記号で答えよ。

（ア） 20 Hz　　（イ） 500 Hz　　（ウ） 1, 000 Hz
（エ） 3, 000 Hz　　（オ） 6, 000 Hz

（5） 下線部（**B**）について次の文章を読み，以下の問い①と②に答えよ。

昔，フランスの昆虫学者ファーブルは，鳴いている雄セミと一緒にいる雌セミの傍（かたわら）で大砲を撃ったが，どちらのセミも反応しなかったと記録している。セミは聴覚器をもたず聞こえなかったため，反応しなかったとファーブルは考えた。しかし，雄セミと雌セミは腹部に聴覚器をもち，正常に機能している。セミは，ヒトの気配を感じて鳴き止むことはあるが，ヒトの会話だけでは気配を感じずに反応しない。

ある木で鳴いている雄セミと，同じ木に飛来してきた雌セミを観察した。雄セミの鳴き声を知覚した雌セミは，雄セミに近寄った。すると，その雄セミは，今までとは違う声で鳴きながら雌セミの周りをぐるりと歩いて回る行動をとった。

① セミの聴覚器は正常に機能していたが，なぜ大砲の音で逃げなかったのか？ヒトとセミの聴覚の違いについて，句読点を含めて60字以内で答えよ。ただし，大砲の音を聞いたセミと木で観察したセミは同じ種類のセミで，聴覚器は正常に機能しているとする。また，鳴いている雄セミと同じ位置に置いた大砲の発射音の周波数と強さの関係を図4に示した。100～110 dBの音の強さは，航空機騒音に匹敵し，40～50 dBはヒトの会話程度である。雄セミの鳴き声については，図1を参照すること。

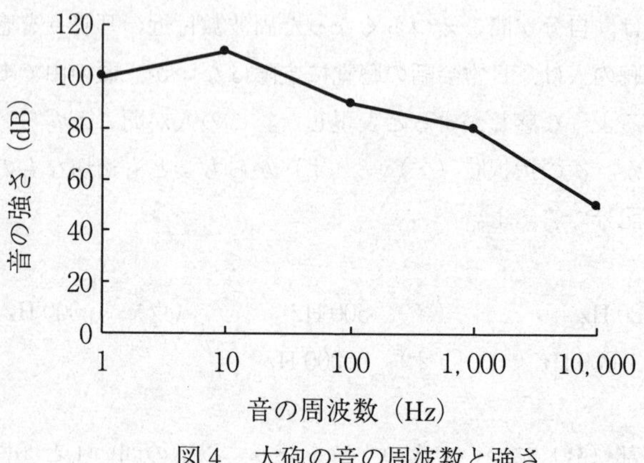

図4　大砲の音の周波数と強さ

② 雌セミが雄セミに近づいたとき，雄セミは違う声で鳴き，ぐるりと雌セミの周りを歩いたのはどのような理由と考えられるか，内容が正しいものを次の選択肢（ア）～（オ）から一つ選び，記号で答えよ。

（ア）雌セミが突然近くに来たため，違う種類のセミの鳴き声を真似して威嚇（いかく）しながら歩いて回り，縄張りの木における順位制を示したため。

（イ）雄セミが性フェロモンを分泌したため。

（ウ）近くにいる別のセミたちに，自分たちの縄張り外から新たなセミが飛来してきて，密度が変化したことを周囲のセミに知らせたため。

（エ）雌セミが雄セミの鳴き声で寄ってきたので，鳴き声を変えて雌セミに求愛したため。

（オ）雌セミが突然近くに来たため，競争的排除のために雄セミは鳴き声を変えて近づき，雌セミの駆逐（くちく）を試みたため。

（50点）

〔Ⅲ〕 次の文章を読み，問い（1）～（4）の答えを解答用紙の（二）の〔Ⅲ〕の該当する欄に記入せよ。

私たちの皮膚の表面は表皮で覆われることで，外部からの異物の侵入を防ぐ物理的なバリア機能を有している。表皮の細胞の寿命は短く，老化した細胞はあかとなってはがれ落ちていく。はがれ落ちた細胞は，表皮の下層に存在する表皮幹細胞が表皮細胞に分化することで，次々と新しい表皮細胞を作り出し続けることで補充されている。表皮幹細胞のような，(a)特定の種類の細胞にだけ分化できる性質をもつ細胞のことを前駆細胞という。

表皮細胞のように分化した細胞は，（　あ　）をもつ細胞に戻ることはできないと考えられていたが，2006年に山中伸弥らによって，マウスの皮膚の体細胞から（　あ　）をもつ(b)iPS細胞が作製できることが報告されたことで，分化した細胞でも，（　あ　）を再度獲得できることが明らかになった。iPS細胞の特徴として，(c)さまざまな細胞に分化できる，高い（　い　）能力を持つ，作製するために用いた細胞と同じ（　う　）をもつことが挙げられる。

iPS細胞から目的の細胞へ分化させるには，目的の細胞に直接分化させるわけではなく，いったん目的の細胞の前駆細胞に分化させ，その後に目的の細胞に分化させる必要がある。前駆細胞もiPS細胞と同じように高い（　い　）能力を持つため，iPS細胞や前駆細胞を（　い　）させた後に目的の細胞へ分化させることで，必要な数の目的の細胞を得ることができる。

（　え　）とiPS細胞は，すべての細胞・組織へ分化することができるなど，類似点が多い。しかし，（　え　）は（　お　）と（　か　）が受精してできる細胞であるため，同じ（　う　）をもった細胞は存在しないなど，異なる点も多い。

（1） 本文中の空欄（あ）～（か）にあてはまるもっとも適切な語句を，解答欄に記入せよ。

（2） 下線部（**a**）のような特徴をもつ細胞の例として，もっとも適切なものを次の（ア）～（オ）から一つ選び，記号で答えよ。

（ア） 小腸上皮細胞　　（イ） 膵B細胞
（ウ） 心筋細胞　　（エ） 造血幹細胞
（オ） 角膜内皮細胞

（3） 下線部（**b**）と同様に，さまざまな細胞へ分化できる細胞にES細胞がある。iPS細胞とES細胞の作製方法の違いを，句読点を含めて60字以内で説明せよ。

（4） 下線部（**c**）に関連して，iPS細胞から神経前駆細胞を経て神経細胞へ分化させる実験に関する次の文章を読み，以下の問い①～⑤に答えよ。

iPS細胞を培養している培地に，分化刺激として「適切な試薬」を「適切な期間」だけ加えることで，iPS細胞を人工的に神経細胞に分化させることができる。

試薬A～試薬Dを用いてiPS細胞を神経細胞に分化させる実験を行った。iPS細胞から神経細胞への分化段階は，iPS細胞内の（**d**）遺伝子の発現を調べることで確認することができる。分化刺激を加える前のiPS細胞には，*Oct4*遺伝子と呼ばれる未分化状態を維持する遺伝子が発現している。iPS細胞が神経前駆細胞へ分化すると，*Oct4*遺伝子の発現はなくなり，替わりに*Nestin*遺伝子が発現する。最終的に神経細胞に分化した細胞では*Nestin*遺伝子の発現がなくなり，*MAP2*遺伝子が発現する。その一方で，筋前駆細胞で発現している*MyoD*遺伝子や筋細胞で発現している*MKC*遺伝子は，すべての段階で発現することはない。

神経前駆細胞は，培地に加える試薬を変えることによって，神経細胞だけでなくアストロサイトのような神経細胞とともに脳を構成する細胞にも分化することができる。しかし，(e)筋前駆細胞を筋細胞へ分化させる試薬Eを培地に加えても，神経前駆細胞は筋細胞に分化することができない。

【実験内容（図1）】

iPS 細胞を培養している培地には，iPS 細胞の性質を維持するために必要な試薬Aが加えられている。

（i）　試薬Aを含む培地を取り除き，新たに試薬Bを添加した培地を加えて 10 日間培養した。（0日目～10 日目）

（ii）（i）の培地を取り除き，新たに試薬Cを添加した培地を加えて 10 日間培養した。（10 日目～20 日目）

（iii）（ii）の培地を取り除き，新たに試薬Dを添加した培地を加えて 10 日間培養した。（20 日目～30 日目）

（iv）　試薬Bを培地に加えてから0日目，15 日目，30 日目の細胞の遺伝子の発現量を調べた。その結果，0日目では *Oct4* 遺伝子が，15 日目では *Nestin* 遺伝子が，30 日目では *MAP2* 遺伝子の発現が確認された。

（v）　15 日目に試薬Eを加えても，*MKC* 遺伝子の発現は確認されなかった。

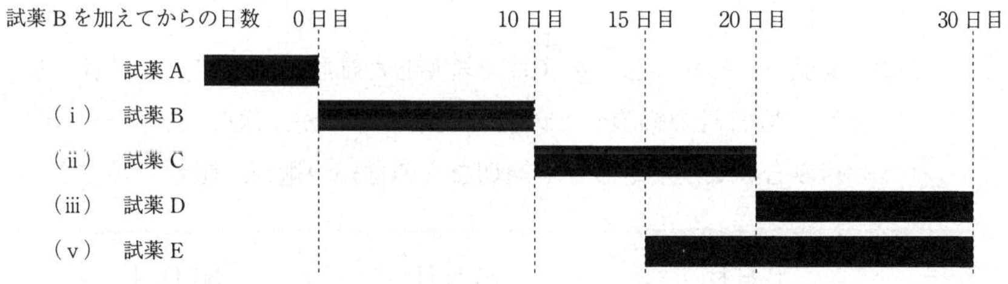

図1　実験で用いた試薬と，試薬を培地に加える期間
（■はそれぞれの試薬を加えている期間を示している。）

① 下線部（**d**）に関する次の文章を読み，空欄（き）～（す）にあてはまるもっとも適切な語句を，以下の語句（ア）～（セ）の中から一つずつ選び，記号で答えよ。

目的の遺伝子の発現量は，細胞から（　き　）やタンパク質を取り出さなくても，蛍光タンパク質である（　く　）を用いて調べることができる。例えば，*Nestin* 遺伝子の発現を経過観察する場合には，*Nestin* 遺伝子の（　け　）配列の後方に，（　く　）の遺伝子を組み込んだ（　こ　）を作製し，iPS細胞に（　さ　）すると，*Nestin* 遺伝子が発現している間だけ（　し　）色の光を観察することができ，細胞が分化のどの段階にいるのかを判別することができる。（　く　）のような目印になる遺伝子は（　す　）と呼ばれている。

語句

（ア） GTP	（イ） GFP	（ウ） イントロン
（エ） エキソン	（オ） プロモーター	（カ） 緑
（キ） 赤	（ク） mRNA	（ケ） rRNA
（コ） プラスミド	（サ） 調節遺伝子	（シ） 遺伝子導入
（ス） 遺伝子変異	（セ） マーカー遺伝子	

② 実験（ｉ）～（iii）の条件で培養した細胞において，0日目，15日目，30日目の細胞がどの分化段階にあるか，次の（ア）～（オ）の組み合わせからもっとも適切なものを一つ選び，記号で答えよ

	0日目	15日目	30日目
（ア）	iPS細胞	筋前駆細胞	神経細胞
（イ）	神経前駆細胞	iPS細胞	神経前駆細胞
（ウ）	iPS細胞	神経前駆細胞	神経細胞
（エ）	iPS細胞	筋前駆細胞	筋細胞
（オ）	iPS細胞	神経前駆細胞	神経前駆細胞

③　試薬A～試薬Eの性質を示した次の文章（ア）～（オ）のうち，誤っているものを一つ選び，記号で答えよ。また，誤っている文章の下線部にあてはまる正しい語句を解答欄に記入せよ。

（ア）　試薬AはiPS細胞の未分化状態を維持することができる。

（イ）　試薬Bは神経細胞を神経前駆細胞へ分化させることができる。

（ウ）　試薬Cは神経前駆細胞が神経細胞へ分化することを抑制している。

（エ）　試薬Dは神経前駆細胞を神経細胞へ分化させる。

（オ）　試薬Eは神経細胞への分化に関与しない。

④　試薬Dは脂溶性ホルモンである。水溶性ホルモンと比較して脂溶性ホルモンによる遺伝子の発現調節が行われるしくみの特徴を，句読点を含めて60字以内で答えよ。

⑤　試薬Eは細胞表面の受容体に結合し，細胞質に存在するタンパク質Fを活性化することで，筋細胞への分化に必要な遺伝子Gの発現を促進する試薬である。下線部（**e**）の原因として考えられる理由として適切なものを，次の文章（ア）～（オ）から二つ選び，記号で答えよ。

（ア）　神経前駆細胞にも筋前駆細胞と同様に，試薬Eの受容体が存在しているが，神経前駆細胞には受容体によって活性化されるタンパク質Fが発現していないから。

（イ）　神経前駆細胞にも筋前駆細胞と同様に，試薬Eの受容体と受容体によって活性化するタンパク質Fが存在しているが，神経前駆細胞ではタンパク質Fの機能を抑制するタンパク質Hによってタンパク質Fの機能が抑制されているから。

（ウ）　遺伝子Gの発現には，タンパク質Fによって活性化される基本転写因子Iが必要になる。活性化した基本転写因子Iは，神経前駆細胞では核内に存在するが，筋前駆細胞では細胞質にのみ存在する。そのため，筋前駆細胞でのみ遺伝子Gが発現するから。

（エ）　遺伝子Gは5個のエキソンで構成され，エキソン2に筋細胞に分化するために必要な配列を含んでいる。選択的スプライシングによって，神経前駆細胞ではエキソン2とエキソン4が欠損しているのに対し，筋前駆細胞ではエキソン2とエキソン3を欠損しており，遺伝子Gは筋細胞でのみ筋細胞へ分化させる機能をもつから。

（オ）　筋細胞への分化を促進する遺伝子Gは，オペロンを構成する遺伝子の一つである。神経前駆細胞ではオペレーターに結合するリプレッサーが発現しているが，筋前駆細胞にはリプレッサーが発現していないから。

（50点）

解答編

英語

I **解答** A. (W)―3　(X)―4　(Y)―1　(Z)―2

B. (a)―4　(b)―2　(c)―3　(d)―4　(e)―1　(f)―2　(g)―3　(h)―2　(i)―3

C. (ア)―2　(イ)―2　(ウ)―4

D. (う)―7　(お)―2

E. 3・4・6

◆全　訳◆

≪人類の実年齢を示す新発見について≫

人類は実年齢を隠してきたのか？　モロッコで発見された化石は，ホモ・サピエンスの系統が早くも35万年前に分化したことを示唆しており，これにより人類の歴史に15万年もの歳月が加わることになる。モロッコのラバトにある国立考古学・文化財研究所のアブドゥルワーヒド＝ベンヌサ氏と共同でこの分析を行ったドイツのライプチヒにあるマックス・プランク進化人類学研究所のジャン＝ジャック＝ユブランは，「まさに驚きの瞬間でした」と語っている。

化石の記録を文字通りに読むと，ホモ・サピエンスはおよそ20万年前に東アフリカで誕生したと考えられていた。しかし，研究者の中には，南アフリカで発見されたホモ・サピエンスに似た化石が26万年前のものと暫定的に推定されていることから，人類の起源はもっと深いところにあるのではないかと以前から考えていた者もいた。今回の新証拠は，そうした疑念に確固たる裏づけを与えるものである。この証拠は，モロッコのジェベル・イルードという遺跡から得られたもので，この遺跡は50年以上にわたって人類の進化を研究している人たちを困惑させてきた。

この遺跡で，1960年代にヒト族の遺骨が発見された。その遺骨には古代人と現代人の特徴が奇妙に混在しているため，当初はアフリカ版ネアンデルタール人と間違われた。その後行われた再調査の結果，それらは我々の種に近いとされ，10年ほど前には，年代測定技術を使って，約16万年前のものであることがわかったのだ。しかし，先史時代のその時点では，アフリカにはすでに完全な現代人が住んでいたと以前から考えられていたため，ジェベル・イルードで見つかった古代人と現代人の特徴が混在するヒト族の遺骨は，紛らわしいものとなった。そこで，ユブランとベンヌサの研究チームは，このパズルを解くために再びジェベル・イルードに戻ったのである。新たな発掘調査では，石器や，成人の頭蓋骨の一部などのより断片的なヒト科の動物の遺骨が発見された。

この新しい化石と，1960年代にこの遺跡で発見された化石の分析から，ヒト族は原始的で細長い頭蓋骨を持っていたことが確認された。しかし，この新しい成人の頭蓋骨は，この原始的な特徴と，小さくて華奢な「現代的な」顔とを組み合わせたものであり，研究者によれば，この顔はホモ・サピエンスとほとんど区別がつかないとのことである。

しかし，紛らわしい年代はどうだろうか？　同じくマックス・プランク進化人類学研究所のシャノン＝マクフェロンとそのチームは，補完的研究において，石器を詳細に調べた。石器の多くが焼かれていたのは，おそらく，使用後に捨てられ，ヒト族が近くの地面に火を放ったときに加熱されたからだろうと彼は語っている。この加熱が，環境中の自然放射線に対する石器の反応を「リセット」するのだ。マクフェロンと同僚らは，遺跡の放射線レベルを測り，道具の放射線反応を測定することによって，道具が28万年前から35万年前の間に加熱されたことを突き止めたのである。また，マクフェロンのチームは，ジェベル・イルードの放射線レベルに関する知見をもとに1960年代に発見されたヒト族の化石の年代を推定し直し，25万年前から32万年前のものであると結論づけた。このような年代情報を手にすることで，モロッコのヒト族を理解することが容易になる，とユブランは言う。研究者たちは，ホモ・サピエンスは約25万年前から35万年前の間に――文字通り顔から――出現し始めたと示唆する。身体構造の特徴が他にも原始的に見える部分はあるものの，ジェベル・イルードで発見されたヒト族は，人類の中で最も早い時期に出現したものだと考えるべきであると，ユブランらは語っている。

しかし，誰もが納得しているわけではない。南アフリカ共和国のヨハネスブルグにあるウィットウォータースランド大学のリー＝バーガーは，「ここでは，現代人とは何かということについて，少し再定義が必要です」と言っている。スペインのマドリッドにあるコンプルテンセ大学のフアン＝ルイス＝アルスアガは，「顔は現代的です」と述べている。「しかし，下顎骨（あごぼね）は明らかに現代的ではありません。ジェベル・イルードで発見されたヒト族はまだホモ・サピエンスであるとは言えないだろうけれど，ホモ・サピエンスがジェベル・イルードのヒト族と非常に似たものから進化したと断言できます」

しかし，ロンドン自然史博物館のクリス＝ストリンガーは，ホモ・サピエンスの定義を緩めても構わないと思っている。ストリンガーによれば，かつては「解剖学的現代人」，つまり現在いる人間に見て取れるような特徴をすべて兼ね備えたヒトにしかその名前を与えなかったとのことである。「現在では，解剖学的現代人はホモ・サピエンスという種の中の下位群に過ぎないと考えています」と彼は言っている。モロッコのヒト族の特徴の中には古く見えるものもあるが，それでも現代人の仲間に入れることを検討すべきだ，と彼は述べているのだ。ストリンガーは，人類がかつて考えられていたよりはるかに古い種であることを発見しても，驚くべきことではないと考えている。我々は，先史時代のある時点で，我々の系統がネアンデルタール人の系統から分かれ，ネアンデルタール人はヨーロッパで進化し，ホモ・サピエンスはアフリカで進化したことを知っている。最近になって，化石や遺伝子の証拠から，この分裂は少なくとも50万年前に起こったことが示唆されている。「私の考えでは，この分岐点がこの2つのグループの起源を示すはずです」とストリンガーは言っている。つまり，およそ50万年前に，ネアンデルタール人のようなヒト族がヨーロッパに出現し，ホモ・サピエンスのようなヒト族がアフリカに出現し始めたということになる。この考え方に沿うように，スペインのシマ・デ・ロス・ウエソスという遺跡で見つかった43万年前のヒト族は，ネアンデルタール人に似ているようである。ジェベル・イルードで見つかったヒト族は，シマ・デ・ロス・ウエソスに対応するアフリカのホモ・サピエンスと見なすことができる，とストリンガーは語っている。ロンドン大学のアイダ＝ゴメス・ロブレスもこの考え方に賛成である。「ネアンデルタール人も現代人にも，もっと古い遷移形態が将来見つかると思います」と彼女は言っている。しかし，ジェベル・イルードの化石は，ホモ・サピエンスが35万年前に現代的な顔立ちに進化していたことを示唆しているが，この種が他の現代的特徴をいつ，どこで，どのように進化させたかを解明することは困難であろう。「年代がはっきりわかる化石が少なすぎます」とマクフェロンは言う。

さらに，当時アフリカにいたヒト科の動物がホモ・サピエンスだけではなかったことがわかっていることもこの難問に拍車をかけている，とバーガーは言う。今年初め，彼と彼の同僚は，南アフリカのライジングスター洞窟のディナレディ空洞から発見された異常に脳の小さいヒト，ホモ・ナレディが23万6000年前から33万5000年前の間に生きていたことを裏づけた。「ジェベル・イルードとディナレディがぴったり重なったのは驚きです。それはすばらしいことです」と彼は述べ，その2つだけが本質的にこの時代で知られている年代がはっきりわかるアフリカのヒト族であると付け加えている。そのため，ホモ・サピエンスがアフリカに拡散し，支配力を持つようになったことを語るには，ホモ・ナレディについても言及する必要があるとバーガーは考えている。「私は，議論にホモ・ナレディが含まれていないことに失望しています」と彼は述べている。「これら2つのヒト族の関係は不明であり，交雑していた可能性すらあります。ホモ・ナレディはこの議論に関係あるはずです」

◀解　説▶

A. (W)直前に adding があることから3が正解。add *A* to *B*「*A* に *B* を加える」

(X)直前に combined があることから4が正解。combine *A* with *B*「*A* と *B* を組み合わせる」

(Y)直後にある比較級 more ancient を強調する語として正しいのは1である。

(Z)直前に relevant があることから2が正解。be relevant to ～「～と関連がある」

B. (a) tentatively は「仮に，とりあえず」という意味なので，4が正解。1は「十分に」，2は「効果的に」，3は「ためらって」の意味。

(b) solid は「揺るぎない，確固たる」という意味なので，2が正解。1は「包括的な」，3は「重い」，4は「一貫性のない」という意味。

(c) fragmentary は「断片的な」という意味なので，3が正解。1は「完全な」，2は「中立の」，4は「精密な」という意味。

(d) complementary は「補完的な」という意味なので，4が正解。1は「試験的な」，2は「最近の」，3は「代表的な」という意味。

(e) colleague は「同僚，仲間」という意味なので，1が正解。2は「器具」，3は「地位（役職）が下の人」，4は「大学」という意味。

(f) restrict は「限定する，制限する」という意味なので，2が正解。1は「収容できる，宿泊させる」，3は「促す」，4は「放出する，発表する」という意味。

(g) mark は「示す」という意味なので，3が正解。1は「覆う」，2は「隠す」，4は「証明する」という意味。

(h) work out は「理解する」という意味なので，2が正解。1は「実行する」，3は「(1つ，1人だけ) 選ぶ」，4は「～だとわかる」という意味。

(i) make reference to ～は「～に言及する」という意味なので，3が正解。1は「排除する」，2は「解釈する」，4は「観察する」という意味。

C．(ア) 波線部は「アフリカにはすでに完全な現代人が住んでいたと以前から考えられている」という意味。「完全な現代人」とはホモ・サピエンスのこと。さらに「すでに住んでいた」を，過去完了を用いて had by then emerged と言い換えている，2の「ホモ・サピエンスがその時までにすでにアフリカに出現していたと一般的には考えられている」が正解。1は「初期の人類がアフリカですでに絶滅していたということは一般に理解されている」，3は「アフリカに住んでいたすべてのヒト科の動物は現代人だったと今では理解されている」，4は「初期の人類は部分的にアフリカで進化したと正式に認められている」という意味。

(イ) 波線部は「ほとんど区別がつかない」という意味。言い換えれば「ほぼ同じ」ということなので，2の「ほぼ同一」が正解。1は「実際，無関心で」，3は「本質的には異なる」，4は「ほぼ等しくない」という意味。

(ウ) 波線部は「誰もが納得しているわけではない」という意味。not everyone は部分否定を表しており，納得している人もいれば，納得していない人もいることがわかる。よって，4の「納得していない人もいる」が正解。1は「皆が満足している」，2は「皆が懐疑的である」，3は「誰も疑っていない」という意味。

D．解答へのプロセスは以下の通り。

①空所(あ)の直後に an があることから，such a / an＋形容詞＋名詞の形を考える。mistaken を入れて現在完了にしてしまうと，空所(え)に入る動詞がなくなる。

②空所(い)の前後に ancient と modern の 2 つの形容詞があるので，and を入れて接続する。

③空所(う)の後ろから they were … という文が始まるので，空所(あ)に入れた such と結びつけて，that を入れる。such ～ that …「とても～なので…」

④空所(え)と(お)の直前に were があることから，受動態と考え，mistaken for を入れる。mistake *A* for *B*「*A* を *B* と間違える」

E．それぞれの選択肢の意味と正誤の根拠は以下の通り。

1．「モロッコで見つかった化石についての新証拠に基づいて，ほとんどの研究者は今では，ホモ・サピエンスの起源がおよそ 26 万年前であることに同意している」

→第 1 段第 2 文（Fossils found in …）で，モロッコで発見された化石によって，ホモ・サピエンスの系統が 35 万年前に分化したことが示唆されると書かれており，さらに第 2 段第 3 文（The new evidence …）で，新証拠がそうした疑念（ホモ・サピエンスの起源に関する疑念）に確固たる裏づけを与えていると書かれているので，誤りである。

2．「ジェベル・イルードで見つかった化石を分析すると，大人の頭蓋骨には古代を示唆する特徴がまったくないことがわかった」

→第 4 段（An analysis of …）に，ジェベル・イルードで新たに見つかった化石と，1960 年代にこの遺跡で発見された化石の分析から，ヒト族は原始的で細長い頭蓋骨を持っていたことが確認されており，古代を示す特徴があったと考えることができるので，誤りである。

3．「マクフェロンと同僚らの研究において，石器が 28 万年前には偶然にも焼かれていたことがわかった」

→第 5 段第 2・3 文（In a complementary … the ground nearby.）にマクフェロンらの研究結果が書かれており，その第 3 文で「石器の多くは焼かれていた」とあるので，正解となる。

4．「研究者は，モロッコのヒト科の動物がホモ・サピエンスの系統の中で現れたということに関して，同意しない」
→第5段第6～最終文（McPherron's team also … and his colleagues.）より，モロッコで発見されたヒト科の化石と，ホモ・サピエンスの分析結果を踏まえ，最終文で「ジェベル・イルードで発見されたヒト族は，人類の中で最も早い時期に出現したと考えるべき」と述べていることから，ホモ・サピエンスとは別系統で進化したと考えていることがわかるので，正解である。

5.「バーガーは，モロッコで見つかったヒト族は，概して解剖学的には現代人であるので，ホモ・サピエンスの系統に入れられるべきだという考えに賛成している」
→第6段第1・2文（Not everyone is … Johannesburg, South Africa.）より，ジェベル・イルードで発見されたヒト族がホモ・サピエンスであるということにバーガーが懐疑的であることがわかるので，誤りである。

6.「ストリンガーはホモ・サピエンスとネアンデルタール人が50万年前に分裂し，異なる場所で進化したと思っている」
→第7段第7～9文（Recently, fossil and … appearing in Africa.）において，ヨーロッパで進化したネアンデルタール人と，アフリカで進化したホモ・サピエンスの化石を分析した結果，これら2つのグループが50万年前に分裂し，ヨーロッパ，アフリカという異なる場所で進化したことが示唆されると書かれているので，正解となる。

7.「ホモ・サピエンスが顔と関係のない現代人の特徴をどのように得たのかがすぐにわかるだろう」
→第7段最後から2文目（But although the …）において，ホモ・サピエンスの顔について言及されているが，「顔と関係のない現代人の特徴をどのように得たのか」については述べられていないので，誤りである。

8.「研究者たちは頻繁に，ホモ・サピエンス出現との関係において，ホモ・ナレディのことを論じている」
→最終段第3・4文（"It's amazing that … this time period.）より，ホモ・ナレディについては，モロッコのジェベル・イルードで見つかった化石との関係性において論じられていることがわかるので，誤りである。

Ⅱ **解答**　A．(X)—4　(Y)—3　(Z)—3

B．(a)—1　(b)—4　(c)—2　(d)—3　(e)—1　(f)—2　(g)—3　(h)—1

C．(ア)—3　(イ)—4　(ウ)—4

D．(う)—4　(お)—1

E．1・2・6

F．全訳下線部参照。

◆全　訳◆

≪食品ロスを減らす取り組み≫

国連の報告書が明らかにしたところによると，我々は1年に10億トン近くの食品を無駄にしているとのことである。この報告書はこれまでで最も包括的な評価であり，廃棄物はこれまでで一番正確な推定値の約2倍であることが判明した。国連によると家庭で廃棄される食品だけでも，世界平均で1人あたり年間74kgに上ることが明らかになった。最も正確なデータを持つ英国では，食用廃棄物の量は1世帯あたり毎週約8食分に相当する。

国連の報告書には，レストランや店舗での食品廃棄物に関するデータも含まれており，全食品の17%が捨てられている。<u>農場やサプライチェーンで廃棄される食品もあり，全体の3分の1の食品が決して食べられることがないのだ</u>。このような廃棄物は，飢餓で苦しんでいる人や，体によい食べ物を買う余裕がない何十億もの人々を支援するための活動を阻害し，環境にも悪影響を及ぼす。食料廃棄と食品ロスは，気候変動問題を悪化させる（温室効果ガスの）排出量の約10%の原因となり，集約農業は生物多様性の危機と地球汚染の主要な原因となっている。もし食品廃棄物が国だとして仮定してみると，その国はアメリカと中国に次いで3番目に温室効果ガスの排出量が多い国となるであろう。しかし，研究者は，食品廃棄物の削減は人々が環境への影響を減らす最も簡単な方法の一つであると述べている。「しかし，その可能性は十分に生かされていない」と，報告書には書かれている。

これまで食品廃棄物は，主に豊かな国々が抱える問題だと考えられてきた。しかし，国連の報告書によると，最貧国でのデータは少ないものの，廃棄物のレベルはどの国でも驚くほど同じであることがわかった。研究者によると，捨てるつもりで食品を購入する人はおらず，毎日廃棄される量はわずかであるため，取るに足らないことに思えるかもしれないとのことだ。そのため，自治体による食品廃棄物の分別回収などを通じて，人々のゴミに対する意識を高めることが重要であるという。

政府や企業の取り組みも必要だが，個人の行動も重要であり，たとえば，ご飯やパスタの量を量る，買い物の前に冷蔵庫の中を確認する，ありあわせのものを使うために料理の腕を上げるなどがあると専門家は述べている。英国では，コロナウイルスによる都市封鎖の期間中，家庭で計画的に調理する時間がかなり増えたことで，廃棄物が20%減少したようである。「食品廃棄物を減らすことは，温室効果ガスの排出を削減し，土地の転用や汚染による自然破壊を遅らせ，食料の入手可能性を高めることで飢餓を減らし，世界的な不況の中でお金を節約することができます」と，報告を公開した国連環境計画（UNEP）の代表であるインガー＝アンダーセンは述べている。「世界中の企業，政府，市民がそれぞれの役割を果たさなければならないのです」

報告書の作成に協力したNGOである廃棄物・資源アクションプログラム（WRAP）の代表，マーカス＝ゴーヴァーは「私たちは食べ物を無駄にすることに慣れてしまい，その価値や，増え続ける世界人口を養うために自然界にかかっている負担を忘れてしまっているのです。好む，好まざるにかかわらず，この問題の最も重要な部分を担っているのは，家庭にいる私たちなのです」と述べている。この報告書は，2030年までに食品廃棄物を半減させるという国連の持続可能な開発目標を達成するための世界的な取り組みを支援する目的で作成されたものだ。それによると，2019年に消費者に販売された全食品の11%が家庭で廃棄され，レストランでは5％，食品店では2％が廃棄されていることがわかった。

家庭の廃棄物に関する正確なデータは，世界人口の75%を占める国々で得られた。食品廃棄物には，可食部分と外皮や骨などの非可食部分が含まれる。高所得の国の中には，その混合比が50：50の割合の国もあるが，それ以外の国では不明である。「しかし，たとえその中に人間が食べることができない廃棄物があっても，たとえば動物の飼料や堆肥に転用するなど，環境的に望ましい管理方法があります」と国連環境計画のクレメンティーヌ＝オコナーは述べている。「私たちが十分に理解させたいと思っていることは，生ゴミを埋立地から排除する必要があるということなのです」「英国は，食品廃棄物の削減において本当に主導的な役割を果たし，大きな削減を達成した数少ない国の1つです」と彼女は付け加えた。WRAPによると，2007年から2018年の間に，可食の家庭用食品廃棄物は3分の1程度削減されたが，2020年11月の時点で全体としての食品廃棄物は依然として19%だった。

食品廃棄物キャンペーングループであるFeedbackのカリーナ＝マイルストーンによると，国連の報告書は影響力があり，11月の国連気候変動枠組条約第26回締約国会議（COP26）が行われるより前に，食品廃棄物対策が各国政府にとって高い優先事項でなければならないことを示しており，「議長国として，英国は先頭に立たなければなりません──そうするためには，農場での食品廃棄物量の測定と取り組み，企業に対する食品廃棄物の測定と削減目標の義務づけの導入が必要です」と述べた。

WRAPは，この問題に対する認識を高め，変化を促すために，月曜日から英国で食品廃棄物削減行動週間を開始した。料理人でテレビ司会者のナディヤ＝フセインは，その支援者である。彼女はこう述べている。「食品の買いすぎや作りすぎを避けることから，正しく保存することに至るまで，この週は人々が食品を最大限に活用し，地球を守ることに貢献することを目的としています」 UNEPのマルティナ＝オットーは，次のように話している。「食品廃棄物について行動を起こさなければ，トリプルルーズになります。私たちが捨てているのは食品だけでなく，その食品を生産するために使われたすべての天然資源と経済的資源もです。だから，トリプルウィンに変えましょう」

◀解　説▶

A．(X)直後にaverageがあることから，4のonを入れる。on averageは「平均して」という意味。

(Y)直前にroleがあることから，3のinを入れる。role in～で「～における役割」という意味。

(Z)直前にnot only，直後にalsoがあることから，3のbutを入れる。not only *A* but also *B*で「*A*だけでなく*B*」という意味。

B．(a)representは目的語に数値などをとって，「相当する，当たる」という意味。よって1が正解。2は「具体的に述べる」，3は「～を下位に置く」，4は「象徴する」という意味。

(b)driveはここでは「(悪い方向に) 追い立てる，駆り立てる」という意味なので，4が正解。1は「援助する」，2は「動く，作動する」，3は「操縦する」という意味。「気候変動問題を悪い方向に駆り立てる」ということは「気候変動問題を悪化させる」ということ。

(c)scarceは「不足して，十分にない」という意味なので，2が正解。1は「間違った」，3は「表面上の」，4は「心配な」という意味。

(d)insignificantは「取るに足らない」という意味なので，3が正解。1は「十分でない」，2は「一貫性のない」，4は「おもしろくない」という意味。

(e)measureは動詞で「測る」という意味なので，最も近いのは1。2は「抽出する」，3は「供給する」，4は「費やす」という意味。

(f)enhanceは「高める」という意味なので，2が正解。1は「引きつける，従事させる」，3は「観察する」，4は「鋭くする」という意味。

(g)high priorityは「高い優先度」という意味なので，3が正解。1は「重大な決断」，2は「大きな比率」，4は「強い動機」という意味。

(h)mandatoryは「義務的な，強制的な」という意味なので，1が正解。2は「機密上の」，3は「従来の」，4は「批判的な」という意味。

C.(ア)波線部は「それはこれまでで最も包括的な評価である」という意味。よってcomprehensiveをcomplete，to dateをso farに言い換えた3の「それは今までのところ，最も完璧な評価」が正解。comprehensiveは「包括的な」，to dateは「今まで，これまで」という意味。1は「それは今では最も理にかなった説明である」，2は「それは最も有用な研究だが，まだ実施されていない」，4は「それも今年の中で最も効率的な方法である」という意味。

(イ)波線部は「体によい食べ物を買う余裕がない」という意味。よって4の「栄養のある食べ物を買うお金が不足している」が正解。affordは「(金銭的に) ～する余裕がある，～する状態にある」という意味を表す。1は「運動することを禁止されている」，2は「どれだけ頑張っても痩せることができない」，3は「食べ物を保存しておく場所がない」という意味。

(ウ)波線部は「十分に生かされていない」という意味。よって4の「適切に活用されていない」が正解。underexploitedは「十分に活用されていない」という意味の形容詞である。1は「苦心して考えられている」，2は「広く宣伝されている」，3は「十分に検証されていない」という意味。

D．ポイントは以下の通り。

①空所の直前に was があるので，受動態と考え，(あ)に過去分詞形の produced を入れる。

②空所(い)の直前にある to が不定詞と考え，原形の動詞 meet を入れる。

③the UN's sustainable development goal を具体的に述べた内容が空所(う)・(え)に入ると考え，(う)に同格を表す of，さらに前置詞の後なので(え)に halving を入れる。halve は「半減させる」という意味の動詞。

④空所(お)の直後に 2030 があることから，期限を表す前置詞 by を入れると文意が通る。

E．それぞれの選択肢の意味と正誤の根拠は以下の通り。

1．「国連の報告書によると，人々が無駄にする食品の量が以前は少なく見積もられていたということが明らかになった」

→第1段第2文（It is the …）に「この報告書はこれまでで最も包括的な評価であり，廃棄物はこれまでで一番正確な推定値の約2倍であることが判明した」とあるので，正解となる。

2．「その報告書によると，食品廃棄のレベルは国によってほとんど異なることはない」

→第3段第2文（But the UN …）に「廃棄物のレベルはどの国でも驚くほど同じである」と書かれているので，正解となる。

3．「人々は食品廃棄を自覚しているが，必要以上に食べ物を買い続けている」

→第3段第3文（The researchers said …）で「捨てるつもりで食品を購入する人はおらず，毎日廃棄される量はわずかであるため，取るに足らないことに思えるかもしれない」と書かれており，続く文で「人々のゴミに対する意識を高めることが重要である」とあることから，人々が食品廃棄に関して自覚がないことがわかるので，誤りである。

4．「コロナウイルスによる都市封鎖によって，英国の食品廃棄問題が悪化した」

→第4段第2文（The greater time …）の「英国では，コロナウイルスによる都市封鎖の期間中，家庭で計画的に調理する時間がかなり増えたことで，廃棄物が 20%減少したようである」に対する逆の内容なので，誤りである。

5.「ある報告によると，家庭用の食品の 18%と，レストランで提供される食事の 5 %が 2019 年に廃棄されたということが示唆されている」

→第 5 段最終文（It found 11%…）に，「2019 年に消費者に販売された全食品の 11%が家庭で廃棄され，レストランでは 5 %，食品店では 2 %が廃棄されている」とあり，数値が異なるので誤りである。

6.「家庭での食品廃棄に関するデータは，すべての国で得られたわけではない」

→第 6 段第 1 文（Good date on …）で「家庭の廃棄物に関する正確なデータは，世界人口の 75%を占める国々で得られた」とあることから正解となる。

7.「国連環境計画の専門家によると，2020 年では，ほとんどの食品廃棄物が動物の飼料や堆肥に転用された」

→第 6 段第 4 文（"However, even if …）で，国連環境計画の専門家が環境を守る方法の一つとして，食品廃棄物の転用について言及しているが，「ほとんどの食品廃棄物が動物の飼料や堆肥に転用された」とは述べていないので，誤りである。

8.「英国はすでに家庭用の廃棄物と，農場で出る廃棄物の両方を見事に減らした」

→第 7 段（Carina Millstone, of …）の後半で，農場から出る食品廃棄物の測定について言及されているが，それは COP26 の議長国である英国が廃棄物量を減らすために取り組むべき目標であり，「見事に減らした」とは書かれていないので，誤りである。

III　解答

A. (a)—10　(b)—5　(c)—2　(d)—8　(e)—3　(f)—4　(g)—9　(h)—6

B.〈解答例 1〉If you adopt a new cat in a home that already has one, there will definitely be trouble.

〈解答例 2〉Adopting a new cat in a home that already has one will definitely cause problems.

◆全　訳◆

≪猫派の人の思い入れ≫

（フェリックスとユウコが昼食を食べながら話している）

ユウコ：フェリックス，あなたは猫なの，犬なの？

フェリックス：僕はホモ・サピエンスという種族で，偉大な類人猿なんだ。

ユウコ：あなたはとっても偉大な類人猿ね。私がどれだけあなたのことを好きかわかってくれているわよね。

フェリックス：それもだけれど，言いたいことはわかるよ。僕が猫派か犬派か，ということだね？

ユウコ：そうよ。

フェリックス：ユウコ，もし君が言うほど僕のことが好きなら，その答えはわかるよね？

ユウコ：私がわからないということは，あなたが猫派だということね。犬派だったらそうね，犬みたいな行動をするわよね。社交的で，いつも友達と遊んだり，パーティーに参加して，テンションが高くなったり，わかりやすい性格だものね。

フェリックス：僕は少し照れ屋で，周りに理解されにくい性格。そのことを言っているの？

ユウコ：そうよ。私たちは友達になって2年経つけど，あなたのことで知らないことがたくさんあるわ。

フェリックス：本当かな。猫と暮らしているわけではないのに，僕が猫派だってことがわかったんだよね。

ユウコ：わかっているわ。何回，あなたの家に行ったと思っているの？

フェリックス：何度も来たよね。猫を飼いたいと思ってるんだけど，家主さんがペットの飼育は禁止だと言っているんだ。僕は猫と一緒に育ってきたんだ。また1匹か2匹と暮らしたいと思っているよ。いや，2匹かな。2匹いるのが一番いいよ。

ユウコ：どうしてなの？　猫は単独で行動する動物じゃないの？

フェリックス：確かに自立している動物だよ。立ち上がってエサをおねだりするように猫をしつけたことはあるかい？

ユウコ：ばかばかしいわ。あるわけないわよ。

フェリックス：猫は一緒に暮らす人をしつけると思うよ。一緒に暮らす人が猫をしつけるんじゃなくてね。

ユウコ：例を挙げてみて。

フェリックス：僕が高校生の頃，家族で2匹の猫と暮らしていたんだ。

ユウコ：猫を2匹「飼っていた」ということよね。

フェリックス：いや，そうではなくて君は犬を「飼っている」，ひょっとすると「自分の物にしている」のかもしれないね。でも，猫は人と暮らしているんだよ。

ユウコ：犬を不当に評価しているわ。公平に考えて。

フェリックス：犬に対して公平？　猫派には酷な要求だな。とにかく，さっき言った通り，2匹の猫と暮らしていたんだよ。1匹がいつも僕の部屋に11時きっかりに入って来て，「ミャー」って鳴くんだ。

ユウコ：それはどういう意味なの？

フェリックス：そろそろ台所にあるこだわりの絨毯に飛び移るから，彼について行って，撫でる時間だよということを知らせに来たんだ。全身を撫でたり，耳の後ろを掻いて欲しいってことだよ。

ユウコ：で，次は？

フェリックス：もちろん，昼ごはんを食べさせたよ。

ユウコ：いつ食べるのかを決めるのはあなたじゃなくて彼なのね。

フェリックス：そうだよ。僕が起きる時間も彼が決めたんだ。朝の6時にベッドに飛び乗って，胸の上に乗っかって，僕が起きるまでじっと見てくるんだよ。で，ほどなく起きると。

ユウコ：そんなことさせてたの？　私なら遅くまで寝ようと思えば寝られるようにするわ。

フェリックス：じゃあ，多分，猫と一緒に住んじゃダメだね。

ユウコ：そうだ，思い出したわ。なぜ1匹でなく2匹で暮らした方がいいのか，説明してくれてなかったわね。

フェリックス：ああ，理由は簡単だよ。まず，必ず2匹同時に飼い入れること。できれば子猫の時に。既に猫が住んでいる家庭に新しい猫を入れると，絶対にもめごとが起こるんだ。とにかくしばらくの間はね。

ユウコ：猫は縄張り意識が強いということ？

フェリックス：そうだよ。人と同じくらい場所にも愛着を持つんだ。でも，

2匹猫がいると，お互いに話し合ったり，けんかするふりをしたり，舐め合ってきれいにしながら，ある種の秘密結社を作っている様子が見られるよ。実際は共謀していると思うんだ。

ユウコ：時計を見て！　授業に出なきゃ。遅刻すると，先生が怒るの。

フェリックス：彼女は猫だね。彼女は君をしつけてきたんだね。

ユウコ：フェリックス，そんなことはないわ。明日，犬について少し教えてあげるわ。犬を「人間の最良の友」というには理由があるのよ。

◀解　説▶

A．(a)空所の直前で，フェリックスがユウコの質問に対して「僕は偉大な類人猿なんだ」と冗談めかして答えていることに続く発言は，10の「あなたはとっても偉大な類人猿ね」が適切。

(b)空所の直前のフェリックスの発言の中の the answer は，フェリックスの2番目の発言より，自分が猫派か犬派のどちらかに対する答えである。よって5の「私がわからないということは，あなたが猫派だということね」を入れると文意が通る。

(c)空所の直前の「猫を飼いたい」，直後の「僕は猫と一緒に育ってきた」というフェリックスの発言の間に入るものを考える。2の「しかし，家主さんがペットの飼育は禁止だと言っているんだ」が適切。

(d)空所後のフェリックスの発言で「犬に対して公平？」と言っているので，空所には犬に関する発言が入るとわかる。したがって8の「犬を不当に評価しているわ」が正解となる。do *A* an injustice「*A* を不当に評価する，*A* を誤解する」

(e)空所の直後でフェリックスが「そうだよ。僕が起きる時間も彼が決めたんだ」と述べている。also は空所に入る発言を受けている。したがって正解は3の「いつ食べるのかを決めるのはあなたじゃなくて彼なのね」となる。

(f)空所の直前でユウコが「そんなことさせてたの？」と言っており，that はフェリックスの猫の家での振る舞いを指している。さらに直後の発言でフェリックスが「猫と一緒に住んじゃダメだね」と述べていることから，猫に左右されない生活を送りたいという趣旨の発言が入ると考えると，4の「私なら遅くまで寝ようと思えば寝られるようにするわ」が正解となる。get away with ～「(罰などを受けずに) うまくやる」

(g)空所の直前のThat reminds me. は口語表現で「そうだ，思い出した」という意味。したがって前に話題にあがっていたことが空所に入るとわかるので，9の「なぜ1匹でなく2匹で暮らした方がいいのか，説明してくれてなかったわね」が正解となる。

(h)空所の直前で，ユウコが「猫は縄張り意識が強いということ？」とたずねているので，これに対する返答を入れる。「縄張り」=「場所に執着する」と考え，6の「人と同じくらい場所にも愛着を持つんだ」を入れると文意が通る。

B.「既に猫がいる家庭に新しい猫を入れれば，絶対にトラブルが起こるでしょう」と読みかえ，ifを用いて前半を表す。「既に猫がいる家庭」は主格の関係代名詞を用いて表す。なお「いる」はhaveで表すことができるが，直前のadoptを用いることもできる。「もめごと」はtroubleやproblemなどで表し，「起こる」はthere is / areや，「それが引き起こす」と考え，causeなどを用いて書く。

❖講　評

2022 年度も 2021 年度と同様に，長文読解総合問題が2題，会話文読解問題が1題の構成で，試験時間 100 分，下線部和訳と和文英訳以外はすべて記号選択式であった。ⅠとⅡは英文が長く，問題量が多いのも例年と同様である。普段の学習から様々な英文を読み，正確な読解力と，速読即解の力をつけておきたい。

Ⅰ　人類の実年齢（誕生した年代）を示す新発見について書かれた英文である。モロッコで見つかった化石を皮切りに，様々な証拠を提示しながら，これまで言われてきた人類の歴史について疑問を投げかけた文章である。人名や地名などの固有名詞が多く，新発見についてどこで何が見つかり，どの学者が何を主張しているのかを整理して読み進めていく必要があった。難度の高い専門的な表現が散見され，内容を把握しづらい箇所もあったのではないだろうか。ただし，設問に関しては標準的で，紛らわしいものはなかった。

Ⅱ　食品ロスについて論じた英文で，国連，国連環境計画の報告を中心に，食品ロスの実態を明らかにし，さらに食品ロスを減らすことで環境問題の解決にもつながるという内容が論じられた英文であった。内容面ではⅠより易しかったのではないだろうか。食品ロスは大学入試長文で頻出トピックであり，一度は読んでおきたい長文の1つである。

Ⅲ　昼食を食べながら，猫派であるフェリックスがユウコと意見交換している会話である。会話の冒頭で，冗談めかした発言が続くが，気をとられずに読み進めれば，単純な内容のものだとわかる。聞き慣れないイディオムや会話表現はほとんど使われておらず，また空所補充問題は標準的なので，ぜひ完答を目指して欲しい。和文英訳問題も難しい表現を問われているわけではなく，「新しい猫を入れると」や「もめごと」をわかりやすい日本語に言い換えて，英語に直せば確実に得点することができる。

読解問題の英文は例年，さまざまな学問分野の入門書やニュースサイトの記事からの出題で，具体的なテーマを扱ったものである。ただ，原文がほぼそのまま用いられているために注が多く，注を参照しながら読むのがやや大変かもしれない。

英文・設問の分量や難易度を考慮すると，100分という試験時間では時間不足になる恐れがある。過去問演習の際に，Ⅰは35分，Ⅱは35分，Ⅲは25分，見直し5分というような時間配分を決めて実戦的な演習を積み，感覚をつかんでおこう。

数学

I 解答

(1)ア. $\dfrac{7}{18}$　イ. $\dfrac{5}{9}$　ウ. $\dfrac{60}{91}$　エ. $\left(\dfrac{2}{3}\right)^n-\left(\dfrac{1}{2}\right)^n$

オ. $\dfrac{4^n-2\cdot3^n+2^n}{6^n-5^n}$

(2)カ. 2　キ. 4　ク. 7　ケ. 44　コ. 20

◀解　説▶

≪小問2問≫

(1)　3個のさいころを同時に投げるとき，出る目の最小値が a であるとする。出る目の数の差の絶対値がすべて2以下である目の出方は次の6つの場合がある。

・差がすべて0の場合

(i)　a, a, a

a は1から6までとれるので　　6通り

・差の絶対値の最大値が1の場合

(ii)　a, a, $a+1$

a は1から5までとれるので，3個のさいころに対応づけることで

$5\cdot{}_3C_1=15$ 通り

(iii)　a, $a+1$, $a+1$

a は1から5までとれるので，3個のさいころに対応づけることで

$5\cdot{}_3C_2=15$ 通り

・差の絶対値の最大値が2の場合

(iv)　a, a, $a+2$

a は1から4までとれるので，3個のさいころに対応づけることで

$4\cdot{}_3C_1=12$ 通り

(v)　a, $a+1$, $a+2$

a は1から4までとれるので，3個のさいころに対応づけることで

$4\cdot3!=24$ 通り

(vi)　a, $a+2$, $a+2$

a は1から4までとれるので，3個のさいころに対応づけることで

$$4\cdot{}_3C_2=12 \text{ 通り}$$

(i)〜(vi)より，条件を満たす目の出方は

$$6+15+15+12+24+12=84 \text{ 通り}$$

したがって，出る目の数の差の絶対値がすべて2以下である確率は

$$\frac{84}{6^3}=\frac{7}{18}\quad \to ア$$

3個のさいころの目がすべて異なる目の出方は，${}_6P_3=6\cdot5\cdot4$ 通りあるので，確率 $P(A)$ は

$$P(A)=\frac{6\cdot5\cdot4}{6^3}=\frac{5}{9}\quad \to イ$$

条件付き確率 $P_B(A)$ は $P_B(A)=\dfrac{P(A\cap B)}{P(B)}$ で求めることができる。

$$\begin{aligned}P(B)&=1-P(\overline{B})\\&=1-[\,3\text{個のさいころのうち}1\text{個も}1\text{が出ない確率}]\\&=1-\left(\frac{5}{6}\right)^3=1-\frac{125}{216}=\frac{91}{216}\end{aligned}$$

確率 $P(A\cap B)$ を求める。事象 $A\cap B$ は1が必ず1個だけ出て，残りの2個は1以外の異なる2個の目が出る事象である。2〜6から2個選ぶ選び方は

$${}_5C_2=\frac{5\cdot4}{2\cdot1}=10 \text{ 通り}$$

3個のさいころに対応づけることで　　$10\cdot3!=60$ 通り

よって　　$P(A\cap B)=\dfrac{60}{6^3}=\dfrac{60}{216}$

したがって，条件付き確率 $P_B(A)$ は

$$P_B(A)=\frac{\frac{60}{216}}{\frac{91}{216}}=\frac{60}{91}\quad \to ウ$$

n 個のさいころを同時に投げるときに，出る目の最大値が4である確率 $P(C)$ は

$$\begin{aligned}P(C)=&[\,n\text{個とも}1\sim4\text{の目が出る確率}]\\&-[\,n\text{個とも}1\sim3\text{の目が出る確率}]\end{aligned}$$

$$=\left(\frac{4}{6}\right)^n-\left(\frac{3}{6}\right)^n$$

$$=\left(\frac{2}{3}\right)^n-\left(\frac{1}{2}\right)^n \quad \to エ$$

条件付き確率 $P_D(C)$ は $P_D(C)=\dfrac{P(C\cap D)}{P(D)}$ で求めることができる。

$$P(D)=1-P(\overline{D})$$

$=1-[n$ 個のさいころのうち 1 個も 1 が出ない確率$]$

$$=1-\left(\frac{5}{6}\right)^n$$

確率 $P(C\cap D)$ を求める。事象 $C\cap D$ は最大値が 4 かつ最小値が 1 となる事象である。つまり，1 ～ 4 の目が出る場合のうち，4 の目も 1 の目も出る場合である。

1 ～ 4 の目が出る確率は $\left(\dfrac{4}{6}\right)^n$ である。このうち

4 の目が出ないのは 1 ～ 3 の目が出る場合で，確率は $\left(\dfrac{3}{6}\right)^n$

1 の目が出ないのは 2 ～ 4 の目が出る場合で，確率は $\left(\dfrac{3}{6}\right)^n$

4 の目も 1 の目も出ないのは 2 ～ 3 の目が出る場合で，確率は $\left(\dfrac{2}{6}\right)^n$

であるから，確率 $P(C\cap D)$ は

$$P(C\cap D)=\left(\frac{4}{6}\right)^n-\left\{\left(\frac{3}{6}\right)^n+\left(\frac{3}{6}\right)^n-\left(\frac{2}{6}\right)^n\right\}$$

$$=\left(\frac{4}{6}\right)^n-2\left(\frac{3}{6}\right)^n+\left(\frac{2}{6}\right)^n$$

よって，求める条件付き確率 $P_D(C)$ は

$$P_D(C)=\frac{\left(\frac{4}{6}\right)^n-2\left(\frac{3}{6}\right)^n+\left(\frac{2}{6}\right)^n}{1-\left(\frac{5}{6}\right)^n}=\frac{4^n-2\cdot 3^n+2^n}{6^n-5^n} \quad \to オ$$

(2)　$a+\sqrt{2}=\sqrt{b+2+b\sqrt{2}}$ の両辺は正なので，2 乗しても同値であるから

$$(a+\sqrt{2})^2=(\sqrt{b+2+b\sqrt{2}})^2$$

$$a^2+2a\sqrt{2}+2=b+2+b\sqrt{2}$$

$$(a^2-b)+(2a-b)\sqrt{2}=0$$

a，b が正の整数なので，a^2-b，$2a-b$ は整数である。

よって　　$a^2-b=0$　かつ　$2a-b=0$

$$a^2-2a=0$$

$$a(a-2)=0$$

$a>0$ より　　$a=2$　→カ

したがって　　$b=4$　→キ

$x+y=\sqrt{14+2\sqrt{5}}$ の両辺は正なので，2 乗しても同値であるから

$$(x+y)^2=(\sqrt{14+2\sqrt{5}})^2$$

$$x^2+2xy+y^2=14+2\sqrt{5}$$

$$(\sqrt{c+\sqrt{d}})^2+2\sqrt{c+\sqrt{d}}\cdot\sqrt{c-\sqrt{d}}+(\sqrt{c-\sqrt{d}})^2=14+2\sqrt{5}$$

$$2c+2\sqrt{c^2-d}=14+2\sqrt{5}$$

$$\sqrt{c^2-d}=7-c+\sqrt{5}$$

右辺の $7-c+\sqrt{5}>0$ のもとで，両辺を 2 乗すると

$$c^2-d=(7-c)^2+2(7-c)\sqrt{5}+5$$

$$(-14c+d+54)+2(7-c)\sqrt{5}=0$$

ここで，c，d は正の整数なので，$-14c+d+54$，$2(7-c)$ も整数であり，$\sqrt{5}$ は無理数なので

$$\begin{cases}-14c+d+54=0\\2(7-c)=0\end{cases}$$

よって　　$c=7$，$d=44$

これは，$c^2-d=5>0$，$7-c+\sqrt{5}=\sqrt{5}>0$ であるから，条件を満たす。

$$\begin{cases}c=7 & \to ク\\d=44 & \to ケ\end{cases}$$

このとき，$x=\sqrt{7+2\sqrt{11}}$，$y=\sqrt{7-2\sqrt{11}}$ であり

$$xy=\sqrt{7+2\sqrt{11}}\sqrt{7-2\sqrt{11}}=\sqrt{49-44}=\sqrt{5}$$

$$\begin{aligned}(y+2xy)^2&=y^2+4xy\cdot y+4(xy)^2\\&=(\sqrt{7-2\sqrt{11}})^2+4\sqrt{5}\sqrt{7-2\sqrt{11}}+4(\sqrt{5})^2\\&=7-2\sqrt{11}+4\sqrt{5}\sqrt{7-2\sqrt{11}}+20\end{aligned}$$

$$=27-2\sqrt{11}+4\sqrt{35-10\sqrt{11}}$$

一方で

$$(y+2xy)^2=(y+2\sqrt{5})^2$$
$$=(\sqrt{14+2\sqrt{5}}-x+2\sqrt{5})^2$$
$$=(\sqrt{20}+\sqrt{14+2\sqrt{5}}-\sqrt{7+2\sqrt{11}})^2$$

よって

$$27-2\sqrt{11}+4\sqrt{35-10\sqrt{11}}=(\sqrt{20}+\sqrt{14+2\sqrt{5}}-\sqrt{7+2\sqrt{11}})^2$$

したがって，求める正の整数 n は　　$n=20$　→コ

参考　ク・ケを求めるところでは，「α が無理数のとき，整数 p，q が $p\alpha+q=0$ を満たせば，$p=q=0$ である」ことが使える形で求めたが，客観型式の問題なので

$$\sqrt{c^2-d}-\sqrt{5}=7-c$$

において，$\sqrt{5}$ は無理数で，$7-c$ は整数なので

$$\begin{cases}\sqrt{c^2-d}=\sqrt{5}\\ 7-c=0\end{cases}$$

としてもよいだろう。

II

解答　(1)　$\displaystyle\int f(x)dx=\int\frac{x}{1+x^2}dx$

$$=\int\frac{(1+x^2)'}{2(1+x^2)}dx$$
$$=\frac{1}{2}\log(1+x^2)+C\quad（C は積分定数）$$

……(答)

(2)　$f(x)=\dfrac{x}{1+x^2}$ より

$$f'(x)=\frac{x'(1+x^2)-x(1+x^2)'}{(1+x^2)^2}$$
$$=\frac{1+x^2-2x^2}{(1+x^2)^2}$$
$$=\frac{-x^2+1}{(1+x^2)^2}$$

$0<x<1$ のとき，$f'(x)>0$ となるので，$0 \leqq x \leqq 1$ において，$f(x)$ は単調に増加する。 ……(答)

$f(0)=0$，$f(1)=\dfrac{1}{2}$ である。

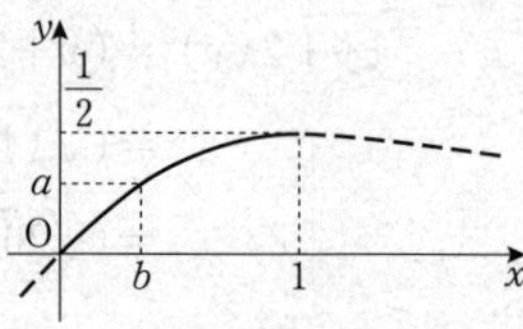

よって，$0 \leqq a \leqq \dfrac{1}{2}$ である a に対して $f(b)=a$ を満たす $x=b$ $(0 \leqq b \leqq 1)$ がただ 1 つ存在する。

(証明終)

(3)　$\begin{cases} f(x)-a \leqq 0 & (0 \leqq x \leqq b \text{ のとき}) \\ f(x)-a \geqq 0 & (b \leqq x \leqq 1 \text{ のとき}) \end{cases}$

であるから

$$I=\int_0^1 |f(x)-a|\,dx$$

$$=\int_0^b \{-f(x)+a\}\,dx+\int_b^1 \{f(x)-a\}\,dx$$

$$=\left[-\frac{1}{2}\log(1+x^2)+ax\right]_0^b+\left[\frac{1}{2}\log(1+x^2)-ax\right]_b^1$$

$$=-\log(1+b^2)+2ab+\frac{1}{2}\log 2-a$$

$$=-\log(1+b^2)+\frac{2b^2}{1+b^2}+\frac{1}{2}\log 2-\frac{b}{1+b^2}$$

$$=-\log(1+b^2)+\frac{2b^2-b}{1+b^2}+\frac{1}{2}\log 2 \quad \cdots\cdots(\text{答})$$

(4)　$I=-\log(1+b^2)+\dfrac{2b^2-b}{1+b^2}+\dfrac{1}{2}\log 2 \quad (0 \leqq b \leqq 1)$

$$I'=-\frac{2b}{1+b^2}+\frac{(2b^2-b)'(1+b^2)-(2b^2-b)(1+b^2)'}{(1+b^2)^2}$$

$$=\frac{-2b(1+b^2)+(4b-1)(1+b^2)-2b(2b^2-b)}{(1+b^2)^2}$$

$$=\frac{-2b^3+b^2+2b-1}{(1+b^2)^2}$$

$$=\frac{(2b-1)(1+b)(1-b)}{(1+b^2)^2}$$

$0<b<1$ において，$I'=0$ のとき　　$b=\dfrac{1}{2}$

よって，$0 \leqq b \leqq 1$ における I の増減は次のようになる。

b	0	$\cdots$	$\frac{1}{2}$	$\cdots$	1
I'		$-$	0	$+$	
I	$\frac{\log 2}{2}$	↘	$\log\frac{4\sqrt{2}}{5}$	↗	$\frac{1-\log 2}{2}$

これより，最小値は

$$\log\frac{4\sqrt{2}}{5}\quad\left(b=\frac{1}{2}\text{ すなわち } a=\frac{2}{5}\text{ のとき}\right)\quad\cdots\cdots(\text{答})$$

次に，$\frac{\log 2}{2}$ と $\frac{1-\log 2}{2}$ の大小関係を調べる。

$$\frac{\log 2}{2}-\frac{1-\log 2}{2}=\log 2-\frac{1}{2}>0\quad(\because\quad 0.6<\log 2<0.7)$$

したがって

$$\frac{1-\log 2}{2}<\frac{\log 2}{2}$$

となることから，最大値は

$$\frac{\log 2}{2}\quad(b=0\text{ すなわち } a=0\text{ のとき})\quad\cdots\cdots(\text{答})$$

◀解　説▶

≪定積分の最大値・最小値≫

(1)　後半の問題で利用できる不定積分を計算して，準備しておく。

(2)　$y=f(x)$ の増減を調べたいので，基本は $f'(x)$ を求め増減表を作ることである。できてしまえば，$f(b)=a$ となる b $(0 \leqq b \leqq 1)$ がただ1つであることは容易に示すことができる。本問では $f'(x)>0$ から $f(x)$ が単調に増加することがわかったので，増減表を作る必要はない。

(3)　絶対値は必ず外して計算する。絶対値の中身が0以上であればそのまま，負であればマイナス符号をつけて外す。$x=b$ で扱う関数が切り替わるので，2つの区間に分けて和の形で表すことになる。b だけで表すので，$\frac{a}{1+a^2}=b$ を利用しよう。

(4)　(3)で b だけで表した I を $0 \leqq b \leqq 1$ の範囲で増減を調べて最大値と最小値を求める。

Ⅲ　**解答**　(1)　直線 l 上の任意の点を $(x,\ y,\ z)$ とすると，s を実数として

$$(x,\ y,\ z)=(0,\ 0,\ 0)+s(1,\ 1,\ 1)=(s,\ s,\ s)$$

よって，直線 l 上の点は $(s,\ s,\ s)$ で表すことができ，直線 l 上の点 P_n の x 座標が a_n であることから，点 P_n の座標を $(a_n,\ a_n,\ a_n)$ と表すことができる。

また，直線 m 上の任意の点を $(x,\ y,\ z)$ とすると，t を実数として

$$(x,\ y,\ z)=(0,\ 1,\ -3)+t(2,\ 3,\ -1)=(2t,\ 3t+1,\ -t-3)$$

よって，直線 m 上の点は $(2t,\ 3t+1,\ -t-3)$ で表すことができ，直線 m 上の点 Q_n の x 座標が b_n であることから，点 Q_n の座標を $\left(b_n,\ \dfrac{3}{2}b_n+1,\ -\dfrac{1}{2}b_n-3\right)$ と表すことができる。

$$\overrightarrow{\mathrm{P}_n\mathrm{Q}_n}=\left(b_n-a_n,\ \frac{3}{2}b_n-a_n+1,\ -\frac{1}{2}b_n-a_n-3\right)$$

$\overrightarrow{\mathrm{P}_n\mathrm{Q}_n}\cdot\vec{v}=0$ より

$$2(b_n-a_n)+3\left(\frac{3}{2}b_n-a_n+1\right)-\left(-\frac{1}{2}b_n-a_n-3\right)=0$$

$$7b_n-4a_n+6=0$$

$$b_n=\frac{4}{7}a_n-\frac{6}{7}\quad\cdots\cdots(\text{答})$$

(2)　$$\overrightarrow{\mathrm{Q}_n\mathrm{P}_{n+1}}=\left(a_{n+1}-b_n,\ a_{n+1}-\frac{3}{2}b_n-1,\ a_{n+1}+\frac{1}{2}b_n+3\right)$$

$\overrightarrow{\mathrm{Q}_n\mathrm{P}_{n+1}}\cdot\vec{u}=0$ より

$$(a_{n+1}-b_n)+\left(a_{n+1}-\frac{3}{2}b_n-1\right)+\left(a_{n+1}+\frac{1}{2}b_n+3\right)=0$$

$$3a_{n+1}-2b_n+2=0$$

$$a_{n+1}=\frac{2}{3}b_n-\frac{2}{3}\quad\cdots\cdots(\text{答})$$

(3)　$$\begin{cases} a_{n+1}=\dfrac{2}{3}b_n-\dfrac{2}{3} \\ b_n=\dfrac{4}{7}a_n-\dfrac{6}{7} \end{cases}$$

より，b_n を消去して

$$a_{n+1}=\frac{2}{3}\left(\frac{4}{7}a_n-\frac{6}{7}\right)-\frac{2}{3}$$
$$=\frac{8}{21}a_n-\frac{26}{21}$$

これは，次のように変形できる。

$$a_{n+1}+2=\frac{8}{21}(a_n+2)$$

よって，数列 $\{a_n+2\}$ は初項 $a_1+2=5+2=7$，公比 $\frac{8}{21}$ の等比数列であるから

$$a_n+2=7\left(\frac{8}{21}\right)^{n-1}$$
$$a_n=7\left(\frac{8}{21}\right)^{n-1}-2 \quad \cdots\cdots(答)$$

また

$$\alpha=\lim_{n\to\infty}a_n$$
$$=\lim_{n\to\infty}\left\{7\left(\frac{8}{21}\right)^{n-1}-2\right\}$$
$$=-2 \quad \cdots\cdots(答)$$
$$\beta=\lim_{n\to\infty}b_n$$
$$=\lim_{n\to\infty}\left(\frac{4}{7}a_n-\frac{6}{7}\right)$$
$$=\frac{4}{7}(-2)-\frac{6}{7}$$
$$=-2 \quad \cdots\cdots(答)$$

よって，点Pの座標は　$(-2,\ -2,\ -2)$　……(答)

点Qの座標は，$\left(-2,\ \frac{3}{2}(-2)+1,\ -\frac{1}{2}(-2)-3\right)$ より

$$(-2,\ -2,\ -2) \quad \cdots\cdots(答)$$

(4)　(3)で点 P_n，Q_n ともに点 $(-2,\ -2,\ -2)$（点Aとする）に近づき，直線 l と直線 m は点Aで交わるので同一平面上にある。したがって，$\lim_{n\to\infty}\sum_{k=1}^{n}(S_k+T_k)$ とは三角形 AP_1Q_1 の面積であるから，この面積は

$$\frac{1}{2}\sqrt{|\overrightarrow{\mathrm{AP_1}}|^2|\overrightarrow{\mathrm{AQ_1}}|^2-(\overrightarrow{\mathrm{AP_1}}\cdot\overrightarrow{\mathrm{AQ_1}})^2}$$

で求めることができる。

$$\begin{cases}\overrightarrow{\mathrm{AP_1}}=(7,\ 7,\ 7)\\ \overrightarrow{\mathrm{AQ_1}}=(4,\ 6,\ -2)\end{cases}$$

であるから

$$\begin{cases}|\overrightarrow{\mathrm{AP_1}}|=7\sqrt{3}\\ |\overrightarrow{\mathrm{AQ_1}}|=2\sqrt{14}\\ \overrightarrow{\mathrm{AP_1}}\cdot\overrightarrow{\mathrm{AQ_1}}=56\end{cases}$$

よって，$\displaystyle\lim_{n\to\infty}\sum_{k=1}^{n}(S_k+T_k)$ の値は

$$\frac{1}{2}\sqrt{7^2\cdot3\cdot2^2\cdot14-2^2\cdot2^4\cdot7^2}=\frac{1}{2}\cdot7\cdot2\sqrt{42-16}=7\sqrt{26}\quad\cdots\cdots(答)$$

別解　(4)　三角形 $\mathrm{P}_n\mathrm{Q}_n\mathrm{P}_{n+1}$ と三角形 $\mathrm{Q}_n\mathrm{P}_{n+1}\mathrm{Q}_{n+1}$ を合わせたものは，台形 $\mathrm{P}_n\mathrm{Q}_n\mathrm{Q}_{n+1}\mathrm{P}_{n+1}$ となるので，面積の和 S_n+T_n としてこの台形の面積を求めればよく

$$S_n+T_n=\frac{1}{2}\cdot|\overrightarrow{\mathrm{Q}_n\mathrm{Q}_{n+1}}|(|\overrightarrow{\mathrm{P}_n\mathrm{Q}_n}|+|\overrightarrow{\mathrm{P}_{n+1}\mathrm{Q}_{n+1}}|)$$

と表すことができる。

$$\begin{aligned}\overrightarrow{\mathrm{Q}_n\mathrm{Q}_{n+1}}&=\left(b_{n+1}-b_n,\ \frac{3}{2}(b_{n+1}-b_n),\ -\frac{1}{2}(b_{n+1}-b_n)\right)\\&=\left(\frac{4}{7}(a_{n+1}-a_n),\ \frac{6}{7}(a_{n+1}-a_n),\ -\frac{2}{7}(a_{n+1}-a_n)\right)\\&=\left(-\frac{13}{2}\left(\frac{8}{21}\right)^n,\ -\frac{39}{4}\left(\frac{8}{21}\right)^n,\ \frac{13}{4}\left(\frac{8}{21}\right)^n\right)\end{aligned}$$

$$|\overrightarrow{\mathrm{Q}_n\mathrm{Q}_{n+1}}|=\frac{13}{4}\left(\frac{8}{21}\right)^n\sqrt{(-2)^2+(-3)^2+1^2}=\frac{13\sqrt{14}}{4}\left(\frac{8}{21}\right)^n$$

$$\begin{aligned}\overrightarrow{\mathrm{P}_n\mathrm{Q}_n}&=\left(b_n-a_n,\ \frac{3}{2}b_n-a_n+1,\ -\frac{1}{2}b_n-a_n-3\right)\\&=\left(\left(\frac{4}{7}a_n-\frac{6}{7}\right)-a_n,\ \frac{3}{2}\left(\frac{4}{7}a_n-\frac{6}{7}\right)-a_n+1,\right.\\&\qquad\left.-\frac{1}{2}\left(\frac{4}{7}a_n-\frac{6}{7}\right)-a_n-3\right)\end{aligned}$$

$$=\left(-\frac{3}{7}(a_n+2),\ -\frac{1}{7}(a_n+2),\ -\frac{9}{7}(a_n+2)\right)$$

$$=\left(-3\left(\frac{8}{21}\right)^{n-1},\ -\left(\frac{8}{21}\right)^{n-1},\ -9\left(\frac{8}{21}\right)^{n-1}\right)$$

$$|\overrightarrow{\mathrm{P}_n\mathrm{Q}_n}|=\left(\frac{8}{21}\right)^{n-1}\sqrt{(-3)^2+(-1)^2+(-9)^2}=\sqrt{91}\left(\frac{8}{21}\right)^{n-1}$$

$$|\overrightarrow{\mathrm{P}_{n+1}\mathrm{Q}_{n+1}}|=\sqrt{91}\left(\frac{8}{21}\right)^{n}$$

したがって

$$S_n+T_n=\frac{1}{2}\cdot\frac{13\sqrt{14}}{4}\left(\frac{8}{21}\right)^n\left\{\sqrt{91}\left(\frac{8}{21}\right)^{n-1}+\sqrt{91}\left(\frac{8}{21}\right)^n\right\}$$

$$=\frac{13\cdot29\sqrt{26}}{63}\left(\frac{8}{21}\right)^{2(n-1)}$$

よって

$$\sum_{k=1}^{n}(S_k+T_k)=\frac{13\cdot29\sqrt{26}}{63}\cdot\frac{1-\left(\frac{8}{21}\right)^{2n}}{1-\left(\frac{8}{21}\right)^2}$$

$$\lim_{n\to\infty}\sum_{k=1}^{n}(S_k+T_k)=\lim_{n\to\infty}\frac{13\cdot29\sqrt{26}}{63}\cdot\frac{1-\left(\frac{8}{21}\right)^{2n}}{1-\left(\frac{8}{21}\right)^2}$$

$$=\frac{13\cdot29\sqrt{26}}{63}\cdot\frac{1}{1-\left(\frac{8}{21}\right)^2}$$

$$=\frac{13\cdot29\sqrt{26}}{63}\cdot\frac{21^2}{21^2-8^2}$$

$$=\frac{13\cdot29\sqrt{26}}{63}\cdot\frac{3^2\cdot7^2}{(21+8)(21-8)}$$

$$=7\sqrt{26}$$

◀解　説▶

≪空間における図形の面積の和の極限値≫

(1)　まずは，媒介変数を用いて，直線 l，m 上の点の座標を表す。点 P_n，Q_n の x 座標がそれぞれ a_n，b_n となることから点 P_n，Q_n の座標を表そう。点の定義の仕方から，b_n を a_n で表す。(2)も同様にして，a_{n+1} を b_n

で表す。

(3)　(1)，(2)で得られた漸化式を連立して，数列 $\{a_n\}$ の一般項を求める。α が求まれば，β もわかる。

(4)　S_n と T_n を別々にして求める必要はない。合わせたものは台形になるので，台形の面積を直接求めればよい。(3)で点 P_n，Q_n がともに点 $(-2,\ -2,\ -2)$ に限りなく近づくことがわかっている。この誘導が必ず利用できるはずである。すると，台形を $n=1,\ 2,\ 3,\ \cdots$ として集めていくと，三角形になることがわかる。ここでうまく誘導に乗ることが本問のポイント。そこから，〔解答〕のようにすると簡単に $\displaystyle\lim_{n\to\infty}\sum_{k=1}^{n}(S_k+T_k)$ を求めることができる。気づかなければ，〔別解〕のようにすればよいが，その場合の計算はかなり面倒になるので，丁寧に確認しながら計算していこう。

Ⅳ　**解答**

(1)　$y=e^{\frac{1}{x}}$ より　　$y'=e^{\frac{1}{x}}\left(\dfrac{1}{x}\right)'=-\dfrac{e^{\frac{1}{x}}}{x^2}$

よって，l の傾きは $-\dfrac{e^{\frac{1}{s}}}{s^2}$ であり，方程式は

$$y-e^{\frac{1}{s}}=-\frac{e^{\frac{1}{s}}}{s^2}(x-s)$$

$$y=-\frac{e^{\frac{1}{s}}}{s^2}x+\left(1+\frac{1}{s}\right)e^{\frac{1}{s}}\quad\cdots\cdots(\text{答})$$

(2)　$y=1+\log x$ より　　$y'=\dfrac{1}{x}$

よって，m の傾きは $\dfrac{1}{t}$ であり，$l\perp m$ なので

$$-\frac{e^{\frac{1}{s}}}{s^2}\cdot\frac{1}{t}=-1$$

$$t=\frac{e^{\frac{1}{s}}}{s^2}\quad\cdots\cdots(\text{答})$$

(3)　$u=\left(1+\dfrac{1}{s}\right)e^{\frac{1}{s}}$ である。

$$u'=\left(1+\frac{1}{s}\right)'e^{\frac{1}{s}}+\left(1+\frac{1}{s}\right)^{(e^{\frac{1}{s}})'}$$

$$=-\frac{e^{\frac{1}{s}}}{s^2}+\left(1+\frac{1}{s}\right)\left(-\frac{e^{\frac{1}{s}}}{s^2}\right)$$

$$=-\frac{(2s+1)e^{\frac{1}{s}}}{s^3}$$

$s>0$ より $2s+1>0$ かつ $e^{\frac{1}{s}}>0$ かつ $s^3>0$ であるから　　$u'<0$

よって，$s>0$ において u は単調に減少する。　　（証明終）

$$\lim_{s\to\infty}u=\lim_{s\to\infty}\left(1+\frac{1}{s}\right)e^{\frac{1}{s}}=(1+0)\cdot 1=1$$

$$\lim_{s\to+0}u=\lim_{s\to+0}\left(1+\frac{1}{s}\right)e^{\frac{1}{s}}=\infty$$

ゆえに，s が $s>0$ の範囲を動くとき，u の値域は $u>1$ である。

（証明終）

(4)　$$\frac{ds}{du}=\frac{1}{\frac{du}{ds}}=\frac{1}{-\frac{(2s+1)e^{\frac{1}{s}}}{s^3}}=-\frac{s^3}{(2s+1)e^{\frac{1}{s}}}$$　……（答）

(2)より　　$t=\frac{e^{\frac{1}{s}}}{s^2}$

よって

$$\frac{dt}{ds}=\frac{(e^{\frac{1}{s}})'s^2-e^{\frac{1}{s}}(s^2)'}{(s^2)^2}$$

$$=\frac{-\frac{e^{\frac{1}{s}}}{s^2}\cdot s^2-2se^{\frac{1}{s}}}{s^4}$$

$$=-\frac{(2s+1)e^{\frac{1}{s}}}{s^4}$$

$$\frac{dt}{du}=\frac{dt}{ds}\cdot\frac{ds}{du}=-\frac{(2s+1)e^{\frac{1}{s}}}{s^4}\cdot\left\{-\frac{s^3}{(2s+1)e^{\frac{1}{s}}}\right\}=\frac{1}{s}$$

$\frac{dt}{du}=1$ となるとき

$$\frac{1}{s}=1\qquad\therefore\quad s=1$$

よって　　$u=\left(1+\frac{1}{1}\right)e^{\frac{1}{1}}=2e$　……（答）

◀解　説▶

≪曲線を表す関数に関わる微分法≫

(1)・(2)　微分係数が接線の傾きになることから接線の方程式を求めることができる。2つの直線が垂直であるための条件は，傾きの積が -1 になることである。

(3)　$u=\left(1+\dfrac{1}{s}\right)e^{\frac{1}{s}}$ を s で微分して，u の増減を調べよう。$u'<0$ になることを示せばよい。単調に減少することを示せたら，次に $u>1$ となることを証明するのだが，$\lim_{s\to\infty}u=1$ となるだけでは不十分であることを知っておきたい。値域が $u>1$ ということは $u>1$ の値すべてをとることができるからである。$\lim_{s\to+0}u=\infty$ となることも示しておくこと。

(4)　逆関数の導関数の求め方を利用して，誘導に従い計算を進めていこう。

❖講　評

2022年度も例年通り，試験時間100分で大問4題を解答させるものであった。**I**は小問集合で結果だけを空欄に記入させる形式，**II**～**IV**は記述式の解答形式であり，これも例年通りである。

I　小問集合の問題数は2問で，近年はこの形式が定着してきている。(1)は3個のさいころを投げたときの出た目に関する条件付き確率の問題である。(2)は無理数の相等に関する問題で，数学的な難しさはないが，計算が面倒である。ともに標準レベルの問題。

II　絶対値を含む関数の定積分の最大値と最小値を求める問題。まずは，絶対値を外す。そして導関数を求めて増減を調べるといった定石に従い解き進めていく。その際に，グラフも上手に利用しよう。標準レベルの問題である。

III　空間ベクトルの問題で，条件に合うように点をとり，それらの点でできる三角形の面積の和の極限値を求める無限等比級数の問題である。(3)での誘導の意味をよく考えて(4)に繋げることができれば，(4)も容易に解答することができるが，気づかなければ面倒な計算処理になり手間がかかる。標準レベルの問題である。

IV　曲線の接線に関する微分法がテーマの問題。計算の内容も容易で分量も少なめなので他の問題と比較してもやや易しめの問題である。

このように，標準レベルの問題が中心に出題されており，どの問題もとても丁寧な小問の誘導がついているので，それに上手く乗りながら解答していくことがポイントになる。各小問には何らかの意味があり，それ以降の問題に必ず繋がることを意識すること。

物理

I

解答　(ア) $\dfrac{(1+e)m}{m+M}v$　(イ) $\dfrac{m}{M}$　(ウ) $\dfrac{(1-e^2)mM}{2(m+M)}v^2$

(エ) $\dfrac{(1+e)^2mM}{(m+M)^2}$　(オ) $\left(\dfrac{m-eM}{(1+e)m}\right)^2\dfrac{r}{2}$　(カ) $mg\left(\dfrac{x}{r}\right)^2$　(キ) $mg\dfrac{x\sqrt{r^2-x^2}}{r^2}$

(ク) $\sqrt{\dfrac{g}{r}}$

◀解　説▶

≪2球の衝突と力学的エネルギー，単振動≫

(ア)　衝突直後のPとQの速度を，図の右向きを正として v_P，v_Q とする。運動量保存則と反発係数の式は

$$mv=mv_P+Mv_Q \quad \cdots\cdots①$$

$$-\frac{v_P-v_Q}{v-0}=e \quad \cdots\cdots②$$

①，②式より v_P，v_Q を求めると

$$v_P=\frac{m-eM}{m+M}v,\ \ v_Q=\frac{(1+e)m}{m+M}v$$ （$v_Q>0$ より v_Q はQの速さ）

(イ)　(ア)で求めた $v_P>0$ より　　$e<\dfrac{m}{M}$

(ウ)　衝突により失われる力学的エネルギーは，衝突前後の運動エネルギーの減少分である。(ア)で求めた v_P，v_Q の値を用いると

$$\frac{1}{2}mv^2+0-\left(\frac{1}{2}mv_P{}^2+\frac{1}{2}Mv_Q{}^2\right)$$

$$=\frac{(1-e^2)mM}{2(m+M)}v^2$$

(エ)　この場合のPがQに衝突する速さを v_0 とすると，衝突直後のQの速さは，(ア)の結果より $\dfrac{(1+e)m}{m+M}v_0$ である。

Dに到達したときのQの位置エネルギーは，力学的エネルギー保存則より衝突直後のQの運動エネルギーに等しいので，求める答は

$$\frac{1}{2}M\left\{\frac{(1+e)m}{m+M}v_0\right\}^2 \div \frac{1}{2}mv_0{}^2 = \frac{(1+e)^2 mM}{(m+M)^2}\ \text{倍}$$

(オ)　Qが到達する最大の高さは，図 1 より $r-r\cos 60^\circ=\dfrac{r}{2}$ である。

Pが到達する最大の高さを h とすると，衝突直後のPの速さは(ア)の結果より $\dfrac{m-eM}{m+M}v_0$ なので，PとQそれぞれについての力学的エネルギー保存則より

$$\frac{1}{2}m\left(\frac{m-eM}{m+M}v_0\right)^2 = mgh,\quad \frac{1}{2}M\left\{\frac{(1+e)m}{m+M}v_0\right\}^2 = Mg\frac{r}{2}$$

$$\therefore\quad h=\left\{\frac{m-eM}{(1+e)m}\right\}^2\frac{r}{2}$$

(カ)　Pに作用する垂直抗力の大きさを N，図 2 の $\angle \mathrm{COE}=\theta$ とする。Pの点Eでの速さは 0 なので，Pに作用する OE 方向の力はつりあう。

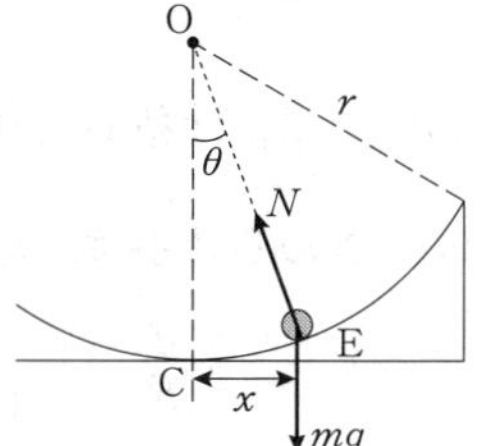

$$N=mg\cos\theta = mg\frac{\sqrt{r^2-x^2}}{r}$$

Pに作用する合力の鉛直成分の大きさは

$$mg-N\cos\theta = mg(1-\cos^2\theta) = mg\left(\frac{x}{r}\right)^2$$

(キ)　Pに作用する合力の水平成分の大きさは

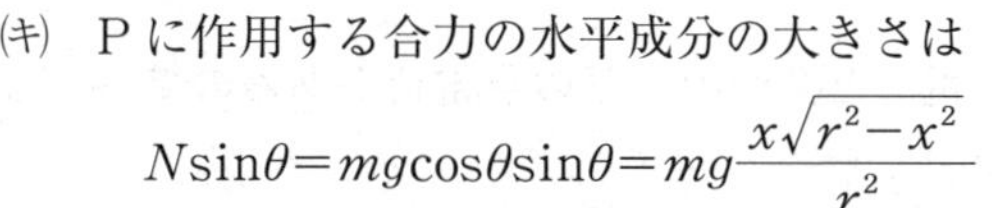

$$N\sin\theta = mg\cos\theta\sin\theta = mg\frac{x\sqrt{r^2-x^2}}{r^2}$$

(ク)　与えられた近似より，Pに作用する合力の水平成分の大きさは

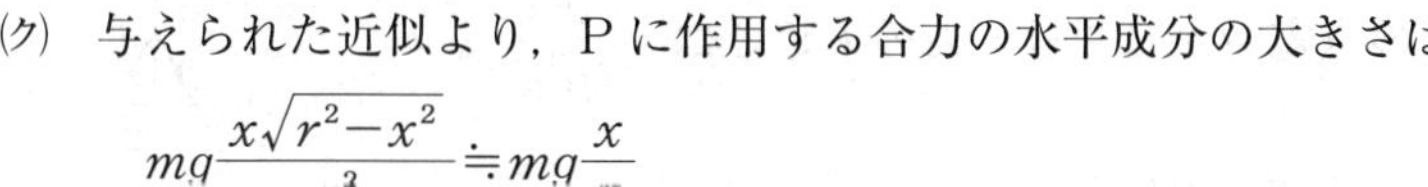

$$mg\frac{x\sqrt{r^2-x^2}}{r^2} \fallingdotseq mg\frac{x}{r}$$

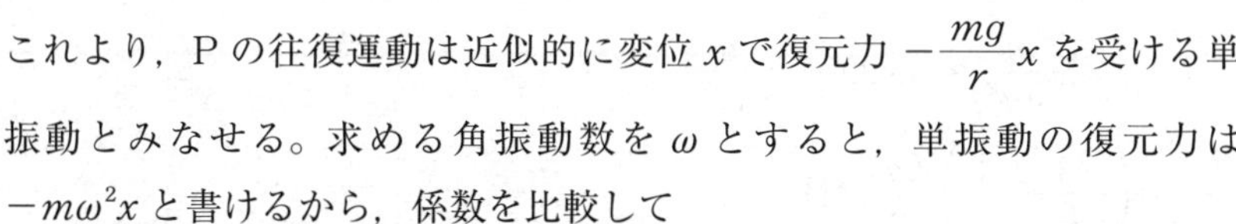

これより，Pの往復運動は近似的に変位 x で復元力 $-\dfrac{mg}{r}x$ を受ける単振動とみなせる。求める角振動数を ω とすると，単振動の復元力は $-m\omega^2 x$ と書けるから，係数を比較して

$$m\omega^2 = mg\frac{1}{r}\qquad \therefore\quad \omega=\sqrt{\frac{g}{r}}$$

Ⅱ

解答　(ア) $k\dfrac{q}{R^2}$　(イ) $k\dfrac{q}{R}$　(ウ) $4\pi kq$　(エ) $\left(\dfrac{\sqrt{3}}{4}-\dfrac{1}{3}\right)\dfrac{kq}{d^2}$

(オ) $\dfrac{4\pi k\rho a^3}{3r^2}$　(カ) 1　(キ) $4\pi k\sigma$　(ク) 0

〔解答図（Ⅱ－A)〕

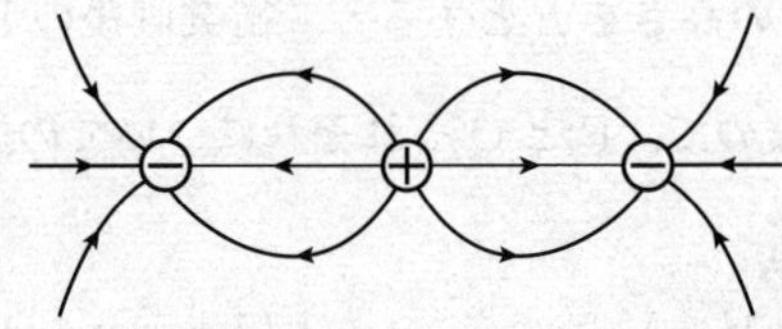

◀解　説▶

≪電場，電気力線，ガウスの法則≫

(ア)　半径 R の球面の電場の強さは，クーロンの法則より $k\dfrac{q}{R^2}$〔N/C〕なので，単位面積あたり　$k\dfrac{q}{R^2}$ 本

(イ)　求める仕事は，球面の電位に等しい。

よって　$k\dfrac{q}{R}$〔J〕

(ウ)　(ア)より，q の点電荷から出る電気力線の本数は

$$k\frac{q}{R^2}\times 4\pi R^2=4\pi kq \text{ 本}$$

この球面内に，1つの q の点電荷と2つの $-q$ の点電荷があるので

$$2\times 4\pi kq-1\times 4\pi kq=4\pi kq \text{ 本}$$

(エ)　$-q$ の点電荷から受ける力の大きさは $k\dfrac{q}{4d^2}$，q の点電荷から受ける力の大きさは $k\dfrac{q}{3d^2}$ なので

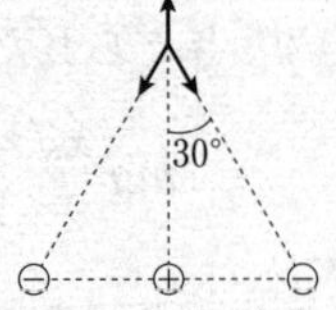

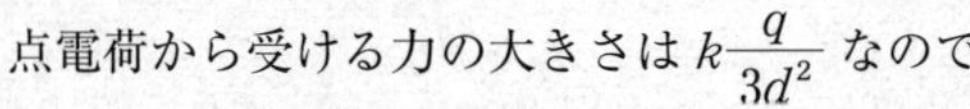

$$2\times k\frac{q}{4d^2}\times\cos 30^\circ-k\frac{q}{3d^2}$$

$$=\left(\frac{\sqrt{3}}{4}-\frac{1}{3}\right)\frac{kq}{d^2}\text{〔N〕}$$

(オ)　半径 a の球の内部の電荷 $Q=\rho\times\dfrac{4}{3}\pi a^3$〔C〕なので

$$k\frac{Q}{r^2}=\frac{4\pi k\rho a^3}{3r^2}\text{〔N/C〕}$$

(カ)　半径 r の球の内部の電荷 $Q_r=\rho\times\frac{4}{3}\pi r^3$〔C〕なので

$$k\frac{Q_r}{r^2}=\frac{4}{3}\pi k\rho r\text{〔N/C〕}$$

したがって，r の 1 乗に比例する。

(キ)　半径 a の球面上の全電荷 $Q'=\sigma\times 4\pi a^2$〔C〕なので

$$k\frac{Q'}{a^2}=4\pi k\sigma\text{〔N/C〕}$$

(ク)　この球面内の電荷は 0 なので，電場の強さも 0 である。

よって，試験電荷を移動させる仕事は　　0 J

III　解答

(ア) VT　(イ) $A\cos\frac{2\pi}{T}\left(t-\frac{x}{V}\right)$　(ウ) $\frac{1}{2}VT$　(エ) $\frac{1}{2}T$

(オ) $\frac{1}{2}V\cos\theta$　(カ) $\frac{1}{2}$

〔解答図（Ⅲ－A）〕

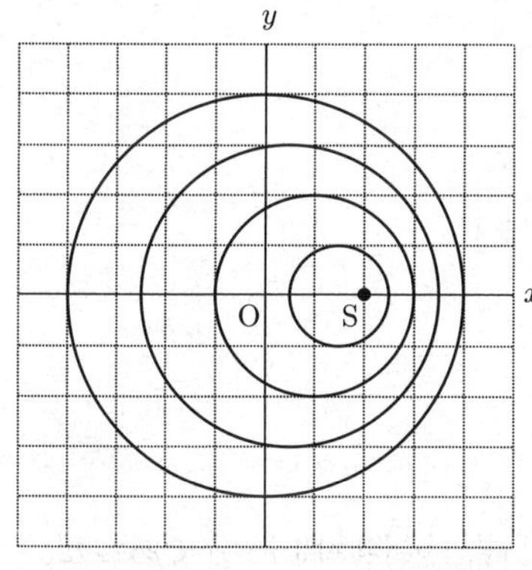

〔解答図（Ⅲ－B）〕

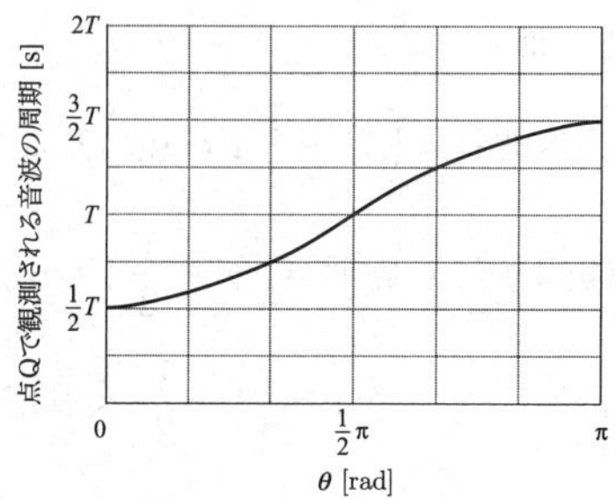

◀解　説▶

≪音圧の式，ドップラー効果，衝撃波≫

(ア)　波長＝音速×周期より　　VT〔m〕

(イ)　位置 x〔m〕，時刻 t〔s〕の音圧の変化を p〔Pa〕とする。$x=0$〔m〕の音源 S の $t=0$〔s〕の音圧は最大なので，$p=A$ とすると，S の音圧の変化は

$$p=A\sin\left(\frac{2\pi}{T}t+\frac{\pi}{2}\right)=A\cos\frac{2\pi}{T}t$$

位置 x の点Pに音源Sの音圧変化が $\dfrac{x}{V}$〔s〕で伝わるので

$$p=A\cos\frac{2\pi}{T}\left(t-\frac{x}{V}\right)\text{〔Pa〕}$$

(ウ)　前方に進む音波の音源に対する相対速度は $\left(V-\dfrac{1}{2}V\right)$ なので

観測される波長 $=\left(V-\dfrac{1}{2}V\right)T=\dfrac{1}{2}VT$〔m〕

(エ)　観測される周期＝観測される波長÷音速より

$\dfrac{1}{2}VT\div V=\dfrac{1}{2}T$〔s〕

(オ)　音源の速度のQ方向の成分は　$\dfrac{1}{2}V\cos\theta$〔m/s〕

(カ)　図3で，OとSの距離 $=2V\times4T=8VT$，Oから出た音波の山の波面とOからの距離 $=V\times4T=4VT$ より

$$\sin\alpha=\frac{4VT}{8VT}=\frac{1}{2}$$

〔解答図（Ⅲ－B）〕

観測される波長 $=\left(V-\dfrac{1}{2}V\cos\theta\right)T$ なので

$$\text{観測される周期}=\left(V-\frac{1}{2}V\cos\theta\right)T\div V$$
$$=\left(1-\frac{1}{2}\cos\theta\right)T\text{〔s〕}$$

❖講　評

2022年度の出題は，従来通りの大問3題，試験時間75分であった。Ⅲは2021年度に引き続いて波動から出題された。また2021年度は出題されなかった描図問題が3問出題された。

Ⅰ　前半は2球の衝突と力学的エネルギーを問う出題であるが，文字式の計算に少し時間がかかる。後半は近似的な単振動を扱う少し難しい出題である。糸の長さ r の単振り子と考えて，周期の公式からも解答できる。

Ⅱ　前半はガウスの法則の電気力線の面密度が与えられているので，

点電荷の周囲の電場の強さや電位の式をもとに解答すればよい。電気力線の描図は，正と負の 2 つの点電荷の場合に 1 つの負電荷が加わった影響と対称性を考慮すればよいが，少し難しい。後半は一様な電荷分布の球や球面の問題であるが，問題文にある「…内部にある電荷の寄与のみ…」をもとに解答する。これは地球内部の万有引力を求める場合と同様である。

Ⅲ　音波の圧力変化（密疎変化）の式は教科書では扱わないが，「正弦波で表される」と問題文に記されているので，波の式と同様に扱ってよい。後半はドップラー効果で前方や斜め方向や衝撃波についての出題である。

化学

I 解答

(1)　ア．-2　イ．$+6$

(2)　**A**．HF　**B**．SO_2　**C**．H_2S　**D**．S_8

(3)　(a) $CaF_2+H_2SO_4 \longrightarrow CaSO_4+2HF$

(b) $4FeS+7O_2 \longrightarrow 2Fe_2O_3+4SO_2$（$3FeS+5O_2 \longrightarrow Fe_3O_4+3SO_2$ も可）

(c) $2MnO_4^-+5SO_2+2H_2O \longrightarrow 2MnSO_4+2H_2SO_4+SO_4^{2-}$

(d) $2FeS_2+7O_2+2H_2O \longrightarrow 2FeSO_4+2H_2SO_4$

(4)　(i)気体：HNO_3　性質：(あ)　(ii)気体：HCl　性質：(あ)

(iii)気体：SO_2　性質：(え)

(5)　(i) 2.56×10^2　(ii) 1.3 g

(6)　(i) $2Fe_2(SO_4)_3+CuFeS_2+3O_2+2H_2O$

$\longrightarrow 5FeSO_4+CuSO_4+2H_2SO_4$

(ii)陽極：$2H_2O \longrightarrow 4H^++O_2+4e^-$　陰極：$Cu^{2+}+2e^- \longrightarrow Cu$

質量%：3.18%

◀解　説▶

≪Sの単体および化合物の性質と反応，沸点上昇，Cuの製錬≫

(1)　Sは16族元素で，最外殻のM殻には6つの電子が存在する。よって最高酸化数は $+6$，最低酸化数は $+6-8=-2$ となる。

(2)　**B**．$Na_2SO_3+H_2SO_4 \longrightarrow Na_2SO_4+H_2O+SO_2$

の反応や下線部(b)の反応により SO_2 が生じる。

C．$FeS+H_2SO_4 \longrightarrow FeSO_4+H_2S$

の反応により，H_2S が生じる。

D．$SO_2+2H_2S \longrightarrow 2H_2O+3S$ の反応により硫黄の固体が生じるが，右図のような S_8 分子となっている。

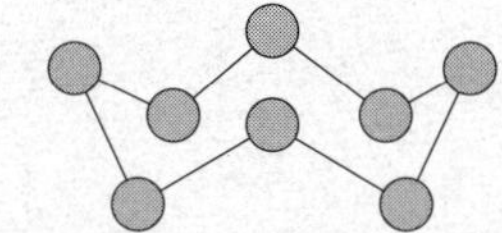

(3)(c)　$MnO_4^-+8H^++5e^- \longrightarrow Mn^{2+}+4H_2O$　……①

$SO_2+2H_2O \longrightarrow SO_4^{2-}+2e^-+4H^+$　……②

①×2＋②×5より

$$2MnO_4^- + 5SO_2 + 2H_2O \longrightarrow 2Mn^{2+} + 5SO_4^{2-} + 4H^+$$

が得られる。

(4)(i)・(ii)　揮発性の酸（HNO_3 や HCl）の塩に不揮発性の酸（濃 H_2SO_4）を作用させると，揮発性の酸が遊離する。

(iii)　濃 H_2SO_4 は強い酸化力を持ち，イオン化傾向の小さい Ag や Cu も溶かし，SO_2 を発生させる。

(5)(i)　沸点上昇度 Δt＝モル沸点上昇 K_b×質量モル濃度 m より，求める分子量を M とすると

$$0.240 = 2.40 \times \frac{2.56}{M} \times \frac{1000}{100} \qquad \therefore \quad M = 256$$

これは S_8 分子の分子量である。

(ii)　単斜硫黄も S_8 分子からなり，分子量が 256 なので，単斜硫黄と斜方硫黄の質量の合計を m〔g〕とすると

$$0.30 = 2.40 \times \frac{m}{256} \times \frac{1000}{100} \qquad \therefore \quad m = 3.2$$

したがって，ゴム状硫黄の質量は

$$4.5 - 3.2 = 1.3〔g〕$$

(6)(ii)　採取された銅の質量は

$$\frac{9.65 \times 10^3}{9.65 \times 10^4} \times \frac{1}{2} \times 63.5 = 3.175〔g〕$$

よって，鉱石 100 g に含まれる銅の質量%は 3.175≒3.18〔%〕となる。

II　解答

(1)　ア．スクロース　イ．脱水縮合　ウ．転化　エ．デキストリン　オ．マルトース　カ．構造　キ．右　ク．吸熱

(2)　A．$\dfrac{[Fru]_e}{[Glc]_e}$　B．$\dfrac{k_1}{k_2}$　C．$\dfrac{k_1 + k_2}{k_2}[Glc]_e - [Glc]$

(3)　(i) 9.3×10^{-4} mol/L

(ii) $v_0 = 5.0 \times 10^{-6}$〔mol/(L・min)〕

$k_1 = 2.5 \times 10^{-3}$〔min^{-1}〕　$k_2 = 2.2 \times 10^{-3}$〔min^{-1}〕

(4)　(i) 2800 kJ/mol　(ii) 60%　(iii) 生成熱―(う)　燃焼熱―(い)

(5)　(i)―A　(ii) 1.0×10^3 Pa　(iii) 7.4×10^{-2} g

◀解　説▶

≪糖類の性質，糖類を題材とする反応速度・化学平衡・反応熱・浸透圧≫

(1)　ア～ウ・カ．グラニュー糖や氷砂糖のように，一般的に砂糖と呼ばれる甘味料の主成分はスクロースで，下図のように α-グルコースの 1 位と五員環構造の β-フルクトースの 2 位の $-$OH 間で脱水縮合してできる。

α-グルコース　　五員環 β-フルクトース

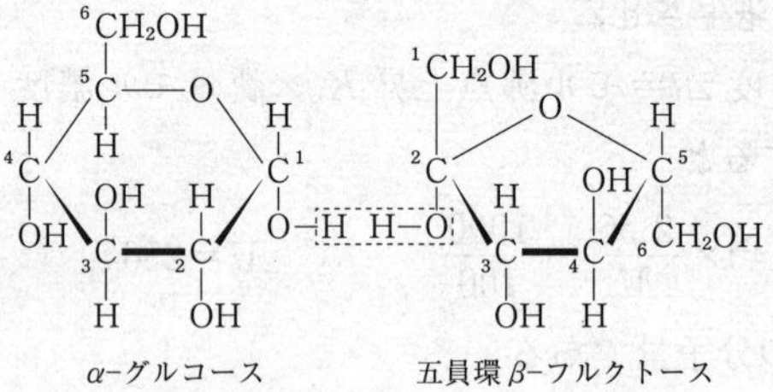

したがって，スクロースを加水分解すればグルコースとフルクトースの等量混合物が得られ，これを転化糖という。また，フルクトースには図の五員環構造以外に六員環構造や鎖状構造が存在するが，いずれも分子式が $C_6H_{12}O_6$ でグルコースと構造異性体の関係にある。

エ・オ．デンプンは多数の α-グルコースが脱水縮合した多糖で，適度に加水分解すると，いろいろな重合度の多糖混合物が得られる。これをデキストリンといい，これをさらに加水分解して得られるマルトースは，α-グルコースの 1 位と 4 位の $-$OH 間で脱水縮合してできる下図のような二糖である。

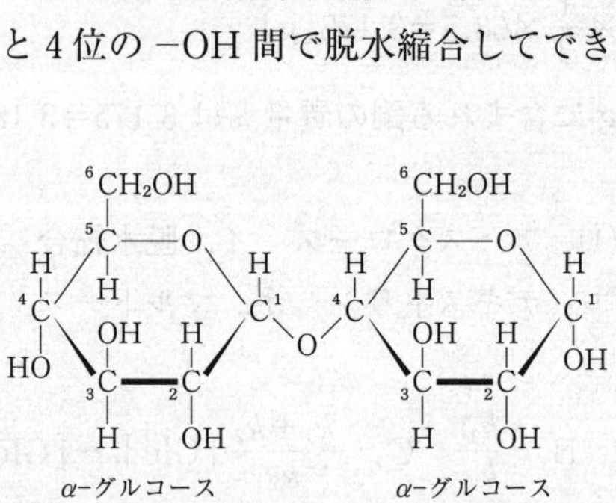

α-グルコース　　α-グルコース

キ・ク．高温ほど平衡定数が大きく，フルクトースが多くなることがわかる。つまり，高温ほど異性化反応は右向きに進行しているので，右向きは吸熱反応となる。

(2)　A・B．①式より，平衡定数 K は　　$K=\dfrac{[\mathrm{Fru}]_e}{[\mathrm{Glc}]_e}$

となる。また平衡状態においては

$v=k_1[\mathrm{Glc}]_e-k_2[\mathrm{Fru}]_e=0$ より　$k_1[\mathrm{Glc}]_e=k_2[\mathrm{Fru}]_e$

これより　$\dfrac{[\mathrm{Fru}]_e}{[\mathrm{Glc}]_e}=K=\dfrac{k_1}{k_2}$

が得られる。

C．⑤式より

$$[\mathrm{Fru}]=[\mathrm{Glc}]_e+[\mathrm{Fru}]_e-[\mathrm{Glc}]$$
$$=[\mathrm{Glc}]_e+\frac{k_1}{k_2}[\mathrm{Glc}]_e-[\mathrm{Glc}]$$
$$=\frac{k_1+k_2}{k_2}[\mathrm{Glc}]_e-[\mathrm{Glc}]$$

(3)(i)　$[\mathrm{Glc}]_e=x$〔mol/L〕とすると，$[\mathrm{Fru}]_e=2.00\times10^{-3}-x$〔mol/L〕となるので

$$K=\frac{[\mathrm{Fru}]_e}{[\mathrm{Glc}]_e}=\frac{2.00\times10^{-3}-x}{x}=1.15$$

$x=9.30\times10^{-4}\fallingdotseq9.3\times10^{-4}$〔mol/L〕

(ii)　グラフより，20 分間でフルクトース濃度が 0.00010 mol/L だけ上昇していることから

$$v_0=\frac{0.00010}{20}=5.0\times10^{-6}\text{〔mol/(L・min)〕}$$

したがって

$$v_0=(k_1+k_2)(2.00\times10^{-3}-9.30\times10^{-4})=5.0\times10^{-6}$$
$$k_1+k_2=\frac{5.0\times10^{-6}}{1.07\times10^{-3}}=4.672\times10^{-3}=4.67\times10^{-3}$$

また $\dfrac{k_1}{k_2}=K=1.15$ より，$k_1=1.15k_2$ を上式に代入し

$2.15k_2=4.67\times10^{-3}$　　∴　$k_2=2.17\times10^{-3}\fallingdotseq2.2\times10^{-3}$〔$\mathrm{min^{-1}}$〕

$k_1=1.15\times2.17\times10^{-3}=2.49\times10^{-3}\fallingdotseq2.5\times10^{-3}$〔$\mathrm{min^{-1}}$〕

(4)(i)　求める燃焼熱を Q〔kJ/mol〕とすると

$C_6H_{12}O_6$(固)$+6O_2$(気)$=6CO_2$(気)$+6H_2O$(液)$+Q$ kJ

よって　$Q=6\times394+6\times286-1280=2800$〔kJ/mol〕

(ii)　$C_6H_{12}O_6$ のモル質量は 180 g/mol より，発生した熱量は

$$\frac{4.50}{180}\times 2800=70.0\,[\mathrm{kJ}]$$

水が得た熱量は

$$4.20\times 1.00\times 10^{3}\times(30-20)=4.20\times 10^{4}\,[\mathrm{J}]=42.0\,[\mathrm{kJ}]$$

よって

$$\frac{42.0}{70.0}\times 100=60\,[\%]$$

(iii) グルコースからフルクトースへの異性化反応は吸熱反応なので，フルクトースの方が生成熱は小さい。また，フルクトース 1 mol の燃焼における生成物の種類および物質量はグルコースの場合と同じなので，生成熱が小さくなれば燃焼熱は大きくなる。

(5)(ii) 高さ 10.0 cm のグルコース水溶液の質量は

$$1.00\,[\mathrm{g/cm^3}]\times 10.0\,[\mathrm{cm}]\times 1.00\,[\mathrm{cm^2}]=10.0\,[\mathrm{g}]$$
$$=1.00\times 10^{-2}\,[\mathrm{kg}]$$

したがって，この水溶液の重さは

$$1.00\times 10^{-2}\times 9.80=9.80\times 10^{-2}\,[\mathrm{N}]$$

管の断面積が $1.00\times 10^{-4}\,\mathrm{m^2}$ より，U 字管中の希薄溶液の浸透圧は

$$\frac{9.80\times 10^{-2}}{1.00\times 10^{-4}}=9.80\times 10^{2}\,[\mathrm{Pa}]$$

また，10.0 cm の液面差ができていることから，5.00 mL の純水が浸透しており，U 字管中の希薄水溶液の体積は 105 mL である。つまりグルコース希薄水溶液の濃度は U 字管中の希薄水溶液の

$$\frac{105}{100}=1.05\text{ 倍}$$

と考えられるため，浸透圧も 1.05 倍となり

$$9.80\times 10^{2}\times 1.05=1.029\times 10^{3}\fallingdotseq 1.0\times 10^{3}\,[\mathrm{Pa}]$$

(iii) $\Pi=CRT$ より

$$1.02\times 10^{3}=\frac{X}{180}\times 8.3\times 10^{3}\times 300$$

$$X=0.0737\fallingdotseq 7.4\times 10^{-2}\,[\mathrm{g}]$$

III **解答**　(1)　あ．親水　い．疎水　う．変性
え．α-ヘリックス　お．β-シート

(2)　(イ)・(ウ)

(3)　(i)チンダル現象　(ii)保護コロイド

(4)　(i)$C_{16}H_{22}O_6N_4$

(ii)pH1：$H-\underset{\underset{}{}}{\overset{\overset{^+NH_3}{|}}{C}}H-COOH$　pH13：$H-\overset{\overset{NH_2}{|}}{C}H-COO^-$

(iii)—(d)

(5)　1.1×10^3

(6)　(i)$n\mathrm{Cl}-\overset{\overset{O}{\|}}{C}-(CH_2)_4-\overset{\overset{O}{\|}}{C}-\mathrm{Cl}+n\mathrm{H}-\overset{\overset{H}{|}}{N}-(CH_2)_6-\overset{\overset{H}{|}}{N}-\mathrm{H}+2n\mathrm{NaOH}$

$$\longrightarrow \left[\overset{\overset{O}{\|}}{C}-(CH_2)_4-\overset{\overset{O}{\|}}{C}-\overset{\overset{H}{|}}{N}-(CH_2)_6-\overset{\overset{H}{|}}{N}\right]_n+2n\mathrm{NaCl}+2n\mathrm{H_2O}$$

(ii)重合に伴い HCl が生じるので，中和させて，HCl が未反応のジアミンと反応しないようにするため。

(iii)3.0×10^2 個

◀解　説▶

≪タンパク質の性質，テトラペプチドの構造決定，ナイロン 66 の製法≫

(1)　え・お．タンパク質の二次構造には，ポリペプチド鎖がらせん状になったα-ヘリックス構造と，平行に並んでできるβ-シート構造がある。

(2)(イ)　アミノ酸の結晶は双性イオンがクーロン力によって結合したイオン結晶であるため融点は高い。

(ウ)　無水酢酸と反応して生じる化合物はアミドと呼ばれる。

(3)(ii)　疎水コロイドに親水コロイドを加えると，親水コロイドが疎水コロイドを覆い，少量の電解質では凝析しにくくなる。

(4)(i)　$\mathrm{C:H:O:N}=\dfrac{52.5}{12.0}:\dfrac{6.0}{1.00}:\dfrac{26.2}{16.0}:\dfrac{15.3}{14.0}$

$$=4.37:6.00:1.63:1.09\fallingdotseq 8:11:3:2$$

表 1 のα-アミノ酸からなるテトラペプチドの場合，N の数は 4 となるため，分子式は $C_{16}H_{22}O_6N_4$ である。

(ii)　α-アミノ酸は水溶液中では次式のような平衡状態となっている。

$$\underset{\text{陽イオン}}{\text{R}-\overset{\overset{+}{\text{N}}\text{H}_3}{\overset{|}{\text{C}}}\text{H}-\text{COOH}} \underset{\text{H}^+}{\overset{\text{OH}^-}{\rightleftarrows}} \underset{\text{双性イオン}}{\text{R}-\overset{\overset{+}{\text{N}}\text{H}_3}{\overset{|}{\text{C}}}\text{H}-\text{COO}^-} \underset{\text{H}^+}{\overset{\text{OH}^-}{\rightleftarrows}} \underset{\text{陰イオン}}{\text{R}-\overset{\text{NH}_2}{\overset{|}{\text{C}}}\text{H}-\text{COO}^-}$$

酸性にすれば平衡が左に移動して陽イオンが，塩基性にすれば右に移動して陰イオンが増加する。アミノ酸**A**は不斉炭素原子をもたないので，グリシンで，R＝Hとなる。

(iii)　題意より，グリシンがテトラペプチドの末端に位置し，トリペプチド**Y**にはチロシンが含まれることがわかる。したがって(c)または(d)が当てはまる。またグリシンとチロシンで炭素数が11なので，残る2つのアミノ酸の炭素数の合計は5となり，(d)と決まる。

(5)　題意より**Z**は次式のように表され，求める分子量は$185n+18.0$となる。

$$\text{H}\left[\overset{\text{H}}{\overset{|}{\text{N}}}-\overset{\text{H}}{\overset{|}{\text{C}}}\text{H}-\overset{\text{O}}{\overset{\|}{\text{C}}}-\underset{\text{H}}{\underset{|}{\overset{\text{H}}{\overset{|}{\text{N}}}}}-\overset{\text{H}}{\overset{|}{\text{C}}}\text{H}-\overset{\text{O}}{\overset{\|}{\text{C}}}-\underset{\text{H}}{\underset{|}{\text{N}}}-\overset{\text{CH}_3}{\overset{|}{\text{C}}}\text{H}-\overset{\text{O}}{\overset{\|}{\text{C}}}\right]_n\text{OH}$$

また1molの**Z**が加水分解されて生じるグリシンは$2n$〔mol〕，グリシンの分子量が75.0なので

$$\frac{9.40}{185n+18.0}\times 2n\times 75.0=7.50 \qquad \therefore \quad n=6$$

したがって分子量は

$$185\times 6+18.0=1128\fallingdotseq 1.1\times 10^3$$

(6)(iii)　ナイロン66の構造は次のとおり。

$$\left[\underset{\text{O}}{\underset{\|}{\text{C}}}-(\text{CH}_2)_4-\underset{\text{O}}{\underset{\|}{\text{C}}}-\underset{\text{H}}{\underset{|}{\text{N}}}-(\text{CH}_2)_6-\underset{\text{H}}{\underset{|}{\text{N}}}\right]_n$$

ナイロン66の繰り返し構造1つにアミド結合は2つ含まれるので，重合度がnのナイロン66 1分子中のアミド結合の数は$2n$となる。また，繰り返し構造の式量が226なので

$$2n=2\times\frac{3.39\times 10^4}{226}=3.0\times 10^2\ \text{個}$$

❖講　評

試験時間，大問数，解答形式等，例年と同様である。また，難易度も

例年並みで，基本～やや難しい内容まで幅広く出題されている。

Ⅰ　(1)～(5)は比較的解答しやすい。ただし，化学反応式が書けるかどうかが大きなポイントとなる。また，(4)の濃硫酸の性質は，同じ選択肢を選ぶのに戸惑う。(6)(i)の化学反応式は難しい。下線部(d)の反応を参考にしよう。

Ⅱ　(1)・(2)は確実に解答したい。(3)平衡反応が単純なので(i)の計算はしやすいだろうが，(ii)は少しややこしい。まずは v_0 をしっかりと算出しよう。(4)・(5)よく見かける標準的な問題である。計算ミスが点数に影響するだろう。

Ⅲ　例年，有機分野が出題される。天然・合成を問わず高分子化合物もしっかり勉強しておこう。(1)・(2)はタンパク質の基本的特徴がわかっていれば答えられる。(4)候補となるアミノ酸に塩基性アミノ酸がないので，予想されるＮの数から分子式がわかる。(5)題意のポリペプチドの構造が書ければ，立式する手がかりとなる。(6)(ii)の理由はやや難しい。この理由は(i)の反応式を書く際にも関係するだろう。

幅広い解答形式で出題されているが，空所補充や択一式問題は比較的解答しやすいので，ここで点数を落とさないようにしたい。

生物

I 解答

(1) (あ)食 (い)食作用 (う)Toll 様受容体（TLR）
(え)サイトカイン (お)インターロイキン

(2) (あ)クロマチン繊維（クロマチン） (い)ヒストン (う)ヌクレオソーム

(3) (ア)・(ウ)・(エ)

(4) (ウ)・(エ)

(5) 野生型細胞：細胞S 遺伝子 Y 欠損細胞：細胞T 露出：起こる

(6) ①―(イ) ② カルシウムイオン（Ca^{2+}）

③ （神経管の細胞）E-カドヘリン：(エ) N-カドヘリン：(ア)
（神経堤細胞）E-カドヘリン：(エ) N-カドヘリン：(エ)

(7)（記号―正しい語句の順に） (イ)―2本 (ウ)―システイン

◀解 説▶

≪アポトーシスのしくみ，自然免疫，神経管の形成とカドヘリン≫

(1) 自然免疫の応答に関係する細胞は，病原体の成分と結合する受容体を持っている。これらの受容体は病原体に広く共通する分子構造の型（パターン）を認識することからパターン認識受容体と呼ばれ，その代表的なものとしては Toll 様受容体（TLR）が挙げられる。また，TLR によって病原体を認識した食細胞は活性化してサイトカインを分泌し，これによって炎症反応などが引き起こされる。なお，サイトカインは細胞間の情報伝達にはたらくタンパク質の総称で，特に，リンパ球が産生し免疫反応の活性化を促進するものはインターロイキンと呼ばれる。

(2) ヒストンに DNA が巻き付いた構造をヌクレオソームといい，ヌクレオソームが数珠状につながった構造が折りたたまれたものをクロマチン繊維という。クロマチン繊維はさらに折りたたまれて高次構造をとっている。なお，DNA とヒストンの複合体を単にクロマチンと呼ぶこともあるので，(あ)はクロマチンでもよい。

(3) 反応(I)～(III)からわかることを以下にまとめる。

• 反応(I)

活性化した核 DNA 切断酵素は，細胞 PB の細胞質には存在するが，細胞

PA や細胞 PC の細胞質には存在しないことがわかる。また，細胞 PC で行った処理をもとに考えると，核 DNA 切断酵素の活性化にはタンパク質切断酵素 X のはたらきが必要といえる。これより，(ア)は正しく，(オ)は誤りとわかる。

• 反応(Ⅱ)と(Ⅲ)

細胞質画分 PB には活性化した核 DNA 切断酵素が存在するので，断片化した DNA 量は当然高くなる。一方，細胞質画分 PA には活性化した核 DNA 切断酵素が存在しない。しかし，この細胞質画分に細胞 PA のミトコンドリア画分の破砕液を混合すると，核 DNA 切断酵素は活性化する。以上より次のようなしくみが考えられる。核 DNA 切断酵素は細胞質にあり，ミトコンドリア内には核 DNA 切断酵素を活性化する物質が存在する。この物質が細胞質へ出てくると，核 DNA 切断酵素が活性化されて核 DNA の断片化が促進される。よって(イ)は誤りで，(ウ)と(エ)は正しい。

(4)(ア)　正文。細胞が物理的な損傷によって死に至る場合，細胞膜や細胞小器官が膨張・破裂して様々な酵素が放出され，その周囲では炎症反応が引き起こされる。このような細胞死をネクローシス（壊死）という。一方，アポトーシスは，細胞膜や細胞小器官が破裂せず，マクロファージなどの食作用によってすみやかに除去されるので周りの組織に損傷を与えることがない。

(イ)　正文。アポトーシスは，DNA が修復不能な損傷を受けた細胞やウイルスに感染した細胞などでも起こるので，すでに形成された器官でもみられる。

(ウ)　誤文。水鳥の後肢には水かきがあるので，アポトーシスはマウスに比べて亢進していないと考えられる。

(エ)　誤文。やけどや外傷によって引き起こされるのはネクローシスである。

(オ)　正文。神経系が形成されていく過程では，神経細胞が過剰につくられる。それぞれの神経細胞は軸索を伸ばし，正常なシナプスを形成したものが残るが，それ以外はアポトーシスを起こして死滅する。

(5)　スクランブラーゼ Z（以下酵素 Z とする）はホスファチジルセリンを両方向に輸送し，フリッパーゼ Y（以下酵素 Y とする）はホスファチジルセリンを細胞質側に輸送する。アポトーシス経路がはたらいていない場合，次図左のように酵素 Z より酵素 Y の影響が強く，ホスファチジルセリンは細胞表面に露出しない。アポトーシス経路がはたらくと，タンパク質切断酵素X（以下酵素Xとする）が活性化し，下図右のように酵素Zの活性化と，酵素Yの不活性化が起こる。その結果，ホスファチジルセリンは細胞膜の外側に露出するようになる。

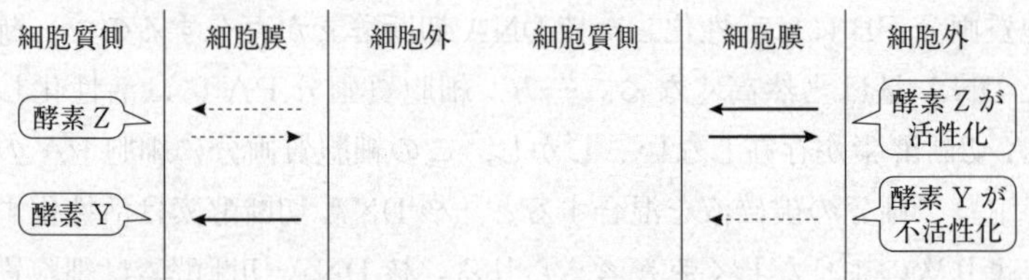

細胞Q，R，S，Tは，酵素X，Y，Zを司る遺伝子X，Y，Zのいずれかが欠損した細胞，または野生型の細胞である。表1をもとに細胞Q，R，S，Tについてわかることを以下にまとめてみる。

細胞Tはアポトーシス刺激がなくても○になっている（ホスファチジルセリンが細胞表面に露出している）ので，酵素Yがはたらいていない（遺伝子Yが欠損している）とわかる。なお，細胞Tに酵素Xの阻害剤を添加した場合についても，そもそも酵素Yがはたらいていないので，ホスファチジルセリンは常に細胞表面に露出した状態となる。

細胞Qはアポトーシス刺激があっても×になっているので，酵素Zがはたらいていない（遺伝子Zが欠損している）とわかる。

細胞Sはアポトーシス刺激がなければ×であるが，刺激を加えると○になっているので野生型とわかる。

細胞Rは遺伝子導入によって酵素Xを発現させ，その後，アポトーシス刺激を加えると○になるので，酵素Xがはたらいていない（遺伝子Xが欠損している）とわかる。

(6)①　がん細胞では，カドヘリンによる細胞接着の機能が低下し，他の組織への転移が起こりやすくなっている。

③　E-カドヘリンのEはEpithelium（上皮），N-カドヘリンのNはNeuron（神経）の頭文字に由来する。神経堤細胞は神経管と表皮の境界付近から生じる細胞で，その後，胚の内部を移動して末梢神経や色素細胞などに分化する。もともと外胚葉の細胞にはE-カドヘリンのみが発現しているが，神経管の形成にともない，神経管の細胞ではN-カドヘリンの

みが発現するようになる。神経堤細胞ではE-カドヘリンもN-カドヘリンも発現しておらず，表皮や神経管から遊離する。

(7)(イ)　リン脂質は，1分子のグリセリンに2分子の脂肪酸と1分子のリン酸が結合してできている。

(ウ)　SH基を持つアミノ酸はメチオニンではなくシステインである。

II　解答

(1)　(あ)鼓膜　(い)耳小　(う)うずまき　(え)コルチ　(お)有毛細胞

(2)　(C)—(ウ)　(D)—(ケ)

(3)　①—(エ)　②側面：(エ)　冠状面：(キ)

(4)　(オ)

(5)　①20Hz付近の大砲の音は非常に強く，ヒトでは航空機騒音に匹敵するほどに感じられるが，セミはこの周波数を受容できないため。(60字以内)

②—(エ)

◀解　説▶

≪ヒトとセミの聴覚，大脳皮質のはたらき≫

(1)　コルチ器にある聴細胞，半規管にある感覚細胞，前庭にある感覚細胞はどれも感覚毛を持っており，有毛細胞とも呼ばれる。

(2)　ヒトが知覚できる周波数は20〜20,000Hzである。問題文にもあるように，低音と高音が混じった音を聞いた場合，基底膜の異なる部分が振動し，これにより異なる聴細胞が興奮する。それぞれの聴細胞の興奮は異なる聴神経を介して大脳の聴覚野に伝わり，音の違いを聞き分けることができる。

(3)①　(ア)・(イ)・(オ)のように音波の刺激を受け取るたびに，カドヘリン23が感覚毛から離れたり，カドヘリン23が切断したり，感覚毛が聴細胞から抜けたりすると，連続した音波の刺激に対応できないと考えられるので誤りである。また，聴細胞の興奮は感覚毛がおおい膜に触れて変形することで起こるので，(ウ)のようにおおい膜が神経伝達物質を分泌することはない。消去法で考えると答えは(エ)となる。実際，次図に示すように，感覚毛がおおい膜に触れて変形するとカドヘリン23につながったイオンチャネルが引っ張られることで，イオンチャネルが開口することが知られている。

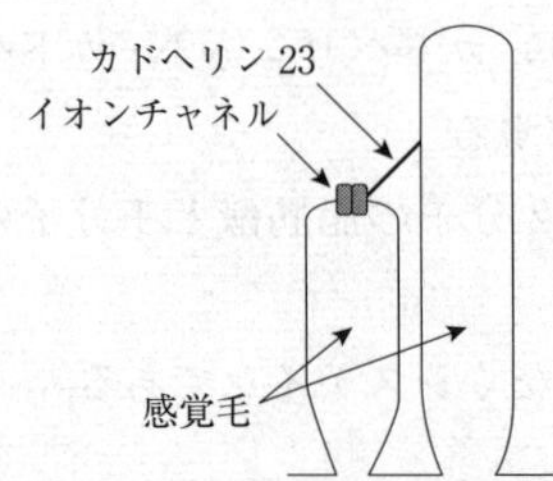

感覚毛がおおい膜に触れて変形すると，カドヘリン23につながったイオンチャネルが引っ張られることで開口する。

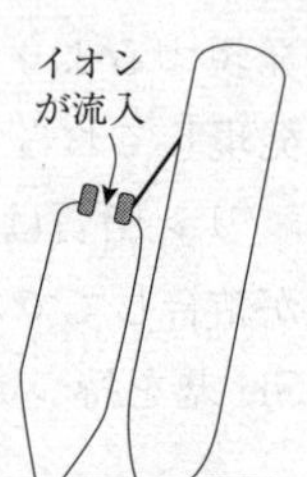

(4)　図1より，セミの鳴き声は6,000Hz付近の周波数が最も強い。ある難聴の人は「頭の中でセミが鳴いているような感じがする」と表現しており，自分が聞こえづらくなった周波数付近の耳鳴りを感じるとあるので，この人が聞こえづらい周波数は6,000Hz付近と考えられる。

(5)①　ヒトが受容できる周波数域は20〜20,000Hzである。大砲の20Hz付近の音はおよそ100dBもあり，ヒトにとっては航空機騒音に匹敵するくらいの音として感じられる。一方，図1よりセミの鳴き声は4,000〜8,000Hz付近の声が強く，セミはこの領域の音に対して敏感であると考えられる。しかし，100dBを超える1〜20Hz付近の音は感じることができず，大砲の音で逃げなかったと推測できる。なお，図1は雄セミの鳴き声の強さと周波数の関係を示したものであり，セミが受容できる周波数域を示しているものではないため注意する。

②　下線部(B)の直前に，「多くの昆虫にとって鳴くことは，生存や種の維持に不可欠な行動」とある。よって，雌セミが近づいたときの雄セミの行動は求愛行動と考えるのが妥当である。

III　解答

(1)　(あ)多能性（多分化能）　(い)増殖（自己複製）　(う)遺伝情報（ゲノム）　(え)受精卵

(お)・(か)卵，精子（順不同）

(2)　(エ)

(3)　ES細胞は胚盤胞の内部細胞塊の細胞から作製するが，iPS細胞は体細胞に初期化を促す遺伝子を導入することで作製する。（60字以内）

(4)　①(き)―(ク)　(く)―(イ)　(け)―(オ)　(こ)―(コ)　(さ)―(シ)　(し)―(カ)　(す)―(セ)

②―(ウ)

③　記号：(イ)　正しい語句：iPS細胞

④　脂溶性ホルモンは細胞膜を通過して，細胞内の受容体と複合体を形成

し，転写調節因子として遺伝子の発現を調節する。(60 字以内)

⑤―(ア)・(イ)

◀解　説▶

≪iPS 細胞と ES 細胞，遺伝子の発現調節，脂溶性ホルモンのはたらき≫

(1)(あ)　iPS 細胞は人工多能性幹細胞と呼ばれることから，多能性（さまざまな細胞に分化できる能力，多分化能ともいう）があてはまる。

(い)　下線部(a)付近に「表皮幹細胞のような…細胞のことを前駆細胞という」と述べられているので，前駆細胞＝幹細胞と解釈して解くとよい。なお，幹細胞は，ほぼ永久的に自己と同じ細胞をつくる能力（自己複製能力）と，さまざまな細胞に分化できる能力（多能性，多分化能）をもつので，(い)は増殖または自己複製があてはまる。

(2)　造血幹細胞もまた，自己複製を繰り返しながら，赤血球・白血球・血小板などの血液細胞をつくり出している。なお，小腸上皮細胞は腸幹細胞の分裂によって生じた細胞から分化した細胞で，小腸上皮細胞自体は幹細胞ではない。

(3)　発生初期の胚の細胞は多能性を備えているが，発生が進むにつれてほとんどの細胞は多能性を失っていく。哺乳類の胚盤胞から将来胎児になる部分（内部細胞塊）の細胞を取り出し，自己複製能力と多能性を維持したまま培養した細胞を ES 細胞という。一方，iPS 細胞は，皮膚から採取した体細胞に，細胞の初期化を促す遺伝子を導入することで，ES 細胞と同様の自己複製能力と多能性をもたせた細胞である。ES 細胞や iPS 細胞の培養条件を変えることで様々に分化した細胞の作製が可能になっている。

(4)①　*Nestin* 遺伝子の発現量を観察するには，*Nestin* 遺伝子のプロモーター配列（問題文に書かれていないが，この配列には *Nestin* 遺伝子の転写調節領域も含まれる）と GFP の遺伝子を連結させた DNA をプラスミドに組み込み，iPS 細胞に導入すればよい。*Nestin* 遺伝子のプロモーター配列に RNA ポリメラーゼが結合して *Nestin* 遺伝子の転写が始まると，同時に GFP の遺伝子も転写され，GFP が合成される。GFP は緑色の蛍光タンパク質で，その蛍光強度から *Nestin* 遺伝子の発現量を推測することができる。このような遺伝子をマーカー遺伝子という。

②　iPS 細胞では *Oct4* 遺伝子が，神経前駆細胞では *Nestin* 遺伝子が，神経細胞では *MAP2* 遺伝子が特異的に発現している。よって，0 日目は

iPS細胞，15日目は神経前駆細胞，30日目は神経細胞の状態にある。

③(イ)　誤文。分化の順番は，iPS細胞→神経前駆細胞→神経細胞なので，下線部は神経細胞ではなくiPS細胞である。

④　ペプチドホルモンなどの水溶性ホルモンは細胞膜を通過できず，受容体は標的細胞の細胞膜上に存在する。水溶性ホルモンが受容体に結合すると，酵素の活性化などを介して特定の反応が起こる。一方，ステロイドホルモンなどの脂溶性ホルモンは，リン脂質からなる細胞膜を通過できる。受容体は細胞質基質や核内に存在し，受容体と結合した複合体は転写調節因子としてDNAに結合することで特定の遺伝子の発現を調節するなどのはたらきをもつ。

⑤　試薬Eが筋前駆細胞の受容体に結合すると，細胞内でタンパク質Fが活性化し，これが筋細胞への分化に必要な遺伝子Gの発現を促進する。しかし，試薬Eは神経前駆細胞を筋細胞に分化させることはできない。

(ア)　正文。神経前駆細胞の表面に試薬Eの受容体があっても，細胞内にタンパク質Fが発現していなければ，神経前駆細胞は筋細胞に分化できない。

(イ)　正文。神経前駆細胞内で活性化したタンパク質Fが生成しても，その機能を抑制するタンパク質Hがあれば，神経前駆細胞は筋細胞に分化できない。

(ウ)　誤文。基本転写因子Iは核内に存在し，細胞質に存在することはない。

(エ)　誤文。エキソン2は筋細胞に分化するために必要な配列を含んでいる。筋前駆細胞がエキソン2を欠損していると筋細胞に分化できない。

(オ)　誤文。リプレッサーとオペレーターによる遺伝子発現のしくみは一般に原核生物において見られるもので，真核生物では見られない。

❖講　評

2022年度も大問3題の出題で，2021年度と同様に基礎～標準的な問題が主であった。一部に深い考察力や知識を必要とする問題もみられたが，ほとんどは教科書レベルである。

I　(1)，(2)ともに基本的な問題であり，ほぼ完答したい。(3)は図1のグラフの解釈にやや時間を要する。また，(エ)の正誤判断が悩ましく，ここで間違った受験生もいたと思われる。(4)はアポトーシスとネクローシスについて正確な知識がないと間違えやすい。やや難。(5)は問題文の意図を把握するのに手間取ったかもしれないが，問題の難易度自体は標準レベルである。(6)の①は難しくはないが，②は神経管形成に関わるカドヘリンの知識がないと正解は難しい。(7)のリン脂質の構造を正確に覚えていた受験生は少ないと思われる。

Ⅱ　(1)の(お)以外は完答したい。(2)は知っておくべき知識である。(3)の①は正誤判断が難しく正答率は低いと思われる。②は基本的であり正解したい。(4)は図 1 をもとに判断すれば簡単に正解できる。(5)の①は 60 字以内にまとめるのがやや難しい。②は標準レベルで，素直に考えれば正解できる。

Ⅲ　(1)の(い)はやや難しいがその他は正解したい。(3)は頻出問題ではあるが，「胚盤胞」，「内部細胞塊」などの語句を適切に使って述べるのはやや難しいだろう。(4)はどれも標準レベルの設問であり，選択問題はほぼ完答したい。④の脂溶性ホルモンに関する論述問題も頻出問題ではあるが，60 字以内でまとめるのはなかなか難しい。

//////////////////// ·memo· ////////////////////

/////////////////// · memo · ///////////////////

//////////////////// · memo · ////////////////////

教学社 刊行一覧

2025年版 大学赤本シリーズ

374大学556点
全都道府県を網羅

国公立大学（都道府県順）

全国の書店で取り扱っています。店頭にない場合は，お取り寄せができます。

No.	大学名	
1	北海道大学（文系－前期日程）	
2	北海道大学（理系－前期日程）	医
3	北海道大学（後期日程）	
4	旭川医科大学（医学部〈医学科〉）	医
5	小樽商科大学	
6	帯広畜産大学	
7	北海道教育大学	
8	室蘭工業大学／北見工業大学	
9	釧路公立大学	
10	公立千歳科学技術大学	
11	公立はこだて未来大学	総推
12	札幌医科大学（医学部）	医
13	弘前大学	医
14	岩手大学	
15	岩手県立大学・盛岡短期大学部・宮古短期大学部	
16	東北大学（文系－前期日程）	
17	東北大学（理系－前期日程）	医
18	東北大学（後期日程）	
19	宮城教育大学	
20	宮城大学	
21	秋田大学	医
22	秋田県立大学	
23	国際教養大学	総推
24	山形大学	医
25	福島大学	
26	会津大学	
27	福島県立医科大学（医・保健科学部）	医
28	茨城大学（文系）	
29	茨城大学（理系）	
30	筑波大学（推薦入試）	医 総推
31	筑波大学（文系－前期日程）	
32	筑波大学（理系－前期日程）	医
33	筑波大学（後期日程）	
34	宇都宮大学	
35	群馬大学	医
36	群馬県立女子大学	
37	高崎経済大学	
38	前橋工科大学	
39	埼玉大学（文系）	
40	埼玉大学（理系）	
41	千葉大学（文系－前期日程）	
42	千葉大学（理系－前期日程）	医
43	千葉大学（後期日程）	医
44	東京大学（文科） DL	
45	東京大学（理科） DL	医
46	お茶の水女子大学	
47	電気通信大学	
48	東京外国語大学 DL	
49	東京海洋大学	
50	東京科学大学（旧 東京工業大学）	
51	東京科学大学（旧 東京医科歯科大学）	医
52	東京学芸大学	
53	東京藝術大学	
54	東京農工大学	
55	一橋大学（前期日程）	
56	一橋大学（後期日程）	
57	東京都立大学（文系）	
58	東京都立大学（理系）	
59	横浜国立大学（文系）	
60	横浜国立大学（理系）	
61	横浜市立大学（国際教養・国際商・理・データサイエンス・医〈看護〉学部）	
62	横浜市立大学（医学部〈医学科〉）	医
63	新潟大学（人文・教育〈文系〉・法・経済科・医〈看護〉・創生学部）	
64	新潟大学（教育〈理系〉・理・医〈看護を除く〉・歯・工・農学部）	医
65	新潟県立大学	
66	富山大学（文系）	
67	富山大学（理系）	医
68	富山県立大学	
69	金沢大学（文系）	
70	金沢大学（理系）	医
71	福井大学（教育・医〈看護〉・工・国際地域学部）	
72	福井大学（医学部〈医学科〉）	医
73	福井県立大学	
74	山梨大学（教育・医〈看護〉・工・生命環境学部）	
75	山梨大学（医学部〈医学科〉）	医
76	都留文科大学	
77	信州大学（文系－前期日程）	
78	信州大学（理系－前期日程）	医
79	信州大学（後期日程）	
80	公立諏訪東京理科大学	総推
81	岐阜大学（前期日程）	医
82	岐阜大学（後期日程）	
83	岐阜薬科大学	
84	静岡大学（前期日程）	
85	静岡大学（後期日程）	
86	浜松医科大学（医学部〈医学科〉）	医
87	静岡県立大学	
88	静岡文化芸術大学	
89	名古屋大学（文系）	
90	名古屋大学（理系）	医
91	愛知教育大学	
92	名古屋工業大学	
93	愛知県立大学	
94	名古屋市立大学（経済・人文社会・芸術工・看護・総合生命理・データサイエンス学部）	
95	名古屋市立大学（医学部〈医学科〉）	医
96	名古屋市立大学（薬学部）	
97	三重大学（人文・教育・医〈看護〉学部）	
98	三重大学（医〈医〉・工・生物資源学部）	医
99	滋賀大学	
100	滋賀医科大学（医学部〈医学科〉）	医
101	滋賀県立大学	
102	京都大学（文系）	
103	京都大学（理系）	医
104	京都教育大学	
105	京都工芸繊維大学	
106	京都府立大学	
107	京都府立医科大学（医学部〈医学科〉）	医
108	大阪大学（文系） DL	
109	大阪大学（理系）	医
110	大阪教育大学	
111	大阪公立大学（現代システム科学域〈文系〉・文・法・経済・商・看護・生活科〈居住環境・人間福祉〉学部－前期日程）	
112	大阪公立大学（現代システム科学域〈理系〉・理・工・農・獣医・医・生活科〈食栄養〉学部－前期日程）	医
113	大阪公立大学（中期日程）	
114	大阪公立大学（後期日程）	
115	神戸大学（文系－前期日程）	
116	神戸大学（理系－前期日程）	医
117	神戸大学（後期日程）	
118	神戸市外国語大学 DL	
119	兵庫県立大学（国際商経・社会情報科・看護学部）	
120	兵庫県立大学（工・理・環境人間学部）	
121	奈良教育大学／奈良県立大学	
122	奈良女子大学	
123	奈良県立医科大学（医学部〈医学科〉）	医
124	和歌山大学	
125	和歌山県立医科大学（医・薬学部）	医
126	鳥取大学	医
127	公立鳥取環境大学	
128	島根大学	医
129	岡山大学（文系）	
130	岡山大学（理系）	医
131	岡山県立大学	
132	広島大学（文系－前期日程）	
133	広島大学（理系－前期日程）	医
134	広島大学（後期日程）	
135	尾道市立大学	総推
136	県立広島大学	
137	広島市立大学	
138	福山市立大学	総推
139	山口大学（人文・教育〈文系〉・経済・医〈看護〉・国際総合科学部）	
140	山口大学（教育〈理系〉・理・医〈看護を除く〉・工・農・共同獣医学部）	医
141	山陽小野田市立山口東京理科大学	総推
142	下関市立大学／山口県立大学	
143	周南公立大学	新 総推
144	徳島大学	医
145	香川大学	医
146	愛媛大学	医
147	高知大学	医
148	高知工科大学	
149	九州大学（文系－前期日程）	
150	九州大学（理系－前期日程）	医
151	九州大学（後期日程）	
152	九州工業大学	
153	福岡教育大学	
154	北九州市立大学	
155	九州歯科大学	
156	福岡県立大学／福岡女子大学	
157	佐賀大学	医
158	長崎大学（多文化社会・教育〈文系〉・経済・医〈保健〉・環境科〈文系〉学部）	
159	長崎大学（教育〈理系〉・医〈医〉・歯・薬・情報データ科・工・環境科〈理系〉・水産学部）	医
160	長崎県立大学	総推
161	熊本大学（文・教育・法・医〈看護〉学部・情報融合学環〈文系型〉）	
162	熊本大学（理・医〈看護を除く〉・薬・工学部・情報融合学環〈理系型〉）	医
163	熊本県立大学	
164	大分大学（教育・経済・医〈看護〉・理工・福祉健康科学部）	
165	大分大学（医学部〈医・先進医療科学科〉）	医
166	宮崎大学（教育・医〈看護〉・工・農・地域資源創成学部）	
167	宮崎大学（医学部〈医学科〉）	医
168	鹿児島大学（文系）	
169	鹿児島大学（理系）	医
170	琉球大学	医

2025年版 大学赤本シリーズ

国公立大学 その他

171 〔国公立大〕医学部医学科 総合型選抜・学校推薦型選抜※ 医 総推
172 看護・医療系大学〈国公立 東日本〉※
173 看護・医療系大学〈国公立 中日本〉※
174 看護・医療系大学〈国公立 西日本〉※
175 海上保安大学校／気象大学校
176 航空保安大学校
177 国立看護大学校
178 防衛大学校 総推
179 防衛医科大学校（医学科） 医
180 防衛医科大学校（看護学科）

※No.171～174の収載大学は赤本ウェブサイト（http://akahon.net/）でご確認ください。

私立大学①

北海道の大学（50音順）
201 札幌大学
202 札幌学院大学
203 北星学園大学
204 北海学園大学
205 北海道医療大学
206 北海道科学大学
207 北海道武蔵女子大学・短期大学
208 酪農学園大学（獣医学群〈獣医学類〉）

東北の大学（50音順）
209 岩手医科大学（医・歯・薬学部） 医
210 仙台大学 総推
211 東北医科薬科大学（医・薬学部） 医
212 東北学院大学
213 東北工業大学
214 東北福祉大学
215 宮城学院女子大学 総推

関東の大学（50音順）

あ行（関東の大学）
216 青山学院大学（法・国際政治経済学部－個別学部日程）
217 青山学院大学（経済学部－個別学部日程）
218 青山学院大学（経営学部－個別学部日程）
219 青山学院大学（文・教育人間科学部－個別学部日程）
220 青山学院大学（総合文化政策・社会情報・地球社会共生・コミュニティ人間科学部－個別学部日程）
221 青山学院大学（理工学部－個別学部日程）
222 青山学院大学（全学部日程）
223 麻布大学（獣医、生命・環境科学部）
224 亜細亜大学
226 桜美林大学
227 大妻女子大学・短期大学部

か行（関東の大学）
228 学習院大学（法学部－コア試験）
229 学習院大学（経済学部－コア試験）
230 学習院大学（文学部－コア試験）
231 学習院大学（国際社会科学部－コア試験）
232 学習院大学（理学部－コア試験）
233 学習院女子大学
234 神奈川大学（給費生試験）
235 神奈川大学（一般入試）
236 神奈川工科大学
237 鎌倉女子大学・短期大学部
238 川村学園女子大学
239 神田外語大学
240 関東学院大学
241 北里大学（理学部）
242 北里大学（医学部） 医
243 北里大学（薬学部）
244 北里大学（看護・医療衛生学部）
245 北里大学（未来工・獣医・海洋生命科学部）
246 共立女子大学・短期大学
247 杏林大学（医学部） 医
248 杏林大学（保健学部）
249 群馬医療福祉大学・短期大学部
250 群馬パース大学 総推
251 慶應義塾大学（法学部）
252 慶應義塾大学（経済学部）
253 慶應義塾大学（商学部）
254 慶應義塾大学（文学部） 総推
255 慶應義塾大学（総合政策学部）
256 慶應義塾大学（環境情報学部）
257 慶應義塾大学（理工学部）
258 慶應義塾大学（医学部） 医
259 慶應義塾大学（薬学部）
260 慶應義塾大学（看護医療学部）
261 工学院大学
262 國學院大學
263 国際医療福祉大学 医
264 国際基督教大学
265 国士舘大学
266 駒澤大学（一般選抜T方式・S方式）
267 駒澤大学（全学部統一日程選抜）

さ行（関東の大学）
268 埼玉医科大学（医学部） 医
269 相模女子大学・短期大学部
270 産業能率大学
271 自治医科大学（医学部） 医
272 自治医科大学（看護学部）／東京慈恵会医科大学（医学部〈看護学科〉）
273 実践女子大学 総推
274 芝浦工業大学（前期日程）
275 芝浦工業大学（全学統一日程・後期日程）
276 十文字学園女子大学
277 淑徳大学
278 順天堂大学（医学部） 医
279 順天堂大学（スポーツ健康科・医療看護・保健看護・国際教養・保健医療・医療科・健康データサイエンス・薬学部） 総推
280 上智大学（神・文・総合人間科学部）
281 上智大学（法・経済学部）
282 上智大学（外国語・総合グローバル学部）
283 上智大学（理工学部）
284 上智大学（TEAPスコア利用方式）
285 湘南工科大学
286 昭和大学（医学部） 医
287 昭和大学（歯・薬・保健医療学部）
288 昭和女子大学
289 昭和薬科大学
290 女子栄養大学・短期大学部 総推
291 白百合女子大学
292 成蹊大学（法学部－A方式）
293 成蹊大学（経済・経営学部－A方式）
294 成蹊大学（文学部－A方式）
295 成蹊大学（理工学部－A方式）
296 成蹊大学（E方式・G方式・P方式）
297 成城大学（経済・社会イノベーション学部－A方式）
298 成城大学（文芸・法学部－A方式）
299 成城大学（S方式〈全学部統一選抜〉）
300 聖心女子大学
301 清泉女子大学
303 聖マリアンナ医科大学 医
304 聖路加国際大学（看護学部）
305 専修大学（スカラシップ・全国入試）
306 専修大学（前期入試〈学部個別入試〉）
307 専修大学（前期入試〈全学部入試・スカラシップ入試〉）

た行（関東の大学）
308 大正大学
309 大東文化大学
310 高崎健康福祉大学
311 拓殖大学
312 玉川大学
313 多摩美術大学
314 千葉工業大学
315 中央大学（法学部－学部別選抜）
316 中央大学（経済学部－学部別選抜）
317 中央大学（商学部－学部別選抜）
318 中央大学（文学部－学部別選抜）
319 中央大学（総合政策学部－学部別選抜）
320 中央大学（国際経営・国際情報学部－学部別選抜）
321 中央大学（理工学部－学部別選抜）
322 中央大学（5学部共通選抜）
323 中央学院大学
324 津田塾大学
325 帝京大学（薬・経済・法・文・外国語・教育・理工・医療技術・福岡医療技術学部）
326 帝京大学（医学部） 医
327 帝京科学大学 総推
328 帝京平成大学 総推
329 東海大学（医〈医〉学部を除く－一般選抜）
330 東海大学（文系・理系学部統一選抜）
331 東海大学（医学部〈医学科〉） 医
332 東京医科大学（医学部〈医学科〉） 医
333 東京家政大学・短期大学部 総推
334 東京経済大学
335 東京工科大学
336 東京工芸大学
337 東京国際大学
338 東京歯科大学
339 東京慈恵会医科大学（医学部〈医学科〉） 医
340 東京情報大学
341 東京女子大学
342 東京女子医科大学（医学部） 医
343 東京電機大学
344 東京都市大学
345 東京農業大学
346 東京薬科大学（薬学部） 総推
347 東京薬科大学（生命科学部） 総推
348 東京理科大学（理学部〈第一部〉－B方式）
349 東京理科大学（創域理工学部－B方式・S方式）
350 東京理科大学（工学部－B方式）
351 東京理科大学（先進工学部－B方式）
352 東京理科大学（薬学部－B方式）
353 東京理科大学（経営学部－B方式）
354 東京理科大学（C方式、グローバル方式、理学部〈第二部〉－B方式）
355 東邦大学（医学部） 医
356 東邦大学（薬学部）

2025年版　大学赤本シリーズ

私立大学②

357 東邦大学（理・看護・健康科学部）
358 東洋大学（文・経済・経営・法・社会・国際・国際観光学部）
359 東洋大学（情報連携・福祉社会デザイン・健康スポーツ科・理工・総合情報・生命科・食環境科学部）
360 東洋大学（英語〈3日程×3カ年〉）
361 東洋大学（国語〈3日程×3カ年〉）
362 東洋大学（日本史・世界史〈2日程×3カ年〉）
363 東洋英和女学院大学
364 常磐大学・短期大学 総推
365 獨協大学
366 獨協医科大学（医学部） 医

な行（関東の大学）

367 二松学舎大学
368 日本大学（法学部）
369 日本大学（経済学部）
370 日本大学（商学部）
371 日本大学（文理学部〈文系〉）
372 日本大学（文理学部〈理系〉）
373 日本大学（芸術学部〈専門試験併用型〉）
374 日本大学（国際関係学部）
375 日本大学（危機管理・スポーツ科学部）
376 日本大学（理工学部）
377 日本大学（生産工・工学部）
378 日本大学（生物資源科学部）
379 日本大学（医学部） 医
380 日本大学（歯・松戸歯学部）
381 日本大学（薬学部）
382 日本大学（N全学統一方式－医・芸術〈専門試験併用型〉学部を除く）
383 日本医科大学 医
384 日本工業大学
385 日本歯科大学
386 日本社会事業大学 総推
387 日本獣医生命科学大学
388 日本女子大学
389 日本体育大学

は行（関東の大学）

390 白鷗大学（学業特待選抜・一般選抜）
391 フェリス女学院大学
392 文教大学
393 法政大学（法〈Ⅰ日程〉・文〈Ⅱ日程〉・経営〈Ⅱ日程〉学部－A方式）
394 法政大学（法〈Ⅱ日程〉・国際文化・キャリアデザイン学部－A方式）
395 法政大学（文〈Ⅰ日程〉・経営〈Ⅰ日程〉・人間環境・グローバル教養学部－A方式）
396 法政大学（経済〈Ⅰ日程〉・社会〈Ⅰ日程〉・現代福祉学部－A方式）
397 法政大学（経済〈Ⅱ日程〉・社会〈Ⅱ日程〉・スポーツ健康学部－A方式）
398 法政大学（情報科・デザイン工・理工・生命科学部－A方式）
399 法政大学（T日程〈統一日程〉・英語外部試験利用入試）
400 星薬科大学 総推

ま行（関東の大学）

401 武蔵大学
402 武蔵野大学
403 武蔵野美術大学
404 明海大学
405 明治大学（法学部－学部別入試）
406 明治大学（政治経済学部－学部別入試）
407 明治大学（商学部－学部別入試）
408 明治大学（経営学部－学部別入試）
409 明治大学（文学部－学部別入試）
410 明治大学（国際日本学部－学部別入試）
411 明治大学（情報コミュニケーション学部－学部別入試）
412 明治大学（理工学部－学部別入試）
413 明治大学（総合数理学部－学部別入試）
414 明治大学（農学部－学部別入試）
415 明治大学（全学部統一入試）
416 明治学院大学（A日程）
417 明治学院大学（全学部日程）
418 明治薬科大学 総推
419 明星大学
420 目白大学・短期大学部

ら・わ行（関東の大学）

421 立教大学（文系学部－一般入試〈大学独自の英語を課さない日程〉）
422 立教大学（国語〈3日程×3カ年〉）
423 立教大学（日本史・世界史〈2日程×3カ年〉）
424 立教大学（文学部－一般入試〈大学独自の英語を課す日程〉）
425 立教大学（理学部－一般入試）
426 立正大学
427 早稲田大学（法学部）
428 早稲田大学（政治経済学部）
429 早稲田大学（商学部）
430 早稲田大学（社会科学部）
431 早稲田大学（文学部）
432 早稲田大学（文化構想学部）
433 早稲田大学（教育学部〈文科系〉）
434 早稲田大学（教育学部〈理科系〉）
435 早稲田大学（人間科・スポーツ科学部）
436 早稲田大学（国際教養学部）
437 早稲田大学（基幹理工・創造理工・先進理工学部）
438 和洋女子大学 総推

中部の大学（50音順）

439 愛知大学
440 愛知医科大学（医学部） 医
441 愛知学院大学・短期大学部
442 愛知工業大学 総推
443 愛知淑徳大学
444 朝日大学 総推
445 金沢医科大学（医学部） 医
446 金沢工業大学
447 岐阜聖徳学園大学 総推
448 金城学院大学
449 至学館大学 総推
450 静岡理工科大学
451 椙山女学園大学
452 大同大学
453 中京大学
454 中部大学
455 名古屋外国語大学 総推
456 名古屋学院大学 総推
457 名古屋学芸大学 総推
458 名古屋女子大学 総推
459 南山大学（外国語〈英米〉・法・総合政策・国際教養学部）
460 南山大学（人文・外国語〈英米を除く〉・経済・経営・理工学部）
461 新潟国際情報大学
462 日本福祉大学
463 福井工業大学
464 藤田医科大学（医学部） 医
465 藤田医科大学（医療科・保健衛生学部）
466 名城大学（法・経営・経済・外国語・人間・都市情報学部）
467 名城大学（情報工・理工・農・薬学部）
468 山梨学院大学

近畿の大学（50音順）

469 追手門学院大学 総推
470 大阪医科薬科大学（医学部） 医
471 大阪医科薬科大学（薬学部） 総推
472 大阪学院大学 総推
473 大阪経済大学 総推
474 大阪経済法科大学 総推
475 大阪工業大学 総推
476 大阪国際大学・短期大学部 総推
477 大阪産業大学 総推
478 大阪歯科大学（歯学部）
479 大阪商業大学 総推
480 大阪成蹊大学・短期大学 総推
481 大谷大学 総推
482 大手前大学・短期大学 総推
483 関西大学（文系）
484 関西大学（理系）
485 関西大学（英語〈3日程×3カ年〉）
486 関西大学（国語〈3日程×3カ年〉）
487 関西大学（日本史・世界史・文系数学〈3日程×3カ年〉）
488 関西医科大学（医学部） 医
489 関西医療大学 総推
490 関西外国語大学・短期大学部 総推
491 関西学院大学（文・法・商・人間福祉・総合政策学部－学部個別日程）
492 関西学院大学（神・社会・経済・国際・教育学部－学部個別日程）
493 関西学院大学（全学部日程〈文系型〉）
494 関西学院大学（全学部日程〈理系型〉）
495 関西学院大学（共通テスト併用日程〈数学〉・英数日程）
496 関西学院大学（英語〈3日程×3カ年〉） 新
497 関西学院大学（国語〈3日程×3カ年〉） 新
498 関西学院大学（日本史・世界史・文系数学〈3日程×3カ年〉） 新
499 畿央大学 総推
500 京都外国語大学・短期大学 総推
502 京都産業大学（公募推薦入試） 総推
503 京都産業大学（一般選抜入試〈前期日程〉）
504 京都女子大学 総推
505 京都先端科学大学 総推
506 京都橘大学 総推
507 京都ノートルダム女子大学 総推
508 京都薬科大学 総推
509 近畿大学・短期大学部（医学部を除く－推薦入試） 総推
510 近畿大学・短期大学部（医学部を除く－一般入試前期）
511 近畿大学（英語〈医学部を除く3日程×3カ年〉）
512 近畿大学（理系数学〈医学部を除く3日程×3カ年〉）
513 近畿大学（国語〈医学部を除く3日程×3カ年〉）
514 近畿大学（医学部－推薦入試・一般入試前期） 医 総推
515 近畿大学・短期大学部（一般入試後期） 医
516 皇學館大学 総推
517 甲南大学 総推
518 甲南女子大学（学校推薦型選抜） 新 総推
519 神戸学院大学 総推
520 神戸国際大学 総推
521 神戸女学院大学 総推
522 神戸女子大学・短期大学 総推
523 神戸薬科大学 総推
524 四天王寺大学・短期大学部 総推
525 摂南大学（公募制推薦入試） 総推
526 摂南大学（一般選抜前期日程）
527 帝塚山学院大学 総推
528 同志社大学（法、グローバル・コミュニケーション学部－学部個別日程）

2025年版　大学赤本シリーズ

私立大学③

529 同志社大学(文・経済学部−学部個別日程)
530 同志社大学(神・商・心理・グローバル地域文化学部−学部個別日程)
531 同志社大学(社会学部−学部個別日程)
532 同志社大学(政策・文化情報〈文系型〉・スポーツ健康科〈文系型〉学部−学部個別日程)
533 同志社大学(理工・生命医科・文化情報〈理系型〉・スポーツ健康科〈理系型〉学部−学部個別日程)
534 同志社大学(全学部日程)
535 同志社女子大学 総推
536 奈良大学 総推
537 奈良学園大学 総推
538 阪南大学 総推
539 姫路獨協大学 総推
540 兵庫医科大学(医学部) 医
541 兵庫医科大学(薬・看護・リハビリテーション学部) 総推
542 佛教大学 総推
543 武庫川女子大学 総推
544 桃山学院大学 総推
545 大和大学・大和大学白鳳短期大学部 総推
546 立命館大学(文系−全学統一方式・学部個別配点方式)／立命館アジア太平洋大学(前期方式・英語重視方式)
547 立命館大学(理系−全学統一方式・学部個別配点方式・理系型3教科方式・薬学方式)
548 立命館大学(英語〈全学統一方式3日程×3カ年〉)
549 立命館大学(国語〈全学統一方式3日程×3カ年〉)
550 立命館大学(文系選択科目〈全学統一方式2日程×3カ年〉)
551 立命館大学(IR方式〈英語資格試験利用型〉・共通テスト併用方式)／立命館アジア太平洋大学(共通テスト併用方式)
552 立命館大学(後期分割方式・「経営学部で学ぶ感性+共通テスト」方式)／立命館アジア太平洋大学(後期方式)
553 龍谷大学(公募推薦入試) 総推
554 龍谷大学(一般選抜入試)

中国の大学(50音順)

555 岡山商科大学 総推
556 岡山理科大学 総推
557 川崎医科大学 医
558 吉備国際大学 総推
559 就実大学 総推
560 広島経済大学
561 広島国際大学 総推
562 広島修道大学
563 広島文教大学 総推
564 福山大学／福山平成大学
565 安田女子大学 総推

四国の大学(50音順)

567 松山大学

九州の大学(50音順)

568 九州医療科学大学
569 九州産業大学
570 熊本学園大学
571 久留米大学(文・人間健康・法・経済・商学部)
572 久留米大学(医学部〈医学科〉) 医
573 産業医科大学(医学部) 医
574 西南学院大学(商・経済・法・人間科学部−A日程)
575 西南学院大学(神・外国語・国際文化学部−A日程／全学部−F日程)
576 福岡大学(医学部医学科を除く−学校推薦型選抜・一般選抜系統別日程) 総推
577 福岡大学(医学部医学科を除く−一般選抜前期日程)
578 福岡大学(医学部〈医学科〉−学校推薦型選抜・一般選抜系統別日程) 医 総推
579 福岡工業大学
580 令和健康科学大学 総推

医 医学部医学科を含む
総推 総合型選抜または学校推薦型選抜を含む
DL リスニング音声配信　新 2024年 新刊・復刊

掲載している入試の種類や試験科目，収載年数などはそれぞれ異なります。詳細については，それぞれの本の目次や赤本ウェブサイトでご確認ください。

難関校過去問シリーズ

出題形式別・分野別に収録した
「入試問題事典」

20大学 73点

定価2,310～2,640円(本体2,100～2,400円)

先輩合格者はこう使った！
「難関校過去問シリーズの使い方」

61年，全部載せ！
要約演習で，総合力を鍛える

国公立大学

東大の英語25カ年[第12版] 改
東大の英語リスニング20カ年[第9版] DL 改
東大の英語 要約問題 UNLIMITED
東大の文系数学25カ年[第12版] 改
東大の理系数学25カ年[第12版] 改
東大の現代文25カ年[第12版] 改
東大の古典25カ年[第12版] 改
東大の日本史25カ年[第9版] 改
東大の世界史25カ年[第9版] 改
東大の地理25カ年[第9版] 改
東大の物理25カ年[第9版] 改
東大の化学25カ年[第9版] 改
東大の生物25カ年[第9版] 改
東工大の英語20カ年[第8版] 改
東工大の数学20カ年[第9版] 改
東工大の物理20カ年[第5版] 改
東工大の化学20カ年[第5版] 改
一橋大の英語20カ年[第9版] 改
一橋大の数学20カ年[第9版] 改
一橋大の国語20カ年[第6版] 改
一橋大の日本史20カ年[第6版] 改
一橋大の世界史20カ年[第6版] 改
筑波大の英語15カ年 新
筑波大の数学15カ年 新
京大の英語25カ年[第12版]
京大の文系数学25カ年[第12版]
京大の理系数学25カ年[第12版]
京大の現代文25カ年[第2版]
京大の古典25カ年[第2版]
京大の日本史20カ年[第3版]
京大の世界史20カ年[第3版]
京大の物理25カ年[第9版]
京大の化学25カ年[第9版]
北大の英語15カ年[第8版]
北大の理系数学15カ年[第8版]
北大の物理15カ年[第2版]
北大の化学15カ年[第2版]
東北大の英語15カ年[第8版]
東北大の理系数学15カ年[第8版]
東北大の物理15カ年[第2版]
東北大の化学15カ年[第2版]
名古屋大の英語15カ年[第8版]
名古屋大の理系数学15カ年[第8版]
名古屋大の物理15カ年[第2版]
名古屋大の化学15カ年[第2版]
阪大の英語20カ年[第9版]
阪大の文系数学20カ年[第3版]
阪大の理系数学20カ年[第9版]
阪大の国語15カ年[第3版]
阪大の物理20カ年[第8版]
阪大の化学20カ年[第6版]
九大の英語15カ年[第8版]
九大の理系数学15カ年[第7版]
九大の物理15カ年[第2版]
九大の化学15カ年[第2版]
神戸大の英語15カ年[第9版]
神戸大の数学15カ年[第5版]
神戸大の国語15カ年[第3版]

私立大学

早稲田の英語[第11版] 改
早稲田の国語[第9版] 改
早稲田の日本史[第9版] 改
早稲田の世界史[第2版] 改
慶應の英語[第11版] 改
慶應の小論文[第3版] 改
明治大の英語[第9版] 改
明治大の国語[第2版] 改
明治大の日本史[第2版] 改
中央大の英語[第9版] 改
法政大の英語[第9版] 改
同志社大の英語[第10版]
立命館大の英語[第10版]
関西大の英語[第10版]
関西学院大の英語[第10版]

DL リスニング音声配信
新 2024年 新刊
改 2024年 改訂

いつも受験生のそばに―赤本

大学入試シリーズ＋α
入試対策も共通テスト対策も赤本で

入試対策

赤本プラス

赤本プラスとは，**過去問演習の効果を最大にする**ためのシリーズです。「赤本」であぶり出された弱点を，赤本プラスで克服しましょう。

大学入試 すぐわかる**英文法** DL
大学入試 ひと目でわかる**英文読解**
大学入試 絶対できる**英語リスニング** DL
大学入試 すぐ書ける**自由英作文**
大学入試 ぐんぐん読める
英語長文〔BASIC〕DL
大学入試 ぐんぐん読める
英語長文〔STANDARD〕DL
大学入試 ぐんぐん読める
英語長文〔ADVANCED〕DL
大学入試 正しく書ける**英作文**
大学入試 最短でマスターする
数学I・II・III・A・B・C
大学入試 突破力を鍛える**最難関の数学**
大学入試 知らなきゃ解けない
古文常識・和歌
大学入試 ちゃんと身につく**物理**
大学入試 もっと身につく
物理問題集（①力学・波動）
大学入試 もっと身につく
物理問題集（②熱力学・電磁気・原子）

入試対策

英検®赤本シリーズ

英検®（実用英語技能検定）の対策書。
過去問集と参考書で万全の対策ができます。

▶過去問集（2024年度版）
英検®準1級過去問集 DL
英検®2級過去問集 DL
英検®準2級過去問集 DL
英検®3級過去問集 DL

▶参考書
竹岡の英検®準1級マスター DL
竹岡の英検®2級マスター CD DL
竹岡の英検®準2級マスター CD DL
竹岡の英検®3級マスター CD DL

CD リスニングCDつき　DL 音声無料配信
新 2024年新刊・改訂

入試対策

赤本プレミアム

赤本の教学社だからこそ作れた、
過去問ベストセレクション

東大数学プレミアム
東大現代文プレミアム
京大数学プレミアム〔改訂版〕
京大古典プレミアム

入試対策

赤本メディカルシリーズ

過去問を徹底的に研究し，独自の出題傾向をもつメディカル系の入試に役立つ内容を精選した実戦的なシリーズ。

〔国公立大〕医学部の英語〔3訂版〕
私立医大の英語〔長文読解編〕〔3訂版〕
私立医大の英語〔文法・語法編〕〔改訂版〕
医学部の実戦小論文〔3訂版〕
医歯薬系の英単語〔4訂版〕
医系小論文 最頻出論点20〔4訂版〕
医学部の面接〔4訂版〕

入試対策

体系シリーズ

国公立大二次・難関私大突破へ，自学自習に適したハイレベル問題集。

体系英語長文　体系世界史
体系英作文　体系物理〔第7版〕
体系現代文

入試対策

単行本

▶英語
Q&A即決英語勉強法
TEAP攻略問題集 CD
東大の英単語〔新装版〕
早慶上智の英単語〔改訂版〕

▶国語・小論文
著者に注目! 現代文問題集
ブレない小論文の書き方 樋口式ワークノート

▶レシピ集
奥薗壽子の赤本合格レシピ

入試対策　共通テスト対策

赤本手帳

赤本手帳（2025年度受験用）プラムレッド
赤本手帳（2025年度受験用）インディゴブルー
赤本手帳（2025年度受験用）ナチュラルホワイト

入試対策

風呂で覚えるシリーズ

水をはじく特殊な紙を使用。いつでもどこでも読めるから，ちょっとした時間を有効に使える！

風呂で覚える英単語〔4訂新装版〕
風呂で覚える英熟語〔改訂新装版〕
風呂で覚える古文単語〔改訂新装版〕
風呂で覚える古文文法〔改訂新装版〕
風呂で覚える漢文〔改訂新装版〕
風呂で覚える日本史〔年代〕〔改訂新装版〕
風呂で覚える世界史〔年代〕〔改訂新装版〕
風呂で覚える倫理〔改訂版〕
風呂で覚える百人一首〔改訂版〕

共通テスト対策

満点のコツシリーズ

共通テストで満点を狙うための実戦的参考書。
重要度の増したリスニング対策は
「カリスマ講師」竹岡広信が一回読みにも
対応できるコツを伝授！

共通テスト英語〔リスニング〕
満点のコツ〔改訂版〕新 DL
共通テスト古文 満点のコツ〔改訂版〕新
共通テスト漢文 満点のコツ〔改訂版〕新

入試対策　共通テスト対策

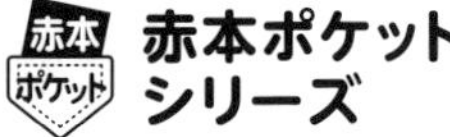

赤本ポケットシリーズ

▶共通テスト対策
共通テスト日本史〔文化史〕

▶系統別進路ガイド
デザイン系学科をめざすあなたへ

2025 年版　大学赤本シリーズ　No. 533

同志社大学

(理工学部･生命医科学部･文化情報学部〈理系型〉
スポーツ健康科学部〈理系型〉－学部個別日程)

2024 年 6 月 10 日　第 1 刷発行
ISBN978-4-325-26591-7
定価は裏表紙に表示しています

編　集　教学社編集部
発行者　上原 寿明
発行所　教学社
　〒606-0031
　京都市左京区岩倉南桑原町56
　電話　075-721-6500
　振替　01020-1-15695
印　刷　共同印刷工業